2. Auflage

Nicole Thomas
Jörg Thomas

Kurier-, Express- und Postdienstleistungen

Bildquellenverzeichnis
S. 14, S. 26 Zahlenbilder Bergmoser + Höller; S. 95, S. 111, S. 119, S. 133, S. 161 Cornelsen Verlags-
archiv; S. 72, S. 180 Deutsche Post AG/Presse; S. 106 Hermes Logistik Gruppe; S. 116 www.opti-
ware.de; S. 118 Wikipedia/GNV; S. 121 Kest Kartographie, Schwerin; S. 128 Bundesministerium
für Verkehr; S. 129/1 Deutsche Bahn AG/BiB; S. 129/2 Hamburger Hafen AG; S. 130 Cornelsen
Verlagsarchiv/Lufthansa AG; S. 140 DHL Bildarchiv; S. 158 POS-Sysmbol: Bundesverband der
Deutschen Volksbanken und Raiffeisenbanken e. V. BVR; S. 215 Microsoft

Verlagsredaktion: Sabine Schneider, Erich Schmidt-Dransfeld
Bildredaktion: Peter Hartmann
Technische Umsetzung: Type Art, Grevenbroich
Umschlaggestaltung: vitaledesign, Berlin
Titelfoto: © Corbis (Hintergrundmotiv, Erde); NASA (Space Shuttle);
Deutsche Bahn AG/BiB (Zug); Hamburger Hafen AG (Schiff)

Informationen über Cornelsen Fachbücher und Zusatzangebote:
http://www.cornelsen.de/cbb/

2. Auflage, 2. Druck 2014
© 2012 Cornelsen Verlag, Berlin
© 2014 Cornelsen Schulverlage GmbH, Berlin

Druck: DBM Druckhaus Berlin-Mitte GmbH

ISBN 978-3-06-450654-1

PEFC zertifiziert
Dieses Produkt stammt aus nachhaltig
bewirtschafteten Wäldern und kontrollierten
Quellen.
www.pefc.de
PEFC™
PEFC/04-31-2206

Vorwort

Der KEP-Markt ist seit der Liberalisierung im Postmarkt einem stetigen Umbruch unterworfen. Folge davon ist u.a. die Einführung der Ausbildungsberufe „Fachkraft bzw. Kaufmann/-frau für KEP-Dienstleistungen". Dieses Buch soll den Auszubildenden eine umfassende Übersicht über die vielseitigen Anforderungen dieser Branche und dieses Berufes geben und sie bis zur Prüfung begleiten. Darüber hinaus richtet es sich aber auch an Lehrer und Praktiker in diesem Bereich, um diese bei ihrer täglichen Arbeit zu unterstützen.

Zum Schreiben dieses Buches angeregt wurden die Autoren durch die Vertretung und Beratung von KEP-Unternehmen und die Bitte einer Mandantin, an einer Berufsschule über die rechtlichen Grundlagen zum KEP-Beruf zu referieren.

Da das Buch diesen Teilbereich deutlich überschreitet, waren wir bei dessen Erarbeitung auf die Mitarbeit zahlreicher Unternehmen und Mitarbeiter angewiesen. Für ihre Mitarbeit danken wir besonders Herrn Thomas Burger (TNT Post AG & Co. KG, Hannover) und Frau Kathrin Kiene, Frau Gabriele Wagner, Herrn Eik Waldmann und Herrn Thomas Lehmann (Media Logistik GmbH, Dresden). Darüber hinaus danken wir auch sehr der Hermes Logistik GmbH & Co. KG, Hamburg, und Frau Sabine Schneider für die Betreuung des Skripts beim Cornelsen Verlag.

Für Kritik, Anregungen, methodisch-didaktische Ratschläge und Hinweise auf etwaige Fehler stehen die Autoren unter: info@rechtsanwaelte-thomas.de oder info@roko-law.de gerne zur Verfügung.

Berlin, im Juli 2007

Nicole Thomas, Rechtsanwältin
Jörg Thomas, LL.M., Rechtsanwalt

Vorwort zur 2. Auflage

Autoren und Verlag freuen sich darüber, dass vorliegendes Buch inzwischen bei den Auszubildenden und den Lehrkräften an Berufsschulen sowie privaten Bildungseinrichtungen gut eingeführt ist. Das Buch ist aktualisiert worden. Den durch die Etablierung privater Briefdienste am Markt eingetretenen Veränderungen ist Rechnung getragen worden.

Wir danken Herrn Siegmar Stark (ciT-Consulting Innovation Training GmbH, Leipzig) sowie den Herren Dennis Stauzebach und Joachim Stauzebach (Bfz-Logistik Art GmbH, Kassel) für die kritische Durchsicht der Lernfelder 2, 3, 4 und 8.

Berlin, im Januar 2012

Nicole Thomas, Rechtsanwältin
Jörg Thomas, LL.M., Rechtsanwalt

Inhaltsverzeichnis

Lernfeld 1
Im KEP-Unternehmen lernen und arbeiten

1	Einordnung der Ausbildungsbetriebe in die Gesamtwirtschaft	13
1.1	Wirtschaftliche Grundbegriffe	13
1.1.1	Wirtschaften	13
1.1.2	Güter	13
1.1.3	Bedürfnis und Bedarf	13
1.1.4	Konjunktur	14
1.1.5	Produktionsfaktoren	15
1.1.6	Das ökonomische Prinzip	16
1.2	Aufbau der Gesamtwirtschaft	16
1.3	Einfacher Wirtschaftskreislauf	16
1.4	Stellung der KEP und Briefdienste in der Gesamtwirtschaft	17
2	Markt und Marktwirtschaft	18
2.1	Die freie und die soziale Marktwirtschaft	18
2.2	Der Markt	19
2.2.1	Marktteilnehmer	19
2.2.2	Marktformen	19
2.2.3	Kooperation und Konzentration auf dem Markt	20
2.3	Der KEP-Markt	21
2.4	Der Briefmarkt	23
2.4.1	Marktöffnung	23
2.4.2	Entwicklung desBriefmarktes	24
2.4.3	Umsätze und Sendungsvolumen im Vergleich	24
3	Arbeitsteilung	26
3.1	Gesellschaftliche Arbeitsteilung	26
3.2	Innerbetriebliche Arbeitsteilung	27
3.2.1	Aufgabengliederung	27
3.2.2	Aufgabenzerlegung	27
3.2.3	Vor- und Nachteile der betrieblichen Arbeitsteilung	27
3.3	Internationale Arbeitsteilung	27
4	Betriebliche Organisation und Arbeitsabläufe	28
4.1	Aufbauorganisation	28
4.1.1	Stellen und Stellenarten	28
4.1.2	Abteilungen, Abteilungsbildung	28
4.1.3	Leitungssysteme	29
4.1.4	Organigramme	32
4.2	Ablauforganisation	32
5	Grundlagen der Unternehmensformen	33
5.1	Einzelunternehmen	33
5.2	Personengesellschaften	33
5.3	Kapitalgesellschaften	34
5.4	Vereine	35
6	Arbeitsrecht	35
6.1	Arbeits- und Gesundheitsschutz	35
6.1.1	Vorschriften zum Arbeitsschutz	36
6.1.2	Betriebliche Durchführung des Arbeitsschutzes	36
6.2	Das Arbeitszeitgesetz	36
6.2.1	Arbeitszeitregelungen	36
6.2.2	Werktägliche Arbeitszeit	37
6.2.3	Sonn- und Feiertagsregelungen	38
6.2.4	Gesetzesverstöße	38
6.3	Das Jugendarbeitsschutzgesetz	38
6.3.1	Geltungsbereich	38
6.3.2	Definitionen	38
6.3.3	Mindestalter für die Beschäftigung	38
6.3.4	Beschäftigungszeiten	39
6.3.5	Beschäftigung an Samstagen und Sonn- und Feiertagen	39
6.3.6	Berufsschule	39
6.3.7	Prüfungen und außerbetriebliche Ausbildungsmaßnahmen	40
6.3.8	Ruhepausen	40
6.3.9	Tägliche Freizeit	40
6.3.10	Nachtruhe	40
6.3.11	Urlaub	40
6.3.12	Gefährliche Arbeiten	41
6.3.13	Verbot von Akkordlohn	41
6.3.14	Menschengerechte Gestaltung der Arbeit	41
6.3.15	Züchtigungsverbot, Verbot der Abgabe von Alkohol und Tabak	41
6.3.16	Gesundheitliche Betreuung	41
6.3.17	Verstöße	42
6.4	Bundesurlaubsgesetz	42
6.4.1	Dauer des Urlaubs	42
6.4.2	Wartezeit	42
6.4.3	Krankheiten	42
6.4.4	Urlaubsgewährung	43
6.4.5	Übertragung von Resturlaub	43
6.4.6	Urlaubsabgeltung	43
6.5	Das Mutterschutzgesetz	43
6.5.1	Kündigungsverbot	44
6.5.2	Gestaltung des Arbeitsplatzes	44
6.5.3	Beschäftigungsverbot	44
6.5.4	Lohn	44
6.5.5	Verstöße	44
6.6	Nachhaltigkeit	45
7	Berufsausbildung	45
7.1	Duales System der Berufsausbildung	46
7.2	Berufsschulausbildung	46
7.3	Berufsausbildungsvertrag	47
7.3.1	Vertragsinhalt	47
7.3.2	Rechte und Pflichten	48
7.3.3	Kündigung des Berufsausbildungsvertrages	48

8	Tarif- und Betriebsverfassungsrecht	49
8.1	Tarifrecht	49
8.1.1	Gewerkschaften	49
8.1.2	Arbeitgeber	50
8.1.3	Tarifvertrag	50
8.1.4	Arten der Tarifverträge	51
8.1.5	Tarifverhandlungen	52
8.1.6	Einfürung eines Mindestlohns	53
8.2	Betriebsverfassungsrecht	53
8.2.1	Betriebsrat	53
8.2.2	Betriebsratswahlen	54
8.2.3	Betriebsversammlung	55
8.2.4	Allgemeine Aufgaben des Betriebsrats	55
8.2.5	Rechte des Betriebsrats	56
8.2.6	Rechte des einzelnen Arbeitnehmers	58
8.2.7	Jugend- und Auszubildendenvertretung	59
8.2.8	Gesamtbetriebsrat und Gesamt-Jugend-und-Auszubildendenvertretung	59
8.2.9	Besonderer Kündigungsschutz	59
9	Problemlösungsstrategien und Präsentationsmöglichkeiten	60
9.1	Problemlösungsstrategien	60
9.1.1	Brainstorming	60
9.1.2	Brainwriting	60
9.1.3	Gruppenarbeit	61
9.1.4	Rollenspiele	61
9.2	Präsentationsmöglichkeiten	61
	Wiederholungs- und Übungsaufgaben	62

Lernfeld 2
Transportaufträge und Sendungen für das Unternehmen annehmen

1	Leistungsschwerpunkte der Kurier-, Express- und Paketdienste	65
1.1	Kurierdienste	65
1.1.1	Stadtkurier	66
1.1.2	Fahrradkurier	66
1.1.3	Stadtbote	66
1.1.4	Zustelldienste	66
1.1.5	Direktkuriere	66
1.1.6	Internationale Kuriere	66
1.1.7	Kuriertaxis	66
1.1.8	Sameday-Kuriere	67
1.1.9	Overnight-Kuriere	67
1.2	Expressdienstleistungen	67
1.2.1	Overnight-Service	68
1.2.2	Sameday-Service	68
1.2.3	Innight-Service	68
1.2.4	Express-Frachtsysteme	68
1.3	Paketdienstleistungen	69

2	Leistungsschwerpunkte der Briefdienste	69
2.1	Briefsendungen	69
2.2	Büchersendungen	70
2.3	Warensendungen	71
2.4	Infopost und Kataloge	71
2.5	Postwurfsendungen	71
3	Transportaufträge und Sendungen annehmen	71
3.1	Abholung und Einlieferung von Sendungen	71
3.1.1	Einlieferung	71
3.1.2	Einwurf	71
3.1.3	Abholung	72
3.2	Tourenplanung	72
3.2.1	Clusterung und Routing	73
3.2.2	Art der Tourenplanung	73
3.2.3	Tourenplanungssoftware	74
3.3	Sendungen annehmen und auf Transportfähigkeit prüfen	75
3.3.1	Sendungsannahme	75
3.3.2	Prüfung und Entscheidung über den Transport der Sendung	75
4	Rechtliche Vertragsgrundlagen	76
4.1	BGB Allgemeiner Teil	76
4.1.1	Rechtssubjekte und -objekte	76
4.1.2	Rechts- und Geschäftsfähigkeit	77
4.1.3	Rechtsgeschäfte	78
4.1.4	Willenserklärungen	79
4.1.5	Anfechtung einer Willenserklärung	80
4.1.6	Die Stellvertretung	81
4.2	Das Recht der Schuldverhältnisse	82
4.2.1	Begriffsbestimmungen	82
4.2.2	Das Leistungsstörungsrecht	83
4.3	Der Kaufvertrag	84
4.3.1	Zustandekommen des Kaufvertrages	84
4.3.2	Rechte und Pflichten im Kaufvertrag	85
4.3.3	Sach- und Rechtsmängel	86
4.3.4	Rechte des Käufers bei Sach- und Rechtsmangel	87
4.4	Weitere wichtige Verträge	88
4.4.1	Der Werkvertrag	88
4.4.2	Der Dienstvertrag	88
4.4.3	Der Mietvertrag	89
4.4.4	Der Leasingvertrag	89
5	Allgemeine und Geschäftsbedingungen	89
5.1	Allgemeine Geschäftsbedingungen	89
5.2	Die Allgemeinen Deutschen Speditionsbedingungen	90
6	Geheimhaltungsvorschriften	91
6.1	Das Brief-, Post- und Fernmeldegeheimnis	91
6.1.1	Das Briefgeheimnis	91
6.1.2	Das Postgeheimnis	92
6.1.3	Das Fernmeldegeheimnis	92

6.2	Strafrechtliche Konsequenzen	92
6.2.1	Die Verletzung des Briefgeheimnisses	92
6.2.2	Die Verletzung des Post- und Fernmeldegeheimnisses	93
6.2.3	Nichtanzeige einer geplanten Straftat	93
6.3	Zivil- und arbeitsrechtliche Konsequenzen	93
7	**Gefahrgut**	93
7.1	Gefahrgutvorschriften	94
7.2	Kennzeichnung von Gefahrgut	94
7.2.1	Gefahrgutklassen	94
7.2.2	Gefahrzettel und Warntafeln	95
7.3	Verpackung von Gefahrgut	96
7.4	Transport von Gefahrgut	96
7.5	Unfälle mit Gefahrgut	97
7.6	Ausnahmen von den Gefahrgutvorschriften (Kleinmengenregelung)	97
8	**Vorschriften für Sendungen ins Ausland**	97
8.1	Europäisches Ausland	97
8.2	International	98
8.2.1	Der Weltpostvertrag	98
8.2.2	Übereinkommen über den Beförderungsvertrag im Internationalen Straßengüterverkehr (CMR)	98
9	**Transportdokumente und Begleitpapiere**	99
9.1	Transportdokumente	99
9.1.1	Frachtbrief	99
9.1.2	Traditionspapiere	100
9.2	Begleitpapiere	100
Wiederholungs- und Übungsaufgaben		101

Lernfeld 3
Sendungen im Unternehmen bearbeiten und transportieren

1	**Branchenübliche Verpackungen und Transportbehälter**	103
1.1	Pflicht zur ordnungsgemäßen Verpackung	104
1.2	Verpackung von Briefen und briefähnlichen Sendungen	104
1.2.1	Verpackung von Briefen	104
1.2.2	Verpackung von briefähnlichen Sendungen	104
1.3	Verpackung von Paketen	105
1.3.1	Innenverpackung	105
1.3.2	Außenverpackung	105
1.4	Transportbehälter	106
1.4.1	Transportbehälter für Briefsendungen	106
1.4.2	Transportbehälter für Paket- und Expresssendungen	106
1.4.3	Transportbehälter im Kurierverkehr	107

2	**Sendungen bearbeiten und transportieren**	107
2.1	Verteilnetze	107
2.1.1	Hub-and-Spoke-Systeme	107
2.1.2	Multi-Hub-Systeme	108
2.1.3	Gemischte Systeme	108
2.1.4	Beispiel für einen konkreten Transportverlauf	109
2.2	Das Postleitzahlensystem	109
2.2.1	Allgemeines	109
2.2.2	Funktion der Postleitzahl	110
2.2.3	Die Postleitzahl	110
2.2.4	Typen von Postleitzahlen	112
2.2.5	Geschichte der Postleitzahlen in Deutschland	113
2.2.6	Postleitzahlensysteme anderer Länder	114
2.3	Das System der Zellcodierung	115
3	**Sendungserfassung und Sendungsverfolgung**	115
3.1	Sendungserfassung	115
3.2	Vollautomatische Sendungserfassung	116
3.3	Sendungsverfolgung	116
3.4	Sendungsauskunft	117
4	**Verkehrsgeografie**	117
4.1	Gradnetz und Zeitzonen	117
4.1.1	Gradnetz	117
4.1.2	Zeitzonen	119
4.1.3	Datumsgrenze	120
4.2	Die Bundesrepublik Deutschland	120
4.2.1	Bundesländer	120
4.2.2	Gliederung nach Metropolregionen	122
4.3	Deutschland und seine Nachbarn	124
4.3.1	Dänemark	125
4.3.2	Polen	125
4.3.3	Tschechien	125
4.3.4	Österreich	125
4.3.5	Schweiz	126
4.3.6	Frankreich	126
4.3.7	Luxemburg	126
4.3.8	Belgien	126
4.3.9	Niederlande	126
5	**Verkehrspolitik und Verkehrsinfrastruktur**	127
5.1	Straßenverkehr	127
5.1.1	Autobahnen	128
5.1.2	Bundesstraßen	129
5.1.3	Landesstraßen	129
5.1.4	Kreisstraßen	129
5.2	Schienenverkehr	129
5.3	See- und Binnenschifffahrt	129
5.3.1	Binnenschifffahrt	129
5.3.2	Seeschifffahrt	129
5.4	Luftverkehr	130
5.5	Kombinierter Verkehr	130
Wiederholungs- und Übungsaufgaben		131

Lernfeld 4
Sendungen an Empfänger ausliefern

1	**Kommissionierung und Tourenplanung**	132
1.1	Kommissionierung	132
1.1.1	Bereitstellung	132
1.1.2	Entnahme	132
1.1.3	Fortbewegung	133
1.1.4	Abgabe	133
1.2	Arten der Kommissionierung	133
1.2.1	Einstufige Kommissionierung	134
1.2.2	Mehrstufige Kommissionierung	134
1.2.3	Serielle Kommissionierung	134
1.2.4	Parallele Kommissionierung	134
1.2.5	Pick- und Pack-Kommissionierung	134
1.3	Tourenplanung	134
2	**Ladungssicherung**	136
2.1	Direktsicherung	136
2.2	Reibungssicherung	137
2.3	Bündelung oder Oberflächensicherung	137
2.4	Haftung bei nicht ordnungsgemäßer Ladungssicherung	137
2.5	Arbeitsanweisung für Lade- und Fahrzeugkontrollen	137
3	**Sendungen befördern und abliefern**	139
3.1	Ablieferung beim Empfänger	139
3.2	Ablieferung beim Ersatzempfänger/Nachbarn	139
3.3	Ablieferung in Packstationen	140
3.4	Ablieferung in Paketshops und Postfilialen	141
3.5	Ablieferung gegen Entgelt	141
4	**Beförderungs- und Ablieferungshindernisse**	142
4.1	Beförderungshindernisse	142
4.2	Ablieferungshindernisse	142
4.3	Verhalten bei Beförderungs- und Ablieferungshindernissen	143
5	**Sendungsrücklauf, Retouren und Transportschäden**	144
5.1	Sendungsrücklauf	144
5.2	Retouren	144
5.3	Transportschäden	144
6	**International Commercial Terms (Incoterms)**	145
7	**Kommunikation und Kundenorientierung**	146
7.1	Kommunikation	146
7.2	Kundenorientierung	148
7.3	Zehn Grundregeln für die kundenorientierte Kommunikation	149
	Wiederholungs- und Übungsaufgaben	150

Lernfeld 5
Zahlungsvorgänge bearbeiten, dokumentieren und abrechnen

1	**Zahlungsmittel und Zahlungsarten**	151
1.1	Zahlungsmittel	151
1.1.1	Warengeld	151
1.1.2	Bargeld	151
1.1.3	Giral- oder Buchgeld	152
1.1.4	Elektronisches Geld	152
1.2	Zahlungsarten	153
1.2.1	Barzahlung	153
1.2.2	Halbbare Zahlung	153
1.2.3	Bargeldlose Zahlung	154
2	**Zahlungs- und Abrechnungssysteme**	155
2.1	Klassische Verfahren	155
2.1.1	Zahlung auf Rechnung/Überweisung	155
2.1.2	Zahlung per Dauerauftrag	155
2.1.3	Zahlung per Scheck	156
2.1.4	Zahlung per Lastschriftverfahren	156
2.1.5	Zahlung per Nachnahme	156
2.1.6	Vorauskasse	156
2.2	Elektronische Zahlverfahren	157
2.2.1	Kreditkartenzahlung	157
2.2.2	Bankeinzug via Internet	157
2.2.3	Zahlung mit Bankkarte	157
2.2.4	Zahlung mit Geldkarte	157
2.2.5	Electronic-Cash-System (POS-Zahlung)	158
2.2.6	Das elektronische Lastschriftverfahren (ELV)	159
2.2.7	Bezahlen mit dem Handy	160
3	**Kassenführung und Kassenabrechnung**	160
3.1	Ordnungsgemäße Kassenführung	160
3.1.1	Arten der Kassenführung	160
3.1.2	Erfassung der Kasseneinnahmen	161
3.2	Kassenabrechnung	162
3.3	Kassenbelege	162
3.3.1	Rechnungen	162
3.3.2	Kassenbon/Rechnung über Kleinbeträge	164
3.3.3	Quittung	164
3.3.4	Einnahmebeleg/Ausgabebeleg	165
4	**Mahnwesen**	165
4.1	Zahlungseingänge überwachen	165
4.2	Zahlungsverzug	165
4.3	Kaufmännisches Mahnverfahren	166
4.4	Gerichtliches Mahnverfahren	166
4.5	Ordentliches Gerichtsverfahren	167
4.6	Verzugszinsen	168
4.7	Verjährung	168

5	Betriebliche Steuern und Abgaben	169
5.1	Betriebliche Steuern	169
5.1.1	Einkommensteuer	170
5.1.2	Körperschaftssteuer	170
5.1.3	Gewerbesteuer	170
5.1.4	Umsatzsteuer	170
5.2	Abgaben (Lkw-Maut)	172
5.3	Auswirkungen von Steuern und Abgaben auf den Unternehmenserfolg	173

Wiederholungs- und Übungsaufgaben 173

Lernfeld 6
Zusätzliche Dienstleistungen analysieren, bearbeiten und dokumentieren

1	Mehrwertdienstleistungen	175
1.1	Nachnahme	177
1.2	Zustellungsauftrag	177
1.2.1	Zustellung an den Zustelladressaten	177
1.2.2	Ersatzzustellung in der Wohnung (§ 178 ZPO)	177
1.2.3	Zustellung bei verweigerter Annahme (§ 179 ZPO)	178
1.2.4	Ersatzzustellung durch Einlegen in den Briefkasten (§ 180 ZPO)	178
1.2.5	Ersatzzustellung durch Niederlegung (§ 181 ZPO)	179
1.2.6	Die Zustellungsurkunde	179
1.3	Identverfahren	181
1.4	Transportversicherung	181
1.4.1	Die Versicherungspolice als Wertpapier	182
1.4.2	Versicherungsarten	182
1.4.3	Allgemeine Versicherungsbedingungen	183
2	Erweiterung und Verbesserung des betrieblichen Leistungsangebotes	185
2.1	Erstellen kundenspezifischer Leistungsangebote	185
2.2	Vergleich der Leistungsangebote anderer Unternehmen	185
2.3	Zusammenhänge zwischen Mehrwertdienstleistung, Qualität und betriebswirtschaftlichem Ergebnis	186
3	Branchenübliche Haftung	186
3.1	Vertragliche Frachtführerhaftung	186
3.2	Gesetzliche Frachtführerhaftung nach dem HGB	187
3.2.1	Haftung nach § 425 HGB	187
3.2.2	Haftungsbefreiung	188
3.2.3	Reklamationsfristen und Verjährung	188
3.3	Internationale Frachtführerhaftung nach dem CMR	189
3.3.1	Frachtführerhaftung nach Artikel 17 CMR	189
3.3.2	Haftungsbefreiung und Haftungsbeschränkung	189
3.3.3	Reklamationsfristen und Verjährung	190
4	Spezialgesetzliche Haftung	190
4.1	Produkthaftung	190
4.1.1	Einführung	190
4.1.2	Haftung	190

4.1.3	Haftungsbeschränkung	191
4.1.4	Verjährung und Erlöschen der Ansprüche	191
4.2	Produzentenhaftung	191
4.3	Gesetz gegen den unlauteren Wettbewerb	192

Wiederholungs- und Übungsaufgaben 194

Lernfeld 7
Geschäftsprozesse erfassen und betriebliche Daten aufbereiten

1	Jahresabschluss	196
1.1	Vermögen, Schulden und Eigenkapital	196
1.2	Inventur und Inventar	197
1.3	Bilanz	198
1.4	Wertveränderungen in der Bilanz	199
1.5	Gewinn- und Verlustrechnung	203
1.5.1	Aufwand und Ertrag	203
1.5.2	Gesamtkostenverfahren	203
1.5.3	Umsatzkostenverfahren	204
1.5.4	Wertveränderungen in der Gewinn- und Verlustrechnung	204
2	Buchführung	206
2.1	Gesetzliche Grundlagen	206
2.2	Grundsätze der ordnungsgemäßen Buchführung	206
2.2.1	Das System der doppelten Buchführung	207
2.2.2	Allgemeine Bilanzierungsgrundsätze	207
2.3	Aufbewahrungspflichten	208
3	Anschaffungskosten von Anlagevermögen	208
4	Abschreibungen	209
4.1	Die Abschreibung nach handelsrechtlichen Grundsätzen	209
4.2	Abschreibungsmethoden	209
4.2.1	Lineare Abschreibung	210
4.2.2	Degressive Abschreibung	210
4.2.3	Leistungsabhängige Abschreibung	212

Wiederholungs- und Übungsaufgaben 213

Lernfeld 8
Transporte von Sendungen planen, organisieren und steuern

1	Arbeitsabläufe im KEP-Unternehmen	215
1.1	Arbeitsabläufe der Kurier- und Expressdienste	215
1.2	Arbeitsabläufe der Brief- und Paketdienste	216
2	Personaleinsatz- und Urlaubsplanung	218
2.1	Personaleinsatzplanung	218
2.2	Urlaubsplanung	219

2.3	Ausgleich einer kurzfristigen Personalüber- oder Personalunterdeckung	220
2.3.1	Personalüberdeckung	220
2.3.2	Personalunterdeckung	220
2.4	Einweisung und Einarbeitung neuer Mitarbeiter	221

3 Transportmittelplanung 222

3.1	Bedarfsermittlung	222
3.1.1	Erstbeschaffung	222
3.1.2	Ersatzbeschaffung	222
3.2	Fahrzeugbeschaffung	222
3.3	Finanzierung der Fahrzeugbeschaffung	223
3.3.1	Sofortzahlung	223
3.3.2	Ratenzahlung	223
3.3.3	Leasing	224
3.4	Fahrzeugeinsatz und Fahrzeugorganisation	224
3.4.1	Fuhrparkmanagement	224
3.4.2	Fahrzeugeinsatz	224

4 Lenk- und Ruhezeiten 224

5 Kapazitätsauslastung 227

5.1	Kapazitätsermittlung	227
5.2	Über- und Unterkapazitäten	227
5.3	Anpassungsmaßnahmen	228

6 Außenwirtschaftliche Bestimmungen 228

6.1	Außenwirtschaftsgesetz	228
6.1.1	Grundsatz	228
6.1.2	Beschränkungen	228
6.1.3	Straftatbestände	229
6.1.4	Überwachung des Fracht-, Post- und Reiseverkehrs	229
6.2	Außenwirtschaftsverordnung	229
6.3	Einfuhrbestimmungen des In- und Auslandes	229
6.4	Zollbestimmungen	230
6.4.1	Zollanmeldung	230
6.4.2	Zollbegleitdokumente	231

7 Umweltpolitik und Umweltschutz 231

7.1	Gründe für die Umweltprobleme	232
7.2	Prinzipien der Umweltpolitik	232
7.3	Umsetzung der Umweltpolitik	232
7.4	Betriebliche Umweltpolitik, Abfallsysteme und Umweltmanagementsysteme	233
7.4.1	Betriebliche Umweltpolitik	233
7.4.2	Betriebliches Abfallkonzept	234
7.4.3	Umweltmanagementsystem	234

Wiederholungs- und Übungsaufgaben 236

Lernfeld 9
Kunden gewinnen und Kundenkontakte pflegen

1 Marketing und Marktforschung 237

1.1	Entstehung des Marketings	237
1.2	Marktforschung	237
1.2.1	Primär- und Sekundärforschung	237
1.2.2	Teilgebiete der Marktforschung	238
1.3	Marketingstrategien	238

2 Marketing-Mix 239

2.1	Produktpolitik	239
2.1.1	Produkt	239
2.1.2	Produktqualität	239
2.1.3	Produktarten	239
2.1.4	Produktpolitische Entscheidungen	239
2.2	Preispolitik	241
2.2.1	Preisfindung	241
2.2.2	Preisänderung	242
2.2.3	Form der Preissetzung	242
2.3	Kommunikationspolitik	243
2.3.1	Werbung	243
2.3.2	Verkaufsförderung	243
2.3.3	Öffentlichkeitsarbeit	244
2.3.4	Persönlicher Verkauf	244
2.3.5	Messen	244
2.3.6	Sponsoring	245
2.4	Distributions- oder Verteilungspolitik	245
2.4.1	Der Absatzweg	245
2.4.2	Logistik	246

3 Die ABC-Analyse 247

3.1	Ziel der ABC-Analyse	247
3.2	Die Pareto-Verteilung	247
3.3	Erstellen einer ABC-Analyse	248

4 Kundenkontakte pflegen 249

4.1	Kundenzufriedenheit	249
4.2	Kundenzufriedenheit prüfen	249
4.2.1	Beschwerdemanagement	249
4.2.2	Kundenbefragung	250
4.2.3	Testläufe durch eigene Mitarbeiter	250
4.3	Kundenzufriedenheit verbessern	250

5 Qualitätsmanagement 251

5.1	Begriffsbestimmung	251
5.1.1	Qualitätsplanung	251
5.1.2	Qualitätskontrolle	251
5.1.3	Qualitätsprüfung	252
5.1.4	Qualitätssteuerung	252
5.2	Qualitätsverbesserung	253
5.3	Total Quality Management	253

6	Zertifizierung	254
6.1	Begriffsbestimmung	254
6.2	ISO-Qualitätsnorm	254
6.3	Das Zertifizierungsverfahren	256
7	Kommunikationstechniken und Strategien der Gesprächsführung	257
7.1	Kommunikationstechniken	257
7.2	Wichtige Merkmale einer gelungenen Gesprächsführung	257
7.3	Strategien der Gesprächsführung	258
7.3.1	Vorgesetztenlösung	258
7.3.2	Moderation	258
7.3.3	Mediation	258
8	Präsentationstechniken	258
8.1	Vorbereitung der Präsentation	258
8.2	Aufbau der Präsentation	259
8.3	Umsetzung der Präsentation	259
9	Internetrecherche	260
	Wiederholungs- und Übungsaufgaben	261

Lernfeld 10
Bei Personalmaßnahmen mitwirken und arbeitsrechtliche Bestimmungen anwenden

1	Innerbetriebliche Kommunikation	262
1.1	Horizontale und vertikale Kommunikation	262
1.2	Führungsstile	262
1.3	Maßnahmen zur Verbesserung der innerbetrieblichen Kommunikation	263
1.3.1	Information	263
1.3.2	Feedback	263
1.3.3	Motivation	263
2	Personalplanung	264
2.1	Personalbestandsplanung	264
2.2	Personalbedarfsplanung	264
2.3	Personalveränderungsplanung	266
3	Das Allgemeine Gleichbehandlungsgesetz (AGG)	267
3.1	Definition und Begriffe	267
3.2	Anwendungsbereich des Gesetzes	268
3.3	Was ist verboten?	268
3.4	Rechtfertigungsgründe im Arbeitsrecht	269
3.5	Organisationspflichten des Arbeitgebers	270
3.6	Rechte der Beschäftigten	270
4	Personalbeschaffung	271
4.1	Inner- und außerbetriebliche Personalbeschaffung	271
4.1.1	Innerbetriebliche (interne) Personalbeschaffung	271
4.1.2	Außerbetriebliche (externe) Personalbeschaffung	271
4.1.3	Vor- und Nachteile der internen und externen Personalbeschaffung	271
4.2	Stellenbeschreibung	272
4.3	Externe Bewerbung	273
4.3.1	Bewerbungsschreiben	273
4.3.2	Lichtbild	273
4.3.3	Lebenslauf	273
4.4	Interne Bewerbung	274
4.4.1	Personalakte	274
4.4.2	Personalinformationssysteme	274
4.4.3	Bewerbungsunterlagen	274
4.5	Auswahl geeigneter Bewerber	275
4.5.1	Allgemeine Kriterien für die Personalauswahl	275
4.5.2	Anforderungsprofil	275
4.5.3	Qualitätsprofil	275
4.5.4	Vergleich von Anforderungs- und Qualitätsprofil	276
4.6	Ablauf des Bewerbungsverfahrens	276
5	Der Arbeitsvertrag	276
5.1	Begründung und Inhalt von Arbeitsverhältnissen	276
5.1.1	Inhalt des Arbeitsvertrages	277
5.1.2	Rechte und Pflichten aus dem Arbeitsverhältnis	278
5.2	Befristung von Arbeitsverhältnissen	278
5.2.1	Arten der Befristung	278
5.2.2	Schriftform	279
6	Fort- und Weiterbildungsmöglichkeiten	279
7	Beendigung von Arbeitsverhältnissen	280
7.1	Die Kündigung	280
7.2	Ordentliche Kündigung	280
7.2.1	Kündigungsschutz	281
7.2.2	Betriebsbedingte Kündigung	281
7.2.3	Verhaltensbedingte Kündigung	282
7.2.4	Personenbedingte Kündigung	282
7.3	Außerordentliche Kündigung	282
7.4	Änderungskündigung	284
7.5	Der Arbeitsprozess	284
7.6	Das Arbeitszeugnis	284
7.6.1	Form des Zeugnisses	284
7.6.2	Mindestinhalt des einfachen Zeugnisses	284
7.6.3	Zusätzliche Angaben im qualifizierten Zeugnis	285
8	Entgeltarten und Entgeltabrechnung	286
8.1	Der Zeitlohn	286
8.2	Der Leistungslohn	287
8.2.1	Akkordlohn	287
8.2.2	Prämienlohn	287
8.3	Entgeltabrechnung	288
8.3.1	Abzuziehende Steuern	288
8.3.2	Abzuziehende Sozialversicherungsbeiträge	289
8.3.3	Vermögenswirksame Leistungen und geldwerte Vorteile	290
8.3.4	Berechnung des Nettolohns	290

9	**Datenschutz und Datensicherheit**	292
9.1	Die Postdienste-Datenschutzverordnung	292
9.2	Das Bundesdatenschutzgesetz	293
9.3	Verstoß gegen die datenschutzrechtlichen Bestimmungen	293
	Wiederholungs- und Übungsaufgaben	294

Lernfeld 11

Geschäftsprozesse dokumentieren und auswerten

1	**Die Kosten- und Leistungsrechnung**	295
1.1	Kostenartenrechnung	295
1.2	Kostenstellenrechnung	297
1.2.1	Betriebsabrechnungsbogen	297
1.2.2	Berechnung der Gemeinkostenzuschläge.	298
1.3	Kostenträgerrechnung.	300
1.3.1	Divisionskalkulation	300
1.3.2	Äquivalenzziffernmethode.	300
1.3.3	Zuschlagskalkulation.	301
2	**Deckungsbeitragsrechnung**	301
2.1	Einstufige Deckungsbeitragsrechnung	302
2.2	Mehrstufige Deckungsbeitragsrechnung	302
3	**Controlling**	303
3.1	Strategisches und operatives Controlling.	304
3.1.1	Ziele.	304
3.1.2	Aufgaben	304
3.2	Break-Even-Analyse	304
3.3	Vermögensstruktur.	306
3.3.1	Anlageintensität	306
3.3.2	Umlaufintensität	307
3.3.3	Vermögenskonstitution	307
3.4	Kapitalstruktur	307
3.4.1	Eigenkapitalquote	307
3.4.2	Fremdkapitalquote	308
3.4.3	Verschuldungskoeffizient	308
3.5	Liquiditätsanalyse	308
3.5.1	Liquidität	308
3.5.2	Cashflow	309
3.6	Rentabilitätsanalyse	310
3.6.1	Gewinnorientierte Rentabilitätsanalyse	310
3.6.2	Cashflow-orientierte Rentabilitätsanalyse	310
3.6.3	Return on Investment	311
3.7	Wirtschaftlichkeit	311
4	**Weitere Kennzahlen für Zielvereinbarungen.** . . .	312
4.1	Kennzahlen der Personalstatistik	312
4.1.1	Personalstruktur	312
4.1.2	Krankenstand/Krankheitsausfallquote	312
4.1.3	Fehlzeitenquote	312
4.1.4	Fluktuationsquote	312
4.2	Branchenspezifische Kennzahlen	313
4.2.1	Laufzeiten	313
4.2.2	Zustellleistungen.	313
5	**Darstellung von statistischem Zahlenmaterial** . .	314
5.1	Tabellarische Darstellung	314
5.2	Grafische Darstellung	314
	Wiederholungs- und Übungsaufgaben	316

Lernfeld 12

Dienstleistungen anbieten und verkaufen

1	**Kunden akquirieren**	318
1.1	Arten der Kundenakquise	318
1.1.1	Aktive Akquise	318
1.1.2	Passive Akquise.	318
1.2	Kundenwünsche ermitteln	319
1.3	Kundendaten erfassen	319
2	**Angebote erstellen.**	319
2.1	Anfrage	319
2.2	Angebot.	319
2.2.1	Definition.	319
2.2.2	Abgrenzung von der Aufforderung zur Abgabe eines Angebotes	319
2.2.3	Inhalt eines Angebotes	320
2.3	Bindung an das Angebot.	320
3	**Make-or-Buy**	321
3.1	Make-or-Buy-Analyse	321
3.2	Umfang der Fremdleistung	322
3.3	Beschaffung von Fremdleistungen	322
3.3.1	Angebotsvergleichkarte	323
3.3.2	Quantitativer Angebotsvergleich	323
3.3.3	Qualitativer Angebotsvergleich	324
4	**Preiskalkulation**	325
4.1	Vollkostenkalkulation	325
4.2	Kalkulation von Preisuntergrenzen	327
4.2.1	Preisuntergrenzen bei freien Kapazitäten	327
4.2.2	Preisuntergrenzen bei Kapazitätsengpässen	328
4.3	Strategien bei der Preisgestaltung	329
5	**Der Fracht- bzw. Beförderungsvertrag**	329
5.1	Vertragsanbahnung	329
5.2	Zustandekommen des Frachtvertrages	330
5.3	Wesentlicher Vertragsinhalt.	330
5.4	Einzel- und Rahmenvertrag	332
5.5	Rechte und Pflichten im Frachtvertrag	332
5.5.1	Der Absender	333
5.5.2	Der Frachtführer	333
5.5.3	Der Empfänger	334

6	Vertragsstörungen	334
6.1	Unmöglichkeit	335
6.2	Verzug	335
6.3	Annahmeverzug	336

Wiederholungs- und Übungsaufgaben 337

Lernfeld 13
Unternehmerische Entscheidungen vorbereiten

1	Das Handelsregister	338
1.1	Aufbau	338
1.2	Eintragungen	338
1.3	Funktion und Bedeutung	339
2	Das Recht der Kaufleute	340
2.1	Der Kaufmannsbegriff	340
2.2	Die Firma des Kaufmanns	341
2.3	Die Vertretung des Kaufmanns	342
2.3.1	Die Prokura	342
2.3.2	Die Handlungsvollmacht	343
2.3.3	Vollmacht nach § 56 HGB	344
2.4	Haftung	344
2.4.1	Haftung bei Firmenfortführung	344
2.4.2	Haftung des Erben	344
2.5	Handelsgeschäft und Handelskauf	345
2.6	Das kaufmännische Bestätigungsschreiben	345
3	Unternehmensformen	346
3.1	Personengesellschaften	346
3.1.1	Gesellschaft bürgerlichen Rechts	346
3.1.2	Offene Handelsgesellschaft	346
3.1.3	Kommanditgesellschaft	347
3.2	Vereine und Kapitalgesellschaften	348
3.2.1	Verein	348
3.2.2	Aktiengesellschaft	348
3.2.3	Gesellschaft mit beschränkter Haftung	349
3.2.4	Unternehmergesellschaft haftungsbeschränkt	350
3.2.5	Limited	350
4	Unternehmensfinanzierung	350
4.1	Eigenkapital und Fremdkapital	351
4.1.1	Eigenkapital	351
4.1.2	Fremdkapital	351
4.2	Eigenkapital- und Fremdkapitalfinanzierung	352
4.2.1	Eigenkapitalfinanzierung	352
4.2.2	Fremdkapitalfinanzierung	352
5	Kreditvertrag	352
5.1	Kredit	352
5.2	Kredit- oder Darlehensvertrag	353
5.3	Kreditsicherheiten	353
5.3.1	Bürgschaft	354
5.3.2	Forderungsabtretung	354
5.3.3	Sicherungsübereignung	355
5.3.4	Hypothek	355
5.3.5	Grundschuld	356
5.4	Verbraucherkreditvertrag	356
6	Leasing	357
6.1	Voll- und Teilamortisationsverträge	357
6.2	Sonderformen	357
7	Franchising und andere Formen der Kooperation	358
7.1	Franchising	358
7.2	Kooperationen mit anderen Unternehmen	358
7.2.1	Beschreibung und Einordnung von Kooperationen	358
7.2.2	Mögliche Vorteile einer Kooperation für die beteiligten Unternehmen	360
7.2.3	Mögliche Nachteile einer Kooperation für die beteiligten Unternehmen	362
7.2.4	Mögliche Auswirkungen von Kooperationen auf die Volkswirtschaft	362
7.2.5	Mögliche Auswirkungen von Kooperationen auf die Arbeitsverhältnisse	363
7.2.6	Wichtige Abstimmungspunkte für die Kooperation	363
7.2.7	Lebensphasen einer Kooperation	363

Wiederholungs- und Übungsaufgaben 365

Stichwortverzeichnis 367

Lernfeld 1

Im KEP-Unternehmen lernen und arbeiten

1 Einordnung der Ausbildungsbetriebe in die Gesamtwirtschaft

1.1 Wirtschaftliche Grundbegriffe

1.1.1 Wirtschaften

Der Begriff „Wirtschaften" beschreibt eine planmäßige Tätigkeit des Menschen zur Deckung seines Bedarfs an Gütern. Da Güter knapp sind, müssen diese ständig neu her- und bereitgestellt werden. Wirtschaften kann daher auch als das Bewusstsein und die Bewältigung der Knappheit von Gütern bezeichnet werden.

1.1.2 Güter

Güter werden unterteilt in

- freie Güter und
- knappe Güter.

Freie Güter wie Luft und Regenwasser stehen grundsätzlich jedem unbeschränkt zur Verfügung. Auf Grund sich ändernder Umweltbedingungen können diese Güter aber auch knapp werden.

 Beispiel: Es regnet seit Monaten nicht und das Regenwasser wird knapp.

Knappe Güter sind hingegen nur beschränkt verfügbar, deswegen muss mit ihnen gewirtschaftet werden. Zu unterscheiden sind hier:

- Konsumgüter,
- Produktionsgüter,
- Sachgüter und
- Dienstleistungen.

Während **Konsumgüter** unmittelbar dem Verbrauch dienen, werden Produktionsgüter wie Maschinen und Rohstoffe, aber auch Geld in der Produktion eingesetzt und dienen der Bedarfsbefriedigung nur mittelbar. **Sachgüter** zeichnen sich dadurch aus, dass sie gelagert werden können, und bei **Dienstleistungen** erfolgen die Bereitstellung und der Verbrauch der Dienstleistung meist gleichzeitig.

1.1.3 Bedürfnis und Bedarf

Das **Bedürfnis** bezeichnet das Verlangen eines Menschen nach einem oder mehreren Gütern. Dabei spielt es keine Rolle, ob das Gut käuflich erwerbbar ist oder nicht. Bei den Bedürfnissen unterscheidet man:

- Elementarbedürfnisse,
- Kulturbedürfnisse und
- Luxusbedürfnisse.

Elementarbedürfnisse sind lebensnotwenig. Zu ihnen gehören beispielsweise das Essen und Schlafen. **Kulturbedürfnisse** befriedigen hingegen geistige Ansprüche wie Reisen, Theater und

Kunst. **Luxusbedürfnisse** wie Schmuck, ein großes Haus, teure Autos oder Reisen sind nicht lebensnotwendig, sondern befriedigen nur unser Verlangen nach materieller Anerkennung.

Ferner trennt man danach, ob es sich bei dem Bedürfnis um ein individuelles oder ein kollektives Bedürfnis handelt. **Individuelle Bedürfnisse** werden von einer Einzelperson empfunden oder befriedigen nur eine Einzelperson. **Kollektive Bedürfnisse** hingegen stehen im Allgemeininteresse und dienen dem Gemeinwohl.

Der amerikanische Psychologe Abraham Maslow entwickelte die nachfolgende so genannte „Maslow'sche Bedürfnispyramide", in der er die Stufen der menschlichen Bedürfnisse darstellte. Der Mensch versucht demnach, zuerst die Bedürfnisse der niedrigsten Stufe (Essen und Trinken) zu befriedigen, bevor er die nächste Stufe mit einem neuen Bedürfnis in Angriff nehmen wird. Erst das inzwischen befriedigte Bedürfnis erhöht die Motivation, ein weiteres zu befriedigen. Die Bedürfnispyramide wird noch heute im Bereich des Marketings angewendet.

Abb. 1.1: Bedürfnispyramide nach Maslow

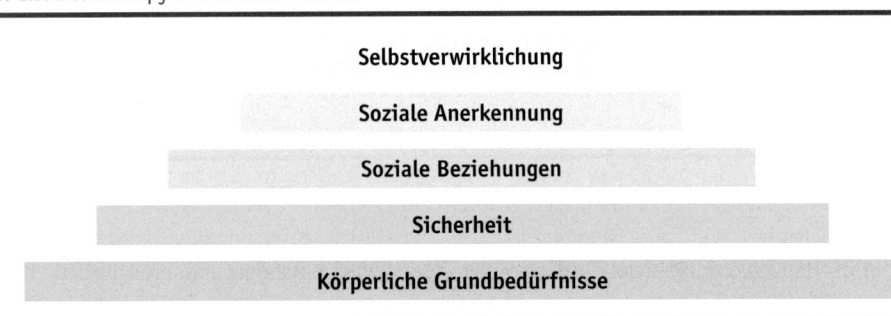

Der **Bedarf** erfasst hingegen nur diejenigen Bedürfnisse, die von wirtschaftlichem Interesse sind und mit dem vorhandenen Vermögen befriedigt werden können. Auf dem Markt zeigt sich der Bedarf in Form der **Nachfrage**. Jeder Unternehmer ist daher gehalten, die Bedürfnisse der Kunden in einen mit tatsächlicher Kaufkraft versehenen Bedarf umzuwandeln.

1.1.4 Konjunktur

Die Konjunktur ist Ausdruck der gesamtwirtschaftlichen Situation. Sie leitet sich unter anderem aus dem Bruttoinlandsprodukt (BIP) her und ist regelmäßigen Schwankungen unterworfen.

Abb. 1.2: Konjunkturbewegung in der Marktwirtschaft

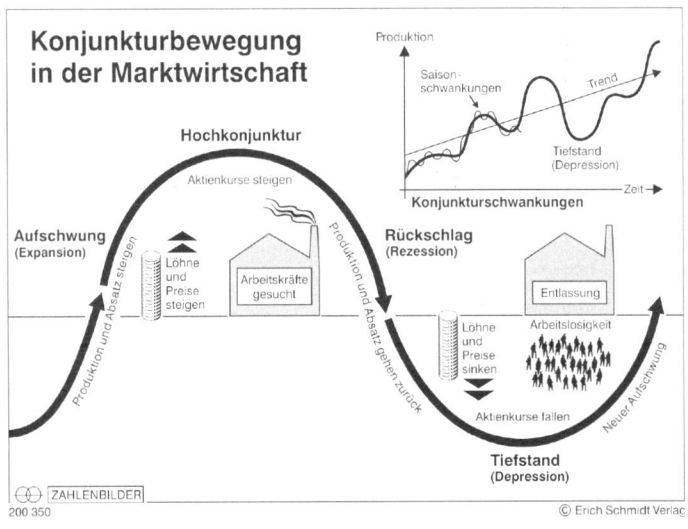

Diese Schwankungen werden auch **Konjunkturphasen** genannt. Um dieses ständige Auf und Ab zu verhindern oder wenigstens abzuschwächen, bemüht sich die Politik um die **Stabilisierung** der Konjunktur, z.B. durch Subventionen, Steuererhöhungen und -senkungen.

Die **Expansion** ist gekennzeichnet durch ein Ansteigen der Aufträge und Produktionen, eine geringe Preissteigerung, niedrige Zinsen, das Sinken der Arbeitslosenquote und mit Blick auf die gesamtwirtschaftlichen Entwicklungen durch optimistische Prognosen.

In der **Boomphase** sind die wirtschaftlichen Kapazitäten voll ausgelastet. Die Arbeitslosenquote geht gegen null, zum Teil herrscht sogar Arbeitskräftemangel, das Lohnniveau steigt und die Nachfrage ist sehr hoch. Infolgedessen steigen auch die Preise und die Zinsen weiter an. Die Produktion wird so lange gesteigert, bis eine Sättigung des Marktes eintritt. Das Bruttoinlandsprodukt stagniert, und es beginnt die Phase des **Abschwung**s.

Die **Rezession** ist gekennzeichnet durch wirtschaftlichen Stillstand und Abschwung. Dies ist dann anzunehmen, wenn in zwei aufeinanderfallenden Quartalen die Wirtschaft nicht wächst oder sogar zurückgeht. Das Bruttoinlandsprodukt sinkt im Vergleich zum Vorjahr. Von **Depression** spricht man bei einem weiteren Abschwung und weiter sinkendem Bruttoinlandsprodukt bis hin zum Tiefpunkt. Die Arbeitslosenquote steigt stark an, die Nachfrage sinkt, entsprechend auch das Preisniveau, und die produzierten Güter werden billiger.

1.1.5 Produktionsfaktoren

Die **Volkswirtschaftslehre** unterteilt die Produktionsfaktoren in

- Arbeit,
- Boden/Natur und
- Kapital.

Abb. 1.3: Produktionsfaktoren

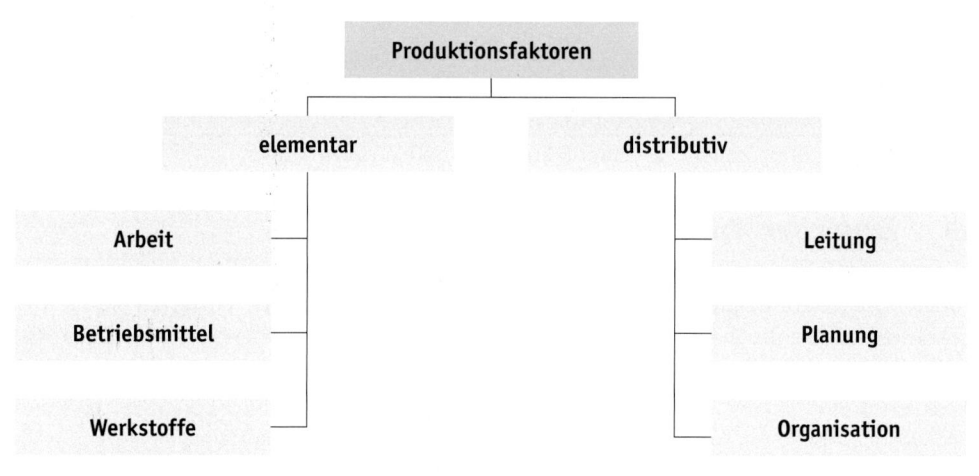

Während der Produktionsfaktor **Arbeit** jede Beschäftigung erfasst, die die darauf abzielt, Einkommen zu erwirtschaften, meint der Produktionsfaktor **Boden** die natürlichen Ressourcen wie Bodenschätze, Wälder, Felder und Gewässer. Diese dienen sowohl als Anbau- und Abbaufläche als auch als Standort. Der Produktionsfaktor **Kapital** erfasst vor allem Arbeitsmittel wie Maschinen, Werkzeuge und Bauten.

In der **Betriebswirtschaftslehre** unterscheidet man:
- elementare Produktionsfaktoren und
- dispositive Produktionsfaktoren.

Während **elementare Produktionsfaktoren** wie Arbeit, Betriebsmittel und Werkstoffe für den betrieblichen Leistungsprozess unerlässlich sind, wirken **dispositive Produktionsfaktoren** wie Leitung, Planung und Organisation nur gestaltend auf den betrieblichen Leistungsprozess ein.

1.1.6 Das ökonomische Prinzip

Der Einsatz der Mittel vollzieht sich in der Marktwirtschaft nach dem ökonomischen Prinzip. Das ökonomische Prinzip zielt auf ein möglichst günstiges Verhältnis von Aufwand und Ertrag ab. Dies kann auf zweierlei Weise geschehen:

- Maximalprinzip oder
- Minimalprinzip.

Nach dem **Maximalprinzip** soll mit den gegebenen Mitteln (Aufwand, Kosten) ein maximaler Ertrag erzielt werden.

Beispiel: In einem KEP-Unternehmen stehen für den Kauf von Transportmitteln (Fahrräder, Kraftfahrzeuge) 500.000,00 € zur Verfügung. Ziel des Unternehmens muss es nun sein, möglichst viele Transportmittel für die 500.000,00 € zu erwerben.

Nach dem **Minimalprinzip** soll ein bestimmter Ertrag mit einem möglichst minimalen Mitteleinsatz (Aufwand, Kosten) erzielt werden.

Beispiel: Für die Anschaffung einer neuen Briefsortiermaschine soll möglichst wenig Kapital aufgewendet werden.

1.2 Aufbau der Gesamtwirtschaft

Die gesamten wirtschaftlichen Prozesse finden in und zwischen Betrieben statt. „Betriebe" meint hier selbstständige Einzelwirtschaften. Diese werden in Produktionsbetriebe und Konsumbetriebe unterschieden. Unter Produktionsbetrieben versteht man sowohl Sachleistungs- als auch Dienstleistungsbetriebe. Während die Aufgabe von Sachleistungsbetrieben die Rohstoffgewinnung, Bearbeitung und Verarbeitung ist, beschäftigen sich Dienstleistungsbetriebe mit der Güterverteilung, dem Transport, Verkehr, Finanzen und Versicherungen.

1.3 Einfacher Wirtschaftskreislauf

Wegen der Kompliziertheit wirtschaftlicher Zusammenhänge bedient man sich einfacher **Modelle**, um Zusammenhänge besser verstehen zu können. Der einfache Wirtschaftskreislauf ist ein solches Modell, der die wesentlichen Geld- und Güterströme zwischen privaten Haushalten und Unternehmen vereinfacht darstellt. Andere Einflussfaktoren wie der Staat, Banken und die Außenwirtschaft bleiben bei den Betrachtungen unberücksichtigt. Dem einfachen Wirtschaftskreislauf liegt ferner die Annahme zu Grunde, dass

- die privaten Haushalte ihr gesamtes Geld für den Kauf von Gütern und die Nutzung von Dienstleistungen verwenden und
- die Unternehmen alle hergestellten Güter und ihre Dienstleistungen nur an die privaten Haushalte abgeben.

Nur unter diesen Voraussetzungen erhält man einen geschlossenen Wirtschaftskreislauf.

Güterstrom:

Die privaten Haushalte stellen den Unternehmen die Produktionsfaktoren Arbeit, Boden und Kapital zur Verfügung. Die Unternehmen produzieren davon ihre Güter, die sie dann wieder an die Haushalte verkaufen.

Geldstrom:

Für die Bereitstellung der Produktionsfaktoren erhalten die privaten Haushalte ein entsprechendes Entgelt. Dieses Geld investieren sie dann wieder in die von den Unternehmern hergestellten Güter oder die von ihnen angebotenen Dienste.

Abb 1.4: Einfacher Wirtschaftskreislauf

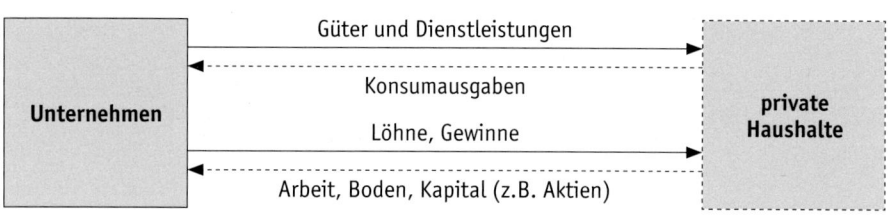

1.4 Stellung der KEP und Briefdienste in der Gesamtwirtschaft

Die Briefdienste sind ebenso wie die Kurier-, Express- und Paketdienste (KEP) zu einem festen Bestandteil unserer Dienstleistungs- und Informationsgesellschaft geworden. Denn nahezu alles, angefangen bei den Ersatzteilen für Kraftfahrzeuge, über Medikamente, Gerichtspost, ja selbst die Pizza muss schnell und termingerecht zum Empfänger transportiert werden.

Während die Briefdienstleistungsunternehmen vor allem mit der Übermittlung von Nachrichten (Güterstrom) befasst sind, übernehmen die KEP-Unternehmen auch andere Aufgaben im Wirtschaftskreislauf, unter anderem:

- Transport von Waren ⇨ Güterstrom;
- Übermittlung von Nachrichten ⇨ Güterstrom;
- Entgegennahme von Geld (Nachnahme) ⇨ Geldstrom.

Den KEP-Unternehmen kommt insbesondere bei der Güterverteilung eine große Bedeutung zu. Denn nur noch selten befinden sich die Produzenten von Gütern und die Konsumenten an demselben Ort.

Auch die einzelnen Wirtschaftsstufen benötigen Verbindungen zueinander und zur jeweils anderen Stufe. So müssen die Rohstoffe zur Verarbeitung in die jeweiligen Verarbeitungsstätten und die fertigen Güter in den Handel gebracht werden. Dort werden sie dann vom Großhändler an die Einzelhändler weitergereicht, bis sie schließlich beim Konsumenten ankommen.

Im Nachrichtenverkehr wirken neben den Postdienstleistungsunternehmen, die sich vor allem um die Übermittlung von Standardbriefen, Katalogen und Werbesendungen kümmern, auch KEP-Unternehmen mit. Insbesondere dann, wenn es um eilige Sendungen (Expresssendungen) geht oder aber um Sendungen bei denen es neben der Schnelligkeit auch um die persönliche Übermittlung von Nachrichten ankommt (Kuriere) sind die KEPs gefragt. An die Übermittlung der Waren und Nachrichten, aber auch des Geldes werden die unterschiedlichsten Anforderungen gestellt. Sie hat je nach Auftrag

- schnell,
- sicher,
- preisgünstig,
- vertraulich und
- eventuell sogar regelmäßig zu erfolgen.

Die regionale Verteilung der KEP-Unternehmen ist weitgehend flächendeckend, wie die nachfolgende Abbildung zeigt:

Abb. 1.5: Regionale Verteilung der KEP-Unternehmen

(zusammengestellt auf Stand 2000 nach Angaben der Regulierungsbehörde für Telekommunikation und Post; heute Bundesnetzagentur)

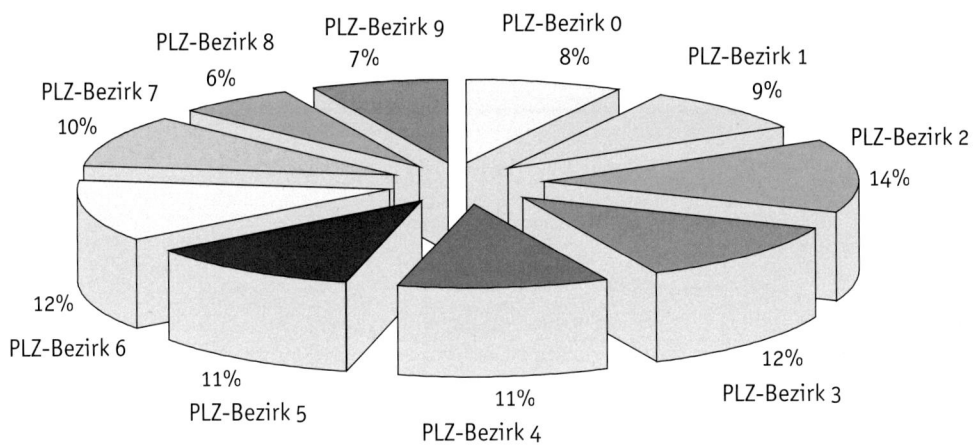

Bei den Briefdienstleistungsunternehmen steht noch immer die Deutsche Post AG (DP AG) mit ihrem flächendeckenden Netz im Vordergrund. Sie übernimmt auch diejenigen Sendungen, die kleinere – zumeist regionale Anbieter – nicht alleine zustellen können. So wurden im Jahr 2007 allein von der Deutschen Post AG 16,1 Milliarden Sendungen vom Absender an den Empfänger übermittelt. Davon kamen 0,8 Milliarden Sendungen von Wettbewerbern, die ihre eingesammelte Post an die Deutschen Post AG zur Endzustellung weitergeleitet hatten.

Abb. 1.6: Flächendeckendes Netz der Deutschen Post AG

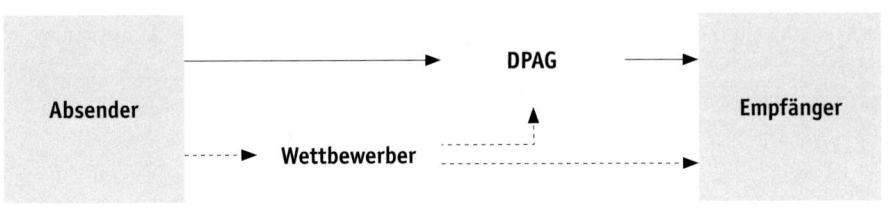

2 Markt und Marktwirtschaft

2.1 Die freie und die soziale Marktwirtschaft

Die freie Marktwirtschaft geht zurück auf Adam Smith und seine Vorstellungen von einem durch Angebot und Nachfrage sich entwickelnden gerechten Preis. Smith ging davon aus, dass durch die gegenseitige Abhängigkeit der Wirtschaftsfaktoren ein Gleichgewicht entsteht, das schließlich zu einem fairen Preis führen würde. Die Vorstellungen Smiths haben sich jedoch als zu einseitig herausgestellt, denn die freie Marktwirtschaft führte zu Machtbildung und Monopolen, der anfänglich noch fördernde Wettbewerb verwandelte sich bald in einen schädigenden Wettbewerb. Der schwächere Wirtschaftspartner wurde ausgenutzt, und seine Interessen blieben unberücksichtigt, der Stärkere setzte sich durch.

Dies führte dazu, dass die freie Marktwirtschaft durch eine soziale Komponente erweitert werden musste und heute als soziale Marktwirtschaft in der westlichen Welt weit verbreitet ist. Die soziale Marktwirtschaft ist gekennzeichnet durch:

* freie Märkte,
* freien Wettbewerb,
* Gewerbe- und Konsumfreiheit,
* Tarifautonomie,
* Privateigentum und
* Berufsfreiheit.

Staatliche Eingriffe sind aber erlaubt,

* wenn die Interessen einer Wirtschaftsgruppe gefährdet sind,
* wenn schädigender Wettbewerb unterbunden werden soll,
* zur Sicherung der Geldwertstabilität, des Wirtschaftswachstums, der Vollbeschäftigung und des außenwirtschaftlichen Gleichgewichts.

2.2   Der Markt

Der Markt ist ein Umschlagplatz für Güter und Dienstleistungen. Auf ihm treffen Angebot und Nachfrage von beziehungsweise nach einem Gut oder einer Dienstleistung zusammen. Stimmen Angebot und Nachfrage überein, entsteht ein Gleichgewicht, in dessen Folge sich der so genannte Gleichgewichtspreis herausbildet.

2.2.1   Marktteilnehmer

Marktteilnehmer sind Unternehmen, Verbraucher und die öffentliche Hand.

Während **Unternehmen** sowohl als Anbieter und Nachfrager von Produkten und Dienstleistungen am Markt auftreten, sind **Verbraucher** nur Nachfrager. Die **öffentliche Hand** nimmt hingegen eine Sonderstellung ein, da ihr Handeln als Nachfrager von Waren und Leistungen geeignet ist, den Wettbewerb zu verzerren. Für sie gelten daher nicht die normalen Marktregeln, sondern die Regelungen der öffentlichen Auftragsvergabe.

2.2.2   Marktformen

Die Märkte werden nach der Anzahl der am Markt für ein Produkt auftretenden Anbieter und Nachfrager eingeteilt in:

* Monopol,
* Oligopol und
* Polypol.

In einem **Monopol** gibt es nur einen Anbieter oder nur einen Nachfrager auf dem Markt. Dies hat zur Folge, dass der Anbieter oder Nachfrager ohne Konkurrenz und ohne Wettbewerb auf dem Markt tätig ist.

Die Kräfte auf dem Markt sind so stark ungleich gewichtet, dass der Markt nicht mehr in der Lage ist, sich selbst zu regulieren. Der Monopolist und nicht der Markt bestimmt den Preis.

Beispiel: Das wohl bekannteste Beispiel für ein Angebotsmonopol ist das Briefmonopol der Deutschen Post AG. Als ehemaligem Staatsunternehmen war es bis zum 31.07.2007 grundsätzlich allein der Deutschen Post AG erlaubt, Brief- und Katalogsendungen bis 50 g zu befördern. Trotz Wegfall des gesetzlichen Monopols wird der Briefmarkt mit knapp 89 % Marktanteil aber weiterhin von der Deutschen Post AG dominiert und kontrolliert. Damit hat die Deutsche Post AG faktisch immer noch ein Monopol im Bereich des Briefsegments.

Im **Oligopol** gibt es nur wenige Anbieter oder nur wenige Nachfrager auf dem Markt. Diese haben nur wenig Konkurrenz und sind folglich nur in geringem Maße Wettbewerb ausgesetzt. Dies kann zu starren Preisen, Preisabsprachen und Kartellen führen. Möglich ist aber auch ein ruinöser Wettbewerb, wenn versucht wird, Konkurrenten durch einen aggressiven Preiskampf vom Markt zu drängen.

> **Beispiel:** Ein Angebotsoligopol findet man z.B. im Strommarkt, in dem die vier großen Unternehmen (E.ON, RWE, Vattenfall Europe und EnBW) zusammen einen Marktanteil von ca. 80 % bei der Stromversorgung aufweisen.
>
> Aber auch auf dem KEP-Markt zeichnet sich eine Konzentration von Marktmacht ab, die über kurz oder lang zu einem Oligopol führen wird. Denn die „Big Five", – neben dem United Parcel Service (UPS) die vier führenden europäischen Postgesellschaften (Deutsche Post Work Net, Consignia, La Poste, TNT Post Group) – kontrollieren bereits mehr als 50 % des deutschen, aber auch des europäischen Marktes.

In einem **Polypol** sind die Voraussetzungen für die Selbstregulierung des Marktes gegeben, denn auf dem Markt sind eine Vielzahl von Anbietern oder Nachfragern tätig. Die Konkurrenz und folglich auch der Wettbewerb sind hoch.

> **Beispiel:** Ein Polypol ist beispielsweise bei an der Börse gehandelten Aktien anzutreffen, denn hier treffen eine Vielzahl von Anbietern auf eine Vielzahl von Nachfragern.

	ein Anbieter	wenige Anbieter	viele Anbieter
ein Nachfrager	zweiseitiges Monopol	beschränktes Nachfragemonopol	Nachfragemonopol
wenige Nachfrager	beschränktes Angebotsmonopol	zweiseitiges Oligopol	Nachfrageoligopol
viele Nachfrager	Angebotsmonopol	Angebotsoligopol	Polypol

2.2.3   Kooperation und Konzentration auf dem Markt

Schließen sich Anbieter oder Nachfrager auf einem Markt zusammen, vergrößern sie dadurch ihre Marktmacht. Dies kann einerseits positiv sein, beispielsweise wenn sich Nachfrager zusammenschließen, um bessere Preise oder Konditionen am Markt zu erzielen (Einkaufskooperation). Andererseits führt aber eine zu starke Konzentration von Marktmacht zu einem ruinösen Wettbewerb, in dessen Folge kleine Unternehmen aus dem Markt gedrängt werden. Damit entsteht oder verfestigt sich eine marktbeherrschendeStellung und es kommt zu Oligopolen und Monopolen mit den oben beschriebenen Auswirkungen auf den Markt. Diese Gefahr hat der Gesetzgeber erkannt und zum Schutze des Wettbewerbs das **Gesetz gegen Wettbewerbsbeschränkungen (GWB)** erlassen.

Nach § 1 GWB sind
- Vereinbarungen zwischen Unternehmen,
- Beschlüsse von Unternehmensvereinigungen und
- aufeinander abgestimmte Verhaltensweisen

verboten, wenn diese bezwecken oder bewirken, dass der Wettbewerb verhindert, verfälscht oder eingeschränkt wird (**Kartellverbot**).

Von diesem Verbot freigestellt sind nach § 2 GWB die Vereinbarungen, Beschlüsse und abgestimmten Verhaltensweisen, die unter angemessener Beteiligung der Verbraucher am Gewinn
- zur Verbesserung der Warenerzeugung oder -verteilung oder
- zur Förderung des technischen und wirtschaftlichen Fortschritts beitragen,

ohne dass den beteiligten Unternehmen unnötige Beschränkungen auferlegt werden oder für einen wesentlichen Teil der betreffenden Waren der Wettbewerb ausgeschaltet wird.

Freigestellt sind ferner **Mittelstandskartelle**, wenn sie die Rationalisierung wirtschaftlicher Vorgänge durch eine zwischenbetriebliche Zusammenarbeit zum Gegenstand haben und
- der Wettbewerb nicht wesentlich beeinträchtigt wird und
- die Vereinbarung dazu dient, die Wettbewerbsfähigkeit kleiner und mittlerer Unternehmen zu verbessern.

Zudem bestimmt § 19 GWB, dass der **Missbrauch oder das Ausnutzen einer marktbeherrschenden Stellung** verboten ist. Ein Unternehmen hat eine marktbeherrschende Stellung, wenn
- es keinen Wettbewerber hat,
- es keinem wesentlichen Wettbewerb ausgesetzt ist oder
- es eine im Verhältnis zu den anderen Marktteilnehmern überragende Marktstellung (mind. 1/3) hat.

Im Gegensatz zu **Kartellen**, die nur eine vertragliche Abstimmung zwischen Unternehmen herbeiführen wollen, bezweckt die **Konzern**bildung durch die kapitalmäßige Beteiligung an anderen Unternehmen eine wirtschaftliche Abhängigkeit zwischen den Unternehmen. Die beteiligten Unternehmen bleiben rechtlich jedoch selbstständig.

Die **Fusion** oder auch Verschmelzung zweier Unternehmen ist dagegen die stärkste Form der Konzentration. Durch sie schließen sich zwei oder mehr Unternehmen zusammen, d.h., aus zwei rechtlich selbstständigen Unternehmen wird nach der Fusion ein einziges Unternehmen. Da es auch oder gerade beim Zusammenschluss von Unternehmen zum Entstehen und Verstärken von Marktmacht kommen kann, unterliegt auch die Fusion gesetzlichen Beschränkungen.

So bestimmt § 36 GWB, dass ein Zusammenschluss, von dem zu erwarten ist, dass er eine marktbeherrschende Stellung begründet oder verstärkt, grundsätzlich vom Kartellamt zu untersagen ist, es sei denn, die betroffenen Unternehmen weisen nach,
- dass der Zusammenschluss eine Verbesserung der Wettbewerbsbedingungen bewirkt und
- diese gegenüber den Nachteilen aus der marktbeherrschenden Stellung überwiegt.

Die Aufsicht und die Kontrolle über Fusionen und Kartelle liegt beim Kartellamt der Länder und beim Bundeskartellamt.

2.3 Der KEP-Markt

Der Markt der Kurier-, Express- und Paketdienste (KEP) ist seit 1995 stetig gewachsen. Die durchschnittliche Wachstumsrate beträgt (nach Angaben des BIEK) 3 % und liegt damit deutlich über der des Bruttoinlandsproduktes von 2,1 %. Diese positive Entwicklung hat dazu geführt, dass zwischenzeitlich mehr als eine Viertelmillion Menschen im KEP-Bereich eine Beschäftigung gefunden haben.

Die Umsatzzahlen und das Sendungsvolumen im deutschen KEP-Markt sind seit 2000 stetig gewachsen. Während in den Jahren 2007 bis 2009 noch eine Stagnation zu beobachten war, konnten in den Jahren 2010 und 2011 Wachstumsraten von bis 6 bis 7 % verzeichnet werden. Im Vergleich zum Jahr 2000 konnten die KEP-Unternehmen insgesamt einen Anstieg der Umsätze von 55 % und des Sendungsvolumens von 51 % verzeichnen (BIEK KEP-Studie 2013, siehe Abb. 1.7 und 1.8). Von den in den Abbildungen aufgezeigten Umsätzen werden im Paketbereich mehr als 45 %, im Expressbereich 34 % und im Kurierbereich 21 % erwirtschaftet (siehe Abb. 1.9).

Während die Verteilung der Umsätze innerhalb der drei Marktsegmente noch relativ gleich gewichtet ist, ist bei den beförderten Sendungen mit einem Marktanteil von 81 % eine deutliche Dominanz des Paketsegments zu sehen. Dies ist vor allem auf den dynamisch wachsenden Onlinehandel und das daraus resultierende Retourengeschäft zurückzuführen. Die verbleibenden 19 %

verteilen sich gleichmäßig auf den Express- und den Kurierbereich mit 9 bzw. 10 % (siehe dazu Abb. 1.10)

Abb. 1.7: Umsätze im deutschen KEP-Markt 2000 bis 2012

(zusammengestellt nach BIEK – KEP-Studie 2013)

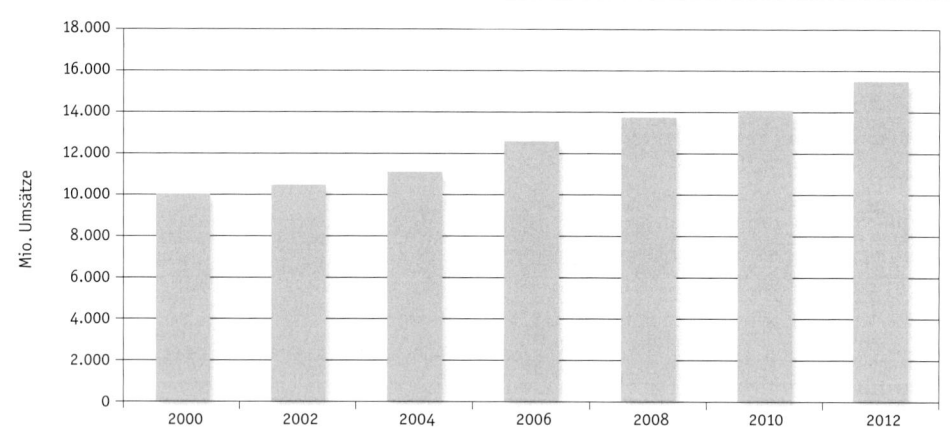

Abb. 1.8: Sendungsvolumen auf dem Deutschen KEP-Markt 2000-2012

(zusammengestellt nach BIEK – KEP-Studie 2013)

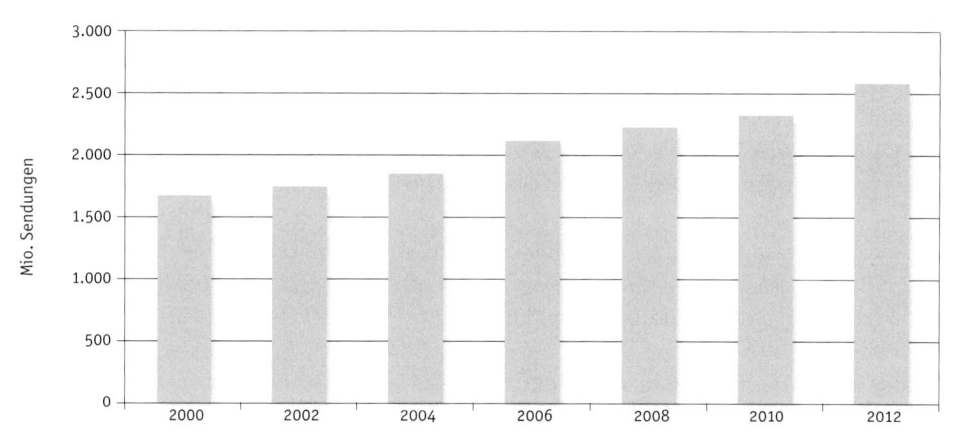

Abb. 1.9: Verteilung der Umsätze auf dem KEP-Markt, Stand 2012

Abb. 1.10: Verteilung der Sendungsvolumen auf dem KEP-Markt, Stand 2012

(Angaben jeweils nach MRU-GmbH 2013: Der KEP-Markt in Deutschland)

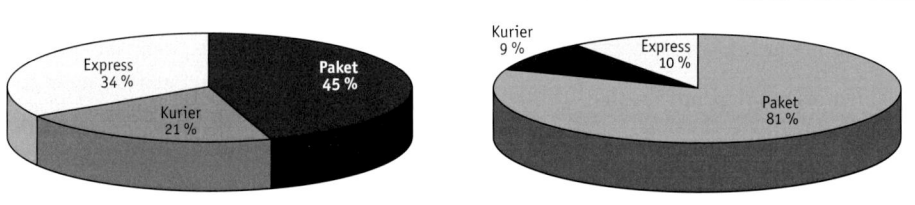

Im Vergleich zu anderen Wirtschaftsbereichen entwickelte sich der KEP-Bereich über die Jahre 2000 bis 2012 überdurchschnittlich positiv mit einem durchschnittlichen jährlichen Wachstum von 3,7 %.

Abb. 1.11: Entwicklung der Wirtschaftsbereiche zwischen 2000 und 2012

(zusammengesellt nach BIEK – KEP-Studie 2013)

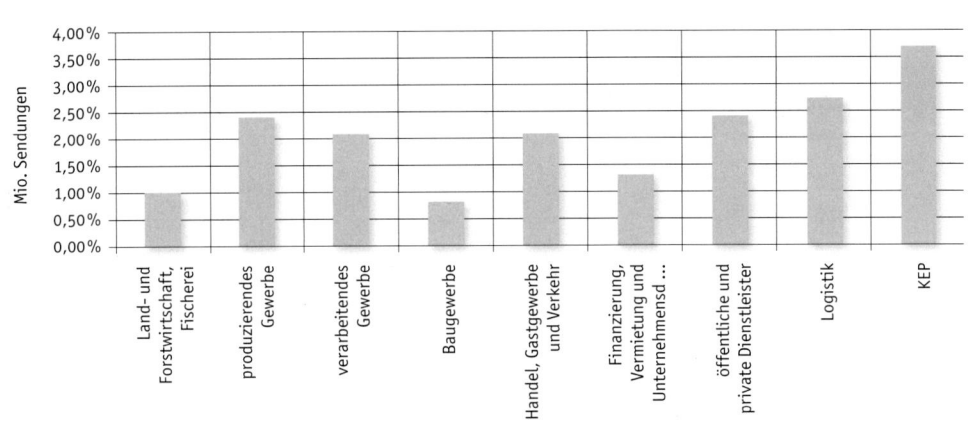

2.4 Der Briefmarkt

2.4.1 Marktöffnung

Seit Beginn der Bundesrepublik Deutschland ist das Postwesen per Gesetz als Monopol der Deutschen Bundespost ausgestaltet gewesen. Dies wurde dann erst in den Jahren 1989, 1994 und 1997 durch die Postreformen geändert. Mit der Postreform I gingen aus der Deutschen Bundespost die „Deutsche Bundespost", die „Deutsche Bundespost Telekom" und die „Deutsche Bundespost Postbank" hervor. Mit der Postreform II erfolgte dann die Privatisierung und damit die Umwandlung der Staatsunternehmen in Aktiengesellschaften und mit der Postreform III schließlich die Öffnung der Märkte für andere Anbieter.

Bereits 1995 fiel der Beförderungsvorbehalt, wodurch die Öffnung des Briefmarktes auf den Weg gebracht wurde. Von da an konnten auch durch andere Unternehmen als die Deutsche Post AG Lizenzen für die Beförderung von adressierten Massensendungen ab einem Gewicht von 250 g beantragt werden. Anfang 1996 wurde die Gewichtsgrenze dann auf 100 g gesenkt und seit dem 01.01.2008 kann grundsätzlich jedermann Postdienstleistungen auf dem deutschen Markt anbieten. Ausgenommen hiervon ist lediglich die gewerbliche Beförderung von Briefsendungen bis 1.000 g, für die es einer Lizenz der Bundesnetzagentur bedarf, wobei die Deutsche Post AG bis zum 31.12.2002 eine befristete Exklusivlizenz für Briefsendungen und adressierte Kataloge mit einem Gewicht von weniger als 200 g erhielt. Diese Exklusivlizenz ist dann bis zum 31.12.2007 verlängert worden, wobei die Gewichtsgrenze zunächst auf 100 g und ab dem 01.01.2006 auf 50 g herabgesenkt worden ist.

Seit dem 01.01.2008 ist der Briefmarkt für den Wettbewerb geöffnet, Lizenzen für die gewerbsmäßige Beförderung von Briefsendungen unter 1.000 g bedarf es aber immer noch. Die Lizenz wird von der Bundesnetzagentur an jeden erteilt, der die festgelegten Voraussetzungen, wie Zuverlässigkeit, Fachkunde und Leistungsfähigkeit, erfüllt. Wer ohne im Besitz der dafür erforderlichen Lizenz gewerbsmäßig Briefsendungen bis 1.000 g befördert, handelt ordnungswidrig und muss mit einer Geldbuße von bis zu 500.000 Euro rechnen.

2.4.2 Entwicklung des Briefmarktes

Seit der Öffnung des Briefmarktes hat die Bundesnetzagentur 2.821 Lizenzen (Stand 2013) zur Beförderung von Postsendungen erteilt. Viele Lizenznehmer haben aber ihre Lizenzen wieder zurückgegeben. So waren allein in den Jahren 2012 und 2013 zusammen 305 Marktaustritte zu verzeichnen gewesen. Damit sank die Zahl der Lizenzinhaber zum 15.11.2013 auf 1.236. Die aktiv tätigen Lizenznehmer werden von der Bundesentzagentur auf derzeit 650 geschätzt. Diese erwirtschaften bei einem Sendungsvolumen von 1,9 Mrd. selbst zu gestellten Sendungen einen Gesamtumsatz von ca. 0,9 Mrd. €. Dem gegenüber steht die Deutsche Post AG mit einem Sendungsvolumen von 14,8 Mrd.Sendungen und Umsätzen von 7,7 Mrd. € im Jahr 2012.

Trotz der Öffnung des Briefmarktes für den Wettbewerb hält die Deutsche Post AG noch immer knapp 89 % der Marktanteile im lizenzpflichtigen Bereich und nach Ansicht der Bundesnetzagentur wird sich an dieser Situation in absehbarer Zeit nicht allzu viel ändern. Denn der DP AG ist es auf Grund ihrer guten Kapitalausstattung möglich, ihren Kunden hohe Rabatte zu gewähren und die Preise entsprechend niedrig zu halten. So hat die DP AG ihren Großkunden im Sommer 2010 Rabatte für größere Versandmengen von bis zu 38 % gewährt. Zudem erschwert die auch heute noch immer bestehende unterschiedliche umsatzsteuerliche Behandlung der Postdienstleistungsunternehmen den Marktzutritt für Wettbewerber. Hier hat der Staat viel dafür getan, dass das jahrelang gefestigte Monopol der Deutschen Post AG auch weiterhin bestehen bleibt,

2.4.3 Umsätze und Sendungsvolumen im Vergleich

Abb. 1.12 zeigt die Entwicklung der Umsätze im lizenzpflichtigen Briefsegment von 2000 bis 2012 (Bundesnetzagentur – Tätigkeitsbericht Post 2012/2013). Diese sind von ca. 10 Mio. € im Jahr 2000 auf 8,7 Mio € im Jahr 2012 zurückgegangen, während sich das Sendungsvolumen in 2012 wieder seinem Stand aus dem Jahr 2000 annähert (Abb. 1.13) und damit – von wenigen Ausreißern nach oben angesehen – als stabil zu betrachten ist.

Abb. 1.12: Umsätze im lizenzpflichtigen Briefmarkt

(nach statist. Angaben der Bundesnetzagentur)

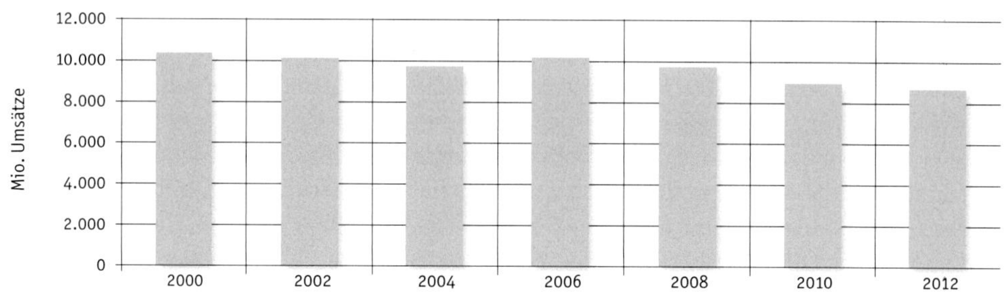

Abb. 1.13: Sendungsmengen im lizenpflichtigen Briefmarkt

(nach statist. Angaben der Bundesnetzagentur)

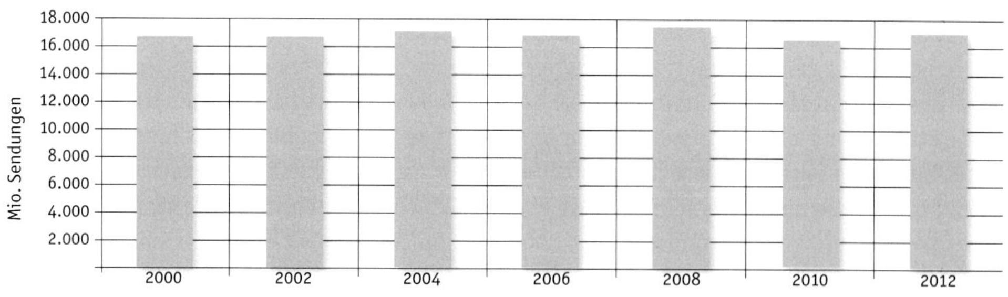

Der Durchschnittspreis für lizenzpflichtige Postdienstleistungen ist hingegen wegen des aggressiven Preiskampfes auf dem Markt um fast 13 Cent gesunken. Während der Durchschnittspreis 1998 noch 0,654 € betrug, sank er bis zum Jahre 2012 kontinuierlich auf dann 0,521 €..

Der Durchschnittspreis wird dabei wie folgt ermittelt: $\dfrac{\text{Gesamtumsatz/Jahr}}{\text{Gesamtsendungen/Jahr}}$

Die Umsätze verteilen sich entsprechend ihren Marktanteilen auf die DP AG und die anderen Lizenznehmer:

Abb. 1.14: Marktanteile am Umsatz der Briefdienstleistungen,

(nach statistischen Angaben der Bundesnetzagentur –Tätigkeitsbericht Post 2012/2013)

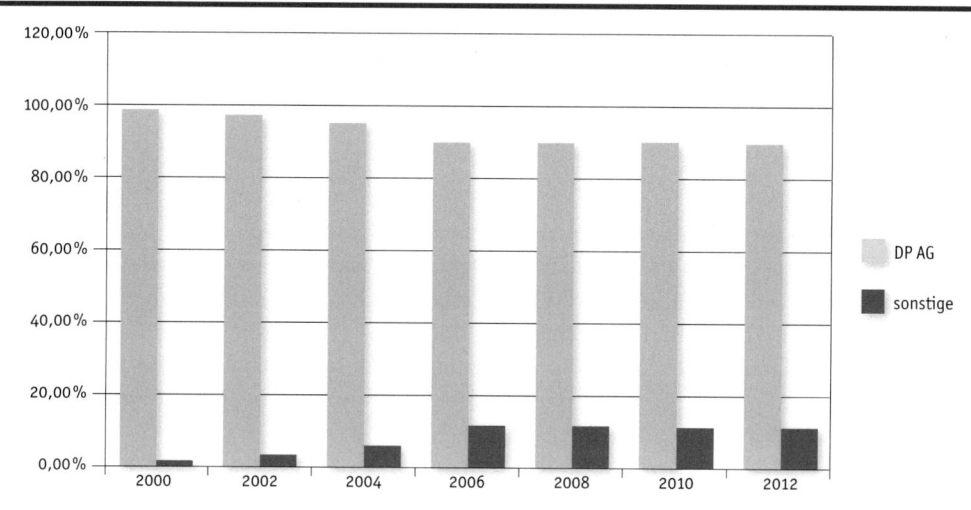

Entsprechendes gilt für das Sendungsvolumen, die Prozentzahlen unterscheiden sich nur gering.

Abb. 1.15: Marktanteile am Sendungsvolumen der Briefdienstleistungen

(nach statistischen Angaben der Bundesnetzagentur –Tätigkeitsbericht Post 2012/2013)

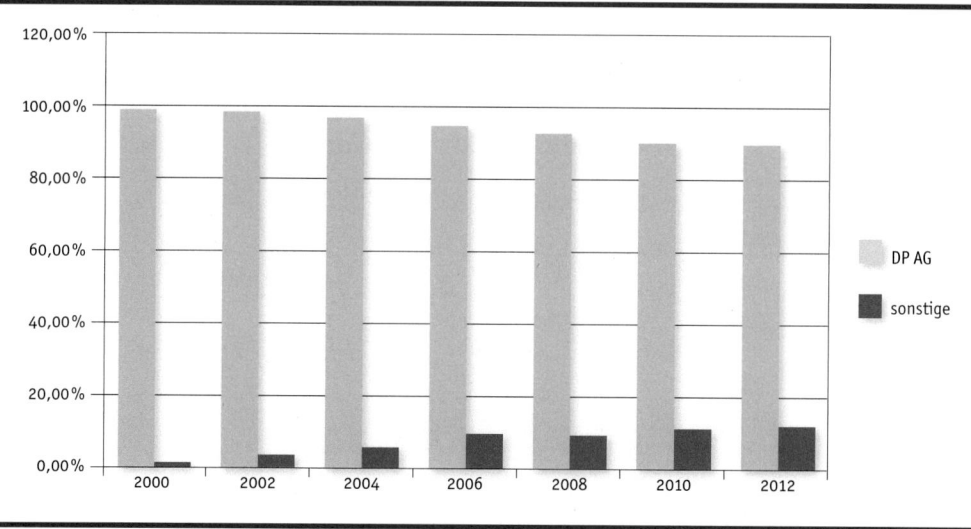

3 Arbeitsteilung

Unter dem Begriff Arbeitsteilung versteht man die Aufteilung der Arbeit auf unterschiedliche Wirtschaftssubjekte (Menschen, Betriebe, Regionen). Dies führt dazu, dass man sich auf bestimmte Tätigkeiten innerhalb des gesamtwirtschaftlichen Produktionsprozesses beschränkt und somit spezialisiert.

3.1 Gesellschaftliche Arbeitsteilung

Während früher jeder die anfallenden Arbeiten selbst erledigte, führte die Aufteilung der Arbeit auf unterschiedliche Gruppen schließlich zum Entstehen von Berufen. Die Verteilung der Aufgaben auf die verschiedenen Berufe und damit einhergehend auf spezialisierte Betriebe bezeichnet man als gesellschaftliche Arbeitsteilung. Denn jede Gesellschaftsschicht hat eine bestimmte Aufgabe zu erledigen. Ein Produkt durchläuft bis zum Verkauf an den Endverbraucher meist mehrere Produktionsstufen bzw. Wirtschaftssektoren. Diese sind unterteilt in:

- den primären Sektor,
- den sekundären Sektor und
- den tertiären Sektor.

Im **primären Sektor** oder auf der ersten Produktionsstufe werden die Produkte unmittelbar aus der Natur gewonnen. Im sekundären Sektor werden die Rohstoffe weiterverarbeitet, und es werden Güter produziert. Dem **sekundären Wirtschaftsbereich** sind alle Industriebetriebe und das Handwerk hinzuzurechnen. Im **tertiären Sektor** findet die Verteilung (Distribution) der im primären und sekundären Wirtschaftssektor erzeugten Waren statt. Auch die KEP-Unternehmen gehören zu diesem Wirtschaftssektor. Darüber hinaus werden aber auch noch weitere Dienstleistungen angeboten.

Primärer Wirtschaftssektor	Sekundärer Wirtschaftssektor	Tertiärer Wirtschaftssektor
Rohstoffgewinnung	Fabrikation/Materialverarbeitung	Dienstleistungen
Branchen: Landwirtschaft, Forstwirtschaft, Fischerei, Jagd, Energiewirtschaft, Bergbau	Branchen: Nahrungs- und Genussmittel, Textil und Bekleidung, Chemie, Metalle, Elektronik, Baugewerbe	Branchen: Transport und Spedition. Handel, Banken, Versicherungen, Beratung, Tourismus

Abb. 1.16: Wirtschaftsstruktur im Wandel

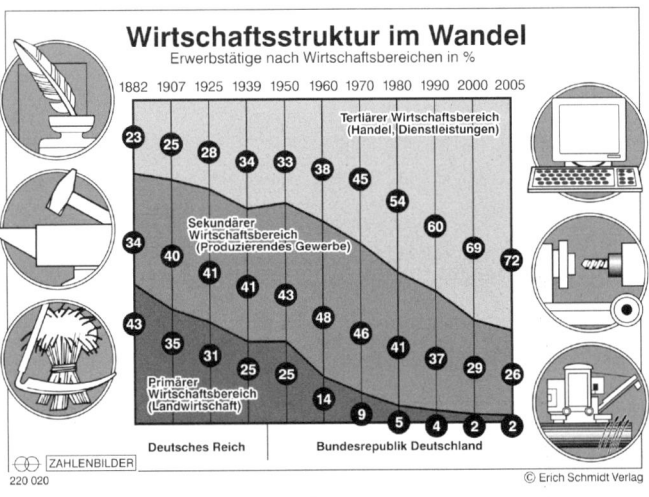

Während noch zu Beginn des letzten Jahrhunderts der primäre und sekundäre Wirtschaftssektor die zentrale Rolle im Produktionsprozess gespielt haben, wurde insbesondere der primäre Wirtschaftssektor immer mehr vom tertiären Wirtschaftssektor verdrängt. Handel und Dienstleistungen nehmen in unserer heutigen Gesellschaft eine immer größer werdende Rolle ein.

3.2 Innerbetriebliche Arbeitsteilung

Die Arbeitsteilung innerhalb eines Betriebes, die so genannte innerbetriebliche Arbeitsteilung, erfasst die Aspekte Aufgabengliederung und Aufgabenzerlegung.

3.2.1 Aufgabengliederung

Aufgabengliederung meint die Aufteilung der betrieblichen Gesamtaufgabe in einzelne Teilaufgaben. Die Aufteilung erfolgt meist nach den unterschiedlichen Funktionen, die den einzelnen Abteilungen zukommen, wie Einkauf, Verkauf, Produktion, Lagerung, Vertrieb und Verwaltung. In den Abteilungen werden die Aufgaben dann einzelnen Personen oder Personengruppen oder aber bestimmten Maschinen zugeordnet.

3.2.2 Aufgabenzerlegung

Bei der Arbeitszerlegung wird hingegen die Arbeit in einzelne Arbeitsschritte zerlegt. Dies ist sinnvoll, wenn ständig dieselben Arbeitsschritte ausgeführt und wiederholt werden müssen (Fließbandarbeit).

3.2.3 Vor- und Nachteile der betrieblichen Arbeitsteilung

Die Vorteile der betrieblichen Arbeitsteilung sind offensichtlich:
* bessere Ausnutzung der Arbeitskraft,
* Spezialisierung,
* Rationalisierung, insbesondere Zeitersparnis, und
* technischer Fortschritt.

Es gibt aber auch Nachteile:
* Monotonie des Arbeitsvorgangs durch immer wiederkehrende Arbeit,
* Unflexibilität,
* Unselbstständigkeit,
* Entfremdung des Arbeitnehmers vom Endprodukt,
* gegenseitige Abhängigkeit,
* geringere Überschaubarkeit.

3.3 Internationale Arbeitsteilung

Die internationale Arbeitsteilung ist Ausfluss der **Globalisierung** und der immer stärker werdenden Verflechtung zwischen den Volkswirtschaften. Dies gilt umso mehr für den europäischen Binnenmarkt.

Im Zuge der internationalen Arbeitsteilung spezialisieren sich die Länder auf die Produktion der Waren, die sie günstiger herstellen können und die dann in andere Länder exportiert werden. Im Gegenzug importieren sie die Waren, die im eigenen Land nur vergleichsweise teuer hergestellt werden können.

Ausschlaggebend für den Preisunterschied können beispielsweise sein:
* kürzere Transportwege (z.B. auf Grund der Nähe zum Anbaugebiet),
* bessere klimatische Bedingungen (z.B. für den Anbau von Wein oder Südfrüchten),
* billigere Arbeitskräfte (z.B. in Süd- und Osteuropa) oder
* höher entwickelte Produktionstechnik (z.B. in Deutschland, Frankreich, England, USA).

4 Betriebliche Organisation und Arbeitsabläufe

Je größer ein Unternehmen ist, desto wichtiger ist es, die Beziehungen und Verantwortungen von Führungskräften und Mitarbeitern zueinander und untereinander zu regeln. Dies ist Aufgabe der betrieblichen Organisation, die sich in die Aufbauorganisation und die Ablauforganisation unterscheiden lässt.

4.1 Aufbauorganisation

Als Aufbauorganisation bezeichnet man die hierarchische Struktur einer Organisation bzw. eines Unternehmens. Die Aufbauorganisation steckt den unternehmensinternen Rahmen ab, d.h., wer welche Aufgaben übernimmt und sie mit welchen Arbeitsmitteln bewältigt.

Dazu ist es zunächst notwendig, die Aufgaben des Unternehmens zu analysieren. In Bezug auf die jeweiligen Aufgaben des Unternehmens sind daher folgende Fragen zu stellen:

- **Verrichtung**: Wie wird die Aufgabe ausgeführt?
- **Aufgabenträger**: Wer hat die Aufgabe zu erbringen?
- **Objekt**: Woran ist die Aufgabe zu verrichten?
- **Hilfsmittel**: Womit?
- **Raum**: Wo?
- **Zeit**: Wann?

Sind die Fragen beantwortet und die Aufgaben analysiert worden, müssen im nächsten Schritt die jeweiligen Aufgaben den entsprechenden Stellen und Abteilungen zugeordnet werden.

4.1.1 Stellen und Stellenarten

Als **Stelle** bezeichnet man die Zusammenfassung von Einzelaufgaben zum Aufgabenbereich einer Person. Sie stellt die kleinste organisatorische Einheit eines Unternehmens dar und besteht bei Personenwechsel weiter. Ferner grenzt sie den Kompetenzbereich des Stelleninhabers ab und bezieht sich hinsichtlich der Stellenaufgabe auf das Leistungsvermögen einer Person.

In einem Unternehmen existieren die unterschiedlichen Stellen jedoch nicht immer gleichberechtigt nebeneinander, vielmehr gibt es auch Stellen, die in einem Über- und Unterordnungsverhältnis zueinander stehen.

Übergeordnete Stellen nennt man auch **Führungspositionen**. Inhaber dieser Stellen leiten eine Abteilung oder das Unternehmen. Sie geben Ziele vor und bestimmen, wie diese Ziele erreicht werden können. Insoweit steht ihnen ein umfassendes Weisungsrecht zu. Zudem haben sie die Aufgabe, die Arbeitsabläufe zu überwachen und zu kontrollieren.

Ihnen zur Seite gestellt werden je nach unternehmerischem Leitungssystem so genannte **Stabsstellen**. Diese verfügen meist über eine entsprechende Sachkunde und unterstützen die Führungspositionen bei der Vorbereitung ihrer Entscheidungen. Stabsstellen können dauerhaft oder nur für einzelne Projekte eingerichtet werden.

Die untergeordneten Stellen werden auch **ausführende Stellen** genannt und bezeichnen den „ganz normalen Angestellten bzw. Mitarbeiter". Dieser ist mit der Ausführung der ihm übertragenen Aufgaben beschäftigt. Er hat nur einen begrenzten Entscheidungsspielraum, ist weisungsgebunden und gegenüber seinen Vorgesetzten verpflichtet, Bericht zu erstatten.

4.1.2 Abteilungen, Abteilungsbildung

In einer **Abteilung** werden mehrere gleichartige Stellen zu einem Verantwortungsbereich zusammengefasst. Dieser steht meist unter einer einheitlichen Leitung, die durch den **Abteilungsleiter** wahrgenommen wird. Der Abteilungsleiter trägt auch die Verantwortung dafür, dass seine Abteilung die ihr übertragenen Aufgaben bestmöglich erfüllt.

Je nach Unternehmen erfolgt die Bildung einer Abteilung unter folgenden Gesichtspunkten:

- nach Objekten,
- nach Funktionsbereichen oder
- nach Arbeitsabläufen.

Eine Abteilungsbildung **nach Objekten** könnte in KEP-Unternehmen beispielsweise die Unterscheidung nach Briefen, Pakten, Expresssendungen und Gefahrgut sein.

Nach Funktionsbereichen bietet sich die Bildung von Abteilungen für die Abholung und Auslieferung der Sendungen, die Sendungsbearbeitung, die Kundenbetreuung und die technischen Anlagen an.

Nach Arbeitsabläufen ließe sich wiederum eine Unterscheidung nach Abholung, Transport zum Umschlagplatz, Bearbeitung, Auslieferung und Rücklauf vornehmen.

Ob und welche Abteilungen gebildet werden, ist Sache des jeweiligen Unternehmens. Dasselbe gilt für die Bildung von **Unterabteilungen**. Die Bildung von Unterabteilungen findet sich häufig in größeren Unternehmen, in denen eine Vielzahl von Mitarbeitern arbeitet, deren Tätigkeiten sehr eng umgrenzt und spezialisiert sind.

4.1.3 Leitungssysteme

Sind die Abteilungen gebildet, muss festgelegt werden, wer wem gegenüber weisungsbefugt ist, d.h., wer Anweisungen gibt und wer sie zu befolgen hat. Auskunft hierüber gibt das Leitungssystem eines Betriebes. Dabei unterscheidet man folgende Leitungssysteme:

- Einliniensystem,
- Mehrliniensystem,
- Stabliniensystem,
- Matrixorganisation und
- Spartenorganisation.

Während Ein- und Mehrliniensysteme auch als ursprüngliche oder reine Leitungssysteme bezeichnet werden können, sind Stabliniensysteme sowie die Matrix- und Spartenorganisation Weiterentwicklungen oder Zwischenformen derselben.

Das **Einliniensystem** ist streng hierarchisch aufgebaut, d.h., jede Stelle erhält nur von der unmittelbar vorgesetzten Stelle Anweisungen. Umgekehrt müssen Berichte und Kontrollmeldungen nur an die übergeordnete Stelle weitergeleitet werden. Der Dienstweg ist mithin klar vorgezeichnet und muss unbedingt eingehalten werden. Folglich können gleichrangige Stellen nur über eine gemeinsame übergeordnete Stelle zusammenarbeiten.

Abb. 1.17: Einliniensystem

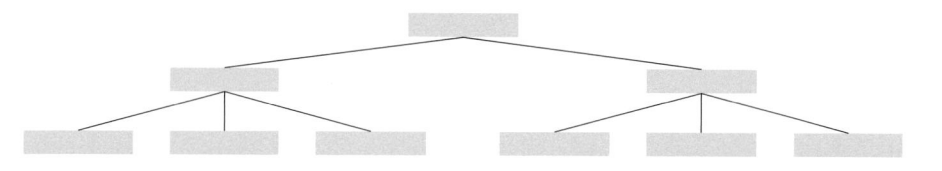

Die Vorteile des Einliniensystems liegen in der straffen und übersichtlichen Organisation, den eindeutigen Kompetenzen und Verantwortungsbereichen sowie den guten Kontrollmöglichkeiten. Nachteile des Systems sind vor allem die starren und zum Teil auch langen Dienstwege. Denn diese bergen die Gefahr, dass Informationen verfälscht oder falsch wiedergegeben werden. Zudem ist die Belastung gerade für Führungskräfte sehr hoch, da alle Informationen von ihnen bearbeitet und Entscheidungen stets selbst getroffen werden müssen. Dies birgt zudem die Gefahr, dass untergeordnete Mitarbeiter ihre Motivation verlieren und der gesamte Arbeitsablauf zu stark bürokratisiert wird.

Besonders bei mittleren und größeren Unternehmen überwiegen die Nachteile des Einliniensystems gegenüber den Vorteilen, weswegen hier häufig das Mehrliniensystem eingesetzt wird.

Das **Mehrliniensystem** basiert auf der Erkenntnis, dass mit zunehmender Betriebsgröße auch die Arbeitsteilung im Unternehmen immer mehr zunimmt. Entsprechend gibt es auch immer mehr Spezialisten für die verschiedenen Aufgaben innerhalb des Unternehmens, und es bilden sich Fachbereiche bzw. Spezialabteilungen heraus. Jeder dieser Abteilungen wird nun ein direktes fachliches Weisungsrecht gegenüber den untergeordneten Stellen eingeräumt. Ein Mitarbeiter kann seine Arbeitsaufträge demnach von mehreren Vorgesetzten bekommen.

Abb. 1.18: Mehrliniensystem

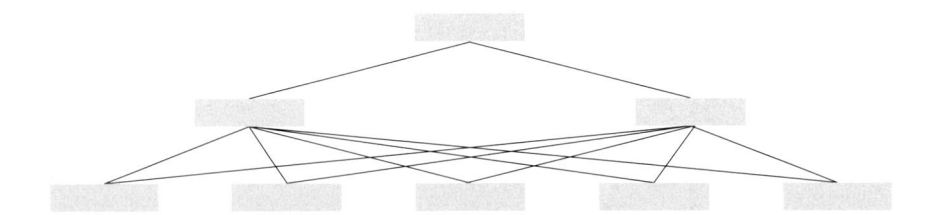

Die Vorteile des Mehrliniensystems liegen in der Möglichkeit, eine Spezialisierung in den Funktionsbereichen herbeizuführen, kurze Dienstwege und eine entsprechende Motivation der Mitarbeiter führen auf lange Sicht zu einem besseren Betriebsklima. Die Nachteile des Systems liegen in der unübersichtlichen Organisation, in der Ermangelung eindeutiger Kompetenzen und Verantwortlichkeiten, den Problemen bei der Koordination der Arbeit und der schlechten Kontrolle der Mitarbeiter durch ihre Vorgesetzten.

Das **Stabliniensystem** stellt eine Weiterentwicklung des Einliniensystems dar, indem Stabsstellen innerhalb der Führungsebene den Vorgesetzten zur Unterstützung zugeordnet werden. Die Stabsstelle hat regelmäßig keine Kompetenzen, sondern ist einzig dazu da, Informationen aufzubereiten und Entscheidungen des Vorgesetzten vorzubereiten.

Die Vorteile des Stabliniensystems liegen vor allem in den eindeutigen Kompetenz- und Verantwortungsbereichen, der Entlastung der Führungsebene durch die Zuordnung der Stäbe und einer besseren Information. Neben den allgemeinen Nachteilen des Einliniensystems liegt das Problem des Stabliniensystems in der Gefahr, dass die Stabsstellen ihre Macht bei der Aufbereitung und Weiterleitung von Informationen an die Vorgesetzen und der Vorbereitung der Entscheidungen missbrauchen.

Abb. 1.19: Stabliniensystem

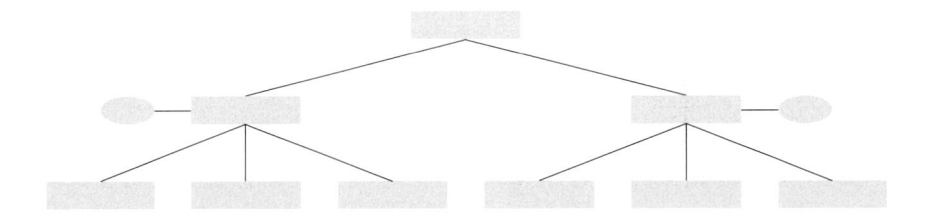

Die **Spartenorganisation,** die sich ebenfalls vom Einliniensystem ableitet, teilt das Unternehmen auf der zweiten Hierarchiestufe in selbstständige Unternehmens- beziehungsweise Geschäftsbereiche, auch Sparten genannt. Die jeweiligen Geschäftsbereiche können nach Produkten, Kundengruppen oder Absatzgebieten gegliedert werden. Sie sind funktional gegliedert und können als Cost-Center, Profit-Center oder Investment-Center geführt werden. Während die Geschäftsbereichsleitung beim Cost-Center Art, Menge und Preise der zu erbringenden Leistungen nicht beeinflussen kann, kann sie beim Profit-Center über Verkaufsmenge und Verkaufspreis entscheiden und beim Investment-Center zusätzlich noch über die Investitionen. Überlagert werden die Geschäftsbereiche von zentral gegliederten Teilbereichen wie dem Personalbereich.

Die Vorteile der Spartenorganisation liegen in der besseren Überschaubarkeit und der Konzentration auf ein Produkt, einen Markt oder einen Kunden. Dies führt zu schnelleren Entscheidungen, da der Koordinationsbedarf zwischen den Abteilungen sinkt. Auch werden die Mitarbeiter stärker in Entscheidungen eingebunden, was letztlich zu einer höheren Mitarbeitermotivation führt. Nachteilig ist hingegen, dass es zu Überschneidungen zwischen den jeweiligen Sparten kommen kann, wenn z.B. dieselben Kunden betreut werden oder dieselben Ressourcen genutzt werden müssen. Auch müssen die Mitarbeiter meist erst noch qualifiziert werden, damit sie neue Aufgaben erledigen können.

Abb. 1.20: Spartenorganisation

```
                       ┌─────────────────┐
                       │ Geschäftsleitung │
                       └─────────────────┘
        ┌───────────┬────────┴───────┬───────────┐
   ┌─────────┐ ┌─────────┐      ┌─────────┐ ┌─────────┐
   │Produkt 1│ │Produkt 2│      │Produkt 3│ │Produkt 4│
   └─────────┘ └─────────┘      └─────────┘ └─────────┘
```

Bei der **Matrixorganisation** werden zwei Leitungssysteme, das Funktions- und das Objektsystem, miteinander kombiniert. In der Vertikalen wird das Unternehmen nach Funktionsbereichen, d.h. Beschaffung, Produktion, Vertrieb und Verwaltung, gegliedert, in der Horizontalen hingegen nach Objekten, d.h. Regionen, Produkt- oder Kundengruppen. Durch diese Gliederung entsteht eine Matrix. Die Schnittpunkte der Matrix weisen auf sich überschneidende Weisungsbefugnisse hin, d.h., der betreffende Mitarbeiter kann dann Weisungen sowohl von dem Funktionsmanager als auch dem Regionen-, Produkt- oder Kundenmanager erhalten. Die Matrixorganisation ist damit eine Form des Mehrliniensystems.

Die Vorteile des Systems liegen vor allem in der Spezialisierung der Leitungsfunktion, wodurch auch die oberste Hierarchiestufe entlastet wird. Zudem können Probleme durch die Berücksichtigung unterschiedlicher Standpunkte und den Einsatz von Fachleuten besser gelöst werden. Nachteilig ist allerdings, dass es häufig zu Überschneidungen in den Zuständigkeiten kommt, die die Gefahr von Konflikten, Machtkämpfen und unbefriedigenden Kompromissen mit sich bringen. Auch lassen sich Erfolge und Misserfolge nicht immer eindeutig zuordnen. Mitarbeiter sind wegen der Weisungsbefugnis von zwei Vorgesetzten oft verunsichert.

Abb. 1.21: Matrixorganisation

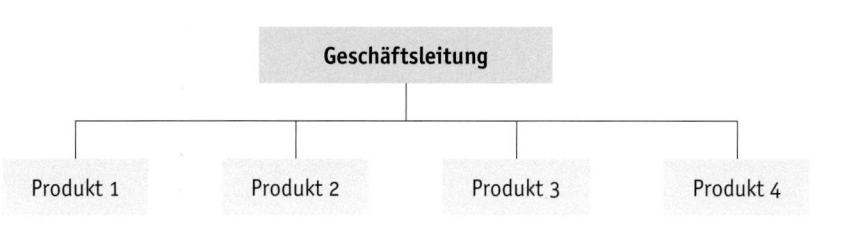

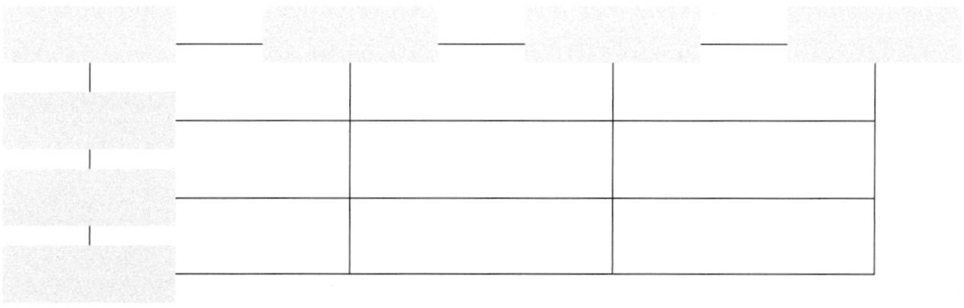

4.1.4 Organigramme

Die Aufbauorganisation kann mithilfe von Organigrammen abgebildet werden. Dabei enthalten Organigramme folgende unternehmensinterne Informationen:

- Zuweisung betrieblicher Aufgaben zu Stellen und Abteilungen,
- hierarchische Leitungsorganisationen und Weisungsbeziehungen,
- personelle Zuordnungen (Stäbe, Stellen, Abteilung).

 Beispiel: Organigramm eines privaten Briefdienstes

Abb. 1.22: Organigramm eines privaten Briefdienstes

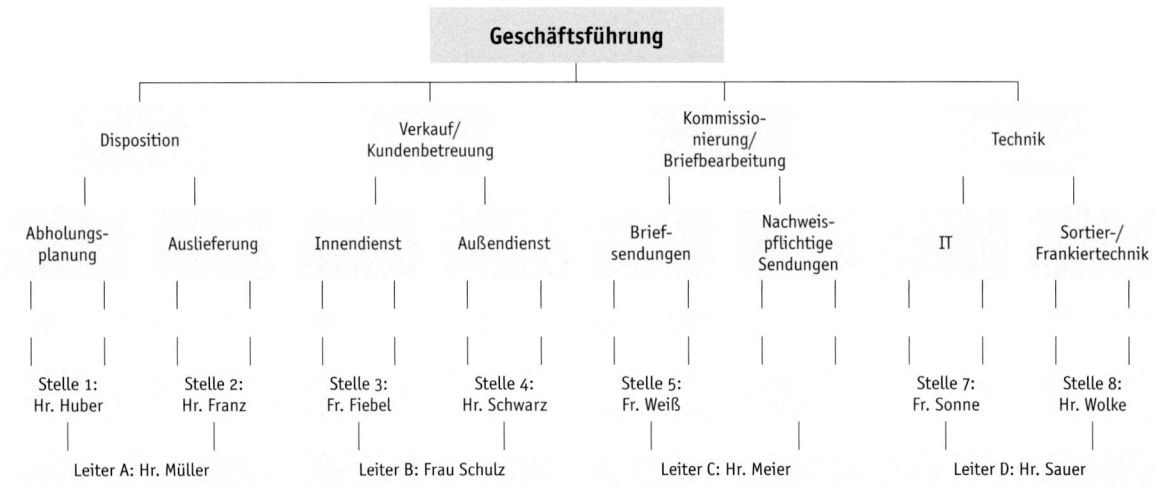

4.2 Ablauforganisation

Die Ablauforganisation regelt die innerhalb der Aufbauorganisation laufenden Arbeits- und Informationsprozesse, d.h., sie beschreibt den Ablauf des betrieblichen Geschehens und bestimmt, „Wie?", „Wann?", „Wo?" und mit „Wem?" Unternehmer, Führungskräfte und Mitarbeiter ihre jeweiligen Aufgaben erfüllen.

Ziel ist es dabei, die

- vorhandenen Kapazitäten möglichst effektiv zu nutzen,
- die Durchlauf-, Warte- und Leerlaufzeiten so gering wie möglich zu halten,
- die Kosten der Vorgangsbearbeitung zu reduzieren sowie
- die Qualität der Vorgangsbearbeitung und der Arbeitsbedingungen zu verbessern.

Zu diesem Zweck werden meist folgende Pläne und Anweisungen erstellt, die den Mitarbeitern bei der Bewältigung ihrer Aufgaben helfen sollen:

- Raum- und Zeitpläne,
- Ablaufpläne bzw. Ablaufbeschreibungen,
- Richtlinien und Verfahrensanweisungen,
- Checklisten und Formulare,
- Sachmittel- und Mitarbeitereinsatzpläne.

In welchem Umfang und wie konkret diese formuliert werden, ist abhängig von der Größe des Unternehmens oder der Bedeutung des Regelungsgegenstandes.

5   Grundlagen der Unternehmensformen

Jeder Unternehmensgründer hat die Wahl zwischen einer Vielzahl von Unternehmensformen. Dabei muss er sich grundsätzlich entscheiden, ob er ein Einzelunternehmen oder eine Gesellschaft gründen will. Nachfolgend wird kurz auf die geläufigsten Gesellschaftsformen eingegangen. Eine ausführliche Behandlung der Unternehmensformen erfolgt in Lernfeld 13.

5.1   Einzelunternehmen

Bei der Einzelunternehmung entscheidet der Unternehmer allein. Er prägt durch seine Initiative eigenverantwortlich den Aufbau und die Entwicklung seines Unternehmens. Im Rahmen der bestehenden Wirtschafts- und Rechtsordnung ist er frei in seinen Entscheidungen. Für Erfolg und Misserfolg ist er allein verantwortlich. Der Gewinn fließt ihm allein zu, aber auch für die Verluste muss er mit seinem vollen Vermögen, d.h. auch mit seinem Privatvermögen haften. Für die Höhe des Gründungskapitals gibt es keine Vorschriften.

Vorteile dieser Unternehmensform sind die große unternehmerische Freiheit und ein relativ geringer Kapitalaufwand. Nachteile sind die umfassende Haftung, auch mit dem privaten Vermögen, und die in der Regel beschränkte Kapitalkraft des Unternehmens.

5.2   Personengesellschaften

Personengesellschaften werden häufig von kleinen und mittleren Unternehmen gewählt, weil der Gründungsaufwand eher gering ist und ein Stamm- oder Grundkapital nicht in die Gesellschaft eingebracht werden muss.

Bei den Personengesellschaften sind folgende Gesellschaftsformen zu unterscheiden:
* Gesellschaft bürgerlichen Rechts
* offene Handelsgesellschaft und
* Kommanditgesellschaft

Die **Gesellschaft bürgerlichen Rechts (GbR)** oder auch BGB-Gesellschaft ist die Grundform der Personengesellschaften. Sie ist ein Zusammenschluss von mindestens zwei Personen, die einen gemeinsamen Zweck verfolgen. Dieser kann das Begründen einer Fahrgemeinschaft, das gemeinsame Verwalten eines Grundstücks oder der gemeinsame Kauf eines Lotterieloses sein. Auch ein Kiosk, eine Würstchen- oder Dönerbude oder ein Friseurgeschäft können in der Rechtsform der GbR gegründet werden. Ausgeschlossen ist jedoch das Betreiben eines Handelsgewerbes. Dieses erfordert im Gegensatz zum Kleingewerbetreibenden einen in kaufmännischer Weise eingerichteten Geschäftsbetrieb. Liegt dieser vor, wandelt sich die GbR kraft Gesetzes (Rechtsformzwang) in eine offene Handelsgesellschaft um. Die Gesellschafter einer GbR haften neben der GbR auch stets persönlich, d.h. mit ihrem gesamten Privatvermögen, und unbeschränkt.

Die **offene Handelsgesellschaft (OHG)** ist wie die GbR ein Personenzusammenschluss zu einem gemeinsamen Zweck. Der Zweck der OHG ist – im Gegensatz zur GbR – aber auf den Betrieb eines Handelsgewerbes unter einer gemeinschaftlichen Firma gerichtet. Auch die Gesellschafter der OHG haften persönlich und unbeschränkt.

Wie die OHG ist auch die **Kommanditgesellschaft (KG)** auf den Betrieb eines Handelsgewerbes unter gemeinschaftlicher Firma ausgerichtet. Sie unterscheidet sich aber von der OHG darin, dass nur mindestens ein Gesellschafter, der Komplementär, persönlich und unbeschränkt haftet, und mindestens ein weiterer Gesellschafter, der Kommanditist, in seiner Haftung beschränkt ist.

Eine Ausnahme bildet insoweit die **GmbH & Co. KG**. Sie ist eine Kommanditgesellschaft, deren persönlich haftender Gesellschafter eine GmbH ist. Da die GmbH ihrerseits aber in der Haftung beschränkt ist, führt dies zu einer beschränkten Haftung aller Gesellschafter. Die GmbH & Co. KG unterliegt aber, wenn keine natürliche Person unbeschränkt haftet, Sondervorschriften, die an die der Kapitalgesellschaften angelehnt sind.

5.3 Kapitalgesellschaften

In Kapitalgesellschaften steht hingegen nicht der Zusammenschluss von Personen im Vordergrund, vielmehr geht es um die Anlage von Geld zur Erreichung wirtschaftlicher Ziele. Für die Gründung einer Kapitalgesellschaft bedarf es eines notariell beurkundeten Gesellschaftsvertrages, und es muss ein Mindest-Grund- bzw. Stammkapital eingebracht werden.

Die wichtigsten Kapitalgesellschaften sind:
- Aktiengesellschaft,
- Gesellschaft mit beschränkter Haftung sowie
- als Unterform der GmbH die Unternehmergesellschaft (haftungsbeschränkt), auch „Ein-Euro GmbH" genannt.

Die **Aktiengesellschaft** hat wie der Verein eine körperschaftliche Struktur, d.h., sie gibt sich selbst eine Satzung, die notariell beurkundet werden muss und ist unabhängig von ihren Mitgliedern. Sie ist aber auch Kapitalgesellschaft, denn ihr wirtschaftliches Handeln ist von dem eingebrachten Grundkapital abhängig. Dieses Grundkapital muss mindestens 50.000,00 € betragen und wird in Form von Aktien aufgeteilt. Die Aktien werden von den Mitgliedern der Aktiengesellschaft (Aktionäre) gehalten, wobei Papieraktien heute kaum noch vorkommen. Aktien stellen heute vielmehr einen Buchungsposten im Aktiendepot der Bank dar und liegen nicht mehr im Tresor.

Aktiengesellschaften werden durch ihren Vorstand vertreten, der wiederum vom Aufsichtsrat überwacht wird. Die Aktionäre üben ihre Rechte als Gesellschafter in der Hauptversammlung aus, zu der wenigstens einmal jährlich geladen wird. Die Haftung der Aktionäre ist auf das Gesellschaftsvermögen beschränkt.

Die **Gesellschaft mit beschränkter Haftung (GmbH)** ist eine juristische Person, an der sich natürliche und/oder andere juristische Personen durch das Einbringen von Kapital beteiligen. Für die Gründung muss ein Stammkapital in Höhe von 25.000 € aufgebracht werden und ein notariell beurkundeter Gesellschaftsvertrag abgeschlossen werden. Ein Mustervertrag findet sich im Gesetz und soll GmbH Gründungen erleichtern, auch unter dem Aspekt der Kostenersparnis.

Die GmbH wird vertreten durch den Geschäftsführer, der aber den Weisungen der Gesellschafter obliegt. Die Haftung der GmbH-Gesellschafter ist ebenfalls auf das Gesellschaftsvermögen beschränkt, weswegen sie gerade für kleine und mittelständige Unternehmen eine ideale Rechtsform darstellt.

Durch das MoMiG ist überdies die Unternehmergesellschaft (haftungsbeschränkt) eingeführt worden, sozusagen als Alternative zur englischen Limited, die sich auf Grund diverser Entscheidungen des Europäischen Gerichtshofes (EuGH) auch in Deutschland niederlassen durfte.

Auch in der Limited ist die Haftung der Gesellschafter auf das Gesellschaftsvermögen beschränkt. Sie kann jedoch viel schneller und mit nur einem Pfund Startkapital gegründet werden, weswegen sie innerhalb kürzester Zeit in Deutschland ihren Siegeszug angetreten hat.

Abb. 1.23: Gesellschaftsformen

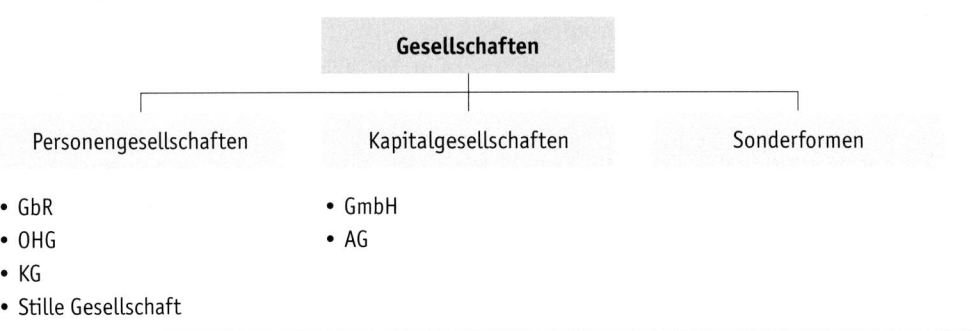

Mit der Unternehmergesellschaft, kurz: UG (haftungsbeschränkt), hat der deutsche Gesetzgeber versucht, eine Alternative zur Limited zu schaffen.Die UG (haftungsbeschränkt) kann ebenfalls mit einem Startkapital von nur einem Euro gegründet werden, soll aber durch erhöhte Gewinnrücklagen letztlich irgendwann eine vollwertige GmbH werden. Damit sollten insbesondere im Dienstleistungssektor – zu dem der KEP-Sektor ja gehört – Unternehmensgründungen erleichtert werden.

5.4 Vereine

Der **Verein** ist ebenfalls ein Zusammenschluss von Personen zur Verwirklichung eines gemeinsamen Zwecks. Dieser Zweck ist in der Satzung festgelegt und kann gemeinnütziger oder wirtschaftlicher Art sein.

Vereine werden meist gegründet, wenn es zur Erreichung des gemeinsamen Ziels gerade nicht auf einen im Voraus festgelegten Mitgliederbestand ankommt. Der Verein besteht unabhängig von der Anzahl seiner Mitglieder. Ein Grund- oder Stammkapital muss nicht zugeführt werden.

6 Arbeitsrecht

Das Arbeitsrecht regelt die Rechtsbeziehungen zwischen Arbeitgebern und Arbeitnehmern. Es wird daher auch als **Sonderrecht der Arbeitnehmer** bezeichnet. Das Arbeitsrecht ist in einer Fülle von unterschiedlichen Gesetzen geregelt. Immer wieder hat es in der Politik den Versuch gegeben, ein einheitliches Arbeitsgesetzbuch zu schaffen. Dies ist bisher nicht gelungen.

6.1 Arbeits- und Gesundheitsschutz

Überall in der Arbeitswelt lauern Gefahren für Körper und Gesundheit. Arbeitnehmer sind auf dem Weg zu ihrer Arbeitsstelle und bei der Arbeit oftmals hohen Risiken ausgesetzt. Hierbei gehen Gefahren insbesondere aus von:
- Maschinen (Fließbänder, Kräne),
- anderen technischen Anlagen (Hochöfen),
- gesundheitsschädlichen Strahlen (Röntgenanlagen oder Kernreaktoren),
- gesundheitsschädlichen Stoffen (Gifte) oder
- dem allgemeinen Straßenverkehr.

Gefahren für Leib und Leben entstehen auch durch eine übermäßige Belastung des Körpers durch zu lange Arbeitszeiten oder während der Arbeit unter erhöhten Belastungen (Nachtarbeit, Schwangerschaft, Schwerbehinderungen oder jugendliches Alter). Im KEP-Bereich bestehen besondere Risiken für die Zusteller, wenn diese am öffentlichen Straßenverkehr teilnehmen oder sich mit pflichtbewussten Wachhunden auseinandersetzen müssen.

Unter dem **Arbeitsschutzrecht** versteht man nun die Gesamtheit der Rechtsnormen, die Pflichten des Arbeitgebers und Arbeitnehmers begründen, um die durch die Arbeit drohenden Gefahren zu beseitigen oder zumindest zu mindern.

Dabei beschäftigt sich der Arbeitsschutz mit der Schaffung von sicheren Arbeitsbedingungen (etwa der Verpflichtung, auf Baustellen Schutzhelme zu tragen), dem Gesundheitsschutz (Vermeidung langfristiger gesundheitsschädlicher Einwirkungen, wie dem Umgang mit chemischen Stoffen oder dem Ausgesetztsein von Strahlen) und dem personenbezogenen Schutz (z.B. dem Schutz von Schwangeren und Jugendlichen).

Die Verantwortung für den Arbeitsschutz trägt vor allem der Arbeitgeber. Er ist derjenige, der durch Organisation des Betriebes, Bestimmung der Arbeiten und Weisungen gegenüber den Arbeitnehmern die Möglichkeit hat, deren Beschäftigung zu steuern. Er ist gegenüber den Arbeitnehmern hierbei verpflichtet, die erforderlichen Maßnahmen für die Sicherheit und Gesundheit der Mitarbeiter zu treffen.

6.1.1 Vorschriften zum Arbeitsschutz

Grundlegende Rechtsvorschriften sind dabei

- das Arbeitsschutzgesetz,
- das Arbeitssicherheitsgesetz,
- das siebente Buch des Sozialgesetzbuches (Unfallversicherung) und
- die Gefahrstoffverordnung.

Weitere wichtige Gesetze sind:
- das Arbeitszeitgesetz,
- das Mutterschutzgesetz,
- das Jugendarbeitsschutzgesetz,
- das Bundesurlaubsgesetz und
- das Sozialgesetzbuch IX, das Regelungen zur Rehabilitation und Teilhabe behinderter Menschen enthält.

Bezüglich der Einrichtung von Arbeitsplätzen hat der Arbeitgeber auch die **Arbeitsstättenverordnung** zu beachten. Darin finden sich detaillierte Vorschriften zu Sanitärräumen, Pausen- und Bereitschaftsräumen, Unterkünften, Nichtraucherschutz, Fluchtwegen und Notausgängen.

6.1.2 Betriebliche Durchführung des Arbeitsschutzes

Für die betriebliche Durchführung des Arbeitsschutzes ist vor allem der **Arbeitgeber** zuständig. Daneben sind aber auch die Arbeitnehmer, der Betriebsrat und etwaige speziell beauftragte Personen hierfür verantwortlich. Dem **Arbeitgeber** obliegt es, durch Gestaltung des Betriebes und Überwachung der Arbeitnehmer die Durchführung des Arbeitsschutzes durchzusetzen. Aber auch die **Arbeitnehmer** sind verpflichtet, im Rahmen ihrer Tätigkeit für den Arbeitgeber darauf zu achten, dass sie selber die Arbeitsschutzvorschriften, insbesondere die Unfallverhütungsvorschriften, einhalten. So haben Bauarbeiter Schutzhelme oder Straßenarbeiter Signalwesten zu tragen, um so Unfälle zu vermeiden.

Daneben bestimmt § 22 SGB VII, dass ein Arbeitgeber mit mehr als 20 Beschäftigten einen oder mehrere **Sicherheitsbeauftragte** aus dem Kreis der Arbeitnehmer zu bestellen hat. Diese unterstützen den Arbeitgeber bei der Durchführung des Arbeitsschutzes und überzeugen sich fortlaufend vom Vorhandensein und der Tauglichkeit der vorgeschriebenen Schutzvorrichtungen. Ausgebildet werden diese Sicherheitsbeauftragten durch die Berufsgenossenschaften.

Nachfolgend werden die wichtigsten Vorschriften zum Arbeitsschutz erörtert. Diese betreffen den Schutz von Leben und Gesundheit des Arbeitnehmers.

6.2 Das Arbeitszeitgesetz

Zweck des Gesetzes ist es (§ 1 ArbZG):
- die **Sicherheit** und den **Gesundheitsschutz** der **Arbeitnehmer** bei der Arbeitszeitgestaltung zu gewährleisten und die Rahmenbedingungen für flexible Arbeitszeiten zu verbessern,
- den **Sonntag** und die staatlich anerkannten **Feiertage** als Tage der Arbeitsruhe und der seelischen Erhebung der Arbeitnehmer zu schützen.

Das Arbeitszeitgesetz gibt hierfür lediglich einen Rahmen vor, der allerdings teilweise durch Vereinbarungen zwischen den **Tarifparteien** (**Tarifvertrag** oder – falls im Tarifvertrag zugelassen – auch in Betriebsvereinbarung) oder Ausnahmegenehmigungen der zuständigen Behörde im Rahmen des Gesetzes erweitert werden kann (§ 7 ArbZG).

6.2.1 Arbeitszeitregelungen

Arbeitszeit im Sinne dieses Gesetzes ist nur die Zeit vom Beginn bis zum Ende der Arbeit ohne die Ruhepausen (§ 2 ArbZG).

> **Beispiel:** A ist von 08:00 Uhr bis 17:00 Uhr im Betrieb. Von 13:30 Uhr bis 14:30 Uhr macht er eine Mittagspause. Seine Arbeitszeit beträgt dann 8 Stunden, da die Mittagspause nicht als Arbeitszeit zählt.

§ 4 ArbZG regelt, dass nach einer Arbeitszeit von mehr als 6 Stunden eine **Ruhepause** von einer halben Stunde oder bei einer Arbeitszeit von mehr als 9 Stunden eine Ruhepause von 45 Minuten zu gewähren ist. Diese kann durch zwei Pausen von je einer viertel Stunde ersetzt werden. Wie die Pausen gelegt werden, schreibt das Gesetz nicht vor. Diese können frei vom Arbeitgeber festgelegt werden. Allerdings unterliegt die zeitliche Lage der Pausen dem Mitbestimmungsrecht des Betriebsrates. § 6 Abs. 3 Arbeitsstättenverordnung schreibt vor, dass in Betrieben mit mehr als 10 Mitarbeitern ein leicht erreichbarer **Pausenraum** zur Verfügung gestellt werden muss.

Den Arbeitnehmern ist nach Beendigung der Arbeit eine **ununterbrochene Ruhezeit** von mindestens 11 Stunden zu gewähren, § 5 Abs. 1 ArbZG.

6.2.2 Werktägliche Arbeitszeit

Die werktägliche Arbeitszeit der Arbeitnehmer darf im Regelfall **achtStunden** nicht überschreiten. Sie darf aber dann auf bis zu **zehnStunden** verlängert werden, wenn innerhalb von sechs Kalendermonaten im Durchschnitt die acht Stunden werktäglich nicht überschritten werden (§ 3 ArbZG). Als **Werktage** gelten dabei alle Wochentage von Montag bis Samstag.

> **Achtung:** Allein der Sonntag ist damit kein Werktag. Ein Samstag ist ein Werktag, auch wenn in unserer heutigen Zeit der Samstag für die Mehrheit der arbeitenden Bevölkerung frei ist.

Dies bedeutet, dass täglich nicht mehr als 10 Stunden gearbeitet werden darf. Wenn die Arbeitszeit 8 Stunden überschreitet, so sind diese zusätzlichen Stunden innerhalb der gesetzlichen Zeiträume auszugleichen.

So darf ein Arbeitnehmer innerhalb einer Woche (Montag bis Samstag) maximal zu 60 Stunden Arbeit herangezogen werden. Dies sogar über mehrere Wochen hinweg, wenn die Arbeitszeit danach so verkürzt wird, dass er im Durchschnitt lediglich 8 Stunden gearbeitet hat.

> **Beispiel:** Der Arbeitgeber hat kurzfristig einen erhöhten Arbeitsanfall. Er kann deshalb die Arbeitszeit beispielsweise für vier Wochen auf werktäglich 10 Stunden ausdehnen, wenn innerhalb der nächsten 6 Monate 4 Wochen lediglich 6 Stunden pro Werktag gearbeitet werden. In den 4 Wochen werden 60 Stunden gearbeitet, in den weiteren 4 Wochen 36 Stunden. Insgesamt werden dann in 8 Wochen 348 Stunden gearbeitet. Dies entspricht 48 Stunden pro Woche und somit 8 Stunden am Tag.

Nach § 14 Abs. 1 ArbZG ist es zulässig, in Notfällen und in außergewöhnlichen Fällen, die unabhängig vom Willen der Betroffenen eintreten und deren Folgen nicht auf andere Weise zu beseitigen sind, von den Regelungen des § 3 ArbZG abzuweichen. Insofern bestehen auch keine Obergrenzen.

> **Beispiel:** Ein Sanitäter ist an einer Unglücksstelle eingesetzt, rettet dort Leben, versorgt Verwundete und arrangiert den Transport in Krankenhäuser. In dieser Situation darf auch die Arbeitshöchstzeitgrenze von 10 Stunden überschritten werden.

Für **Nachtarbeitnehmer** gilt eine Sonderregelung. Hier muss der Ausgleich auf die durchschnittlichen acht Stunden gem. § 6 Abs. 2 ArbZG innerhalb eines Monats oder innerhalb von vier Wochen hergestellt werden.

6.2.3 Sonn- und Feiertagsregelungen

Gem. § 9 ArbZG dürfen Arbeitnehmer an Sonn- und Feiertagen nicht beschäftigt werden. Was ein Feiertag ist, ergibt sich aus den Feiertagsgesetzen der jeweiligen Länder. Einheitliche **Feiertage** sind in der Bundesrepublik Deutschland:

- Neujahr,
- Karfreitag und Ostermontag,
- 1. Mai,
- Christi Himmelfahrt,
- Pfingstmontag,
- 3. Oktober,
- 1. und 2. Weihnachtstag

Von dem Sonn- und Feiertagsverbot macht das Gesetz in § 10 ArbZG Ausnahmen für lebenswichtige Arbeiten (Rettungssanitäter, Ärzte, Krankenschwestern, Mitarbeiter der Feuerwehr) oder für dringende oder sonstige Arbeiten, die zwingend nicht auf Werktage verschoben werden können (Busfahrer, Rundfunkmitarbeiter, Gaststätten etc.). Auch in diesem Zusammenhang sind abweichende Regelungen durch Tarifvertrag, Betriebsvereinbarung oder mit Genehmigung der Aufsichtsbehörde möglich.

6.2.4 Gesetzesverstöße

Verstöße des Arbeitgebers gegen die Vorschriften des Arbeitszeitgesetzes sind als **Ordnungswidrigkeiten** zu ahnden. Ihm droht dann ein Bußgeld. Verstößt der Arbeitgeber jedoch absichtlich oder beharrlich gegen wesentliche Regelungen des Gesetzes und werden dadurch Gesundheit oder Arbeitskraft eines Arbeitnehmers gefährdet, so begeht er eine **Straftat** und kann mit Geld- oder Freiheitsstrafe bis zu einem Jahr bestraft werden.

6.3 Das Jugendarbeitsschutzgesetz

Im Arbeitsleben sind normalerweise Erwachsene tätig, die körperlich in der Lage sind, die von ihnen geforderten Arbeiten zu verrichten. Wegen ihrer geringeren Leistungsfähigkeit benötigen Jugendliche hier einen besonderen Schutz. Diesen gewährleistet das Jugendarbeitsschutzgesetz (JArbSchG).

6.3.1 Geltungsbereich

Das Jugendarbeitsschutzgesetz ist auf alle Auszubildenden und Arbeitnehmer anzuwenden, die noch nicht 18 Jahre alt sind, § 1 JArbSchG. Einzelne Bestimmungen des Gesetzes gelten jedoch auch für ältere Arbeitnehmer, wenn diese sich noch in der Berufsausbildung befinden (vgl. etwa § 9 Abs. 1 Ziff. 1 JArbSchG)..

6.3.2 Definitionen

§ 2 JArbSchG regelt:
- **Kind** ist, wer noch nicht 15 Jahre alt ist.
- **Jugendlicher** ist, wer zwischen 15 und 18 Jahre alt ist.

Jugendliche, die noch gesetzlich verpflichtet sind, zur Schule zu gehen (vollzeitschulpflichtig sind), werden Kindern gleichgestellt. Dies bedeutet, dass diese Jugendlichen im Sinne dieses Gesetzes Kinder sind.

6.3.3 Mindestalter für die Beschäftigung

Die Beschäftigung von **Kindern** ist grundsätzlich verboten (§ 5 Abs. 1 JArbSchG). Nur Kinder, die der Vollzeitschulpflicht nicht mehr unterliegen, dürfen ausnahmsweise beschäftigt werden (§ 7 JArbSchG)
- im Berufsausbildungsverhältnis,
- außerhalb des Berufsausbildungsverhältnisses nur mit leichten und für sie geeigneten Tätigkeiten bis zu 7 Stunden täglich und 35 Stunden wöchentlich.

Hiervon lässt das Gesetz Abweichungen zu. So können die zuständigen Behörden etwa Theater- oder Fernsehauftritte von Kindern genehmigen, § 6 JArbSchG. Oder Kinder ab dem 13. Lebensjahr können mit Einwilligung der Erziehungsberechtigten bei leichten Beschäftigungen (in der Regel höchstens 2 Stunden täglich) eingesetzt werden, § 5 Abs. 3 JArbSchG.

> **Beispiel:** Die 14-jährige Melanie trägt mit Zustimmung ihrer Eltern einmal in der Woche mittwochs zwei Stunden lang Prospekte aus.

Weiterhin ist allen Kindern die Arbeit im Rahmen eines Betriebspraktikums erlaubt, § 5 Abs. 2 JArbSchG.

6.3.4 Beschäftigungszeiten
Jugendliche dürfen
- nur an 5 Tagen in der Woche,
- nicht mehr als 8 Stunden täglich und
- nicht mehr als 40 Stunden wöchentlich beschäftigt werden (§§ 8, 15 JArbSchG).

Wenn an einzelnen Werktagen die Arbeitszeit auf weniger als 8 Stunden verkürzt ist, können Jugendliche an den übrigen Werktagen derselben Woche 8,5 Stunden beschäftigt werden. Die beiden wöchentlichen Ruhetage sollen nach Möglichkeit aufeinander folgen.

Ruhepausen zählen nicht als Arbeitszeit. Jedoch darf die sog. Schichtzeit (gesamte tägliche Arbeitszeit von Jugendlichen einschließlich der Ruhepausen) 10 Stunden nicht überschreiten, § 12 JArbSchG.

6.3.5 Beschäftigung an Samstagen und Sonn- und Feiertagen
An Samstagen dürfen Jugendliche nicht beschäftigt werden, § 16 JArbSchG. Dieses Verbot gilt u.a. nicht für bestimmte Beschäftigungen, die auch an Samstagen unerlässlich sind (u. a. Krankenpflege, Geschäfte, Gaststätten oder Reparaturwerkstätten für Kraftfahrzeuge).

Mindestens zwei Samstage im Monat sollen dann aber dennoch beschäftigungsfrei bleiben. Werden Jugendliche an Samstagen beschäftigt, ist ihnen die Fünf-Tage-Woche durch Freistellung an einem anderen berufsschulfreien Arbeitstag derselben Woche sicherzustellen.

Auch an **Sonn- und Feiertagen** dürfen Jugendliche grundsätzlich nicht beschäftigt werden, §§ 17, 18 JArbSchG. Dies Verbot gilt wiederum nicht für bestimmte gesetzlich aufgelistete Beschäftigungen, die auch an Samstagen unerlässlich sind (u. a. Krankenpflege, Geschäfte, Gaststätten oder Reparaturwerkstätten für Kraftfahrzeuge).

Jedoch gilt ein besonderer Feiertagsschutz: Am 24. und 31. Dezember nach 14:00 Uhr dürfen Jugendliche – ohne Ausnahme – überhaupt nicht beschäftigt werden, desgleichen nicht an folgenden gesetzlichen Feiertagen: 1. Weihnachtsfeiertag, 1. Januar, 1. Osterfeiertag, 1. Mai.

Jeder zweite Sonntag soll, mindestens zwei Sonntage im Monat müssen beschäftigungsfrei bleiben. Die Regelung für den Ersatzruhetag erfolgt wie bei der Beschäftigung an Samstagen.

6.3.6 Berufsschule
Der Arbeitgeber hat den Jugendlichen für die Teilnahme am Berufsschulunterricht freizustellen, § 9 JArbSchG. Er darf den Jugendlichen nicht beschäftigen:
- vor einem vor 9:00 Uhr beginnenden Unterricht; dies gilt auch für Personen, die über 18 Jahre alt und noch berufsschulpflichtig sind,
- an einem Berufsschultag mit mehr als 5 Unterrichtsstunden von mindestens je 45 Minuten, einmal in der Woche,
- in Berufsschulwochen mit einem planmäßigen Blockunterricht von mindestens 25 Stunden an mindestens 5 Tagen; zusätzliche betriebliche Ausbildungsveranstaltungen bis zu zwei Stunden wöchentlich sind zulässig.

Berufsschultage werden mit 8 Stunden, Berufsschulwochen mit 40 Stunden auf die Arbeitszeit angerechnet. Im Übrigen wird die Unterrichtzeit einschließlich der Pausen angerechnet.

> **Beispiel:** Melanie hat mit ihrem Ausbilder eine 35-Stunden-Woche vereinbart. Mittwochs hat sie Berufsschule mit 6 Stunden à 45 Minuten. Da die Berufsschule mehr als 5 Lehrstunden dauert, zählt der Unterricht als 8 Stunden Arbeitszeit. Für den Rest der Woche muss Melanie also nur noch 27 Stunden arbeiten, wobei sie am Mittwoch selber nicht beschäftigt werden darf.

Ein Entgeltausfall darf durch den Besuch der Berufsschule nicht eintreten.

6.3.7 Prüfungen und außerbetriebliche Ausbildungsmaßnahmen
Der Arbeitgeber hat den Jugendlichen freizustellen (§ 10 JArbSchG):
- für die Teilnahme an Prüfungen und Ausbildungsmaßnahmen, die auf Grund öffentlich-rechtlicher oder vertraglicher Bestimmungen außerhalb der Ausbildungsstätte durchzuführen sind,
- an dem Arbeitstag, der der schriftlichen Abschlussprüfung unmittelbar vorangeht.

Die Freistellung für Prüfungen wird mit der Zeit der Teilnahme einschließlich der Pausen, die Freistellung vor dem Prüfungstag mit 8 Stunden auf die Arbeitszeit angerechnet.

6.3.8 Ruhepausen
Dem Jugendlichen muss bei einer Beschäftigungszeit von
- mehr als 4,5 bis 6 Stunden eine Pause von 30 Minuten,
- mehr als 6 Stunden eine Pause von 60 Minuten gewährt werden, § 11 JArbSchG.

Die Pausen müssen jeweils mindestens 15 Minuten betragen und im Voraus festgelegt werden. Der Arbeitgeber darf diese demnach nicht spontan anordnen.

Ruhepausen dürfen frühestens eine Stunde nach Beginn und spätestens eine Stunde vor Ende der Arbeitszeit gewährt werden. Länger als viereinhalb Stunden hintereinander dürfen Jugendliche nicht ohne Pause beschäftigt werden.

6.3.9 Tägliche Freizeit
Nach Beendigung der täglichen Arbeitszeit dürfen Jugendliche nicht vor Ablauf einer ununterbrochenen Freizeit von mindestens 12 Stunden beschäftigt werden, § 13 JArbSchG.

6.3.10 Nachtruhe
Jugendliche dürfen grundsätzlich nur in der Zeit von 6 bis 20 Uhr beschäftigt werden, § 14 JArbSchG.

Jugendliche über 16 Jahre dürfen:
- im Gaststätten- und Schaustellergewerbe bis 22:00 Uhr,
- in mehrschichtigen Betrieben bis 23:00 Uhr,
- in der Landwirtschaft ab 5:00 Uhr oder bis 21:00 Uhr,
- in Bäckereien und Konditoreien ab 5:00 Uhr beschäftigt werden.

6.3.11 Urlaub
Der Arbeitgeber hat Jugendlichen für jedes Kalenderjahr einen bezahlten Erholungsurlaub zu gewähren, § 19 JArbSchG. Der Urlaub beträgt jährlich:
- mindestens 30 Werktage, wenn der Jugendliche zu Beginn des Kalenderjahres noch nicht 16 Jahre alt ist,
- mindestens 27 Werktage, wenn der Jugendliche zu Beginn des Kalenderjahres noch nicht 17 Jahre alt ist,

- mindestens 25 Werktage, wenn der Jugendliche zu Beginn des Kalenderjahres noch nicht 18 Jahre alt.

Der Urlaub soll Berufsschülern in der Zeit der Berufsschulferien gegeben werden. Soweit er nicht in den Berufsschulferien gegeben wird, ist für jeden Berufsschultag, an dem die Berufsschule während des Urlaubs besucht wird, ein weiterer Urlaubstag zu gewähren.

6.3.12 Gefährliche Arbeiten
Jugendliche dürfen nicht beschäftigt werden (§ 22 JArbSchG):
- mit Arbeiten, die ihre physische oder psychische Leistungsfähigkeit übersteigen,
- mit Arbeiten, bei denen sie sittlichen Gefahren ausgesetzt sind,
- mit Arbeiten, die mit Unfallgefahren verbunden sind, von denen anzunehmen ist, dass Jugendliche sie wegen mangelnden Sicherheitsbewusstseins oder mangelnder Erfahrung nicht erkennen oder abwenden können,
- mit Arbeiten, bei denen ihre Gesundheit durch außergewöhnliche Hitze oder Kälte oder starke Nässe gefährdet wird,
- mit Arbeiten, bei denen sie schädlichen Einwirkungen von Lärm, Erschütterungen oder Strahlen ausgesetzt sind,
- mit Arbeiten, bei denen sie schädlichen Einwirkungen von Gefahrstoffen im Sinne des Chemikaliengesetzes ausgesetzt sind.

Werden Jugendliche in einem Betrieb beschäftigt, für den ein Betriebsarzt oder eine Fachkraft für Arbeitssicherheit verpflichtet ist, muss ihre betriebsärztliche oder sicherheitstechnische Betreuung sichergestellt sein.

6.3.13 Verbot von Akkordlohn
Jugendliche dürfen nicht unter Zahlung von Akkordlohn beschäftigt werden, § 23 JArbSchG.

6.3.14 Menschengerechte Gestaltung der Arbeit
Der Arbeitgeber hat bei der Einrichtung und der Unterhaltung des Arbeitsplatzes einschließlich der Maschinen, Werkzeuge und Geräte und bei der Regelung der Beschäftigung selber alle Vorkehrungen und Maßnahmen zu treffen, die zum Schutze der Jugendlichen gegen Gefahren für Leben und Gesundheit sowie zur Vermeidung einer Beeinträchtigung der körperlichen oder seelisch-geistigen Entwicklung der Jugendlichen erforderlich sind, § 28 JArbSchG.

Hierbei sind vor allem auch das mögliche mangelnde Sicherheitsbewusstsein, die mangelnde Erfahrung und der jeweilige Entwicklungsstand der Jugendlichen zu berücksichtigen. Auch die allgemein anerkannten sicherheitstechnischen und arbeitsmedizinischen Regeln sowie die sonstigen gesicherten arbeitswissenschaftlichen Erkenntnisse sind hier vom Arbeitgeber zu beachten.

6.3.15 Züchtigungsverbot, Verbot der Abgabe von Alkohol und Tabak
Es ist verboten, Jugendliche körperlich zu züchtigen, § 31 JArbSchG. Der Arbeitgeber hat Jugendliche vor körperlicher Züchtigung und Misshandlung und vor sittlicher Gefährdung durch andere bei ihm Beschäftigte sowie durch Mitglieder seines Haushalts an der Arbeitsstätte und in seinem Hause zu schützen. Er darf Jugendlichen unter 16 Jahren keine alkoholischen Getränke und Tabakwaren, Jugendlichen über 16 Jahren keinen Branntwein geben.

6.3.16 Gesundheitliche Betreuung
In folgenden Fällen ist eine ärztliche Untersuchung der Jugendlichen vorgesehen (§§ 32 ff. JArbSchG):
- Ein Jugendlicher, der in das Berufsleben eintritt, darf nur beschäftigt werden, wenn er innerhalb der letzten 14 Monate von einem Arzt untersucht worden ist (Erstuntersuchung) und dem Arbeitgeber eine von diesem Arzt ausgestellte Bescheinigung vorlegt.

- Ein Jahr nach Aufnahme der ersten Beschäftigung hat sich der Arbeitgeber die Bescheinigung eines Arztes darüber vorlegen zu lassen, dass der Jugendliche nachuntersucht worden ist (erste Nachuntersuchung).

Die Nachuntersuchung darf nicht länger als drei Monate zurückliegen. Der Arbeitgeber soll den Jugendlichen neun Monate nach Aufnahme der ersten Beschäftigung nachdrücklich auf den Zeitpunkt, bis zu dem der Jugendliche ihm die ärztliche Bescheinigung vorzulegen hat, hinweisen und ihn auffordern, die Nachuntersuchung bis dahin durchführen zu lassen.

Wechselt der Jugendliche den Arbeitgeber, so darf ihn der neue Arbeitgeber erst beschäftigen, wenn ihm die Bescheinigung über die Erstuntersuchung und, falls seit der Aufnahme der Beschäftigung ein Jahr vergangen ist, die Bescheinigung über die erste Nachuntersuchung vorliegen.

6.3.17 Verstöße

Das Gewerbeaufsichtsamt wacht darüber, dass die Regelungen des JArbSchG eingehalten werden. Verstöße gegen das Gesetz können mit Geldbußen bis zu 15.000 € oder bei vorsätzlichen Verstößen sogar mit Freiheitsstrafe geahndet werden.

6.4 Bundesurlaubsgesetz

Arbeitnehmer benötigen zu ihrer Erholung freie Zeit, über die sie selber bestimmen können. Während ihres Urlaubs, in dem sie ja an sich nicht für den Arbeitgeber tätig sind, haben sie dennoch einen Anspruch auf Lohnzahlung. Dies regelt das Bundesurlaubsgesetz (BUrlaubG).

6.4.1 Dauer des Urlaubs

Nach § 3 BUrlaubG steht allen Arbeitern, Angestellten und sonstig bezahlt Beschäftigten ein jährlicher Mindesturlaubsanspruch von **24 Werktagen** zu. Da auch der Samstag zu den Werktagen gehört, ergibt sich hier für die heute übliche Arbeitswoche von fünf Arbeitstagen ein Mindesturlaubsanspruch von 20 Arbeitstagen. Dies bedeutet, dass jeder Arbeitgeber verpflichtet ist, mindestens 20 Urlaubstage zu gewähren und während dieser Zeit dem Arbeitnehmer seinen durchschnittlichen Lohn zu zahlen. Üblich ist es, dass in den Arbeits- oder Tarifverträgen hiervon abweichend insbesondere für ältere Arbeitnehmer mehr Urlaubstage vereinbart werden.

Das Bundesurlaubsgesetz gilt nicht direkt für minderjährige Arbeitnehmer. Diese haben nach § 19 Jugendarbeitsschutzgesetz altersabhängig einen Urlaubsanspruch zwischen 25 und 30 Werktagen.

6.4.2 Wartezeit

Erst nach Ablauf der Wartezeit von sechs Monaten (§ 4 BUrlaubG) wird der volle Urlaubsanspruch erworben. Dies bedeutet, dass der Arbeitgeber erst 6 Monate nach dem Tag der vereinbarten Arbeitsaufnahme Urlaub gewähren muss. Nach Ablauf der Wartezeit wird dann der gesamte Urlaubsanspruch – auch der während der Wartezeit erworbene – fällig.

In diesen ersten sechs Monaten erhält der Arbeitnehmer pro vollem Monat des Beschäftigungsverhältnisses 1/12 des Jahresurlaubs, § 5 BUrlaubG. Wenn er etwa am 1. September eines Jahres die Arbeit aufnimmt, dauert die Wartezeit bis Ende Februar. Für das zurückliegende Jahr steht ihm 4/12 Jahresurlaub zu. Für das Folgejahr steht – wie in jedem neuen Kalenderjahr – der volle Jahresurlaub zusätzlich zu.

6.4.3 Krankheiten

Krankheitszeiten sind keine Urlaubstage. Wird der Arbeitnehmer während des Urlaubs krank, hat er dies dem Arbeitgeber unverzüglich mitzuteilen. Die Krankheitstage sind dann später wiederum als Urlaubstage zu gewähren.

6.4.4 Urlaubsgewährung

Urlaub muss vom Arbeitgeber genehmigt werden. Der Arbeitnehmer ist nicht berechtigt, von sich aus von der Arbeit fernzubleiben. Der Arbeitgeber ist gehalten, bei der zeitlichen Festlegung des Urlaubs die Urlaubswünsche des Arbeitnehmers weitestgehend zu berücksichtigen, § 7 BUrlaubG. Der Urlaub soll möglichst zusammenhängend genommen werden.

Im Urlaub ist nach § 8 BUrlaubG eine dem Arbeitsverhältnis widersprechende **Erwerbstätigkeit** unzulässig.

6.4.5 Übertragung von Resturlaub

In der Praxis oft missverstanden ist die Möglichkeit, nicht genommenen Urlaub in das Folgejahr zu übertragen. Dies ist in § 7 Abs. 3 BUrlaubG geregelt. Es gilt:

- Am Ende des Jahres verfällt der Urlaubsanspruch. Nicht genommene Urlaubstage werden somit nicht in das Folgejahr übertragen.
- Der Urlaub wird hiervon abweichend dann in das Folgejahr übertragen, wenn dieser aus dringenden betrieblichen Gründen (Bsp. Weihnachtsverkauf im Handel) oder Gründen in der Person des Arbeitnehmers (Bsp. Krankheit) nicht genommen werden konnte. Nur wenn diese Gründe vorliegen, wird der Resturlaub automatisch auf das Folgejahr übertragen.
- Der übertragene Urlaub erlischt, wenn er nicht bis zum 31. März genommen wurde.
- Dies gilt nach einer neuen Rechtsprechung des Bundesarbeitsgerichts jedoch nicht, wenn der Urlaub auch bis dahin wegen Krankheit nicht genommen werden konnte. Der Urlaubsanspruch für das/die Vorjahr(e) bleibt im Falle der Arbeitsunfähigkeit wegen Krankheit erhalten. Der Resturlaub muss dann aber bei Gesundung genommen werden, da er ansonsten nach den allgemeinen Regeln verfällt.

Beispiel: 1.) A ist vom 1.1.2013 bis 17.4.2014 arbeitsunfähig krank. Am 18.4.2014 erscheint er im Betrieb und begehrt seinen gesamten Urlaub (vereinbart sind 28 Werktage) für 2013. – A kann für die Zeit vom 16.3.2013 bis zum 31.3.2014 noch 28 Werktage Resturlaub aus dem Jahr 2013 verlangen. Der Urlaub aus 2013 wird wegen der Krankheit des A vollständig in das Jahr 2014 übertragen.. Für das Jahr 2014 steht A zusätzlich der normale Urlaub von 28 Werktagen zu. Ihm stehen demnach für 2014 56 Werktage Urlaub zu.

2.) A nimmt auf Wunsch der Arbeitsgebers vom 01. September 2013 bis 31.12.2013 an einem Lehrgang teil. Für das Jahr 2013 stehen ihm noch 10 Werktage Urlaub zu, die er wegen des Lehrgangs nicht nehmen kann (dringende betriebliche Gründe).Diese werden in das Jahr 2014 automatisch übertragen und müssen bis zum 31.März 2014 genommen werden, da sie ansonsten verfallen.

Hiervon wird in der Praxis oft abgewichen. Vielfach wird die Übertragung von Resturlaub vereinbart oder auch, dass dieser auch nach dem 31.3. noch genommen werden kann.

6.4.6 Urlaubsabgeltung

§ 7 Abs. 4 BUrlaubG regelt, dass Urlaub nur dann finanziell abgegolten wird, wenn er wegen Beendigung des Arbeitsverhältnisses ganz oder teilweise nicht mehr genommen werden kann. Dies bedeutet, dass verfallener Urlaub bei Fortbestehen des Arbeitsverhältnisses ersatzlos und ohne finanziellen Ausgleich untergeht. Der Arbeitnehmer hat somit ein Interesse daran, den Urlaub auch tatsächlich rechtzeitig in Anspruch zu nehmen.

6.5 Das Mutterschutzgesetz

Das Mutterschutzgesetz (MuSchG) gilt für berufstätige Frauen. Es gilt daher nicht für jede Schwangere und Mutter, sondern nur für Frauen, die in einem Arbeitsverhältnis stehen.

6.5.1 Kündigungsverbot

Vom Beginn der Schwangerschaft bis vier Monaten nach der Geburt ist die Kündigung einer Schwangeren unzulässig, § 9 MuSchG. Dies Verbot gilt jedoch nur dann, wenn dem Unternehmen die Schwangerschaft bekannt war oder spätestens zwei Wochen nach Zugang der Kündigung mitgeteilt wurde. Dies bedeutet, dass eine Schwangere dies ihrem Arbeitgeber alsbald mitteilen sollte, um den Kündigungsschutz zu erlangen. Hierzu ist sie auch gesetzlich verpflichtet, § 5 MuSchG, und muss auf Verlangen des Arbeitgebers sogar eine Bestätigung des Arztes oder einer Hebamme beibringen.

Erhält sie eine Kündigung und ist in diesem Moment schwanger, kann sie dies dem Arbeitgeber innerhalb von zwei Wochen mitteilen. Dann wird die Kündigung nachträglich unwirksam.

Nun sind jedoch auch Fälle denkbar, in denen die Schwangere selber zum Zeitpunkt der Kündigung und in den zwei Wochen danach noch nichts von ihrer Schwangerschaft weiß. Für einen solchen Fall, in dem die Schwangere selber unverschuldet gehindert war, die Mitteilung über ihre Schwangerschaft innerhalb der 2 Wochen nach der Kündigung zu machen, gewährt das Gesetz dennoch Kündigungsschutz, wenn sie die Mitteilung dann unverzüglich nachholt.

Beispiel: A wird am 01.03. schwanger. Am 15.03. wird ihr gekündigt. Am 15.04. erfährt sie von ihrem Arzt, dass sie schwanger ist. – Wenn A noch am 15.04. oder unmittelbar danach mitteilt, dass sie zum Zeitpunkt der Kündigung schwanger war, genießt die den Kündigungsschutz, und die Kündigung vom 15.03. ist unwirksam.

6.5.2 Gestaltung des Arbeitsplatzes

Der Arbeitgeber ist verpflichtet, auf den Zustand der Schwangeren angemessene Rücksicht zu nehmen. § 2 MuSchG verpflichtet ihn, die erforderlichen Vorkehrungen und Maßnahmen zum Schutz von Leben und Gesundheit der Schwangeren zu treffen. Bei stehender oder gehender Tätigkeit muss er ihr eine Möglichkeit zum Hinsetzen und kurzem Ausruhen schaffen. Auch bei einer sitzenden Tätigkeit hat er ihr die Gelegenheit zum kurzen Unterbrechen der Arbeit zum Ausruhen zu gewähren.

Stillenden Müttern ist die zeitliche Gelegenheit dazu zu geben, § 7 MuSchG.

6.5.3 Beschäftigungsverbot

Schwangere dürfen in der Regel nicht in der Zeit zwischen 20:00 Uhr und 06:00 Uhr und nicht an Sonn- und Feiertagen beschäftigt werden. Auch jede Mehrarbeit ist untersagt, § 8 MuSchG.

Werdende Mütter dürfen 6 Wochen vor der Entbindung nicht mehr beschäftigt werden. Eine Ausnahme besteht, wenn sie ausdrücklich einwilligen. Die Einwilligung kann die Schwangere jederzeit widerrufen, § 3 MuSchG. Ein Beschäftigungsverbot tritt auch dann ein, wenn ein Arzt Leben und Gesundheit der Schwangeren oder des werdenden Kindes durch die Arbeit für gefährdet erachtet.

Nach der Geburt dürfen Mütter in der Regel 8 Wochen nicht beschäftigt werden, § 6 MuSchG.

6.5.4 Lohn

Der Arbeitgeber ist verpflichtet, der Schwangeren ihren durchschnittlichen Lohn auch dann zu zahlen, wenn sie wegen des Beschäftigungsverbots nicht arbeiten kann, § 11 MuSchG.

Während der Beschäftigungsverbote sechs Wochen vor und in der Regel 8 Wochen nach der Geburt übernimmt diese Zahlung die Krankenkasse, § 13 MuSchG.

6.5.5 Verstöße

Verstöße des Arbeitgebers gegen das Gesetz stellen je nach Schwere eine Ordnungswidrigkeit oder eine Straftat dar, § 21 MuSchG.

6.6 Nachhaltigkeit

Abb. 1.24: Prinzip der Nachhaltigkeit

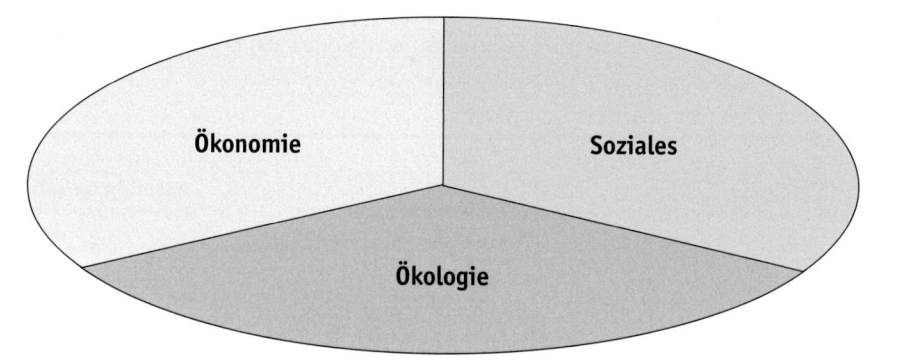

Im Rahmen der Konferenz für Umwelt und Entwicklung der Vereinten Nationen (UNCED) in Rio de Janeiro 1992 hat sich die internationale Staatengemeinschaft auf das Leitbild der nachhaltigen Entwicklung („sustainabledevelopment") verständigt. Es wurde der gemeinsame Wille zum Ausdruck gebracht, die Ressourcen der Erde künftig so behutsam zu nutzen, dass alle Menschen auf der Erde gegenwärtig und in Zukunft gerechte Entwicklungschancen erhalten.

Was ist nachhaltige Entwicklung? Das Bundesministerium für Umwelt, Reaktorsicherheit und Naturschutz (BMU) bestimmt das Prinzip der Nachhaltigkeit wie folgt:

Das Konzept der Nachhaltigkeit stammt ursprünglich aus der Forstwirtschaft. Damit bezeichnete man schon im 18. Jahrhundert den Umstand, dass in einem Zeitraum nur so viel Holz geschlagen werden darf, wie nachwachsen kann. Der nachhaltige Umgang mit der Natur erlaubt ihr so, sich wieder zu erholen.

In unseren Zeiten nutzen wir die Ressourcen der Erde wie in keinem Zeitalter vor uns. Heute verstehen wir unter dem Begriff der Nachhaltigkeit ein Gesamtkonzept, das eine Entwicklung zum Ziel hat, die ökologisch verträglich, sozial gerecht und wirtschaftlich leistungsfähig ist. Das heißt, heute und hier nicht auf Kosten der Menschen in anderen Regionen der Erde und auf Kosten zukünftiger Generationen zu leben. Nachhaltigkeit ist damit immer auch eine Querschnittsaufgabe, weil sie alle Bereiche unseres Lebens und Wirtschaftens betrifft.

Immer mehr Unternehmen versuchen, ökonomische, ökologische und soziale Ziele miteinander zu verknüpfen. Anknüpfungspunkte sind meist Umwelt- und Qualitätsmanagementsysteme, in die einzelne Nachhaltigkeitsaspekte, wie Mitarbeiterzufriedenheit, Arbeitsschutz und Umweltschutz, integriert werden und an deren Ende ein umfassendes Nachhaltigkeitsmanagement steht. Dieses zielt darauf ab, durch die Formulierung konkreter Maßnahmen und den Aufbau organisatorischer Strukturen den Arbeits- und Gesundheitsschutz sowie die Mitarbeiterzufriedenheit ständig zu verbessern.

Ein zertifizierbares Nachhaltigkeitsmanagementsystem gibt es zwar derzeit noch nicht, allerdings belegen Studien, dass nachhaltig wirtschaftende Unternehmen meist länger und erfolgreicher am Markt agieren. Denn häufig sind solche Systeme durch eine gute Kommunikation innerhalb des Unternehmens gekennzeichnet, und die können zu Kosteneinsparungen und Imagegewinnen führen.

7 Berufsausbildung

Die Berufsausbildung in den staatlich anerkannten Ausbildungsberufen ist im Berufsbildungsgesetz (BBiG) geregelt. Hierbei berücksichtigt der Gesetzgeber die besonderen Anforderungen an ein Ausbildungsverhältnis und vor allem die besondere Schutzbedürftigkeit des Auszubildenden.

7.1 Duales System der Berufsausbildung

Die Ausbildung selber erfolgt dann im so genannten „dualen System". Dies bedeutet, dass sie in den Betrieben der Wirtschaft und in berufsbildenden Schulen stattfindet und dass der Unterricht in den Berufsschulen und die betriebliche Ausbildung aufeinander abgestimmt sind. Das Zusammenwirken von Schule und Praxis wird durch das nachfolgende Schaubild verdeutlicht:

Abb. 1.25: Zusammenwirken von Schule und Praxis

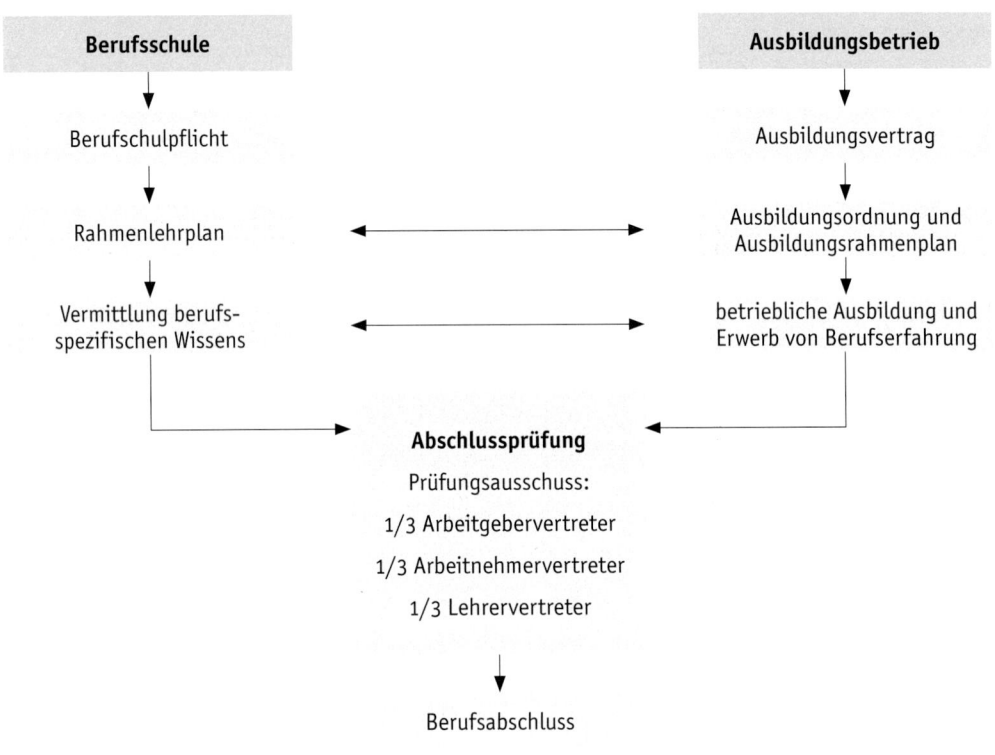

7.2 Berufsschulausbildung

Im Rahmen der Berufsausbildung sollen dem Auszubildenden die für den Beruf erforderlichen Fertigkeiten, Kenntnisse und Fähigkeiten in einem geordneten Ausbildungsgang vermittelt werden. Für die jeweiligen anerkannten Ausbildungsberufe, von denen es über 340 gibt, gibt es jeweils individuelle Ausbildungsordnungen und Rahmenlehrpläne.

Die **Ausbildungsordnung** enthält Angaben zu der Ausbildungsdauer, das Ausbildungsberufsfeld, die Prüfungsanforderungen und den Ausbildungsrahmenlehrplan.

Die Ausbildungsdauer beträgt für den KEP-Kaufmann 3 Jahre und für die KEP-Fachkraft 2 Jahre. In der Regel **endet** das Ausbildungsverhältnis mit dem Ablauf der Ausbildungszeit oder dem Bestehen der Abschlussprüfung.

Für den Fall, dass der Auszubildende die Prüfung nicht besteht, regelt § 21 Abs. 3 BBiG, dass sich das Ausbildungsverhältnis auf Verlangen des Auszubildenden bis zur nächstmöglichen Wiederholungsprüfung, jedoch höchstens um ein Jahr, verlängert. Eine Verlängerung ist ggf. auch aus anderen Gründen wie Krankheit des Auszubildenden möglich.

Der **Rahmenlehrplan** gibt die Ziele und Inhalte der Berufsschulausbildung vor. Er regelt in Lernfeldern die Lehrinhalte, deren zeitliche und inhaltliche Gewichtung und die Verteilung dieser

Inhalte auf die Ausbildungsjahre. Der Rahmenlehrplan für Kaufleute für Kurier-, Express- und Postdienstleistungen sieht folgende Lernfelder und Schwerpunkte vor:

Abb. 1.26: Rahmenlehrplan für Kaufleute für Kurier-, Express- und Postdienstleistungen

1. Ausbildungsjahr

Lernfeld 1	Lernfeld 2	Lernfeld 3	Lernfeld 4	Lernfeld 5
Im KEP-Unternehmen lernen und arbeiten	Transportaufträge und Sendungen für das Unternehmen annehmen	Sendungen im Unternehmen bearbeiten und transportieren	Sendungen an Empfänger ausliefern	Zahlungsvorgänge bearbeiten, dokumentieren und abrechnen

2. Ausbildungsjahr

Lernfeld 6	Lernfeld 7	Lernfeld 8	Lernfeld 9
Zusätzliche Dienstleistungen analysieren, bearbeiten und dokumentieren	Geschäftsprozesse erfassen und betriebliche Daten aufbereiten	Transporte von Sendungen planen, organisieren und steuern	Kunden gewinnen und Kundenkontakte pflegen

3. Ausbildungsjahr

Lernfeld 10	Lernfeld 11	Lernfeld 12	Lernfeld 13
Bei Personalmaßnahmen mitwirken und arbeitsrechtliche Bestimmungen anwenden	Geschäftsprozesse dokumentieren und auswerten	Dienstleistungen anbieten und verkaufen	Unternehmerische Entscheidungen vorbereiten

7.3 Berufsausbildungsvertrag

Zwischen Ausbilder und Auszubildenden wird ein Berufsausbildungsvertrag geschlossen. Der minderjährige Auszubildende wird hierbei von seinen Eltern vertreten oder bedarf deren Zustimmung. Der Ausbildungsvertrag ist ein normaler Arbeitsvertrag, der im BBiG jedoch spezielle Regelungen erfahren hat.

7.3.1 Vertragsinhalt

Wird der Vertrag schriftlich geschlossen, müssen dort vor Beginn der Ausbildung geregelt sein:

- Art, sachliche und zeitliche Gliederung und Ziel der Ausbildung,
- Beginn und Dauer,
- Ausbildungsmaßnahmen außerhalb der Ausbildungsstätte,
- Dauer der regelmäßigen täglichen Arbeitszeit,
- Dauer der Probezeit,
- Zahlung und Höhe der Vergütung,
- Dauer des Urlaubs,
- Vorraussetzungen, unter denen der Vertrag gekündigt werden kann
- und ein allgemeiner Hinweis auf Tarifverträge, Betriebs- und Dienstvereinbarungen, die auf das Ausbildungsverhältnis Anwendung finden.

Wird der Vertrag mündlich geschlossen, müssen diese Punkte vor Beginn der Ausbildung in einer vom Ausbilder, dem Auszubildenden und ggf. von dessen gesetzlichen Vertretern unterschriebenen **Vertragsniederschrift** festgeschrieben werden. Diese dokumentiert dann die vorher mündlich vereinbarten Punkte. Fehlt die schriftliche Niederlegung der Punkte, ist der Vertrag dennoch nicht unwirksam. Die Regelung dient allein dazu, Klarheit über die wesentlichen Rechte und Pflichten zu gewinnen, und soll nicht etwa für den Auszubildenden Nachteile bringen.

7.3.2 Rechte und Pflichten

Das Berufsausbildungsverhältnis beinhaltet nach dem Gesetz wechselseitige Rechte und Pflichten.

Der Auszubildende ist verpflichtet,	Der Ausbilder ist insbesondere verpflichtet,
• die ihm übertragenen Aufgaben sorgfältig auszuführen, • an den Ausbildungsmaßnahmen teilzunehmen, • den Weisungen des Ausbilders und anderen Berechtigten nachzukommen, • Geschäftsgeheimnisse zu wahren, • die für den Beruf erforderlichen Fertigkeiten, Kenntnisse und Fähigkeiten zu erwerben.	• dem Auszubildenden die erforderlichen Kenntnisse zu vermitteln, • eine Vergütung zu zahlen, • ihn während des Besuchs der Berufsschule und Prüfungen freizustellen und • die Ausbildungsmittel kostenlos zur Verfügung zu stellen.

Als Probezeit müssen Ausbilder und Auszubildender einen Zeitraum von mindestens einem Monat und höchstens 4 Monaten vereinbaren. Hier unterscheidet sich das Berufsausbildungsverhältnis vom normalen Arbeitsverhältnis, bei dem keine Probezeit vereinbart werden muss, aber durchaus eine Dauer von bis zu sechs Monaten festgelegt werden darf.

7.3.3 Kündigung des Berufsausbildungsvertrages

Während der Probezeit kann das Ausbildungsverhältnis jederzeit fristlos gekündigt werden. Für die Zeit nach der Probezeit hat der Gesetzgeber die Kündigungsmöglichkeiten extrem eingeschränkt und die Möglichkeit einer ordentlichen Kündigung ausgeschlossen. Im Interesse des Schutzes des Auszubildenden kann der Ausbilder nur kündigen, wenn **ein wichtiger Grund** vorliegt.

Dies ist nur der Fall, wenn es dem Ausbilder nicht zumutbar ist, das Ausbildungsverhältnis unter Berücksichtigung der Umstände des Einzelfalls und unter Abwägung der Interessen beider Vertragsparteien bis zu dessen Beendigung fortzusetzen. Dies wird nur in Ausnahmefällen denkbar sein, z.B. bei
- Straftaten gegen den Ausbilder,
- hartnäckiger Arbeitsverweigerung etc. oder
- nach mehrfachen Abmahnungen.

Je länger das Ausbildungsverhältnis besteht und je näher der Auszubildende der Prüfung kommt, desto höhere Anforderungen stellen die Arbeitsgerichte an das Vorliegen des wichtigen Grundes.

Beispiel: Hans lernt Kfz-Schlosser. Wiederholt beleidigt er seinen Mitauszubildenden, der türkische Eltern hat, mit massiven rassistischen Schmähungen. Deswegen wurde er bereits zweifach abgemahnt. In diesem Fall wird der Ausbilder das Arbeitsverhältnis außerordentlich kündigen können, da es durch die Äußerungen zu Beleidigungen gegenüber anderen Mitarbeitern kommt (Straftat) und Hans gezeigt hat, dass er trotz dringender Verbote durch die Abmahnungen nicht bereit war, seine menschenverachtenden und den Frieden im Betrieb störenden Äußerungen zu unterlassen.

Nach Ablauf der Probezeit muss der Ausbilder darüber hinaus in dem Kündigungsschreiben selber die Gründe für seine Kündigung mitteilen. Wenn er dies unterlässt oder nicht hinreichend tut, sodass der Leser nicht in der Lage ist, zu verstehen, um welchen Vorfall es geht, ist die Kündigung unwirksam. Meistens wird sich dies dann auch nicht mehr nachholen lassen, da der Ausbilder nur innerhalb von 2 Wochen nach Kenntnis der Gründe kündigen darf. Gibt es einen Betriebsrat, so ist dieser ebenfalls unter genauer Angabe der Kündigungsgründe zu der Kündigung anzuhören.

Wird der Auszubildende im Anschluss an das Berufsausbildungsverhältnis – also nach Bestehen der Prüfung oder bei deren Nichtbestehen am Ende der Ausbildungszeit – weiterbeschäftigt, geht das Ausbildungsverhältnis in ein unbefristetes Arbeitsverhältnis über, ohne dass es hierfür einer gesonderten Vereinbarung bedarf.

Gem. § 16 BBiG ist der Ausbildende verpflichtet, dem Auszubildenden bei Beendigung des Ausbildungsverhältnisses ein **schriftliches Zeugnis** zu erteilen. Dies muss Angaben über Art, Dauer und Ziel der Ausbildung sowie über die erworbenen beruflichen Fertigkeiten, Kenntnisse und Fähigkeiten des Auszubildenden enthalten (einfaches Zeugnis). Dieser kann auch verlangen, dass Angaben über sein Verhalten und seine Leistung aufgenommen werden (qualifiziertes Zeugnis).

8 Tarif- und Betriebsverfassungsrecht

Die bisher in diesem Buch behandelten arbeitsrechtlichen Themen betrafen jeweils das direkte Verhältnis von Arbeitgeber und dem jeweiligen Arbeitnehmer. Arbeitgeber sehen sich jedoch in der Praxis auch kollektiven Vertretungen von Arbeitnehmern gegenüber, wie etwa Gewerkschaften oder Betriebsräten.

8.1 Tarifrecht

Arbeitgeber und deren Verbände können mit Gewerkschaften als Arbeitnehmervertretungen **Tarifverträge** abschließen. Solche Tarifverträge haben für viele Arbeitsverhältnisse in der Bundesrepublik Deutschland eine entscheidende Rolle. In ihnen werden die Rechte und die Pflichten der Tarifvertragsparteien (Arbeitgeber und gewerkschaftlich gebundener Arbeitnehmer) geregelt, und sie beinhalten Rechtsnormen, die den Inhalt, den Abschluss und die Beendigung von Arbeitsverhältnissen regeln, § 1 Tarifvertragsgesetz (TVG).

Entscheidend für die Arbeitnehmer ist, dass diese Verträge Rechtsnormen darstellen. Dies bedeutet, dass diese wie Gesetze den arbeitsvertraglichen Regelungen vorgehen. Wenn etwa im Arbeitsvertrag geregelt ist, dass der Arbeitnehmer 26 Urlaubstage im Jahr erhält und der Tarifvertrag regelt, dass es 28 Urlaubstage sind, hat der Arbeitnehmer einen Anspruch auf 28 Urlaubstage.

Für den Arbeitnehmer hat die Vertretung durch Gewerkschaften den Vorteil, dass er nicht versuchen muss, mit dem Arbeitgeber individuell über die Höhe seines Lohns, die jährlichen Urlaubstage oder sonstige Arbeitsbedingungen zu verhandeln. Dies wird für ihn im Regelfall auch schwierig sein, da sich der Arbeitgeber hier auf nichts einlassen muss. Erst durch den Zusammenschluss gewinnen die Arbeitnehmer dann eine Position, um mit dem Arbeitgeber „auf gleicher Augenhöhe" zu verhandeln und die eigenen Interessen ggf. auch durch Streikmaßnahmen durchzusetzen.

8.1.1 Gewerkschaften

Gewerkschaften vertreten die Interessen ihrer Mitglieder gegenüber den Arbeitgebern. Sie sind somit privatrechtliche Zusammenschlüsse von Arbeitnehmern zur Verbesserung deren Arbeits- und Wirtschaftsbedingungen. Solche Zusammenschlüsse stehen unter einem besonderen Schutz der Verfassung. Nur die Gewerkschaften sind berechtigt, gem. § 2 Tarifvertragsgesetz (TVG) Tarifverträge für Arbeitnehmer abzuschließen.

Art. 9 Abs. 3 Grundgesetz bestimmt:

 „Das Recht, zur Wahrung und Förderung der Arbeits- und Wirtschaftsbedingungen Vereinigungen zu bilden, ist für jedermann und für alle Berufe gewährleistet ..."

Ihre Rechtsgrundlage finden die Gewerkschaften in ihren jeweiligen Satzungen.

Die größten Gewerkschaften Deutschlands sind im **Deutschen Gewerkschaftsbund** (DGB) zusammengeschlossen. Mitglieder des DGB sind etwa die IG Metall, die IG Bergbau, Chemie, Energie, die Vereinte Dienstleistungsgewerkschaft ver.di, die Gewerkschaft Bauen-Agrar-Umwelt, die Gewerkschaft EVG - Eisenbahn- und Verkehrsgewerkschaft, die Gewerkschaft Nahrung-Genuss-Gaststätten, die Gewerkschaft Erziehung und Wissenschaft sowie die Gewerkschaft der Polizei.

In Deutschland sind die Gewerkschaften grundsätzlich nach Industrie- und Gewerbezweigen tarifzuständig. Dies bedeutet, dass etwa die Gewerkschaft der Polizei laut ihrer Satzung nur Tarifverträge für Angestellte der Polizei und somit nicht etwa einen Tarifvertrag mit der Volkswagen AG schließen kann. Das Bundesarbeitsgericht lässt es jedoch zu, dass auch unterschiedliche Gewerkschaften mit einem Unternehmen Tarifverträge schließen, wenn für den einzelnen Arbeitnehmer jeweils nur ein Tarifvertrag gilt (sog. Tarifpluralität).

8.1.2 Arbeitgeber

Gem. § 2 TVG können auf Arbeitgeberseite jeder Arbeitgeber oder auch Vereinigungen von Arbeitgebern Tarifverträge schließen. Auch diese Arbeitgeberverbände sind in aller Regel nach dem Industrieverbandprinzip aufgegliedert, sodass im Regelfall sich jeweils Gewerkschaft und Verband des gleichen Industrie- und Gewerbezweigs gegenüberstehen.

8.1.3 Tarifvertrag

Der Tarifvertrag ist zunächst – wie der Name ja auch schon sagt – ein Vertrag, der zwischen den Gewerkschaften und den Arbeitgebern geschlossen wird. Er gilt dann in dem jeweiligen Gebiet für die jeweilige Branche.

Der Tarifvertrag enthält zunächst Bestimmungen, die das Verhältnis der Tarifvertragsparteien zueinander regeln (sog. schuldrechtlicher Teil). Dieser Teil regelt etwa die Errichtung von Tarifkommissionen zur Klärung bestimmter Sachfragen oder die Vereinbarung von Schiedsstellen. Hier enthalten ist auch die **Friedenspflicht**, die vorgibt, dass während der Wirksamkeit eines Tarifvertrags wechselseitig keine Arbeitskampfmaßnahmen erfolgen dürfen.

Für die Arbeitnehmer entscheidend ist der sog. **normative Teil** des Tarifvertrages. Dies ist der Teil des Vertrages, in dem sich die Bestimmungen finden, die als tatsächliche Rechtsnormen die Arbeitsverhältnisse der Gewerkschaftsmitglieder unmittelbar regeln.

Inhaltsnormen regeln dabei den Inhalt der jeweiligen Arbeitsverhältnisse. Sie regeln etwa die Höhe des Lohns, Zulagen und Zuschläge, Urlaubsansprüche, Ort und Zeit der Arbeit oder Wettbewerbsverbote.

Abschlussnormen regeln das Zustandekommen neuer Arbeitsverhältnisse. Hier gibt es etwa Formvorschriften (z.B., dass der Arbeitsvertrag schriftlich geschlossen werden muss), Abschlussverbote (z.B. das Verbot von Heimarbeit) oder Abschlussgebote (z.B. die Verpflichtung, Saisonarbeitskräfte am Anfang der nächsten Saison wieder einzustellen).

Beendigungsnormen regeln die Beendigung von Arbeitsverhältnissen. Hier finden sich in der Regel Bestimmungen zur Erweiterung des Kündigungsschutzes (z. B., dass im Kündigungsschreiben Kündigungsgründe mitgeteilt werden müssen, oder die Verlängerung von Kündigungsfristen).

Sollten die Normen des Tarifvertrages ggf. ungünstiger sein als die Regelung im Arbeitsvertrag selber, gilt das **Günstigkeitsprinzip**. In diesem Fall gilt die für den Arbeitnehmer günstigere Regelung.

Beispiel: Der Tarifvertrag sieht 29 jährliche Urlaubstage vor, der Arbeitsvertrag 30. Dann hat der Arbeitnehmer einen Anspruch auf 30 Urlaubstage.

Tarifverträge gelten nur für den Arbeitgeber und für die Gewerkschaftsmitglieder, § 3 TVG. In der Regel wird in den Arbeitsverträgen auch von Nichtgewerkschaftsmitgliedern geregelt, dass der normative Teil des Tarifvertrags auch auf deren Arbeitsverhältnisse Anwendung findet. Somit sind Gewerkschaftsmitglieder und Nichtgewerkschaftsmitglieder gleichgestellt.

§ 5 TVG regelt, dass der normative Teil eines Tarifvertrages durch das Bundeswirtschaftsministerium auch für allgemein verbindlich erklärt wird, wenn bei den tarifgebundenen Arbeitgebern mindestens 50 Prozent der unter den Geltungsbereich des Tarifvertrags fallenden Arbeitnehmer beschäftigt sind und die Allgemeinverbindlichkeitserklärung „im öffentlichen Interesse geboten" ist Dies bedeutet, dass dieser dann für alle Arbeitgeber und -nehmer der Branche gilt, unabhängig davon, ob sie tarifgebunden sind oder nicht. Der Sinn dieser **Allgemeinverbindlichkeitserklärung** ist, dass so verhindert werden soll, dass Arbeitgeber dazu übergehen, nur noch Nichtgewerkschaftsmitglieder einzustellen, um evtl. Lohnkosten zu sparen.

In der Regel werden Tarifverträge von den Gewerkschaften und Verbänden gleich insgesamt für bestimmte Regionen (Tarifbezirke) abgeschlossen. Die Bezirke können unterschiedliche Größe haben und müssen auch nicht mit etwaigen Landesgrenzen übereinstimmen.

Sinn für dieses Vorgehen ist, dass die Tarifverträge nicht in der gesamten Bundesrepublik gelten sollen, da einerseits in verschiedenen Teilen Deutschlands unterschiedliche Gehaltsniveaus bestehen. Andererseits haben sich bestimmte Branchen in einzelnen Regionen konzentriert und sind somit auch nicht in allen Gebieten Deutschlands tätig.

Den für die einzelne Region abgeschlossenen Tarifvertrag nennt man auch **Flächentarifvertrag**. An ihn sind alle Arbeitgeber – sofern er ihre Branche betrifft und sie über ihren Verband tarifgebunden sind – gebunden.

8.1.4 Arten der Tarifverträge
Zunächst unterscheidet man danach, wer auf Arbeitgeberseite den Tarifvertrag abgeschlossen hat:
- Haus- oder Firmentarifvertrag, wenn der Arbeitgeber den Tarifvertrag selbst abschließt.
- Verbandstarifvertrag, wenn der Verband den Tarifvertrag abschließt.

Weiter unterscheidet man die Tarifverträge nach ihrem Regelungsinhalt:

Manteltarifverträge haben in der Regel eine lange Laufzeit von mehreren Jahren und regeln die grundsätzlichen Arbeitsbedingungen, bei denen keine Veranlassung besteht, diese alsbald neu zu verhandeln. Hier finden sich Vorschriften zur Einstellung und Entlassung, zu Arbeitszeit, Urlaubs- und Weihnachtsgeld oder Lohn- und Gehaltsgruppen.

Lohn- und Gehaltstarifverträge haben dagegen eine kürzere Laufzeit – oft nur ein Jahr –, damit diese früher gekündigt werden können, um über Fragen der Lohnhöhe jährlich verhandeln zu können.

Tarifverträge gelten:
- zeitlich (Laufzeit des Vertrages),
- räumlich (das Gebiet, für das er Geltung haben soll),
- sachlich (der Betrieb oder der Wirtschaftszweig, auf den er Anwendung findet) und
- persönlich (Personenkreis, für den er gelten soll).

Wenn die Tarifparteien einen Tarifvertrag geschlossen haben, gilt dieser für alle Gewerkschaftsmitglieder, deren Arbeitgeber auch tarifgebunden ist, wenn der Vertrag auf ihr Arbeitsverhältnis zeitlich, räumlich, sachlich und persönlich Anwendung findet. Für alle anderen Arbeitnehmer gilt er, wenn dies im Arbeitsvertrag vereinbart wurde oder der – auf ihre Arbeitsaufgabe anwendbare – Tarifvertrag für allgemein gültig erklärt wurde.

Abb. 1.27: Entstehung eines Tarifvertrags

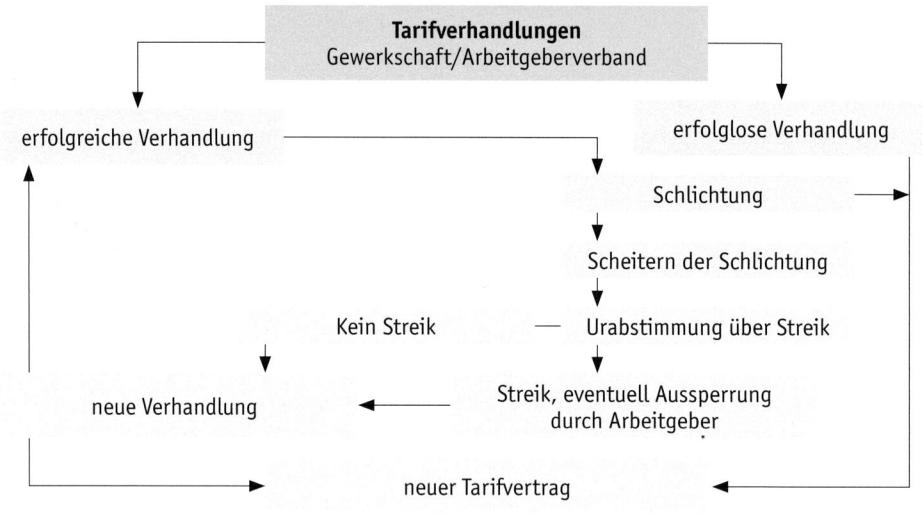

8.1.5 Tarifverhandlungen

Tarifverhandlungen sollen aus Sicht der Gewerkschaften zu einem Lohn- oder Arbeitszeitausgleich für die gestiegene Produktivität und die höheren Lebenshaltungskosten führen. Ist das Unternehmen erfolgreich und hat gute Gewinne erwirtschaftet, so sollen auch die Arbeitnehmer durch höhere Löhne an diesem Erfolg beteiligt werden.

Der **Ablauf von Tarifverhandlungen** zwischen Gewerkschaften und Arbeitgebern wird im Schaubild verdeutlicht.

In die **Tarifverhandlungen** werden jeweils gewählte Tarifkommissionen entsandt, die eine Einigung über die Forderungen der Arbeitnehmer und das Angebot der Arbeitgeber herbeiführen sollen. Um der Forderung der Arbeitnehmer Nachdruck zu verleihen, kann es bereits in dieser frühen Phase zu **Warnstreiks** kommen.

Können sich die Tarifvertragsparteien nicht einigen, muss – sofern es zuvor vereinbart worden ist – das **Schlichtungsverfahren** eingeleitet werden. Die Schlichtungskommission setzt sich aus einem unparteiischen Vorsitzenden und mindestens zwei Beisitzern der streitenden Parteien zusammen.

Gelingt es den Schlichtern nicht, eine Einigung herbeizuführen, so kommt es zur **Urabstimmung** über die Einleitung von Arbeitskampfmaßnahmen. Ist eine Mehrheit von 75 % der Gewerkschaftsmitglieder dafür, kommt es zum **Streik**. Gegenmaßnahmen der Arbeitgeber sind **Aussperrungen** und die Weigerung zur Lohnzahlung.

Meist folgen daraufhin neue Tarifverhandlungen, an deren Ende eine **Urabstimmung** über das Ergebnis steht, bis dann schließlich Einigkeit über die Bedingungen eines neuen Tarifvertrages erzielt worden ist.

 Begriffe:

Streik: Ein Streik ist die von einer Gewerkschaft getragene Arbeitsniederlegung der Arbeitnehmer.

Warnstreik: Streik, der während der Tarifverhandlungen – meist nur kurzfristig als Drohung mit einem Vollstreik – erfolgt.

Aussperrung: Ist eine Gegenmaßnahme der Arbeitgeber gegen einen Streik. Hier schließt der Arbeitgeber die nicht am Streik teilnehmenden Arbeitnehmer von der Arbeit aus.

Urabstimmung: Die Gewerkschaftsmitglieder stimmen darüber ab, ob gestreikt werden soll.

8.1.6 Einführung eines Mindestlohns

Am 01.01.2008 lief in Deutschland das Postmonopol aus. Hier bestanden Befürchtungen der Regierung, dass nun verstärkt ausländische Dienstleistungsanbieter auf den deutschen Markt für Briefzustellungen drängen und hier mit Dumpinglöhnen und -arbeitsbedingungen agieren würden. Darüber hinaus bestand offenbar die Ansicht, dass im KEP-Bereich generell zu niedrige Löhne gezahlt werden.

Das Arbeitnehmerentsendegesetz (AEntG) schreibt ausländischen Unternehmen, die ihren Sitz in einem anderen EU-Staat als Deutschland haben und in Deutschland Dienstleistungen erbringen wollen, die Einhaltung bestimmter in Deutschland geltender arbeits- und sozialversicherungsrechtlicher Mindeststandards vor. Im Jahre 2007 änderte der Gesetzgeber nun das AEntG und erweiterte den Kreis der an das Gesetz gebundenen Arbeitgeber um Unternehmen, die Briefdienstleistungen erbringen, § 4 Ziff. 3 AEntG.

Da der durch das AEntG bewirkte Schutz in seinem Kern darin besteht, dass ausländische Arbeitgeber deutsche, für allgemein verbindlich erklärte Lohntarifverträge einhalten müssen (§ 1 Abs. 1 Satz 1 AEntG), wäre die Ergänzung des AEntG sinnlos gewesen, wenn ein solcher für allgemein verbindlich erklärter Tarifvertrag im Bereich der Briefleistungen fehlen würde. Daher wurde der am 04.09.2007 zwischen dem Arbeitgeberverband Postdienste e.V. bzw. seinem dominierenden Mitglied, der Deutschen Post AG, und der Gewerkschaft ver.di ausgehandelte „Tarifvertrag zur Regelung der Mindestlöhne in der Branche Postdienste (TV Mindestlohn)" mit Wirkung ab dem 01.01.2008 für allgemein verbindlich erklärt. Dieser Tarifvertrag sieht einen Stundenlohn von 9,80 EUR (West) bzw. 9,00 EUR (Ost) für Briefzusteller vor.

Das Bundesverwaltungsgericht hat diese Allgemeinverbindlicherklärung mit Urteil vom Januar 2010 aufgehoben, da hier die betroffenen Parteien vor Erlass der Verordnung nicht hinreichend angehört wurden. Einen brachenspezifischen Mindestlohn gibt es seither nicht.

Die Bundesregierung hat aber im April 2014 den Entwurf für ein Gesetz vorgelegt, das die Einführung eines flächendeckenden gesetzlichen Mindestlohns von 8,50 EUR zum 01.01.2015 vorsieht. Ausnahmen soll es für Jugendliche unter 18 Jahren geben, die keine Ausbildung haben und für Langzeitarbeitslose in den ersten 6 Monaten nach ihrer Einstellung. Auch Praktikanten, die ein sechswöchiges Praktikum wärend der Berufsausbildung oder dem Studium absolvieren, wären von der gesetzlichen Regelung ausgenommen.

8.2 Betriebsverfassungsrecht

Der Arbeitgeber ist der Inhaber des Unternehmens. Es sind seine Werkzeuge, Räume, Kunden und Mitarbeiter. Er trägt das Risiko, dass das Unternehmen auch Gewinne macht. Daher trifft in der Regel auch der Arbeitgeber die Entscheidung, wer bei ihm eingestellt oder entlassen wird oder ob in der Kantine ein Rauchverbot gelten soll.

Jedoch darf man hierbei nicht vergessen, dass es sich bei einem Unternehmen vor allem um eine Gemeinschaft von Menschen handelt, die täglich produktiv zusammenarbeiten sollen. Zwangsläufig können dabei die Interessen der Arbeitnehmer auch ganz unterschiedlich zu denen des Arbeitgebers sein. Dabei ist es für den einzelnen Arbeitnehmer in der Regel schwierig, seine Interessen gegenüber dem Arbeitgeber selber durchzusetzen.

Um diese beiden Punkte in Ausgleich zu bringen, hat der Gesetzgeber die Möglichkeit eröffnet, in größeren Betrieben der privaten Wirtschaft einen **Betriebsrat** zu gründen. Dieser nimmt dann die Interessen der gesamten Belegschaft gegenüber dem Arbeitgeber wahr. Hierfür hat ihn der Gesetzgeber im Betriebsverfassungsgesetz (BetrVG) von 1972 mit einer Fülle von Rechten, insbesondere Mitwirkungs- und sogar Mitbestimmungsrechten, ausgestattet. Dieses Gesetz wurde zuletzt im Jahre 2001 umfassend geändert.

8.2.1 Betriebsrat

§ 1 BetrVG: „Errichtung von Betriebsräten"

In Betrieben mit in der Regel mindestens fünf ständigen wahlberechtigten Arbeitnehmern, von denen drei wählbar sind, werden Betriebsräte gewählt.

Das bedeutet, dass Betriebsräte in Betrieben

- mit in der Regel mehr als 5 Arbeitnehmern über 18 Jahre (vgl. Wahlberechtigung, § 7 BetrVG),
- von denen 3 länger als 6 Monate im Betrieb sein müssen (vgl. Wählbarkeit, § 8 BetrVG), gewählt werden.

Dies ist jedoch – entgegen der Formulierung – kein Zwang. Es steht den Mitarbeitern frei, ob sie einen Betriebsrat wählen oder nicht. Der Begriff des Betriebs ist im Gesetz nicht definiert. Die Rechtsprechung versteht hierunter eine organisatorische Einheit, innerhalb derer der Arbeitgeber allein oder mit seinen Arbeitnehmern bestimmte arbeitstechnische Zwecke fortgesetzt verfolgt. Hierbei unterscheidet sich der Begriff des Betriebs von dem des Unternehmens. Ein Unternehmen kann verschiedene Betriebe an verschiedenen Standorten betreiben.

Beispiel: Die S AG fabriziert in München Telefone und in Dortmund Computer. Die S AG ist das Unternehmen; die beiden Standorte stellen jeweils eigenständige Betriebe dar.

8.2.2 Betriebsratswahlen

Die Wahlen zum Betriebsrat finden in der Regel alle vier Jahre in der Zeit vom 01. März bis 31. Mai statt. Die Wahl erfolgt in geheimer und unmittelbarer Wahl (§ 14 BetrVG). Geheime Wahlen bedeuten, dass die Abgaben der Stimmen von niemandem beobachtet werden dürfen. Unmittelbar sind diese Wahlen, da das einzelne Betriebsratsmitglied oder die jeweilige Liste direkt und ohne dazwischengeschaltete Wahlleute gewählt wird.

§ 9 BetrVG regelt die **Zahl der Betriebsratsmitglieder**. Je höher die Zahl der Mitarbeiter im Betrieb, desto mehr Mitglieder hat der Betriebsrat. In der Regel gelten folgende Anzahlen:

Anzahl wahlberechtigte Arbeiternehmer	05 – 20	21 – 50	51 – 100	101 – 200	201 – 400	401 – 700	071 – 1.000	usw.
Anzahl Betriebsratsmitglieder	1	3	5	7	7	11	13	

Beispiel: Im Aachener Betrieb der F-GmbH sind 234 Arbeitnehmer beschäftigt. Der Betriebsrat hat dann 9 Mitglieder.

Ausgenommen von den Wahlen sind Personen, bei denen der Gesetzgeber davon ausgeht, dass sie dem Arbeitgeber näherstehen als den Arbeitnehmern, um hier Interessenkonflikte von vornherein zu vermeiden. Hierzu zählen (§ 5 BetrVG) u. a. Geschäftsführer und Vorstände, Ehegatten und Verwandte, die in häuslicher Gemeinschaft mit dem Arbeitgeber leben, und die so genannten leitenden Angestellten. Unter **leitenden Angestellten** versteht das Gesetz Arbeitnehmer, die selber berechtigt sind, andere Arbeitnehmer zu führen und Einstellungen und Entlassungen selber vorzunehmen. Die leitenden Angestellten nehmen an der Betriebsratswahl nicht teil. Sie können demnach weder wählen noch gewählt werden.

Die Wahl des Betriebsrats findet in einem gesetzlich geregelten **Wahlverfahren** statt. Hierzu wird ein Wahlvorstand vom Betriebsrat oder, wenn es noch keinen Betriebsrat gibt, von den Mitarbeitern auf einer Betriebsversammlung gewählt. Dieser führt dann die Wahlen durch. Näheres regelt eine Wahlordnung.

Achtung: Wahlberechtigt sind alle Arbeitnehmer, die über 18 Jahre als sind. Selber zu Betriebsräten gewählt werden können nur Arbeitnehmer, die außerdem länger als 6 Monate im Betrieb sind.

In Betrieben, in denen noch kein Betriebsrat besteht (ansonsten bestimmt dieser einen Wahlvorstand), erfolgen die Betriebsratswahlen in den folgenden Schritten:

1. Einladung zu einer Betriebsversammlung durch mindestens 3 Arbeitnehmer oder durch eine im Betrieb vertretene Gewerkschaft,
2. Wahl eines Wahlvorstandes aus dieser Betriebsversammlung,
3. Ausschreibung der Wahl und Aufstellung der Kandidatenlisten,
4. Durchführung der Wahl und Auszählung der Stimmen,
5. Bekanntgabe des Wahlergebnisses,
6. Einladung der gewählten Betriebsräte und Wahl eines Betriebsratsvorsitzenden.

Im Jahre 2001 hat der Gesetzgeber die Neubildung von Betriebsräten in kleineren Betrieben mit fünf bis fünfzig Wahlberechtigten stark vereinfacht. Diese wird in zwei Stufen durchgeführt. Zunächst werden der Wahlvorstand bestellt und die Wahlvorschläge gemacht. Schon eine Woche später wird dann der Betriebsrat in einer Wahlversammlung gewählt.

8.2.3 Betriebsversammlung

Die Betriebsversammlung besteht aus sämtlichen Arbeitnehmern eines Betriebs. An ihr können neben dem Arbeitgeber auch Beauftragte einer im Betrieb vertretenen Gewerkschaft teilnehmen. Ansonsten sind sie nicht öffentlich.

Mindestens einmal alle 3 Monate hat der Betriebsrat eine solche Versammlung, die in der Regel während der regulären Arbeitszeit stattfindet, einzuberufen (ordentliche Betriebsversammlung). Auf Veranlassung des Betriebsrats können auch weitere Betriebsversammlungen einberufen werden (außerordentliche Betriebsversammlungen).

Die Versammlung wird von dem Betriebsratsvorsitzenden geleitet und dient dazu, der Belegschaft einen Tätigkeitsbericht zu erstatten. Der Arbeitgeber ist verpflichtet, mindestens einmal jährlich über die wirtschaftliche und personelle Situation des Betriebs zu berichten.

8.2.4 Allgemeine Aufgaben des Betriebsrats

Nach dem Betriebsverfassungsgesetz (§ 80 Abs. 1 BetrVG) hat der Betriebsrat u. a. folgende **allgemeine Aufgaben**:

- darüber zu wachen, dass die zu Gunsten der Arbeitnehmer geltenden Gesetze, Verordnungen, Unfallverhütungsvorschriften, Tarifverträge, Betriebsvereinbarungen durchgeführt werden;
- Maßnahmen, die dem Betrieb und der Belegschaft dienen, beim Arbeitgeber zu beantragen;
- die Beschäftigung im Betrieb zu fördern und zu sichern;
- die Wahl einer Jugend- und Auszubildendenvertretung vorzubereiten und durchzuführen;
- Anregungen von Arbeitnehmern und der Jugend- und Auszubildendenvertretung entgegenzunehmen und, falls sie berechtigt erscheinen, durch Verhandlungen mit dem Arbeitgeber auf eine Erledigung hinzuwirken; er hat die betreffenden Arbeitnehmer über den Stand und das Ergebnis der Verhandlungen zu unterrichten;
- die Durchsetzung der tatsächlichen Gleichstellung von Frauen und Männern, insbesondere bei der Einstellung, Beschäftigung, Aus-, Fort- und Weiterbildung und dem beruflichen Aufstieg, zu fördern;
- die Integration ausländischer Arbeitnehmer im Betrieb und das Verständnis zwischen ihnen und den deutschen Arbeitnehmern zu fördern sowie Maßnahmen zur Bekämpfung von Rassismus und Fremdenfeindlichkeit im Betrieb zu beantragen;
- Maßnahmen des Arbeitsschutzes und des betrieblichen Umweltschutzes zu fördern.

8.2.5 Rechte des Betriebsrats

Die Zusammenarbeit zwischen dem Betriebsrat und dem Arbeitgeber soll vertrauensvoll erfolgen und dem Wohle der Arbeitnehmer und des Betriebs dienen. Sie sollen daher mindestens einmal im Monat zu Besprechungen zusammenkommen und ernsthaft mit dem Willen zur Einigung miteinander verhandeln. Arbeitskampfmaßnahmen (Streik, Aussperrung) zwischen den Betriebsparteien sind unzulässig.

Die **Beteiligungsrechte** des Betriebsrats sind im Gesetz unterschiedlich stark ausgeprägt. Sie reichen von:

- reinen Informationsrechten
- über Anhörungs- und Beratungsrechte und Überwachungsaufgaben bis hin zu
- einer echten und gleichberechtigten Mitbestimmung.

Die **Mitbestimmungsrechte** beziehen sich auf

- **soziale**,
- **personelle** und
- **wirtschaftliche** Angelegenheiten.

Mitbestimmung bei sozialen Angelegenheiten:

Hier hat der Betriebsrat weitgehende **Mitbestimmungsrechte**. Dies bedeutet, dass der Arbeitgeber in diesen Bereichen nicht ohne tatsächliche Einigung mit dem Betriebsrat handeln kann. Kommt eine Einigung zwischen Arbeitgeber und Arbeitnehmer nicht zu Stande, entscheidet die **Einigungsstelle**.

Einigen sich Arbeitgeber und Betriebsrat, so schließen sie hierüber eine **Betriebsvereinbarung**. Hierbei handelt es sich – wie auch beim Tarifvertrag – um eine Regelung mit normativer Kraft, sodass diese unmittelbar und zwingend auch für das jeweilige von der Vereinbarung betroffene Arbeitsverhältnis gilt. Betriebsvereinbarungen sind vom Arbeitgeber im Betrieb auszuhängen, damit jeder Arbeitnehmer sich über seine Rechte und Pflichten informieren kann.

Nach dem Betriebsverfassungsgesetz (§ 87 BetrVG) bestehen u.a. folgende (erzwingbare) **Mitbestimmungsrechte** des Betriebsrats in sozialen Angelegenheiten:

Mitbestimmungsrecht	Erläuterung
Fragen der Ordnung des Betriebs und des Verhaltens der Arbeitnehmer im Betrieb	Hierunter fallen etwa das Aufstellen einer Betriebs- oder Hausordnung, das Anordnen des Tragens einer bestimmten Berufskleidung oder ein Alkohol- oder Rauchverbot im Betrieb. Ohne die Zustimmung des Betriebsrats darf der Arbeitgeber solche Bereiche nicht einseitig regeln.
Beginn und Ende der täglichen Arbeitszeit einschließlich der Pausen sowie Verteilung der Arbeitszeit auf die einzelnen Wochentage	Hier regeln der Arbeitgeber und der Betriebsrat, wann im Betrieb gearbeitet wird. Auch bei der Festlegung von Betriebsferien oder der Einführung von sog. Arbeitszeitmodellen (Gleitzeit, rollierende Modelle) ist er zu beteiligen.
Vorübergehende Verkürzung oder Verlängerung der betriebsüblichen Arbeitszeit	Hier kann der Arbeitgeber kurzfristig keine Überstunden oder Arbeitszeitverkürzung ohne Zustimmung des Betriebsrats anordnen.
Aufstellung allgemeiner Urlaubsgrundsätze und Urlaubspläne	Hier geht es z.B. um die Frage, ob so genannte Brückentage gewährt werden oder ob ein Werk Betriebsferien macht, in denen die Mitarbeiter ihren Urlaub nehmen müssen.
Einführung und Anwendung von technischen Einrichtungen, die dazu bestimmt sind, das Verhalten oder die Leistung der Arbeitnehmer zu überwachen	Dies ist sehr weit zu verstehen. Das Mitbestimmungsrecht bezieht sich hier auf alle Einrichtungen, die überhaupt nur geeignet sind, das Verhalten der Arbeitnehmer zu überwachen. Es kommt demnach nicht darauf an, ob der Arbeitgeber so eine Überwachung tatsächlich durchführen möchte. Beispiele sind eine Videokamera am Werktor oder an der Kasse; eine Telefonanlage, die alle angewählten Nummern, Uhrzeit und Dauer von Anrufen speichert, oder eine Software, die speichert, wer sich wann eingeloggt hat.

Regelungen über die Verhütung von Arbeitsunfällen und Berufskrankheiten sowie über den Gesundheitsschutz im Rahmen der gesetzlichen Vorschriften oder der Unfallverhütungsvorschriften	Dieser Punkt gibt dem Betriebsrat das Recht, etwa die Einführung bestimmter Schutzkleidung zu fordern.
Form, Ausgestaltung und Verwaltung von Sozialeinrichtungen, deren Wirkungsbereich auf den Betrieb, das Unternehmen oder den Konzern beschränkt ist	Dies bedeutet, dass der Betriebsrat etwa bei der Einführung oder Schließung einer Werkskantine zu beteiligen ist. Auch die Einrichtung von Ruhe- oder Sporträumen bedarf seiner Zustimmung.
Fragen der betrieblichen Lohngestaltung, insbesondere die Aufstellung von Entlohnungsgrundsätzen und die Einführung und Anwendung von neuen Entlohnungsmethoden sowie deren Änderung	Hier bestimmt der Betriebsrat über das „Wie" der Lohngestaltung mit. Wendet der Arbeitgeber bei der Lohnfestlegung im Unternehmen feste Schemata an, muss er diese mit dem Betriebsrat verhandeln.
Festsetzung der Akkord- und Prämiensätze und vergleichbarer leistungsbezogener Entgelte einschließlich der Geldfaktoren	Dies bedeutet, dass der Betriebsrat mit regeln darf, wie der Arbeitgeber den Lohn an die Arbeitnehmer verteilt, sofern er dies nach einem bestimmten verbindlichen System tut. Die Entscheidung, ob überhaupt solche Zahlungen vorgenommen werden, unterliegt jedoch nicht der Mitbestimmung.

Mitbestimmung bei personellen Einzelmaßnahmen:

In Unternehmen mit in der Regel mehr als **zwanzig wahlberechtigten Arbeitnehmern** hat der Arbeitgeber den Betriebsrat vor jeder Einstellung, Eingruppierung, Umgruppierung und Versetzung eines Arbeitnehmers zu unterrichten (§ 99 BetrVG).

Eine **Einstellung** ist dabei nach der Rechtsprechung die tatsächliche Arbeitsaufnahme im Betrieb. Unter einer **Ein- bzw. Umgruppierung** versteht man die Zuordnung zu einer im Betrieb bestehenden Lohn- oder Gehaltsgruppe. Solche sind oftmals in Tarifverträgen geregelt. Eine **Versetzung** liegt vor, wenn der Arbeitnehmer einen anderen Arbeitsbereich – wenn auch nur kurzfristig – zugewiesen bekommt.

 Beispiel: Die Sekretärin des Chefs soll diesen für 3 Tage auf eine Messe begleiten und dort den Stand betreuen.

Der Betriebsrat kann die Zustimmung zu diesen Maßnahmen aus gesetzlich bestimmten Gründen verweigern (§ 99 Abs. 2 BetrVG).

Der Betriebsrat hat bei Kündigungen ein Mitbestimmungsrecht (§ 102 Abs. 1 BetrVG).

Nach dem Betriebsverfassungsgesetz (§ 102 BetrVG) ist der Betriebsrat vor **jeder** Kündigung zu hören. Eine Kündigung ohne Anhörung des Betriebsrates ist unwirksam. Die Anhörung kann auch nicht später nachgeholt werden. Der Arbeitgeber muss dem Betriebsrat alle die Gründe mitteilen, die nach seiner Sicht die Kündigung rechtfertigen und für seinen Kündigungsentschluss maßgebend sind.

Wichtig ist, dass der Betriebsrat eine Kündigung nicht verhindern kann. Im Rahmen der Anhörung kann er Bedenken gegen die Kündigung äußern, dieser ggf. widersprechen oder zustimmen. Er kann aber nicht erreichen, dass der Arbeitgeber sie trotz aller Bedenken des Betriebsrats nach Abschluss des Anhörungsverfahrens nicht doch ausspricht.

Wirtschaftliche Mitbestimmung:

In Unternehmen mit in der Regel mehr als 100 Arbeitnehmern ist ein **Wirtschaftsausschuss** zu bilden (§§ 106-110 BetrVG). Dieser ist vom Arbeitgeber u.a. zu folgenden wirtschaftlichen Angelegenheiten rechtzeitig und umfassend **zu unterrichten** (§ 106 Abs. 2, 3 BetrVG):

- zur wirtschaftlichen und finanziellen Lage des Unternehmens;
- zur Produktions- und Absatzlage;
- zum Produktions- und Investitionsprogramm;
- zu Rationalisierungsvorhaben;
- zur Einführung neuer Arbeitsmethoden;
- zu Fragen des betrieblichen Umweltschutzes;
- zur Stilllegung, Verlegung oder Zusammenschließung von Betrieben oder Betriebsteilen;
- zur Änderung der Betriebsorganisation oder des Betriebszwecks.

Weitere Informations- und Beratungsrechte in wirtschaftlichen Angelegenheiten stehen dem Betriebsrat im Falle einer **Betriebsänderung** zu, falls der Betrieb mehr als 20 wahlberechtigte Arbeitnehmer hat. Beabsichtigt der Arbeitgeber eine Betriebsänderung, muss er den Betriebsrat rechtzeitig über die Änderung informieren und diese mit ihm beraten.

Der Begriff der Betriebsänderung ist im BetrVG nicht definiert. Hier werden in § 111 BetrVG jedoch Beispiele genannt, wann eine Betriebsänderung vorliegt:

- Einschränkung und Stilllegung des Betriebs oder von wesentlichen Betriebsteilen,
- Verlegung des Betriebs oder von wesentlichen Betriebsteilen,
- Zusammenschluss oder Spaltung von Betrieben,
- Grundlegende Änderung der Betriebsorganisation, des Betriebszwecks oder der Betriebsanlagen,
- Einführung grundlegend neuer Arbeitsmethoden.

Eine Betriebsänderung kann erhebliche Auswirkungen auf die Arbeitnehmer haben. Insbesondere der Personalabbau oder die Verlegung des Betriebs treffen den einzelnen Arbeitnehmer ggf. sehr hart. Daher kann der Betriebsrat im Falle von Betriebsänderungen mit dem Arbeitgeber auch Sozialpläne verhandeln, in denen geregelt wird, wie die einzelnen mit der Betriebsänderung verbundenen Maßnahmen sozial und meist finanziell gemildert werden können.

8.2.6 Rechte des einzelnen Arbeitnehmers

Daneben unterstützt der Betriebsrat auch die anderen Arbeitnehmer bei der Wahrnehmung ihrer Rechte. Der Arbeitgeber hat den Arbeitnehmer über dessen **Aufgabe** und **Verantwortung** sowie über die **Art seiner Tätigkeit** zu unterrichten (§ 81 BetrVG). Das Gleiche gilt für **Auswirkungen auf den Arbeitsplatz** auf Grund einer Planung von technischen Anlagen, von Arbeitsverfahren und Arbeitsabläufen.

Der Arbeitnehmer hat das Recht, von einer im Betrieb zuständigen Person zu betrieblichen Angelegenheiten, die seine Person betreffen, gehört zu werden (§ 82 BetrVG). Er kann verlangen, dass ihm die Berechnung und Zusammensetzung des Arbeitsentgelts erläutert wird. Es besteht ein Recht zur **Erörterung der Beurteilung** seiner Leistungen und der Möglichkeiten der beruflichen Entwicklung. Dazu kann der Arbeitnehmer ein Betriebsratsmitglied hinzuziehen.

Arbeitnehmer haben das Recht, **Einsicht in ihre Personalakten** zu nehmen (§ 83 BetrVG). Erklärungen des Arbeitnehmers zum Inhalt der Personalakte sind auf Verlangen des Arbeitnehmers in die Personalakte aufzunehmen.

Arbeitnehmer können sich bei den zuständigen Stellen des Betriebs **beschweren**, wenn sie sich vom Arbeitgeber oder anderen Arbeitnehmern benachteiligt, ungerecht behandelt oder in sonstiger Weise beeinträchtigt fühlen (§ 84 BetrVG). Auch hierbei kann ein Mitglied des Betriebsrats hinzugezogen werden. Sofern zwischen Betriebsrat und Arbeitgeber Meinungsverschiedenheiten über die Berechtigung der Beschwerde bestehen, kann der Betriebsrat die Einigungsstelle anrufen.

Jeder Arbeitnehmer hat das Recht, dem Betriebsrat **Themen zur Beratung** vorzuschlagen. Wenn mindestens fünf Prozent der Arbeitnehmer eines Betriebs den Vorschlag unterstützen, hat der Betriebsrat diesen Vorschlag binnen zwei Monaten auf die Tagesordnung einer Betriebsratssitzung zu setzen (§ 86 a BetrVG).

8.2.7   Jugend- und Auszubildendenvertretung

In Betrieben mit in der Regel mindestens fünf Arbeitnehmern, die das 18. Lebensjahr noch nicht vollendet haben oder zu ihrer Berufsausbildung beschäftigt sind und das 25. Lebensjahr noch nicht vollendet haben, können nach dem Betriebsverfassungsgesetz **Jugend- und Auszubildendenvertretungen** gewählt werden (§§ 60 ff. BetrVG). Die Anzahl ihrer Mitglieder richtet sich wiederum nach der Anzahl der beschäftigten jugendlichen Arbeitnehmer bzw. Auszubildenden (§ 62 BetrVG).

Diese Wahl findet regelmäßig **alle zwei Jahre** in der Zeit vom 1. Oktober bis 30. November statt. Sie ist ebenfalls geheim und unmittelbar. Mitglieder des Betriebsrats können nicht in die Jugend- und Auszubildendenvertretung gewählt werden.

Die Jugend- und Auszubildendenvertretung nimmt im Betrieb die spezifischen Interessen der Jugendlichen und Auszubildenden wahr (§ 70 BetrVG). Die Vertretung ist berechtigt, zu allen Betriebsratssitzungen Vertreter zu entsenden. Der Betriebsrat muss sie zu Besprechungen zwischen Arbeitgeber und Betriebsrat hinzuziehen, wenn in diesen Angelegenheiten beider Gruppen behandelt werden.

8.2.8   Gesamtbetriebsrat und Gesamt-Jugend- und Auszubildendenvertretung

In Unternehmen mit mehreren Betrieben wird ein Gesamtbetriebsrat gebildet, in den einzelne Mitglieder der einzelnen Betriebsräte entsandt werden. Er ist zuständig für alle Angelegenheiten, die das gesamte Unternehmen oder zumindest mehrere Betriebe betreffen und daher von den jeweiligen einzelnen Betriebsräten nicht sinnvoll behandelt werden können.

Beispiel: Das Unternehmen, ein Elektronikkonzern, will seine Handy-Sparte ausgliedern und an einen japanischen Investor verkaufen. Betroffen sind jeweils ein Standort in München, Augsburg und Hamburg. Für die Verhandlungen über die Betriebsänderungen ist der Gesamtbetriebsrat zuständig.

Ähnliche Regelungen gelten für die Gesamt-Jugend- und Auszubildendenvertretung, §§ 72 ff. BetrVG.

8.2.9   Besonderer Kündigungsschutz

Das Gesetz geht davon aus, dass es zwischen Betriebsrat und Auszubildendenvertretung auf der einen Seite und dem Arbeitgeber auf der anderen Seite öfter Spannungen und Meinungsverschiedenheit geben kann. Es schützt daher die Mitglieder des Betriebsrats und der Auszubildendenvertretung ab Beginn ihrer Amtszeit bis zu einem Jahr nach Beendigung ihrer Amtszeit, indem es die ordentliche Kündigung für unzulässig erklärt, § 15 KSchG. § 15 KSchG lässt somit nur die außerordentliche Kündigung aus wichtigem Grund zu.

Weiterhin fordert das Gesetz, dass der Betriebsrat einer solchen Kündigung zugestimmt oder das Arbeitsgericht diese Zustimmung ersetzt haben muss (§ 103 BetrVG).

Daneben gibt es noch besonderen Kündigungsschutz für die Mitglieder des Wahlvorstandes, Wahlkandidaten und für Arbeitnehmer, die zu einer Betriebsratswahl eingeladen oder eine Bestellung des Wahlvorstands beantragt haben.

9 Problemlösungsstrategien und Präsentationsmöglichkeiten

9.1 Problemlösungsstrategien

9.1.1 Brainstorming

Das Brainstorming ist eine sinnvolle Methode, um zu einem bestimmten Thema Ideen zu sammeln und zu innovativen Lösungen zu gelangen. Jeder Teilnehmer sollte seine Ideen zu einem Thema den anderen mitteilen. Die geäußerten Ideen sollen dann von den anderen Teilnehmern aufgegriffen und weiterentwickelt werden. Die Ergebnisse werden am Ende schriftlich festgehalten, systematisiert und von den Teilnehmern bewertet. Das Brainstorming sollte nicht länger als 30 Minuten dauern und in einer eher lockeren Atmosphäre stattfinden.

Für das Brainstorming gelten folgende Regeln:
1. Keine Kritik!
2. Quantität geht vor Qualität oder anders gesagt: Masse geht vor Klasse!
3. Spontanität und Fantasie sind gefragt.

9.1.2 Brainwriting

Das Brainwriting ist eine Weiterentwicklung des Brainstormings, bei dem die Vorschläge zu einem bestimmten Thema nicht geäußert, sondern aufgeschrieben werden. Die Teilnehmerzahl ist beim Brainwriting auf sechs Personen begrenzt. Jeder Teilnehmer schreibt drei Vorschläge auf, die dann innerhalb von fünf Minuten an die anderen Teilnehmer weitergegeben werden, sodass diese ihre Meinung dazu niederschreiben können. Am Ende des Brainwritings liegen 6 x 6 x 3 = 108 Vorschläge vor.

Auch beim Brainwriting sind Regeln zu beachten:
1. Keine Kritik!
2. Qualität und Quantität sind gleich wichtig!
3. Keine Rechte an den Ideen!

Abb. 1.28: Brainwritingformular

Name	Problemstellung		
1	Idee 1	Idee 2	Idee 3
2	Idee 4	Idee 5	Idee 6
3	Idee 7	Idee 8	Idee 9
4	Idee 10	Idee 11	Idee 12
5	Idee 13	Idee 14	Idee 15
6	Idee 16	Idee 17	Idee 18

9.1.3 Gruppenarbeit

Bei der Gruppenarbeit werden nun mehrere Kleingruppen gebildet, die jeweils voneinander unabhängig eine Lösung für eine zuvor gestellte Aufgabe erarbeiten und anschließend präsentieren sollen. Die Ideen werden innerhalb der Gruppe besprochen, weiterentwickelt und schriftlich festgehalten. Im Anschluss daran werden die Ideen von der Gruppe oder eines Teilnehmers der Gruppe präsentiert.

Die Gruppenarbeit eignet sich auch für umfangreichere Projekte. Zur Aufgabe der Gruppenmitglieder gehört es dann auch, sich Informationen zu beschaffen, diese auszuwerten und die gefundene Lösung in ansprechender Form zu präsentieren.

9.1.4 Rollenspiele

Durch Rollenspiele sollen Verhandlungsgespräche durchgeführt werden, um Standpunkte des Gegenübers besser nachvollziehen zu können oder aber seine eigene Reaktion zu überprüfen. Zu diesem Zweck werden die Rollen so verteilt, dass die sich gegenüberstehenden Parteien entgegengesetzte Standpunkte einnehmen müssen.

Diese müssen aber nicht der eigenen Meinung entsprechen. Vielmehr bietet es sich sogar an, die entgegengesetzte Meinung vertreten zu müssen, um das Problem aus einem anderen Blickwinkel zu betrachten. Das Publikum macht sich Notizen, die dann ausgewertet und analysiert werden.

Es bietet sich auch an, die Verhandlung auf Video aufzuzeichnen, um anhand von Bildmaterial die Beobachtungen zu untermauern und Schwächen in Mimik und Gestik zu veranschaulichen.

9.2 Präsentationsmöglichkeiten

Informationen können auf vielfältige Weise präsentiert beziehungsweise dargestellt werden.

Vortrag, Referat	Durch den Vortrag sollen Informationen weitergegeben und Wissen vermittelt werden. Der Vortrag wird mündlich und am besten in freier Rede gehalten. Der Informationsfluss verläuft grundsätzlich vom Redner zum Zuhörer, eine Interaktion ist nicht gewollt.
Plakatgestaltung	Die Plakatgestaltung ist als optische Unterstützung des Vortrags gedacht. Dabei sollten Überschriften und wichtige Zahlen bzw. Daten hervorgehoben werden oder einfache Bilder und Symbole zur Veranschaulichung des Gesagten verwandt werden. Der Text sollte durch Absätze gegliedert und Wichtiges durch Farben und Unterstreichungen hervorgehoben werden.
Folienpräsentation	Die Folienpräsentation dient der visuellen Unterstützung des Vortrags. Auf den Folien können Textausschnitte, Stichpunkte, Grafiken, Bilder, Diagramme und Tabellen abgebildet werden, die das gesprochene Wort nochmals unterstreichen oder den Vortrag verständlicher manchen.
Computerpräsentation (PowerPoint)	Mithilfe des Computers lassen sich Präsentationen erarbeiten, die den mündlichen Vortrag – wie bei der Verwendung herkömmlicher Folien – visuell unterstützen. Die Präsentation kann Textausschnitte, Grafiken, Bilder, Diagramme und Tabellen, ja sogar Film- und Musiksequenzen enthalten. Das bekannteste und meistverbreitete Präsentationsprogramm ist PowerPoint. PowerPoint ist ein von Microsoft entwickeltes Computerprogramm, mit dem sich interaktive Folienpräsentationen erstellen lassen. Die Folien werden in digitaler Form gespeichert, können aber auch ausgedruckt werden und für die Folienpräsentation mit dem Overhead-Projektor verwendet werden.
Flipcharts, Whitboards	Die Präsentation mithilfe von Flipcharts und Whiteboards entsteht erst während des Vortrags und beschränkt sich auf Schlagworte, die Verwendung einfacher Bilder, Grafiken und Diagramme.
Presented Paper	Presented Paper bezeichnet die schriftliche Abfassung des Vortrags, die – insbesondere bei umfangreicheren Vorträgen – vorab an die Zuhörer ausgeteilt wird.

Bei allen visuellen Präsentationen ist der Einsatz der verschiedensten Gestaltungsmittel denkbar, z.B.:

- Einsatz verschiedener Farben, Schriften und Schriftgrößen,
- Hervorhebungen durch Unterstreichungen, Fettdruck, die Verwendung von Großbuchstaben,
- Verwendung von Bildern, Symbolen, Piktogrammen,
- Einsatz von Grafiken, Diagrammen und
- Layoutgestaltung (Hintergrund, Vordergrund, Firmenzeichen).

Dabei gilt aber: „Weniger ist manchmal mehr", denn überladene Präsentationen werden unübersichtlich und lassen wichtige Informationen oft nicht mehr erkennen.

Wiederholungs- und Übungsaufgaben

1. Definieren Sie den Begriff „Wirtschaften".

2. Erläutern Sie den Begriff „Konjunktur".

3. Welche Konjunkturphasen gibt es? Erklären Sie kurz, wodurch diese gekennzeichnet sind.

4. Was versteht man unter dem ökonomischen Prinzip?

5. Erklären Sie den einfachen Wirtschaftskreislauf.

6. Welche Aufgaben erfüllen KEP- und Briefdienstleistungsunternehmen im Wirtschaftskreislauf?

7. Welche Merkmale kennzeichnen eine freie Marktwirtschaft?

8. Definieren Sie die Begriffe
   a) Monopol
   b) Oligopol
   c) Polypol

9. Definieren Sie die Begriffe
   a) Kartell
   b) Konzern
   c) Fusion

10. Was bestimmt § 1 des Gesetzes gegen Wettbewerbsbeschränkungen?

11. Wer hat die Aufsicht über Kartelle und Unternehmenszusammenschlüsse?

12. Nennen Sie Beispiele für Monopole und Oligopole.

13. Wie ist der KEP-Markt unterteilt und welche Sparte erzielt die höchsten Umsatzerlöse?

14. Nennen Sie Gründe, die dazu geführt haben, das Monopol der Deutschen Post AG aufrechtzuerhalten und zu festigen.

15. Was versteht man unter dem Begriff „Arbeitsteilung"?

16. Innerhalb der gesellschaftlichen Arbeitsteilung unterscheidet man drei Sektoren. Benennen Sie diese und beschreiben Sie kurz deren Bedeutung.

17. Nennen Sie die Vor- und Nachteile der innerbetrieblichen Arbeitsteilung.

18. Was versteht man unter Stellen und Abteilungen?

19. Nennen Sie mindestens drei Leitungssysteme und beschreiben Sie diese.

20. Was ist ein Organigramm und welche Informationen vermittelt es?

21. In welchen Unternehmensformen könnte ein KEP-bzw. Briefdienstleistungsunternehmen am Markt agieren? Welche Unternehmensform würden Sie für sinnvoll erachten? Begründen Sie Ihre Antwort.

22. Erläutern Sie, was man unter dem Arbeitsschutzrecht versteht und womit es sich beschäftigt.

23. Nennen Sie die wichtigsten rechtlichen Bestimmungen des Arbeitsschutzrechts.

24. Erläutern Sie den Begriff „Arbeitszeit" im Sinne des Arbeitszeitgesetzes.

25. Wie lange darf die tägliche Arbeitszeit nach Arbeitszeitgesetz dauern? Erläutern Sie, welche Ausnahmen es hierzu gibt.

26. Definieren Sie, wer Kind und wer Jugendlicher im Sinne des Jugendarbeitsschutzgesetzes ist.

27. Wie viel Erholungsurlaub ist Jugendlichen mindestens zu gewähren?

28. Ist der Samstag auch ein Werktag? Erläutern Sie Ihre Antwort.

29. Wie viele Tage Urlaub stehen einem normalen Arbeitnehmer per Gesetz mindestens jährlich zu?

30. Arbeitnehmer G ist ein Arbeitstier. Von seinen 30 Urlaubstagen hat er Ende des Jahres erst 10 Tage genommen. Stehen dem G für das Folgejahr 50 Urlaubstage zu?

31. G möchte seinen Urlaub wenigstens ausgezahlt haben. Hat er hierauf einen Anspruch?

32. Innerhalb welchen Zeitraums ist die Kündigung einer Schwangeren oder Stillenden zulässig?

33. Der Arbeitnehmerin T wurde gekündigt. Vier Wochen nach Zugang der Kündigung teilt ihr der Arzt mit, dass sie im zweiten Monat schwanger ist. Was raten Sie ihr?

34. Welche vertraglichen Punkte müssen vor Beginn eines Berufsausbildungsverhältnisses geregelt sein?

35. Nennen Sie die jeweiligen Pflichten des Auszubildenden und Ausbilders.

36. Unter welchen Umständen kann ein Berufsausbildungsvertrag gekündigt werden?

37. Was ist bei der Kündigung eines Berufsausbildungsvertrages bezüglich der Form der Kündigung zu beachten?

38. Welchen Mindestinhalt muss das Zeugnis haben, das der Ausbilder dem Auszubildenden nach Beendigung seines Ausbildungsverhältnisses erteilt?

39. Wer schließt Tarifverträge?

40. Welche Bedeutung haben Tarifverträge für die Arbeitnehmer in der Bundesrepublik Deutschland?

41. Wie bezeichnet man die beiden Teile eines Tarifvertrages? Erläutern Sie, was in den einzelnen Teilen in der Regel festgelegt wird.

42. Was verstehen Sie unter der Allgemeinverbindlichkeitserklärung eines Tarifvertrages?

43. Woran ist die Allgemeinverbindlicherklärung des „Tarifvertrag zur Regelung der Mindestlöhne in der Branche Postdienste (TV Mindestlohn)" gescheitert?

44. Diskutieren Sie die Vor- und Nachteile, die der Abschluss des Tarifvertrages Mindestlohn und seine Allgemeinverbindlichkeitserklärung hatten. Machen Sie dies zunächst in Form des Brainstormings und versuchen Sie dann in einem Rollenspiel, die Position der Gegner und Befürworter des Tarifvertrages Mindestlohn einzunehmen.

45. Welche Arten von Tarifverträgen kennen Sie?

46. Welche Punkte müssen erfüllt sein, damit ein Tarifvertrag auf ein Arbeitsverhältnis Anwendung findet?

47. Erläutern Sie den Ablauf von Tarifverhandlungen.

48. In welchen Betrieben kann ein Betriebsrat gewählt werden?

49. Wer ist aktiv bzw. passiv wahlberechtigt?

50. Wie wird ein Betriebsrat gewählt?

51. In welchen drei unterschiedlichen Gebieten besteht ein Mitbestimmungsrecht des Betriebsrats?

52. Erläutern Sie die Mitbestimmungsrechte des Betriebsrats bei der Kündigung eines Arbeitnehmers.

53. Erläutern Sie, wann die Mitbestimmung vom Gesamtbetriebsrat wahrgenommen wird.

Lernfeld 2

Transportaufträge und Sendungen für das Unternehmen annehmen

1 Leistungsschwerpunkte der Kurier-, Express- und Paketdienste

Eine eindeutige Abgrenzung zwischen den einzelnen Marktsegmenten der KEP-Branche ist in der Praxis nicht immer einfach. Theoretisch lassen sich jedoch folgende Beförderungsarten unterscheiden:

Beförderungsart	Erläuterung
Kurierdienste	persönliche und individuelle Beförderung jeden Transports
	Einsatz vor allem im Stadtbereich und in Ballungsräumen
Expressdienste	Durchführung von Sammeltransporten
	Einsatz technischer Systeme, die eine entsprechende Kontrolle und Koordination der Transporte gewährleisten sollen
	garantierte Terminzusage
Paketdienste	Durchführung von Sammeltransporten
	Transport von Sendungen mit einem Maximalgewicht von 31,5 kg und relativ kleinen Außenmaßen
	garantierte Lieferzusage
Frachtpost	Paketpost der Deutschen Post AG
	Päckchen werden zusammen mit Paketen befördert
	20 – 60 % des Sendungsaufkommens werden auf der Schiene transportiert

Mit dem Transport sensibler Güter, wie Kühlsendungen, Gefahrgut, Kunstwerke oder empfindliche Elektronikartikel, sind darauf spezialisierte Dienstleistungsunternehmen zu beauftragen.

1.1 Kurierdienste

Charakteristisch für Kurierdienste ist, dass

- die Sendungen meist individuell befördert und
- auf ihrem Weg vom Absender zum Empfänger durchgehend persönlich begleitet werden.

Kurierdienste bieten ihre Leistungen zumeist regional begrenzt bzw. nur innerstädtisch an. Aber auch überregionale Kurierdienste entwickeln sich, besonders innerhalb von Wirtschaftsregionen, immer stärker. Die Fahrten sind auf Schnelligkeit sowie Flexibilität entsprechend den Kundenwünschen ausgerichtet. Dabei finden Fahrzeuge jeder Art, d.h. Fahrräder, Motorräder, Pkws, Transporter, teilweise sogar Lkws, Verwendung. Transportiert werden die verschiedensten Güter, wie beispielsweise Arzneimittel, Fahrzeugteile, Akten oder Kunstgegenstände, wobei es sich dabei im Regelfall jedoch nicht um Palettenware handelt.

Am Markt findet man eine große Vielfalt spezieller Serviceformen, die sich teilweise erheblich voneinander unterscheiden:

- Stadtkuriere, Fahrradkuriere, Stadtboten, Zustelldienste, Direktkuriere, Internationale Kuriere, Kuriertaxis, Overnight-Kuriere und Sameday-Kuriere.

1.1.1 Stadtkurier

Vom Alleinunternehmer bis hin zu Vermittlungszentralen mit bis zu 500 Fahrern sind Stadtkuriere die zahlenmäßig am meisten vertretene Serviceform. Ihr Tätigkeitsgebiet erstreckt sich über die Städte und größere Ballungsräume, sie sind aber auch überregional, teilweise sogar grenzüberschreitend tätig.

Vergleichbar mit einer Taxi-Zentrale gehen die Aufträge telefonisch beim Kurier-Unternehmen ein. Die Telefonzentrale erfragt die Adresse des Auftraggebers und die Abholadresse, falls diese vom Auftraggeber abweicht. Die Aufträge werden dann entweder manuell oder rechnergestützt auf die jeweiligen Kuriere bzw. Fahrer verteilt. Entscheidend für die Zuteilung eines Auftrags können beispielsweise der Standort des Fahrzeugs, die Adresse des Auftraggebers, die Größe oder Art des Fahrzeugs, aber auch spezielle Kundenwünsche und Fachkenntnisse sein. Über Funk wird dann der entsprechende Fahrer verständigt, der daraufhin schnellstmöglich oder zum bestellten Zeitpunkt die Sendung abholt.

1.1.2 Fahrradkurier

Fahrradkuriere sind eine Unterform der Stadtkuriere, die sich auf den Transport mit Fahrrädern spezialisiert haben, was angesichts der Verkehrssituation in den Innenstädten eine Zeit sparende und ökologische Alternative zum Transport mit motorbetriebenen Fahrzeugen darstellt. Die Auftragsabwicklung ist identisch mit der der Stadtkuriere. Die Verständigung erfolgt per Funk oder unter Verwendung von Mobiltelefonen.

1.1.3 Stadtbote

Stadtboten erledigten die Aufträge ursprünglich zu Fuß. Jedoch firmieren eine große Anzahl regulärer Kurier- und Expressdienste unter dieser Bezeichnung, sodass die Grenzen immer weiter verwischt werden.

1.1.4 Zustelldienste

Zustelldienste sind Fußboten, die vor allem im Bereich der Zustellung von Prospekten und Zeitschriften tätig sind. Im so genannten Privatmarkt hat sich zudem die Zustellung von adressierten Massensendungen (Direktwerbung) und Katalogen als neues Betätigungsfeld etabliert.

1.1.5 Direktkuriere

Direktkuriere sind Unternehmen, die sich auf den bundes- und europaweiten Transport und die Zustellung von Sendungen spezialisiert haben. Die Fahrer sind ständig über Mobiltelefon oder andere eingerichtete Funknetze erreichbar. Zudem verfügen sie über ein gut ausgebautes Stationsnetz, das sicherstellt, dass bei Fahrzeugschäden innerhalb einer Stunde ein Ersatzfahrzeug zur Verfügung steht.

1.1.6 Internationale Kuriere

Internationale Kuriere sind unverzichtbar, wenn es um die internationale Beförderung besonders wichtiger oder vertraulicher Sendungen geht, die direkt persönlich begleitet werden müssen. Wegen der im Vergleich zu Expressdiensten sehr hohen Beförderungskosten decken internationale Kuriere nur einen sehr kleinen Marktanteil ab.

1.1.7 Kuriertaxi

Kuriertaxis sind eigentlich Taxiunternehmen, die neben der Beförderung von Personen auch Boten- und Besorgungsfahrten übernehmen. Diese Kurierfahrten werden wie die Personenfahrten über die Taxizentralen vermittelt.

1.1.8 Sameday-Kuriere

„Sameday" bezeichnet allgemein den schnellstmöglichen überregionalen Transport von Sendungen. Dabei werden die Sendungen taggleich abgeholt und zugestellt. Da aber nur selten die direkte persönliche Begleitung der Sendung erforderlich ist, wird der Sameday-Service in der Praxis weniger von Kurierdiensten als von Expressdiensten angeboten.

1.1.9 Overnight-Kuriere

„Overnight" bezeichnet hingegen den überregionalen Transport von kleineren Sendungen über Nacht. Auch hier wird die persönliche Begleitung eher seltener nachgefragt, zudem finden die Overnight-Transporte meist als überregionale Sammeltransporte statt und sind daher den Expressdiensten zuzuordnen.

1.2 Expressdienstleistungen

Der Begriff „Express" impliziert die schnelle und bevorzugte Behandlung einer Sendung im Transportsystem. Daher gehören zu den Expressdiensten all diejenigen Dienste, für die ein fester, oft auch garantierter Auslieferungstermin vereinbart wird und bei denen die Sendungen über ein Umschlagszentrum als Sammeltransport zum Ziel befördert werden.

Die zu transportierenden Sendungen befinden sich meist im unteren Gewichtsbereich, es werden von den Expressdiensten aber keine Gewichts- oder Größenbegrenzungen vorgegeben, sodass auch tonnenschwere Einzelteile als Expresslieferung befördert werden können.

Expresssendungen können weltweit innerhalb von 24 Stunden zugestellt werden, wobei insbesondere bei interkontinentalen Zustellungen Frachtflugzeuge, deren sich beispielsweise FedEx, DHL und Lufthansa Cargo bedienen, zum Einsatz kommen. Den Zustellzeitpunkt kann der Kunde im Regelfall selbst bestimmen, z.B. Zustellung am nächsten Tag bis 9:00 Uhr, bis 10:00 Uhr oder 12:00 Uhr.

Dabei gilt der Grundsatz: Je kürzer die Zustellfrist, desto höher das Entgelt.

Produkte der DP AG	Gewicht	Preise (Stand: März 2014)
Express-Brief National	bis 50 g	9,90 €
	50 bis 1000 g	11,90 €
	1000 bis 2000 g	13,90 €
Express-Paket National	bis 10 kg	23,50 €
	bis 20 kg	28,50 €
Express-Brief /Paket vor 12.00 Uhr		+ 4,90 €
Express-Brief /Paket vor 10.00 Uhr		+ 12,90 €
Express-Brief /Paket vor 9.00 Uhr		+ 24,90 €
Express-Brief /Paket Samstag		+ 11,90 €
Express-Brief /Paket Sonn- und Feiertag		+ 58,50 €
Express-Brief /Paket + Rückschein		+ 2,15 €
Express-Brief /Paket eigenhändig		+ 14,30 €
Express-Brief /Paket gegen Unterschrift		+ 6,55 €

(Zusammengestellt aus http://www.deutschepost.de/content/dam/dpag/images/G_g/Gesamtpreisliste/LuP_Verlinkung_03-2014.pdf; letzter Zugriff 19.05.2014)

Die Preise (Stand 01.03.2014) sind nicht feststehend und können sich entsprechend der aktuellen Marktsituation ändern.

Wie auf dem Kuriermarkt haben sich auch auf dem Expressmarkt unterschiedliche Angebotsformen etabliert, z.B. der Overnight-Service, der Sameday-Service, der Innight-Service sowie die Express-Frachtsysteme.

1.2.1 Overnight-Service

Unter Overnight-Service fasst man den Transport von Sendungen mit geringem Gewicht innerhalb fester garantierter Laufzeiten zu festen Preisen zusammen, die in Abhängigkeit vom Gewicht und von der Zustellfrist berechnet werden.

Die Sendungen werden gesammelt über Nacht an den Zielort transportiert und am nächsten Werktag bis spätestens 12.00 Uhr zugestellt. Terminzustellungen und Empfangsbestätigungen können gegen Aufpreis dazubestellt werden.

Vielfach arbeiten die Expressdienste vor Ort mit Kurierdiensten zusammen, die die Sendungen dann zustellen.

1.2.2 Sameday-Service

Wie schon im Kurierdienst bezeichnet der Sameday-Service auch im Expressdienst die schnellste Transportart von Sendungen in Deutschland.

Bei dieser Serviceart wird die **Abholung und die Zustellung der Sendung am selben Tag** versprochen. Das Transportmittel und der Transportweg werden dabei für jeden Transport individuell ausgewählt, wobei längere Wegstrecken durchaus per Luftfracht oder Bahn (IC/ICE) überbrückt werden.

Der gesamte Transportvorgang wird dabei von dem Express- oder Kurierdienst koordiniert, der den Auftrag angenommen hat. Er plant die Abholung, den Transportverlauf und die Zustellung und erstellt die Abrechnung.

Beispiel: Der Expressdienst „Sausewind" erhält um 19.00 Uhr den Auftrag, ein Päckchen noch am selben Tag von Berlin nach München zu transportieren. Zunächst beauftragt „Sausewind" den „Berlin Kurier" mit der Abholung der Sendung und dem Transport zum Flughafen. Per Luftfracht wird das Päckchen nun nach München transportiert, von wo aus es vom „Stadtkurier München" abgeholt und an den Empfänger ausgeliefert wird.

1.2.3 Innight-Service

Der Innight-Delivery-Service entstand ursprünglich aus einem Erfordernis der Automobil-Industrie, die Kfz-Ersatzteile bis spätestens 8.00 Uhr des Folgetages in ihrem Werk zugestellt haben wollte.

Heute ist die **Nachtzustellung bis spätestens 8.00 Uhr morgens** auch in anderen Branchen üblich. Zudem bieten Innight-Services für Empfänger, die die Sendungen nachts nicht entgegennehmen können, **abschließbare Behälter** an, zu denen nur der Auslieferer und der Empfänger die Schlüssel besitzen.

1.2.4 Express-Frachtsysteme

Die Express-Frachtsysteme werden insbesondere für die Verteilung von Waren genutzt. Die unterschiedlichen Anbieter haben ihr Angebot entsprechend auf bestimmte Branchen ausgerichtet. So existieren Express-Frachtsysteme beispielsweise für Arzneimittel, Kosmetik, Unterhaltungselektronik, Foto und Video.

Der Preis wird meist als Hauspreis angeboten und orientiert sich vorrangig am Transportaufkommen des Versenders und erst danach an Gewicht und Entfernung. Entsprechend werden Transportaufträge mit einem geringen Transportaufkommen bzw. Einzelaufträge von den Express-Frachtunternehmen meist nicht angenommen.

1.3 Paketdienstleistungen

Paketdienste unterscheiden sich von den Express- und Kurierdiensten durch entsprechend längere Lieferzeiten und eine Beschränkung der zum Transport übernommenen Sendungen in Größe und Gewicht. Paketdienstleister weisen zudem eine starke Standardisierung auf, die auf das vom jeweiligen Anbieter benutzte System zugeschnitten ist und darüber eine zügige und kostengünstige Beförderung sicherstellt.

Der Paketversand kommt für Sendungen infrage, die innerhalb kurzer Zeit zugestellt werden müssen. Die Regellaufzeit eines Pakets innerhalb Deutschlands beträgt 1-3 Tage. Auf Grund von Netzwerkbildungen und Kooperationen zwischen den nationalen Paketdiensten ist mittlerweile eine weltweite Zustellung möglich, die in Abhängigkeit vom Land zwischen 2 und 10 Tagen dauert. Beispiele für Paketdienste sind DPD, Hermes, DHL und UPS. Paketsendungen sind beschränkt nach Größe und Gewicht, wobei es wiederum Unterschiede zwischen den einzelnen Anbietern gibt. Standardmäßig können jedoch Pakete bis zu einem Gewicht von 20 kg und einem Höchstmaß von 120 x 60 x 60 cm transportiert werden.

Produkte der DP AG	Gewicht	Preise (Stand: 01.03.2014)		
		D	EU	Welt
DHL-Paket	bis 5 kg	6,99 €	16,99 €	29,99 € – 42,99 €
	bis 10 kg	6,99 €	21,99 €	34,99 € – 59,99 €
	bis 20 kg	11,99 €	31,99 €	49,99 € – 92,99 €
	bis 31,5 kg	13,99 €	41,99 €	54,99 € – 124,99 €
Päckchen	bis 2 kg	4,10 €	8,90 €	15,90 €

(Zusammengestellt aus http://www.deutschepost.de/content/dam/dpag/images/G_g/Gesamtpreisliste/LuP_Verlinkung_03-2014.pdf; letzter Zugriff 19.05.2014)

Die Preise sind nicht feststehend und können sich nach der aktuellen Marktsituation ändern.

Die Standardisierung geht einher mit einem hohen Maß an Technisierung. Diese äußert sich im Einsatz barcodegestützter Systeme zur Sendungserfassung und des maschinellen Umschlags von Sendungen. Denn in jedem großen Paketdienst kommen vollautomatische Förderbandanlagen zum Einsatz, die die Pakete computergesteuert erfassen und zu den Ausgängen befördern.

2 Leistungsschwerpunkte der Briefdienste

Briefdienstleistungen beinhalten die Beförderung kleiner Sendungen, wie Briefe, innerhalb kürzester Zeit, national im Regelfall binnen eines Werktages. Das Einzelgewicht beschränkt sich dabei auf maximal 1000 g bis zum Format B4. Neben dem Briefversand kann der Versand auch als Bücher- oder Warensendung bzw. Päckchen (bis 2000 g) erfolgen. Das Entgelt ist wesentlich niedriger als im KEP-Bereich. Ein weltweiter Versand ist generell möglich, jedoch müssen in Abhängigkeit vom Zielland längere Laufzeiten in Kauf genommen werden.

2.1 Briefsendungen

Neben der Deutschen Post AG haben sich in Deutschland mittlerweile regionale private Briefdienste am Markt etabliert, die auf Grund von Zusammenschlüssen und Kooperationen größere Gebiete abdecken, daher können keine allgemein verbindlichen Aussagen zu Preisen und Produkten getroffen werden.

Allerdings ähneln die Konkurrenzprodukte vielfach denen der Deutschen Post AG, da gerade kleinere Anbieter meist nur regional und nicht deutschlandweit oder gar international tätig sind. Sendungen, die außerhalb des Zuständigkeitsbereichs regionaler Anbieter liegen, werden dann zur

Weiterbeförderung und Auslieferung an die Deutsche Post AG übergeben (**Konsolidierung**). Deshalb stimmen die Maße und das Gewicht meist mit den Vorgaben der Deutschen Post AG überein.

	Maße in mm	Gewicht	Preise (Stand: 2014)
Postkarte national	L: 140 – 235 B: 90 – 125	Flächengewicht 150 – 500 g/qm	0,45 €
Postkarte international	s.o.	s.o.	0,75 €
Standardbrief national	L: 140 – 235 B: 90 – 125 H: < 5	bis 20 g	0,60 €
Standardbrief international	s.o.	s.o.	0,75 €
Kompaktbrief national	L: 100 – 235 B: 70 – 125 H: < 10	bis 50 g	0,90 €
Kompaktbrief international	s.o.	s.o.	1,50 €
Großbrief national	L: 100 – 353 B: 70 – 250 H: < 20	bis 500 g	1,45 €
Großbrief international	s.o.	s.o.	3,45 €
Maxibrief national	L: 100 – 353 B: 70 – 250 H: < 50	bis 1.000 g bei Überschreiten	2,40 € + 2,20 €
Maxibrief international	L 140 – 600 B 90-600 L+B+H= 900 mm	500 g – 1000 g 1000 g - 2.000 g	7,00 € 17,00 €
Einschreiben national/international			+ 2,56 €
Einschreiben – eigenhändig			+ 4,70 €
Einwurf-Einschreiben			+ 2,14 €
Einschreiben-Rückschein			+ 4,70 €
Einschreiben eigenhändig Rückschein			+ 6,84 €
E-Postbrief	bis 20 MB		0,60 €

(Zusammengestellt aus http://www.deutschepost.de/content/dam/dpag/images/G_g/Gesamtpreisliste/LuP_Verlinkung_03-2014.pdf; letzter Zugriff 19.05.2014. Die Preise/Stand 01.03.2014 können sich entsprechend der aktuellen Marktsituation ändern.)

Neben den Briefen werden noch weitere Sendungsarten von den Briefdiensten transportiert:
- Büchersendungen,
- Warensendungen,
- Infopost und Kataloge,
- Postwurfsendungen.

2.2   Büchersendungen

Unter Büchersendungen fallen alle Sendungen von Büchern, Broschüren, Notenblättern und Landkarten. Diese dürfen Beilagen wie Rechnungen, Zahlscheinvordrucke, Rückantwortumschläge sowie eine Leih- oder Buchumlaufkarte enthalten. Büchersendungen dürfen aber nicht geschäftlichen Zwecken dienen, d.h. es darf sich nicht um Geschäftsberichte oder Veröffentlichungen von Unternehmen handeln, auch darf die Firmenbezeichnung nicht als Titel geführt oder (fast) ausschließlich Erzeugnisse einer bestimmten Firma erläutert oder empfohlen werden.

2.3 Warensendungen

Die Sendungsart „Warensendungen" bezeichnet hingegen den Versand von Waren, Warenproben, Mustern und kleineren Gegenständen. Auch hier sind Beilagen erlaubt, z.B. Rechnungen, Zahlscheinvordrucke, aber auch Broschüren oder andere den Inhalt kennzeichnende Angaben. Nicht erlaubt sind hingegen briefliche Mitteilungen.

2.4 Infopost und Kataloge

Als Infopost können nur **inhaltsgleiche Sendungen** in Bezug auf Anzahl, Beschaffenheit und Inhalt versandt werden. Dabei ist es unerheblich, ob schriftliche Mitteilungen, Datenträger wie CDs oder Disketten, kostenlose Proben, Probenmuster oder Werbeartikel versandt werden.

Kataloge sind dagegen **Anpreisungen von Waren oder Dienstleistungen.** Sie werden auf Papier gedruckt oder auf Datenträgern übermittelt. Anpreisungen in Büchern, Zeitungen und Zeitschriften sind davon jedoch ausgenommen.

Für die Sendungsarten Infopost und Kataloge gelten Mindestmengen (ab 50 Stück), die je nach Anzahl eine unterschiedliche Vorsortierung nach Leitregionen oder die Feinsortierung nach Postleitzahlen erfordern. Im Gegenzug werden ab einer Menge von 4.000 Stück Entgeltermäßigungen gewährt. Die konkreten Preise und Entgeltermäßigungen können im Internet abgerufen werden.

2.5 Postwurfsendungen

Postwurfsendungen sind **unadressierte Werbesendungen,** die flächendeckend an alle Haushalte in einem Ort, einer Region oder deutschlandweit verteilt werden. Die Zustellung erfolgt meist innerhalb von vier Werktagen. Eine Nach- oder Rücksendung wird meist ausgeschlossen. Die Preise werden pro 1000 Stück nach Gewicht und Zustellregion berechnet und können im Internet abgerufen werden.

3 Transportaufträge und Sendungen annehmen

3.1 Abholung und Einlieferung von Sendungen

Grundsätzlich gibt es drei Möglichkeiten, wie Sendungen aufgegeben werden können:
- die Einlieferung der Sendung im Unternehmen,
- der Einwurf der Sendung in den Briefkasten oder
- die Abholung der Sendung beim Kunden.

Die Einlieferung, der Einwurf und der Auftrag zur Abholung stellen jeweils ein Angebot zum Abschluss eines Fracht- bzw. Beförderungsvertrages dar.

3.1.1 Einlieferung

Wird die Sendung vom Kunden zum Sitz oder in die Filiale des KEP-Unternehmens gebracht und dort übergeben, spricht man von Einlieferung. Für diese ist es nicht erforderlich, dass die Sendungen bereits freigemacht sind, d.h. das Transportentgelt bezahlt ist. Dies erfolgt erst in der Filiale oder auf Rechnung. Die Einlieferung ist vor allem im Post- und Expressbereich üblich und betrifft meist größere Sendungen (Pakete) oder Sendungen, die noch nicht freigemacht worden sind.

3.1.2 Einwurf

Der Einwurf in einen **Briefkasten** ist nur bei Briefsendungen üblich. Dazu muss der Absender die Sendung freimachen, d.h. mit Briefmarken versehen. Die Briefmarken können in offiziellen Verkaufsstellen des Briefdienstleisters, gekauft werden und müssen in Höhe des für den Transport vereinbarten Entgeltes auf den Briefumschlag geklebt werden. Erst dann können die Briefe in den Briefkasten eingeworfen werden. Die Briefkästen werden meist mehrmals täglich von dem Briefdienstleistungsunternehmen geleert und die Briefe in die Niederlassungen transportiert.

Abb. 2.1: Briefstation

Neben den Briefkästen bietet die Deutsche Post AG auch so genannte **Briefstationen** an, die insbesondere Gewerbekunden die automatische Annahme von Briefsendungen ermöglichen sollen. Über einen Touchscreen-Bildschirm wird die Briefstation bedient. Dieser fragt neben der Art der Briefsendung auch die Frankierung und die Bezahlweise ab. Die Sendungen werden gewogen, vermessen und frankiert. Die Bezahlung erfolgt mittels „Postcard" und dazugehöriger PIN. Der ermittelte Entgeltbetrag wird sofort von der Karte abgebucht. Erst dann wird eine Quittung und auf Wunsch auch ein Einlieferungsbeleg erstellt.

3.1.3   Abholung
Bei der Abholung werden die Sendungen vom KEP-Unternehmen beim Kunden entweder direkt oder im Rahmen einer festgelegten Tour bzw. Route abgeholt.

Die direkte Abholung der Sendungen erfolgt meist durch Kurierdienste, teilweise auch durch Expressdienste. Die Abholung im Rahmen einer festgelegten Tour wird dagegen auch von Post- und insbesondere von Briefdiensten angeboten, meist aber nur bei einem entsprechend hohen Sendungsaufkommen.

3.2   Tourenplanung
Für die Abholung der Sendungen, aber auch für die Leerung der Briefkästen, werden Tourenpläne erstellt, mit deren Hilfe die verschiedenen Aufträge entsprechenden Fahrzeugen zugeordnet werden und für jedes Fahrzeug die ideale Reihenfolge der Abholungsstandorte ermittelt wird.

Bei der Festlegung der Routen sind neben der Art der abzuholenden Waren, dem Lieferungsumfang, zeitlichen und geografischen Restriktionen, z.B. Abholung bis 18:00 Uhr auf der Musterstraße 1 in 12345 Musterhausen, auch ökologische und wirtschaftliche Faktoren zu beachten. Dabei ist eine permanente Tourenoptimierung zur Minimierung der Kosten sowie der Umweltbelastung anzustreben. Die Reihenfolge der Abholung sowie die Dokumentation der vom Fahrer übernommenen Sendungsmengen erfolgt anhand eines Abholscheins.

3.2.1   Clusterung und Routing
Die Tourenplanung erfolgt unter Beachtung der Clusterung und dem Routing. Bei der Clusterung wird ermittelt, welche Aufträge zu einer Tour zusammengefasst werden können, und beim Routing wird berechnet, in welcher Reihenfolge die Aufträge erledigt werden. Ziel der Tourenplanung

ist es nun, so wenige Fahrzeuge wie möglich einzusetzen, um eine möglichst kurze Strecke zurückzulegen, und zwar in möglichst kurzer Zeit und bei geringen Kosten.

Bei der vereinfachten Tourenplanung geht man von einem Start- oder Zielpunkt aus, bei dem gleichartige Fahrzeuge mit beschränkten Kapazitäten zur Verfügung stehen. Komplizierter wird es dann, wenn mehrere Start- oder Zielpunkte betrachtet werden (Pick up & Delivery-Aufträge) oder verschiedenartige Transportmittel in die Planung einbezogen werden müssen, wenn Aufträge vorrangig behandelt oder aber feste Abhol- oder Liefertermine eingehalten werden müssen. Ferner sind Änderungen durch stornierte oder neu hinzukommende Aufträge sowie ausgefallene Fahrzeuge oder Mitarbeiter zu berücksichtigen.

3.2.2 Art der Tourenplanung

Die Tourenplanung kann für folgende Situationen durchgeführt werden:
- die tägliche Tourenplanung,
- die Standardtourenplanung,
- die Rahmentourenplanung oder
- die periodische Tourenplanung.

Die **tägliche Tourenplanung** berücksichtigt alle für einen bestimmten Tag anliegenden Aufträge. Die Planung erfolgt meist am selben Tag oder am Vorabend, um Änderungen wegen Neuaufträgen und Stornierungen so gering wie möglich zu halten.

 Beispiel: Die Kunden A, B und C sind Stammkunden und wünschen eine tägliche Abholung, D, E, F und G jedoch nur eine Abholung auf Abruf. Es entscheidet sich daher erst am Tag davor, wer alles angefahren werden soll.

Standardtouren müssen hingegen nicht täglich geplant werden, ihre Planung kann in größeren Abständen erfolgen.

 Beispiel: Kunden A, B, C und D liegen auf einer Strecke und werden jeden Dienstag angefahren.

Die **Rahmentourenplanung** wird eingesetzt, wenn Mitarbeiter und/oder Fahrzeuge in einem bestimmten Gebiet eingesetzt werden und bei der Planung die konkreten Aufträge noch nicht bekannt sind.

 Beispiel: Die Kunden A, B, C und D liegen auf einer Strecke und werden einmal wöchentlich angefahren, wobei Kunde A die Abholung seiner Post nur auf Abruf wünscht.

Die **periodische Tourenplanung** ist insbesondere für den Vertrieb und Außendienst notwendig, wenn Kunden einer Route regelmäßig, aber je nach Kunde in unterschiedlichen Abständen besucht werden sollen.

 Beispiel: Die Kunden A, B, C und D liegen auf einer Route. Kunde A wünscht aber nur jede zweite Woche eine Abholung seiner Post, Kunde B täglich, Kunde C und D wöchentlich.

3.2.3 Tourenplanungssoftware

Um die Tourenplanung so effizient wie möglich zu gestalten, verwenden viele Unternehmen eine Tourenplanungssoftware. Diese unterstützt das Unternehmen bei der Planung und Optimierung der Touren. Sie arbeitet auf der Basis von digitalen Straßenkarten, einer Kundenstammdatei, einer Auflistung aller Fahrzeuge und Mitarbeiter sowie der aktuellen Auftragsliste.

Mithilfe der Absender- und/oder Empfängerkoordinaten können Entfernungen und Fahrzeiten geschätzt und die Strecken mithilfe von Algorithmen auf dem digitalen Straßennetz dargestellt werden. Die Touren werden dann so zusammengestellt, dass Kundenvorgaben, Kapazitäten, Lasten, Arbeits- und Pausenzeiten sowie Fahrzeugwartungen Berücksichtigung finden und die anfallenden Kosten minimiert werden.

Die Software ist so konzipiert, dass sie meist automatisch auf aktuelle Veränderungen reagiert und den so genannten Dominoeffekt abfängt. Der Dominoeffekt entsteht, wenn ein Auftrag storniert werden musste und ein neuer Auftrag in die bestehende Tour integriert werden muss. Lässt sich dieser wegen seines Umfangs nicht ohne Weiteres in die Tour integrieren, „müssen die Karten sprichwörtlich nochmals neu gemischt" und eine neue Tour zusammengestellt werden. Dies geschieht durch eine flexible, operative Tourenoptimierung.

Die Software bietet darüber hinaus aber auch Zusatzleistungen an, wie z.B.
* Anbindung an die Navigation,
* kostenoptimale Fahrzeugeinsatzplanung,
* Deckungsbeitragsrechnungen, Kostenrechnung, Controlling,
* Mautberechnung,
* Rechnungserstellung und Faktura,
* Trackingsysteme,
* Sendungsverfolgung,
* Analyse und Auswertung von Logistikprozessen.

Die folgende Abbildung zeigt einen vereinfachten Tourenplan:

Tourenplan der Fahrrad-Kurier KG				
Tour:		Kontroll-Datum:		
Abfahrt ab:		Soll-Abfahrt:		
Fahrer:		Ist-Abfahrt:		
		Witterung: trocken/nass/Schneefall		
		Straßenzustand: trocken/nass/Eis/Glätte		
Kd-Nr.	Kunde	Ankunft	Abfahrt	Bemerkungen
1	Muster KG Musterstr.1 12345 Musterhausen	9:00 Uhr	9:10 Uhr	
2	Schau GmbH Musterstr. 8 12345 Musterhausen	9:15 Uhr	9:20 Uhr	
...	...			
Anmerkungen:				
Unterschrift:				

3.3 Sendungen annehmen und auf Transportfähigkeit prüfen

3.3.1 Sendungsannahme

Die Annahme einer Sendung ist zunächst deren körperliche Hinnahme, d.h. vereinfacht ausgedrückt, das „In-Händen-Halten" der Sendung. Rechtlich betrachtet kommt durch die Annahme vielfach aber bereits der Transportauftrag zu Stande. Daher schließen viele allgemeine Geschäftsbedingungen die Annahme der Sendung und den Abschluss des Transportvertrages aus, wenn die Sendungen entweder eine bestimmte Beschaffenheit oder einen bestimmten Inhalt aufweisen. Die allgemeinen Geschäftsbedingungen von DHL Paket/Express (National), zitiert nach http://www.dhl.de/content/dam/dhlde/downloads/pdf/dhl-agb-paket-express-national-07-2013.pdf Stand 7/2013, bestimmen hier unter anderem:

„2 Vertragsschluss; Ausschluss von Leistungen (Verbotsgut)

(1) Beförderungsverträge kommen für bedingungsgemäße Sendungen durch deren Übergabe durch oder für den Absender und deren Übernahme in die Obhut der DHL oder von ihr beauftragter Unternehmen („Einlieferung" bzw. „Abholung") nach Maßgabe der vorliegenden AGB zustande. Der Absender ist verpflichtet, vor dem Abschluss des Beförderungsvertrages zu erklären, ob Inhalt der Sendung die in Absatz 2 näher bestimmten ausgeschlossenen Güter („Verbotsgüter") sind. Entgegenstehenden Allgemeinen Geschäftsbedingungen des Absenders wird hiermit ausdrücklich widersprochen.

(2) Von der Beförderung ausgeschlossen (Verbotsgüter) sind:

1. Sendungen, deren Inhalt, äußere Gestaltung, Beförderung oder Lagerung gegen ein gesetzliches oder behördliches Verbot verstoßen; dazu gehören auch Sendungen, deren Inhalt gegen Vorschriften zum Schutz geistigen Eigentums verstößt, einschließlich gefälschter oder nicht lizenzierter Kopien von Produkten (Markenpiraterie);

2. Sendungen, die, ohne Abschluss einer entsprechenden Einzelvereinbarung mit DHL, besondere Einrichtungen (z. B. für temperaturgeführtes Gut), Sicherheitsvorkehrungen oder Genehmigungen erfordern;

3. Sendungen, deren Inhalt oder äußere Beschaffenheit bei gewöhnlichem Transportablauf geeignet sind, Personen zu verletzen oder zu infizieren oder Sachschäden zu verursachen;

4. Sendungen, die lebende Tiere oder sterbliche Überreste von Menschen enthalten; ausgenommen sind Urnen (nur für Paket) sowie wirbellose Tiere wie Bienen-Königinnen und Futterinsekten, sofern der Absender sämtliche Vorkehrungen trifft, die einen gefahrlosen, tiergerechten Transport ohne Sonderbehandlung sicherstellen;

5. Sendungen, deren Beförderung gefahrgutrechtlichen Vorschriften unterliegt, soweit diese nicht nach den „Regelungen für die Beförderung von gefährlichen Stoffen und Gegenständen" zugelassen sind; § 410 HGB bleibt unberührt;

6. Sendungen mit einem tatsächlichen Wert von mehr als 25.000,- EURO brutto; die Haftungsbeschränkungen gemäß Abschnitt 6 dieser AGB bleiben von dieser Wertgrenze unberührt;

7. Sendungen, die Geld, Edelmetalle, Schmuck, Uhren, Edelsteine, Kunstgegenstände, Antiquitäten, Unikate oder sonstige Kostbarkeiten, Scheckkarten, Kreditkarten, gültige Briefmarken oder andere Zahlungsmittel oder Wertpapiere, für die im Schadensfall keine Sperrungen sowie Aufgebots- und Ersatzverfahren durchgeführt werden können (Valoren II. Klasse), im Gesamtwert von mehr als 500,- EURO enthalten; Näheres bestimmt die „Liste der zulässigen Inhalte";

8. Alle am selben Tage übergebenen Sendungen an denselben Empfänger, die Güter gemäß Ziffer 7 im Gesamtwert von mehr als 500,- EURO enthalten." ...

3.3.2 *Prüfung und Entscheidung über den Transport der Sendung*

Bei oder nach der Sendungsannahme sind die Eigenschaften der Sendung zu erfassen und zu beurteilen, ob die Sendung transportiert werden kann oder nicht. Zu den Eigenschaften einer Sendung gehören beispielsweise:

- genügende(s) Porto / Freimachung,
- eine ordnungsgemäße Verpackung,
- äußere Beschaffenheit,
- innere Beschaffenheit, z.B. Warnhinweise, Gefahrzeichen oder Ähnliches,
- korrekte Größe, Format und Gewicht.

Treten hierbei Unstimmigkeiten auf oder kommt der Mitarbeiter zu dem Schluss, dass die Sendung nicht ausreichend freigemacht ist oder gefährliche Güter enthält, muss überlegt werden, ob und unter welchen Bedingungen die Sendung transportiert oder ob die Sendung dem Absender zurückgegeben wird.

Die allgemeinen Geschäftsbedingungen der Deutschen Post AG Brief national sehen hierzu folgende Regelung vor (zitiert nach http://www.deutschepost.de/content/dam/dpag/images/A_a/AGB/DP_AGB_BRIEF_National_2511_final.pdf):

„Entspricht eine Sendung hinsichtlich Ihrer Beschaffenheit (Größe, Format und Gewicht usw.), aufgrund ihres Inhalts oder in sonstiger Weise nicht (...) diesen AGB, so steht es der Deutschen Post frei,

1. die Annahme der Sendung zu verweigern,

2. eine bereits übergebene/übernommene Sendung zurückzugeben oder zur Abholung bereitzuhalten oder

3. diese ohne Benachrichtigung des Absenders zu befördern und ein entsprechendes Entgelt (...) nachzufordern.

Entsprechendes gilt, wenn bei Verdacht auf ausgeschlossene Sendungen oder auf sonstige Vertragsverstöße der Absender auf Verlangen der Deutschen Post Angaben dazu verweigert." ...

4 Rechtliche Vertragsgrundlagen

Kenntnisse der rechtlichen Grundlagen sind für jeden Mitarbeiter eines KEP- bzw. Postdienstleistungsunternehmens unabdingbar, um sich der rechtlichen Konsequenzen jeder Handlung und Äußerung bewusst zu sein. So ist es unter Umständen bedeutsam zu wissen, wann und zwischen welchen Personen tatsächlich ein Vertrag zu Stande gekommen ist oder durch welche Handlungen der Vertrag wieder aufgelöst werden kann.

Im allgemeinen Teil des Bürgerlichen Gesetzbuches finden sich grundlegende Aussagen und Wertungen, die für das Verständnis über das Zustandekommen oder den Untergang eines Vertrages unerlässlich sind.

4.1 BGB Allgemeiner Teil

4.1.1 Rechtssubjekte und -objekte

Rechtssubjekt ist, wer Träger von Rechten und Pflichten sein kann. Dies können natürliche und juristische Personen sein.

Natürliche Personen sind alle (lebenden) Menschen.

Juristische Personen sind hingegen rechtliche Zusammenschlüsse von Personen oder Vermögensmassen. Sie sind juristisch selbstständig und damit unabhängig von ihren Mitgliedern selbst Träger von Rechten und Pflichten.

Zu unterscheiden sind juristische Personen des Privatrechts und des öffentlichen Rechts. Juristische Personen des Privatrechts sind Vereine, Stiftungen und Kapitalgesellschaften. Juristische Personen des öffentlichen Rechts sind vor allem der Bund, die Länder und Gemeinden, die Kirchen sowie alle anderen Körperschaften, Anstalten und Stiftungen des öffentlichen Rechts.

Rechtsobjekte sind Sachen, Tiere und Forderungen. Sie können selbst nicht Träger von Rechten und Pflichten sein. Rechtsobjekte sind vielmehr Gegenstand von Rechten und Pflichten, die ein Rechtssubjekt hat.

Beispiel: Die Auszubildende Paula P. (Rechtssubjekt) ist Eigentümerin des KEP-Lehrbuchs (Rechtsobjekt). Paula P. hat folglich ein Recht an dem Buch, dieses in ihrem Besitz zu haben, darin zu lesen oder dieses zu verkaufen oder wegzuwerfen. Andersherum hat das Buch z.B. kein Recht, weiterhin im Eigentum von Paula P. zu verbleiben.

Sachen sind körperliche Gegenstände, § 90 BGB. Sie können fest, flüssig oder gasförmig sein; dürfen aber nicht wesentlicher Bestandteil einer anderen Sache sein.

> **Beispiel:** Eine Schraube ist eine Sache. Wird die Schraube aber zum Zusammensetzen eines Kfz-Motors gebraucht, geht sie in diesem auf und verliert ihre Sacheigenschaft. Die Sache ist jetzt der Kfz-Motor.

Tiere sind nach der gesetzlichen Definition zwar keine Sachen, sie werden aber juristisch wie Sachen behandelt, so kann man auch an Tieren Eigentum begründen.

Forderungen sind Rechte, mittels derer der Gläubiger gegenüber dem Schuldner eine Leistung zu fordern berechtigt ist.

> **Beispiel:** Paula hat mit Tom einen Kaufvertrag über das KEP-Lehrbuch geschlossen. Sie übergibt Tom das Lehrbuch. Paula ist nun Gläubigerin und Tom Schuldner der Kaufpreisforderung, d.h. Paula kann von Tom die Bezahlung des Kaufpreises fordern.

4.1.2 Rechts- und Geschäftsfähigkeit

Rechtsfähigkeit meint die Fähigkeit, Träger von Rechten und Pflichten zu sein. Natürliche Personen sind mit Vollendung der Geburt bis zu ihrem Tod rechtsfähig. Auf die Staatsangehörigkeit, das Geschlecht, das Alter oder die Gesundheit kommt es dabei nicht an. Juristische Personen erlangen ihre Rechtsfähigkeit hingegen erst mit Erfüllung bestimmter Voraussetzungen, wie Verleihung, Eintragung etc.

Die **Geschäftsfähigkeit** ist dagegen die Fähigkeit, Rechtsgeschäfte voll wirksam vornehmen zu können. Diese Fähigkeit haben grundsätzlich alle natürlichen Personen, außer sie sind geschäftsunfähig oder in ihrer Geschäftsfähigkeit beschränkt.

Geschäftsunfähig ist, wer das siebte Lebensjahr noch nicht vollendet hat oder sich in einem dauerhaften Zustand krankhafter Störung der Geistestätigkeit befindet, der es ihm unmöglich macht, seine Entscheidungen von vernünftigen Erwägungen abhängig zu machen, § 104 BGB. Willenserklärungen eines Geschäftsunfähigen sind grundsätzlich nichtig.

> **Beispiel:** Julia ist vier Jahre und möchte im Süßwarengeschäft einen Lutscher kaufen. Das Geld dafür, 20 Cent, hat sie auf der Straße gefunden. Wäre der Kaufvertrag wirksam? – Nein, denn Julia ist geschäftsunfähig.

In der Geschäftsfähigkeit beschränkt sind in der Regel Minderjährige, die das siebte, nicht aber das achtzehnte Lebensjahr vollendet haben, § 106 BGB. Ihre Willenserklärungen sind grundsätzlich schwebend unwirksam und bedürfen zu ihrer Wirksamkeit entweder der vorherigen Einwilligung oder nachträglichen Genehmigung eines gesetzlichen Vertreters, regelmäßig der Eltern.

> **Beispiel:** Anna ist zehn Jahre alt und wünscht sich eine Barbie-Puppe. Sie nimmt vom Küchentisch der Eltern 20,00 €, die zum Einkaufen bestimmt sind, und geht in das Spielwarengeschäft. Dort gibt sie das Geld hin und erhält dafür die gewünschte Barbie-Puppe. Ist der Kaufvertrag wirksam? – Nein, der Kaufvertrag ist noch schwebend unwirksam. Eine vorherige Einwilligung der Eltern liegt nicht vor, die Eltern könnten den Kaufvertrag aber nachträglich genehmigen. Verweigern die Eltern jedoch die Genehmigung, ist der Kaufvertrag unwirksam und Anna muss die Barbie-Puppe zurückgeben.

Eine **Ausnahme** besteht, wenn der mit dem Minderjährigen geschlossene Vertrag für den Minderjährigen lediglich rechtlich vorteilhaft ist (z.B. Schenkung) oder der Minderjährige den Kaufpreis von seinem Taschengeld (§ 110 BGB) bestreiten kann.

Beispiel: Felix ist neun Jahre alt und erhält 1,00 € Taschengeld pro Woche. Er wünscht sich eine Eisenbahn, die 20,00 € kostet. Felix spart sein Taschengeld, bis er den Kaufpreis zusammenhat. Dann geht er in das Spielwarengeschäft, verlangt die Eisenbahn, bezahlt sie und nimmt sie mit nachhause. Hat Felix einen voll wirksamen Kaufvertrag geschlossen? – Ja, denn er hat den Kaufpreis für die Eisenbahn von seinem Taschengeld, das er zur freien Verfügung hat, bezahlt.

Eine weitere Besonderheit besteht für **Dienst- oder Arbeitsverhältnisse,** welche der Minderjährige mit Erlaubnis der gesetzlichen Vertreter eingeht. Der Minderjährige ist dann für die Eingehung oder Aufhebung des Dienst- oder Arbeitsverhältnisses unbeschränkt geschäftsfähig. Ebenso für alle Rechtsgeschäfte, die der Erfüllung von Verpflichtungen aus dem Dienst- und Arbeitsverhältnis dienen.

Beispiel: Paula ist 16 Jahre alt und bekommt einen Ausbildungsplatz bei einem KEP-Unternehmen angeboten. Ihre Eltern sind einverstanden. Paula kann nun den Ausbildungsvertrag mit dem KEP-Unternehmen unterschreiben. Gleichzeitig ist sie berechtigt, Frachtverträge, die die Beförderung von Briefen, Paketen etc. zum Inhalt haben, im Namen Ihres Arbeitgebers abzuschließen. Ihre diesbezüglichen Willenserklärungen sind voll wirksam.

4.1.3 Rechtsgeschäfte

Abb. 2.2: Rechtsgeschäft

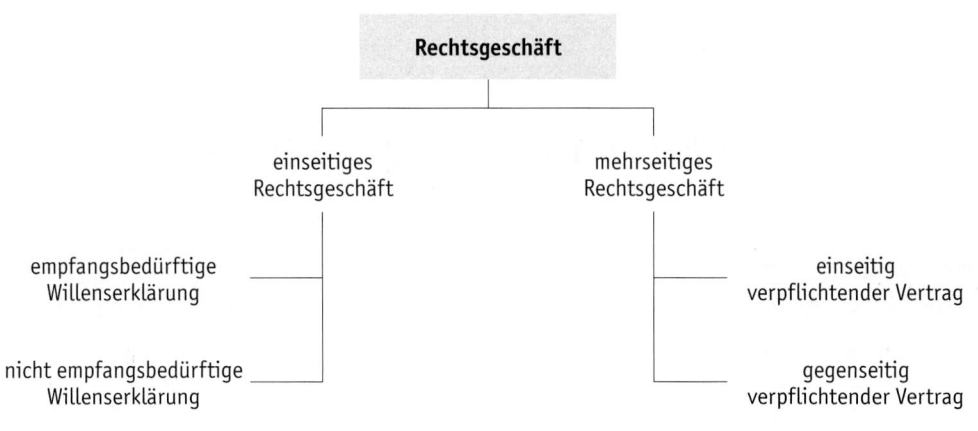

Rechtsgeschäfte sind Geschäfte, mit denen die Beteiligten einen bestimmten rechtlichen Erfolg herbeiführen wollen. Je nachdem, wie viele Personen an dem Rechtsgeschäft beteiligt sind, unterscheidet man zwischen ein- und mehrseitigen Rechtsgeschäften. Während es bei einem mehrseitigen Rechtsgeschäft mindestens zwei übereinstimmender Willenserklärungen bedarf; genügt für ein einseitiges Rechtsgeschäft die Abgabe einer Willenserklärung.

Beispiel: Für einen Beförderungsvertrag benötigt man zwei übereinstimmende Willenserklärungen, nämlich das Angebot, z.B. Pakete zum Preis von 8,00 € zu befördern, und die Annahme des Angebotes, d.h. das Einverständnis mit der Beförderung zu diesem Preis. Angebot: „Ich befördere das Paket zum Preis von 8,00 €." – Annahme: „Ja, in Ordnung."
Bei der Kündigung genügt hingegen eine Willenserklärung: „Sie sind zum Ende des Monats gekündigt."
Eine Annahme der Kündigung ist nicht erforderlich.

Ob diese Willenserklärung dem Empfänger auch zugehen, d.h. ankommen muss, ist davon abhängig, ob es sich um eine empfangsbedürftige Willenserklärung handelt oder nicht. **Empfangsbedürftige Willenserklärungen**, wie die Kündigung oder Anfechtung, bedürfen zu ihrer Wirksamkeit zwingend des Zugangs beim Empfänger. Bei **nicht empfangsbedürftigen Willenserklärungen** hingegen reicht die bloße Abgabe aus.

> **Beispiel:** Beim Testament handelt es sich um eine nicht empfangsbedürftige Willenserklärung. Für die Gültigkeit des Testaments kommt es gerade nicht darauf an, ob z.B. der Erbe von dem Testament und seinem Inhalt Kenntnis hat.
> Anders jedoch bei der Kündigung, denn diese wird nur dann wirksam, wenn der Empfänger sie auch erhält.

Bei mehrseitigen Rechtsgeschäften sind alle Willenserklärungen empfangsbedürftig. Sie unterscheiden sich in einseitig verpflichtende und gegenseitig verpflichtende Rechtsgeschäfte. Während bei einem **einseitig verpflichtenden Rechtsgeschäft** (z. B. Schenkung) regelmäßig nur ein Vertragspartner, nämlich der Schenkende, verpflichtet ist, einen bestimmten Gegenstand oder Geld zu schenken, hat der andere Vertragspartner, der Begünstigte der Schenkung, selbst keine vertraglichen Pflichten zu erfüllen. Eine Gegenleistung ist nicht geschuldet.

> **Beispiel:** Opa Erwin schenkt Tom 5,00 €. Während Opa Erwin verpflichtet ist, Tom die 5,00 € zu übergeben, muss Tom nichts weiter machen. Er muss sich nur entscheiden, ob er das Geschenk annehmen möchte oder lieber nicht.

Anders ist dies aber bei **gegenseitig verpflichtenden Rechtsgeschäften** wie Kaufverträgen, Mietverträgen, Dienstverträgen oder Werkverträgen. Hier verpflichten sich die Vertragsparteien jeweils nur deshalb, eine bestimmte Handlung vorzunehmen, um eine entsprechende Gegenleistung zu erhalten.

> **Beispiel:** Der Käufer eines Autos ist nur dann verpflichtet, den Kaufpreis zu bezahlen, wenn ihm das Auto übergeben und zur entsprechenden Nutzung überlassen wird.
> Auch bei der Anmietung einer Wohnung ist der Mieter nur dann verpflichtet, Miete zu zahlen, wenn er den Schlüssel zur Wohnung erhält und diese entsprechend nutzen kann.

4.1.4 Willenserklärungen

Eine Willenserklärung ist die Äußerung des Willens mit dem Ziel, einen bestimmten rechtlichen Erfolg herbeizuführen. Dies kann ausdrücklich, d.h. durch Sprechen oder Schreiben, erfolgen. Der Wille kann aber auch durch schlüssiges Handeln wie das Bezahlen des Kaufpreises, Kopfnicken oder durch Handzeichen zum Ausdruck gebracht werden. Schweigen ist grundsätzlich keine Willenserklärung. Darüber hinaus muss sich der Erklärende auch bewusst gewesen sein, dass er eine Willenserklärung abgegeben und damit etwas rechtlich Erhebliches erklärt hat.

> **Beispiel:** Anna geht zum Bäcker, um Brötchen zu kaufen. Sie gibt dem Bäcker einen Euro und verlangt fünf Brötchen. Ohne etwas zu sagen, packt der Bäcker die Brötchen in die Tüte und übergibt sie Anna. Anna und der Bäcker haben jeweils eine Willenserklärung abgegeben und so einen Kaufvertrag über fünf Brötchen abgeschlossen.

Für die **Wirksamkeit der Willenserklärung** bedarf es neben der Abgabe in den meisten Fällen auch des Zugangs der Willenserklärung beim Empfänger. Während Willenserklärungen unter

Anwesenden regelmäßig sofort, d.h. mit ihrer Äußerung zugehen, müssen Willenserklärungen unter Abwesenden dem Empfänger so zugesandt werden, dass er unter normalen Umständen davon Kenntnis nehmen kann. Dies ist regelmäßig mit dem Einwurf in den Briefkasten oder der Abgabe im Geschäftslokal des Empfängers der Fall.

Beispiel: Herr Adam unterbreitet Frau Eva ein Angebot zum Kauf seines Pkw zum Preis von 1.500,00 €. Frau Eva kann sich nicht sofort entscheiden und bittet Herrn Adam, ihr eine Woche Bedenkzeit zu geben. Herr Adam ist damit einverstanden. Nach drei Tagen entschließt sich Frau Eva, das Angebot anzunehmen, und schreibt Herrn Adam einen entsprechenden Brief. Den Brief gibt sie bei der Chaos-Post ab. Diese meldet am nächsten Tag Insolvenz an und stellt den Geschäftsbetrieb ein. Der Brief wird nicht mehr zugestellt. Ist ein Kaufvertrag zwischen Herrn Adam und Frau Eva zu Stande gekommen? – Nein, denn Herr Adam hat den Brief von Frau Eva nicht erhalten und weiß folglich gar nicht, dass Frau Eva das Angebot angenommen hat.

Aber nicht alle Willenserklärungen, die von voll Geschäftsfähigen abgegeben werden, sind auch wirksam. Die wohl häufigsten Wirksamkeitsmängel betreffen Mängel in der gesetzlich oder vertraglich vorgeschriebenen Form.

Gesetzliche Formvorschriften sind:
- **Schriftform**, wobei die Willenserklärung schriftlich (handschriftlich, PC-Ausdruck etc.) abgefasst und vom Aussteller eigenhändig unterschrieben werden muss. Bürgschaften oder Kündigungen von Arbeitsverträgen müssen schriftlich niedergelegt werden.
- Bei der **notariellen Beglaubigung** wird die Willenserklärung ebenfalls schriftlich abgefasst und die eigenhändige Unterschrift von einem Notar beglaubigt. Die Beglaubigung bezieht sich nur darauf, dass der Unterzeichner sich durch Personalausweis ausgewiesen und das Dokument eigenhändig und in Anwesenheit des Notars unterschrieben hat. Diese Formvorschrift gilt z.B. für Anmeldungen ins Handelsregister.
- Die **notarielle Beurkundung** ist eine meist vom Notar erstellte öffentliche Urkunde. Mit ihr beurkundet der Notar, dass die vor ihm erschienenen Personen und Unterzeichner der Urkunde die Erklärungen, die er ihnen vor der Unterschriftsleistung noch einmal vorgelesen hat, so abgegeben haben, wie sie in der Urkunde niedergeschrieben sind. Sie ist z.B. für Grundstückskaufverträge, Eheverträge etc. vorgeschrieben.

Rechtsgeschäfte, die nicht in der gesetzlich vorgeschriebenen Form abgeschlossen worden sind, sind nach § 125 BGB **nichtig**. Dies gilt im Zweifel auch für vertragliche Formvorschriften, hier sind aber anderweitige vertragliche Regelungen möglich.

4.1.5 Anfechtung einer Willenserklärung

Willenserklärungen können grundsätzlich angefochten werden. Die Anfechtung bewirkt nachträglich die Unwirksamkeit einer zuvor abgegebenen Willenserklärung. Sie ist nur dann wirksam, wenn ein Anfechtungsgrund vorliegt und die Anfechtung innerhalb der Anfechtungsfrist erklärt wird. Die Anfechtungsgründe werden im Gesetz abschließend aufgezählt. Dies sind:
- der Inhalts- oder Erklärungsirrtum, § 119 Abs. 1 BGB,
- der Irrtum über eine verkehrswesentliche Eigenschaft, § 119 Abs. 2 BGB,
- die falsche Übermittlung, § 120 BGB,
- die arglistige Täuschung oder Drohung, § 123 BGB.

Von einem **Irrtum** wird immer dann gesprochen, wenn das objektiv Erklärte und das subjektiv Gewollte auseinanderfallen. Das objektiv Erklärte bestimmt sich danach, wie ein durchschnittlicher Empfänger die Willenserklärung verstehen dürfte.

Beim **Erklärungsirrtum** sagt der Erklärende nicht das, was er sagen will, d.h., er verschreibt oder verspricht sich.

> **Beispiel:** Paula soll im Zuge ihrer Ausbildung bei einem Großhändler 1.000 Bleistifte bestellen. Beim Ausfüllen des Bestellformulars schreibt Paula aus Versehen 10.000 Bleistifte. Bei Anlieferung der Bleistifte bemerkt Paula ihren Fehler. Muss Paula die 10.000 Bleistifte abnehmen und bezahlen? Nein, Paula kann den Kaufvertrag wegen Erklärungsirrtums anfechten.

Beim **Inhaltsirrtum** hingegen bezeichnet er die Sachen richtig; er irrt sich aber über die Bedeutung des Gesagten.

> **Beispiel:** Frau Maier bestellt bei Bauer Zwiebel ein Gros Eier. Sie meint nunmehr 12 Eier bestellt zu haben; tatsächlich hat sie aber 12 x 12 = 144 Eier bestellt. Sie irrt sich folglich über die Bedeutung von einem Gros und kann ihre Erklärung entsprechend anfechten.

Beim **Eigenschaftsirrtum** irrt sich der Erklärende über eine verkehrswesentliche Eigenschaft einer Person oder Sache. Verkehrswesentliche Eigenschaften sind dabei alle Faktoren, die für den Wert oder die Verwendung einer Person oder Sache dauerhaft von Bedeutung sind.

> **Beispiel:** Tom geht in ein Sportgeschäft, um eine wasserdichte Skijacke zu kaufen. Auf dem Etikett steht „water resistent". Tom meint nun, die Jacke sei wasserdicht, und kauft sie. Tatsächlich ist die Jacke aber nur wasserabweisend. Die Wasserdichtheit der Jacke ist eine verkehrswesentliche Eigenschaft. Tom kann daher den Kaufvertrag wegen Eigenschaftsirrtums anfechten.

In all diesen Fällen muss die Anfechtung unverzüglich nach Kenntnis vom Anfechtungsgrund erfolgen. Außerdem macht sich der Anfechtende gegenüber dem Empfänger der Willenserklärung schadensersatzpflichtig.

Schließlich kann die Willenserklärung auch dann angefochten werden, wenn sie durch arglistige Täuschung oder widerrechtlich durch Drohung zu Stande gekommen ist. Die **arglistige Täuschung** erfolgt durch das Vorspiegeln oder Entstellen von Tatsachen.

> **Beispiel:** Herr Geiz will Frau Maier seinen Pkw verkaufen. Der Wagen ist 10 Jahre alt und wurde bereits 180.000 km gefahren. Um einen guten Preis zu erzielen, dreht Herr Geiz die Kilometerstandsanzeige auf 80.000 km zurück. Frau Maier bezahlt Herrn Geiz deshalb 2.000,00 € statt der 1.000,00 €, die Herr Geiz sonst dafür verlangen könnte. In der Werkstatt wird Frau Maier dann auf die Manipulation des Kilometerzählers hingewiesen. Was kann Frau Maier tun? Sie kann den Kaufvertrag wegen arglistiger Täuschung anfechten und erhält gegen Rückgabe des Pkw auch ihr Geld zurück.

Die **Anfechtungsfrist** beträgt im Fall der arglistigen Täuschung ein Jahr ab Entdeckung der Täuschung oder im Fall der Drohung ein Jahr ab Beendigung der Drohsituation, längstens jedoch 10 Jahre nach der Abgabe der Willenserklärung.

4.1.6 Die Stellvertretung

Nur wenige Rechtsgeschäfte wie die Eheschließung oder die Testamentserrichtung müssen persönlich vorgenommen werden, oft können Stellvertreter die notwendigen Willenserklärungen abgeben. Die Willenserklärung des Stellvertreters wirkt aber nur unter folgenden Voraussetzungen direkt für und gegen den Vertretenen:
- bei eigener Willenserklärung des Stellvertreters,
- bei Handeln in fremdem Namen und
- mit Vertretungsmacht.

Eine **eigene Willenserklärung** des Stellvertreters liegt nur dann vor, wenn nicht bloß die Willenserklärung eines Dritten übermittelt wird (Botenschaft), sondern der Stellvertreter auf Grund eines eigenen Entscheidungsspielraums einen eigenen Willen bildet und entäußert.

Beispiel: Der Auszubildende Tom wird von seinem Chef angewiesen, im Schreibwarengeschäft 10.000 Briefumschläge zum ausgezeichneten Preis von 0,10 € / Stück zu kaufen. Tom ist – mangels eigener Entscheidungsbefugnis – nicht Stellvertreter, sondern nur Bote, da er die Willenserklärung seines Chefs weitergibt.
In der Abwandlung wird Tom wiederum von seinem Chef angewiesen, 10.000 Briefumschläge im Schreibwarengeschäft zu kaufen. Er soll aber wegen der großen Menge einen günstigeren Preis bzw. einen Rabatt aushandeln. – Tom ist nun Stellvertreter, da er hinsichtlich des Preises, zu dem er die Briefumschläge kauft, einen eigenen Entscheidungsspielraum hat.

Ferner muss die Stellvertretung offengelegt werden, d.h. der Dritte muss erkennen können, dass der Stellvertreter nicht im eigenen, sondern **im fremden Namen** handelt. Außer es handelt sich um ein so genanntes Geschäft für den, den es angeht. Das sind Geschäfte des täglichen Lebens wie Lebensmitteleinkäufe.

Beispiel: Dem Obst- und Gemüsehändler ist es egal, ob Herr Freitag die Äpfel für sich oder seine kranke Mutter kauft. Anders ist dies aber beim Abschluss eines Gasvertrages. Hier ist es dem Gasunternehmer nicht gleich, mit wem er den Gasversorgungsvertrag abschließt. Herr Freitag muss hier klar zu erkennen geben, dass er den Vertrag nur für seine kranke Mutter abschließen will. Tut er dies nicht, hat im Zweifel er und nicht seine Mutter den Gasversorgungsvertrag geschlossen.

Letztlich muss der Stellvertreter noch in **Vertretungsmacht** handeln. Die Vertretungsmacht kann sich aus dem Gesetz ergeben, z.B. wenn Eltern ihre Kinder vertreten; oder aber durch ein Rechtsgeschäft erteilt werden, die so genannte **Vollmacht**. Die Erteilung einer Vollmacht kann entweder mündlich erfolgen, durch Erklärung gegenüber dem Bevollmächtigten (dem Vertreter) oder dem Dritten, dem gegenüber die Willenserklärung abgegeben werden soll, oder sie erfolgt durch die Aushändigung einer Vollmachtsurkunde.

4.2 Das Recht der Schuldverhältnisse

4.2.1 Begriffsbestimmungen

Schuldverhältnis meint alle Rechtsbeziehungen zwischen Gläubiger und Schuldner. Kraft des Schuldverhältnisses ist der Gläubiger berechtigt, von dem Schuldner eine Leistung oder ein Unterlassen zu fordern, § 241 BGB.

Ist die Leistung individuell festgelegt, wird auch von **Stückschuld** gesprochen. Ist sie aber nur der Gattung nach bestimmt, spricht man von **Gattungsschuld**. Bei Gattungsschulden ist der Schuldner nur zu einer Leistung nach mittlerer Art und Güte verpflichtet.

Beispiel: Franz Öko bestellt bei Bauer Obst 10 kg Äpfel. Als er sie erhält, ist er verärgert, weil sich fast nur kleine Äpfel in der Kiste befinden. Kann er die Abnahme der Äpfel verweigern? – Ja, denn die Äpfel haben nicht die richtige Größe und sind damit nicht mittlerer Art und Güte.

Ist ein Ort für die Leistung nicht bestimmt, so ist der **Leistungsort** im Zweifel der Wohnsitz des Schuldners oder die Niederlassung des Gewerbebetriebs, § 269 BGB.

Ist eine **Leistungszeit** nicht bestimmt, so kann der Gläubiger die Leistung im Zweifel sofort verlangen, § 271 BGB.

4.2.2 Das Leistungsstörungsrecht

Von Leistungsstörungen spricht man, wenn bei der Begründung oder Abwicklung von Schuldverhältnissen Hindernisse auftreten, die dazu führen, dass die Leistung nicht oder nicht wie geschuldet erbracht wird.

Das Gesetz kennt drei Tatbestände, die zu einem **Ausschluss der Leistungspflicht** führen: die Unmöglichkeit, den unverhältnismäßigen Aufwand und die Unzumutbarkeit der persönlichen Leistungserbringung.

Bei **Unmöglichkeit** muss zwischen subjektiver und objektiver Unmöglichkeit unterschieden werden. Während subjektive Unmöglichkeit gegeben ist, wenn nur der Schuldner zur Leistung außer Stande ist, liegt objektive Unmöglichkeit vor, wenn die Leistung von niemandem erbracht werden kann. Folge der Unmöglichkeit ist, dass der Schuldner von seiner Leistungspflicht befreit wird.

Beispiel: Paula kauft im Fahrradgeschäft ein neues Mountainbike. Sie bezahlt den Kaufpreis und vereinbart mit dem Verkäufer, das Fahrrad morgen abzuholen. Als sie am nächsten Tag im Fahrradgeschäft ankommt, ist dieses ausgeraubt worden. Dem Verkäufer ist es somit (subjektiv) unmöglich, Paula das Mountainbike zu geben.

Angenommen, bei dem Fahrrad handelt es sich zudem um ein Einzelstück, sodass auch andere Fahrradläden kein vergleichbares Fahrrad mehr vorrätig haben. Dann liegt nicht subjektive, sondern objektive Unmöglichkeit vor, weil das Fahrrad von niemandem beschafft werden kann.

Der Fall des **unverhältnismäßigen Aufwands** ist nur in Extremfällen anzuwenden, bei denen ein offensichtliches und grobes Missverhältnis zwischen der Erbringung der Leistung und dem daraus folgenden Nutzen besteht.

Beispiel: Paula kauft am Strand einen Ring von einem „fliegenden Händler". Vor der Übergabe des Ringes stolpert der Händler, und der Ring fällt ins Meer. Obwohl der Ring objektiv noch da ist, kann Paula dennoch nicht auf der Übergabe des Ringes bestehen, denn der Aufwand, den Ring aus dem Meer zu holen, steht in keinem Verhältnis zum Wert des Ringes.

Auch die Fallgruppe der **Unzumutbarkeit der persönlich zu erbringenden Leistung** ist wie der Fall des unverhältnismäßigen Aufwands eher eng auszulegen.

Beispiel: Einer Sängerin, deren Kind gerade schwer verletzt ins Krankenhaus eingeliefert wird, ist es nicht zuzumuten, auf einem Konzert aufzutreten.

Ein Unterfall der Leistungsstörung ist der Schuldnerverzug. Der Schuldner kommt mit seiner Leistung in Verzug, wenn er

- nach dem Eintritt der Fälligkeit
- auf eine Mahnung des Gläubigers hin
- schuldhaft
- nicht leistet.

Der Schuldner einer Entgeltforderung kommt spätestens dann in Verzug, wenn er nicht innerhalb von 30 Tagen nach Fälligkeit und Zugang einer Rechnung leistet. Bei Verbrauchern gilt dies nur, wenn sie auf diese Folge gesondert hingewiesen worden sind.

Die **rechtlichen Folgen einer Leistungsstörung** werden in den §§ 280 ff. BGB geregelt. Nach § 280 BGB kann der Gläubiger vom Schuldner Ersatz des entstandenen Schadens verlangen, wenn der Schuldner die Pflichtverletzung zu vertreten hat. Hat der Gläubiger an der Leistung kein Interesse mehr, so kann er auch Schadensersatz statt der Leistung verlangen, ist dann aber verpflichtet, eine bereits gewährte Leistung zurückzugewähren. Dies entspricht im Wesentlichen dem Rücktritt.

Der Schuldner hat grundsätzlich **Vorsatz und Fahrlässigkeit** zu vertreten, § 276 BGB. Während Vorsatz das Wissen und Wollen des Schadens ist, ist Fahrlässigkeit das Außerachtlassen der im Verkehr erforderlichen Sorgfalt.

Beispiel: Fred nimmt einen Stein und wirft damit das Schaufenster von Juwelier Gold ein. Die Schaufensterscheibe geht zu Bruch. Fred handelte vorsätzlich, da er wusste, dass er mit dem Stein die Scheibe kaputt machen würde, und da er trotzdem den Stein nach der Scheibe warf, wollte er auch, dass die Scheibe kaputt geht.

Tom und Alex spielen Fußball. Der Ball prallt nach einem Schuss von Alex an der Hauswand ab und zerschlägt das Fenster von Oma Erna. Hier wollte Alex nicht das Fenster von Oma Erna zerstören, andererseits hätte er sich mehr vorsehen müssen, wohin er den Ball schießt. Alex handelte daher fahrlässig.

Im Falle des Verzugs kann der Schuldner bei Geldschulden **Verzugszinsen** verlangen. Diese betragen, wenn die Parteien nichts anderes geregelt haben, 5 % oder bei Rechtsgeschäften, an denen nur Unternehmer beteiligt sind, 8 % (§ 288 BGB) über dem jeweiligen Basiszinssatz. Letzterer wird regelmäßig von der Deutschen Bundesbank veröffentlicht. Seit dem 01.01.2012 beträgt er 0,12 %. Entsprechend liegen die regelmäßig zu zahlenden Verzugszinsen aktuell bei 5,12 % bzw. 8,12 %.

Beispiel: Mechaniker Hupe repariert das Auto von Frau Maier. Er überreicht ihr im Anschluss die Rechnung über 750,00 € mit der Bitte um sofortigen Ausgleich. Die Rechnung enthält folgenden Hinweis:
„Geht der Rechnungsbetrag nicht innerhalb von 30 Tagen nach Fälligkeit ein, kommen Sie in Verzug, ohne dass es einer nochmaligen Zahlungsaufforderung oder Mahnung bedarf."
Der Rechnungsbetrag ist auch 31 Tage nach Übergabe der Rechnung noch nicht auf dem Konto von Mechaniker Hupe eingegangen. Mechaniker Hupe wendet sich nun an seinen Rechtsanwalt. Dieser fordert Frau Maier zur Zahlung des Rechnungsbetrages nebst Zinsen sowie zur Übernahme der Anwaltskosten auf. Zu Recht? – Ja, denn Frau Maier befand sich mit der Zahlung des Rechnungsbetrages in Verzug und ist Mechaniker Hupe damit zum Ersatz des entstandenen Schadens (Rechtsanwaltskosten) und zur Zahlung von Verzugszinsen verpflichtet.

4.3   Der Kaufvertrag

Der Kaufvertrag ist einer der bedeutsamsten Verträge in unserem Wirtschaftsleben. Denn tagtäglich werden Millionen, wenn nicht gar Milliarden von Kaufverträgen abgeschlossen – sowohl für Unternehmen als auch im privaten Bereich.

4.3.1   Zustandekommen des Kaufvertrages

Der Kaufvertrag kommt durch zwei übereinstimmende Willenserklärungen, das Angebot und die Annahme, zu Stande und ist auf die Verschaffung von Eigentum gerichtet.

Das **Angebot**, auch Antrag genannt, ist eine Willenserklärung,
- die auf den Abschluss des Vertrages gerichtet ist,
- die die wesentlichen Bestandteile des Vertrages (Vertragsgegenstand, Preis, Lieferzeit) so genau bestimmt, dass der Vertrag durch bloßes „Ja-Sagen" zu Stande kommen kann, und
- die darauf schließen lässt, dass sich der Antragende rechtlich binden will.

Die **Annahme** kann dagegen in einem bloßen „Ja" bestehen. Unabhängig von der Kürze der Annahme ist auch sie eine Willenserklärung,

- mit der der Annehmende das Einverständnis mit dem Angebot erklärt und
- die damit auch auf den Abschluss des Vertrages gerichtet ist.

Einer speziellen Form bedürfen die Willenserklärungen beim Kauf nicht, außer das Gesetz schreibt diese – wie etwa beim Kauf eines Grundstücks, § 311b BGB – ausdrücklich vor.

4.3.2 Rechte und Pflichten im Kaufvertrag

Durch den Kaufvertrag entstehen Verkäufer und Käufer einer Sache nach § 433 BGB Pflichten:

Der Verkäufer wird verpflichtet,	Der Käufer wird verpflichtet,
• dem Käufer die Sache zu übergeben und • dem Käufer das Eigentum an der Sache frei von Sach- und Rechtsmängeln zu verschaffen.	• dem Verkäufer den vereinbarten Kaufpreis zu zahlen und • die gekaufte Sache abzunehmen.

Das Verschaffen des Eigentums ist eine der **Hauptleistungspflichten** des Verkäufers, mit welcher sichergestellt werden soll, dass der Käufer auch tatsächlich Eigentümer der Sache wird.

Hauptleistungspflicht ist im Verhältnis zu anderen vertraglichen Pflichten eine besonders wichtige Pflicht, z.B.: Übereignung der Kaufsache, Übergabe der Mietwohnung, Mangelfreiheit der Kaufsache oder Wohnung, Bezahlung etc.

Nebenleistungspflichten sind eher untergeordnete Pflichten, wie Aufklärungspflichten, Obhutspflichten, allgemeine Schutzpflichten.

Wegen des in Deutschland vorherrschenden **Trennungsprinzips** führt nämlich allein der Abschluss des Kaufvertrages noch nicht zum Übergang des Eigentums auf den Käufer. Hierzu bedarf es vielmehr erst noch der so genannten Übereignung der Kaufsache. Diese erfolgt in der Regel durch eine gesonderte Einigung der Parteien über den Übergang des Eigentums und die Übergabe des Kaufgegenstandes. Bei Grundstücken erfolgt die Übereignung durch die Erklärung der so genannten Auflassung (die Einigung der Parteien über den Übergang des Eigentums) und die Eintragung des neuen Eigentümers in das Grundbuch.

Abb. 2.3: Eigentumserwerb

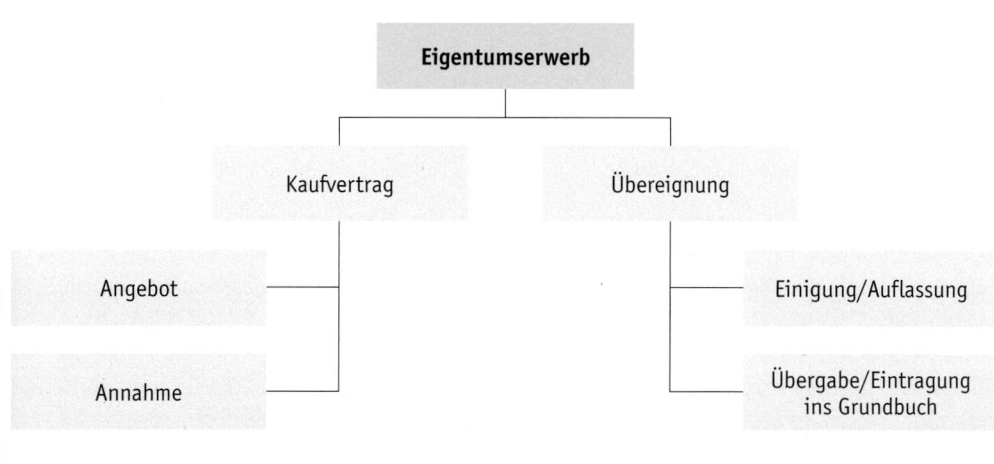

Beispiel: Johanna möchte ihre neue Wohnung einrichten und geht zu diesem Zweck in ein Möbelgeschäft. Dort kauft sie einen Kleiderschrank, der aber erst 3 Wochen später geliefert werden kann. Ist Johanna schon Eigentümerin des Kleiderschrankes?

Nein, zwar haben sich Johanna und das Möbelgeschäft schon über die Übergabe des Schrankes geeinigt, übergeben wurde der Kleiderschrank bisher aber noch nicht. Folglich ist das Eigentum an dem Kleiderschrank noch nicht auf Johanna übergegangen.

Es kann aber auch ein **Eigentumsvorbehalt** nach § 449 BGB vereinbart werden, mit dem sich der Verkäufer das Eigentum an der Sache bis zur endgültigen Kaufpreiszahlung vorbehält. Der Verkäufer bleibt dann vorerst Eigentümer und der Käufer wird nur Besitzer der Sache.

Eigentümer ist, wer das Recht hat, mit der Sache nach Belieben zu verfahren.
Besitzer ist, wer die tatsächliche Gewalt über die Sache ausüben kann.

Üblich ist die Vereinbarung eines Eigentumsvorbehalts z.B. bei Ratenzahlungen, aber auch bei Zwischenhändlern, die die Sache gleich weiterverkaufen.

Beispiel: Tom hat gerade seine Führerscheinprüfung bestanden und möchte sich einen Gebrauchtwagen kaufen. Er geht zum Autohändler Fair und sucht sich ein schönes Fahrzeug aus. Da er den Kaufpreis in Höhe von 5.000,00 € nicht sofort bezahlen kann, bietet Autohändler Fair Tom an, den Kaufpreis in 10 Raten je 500,00 € abzubezahlen. Autohändler Fair behält sich aber bis zur vollständigen Bezahlung des Kaufpreises das Eigentum an dem Fahrzeug vor. Nach 5 Monaten – Tom hat 2.500,00 € abbezahlt – verkauft Tom das Auto an seinen Freund Alex weiter. Ist Alex Eigentümer des Fahrzeugs geworden? – Nein, denn Tom war nur Besitzer, mangels vollständiger Kaufpreiszahlung aber noch nicht Eigentümer des Autos. Folglich kann er Alex auch nicht wirksam das Eigentum an dem Fahrzeug verschaffen. Eigentümer ist immer noch Autohändler Fair.

4.3.3 Sach- und Rechtsmängel

Eine weitere Hauptleistungspflicht ist die Pflicht, das Eigentum an der Sache frei von Sach- und Rechtsmängeln zu verschaffen. Eine Sache ist frei von **Sachmängeln,** wenn sie bei der Übergabe oder Absendung die vereinbarte oder ansonsten übliche Beschaffenheit hat. Ist die Beschaffenheit der Sache nicht vereinbart worden, so ist die Sache frei von Sachmängeln, wenn sie sich für die vertraglich vorausgesetzte oder die gewöhnliche Verwendung eignet. Kurz gesagt: Ein Sachmangel ist das negative Abweichen der Ist- von der Sollbeschaffenheit.

Beispiel 1: Die Brief- und Paket GmbH kauft für das Austragen der Sendungen bei Fahrradhändler Klein 100 grüne Fahrräder. Geliefert werden aber 100 rote Fahrräder. Liegt ein Mangel vor? – Ja, denn die gelieferten Fahrräder weichen in der Farbe von den bestellten Fahrrädern ab.

Beispiel 2: Paula bestellt im Internet eine Digitalkamera mit 4 Millionen Pixeln zum Preis von 130,00 €. Geliefert wird die Kamera mit 5 Millionen Pixeln. Liegt ein Mangel vor? – Nein, zwar weicht die Ist- von der vertraglich vereinbarten Sollbeschaffenheit ab, allerdings positiv. Paula bekommt also mehr für ihr Geld.

Ein Sachmangel ist aber auch gegeben, wenn der Verkäufer oder dessen Erfüllungsgehilfe die vereinbarte Montage unsachgemäß ausgeführt hat oder die Montageanleitung mangelhaft ist (so genannte IKEA-Klausel).

Beispiel 1: Johanna kauft für ihre neue Wohnung eine Küche, die geliefert und fertig montiert werden soll. Die Monteure haben die Bodenplatte des Hängeschrankes nicht richtig montiert. Als Johanna die Schränke einräumen möchte, fällt die Bodenplatte nach unten. Johanna kann wegen des Mangels, hier der unsachgemäßen Montage, Mängelgewährleistungsrechte geltend machen, d.h. verlangen, dass die Monteure den Hängeschrank noch einmal neu zusammenbauen.

Beispiel 2: Johanna kauft eine Kommode, die sie selbst zusammenbauen soll. Die Montageanleitung ist auf Chinesisch und die Bilder kaum zu erkennen. Auch in diesem Fall ist die Kommode mangelhaft mit der Folge, dass Johanna zumindest die Lieferung einer neuen und verständlicheren Montageanleitung verlangen kann.

Ein **Rechtsmangel** liegt vor, wenn Dritte Rechte an der Kaufsache geltend machen können, die das Eigentum, den Besitz oder den unbeschränkten Gebrauch der Sache beeinträchtigen.

Beispiel: Frau Maier verkauft Herrn Müller ein Haus mit Grundstück. Frau Maier verschweigt Herrn Müller aber, dass ihre Mutter ein lebenslanges Wohnrecht in dem Haus hat. Das Wohnrecht der Mutter beeinträchtigt den unbeschränkten Gebrauch des Hauses und stellt somit einen Rechtsmangel dar.

Kauft ein Verbraucher von einem Unternehmer eine bewegliche Sache (Verbrauchsgüterkauf), so wird zu seinen Gunsten vermutet, dass Mängel, die sich innerhalb von sechs Monaten ab Gefahrübergang zeigen, bereits bei Übergabe der Sache vorgelegen haben, außer die Art der Sache oder des Mangels ist damit unvereinbar, § 476 BGB.

4.3.4 Rechte des Käufers bei Sach- und Rechtsmangel

Ist die gekaufte Sache mangelhaft, kann der Käufer:

- Nacherfüllung verlangen, § 439 BGB;
- vom Vertrag zurücktreten, §§ 440, 323, 326 Abs. 5 BGB;
- den Kaufpreis mindern, § 441 BGB;
- Schadensersatz verlangen, §§ 440, 280, 281, 311a BGB;
- Ersatz vergeblicher Aufwendungen verlangen, § 284 BGB.

Im Verhältnis zur Minderung oder dem Rücktritt muss grundsätzlich zuerst die Nacherfüllung verlangt werden. Als **Nacherfüllung** kann der Käufer entweder die Beseitigung des Mangels oder die Lieferung einer mangelfreien Sache verlangen.

Erst wenn der Verkäufer beide Arten der Nacherfüllung endgültig verweigert oder wenn die Nacherfüllung fehlgeschlagen oder für den Verkäufer unzumutbar ist, kann der Käufer den Kaufpreis mindern oder vom Kaufvertrag zurücktreten. Grundsätzlich gilt eine Nachbesserung nach dem zweiten erfolglosen Versuch als fehlgeschlagen.

Beispiel: Die Digitalkamera, die Paula erst vor 2 Monaten gekauft hat, ist defekt. Paula hat die Kamera bereits zweimal durch den Verkäufer reparieren lassen. Nun ist der Fehler erneut aufgetreten. Paula verlangt nun das Geld für die Kamera zurück. Der Verkäufer verweist Paula auf eine neue Reparatur oder die Lieferung einer neuen Kamera. Zu Recht? – Nein, denn die Nacherfüllung (Reparatur) ist bereits zweimal fehlgeschlagen. Paula kann daher auch vom Kaufvertrag zurücktreten und ihr Geld zurückverlangen.

Durch den **Rücktritt** wandelt sich der Kaufvertrag in ein Rückgewährschuldverhältnis um, d.h. beide Kaufvertragsparteien haben sich gegenseitig die bereits geleisteten Sachen zurückzugewähren. Der Käufer muss folglich die Kaufsache an den Verkäufer zurückgeben und der Verkäufer den Kaufpreis zurückzahlen.

Statt des Rücktritts kann der Käufer den Kaufpreis aber auch mindern. Dies geschieht regelmäßig durch Erklärung des Käufers gegenüber dem Verkäufer. Der Kaufpreis wird dann auf den Wert der mangelhaften Sache herabgesetzt.

Beispiel: Paula kauft ein Fahrrad zum Preis von 200,00 €. Nachdem sie zuhause angekommen ist, stellt sie fest, dass die Gangschaltung nicht richtig funktioniert, statt der 21 Gänge funktionieren nur 5 Gänge. Der Wert des Fahrrads beträgt damit nur noch 120,00 €. Nachdem der Verkäufer sowohl die Reparatur als auch die Lieferung eines neuen Fahrrads ausgeschlossen hat, verlangt Paula Minderung des Kaufpreises um 80,00 €. Zu Recht? – Ja, denn das Fahrrad war mangelhaft und die Nachbesserung ausgeschlossen. Paula darf daher den Kaufpreis auf den tatsächlichen Wert des Fahrrads, also 120,00 €, mindern.

Kennt der Käufer bei Vertragsschluss die Mängel, sind die Gewährleistungsrechte ausgeschlossen.

Neben oder statt der oben genannten Gewährleistungsrechte steht dem Käufer auch der Anspruch auf **Schadensersatz und Ersatz vergeblicher Aufwendungen** zu.

4.4 Weitere wichtige Verträge

4.4.1 Der Werkvertrag

Der Unternehmer verpflichtet sich im Werkvertrag zur Herstellung des versprochenen Werks. Dies kann die Neuherstellung oder die Änderung einer Sache, aber auch die Beförderung einer Sache oder Person sein. Der Besteller hingegen ist zur Entrichtung der vereinbarten Vergütung verpflichtet, § 631 BGB.

Im Unterschied zum Dienstvertrag, wo lediglich ein Bemühen geschuldet wird, schuldet der Unternehmer im Werkvertrag die Herbeiführung eines bestimmten Erfolgs.

Beispiel: Herr Maier fährt jeden Morgen mit der S-Bahn zur Arbeit von Berlin-Alexanderplatz nach Berlin-Zoologischer Garten. Wegen Schneegestöbers fällt der S-Bahn-Verkehr an diesem Morgen komplett aus. Weil Herr Maier aber einen Werkvertrag mit der Bahn über seine Beförderung nach Berlin-Zoologischer Garten abgeschlossen hat, muss die S-Bahn einen Schienenersatzverkehr mit Bussen einrichten. Denn entscheidend für die Erfüllung ihrer vertraglichen Pflichten ist, dass Herr Maier am Bahnhof Berlin-Zoologischer Garten ankommt.

Auch der Fracht- bzw. Beförderungsvertrag ist rechtlich als Werkvertrag zu qualifizieren. Auf ihn wird unter Lernfeld 12 nochmals gesondert eingegangen.

4.4.2 Der Dienstvertrag

Durch den Dienstvertrag wird derjenige, welcher Dienste zusagt, zur Leistung der versprochenen Dienste, der andere Teil zur Gewährung der vereinbarten Vergütung verpflichtet, § 611 BGB. Die Dienstleistung ist in der Regel persönlich zu erbringen und kann nicht auf andere übertragen werden. Der Dienstverpflichtete ist bei der Ausführung der Dienste grundsätzlich nicht weisungsgebunden, sondern kann Art und Weise sowie Zeit und Ort der Dienstleistung frei bestimmen.

Anders ist dies jedoch beim Arbeitsvertrag, einem bedeutenden Unterfall des Dienstvertrags, auf den im Rahmen des Unterpunktes Arbeitsrecht noch weiter eingegangen wird.

4.4.3 Der Mietvertrag

Durch den Mietvertrag wird der Vermieter verpflichtet, dem Mieter während der Mietzeit den Gebrauch der Mietsache, z.B. der Mietwohnung, zu gewähren. Der Vermieter muss die Mietsache mangelfrei an den Mieter übergeben und auch während der Mietzeit in vertragsgemäßem Zustand erhalten. Der Mieter hat dem Vermieter die vereinbarte Miete zu zahlen, § 535 BGB.

4.4.4 Der Leasingvertrag

Das Leasing ist eine Unterform des Mietvertrags und tritt am häufigsten in der Form des Finanzierungs- oder Operatingleasings auf. Im Vordergrund steht hier die Gebrauchsüberlassung von beweglichen Gegenständen, z.B. Autos; entweder mit der Option des späteren Kaufs oder der bloßen Nutzung auf gewisse Zeit.

5 Allgemeine und Geschäftsbedingungen

5.1 Allgemeine Geschäftsbedingungen

Allgemeine Geschäftsbedingungen sind für eine Vielzahl von Verträgen vorformulierte Vertragsbedingungen, die eine Vertragspartei der anderen Vertragspartei bei Vertragsabschluss stellt. Sie regeln zumeist typische immer wiederkehrende Probleme im geschäftlichen Verkehr und dienen der Rationalisierung und Vereinfachung von Geschäftsabläufen.

Durch das wirtschaftliche Ungleichgewicht von Unternehmen und Kunden führen sie meist zu einer Abwälzung der vertraglichen Risiken auf den Kunden. Der Gesetzgeber hat dieses Problem erkannt und zum Schutz der Kunden die §§ 305 bis 310 BGB erlassen, anhand derer die Klauseln in allgemeinen Geschäftsbedingungen auf ihre Wirksamkeit hin überprüft werden können.

Die §§ 305 ff. BGB sehen unter anderem vor, dass die allgemeinen Geschäftsbedingungen nur dann Geltung erlangen, wenn sie wirksam in den Vertrag einbezogen worden sind. Dazu muss der Kunde ausdrücklich auf die allgemeinen Geschäftsbedingungen hingewiesen werden, die Möglichkeit zur Kenntnisnahme haben und entsprechend den allgemeinen Geschäftsbedingungen zustimmen. Auch dürfen die allgemeinen Geschäftsbedingungen keine überraschenden Klauseln enthalten.

Sind die allgemeinen Geschäftsbedingungen in den Vertrag einbezogen worden, unterliegen sie der Inhaltskontrolle der §§ 307 – 309 BGB.

Zunächst überprüft man die Klauseln anhand der gesetzlichen **Klauselverbote ohne Wertungsmöglichkeit** nach § 309 BGB. Klauseln, die dort aufgelistet sind, sind in allgemeinen Geschäftsbedingungen **grundsätzlich immer unwirksam**, z.B.:

- Pauschalierung von Schadensersatzansprüchen, wenn nicht der Nachweis eines geringeren Schadens unbenommen bleibt,
- Haftungsausschluss bei Vorsatz und grober Fahrlässigkeit,
- Haftungsausschluss bei der Verletzung von Leben, Körper und Gesundheit,
- Ausschluss, Beschränkung oder Verkürzung von Gewährleistungsrechten.

Dann vergleicht man die Klauseln mit den **Klauselverboten mit Wertungsmöglichkeit** in § 308 BGB. Danach sind allgemeine Geschäftsbedingungen insbesondere unwirksam, wenn sie unter anderem folgende Bestimmungen enthalten:

- unangemessen lange Fristen für die Annahme oder Ablehnung eines Angebotes,
- Lieferung / Leistung erst nach Ablauf der Widerrufs- oder Rückgabefrist,
- Rücktrittsvorbehalt ohne sachlich gerechtfertigten Grund,
- unangemessen hohe Vergütung oder Aufwendungsersatz bei Rücktritt des anderen Teils vom Vertrag.

Ob Fristen unangemessen lang sind, ein sachlicher Grund für den Rücktritt vorliegt oder die Vergütung unangemessen hoch ist, bleibt im Einzelfall der Entscheidung des Gerichts vorbehalten, d.h. das Gericht wertet die Klausel und dessen Wirksamkeit erst noch.

Nach § 307 BGB sind Bestimmungen in allgemeinen Geschäftsbedingungen unwirksam, wenn sie den Vertragspartner des Verwenders entgegen den Geboten von Treu und Glauben unsachgemäß benachteiligen. Eine **unangemessene Benachteiligung** ist im Zweifel dann anzunehmen, wenn eine Bestimmung

- mit den wesentlichen Grundgedanken der gesetzlichen Regelung, von der abgewichen wird, nicht zu vereinbaren ist oder
- wesentliche Rechte und Pflichten, die sich aus der Natur des Vertrages ergeben, so einschränkt, dass die Erreichung des Vertragszwecks gefährdet ist, z.B. wenn Rechte und Pflichten nicht hinreichend bestimmt sind, nicht verständlich genug dargelegt werden oder aber über sie getäuscht wird.

Ist die Klausel unwirksam, so darf sich der Unternehmer hierauf nicht mehr berufen. Im Regelfall gilt dann stattdessen die gesetzliche Regelung.

Beispiel: Paula schließt einen Mietvertrag. Dieser sieht formularmäßig vor, dass Paula sowohl zu Beginn als auch zum Ende des Mietverhältnisses die Wohnung renovieren muss. Nach ihrem Auszug – 3 Jahre später – weigert sich Paula, die Wohnung zu renovieren. Zu Recht? – Ja, denn die Klausel über das Renovieren der Wohnung ist wegen Verstoß gegen § 307 BGB unwirksam. Denn vom Gesetz obliegt es grundsätzlich dem Vermieter, die Wohnung zu renovieren. Diese Pflicht kann zwar in gewissem Umfang auf den Mieter übertragen werden. Mit der Übernahme der Anfangs- und Endrenovierung ist Paula jedoch unangemessen benachteiligt, da sie nicht nur verpflichtet ist, ihre eigenen Gebrauchsspuren zu beseitigen (Endrenovierung), sondern auch die ihres Vormieters (Anfangsrenovierung).

Handeln die Parteien die einzelnen Vertragsbedingungen jeweils zusammen aus, dann gehen diese Individualvereinbarungen den allgemeinen Geschäftsbedingungen vor.

5.2 Die Allgemeinen Deutschen Speditionsbedingungen

Die Allgemeinen Deutschen Speditionsbedingungen (ADSp) sind vorformulierte Vertragsbedingungen für das Speditionswesen, die von den großen deutschen Wirtschaftsverbänden empfohlen werden. Sie sind auf Verkehrsverträge über alle Arten von Tätigkeiten, die Speditions-, Fracht- und Lagergeschäfte betreffen, anwendbar.

ADSp 3 regelt die Form von Aufträgen, Weisungen und Mitteilungen und statuiert Informationspflichten, insbesondere bei Gefahrgütern, lebenden Tieren, Pflanzen, leicht verderblichen Gütern, wertvollen und diebstahlsgefährdeten Gütern.

ADSp 4 bestimmt u. a., dass die Verpackung, Untersuchung und Verwiegung des Gutes grundsätzlich nicht vom Auftrag umfasst und besonders zu vergüten sind.

Nach **ADSp 7** ist der Spediteur bei der Übergabe des Gutes an andere Personen und bei Ablieferung verpflichtet, die Packstücke auf Vollzähligkeit, Identität und äußerlich erkennbare Schäden zu überprüfen.

Nach **ADSp 11** werden Verlade- und Lieferfristen grundsätzlich nicht gewährleistet.

ADSp 13 eröffnet die Möglichkeit, das Gut an jede im Geschäft oder Haushalt des Empfängers anwesende Person mit befreiender Wirkung abzugeben.

Nach **ADSp 22** haftet der Spediteur grundsätzlich nach den gesetzlichen Regelungen. Soweit die Vorschriften zur Haftung des Frachtführers und des Spediteurs nicht gelten, haftet der Spediteur für Verlust und Beschädigung nur, wenn ihm eine schuldhafte Verursachung des Schadens nachgewiesen wird.

Ferner ist die Haftung des Spediteurs bei Verlust und Beschädigung nach **ADSp 23** der Höhe nach begrenzt.

Nach **ADSp 27** gelten die vorstehenden Haftungsbefreiungen und -beschränkungen jedoch nicht, wenn der Schaden vorsätzlich oder grob fahrlässig verursacht worden ist.

ADSp 29 bestimmt, dass der Spediteur eine Haftungsversicherung haben muss, da er sich andernfalls nicht auf die ADSp berufen kann.

Nach **ADSp 30** ist Erfüllungsort und Gerichtsstand der Ort der Niederlassung des Spediteurs. Ferner wird die Geltung des deutschen Rechts vereinbart.

6 Geheimhaltungsvorschriften

6.1 Das Brief-, Post- und Fernmeldegeheimnis

Jeder, der einem KEP- bzw- Postdienstleistungsunternehmen eine Sendung zur Vermittlung bzw. Weiterleitung übergibt, vertraut darauf, dass sämtliche Mitarbeiter des Unternehmens das Brief-, Post- und Fernmeldegeheimnis beachten und keine Informationen über die Sendung oder den Beteiligten am Postverkehr nach außen dringen.

Um die Geheimhaltung von persönlichen Mitteilungen zu gewährleisten und sicherzustellen, hat der Bundesgesetzgeber zahlreiche Gesetze und Verordnungen zum Schutz von Briefen, Postsendungen und Telefongesprächen erlassen. Entsprechende Regelungen finden sich unter anderem in

- Art. 10 Grundgesetz (GG),
- §§ 39 – 42 Postgesetz (PostG),
- §§ 88 – 107 Telekommunikationsgesetz (TKG),
- Strafgesetzbuch (StGB).

Unser Grundgesetz bestimmt in Artikel 10 die **Unverletzlichkeit des Brief-, Post- und Fernmeldegeheimnisses**. Denn jedermann soll es möglich sein, Nachrichten, Gedanken und Meinungen unter Ausschluss der Öffentlichkeit auszutauschen. Das Brief-, Post- und Fernmeldegeheimnis schützt damit grundsätzlich die Privatsphäre eines jeden Menschen. Dieser Schutz wird aber beeinträchtigt, wenn Mitarbeiter des Postdienstleistungsunternehmens Briefe lesen, Telefongespräche mithören oder das Lesen beziehungsweise Mithören verlangen oder erlauben. Aber auch wenn das Postdienstleistungsunternehmen die Übermittlungsdaten speichert und an Dritte weiterleitet, ist das Brief-, Post- und Fernmeldegeheimnis verletzt.

6.1.1 Das Briefgeheimnis

Das Briefgeheimnis schützt die Vertraulichkeit von persönlichen schriftlichen Mitteilungen. Dies sind alle Nachrichten, die der Absender dem Empfänger in einem verschlossenen Brief zukommen lässt. Nicht geschützt sind hingegen all diejenigen Nachrichten, die für einen unbestimmten Personenkreis bestimmt sind.

Zur Wahrung des Briefgeheimnisses ist jeder verpflichtet, unabhängig davon, ob er Postdienstleistungen erbringt oder nicht.

6.1.2 Das Postgeheimnis

Das Postgeheimnis schützt gemäß § 39 PostG den gesamten Postverkehr. Dazu gehören nicht nur die Briefe, sondern auch briefähnliche Sendungen, Päckchen, Pakete, Warenproben, Werbung und Infopost.

Dem Postgeheimnis unterliegen nicht nur der Inhalt der Sendungen, sondern auch die näheren Umstände des Postverkehrs wie die Vermittlung und die Zustellung. So ist die Tatsache, dass eine bestimme Person Adressat einer Sendung ist, genauso geheim wie Name und Anschrift, Ort und Zeit sowie Art und Weise der Postbenutzung.

Ausnahmen vom Postgeheimnis sieht § 39 Abs. 4 des PostG vor. Danach ist das Öffnen von Briefen und ähnlichen Schriftstücken zulässig, soweit es erforderlich ist, um
- bei entgeltbegünstigten Postsendungen das Vorliegen tariflicher Voraussetzungen zu prüfen,
- den Inhalt beschädigter Postsendungen zu sichern,
- den – auf anderem Weg nicht feststellbaren – Empfänger oder Absender einer unzustellbaren Sendung zu ermitteln,
- körperliche Gefahren abzuwenden, die von einer Postsendung für Personen und Sachen ausgehen.

Beispiel: Der Brief kann an den Empfänger nicht zugestellt werden, da dieser unbekannt verzogen ist. Der Absender hat aber seine Rücksendeanschrift nicht auf dem Briefumschlag vermerkt. Aus dem Paket dringen merkwürdige Geräusche und es besteht der Verdacht, dass sich Kleintiere (Kaninchen, Mäuse etc.) darin befinden.

Ein Paket tickt merkwürdig und es besteht der Verdacht, dass sich darin eine Bombe befindet. Das Paket nicht selbst öffnen, sondern Ihren Vorgesetzten informieren und die Polizei verständigen.

Die Pflicht zur Geheimhaltung besteht auch nach der Beendigung des Dienst- oder Arbeitsverhältnisses fort.

6.1.3 Das Fernmeldegeheimnis

Nach § 88 TKG schützt das Fernmeldegeheimnis die Vertraulichkeit aller per Telegramm, Telefon, Telefax und Teletext sowie aller anderen über die Standleitung zwischen Computern weitergeleiteten Daten. Der Schutz erstreckt sich auf den Inhalt der Telekommunikation und deren nähere Umstände, insbesondere die Beteiligten des Telekommunikationsvorgangs, auch wenn eine Verbindung nicht zu Stande gekommen ist.

Dem Telekommunikationsgesetz unterliegen alle Unternehmen, die geschäftsmäßig Telekommunikationsdienste erbringen oder an ihnen mitwirken. Die Pflicht zur Geheimhaltung besteht auch nach dem Ende der Tätigkeit für das Telekommunikationsunternehmen fort.

6.2 Strafrechtliche Konsequenzen

6.2.1 Die Verletzung des Briefgeheimnisses

Die Verletzung des Briefgeheimnisses wird nach § 202 StGB mit Freiheitsstrafe bis zu einem Jahr oder Geldstrafe bestraft. Das Briefgeheimnis wird verletzt, wenn ein verschlossener Brief unbefugt geöffnet oder vom Inhalt des Briefes mithilfe technischer Mittel Kenntnis genommen wird. Ferner dann, wenn ein Briefkasten, ein Tresor, ein Spind, eine Schublade oder Ähnliches unbefugt geöffnet wird, um vom Inhalt des Briefes Kenntnis zu nehmen. Die Verletzung des Briefgeheimnisses wird nur auf Antrag des Betroffenen verfolgt.

> **Wichtig:** Strafbar ist in der ersten Alternative bereits das Öffnen des Briefes, sodass vom Inhalt Kenntnis genommen werden kann. Ob es dann tatsächlich zu einer Kenntnisnahme kommt, ist unerheblich.

6.2.2 Die Verletzung des Post- und Fernmeldegeheimnisses

Das Post- und Fernmeldegeheimnis ist verletzt, wenn der Inhaber oder ein Beschäftigter eines Postdienstleistungsunternehmens unbefugt Mitteilungen von Tatsachen macht, die dem Post- oder Fernmeldegeheimnis unterliegen und von denen er berufsbedingt Kenntnis erlangt hat. Ferner wenn der Inhaber oder Beschäftigte des Postdienstleistungsunternehmens Sendungen, die ihm anvertraut und verschlossen sind,

- öffnet oder sich durch technische Mittel Kenntnis von deren Inhalt verschafft,
- unterdrückt, d.h. nicht weiterleitet,
- eine der vorgenannten Handlungen erlaubt oder fördert.

Jede Verletzung des Post- und Fernmeldegeheimnisses ist nach § 206 StGB mit Freiheitsstrafe bis zu fünf Jahren oder mit Geldstrafe bedroht. Die Tat wird von Amts wegen verfolgt.

> **Beispiel:** Ein Paketzusteller vermutet in einem Päckchen DVDs. Statt das Päckchen an den Adressaten weiterzuleiten, behält er es für sich. In diesem Fall hat sich der Mitarbeiter nicht nur wegen der Verletzung des Post- und Fernmeldegeheimnisses, sondern auch wegen Diebstahls beziehungsweise Unterschlagung strafbar gemacht. Diebstahl und Unterschlagung werden mit Freiheitsstrafe bis zu 5 Jahren oder mit Geldstrafe bestraft.

6.2.3 Nichtanzeige einer geplanten Straftat

Nach § 138 StGB ist derjenige, der Kenntnis erlangt von der Vorbereitung eines Angriffskrieges, des Hoch- oder Landesverrats, von Geld- und Wertpapierfälschung, schweren Menschenhandels, Mord, Totschlag, Raub oder Freiheitsberaubung verpflichtet, die geplante Tat bei der Polizei beziehungsweise Staatsanwaltschaft anzuzeigen.

> **Beispiel:** Bei der Sicherstellung eines beschädigten Briefes erlangt der Mitarbeiter Kenntnis von einem Attentat auf den/die Bundeskanzler/in. Der Mitarbeiter ist verpflichtet, den Vorfall seinem Vorgesetzten zu melden. Dieser verständigt dann die Polizei.

6.3 Zivil- und arbeitsrechtliche Konsequenzen

Aber die Verletzung des Brief-, Post- und Fernmeldegeheimnisses hat nicht nur strafrechtliche Konsequenzen, auch zivil- und arbeitsrechtlich kann und wird gegen die Täter vorgegangen. So bestehen zivilrechtlich Ansprüche des Betroffenen wegen der Verletzung des allgemeinen Persönlichkeitsrechts oder des Eigentums. Arbeitsrechtlich droht meist die fristlose außerordentliche Kündigung des Arbeitsverhältnisses sowie eine Erwähnung des Vorfalls im Arbeitszeugnis, weil die Eignung des Mitarbeiters zur Ausübung des Berufs fraglich erscheint.

7 Gefahrgut

In Deutschland werden jährlich über 400 Millionen Tonnen Gefahrgüter transportiert, ca. 152 Millionen Tonnen davon auf der Straße.

Gefährliche Stoffe sind Stoffe, Gegenstände und Gemische, von denen bei Unfällen im Betrieb oder auf dem Transport bei unsachgemäßer und unvorsichtiger Behandlung oder bei fehlerhafter Lagerung Gefahren für Leben, Gesundheit und Material ausgehen können.

Beispiele für gefährliche Stoffe sind:
- Sprengstoffe, Munition, Feuerwerkskörper,
- Gase, Gasgemische, z.B. Druckgasbehälter, Spraydosen,
- entzündbare und selbstentzündliche Stoffe,
- Stoffe, die in Berührung mit Wasser entzündliche Gase entwickeln,
- brandfördernd wirkende Stoffe,
- giftige (toxische) Stoffe,
- radioaktive Stoffe,
- ätzende Stoffe sowie
- wasser- und umweltgefährdende Stoffe.

7.1 Gefahrgutvorschriften

Zum Schutz der Personen, die beruflich oder privat mit gefährlichen Stoffen in Berührung kommen, wurden zahlreiche Sicherheitsvorschriften erlassen, wie beispielsweise:
- Gefahrgutverordnung Straße und Eisenbahn (GGVSE),
- Gefahrgut-Kontrollverordnung (GGKontrollV),
- Gefahrgutverordnung See (GGVSee),
- Gefahrgutverordnung Binnenschifffahrt (GGVBinSch),
- Technische Anweisungen der Internationalen Zivilluftfahrt-Organisation (ICAO-TI),
- Europäisches Übereinkommen über die Beförderung gefährlicher Güter auf der Straße (ADR),
- Ordnung für die internationale Eisenbahnbeförderung gefährlicher Güter (RID).

Diese Sicherheitsvorschriften regeln unter anderem:
- ob und welche gefährlichen Güter befördert werden dürfen,
- wie gefährliche Güter verpackt und gekennzeichnet werden müssen,
- wie die Beförderungsmittel gebaut und ausgerüstet sein müssen sowie wann und wie sie zu prüfen sind,
- wie Beförderungsmittel zu kennzeichnen sind,
- was beim Be- und Entladen hinsichtlich der Verladeverweise und Stauung sowie während der Beförderung zu beachten ist und
- wie das Personal, das gefährliche Güter transportiert, zu schulen ist.

Dabei stimmen die deutschen Regelungen weitgehend mit den internationalen Übereinkommen und Empfehlungen für den grenzüberschreitenden Verkehr überein.

7.2 Kennzeichnung von Gefahrgut

Gefährliche Güter sind durch Gefahrsymbole, Gefahrzettel und Warntafeln entsprechend zu kennzeichnen.

7.2.1 Gefahrgutklassen

Die Gefahrgüter sind in neun Gefahrgutklassen unterteilt, für die es entsprechende Symbole gibt:
- **Klasse 1**: Explosive Stoffe
- **Klasse 2**: Gase
- **Klasse 3**: entzündbare flüssige Stoffe
- **Klasse 4**: entzündbare feste Stoffe, selbstentzündliche Stoffe; Stoffe, die mit Wasser entzündliche Gase bilden
- **Klasse 5**: entzündend (oxidierend) wirkende Stoffe, organische Peroxide

- **Klasse 6**: giftige Stoffe, ansteckungsgefährliche Stoffe
- **Klasse 7**: radioaktive Stoffe
- **Klasse 8**: ätzende Stoffe
- **Klasse 9:** verschiedene gefährliche Stoffe und Gegenstände

Abb. 2.4: Gefahrgutklassen

 Klassen 1.1, 1.2 und 1.3	 Unterklasse 1.4	 Unterklasse 1.5	 Unterklasse 1.6
 Entzündbare Gase	 Nichtentzündbare, nicht giftige Gase	 Giftige Gase	 Entzündbare flüssige Stoffe
 Entzündbare feste Stoffe, selbst zersetzliche Stoffe sind desensibilisierte, explosive Stoffe	 Selbstentzündliche Stoffe	 Stoffe, die in Berührung mit Wasser entzündbare Gase entwickeln	 Entzündend (oxidierend) wirkende Stoffe
 Giftige Stoffe	 Ansteckungsgefährliche Stoffe	 Radioaktive Stoffe	 Ätzende Stoffe

7.2.2 Gefahrzettel und Warntafeln

Neben den Warnschildern gibt es weitere Möglichkeiten, auf Gefahrgut aufmerksam zu machen, nämlich mittels Gefahrzetteln und Warntafeln. Diese enthalten meist einen speziellen Nummerncode, der der Einteilung in die Gefahrgutklassen entspricht und über die Art der Gefahr Auskunft gibt. Der Nummerncode besteht meist aus zwei Nummern, die obere Nummer gibt Auskunft über die Gefahr (33 = leicht entzündliche Flüssigkeit). Die untere Nummer ist die UN-Nummer und gibt Auskunft über den transportierten Stoff (1203 = Benzin). Befindet sich ein X vor der oberen Nummer, deutet dies darauf hin, dass der Stoff in gefährlicher Weise mit Wasser reagiert. Ist kein Nummerncode auf dem Schild vorhanden, werden meist verschiedene Gefahrgüter transportiert.

7.3 Verpackung von Gefahrgut

Für Gefahrgüter gibt es spezielle Verpackungen, die entsprechend den Empfehlungen der Vereinten Nationen geprüft und für den Transport von Gefahrgut zugelassen werden müssen. So wird unter anderem eine Fallprüfung durchgeführt sowie die Druck-, Stapel- und chemische Beständigkeit der Verpackung überprüft.

7.4 Transport von Gefahrgut

Der Transport von Gefahrgütern – zumal wenn es sich um größere Mengen handelt – ist meist Aufgabe spezieller Speditions- und Logistikunternehmen, da hierfür besondere Fahrzeuge und Sicherheitsvorkehrungen benötigt werden. KEP-Unternehmen schließen diese meist in ihren allgemeinen Geschäftsbedingungen aus oder nehmen Gefahrguttransporte nur unter sehr eingeschränkten Bedingungen an, beispielsweise auch DHL (zititiert nach http://www.dhl.de/content/dam/dhlde/downloads/pdf/dhl-agb-paket-express-national-07-2013.pdf):

DHL bestimmt in Abschnitt 2 (2) der allgemeinen Geschäftsbedingungen DHL Paket/Express (National):

„(2) Von der Beförderung ausgeschlossen (Verbotsgüter) sind: (...)

5. Sendungen, deren Beförderung gefahrgutrechtlichen Vorschriften unterliegt, soweit diese nicht nach den „Regelungen für die Beförderung von gefährlichen Stoffen und Gegenständen" zugelassen sind; § 410 HGB bleibt unberührt;"

Entsprechend findet sich in den Regelungen für die Beförderung von gefährlichen Stoffen und Gegenständen DHL Paket (National):

1 Allgemeines/Geltungsbereich (...)
Von der Beförderung ausgeschlossen sind folgende Stoffe bzw. Gegenstände:
- mit Eintrag „BEFÖRDERUNG VERBOTEN" in der betreffenden Zeile der Tabelle A, 3.2 ADR,
- der Klassen 1 (Explosive Stoffe und Gegenstände mit Explosivstoff) und 7 (Radioaktive Stoffe),
- mit Eintrag „0" in Spalte 7a der Tabelle A, 3.2 ADR (Ausnahme: Stoffe bzw. Gegenstände der UN-Nrn. 1070, 2857, 2990, 3072, 3090, 3091, 3245, 3316, 3480, 3481 und 3499 können unter den in diesen Regelungen genannten Bedingungen befördert werden),
- Kühl- oder Konditionierungsmittel gemäß 5.5.3 ADR (insbesondere Kohlendioxid, fest, (Trockeneis), UN-Nr. 1845),
- in freigestellten Mengen verpackte Güter gemäß 3.5 ADR....

2 Zulässige Stoffe und Gegenstände
In den o. a. Sendungsarten sind nur solche Stoffe und Gegenstände zugelassen, die
- als in begrenzten Mengen verpackte gefährliche Güter gemäß 3.4 ADR zugelassen sind oder
- nicht den Vorschriften des ADR unterliegen aufgrund von:
  – Freistellungen gemäß 1.1.3.1 b), 1.1.3.2. c), f), g) und h) ADR,
  – Freistellungen gemäß 1.1.3.4.1 ADR i. V. m. Sondervorschriften gemäß 3.3 ADR, sofern deren Anwendung nicht im Abschnitt 1 dieses Teils 2 der Regelungen ausgeschlossen ist,
  – Freistellungen in den Vorschriften zur Klassifizierung gemäß 2.2 ADR,
  – Eintrag in Tabelle A in 3.2 ADR (Einschränkungen bei der UN-Nr. 3171 sind zu beachten).
Für deren Beförderung sind folgende Einschränkungen (u. a. bestimmte Mengenbegrenzungen je Innenverpackung bzw. je Versandstück) einzuhalten: (...)

Gründe für den Ausschluss und die Einschränkungen sind unter anderem, dass gefährliche Güter im Straßenverkehr grundsätzlich nur dann befördert werden dürfen, wenn der Transport mit der Eisenbahn oder dem Binnenschiff nicht möglich ist. Darüber hinaus müssen die Fahrer von Gefahrguttransporten über eine ADR-Bescheinigung und alle anderen an der Beförderung von

Gefahrgut beteiligten Personen über entsprechende Kenntnisse über die Gefahrgutvorschriften sowie im Umgang mit Gefahrgut verfügen. Zu diesem Zweck sind regelmäßige Schulungen durchzuführen.

Die Abkürzung ADR meint das „Europäische Übereinkommen über die Beförderung gefährlicher Güter auf der Straße" („**A**ccord Européen relatif au transport international des marchandises **D**angereuses par **R**oute").

7.5 Unfälle mit Gefahrgut

Kommt es trotz aller Vorsichtsmaßnahmen zu einem Unfall, in dessen Folge Gefahrgut frei wird, so ist sofort die nächste Polizeidienststelle oder Feuerwehr zu informieren. Neben den üblichen Angaben ist unbedingt auf den Gefahrtransport hinzuweisen und die Nummern der Warntafeln oder Gefahrzettel anzugeben. Nachdem die anderen Verkehrsteilnehmer gewarnt sind, hat man sich möglichst weit von der Unfallstelle zu entfernen. In keinem Fall darf man selbst versuchen, Feuer oder frei gewordene gefährliche Güter zu bekämpfen. Dies ist allein Aufgabe der Feuerwehr oder des Katastrophenschutzes.

Konkrete Hinweise bzw. Anordnungen für den Gefahrenfall befinden sich auf dem bei jedem Gefahrtransport mitzuführenden Unfallmerkblatt.

7.6 Ausnahmen von den Gefahrgutvorschriften (Kleinmengenregelung)

Bei kleinen Mengen gibt es teils sehr weit reichende Ausnahmeregelungen von den Gefahrgutvorschriften.

Die Mengengrenzen werden durch das ADR festgelegt, sind sie erfüllt, müssen lediglich folgende Bedingungen für den Transport berücksichtigt werden:
Zunächst muss das Gefahrgut sowohl eine Innen- als auch eine Außenverpackung aufweisen. Die Verpackungen müssen allen zu erwartenden Beanspruchungen standhalten können.

Ferner ist die Sendung mit dem Gefahrzettel und der UN-Nummer des Gefahrgutes zu kennzeichnen. Der UN-Nummer müssen die Buchstaben „UN" vorangestellt sein.

Werden mehrere Gefahrgüter transportiert, müssen alle UN-Nummern oder die Buchstaben LQ (für Limited Quantity) aufgeführt werden.

Der Besitz eines ADR-Führerscheins ist bei Kleinmengentransporten nicht notwendig. Ebenso wenig muss eine Warntafel am Fahrzeug angebracht werden. Erleichterungen bei der Ladungssicherung werden jedoch nicht gewährt.

8 Vorschriften für Sendungen ins Ausland

8.1 Europäisches Ausland

Rechtliche Grundlage für Sendungen in das Europäische Ausland sind die Richtlinien 97/67/EG und 2002/39/EG des Europäischen Parlaments. Diese Richtlinien enthalten Vorschriften über die Entwicklung des Binnenmarktes der Postdienste der Europäischen Gemeinschaft und die Verbesserung der Dienstleistungsqualität. Nach Artikel 3 der Richtlinie 97/67/EG sind die Mitgliedsstaaten der Europäischen Union verpflichtet, einen Universaldienst zu gewährleisten. Der Universaldienst hat ein Mindestangebot an Diensten zu bezahlbaren Preisen sicherzustellen. Zu diesem Zweck war und ist es den Mitgliedsstaaten erlaubt, bestimmte Briefdienstleistungen einem Monopol (vgl. auch Lernfeld 1) zu unterwerfen. So wird dieser Universaldienst, dessen

Umfang in der Post-Universaldienstleistungsverordnung definiert ist, in Deutschland zumindest bis zum Auslaufen der Exklusivlizenz von der Deutschen Post AG erbracht, § 52 PostG. Der Trend geht nunmehr aber auf die Abschaffung der Briefmonopole und die Freigabe des gesamten Marktes für den Wettbewerb.

8.2   International

8.2.1   Der Weltpostvertrag

International gelten für den Postverkehr mit dem Ausland die völkerrechtlichen Verträge des Weltpostvereins vom 14. September 1994. Nach dem Weltpostvertrag sind die Postdienste der Vertragsstaaten verpflichtet, an Empfänger im Inland gerichtete Briefe aus dem Ausland zuzustellen, die ihnen von den Postdiensten anderer Vertragsstaaten übersandt werden. Für die Zustellung der Auslandspost erhalten die Postdienste eine pauschale Vergütung vom Postdienst des Vertragsstaates, in dem die Sendung aufgegeben wurde.

8.2.2   Übereinkommen über den Beförderungsvertrag im Internationalen Straßengüterverkehr (CMR)

Das internationale Übereinkommen („Convention relative au contrat de transport international des marchandises par route", kurz CMR) von 1956 gilt für jeden Vertrag über die entgeltliche Beförderung von Gütern auf der Straße mittels Fahrzeugen, wenn Übernahme- und Ablieferungsort für das Gut in zwei verschiedenen Staaten liegen. Auf die Beförderung von Umzugsgut und auf Beförderungen, die nach den Bestimmungen internationaler Postübereinkommen durchgeführt werden, findet das Übereinkommen keine Anwendung.

Das Übereinkommen regelt vorrangig die Haftung des Frachtführers und die im internationalen Straßengüterverkehr verwendeten Urkunden. Nach Artikel 4 des Übereinkommens wird der Beförderungsvertrag in einem **Frachtbrief** (vgl. auch Abschnitt 8.1) festgehalten. Der Frachtbrief muss nach Artikel 6 des Übereinkommens folgende Angaben enthalten:

- Ort und Tag der Ausstellung,
- Name und Anschrift der Beteiligten,
- Stelle und Tag der Übernahme des Gutes sowie die für die Ablieferung vorgesehene Stelle,
- die übliche Bezeichnung des Gutes und die Art der Verpackung, bei gefährlichen Gütern ihre allgemein anerkannte Bezeichnung,
- Anzahl, Zeichen und Nummern der Frachtstücke,
- Rohgewicht oder die anders angegebene Menge des Gutes,
- die mit der Beförderung verbundenen Kosten,
- Weisungen für den Zoll und sonstige amtliche Behandlung.

Der Frachtführer ist bei Übernahme des Gutes verpflichtet zu überprüfen, ob die Angaben im Frachtbrief über Anzahl der Frachtstücke, ihre Zeichen und Nummern stimmen und er hat den äußeren Zustand des Gutes und seiner Verpackung zu überprüfen.

Der Frachtbrief dient bis zum Beweis des Gegenteils als Nachweis für den Abschluss und Inhalt des Beförderungsvertrages sowie für die Übernahme des Gutes. Die Artikel 17 ff. des Übereinkommens regeln die Frachtführerhaftung, auf die noch im Lernfeld 6 gesondert eingegangen wird.

9   Transportdokumente und Begleitpapiere

Für jeden Transportauftrag ist als Nachweis und Abrechnungsgrundlage eine entsprechende Dokumentation durchzuführen. Dabei wird zwischen beleggebundener und elektronischer Dokumentation unterschieden. Typische Dokumente sind Abholscheine, Lieferscheine, Frachtbriefe, Paketscheine, Zolldokumente sowie bei nachweispflichtigen Sendungen Laufzettel und Rolllisten.

9.1   Transportdokumente

Transportdokumente werden wegen ihrer unterschiedlichen Funktion in zwei Gruppen eingeteilt:
- Frachtbriefe und
- Traditionspapiere.

9.1.1   Frachtbrief

Der Frachtbrief ist in erster Linie eine Beweisurkunde über den Abschluss und den Inhalt des Frachtvertrages sowie die Übernahme des Frachtgutes durch den Frachtführer, § 409 Abs. 1 HGB. Zu Gunsten des Absenders verbrieft der Frachtbrief die widerlegliche Vermutung, dass das Frachtgut und seine Verpackung bei der Übernahme durch den Frachtführer in äußerlich gutem Zustand waren und dass die Anzahl der Frachtstücke, ihre Menge und ihr Inhalt mit den Angaben im Frachtbrief übereinstimmen.

Der Frachtbrief betrifft das Verhältnis zwischen Absender und Frachtführer und sollte daher nach § 408 HGB folgende Angaben enthalten:
- Namen und Anschrift der Beteiligten,
- das Frachtgut,
- die vereinbarte Fracht (Entgelt) und andere Kosten,
- besondere Vertragsbestimmungen wie die Vereinbarung der Nachnahme und
- die Unterschriften der Beteiligten.

Er kann darüber hinaus aber auch anderweitige Anweisungen an den Frachtführer enthalten und daher auch als Arbeitsanweisung betrachtet werden. In Abhängigkeit vom Transportmittel werden folgende Frachtbriefe unterschieden:

Kurierempfangsbestätigung	Einlieferungsbestätigung bei einem Versand per Kurier
Posteinlieferungsschein	Einlieferungsbestätigung bei einem Versand per Post
Lkw-Frachtbrief (CMR Frachtbrief)	Beförderungsdokument für den Straßenverkehr. Er weist eine Lkw-Ladung aus.
Bahnfrachtbrief (CIM Frachtbrief)	Beförderungsdokument für den Transport per Eisenbahn. Er weist die Ladung eines beladenen Eisenbahnwaggons aus.
Seefrachtbrief (Sea Waybill)	Beförderungsdokument für den Transport per Schiff. Er kann in allen Fällen verwendet werden, in denen ein Konnossement (s. 8.1.2) nicht erforderlich ist.
Luftfrachtbrief (Air Waybill)	International anerkanntes Beförderungsdokument der IATA für den Luftverkehr
Combined Transport Document	Beförderungsdokument für den Transport mit mehreren Transportmitteln

9.1.2 *Traditionspapiere*

Traditionspapiere sind Wertpapiere, d.h., sie repräsentieren die Ware. Die Übergabe der Papiere ist mit der Übergabe der Ware selbst gleichzusetzen. Anders gesagt, nur wer im Besitz der Papiere ist oder aus diesen als Berechtigter hervorgeht, kann das in dem Papier verbriefte Recht verlangen.

Zu den Traditionspapieren gehören der Ladeschein oder das Konnossement.

Der **Ladeschein** findet – anders als der Frachtbrief – im Verhältnis Frachtführer und Empfänger Anwendung. Er wird vom Frachtführer ausgestellt und beinhaltet die Verpflichtung des Frachtführers, die Ware beim Empfänger abzuliefern. Im Gegenzug kann der Frachtführer die Aushändigung des Ladescheins verlangen. Im Übrigen gelten die Ausführungen zum Frachtbrief entsprechend.

Das **Konnossement** ist ebenfalls ein Ladeschein. Er findet aber nur in der See- und Binnenschifffahrt Anwendung und wird aus diesem Grund nur kurz erwähnt.

9.2 *Begleitpapiere*

Begleitpapiere sind alle Papiere, Listen, Zertifikate etc., die die Ware während des Transports begleiten. Welche Papiere konkret mitgenommen werden müssen, ist abhängig von der Art der Ware, dem Transportmittel, der Transportroute und dem Bestimmungsland. Zu den Begleitpapieren gehören:

Handelsrechnung / Handelsfaktura	Rechnung des Lieferanten über die gelieferte Ware oder die an den Käufer erbrachte Leistung.
Konsulatsfaktura	Sie dient der Verzollung der gelieferten Ware im Einfuhrland und basiert auf der Handelsrechnung. Die aufgeführten Preise sind durch das Konsulat im Einfuhrland zu beglaubigen.
Zollfaktura	Auch sie dient der Verzollung der Ware im Einfuhrland und basiert auf der Handelsrechnung. Die Beglaubigung der Preise wird hier aber durch den Exporteur und einen Zeugen – meist ein Angestellter des Exporteurs – vorgenommen.
Ursprungszeugnis	Das Ursprungszeugnis belegt die Herkunft der Ware für Ausfuhrgeschäfte. Es wird von einer hierfür autorisierten Behörde, z.B. dem Zoll, der IHK, ausgestellt.
Gesundheitszeugnis	Amtliche Bestätigung, dass Tiere oder tierische und landwirtschaftliche Erzeugnisse gesundheitlich unbedenklich sind, d.h. keine Seuchen oder Krankheiten in sich tragen.
Pflanzengesundheitszeugnis	Amtliche Bestätigung, dass Pflanzen, insbesondere Holz, gesundheitlich unbedenklich sind. Zu beachten sind bei der Verwendung von Holz als Packmittel und Sicherungsmaterial auch die Quarantänebestimmungen des Bestimmungslandes.
Analysezertifikat	Bestätigung der chemischen Zusammensetzung von Waren.
Gewichtszertifikat	Die von einer unabhängigen Behörde oder Organisation ausgestellte Bescheinigung, dass das Gewicht oder die Masse der Ware auf dem Papier richtig angegeben worden ist.
Inspektionszertifikat	Bestätigung von einer unabhängigen Stelle, dass die Ware vor dem Versand überprüft worden ist und Menge und Qualität der Ware den vertraglichen Vereinbarungen entsprechen.
Packliste	Gliedert bei umfangreichen Warensendungen die Waren eines Transportmittels oder Containers nach Art, Gewicht und Stückzahl. Sie erleichtert so die Zoll- und versicherungstechnische Abwicklung.

Wiederholungs- und Übungsaufgaben

1. Wodurch zeichnen sich die folgenden KEP-Dienste aus:
   a) Kurierdienste,
   b) Expressdienste,
   c) Paketdienste,
   d) Briefdienste?

2. Nennen Sie drei Serviceformen der Kurierdienste und erklären Sie kurz deren spezielles Tätigkeitsgebiet.

3. Was bedeuten die Bezeichnungen „Sameday" und „Overnight"?

4. Welche weiteren Sendungen werden neben Briefen von Briefdiensten transportiert?

5. Welche Möglichkeiten gibt es, Sendungen bei einem KEP-Unternehmen aufzugeben?

6. Was versteht man unter Clusterung und Routing?

7. Welche Arten der Tourenplanung gibt es?

8. Was versteht man unter Sendungsannahme?

9. Alexander ist zwölf Jahre alt und möchte sich von seinem Taschengeld ein neues Playstation-Spiel kaufen. Das Spiel kostet 80,00 €. Alexander hat aber nur 40,00 € Taschengeld. Der Verkäufer bietet Alexander an, das Spiel abzubezahlen, und zwar in monatlichen Raten von je 10,00 €. Alexander nimmt das Angebot an. Ist zwischen Alexander und dem Verkäufer ein wirksamer Kaufvertrag zu Stande gekommen?

10. Der Flitzer Kurier unterbreitet Herrn Eder schriftlich ein Angebot zum Transport seiner Briefe zum Preis von 0,42 €. Herr Eder möchte das Angebot gern annehmen und verfasst ein entsprechendes Schreiben. Um sicherzugehen, dass der Brief auch ankommt, geht er direkt zur Geschäftsstelle des Flitzer Kurier, um den Brief in dessen Briefkasten zu stecken. Aus Versehen wirft er den Brief aber in den Briefkasten von Steuerberater Maier. Ist ein Vertrag über den Transport der Briefe zum Preis von 0,42 € zu Stande gekommen? Begründen Sie Ihre Antwort.

11. Der Flitzer Kurier möchte sein Geschäft vergrößern und das Nachbargrundstück von Herrn Müller kaufen. Beide schließen einen Kaufvertrag. Um Geld zu sparen, verzichten sie auf die notarielle Beurkundung. Ist ein wirksamer Kaufvertrag zu Stande gekommen?

12. Frau Müller, die Sekretärin des Postunternehmens XYZ, bestellt Briefumschläge im Format C6. Bei der Bestellung spricht sie etwas undeutlich, sodass das Schreibwarengeschäft B6 versteht. Als Frau Müller am nächsten Tag die Briefumschläge abholen möchte, übergibt die Verkäuferin die Umschläge im Format B6. Frau Müller will diese Umschläge nicht abnehmen, da sie ja C6 bestellt habe. Zu Recht? Begründen Sie Ihre Antwort.

13. Tom ist Briefzusteller beim Flitzer Kurier. Da ihm der Fußweg zu beschwerlich ist, kauft er im Namen des Flitzer Kuriers ein Fahrrad auf dessen Rechnung. Als die Rechnung beim Flitzer Kurier eingeht, weigert sich der Geschäftsführer, die Kosten zu übernehmen. Kann der Fahrradhändler den Kaufpreis vom Flitzer Kurier verlangen? Begründen Sie Ihre Antwort.

14. Wodurch unterscheidet sich der Werkvertrag vom Dienstvertrag?

15. Herr Schulz kauft im Internet ein Buch bei der Schlau GmbH. In den allgemeinen Geschäftsbedingungen der Schlau GmbH steht unter anderem:

16. „Für die der Schlau GmbH durch die Rücksendung von Büchern entstehenden Kosten/Aufwendungen ist die Schlau GmbH berechtigt, pauschal 30,00 € zu verlangen."

17. Nach der Zusendung des Buches stellt Herr Schulz fest, dass gerade eine aktuelle Auflage erschienen ist, und er sendet das Buch zurück. Die Schlau GmbH nimmt das Buch zurück, verlangt von Herrn Schulz aber Zahlung von 30,00 €. Ist Herr Schulz zur Zahlung verpflichtet? Begründen Sie Ihre Antwort.

18. Bitte laden Sie sich die allgemeinen Geschäftsbedingungen der Deutschen Post AG Brief/ National und die eines regionalen Briefanbieters aus dem Internet herunter und vergleichen Sie diese. Arbeiten Sie Gemeinsamkeiten und Unterschiede heraus.

19. Welche Eigenschaften prüfen Sie, wenn Sie entscheiden sollen, ob eine Sendung angenommen wird oder nicht?

20. Paula ist Fahrradkurier und wird mit der Überbringung eines kleinen Päckchens betraut. Während des Transports bemerkt Paula ein merkwürdiges Ticken. Wie muss sie sich verhalten?

21. Susanne, ebenfalls als Fahrradkurier tätig, ist sehr neugierig, und als sie einen Brief an eine bekannte Schauspielerin überbringen soll, öffnet sie den Brief und liest dessen Inhalt. Wie ist das Verhalten von Susanne strafrechtlich zu würdigen?

22. Definieren Sie den Begriff „gefährliche Stoffe" und nennen Sie drei Beispiele.

23. Nennen Sie mindestens 5 Begleitpapiere und ihre Bedeutung.

Lernfeld 3

Sendungen im Unternehmen bearbeiten und transportieren

1 Branchenübliche Verpackungen und Transportbehälter

Bevor Produkte oder Briefe transportiert werden können, müssen sie transportfähig verpackt werden. Die Verpackung von Briefen ist vor allem notwendig, damit der Inhalt geheim bleibt, aber auch, um Briefe maschinell bearbeiten zu können. Die Verpackung von Päckchen und Paketen, die Waren enthalten, muss darüber hinaus sicherstellen, dass die Ware beim Transport nicht beschädigt wird.

Denn jede Sendung ist beim Transport Belastungen durch
- Stöße,
- Vibrationen oder
- Druck
ausgesetzt.

Auch muss man beim Transport über automatische Förderbandanlagen und Verteilbänder mit mechanischen Einwirkungen rechnen und man muss gewährleisten, dass die Pakete, ohne Schäden davonzutragen, stapelbar sind.

Dabei gilt der Grundsatz: **„So viel Verpackung wie nötig und so wenig wie möglich."** Verpackung kostet Geld und muss daher möglichst preisgünstig gehalten werden.

Nachfolgend werden Fachbegriffe für die einzelnen Verpackungsbestandteile und den Verpackungsvorgang erklärt:

Packstoff	Materialien, aus denen die Verpackung besteht
Packmittel	Bestandteile der Verpackung, durch die das Produkt geschützt werden sollen, z.B. Wellpappe, Polystyrol, Papier.
Packhilfsmittel	zum Beispiel Klammern und Klebebänder, die für die Gestaltung der Verpackung verwendet werden, d.h. mit ihrer Hilfe erhält die Verpackung die Form eines Kartons, Briefes oder Ähnliches.
Verpackung	wird während des Verpackungsvorganges aus Packmitteln und Packhilfsmitteln gebildet.
Packgut	das zu verpackende Produkt, welches grundsätzlich einer der drei Gruppen (Flüssigkeiten, Schüttgut oder Stückgut) zuzuordnen ist.
Packung/Paket	Das Paket oder die Packung wird während des Verpackungsvorgangs aus dem Packgut und der Verpackung gebildet.

Der Verpackungsvorgang wird in großen Unternehmen meist vollautomatisch von Verpackungsmaschinen ausgeführt.

Im Kurier-, Express- und Postdienstleistungsbereich ist die Verpackung der Sendung ein zusätzlicher Service, der angeboten werden kann und der bei Inanspruchnahme durch den Absender auch entsprechend bezahlt werden muss.

1.1 Pflicht zur ordnungsgemäßen Verpackung

Die ordnungsgemäße Verpackung und Kennzeichnung ist Aufgabe des Absenders, § 411 HGB. Danach ist das Gut, soweit erforderlich, so zu verpacken, dass es vor Verlust und Beschädigung geschützt ist und dass auch dem Frachtführer keine Schäden entstehen. Der Absender hat das Gut ferner zu kennzeichnen, wenn dessen vertragsgemäße Behandlung dies erfordert.

Obwohl die Verpackungspflicht bereits gesetzlich verankert ist, haben dennoch viele Unternehmen diese Pflicht in ihren allgemeinen Geschäftsbedingungen nochmals verankert.

So bestimmt die Deutsche Post AG in ihren allgemeinen Geschäftsbedingungen:
„Der Absender hat die Sendung ausreichend zu kennzeichnen, wobei die äußere Verpackung keine Rückschlüsse auf den Wert des Gutes zulassen darf. Er hat sie so zu verpacken, dass sie vor Verlust und Beschädigung geschützt ist und dass auch der Deutschen Post keine Schäden entstehen."

1.2 Verpackung von Briefen und briefähnlichen Sendungen

1.2.1 Verpackung von Briefen

Briefe werden für gewöhnlich in einem Briefumschlag, auch Kuvert genannt, versendet. Briefumschläge werden in Standardgrößen hergestellt, die in den ISO 269 und DIN 678 definiert und weit gehend den Papierformaten angepasst sind.

Format	Größe in mm	Papierformat/Inhalt
C3	234 x 458	A3
E4	280 x 400	B4
B4	250 x 353	C4 – Umschlag
C4	229 x 324	A4
B5	176 x 250	C5 – Umschlag
C5	162 x 229	A5/A4 (mittig gefaltet)
B6	112 x 176	C6 – Umschlag
C6/C5	114 x 229	A4 (zweimal quer gefaltet) oder 1/3 A4
C6	114 x 162	A6 (A4 einmal längs und einmal quer gefaltet)
DL	110 x 220	A4 (zweimal quer gefaltet) oder 1/3 A4

Am geläufigsten in Deutschland sind für Geschäftsbriefe im A4-Format die Umschläge C4 und DIN Lang (DL). Privatpost wird häufig auch in C6-Umschlägen verschickt, die dem Postkarten- oder Fotoformat entsprechen.

1.2.2 Verpackung von briefähnlichen Sendungen

Zu beachten sind ferner die Vorschriften für briefähnliche Sendungen, insbesondere Bücher oder Warensendungen, denn diese unterliegen meist unternehmensspezifischen Verpackungsvorschriften.

So müssen **Büchersendungen** grundsätzlich in einer offenen Umhüllung eingeliefert werden und die Aufschrift „Büchersendung" oberhalb der Anschrift tragen. Ist die innere Verpackung eine Herstellerverpackung, darf diese auch verschlossen sein, wenn der Absender sein Einverständnis mit der Öffnung zu Prüfzwecken durch einen Hinweis „Darf zu Prüfzwecken durch die Post geöffnet werden" gibt.

Werden mindestens 100 gleichartige Büchersendungen zusammen eingeliefert und ist der Absender mit der Öffnung zur Inhaltsprüfung einverstanden, so können diese auch verschlossen sein, müssen aber oberhalb der Anschrift den Vermerk „Büchersendung/Entgelt gepr." enthalten.

Gleichartige Sendungen sind Sendungen desselben Formats, derselben Gewichtsstufe und desselben Absenders.

Warensendungen müssen die Aufschrift „Warensendung" tragen und dürfen nicht verschlossen sein. Ist die innere Verpackung eine Herstellerverpackung, darf diese verschlossen sein.

Verschlossen sein dürfen Warensendungen ferner, wenn mindestens 100 gleichartige Sendungen eingeliefert werden und diese die Aufschrift „Warensendung/Entgelt gepr." enthalten.

Postwurfsendungen sind so zu verpacken, dass sie sich zum Versand mit der Briefpost eignen. Dies geschieht mit so genannten Gebinden, d.h. in Kartons oder mit Bändern kreuzweise verschnürt. Sinn und Zweck der Verpackung ist es, dass sich die Gebinde während des Transports und beim Umschlag nicht lösen. Zudem müssen auf jedem Gebinde alle notwendigen Angaben zum Zustellstützpunkt angebracht sein. Dazu können Aufschriftenzettel oder handschriftliche Notizen verwendet werden.

Diese Verpackungsvorschriften gelten grundsätzlich nur für die Versendung mit der Deutschen Post, werden aber von vielen anderen KEP-Unternehmen aus Zweckmäßigkeitserwägungen übernommen.

1.3 Verpackung von Paketen

Um einen unbeschadeten Transport von Paketen und Päckchen zu gewährleisten, ist die richtige Verpackung unabdingbar.

> Bitte beachten Sie: Auch bei „Originalverpackungen" ist nicht immer gewährleistet, dass der Inhalt darin hinreichend sicher verpackt und damit zum Versand geeignet ist. Überprüfen Sie, ob nicht eine zusätzliche Polsterung erforderlich ist.

1.3.1 Innenverpackung

Aufgabe der Innenverpackung ist es, das Produkt zu polstern und zu fixieren, um einen Abstand zwischen dem Inhalt und der Außenverpackung zu schaffen. So ist zu gewährleisten, dass vor allem druck- und bruchempfindliches Versandmaterial nicht unmittelbar an der Außenverpackung anliegt oder andere Inhalte berührt. Insbesondere leicht zerbrechliche Inhalte wie Flaschen, Vasen, Porzellan oder elektrische Geräte müssen besonders sorgfältig gegen Bruch gesichert werden. Dazu wird ein Abstand von mindestens 50 mm empfohlen. Werden mehrere Produkte zusammen verpackt, sollte durch Trennelemente sichergestellt sein, dass die einzelnen Teile nicht verrutschen können.

Beim Verpacken sollten jeweils geeignete Polstermaterialien eingesetzt werden. Als besonders sicher haben sich Luftpolsterfolie, Wellpappe oder das so genannte Kraftpapier erwiesen.

1.3.2 Außenverpackung

Bei der Außenverpackung ist auf die richtige und ausreichende Größe der Versandschachtel und auf eine hinreichende Stabilität zu achten. Für normale Pakete empfehlen sich Schachteln aus Wellpappe. Je nach Größe, Gewicht und Schadensanfälligkeit des Inhalts können aber auch andere Materialien wie Vollpappe oder gepolsterte bzw. kartonierte Versandtaschen eingesetzt werden.

Wiederum gilt: **Je empfindlicher der Inhalt, desto stabiler die Außenverpackung.**

> **Achtung:** Besonders empfindliche und wertvolle Güter werden am besten nach dem „Schachtel in Schachtel- Prinzip" verpackt. Dabei wird das Gut in eine Schachtel mit sehr weichem Polstermaterial gelegt. Diese wiederum kommt in einen größeren Karton, welcher mit etwas stärkerem Material befüllt ist. So können weitestgehend mechanische Einwirkungen auf das Gut ausgeschlossen werden.

Die Sendung muss abschließend sicher verschlossen werden. Dabei sollte wieder nach Art und Empfindlichkeit der Sendung unterschieden werden. Das Verschlussmaterial sollte umso kräftiger sein, je schwerer oder größer die Sendung ist.

(!) Wichtig: Optimal ist die Sendung ist erst dann verpackt, wenn sie auch einen Sturz aus 80 cm Höhe ohne Schäden übersteht.

1.4 Transportbehälter

Sind die Sendungen ordnungsgemäß verpackt, werden sie für den Versand vorbereitet. Je nach Sendung und Versandart werden unterschiedliche Transportbehälter verwendet.

1.4.1 Transportbehälter für Briefsendungen

Für Briefe verwendet man Briefbehälter, die in **drei Größen** zu Verfügung stehen:

Briefbehälter 1	für Standard- und Kompaktbriefe
Briefbehälter 2	für Großformatbriefe und Maxisendungen
Briefbehälter 3	für Maxisendungen

Ferner gibt es Brief- oder Postsäcke. Bei größeren Einlieferungsmengen werden zudem Europaletten mit und ohne Aufsetzrahmen und Briefbehälterwagen eingesetzt.

1.4.2 Transportbehälter für Paket- und Expresssendungen

Abb. 3.1: Corlette

Päckchen und Pakete werden meist lose in den Lkw gestapelt, oder man verwendet Europaletten und Corletten (Rollwagen).

Abb. 3.2: Wechselaufbau

Für den Transport größerer Frachtstücke oder großer Mengen kommen auch Container und Wechselbehälter, auch **Wechselaufbau** genannt, zum Einsatz.

Der Wechselaufbau ist ein austauschbarer Ladungsträger am Lkw. Er ähnelt einem Container und lässt sich bei Bedarf vom Trägerfahrzeug, d.h. dem Lkw, trennen. Im Gegensatz zu Containern werden Wechselaufbauten in Palettengröße gefertigt und ermöglichen flexiblere Abmessungen. Sie können auch für den Umschlag auf die Bahn genutzt werden, benötigen dann aber Zusatzeinrichtungen wie Greifkanten.

1.4.3 Transportbehälter im Kurierverkehr

Im Kurierverkehr werden je nach Größe und Gewicht der Sendung die bereits oben aufgeführten Transportbehälter verwendet. Bei wertvollen oder sehr geheimen Sendungen kommen zudem verschlossene Transportbehälter zum Einsatz, die entweder verplombt oder mit einem Zahlencode versehen werden.

Grundsätzlich gilt aber auch hier, dass sich allgemein gültige Aussagen zur Verpackung und den verwendeten Transportbehältern nicht treffen lassen, da vieles in den jeweiligen Unternehmen individuell gehandhabt wird.

2 Sendungen bearbeiten und transportieren

Bei allen standardisierten und regelmäßig wiederkehrenden Massenvorgängen, wie beim Transport von Briefen, Paketen und Päckchen, werden die Sendungen zunächst in der Regionalniederlassung gesammelt und anschließend zum **zentralen Umschlagszentrum** (Hub) transportiert. Dort werden die Sendungen dann nach Ortschaften, Bezirken (Postleitzahlensystem) oder Zellen (Zellcodierung) grob vorsortiert und dann zur entsprechenden **Niederlassung** weitertransportiert. Hier erfolgt die Feinsortierung nach Straßen und Hausnummern sowie die Verteilung auf die jeweiligen Touren.

2.1 Verteilnetze

2.1.1 Hub-and-Spoke-Systeme

Beim Hub-and-Spoke-System werden die Sendungen bei den Auftraggebern abgeholt und in der jeweiligen Regionalniederlassung gesammelt.

Dann werden die Sendungen sternförmig (spoke) zu einem **zentralen Umschlagzentrum (Hub)** weitergeleitet und von dort aus zur **Regionalniederlassung (NL)** des Empfängers transportiert. Von der Regionalniederlassung startet dann die Zustellung an den Empfänger.

Der **Nachteil des Systems** besteht darin, dass selbst die Sendungen an benachbarte Städte über das Zentrale Umschlagszentrum transportiert werden und es deswegen zu längeren Laufzeiten kommt.

Hub ist englisch und bedeutet Nabe.

Abb. 3.3: Hub-and-Spoke-System

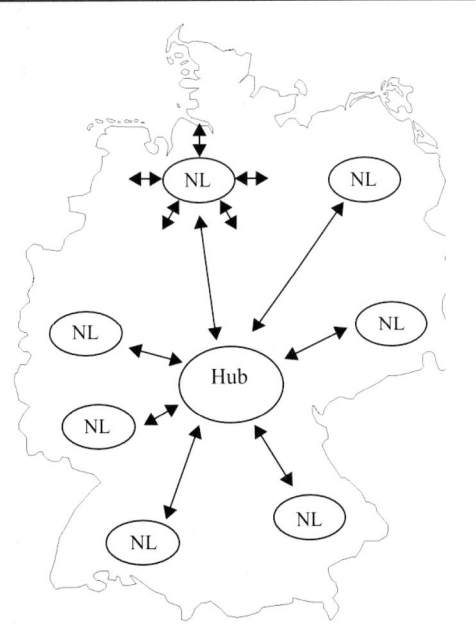

Abb. 3.4: Multi-Hub-System

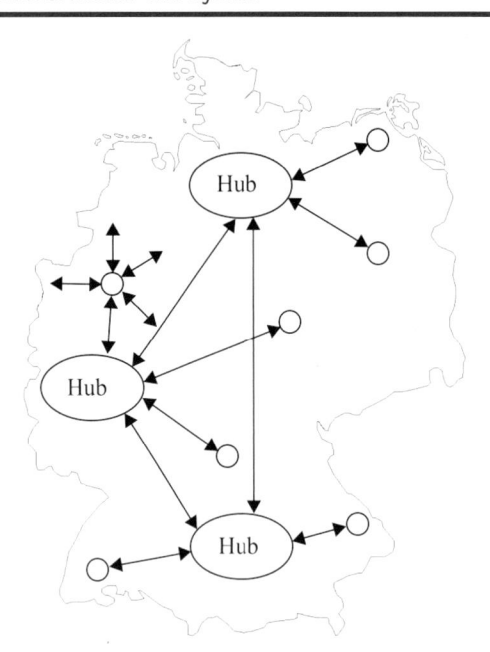

2.1.2 Multi-Hub-Systeme

Multi-Hub-Systeme sind im Vergleich zu Hub-and-Spoke-Systemen flexibler, weil die Sendungen in Abhängigkeit vom jeweiligen Versand- und Empfangsort über eines von mehreren zentralen Umschlagszentren (Hub) transportiert werden.

Solche Multi-Hub-Systeme sind aber sehr kostenintensiv, weswegen sie sich in Reinform nur selten auf dem Markt finden.

Beispiele für Multi-Hub-Systeme finden sich vor allem im Luftverkehr. So hat die Lufthansa mit den Flughäfen Frankfurt und München ein Doppel-Hub-System entwickelt. In diesem werden die ankommenden Flugzeuge zeitlich so koordiniert, dass sie möglichst viele abgehende Flugzeuge erreichen.

Aber auch international kommen Multi-Hub-Systeme vermehrt zum Einsatz.

Abb. 3.5: Gemischtes System

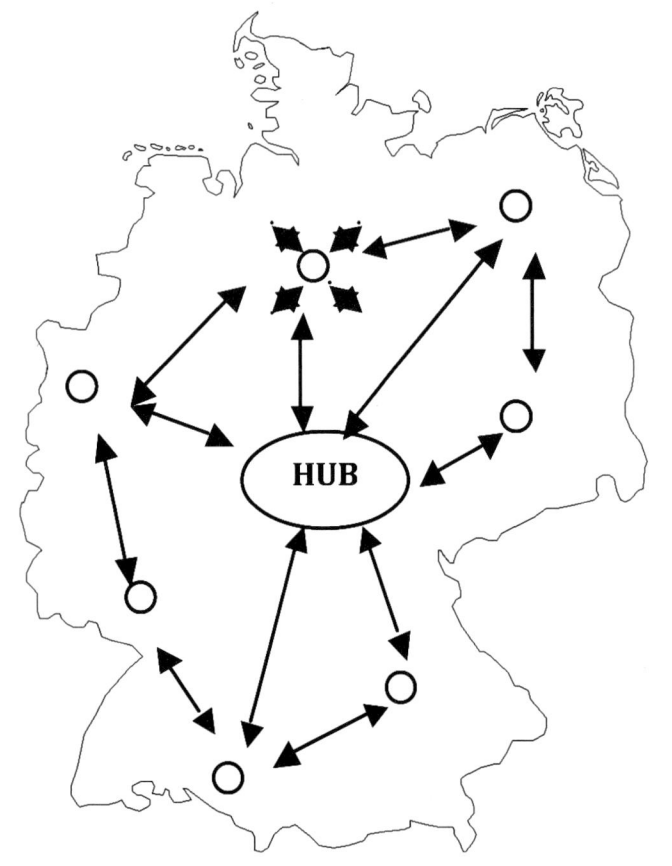

2.1.3 Gemischte Systeme

Weitaus häufiger als die Multi-Hub-Systeme sind aber gemischte Systeme anzutreffen, die ausgehend vom Hub-and-Spoke-System bei einem entsprechenden Sendungsaufkommen auch Direkttransporte von Niederlassung zu Niederlassung durchführen.

Die gemischten Systeme bilden damit eine Vorstufe zu den Multi-Hub-Systemen, die sich vor allem durch eine flexiblere Routenplanung und infolge dessen durch kürzere Transportzeiten auszeichnen. Allerdings setzen Direkttransporte stets ein entsprechendes Sendungsaufkommen voraus, damit die Wirtschaftlichkeit des Systems noch gegeben ist.

2.1.4 Beispiel für einen konkreten Transportverlauf

Herr Abel (Auftraggeber A) bittet um die Abholung und Zustellung einer Sendung an Herrn Emmerich (Empfänger E).

Die Firma Sausewind übernimmt die Abholung der Sendung per Fahrrad sowie den Transport zur Niederlassung (NL). In der Niederlassung werden alle Sendungen gesammelt und zweimal täglich zum zentralen Umschlagsplatz, dem Hub, transportiert.

Im Hub werden die Sendungen sortiert und per Lkw an die jeweiligen Niederlassungen verteilt. In den Niederlassungen erfolgt dann die Übergabe an den Zusteller, der die Sendung an Herrn Emmerich aushändigt.

Abb. 3.6: Transportverlauf

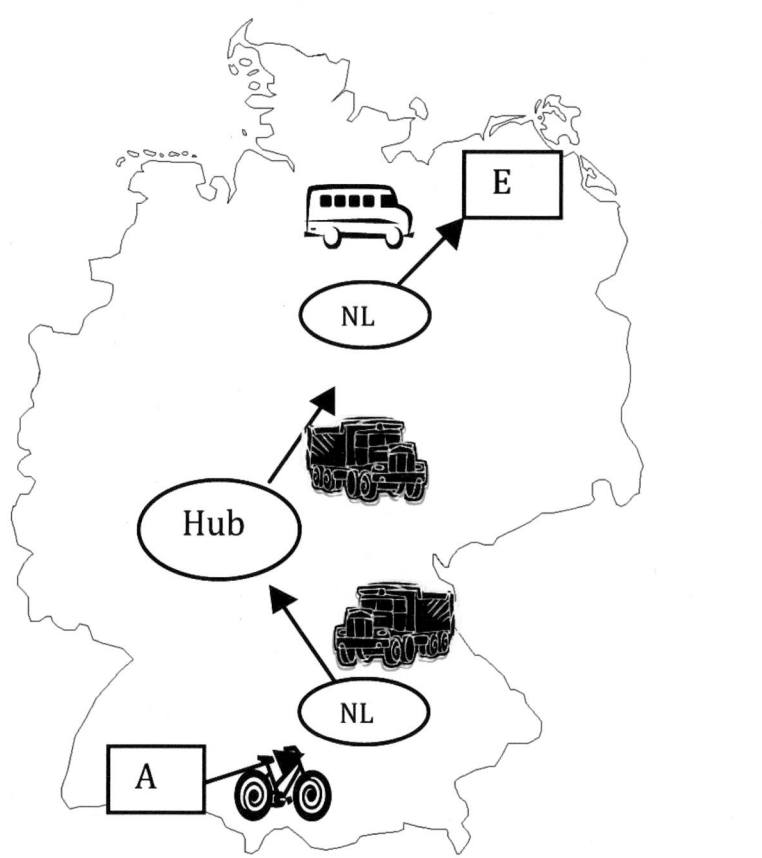

2.2 Das Postleitzahlensystem

2.2.1 Allgemeines

Bei der **Postleitzahl** (Abkürzung PLZ, englisch: Postcode, USA: ZIP-Code) handelt es sich um eine Ziffernkombination, die innerhalb der Anschrift von Briefen, Päckchen, Paketen oder sonstigen adressierten Postsendungen den konkreten Bestimmungs- oder auch Zustellort eingrenzt.

Die Postleitzahl wird zur Kennzeichnung:
- eines Ortes,
- eines Zustellbereiches in größeren Orten mit mehreren Postleitzahlen,

- eines Postfaches,
- der Poststelle eines Großempfängers

eingesetzt.

Die Postleitzahl ist wesentlicher Bestandteil jeder Adresse in Deutschland.

 Beispiel: Familie Mustermann, Musterstraße 10, 04315 Leipzig

Am besten lässt sich die Funktion der Postleitzahlen mit Telefonvorwahlen, den Kfz-Kennzeichen oder den amtlichen Gemeindeschlüsseln vergleichen. Auch diese gestatten die Zuordnung zu einem bestimmten Ort oder bei kleineren Orten zu einem bestimmten Gebiet. Die Postleitzahlen geben keine Auskunft über die Grenzen zwischen Bundesländern, Regierungsbezirken oder Landkreisen.

Es gibt unterschiedliche Systeme von Postleitzahlen. In Deutschland waren die Postleitzahlen ursprünglich zweistellig, dann vierstellig. Seit dem 1. Juli 1993 sind sie fünfstellig. Jede Stelle besteht aus einer Ziffer zwischen „0“ und „9“. Neben den Postleitzahlen für einzelne Zustellgebiete (Flächen-PLZ) existieren unterschiedliche Arten ausgabebezogener Postleitzahlen, z.B. für Großkunden, für Postfächer und so genannte Aktions- sowie Reservepostleitzahlen.

Gegenwärtig verwaltet die Deutsche Post AG (DPAG), das Postleitzahlensystem Deutschlands weitgehend autonom. Daher ist das deutsche Postleitzahlensystem aktuell weitgehend auf betriebliche Bedürfnisse der Deutschen Post AG ausgerichtet. Die erste Neuauflage des so genannten **Postleitzahlenbuches** seit 1993 ist im Oktober 2005 erschienen. Durch neue Orte, Straßen, Eingemeindungen und Namensänderungen waren mehr als 63.000 Aktualisierungen notwendig.

2.2.2 Funktion der Postleitzahl

Postleitzahlen erfüllen vielfältige und wichtige Funktionen im Alltag sowie im öffentlichen Leben, die weit über ihre postalische Funktion hinausreichen. Auf ihrer Basis ist die gesamte ortsbezogene Informationsverarbeitung Deutschlands aufgebaut. Keine Einwohnermeldeamtsregistratur, kein Vertrag, kein Telefonverzeichnis ohne Angabe der Postleitzahl.

Zur eindeutigen Identifizierung und Unterscheidung von Personen mit z.B. gleichen Familiennamen, wird immer auch die vollständige Anschrift einschließlich der Postleitzahl verwendet.

- Anbieter von Postdienstleistungen nutzen Postleitzahlen, um Adressen eindeutig identifizieren zu können und um Sendungen durch ihre logistischen Beförderungsnetze zu steuern.
- Das PLZ-System hat ebenso Bedeutung für Anbieter von Dienstleistungen, die der Postbeförderung vor- oder nachgelagert sind. So erfüllen sie wichtige Ordnungs- und Sortierfunktionen in Lettershops beim Druck und der Kuvertierung von Sendungen, beim Betrieb von Postfachanlagen, der Bearbeitung ein- oder abgehender Postsendungen im Auftrag der Absender oder Empfänger oder bei der Analyse der Ergebnisse von Marketingaktionen.
- Nicht postalische Nutzer verwenden Postleitzahlen auch als Sortier- und Ordnungskriterium, z.B. in Routenplanern.

2.2.3 Die Postleitzahl

Die **ersten beiden Ziffern** der Postleitzahl stehen für eine Region und sind geografisch geordnet. Sie werden auch als **Leitregion** bezeichnet, z.B. 04XXX = Leitregion Leipzig.

Das Gebiet der Bundesrepublik ist in 96 Leitregionen eingeteilt. Die Aufteilung entspricht im Wesentlichen den Arbeitsbereichen der Briefzentren der Deutschen Post AG.

- In den so genannten Ausgangsbriefzentren der Deutschen Post AG (BZA) werden die Briefe auf die Briefzentren des Zielgebietes, die Eingangsbriefzentren (BZE) verteilt.

Abb. 3.7: Leitregionen

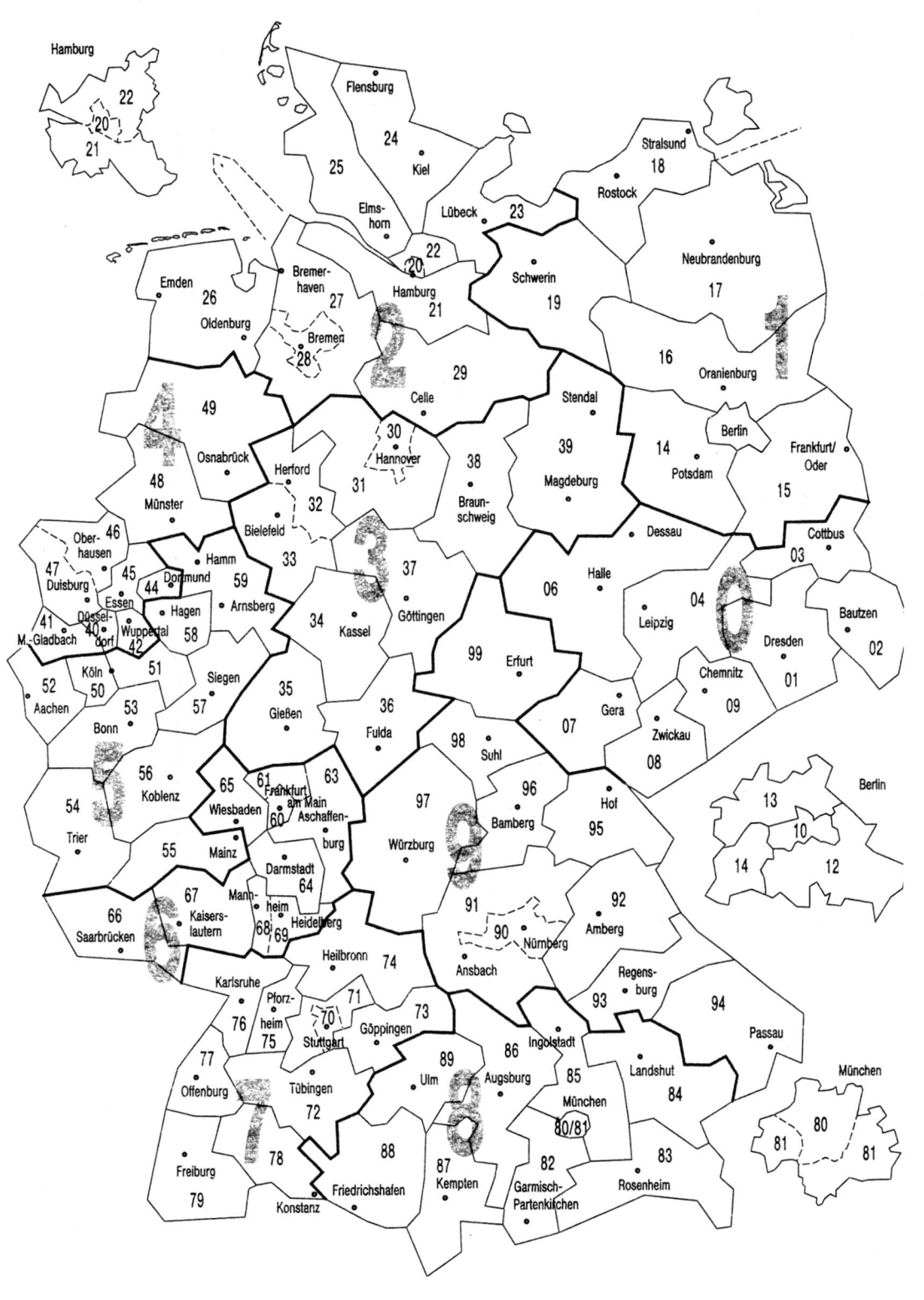

- Die Zahl der Briefzentren stimmt nicht mit der Zahl der Leitregionen überein. In Ballungsräumen ist ein Briefzentrum der Deutschen Post AG daher für zwei oder drei Leitregionen zuständig, z.B. 10, 12 und 13 für Berlin, 20, 21 und 22 für Hamburg, 80 und 81 für München.
- Leitregionen, die in der ersten Stelle der Postleitzahl übereinstimmen, werden als **Leitzone** bezeichnet. Geografisch verlaufen die zehn Leitzonen entgegen dem Uhrzeigersinn, bei Sachsen mit 0 beginnend, linksdrehend durch das gesamte Bundesgebiet.

Die **3. bis 5. Stelle** der Postleitzahl ist wichtig für die weitere Sortierung der Postsendungen bis hin zur Zustellung. Nach ihnen werden die Sendungen entsprechend den verschiedenen Zustellformen sortiert:

- zustellbare Adressen,
- Großkunden,
- Postfachanlagen einschließlich postlagernder Sendungen und
- Aktionspostleitzahlen.

2.2.4 Typen von Postleitzahlen

Bei den Postleitzahlen unterscheidet man

- Zustellpostleitzahlen,
- Großkunden- und Postleitzahlen für Großempfänger,
- Postleitzahlen für Postfächer,
- Aktionspostleitzahlen,
- Reservepostleitzahlen.

Zustellpostleitzahlen: Deutschland hat über 12.000 Städte und Gemeinden. Die meisten Orte (Städte, Gemeinden) haben nur eine Postleitzahl. Gegenwärtig sind 209 größere Orte und Städte in Postleitzahlengebiete mit **mehreren Postleitzahlen** eingeteilt.

Die Abgrenzung der Postleitzahlen innerhalb eines Ortes erfolgt über die Straßen oder sogar über Hausnummern.

 Beispiel:

Berlin, Marzahner Chaussee 1 – 41, 2 – 42	= PLZ 10315
Marzahner Chaussee 47 – Ende, 48 – Ende	= PLZ 12681

Die Vergabe von einer einzigen Postleitzahl an mehrere Orte oder Gemeinden, was vor allem in dünn besiedelten Gebieten, z.B. Brandenburg oder Mecklenburg-Vorpommern, häufig vorkommt, führt in der täglichen Zustellpraxis teilweise zu Problemen.

Oftmals wird als Ort bei der Adressangabe der Hauptort der Gemeinde angegeben, z.B. 07366 Harra, auch wenn der Empfänger in 07366 Kießling (bei Harra) wohnt. Wenn es dann in einer Gemeinde zehnmal eine „Dorfstraße" gibt, ist eine Zuordnung einer Sendung zum konkreten Wohnort des Empfängers erschwert.

Großkunden- und Postleitzahlen für Großempfänger: Großkunden, z.B. Behörden, Krankenkassen, Versandhäuser, die **werktäglich ca. 2.000 Sendungen** erhalten, können bei der Deutschen Post AG eine eigene Postleitzahl beantragen.

Inhaber eines Postfaches bei der Deutschen Post AG, die werktäglich große Sendungsmengen erhalten, so genannte **Großempfänger**, werden zu Gruppen zusammengefasst. Jede Großempfängergruppe erhält eine eigene Postleitzahl, was die Zuordnung der Sendungen zu den einzelnen Postfächern innerhalb einer Postfachanlage erleichtert.

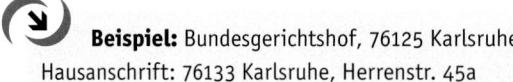 **Beispiel:** Bundesgerichtshof, 76125 Karlsruhe
Hausanschrift: 76133 Karlsruhe, Herrenstr. 45a

Postleitzahlen für Postfächer: Postfachanlagen, z.B. in Postämtern, erhalten eigene Postleitzahlen, entsprechend der Anzahl der vorhandenen Postfachschränke. Postfächer sind vor allem für die Kunden interessant, die täglich größere Mengen Post erwarten. Da bei diesen Sendungen die Zustellung entfällt, stehen sie schon zeitig, z.B. bei Arbeitsbeginn, zur Abholung im Postfach zur Verfügung.

Aktionspostleitzahlen: Im Zusammenhang mit Marketing- oder Werbeaktionen, z.B. Verlosungen, können bei der Deutschen Post AG für die Rücksendung der Antwort-, Teilnahme- oder Lösungskarten eigene Postleitzahlen beantragt werden. Diese gelten dann zeitlich befristet für die jeweilige Aktion.

Reservepostleitzahlen: Um auch auf zukünftige Veränderungen eingestellt zu sein, wurde bei der Erstellung des aktuellen Postleitzahlensystems eine so genannte Wachstumsreserve eingearbeitet. So sind z.B. gegenwärtig die Postleitzahlen der Leitregion 05 nicht vergeben.

2.2.5 Geschichte der Postleitzahlen in Deutschland

Versuche, Zahlen zur Identifizierung von Orten im Postwesen einzusetzen, gab es schon sehr früh. Ab ca. 1853 wurden von der Postverwaltung von Thurn und Taxis so genannte Ringnummernstempel eingesetzt, die es ermöglichten, Orte über einen Zahlencode zu erkennen.

Das 2-stellige PLZ-System: Die ersten Postleitzahlen wurden im Jahr 1943 in Deutschland eingeführt. Dies wurde notwendig, da während des Zweiten Weltkrieges der Postverkehr in Deutschland vor allem durch die Feldpost sehr stark angestiegen war. Zur Beschleunigung des Postverkehrs wurden im Juli 1941 vom Reichspostministerium Päckchen-Leitgebiete eingeführt, welche durch so genannte Regionalzahlen oder auch Postleitzahlen gekennzeichnet wurden. Dabei handelte es sich im Wesentlichen um die Ordnungszahlen (2-stellig, numerisch mit 1-stelligem Buchstabenzusatz) der damals bestehenden Oberpostdirektionen des Deutschen Reiches, die teilweise durch angehängte Kleinbuchstaben ergänzt wurden. Ab Oktober 1943 wurden diese Postleitzahlen zur allgemeinen Benutzung vorgeschrieben.

Das 4-stellige PLZ-System: Das zweistellige Postleitzahlensystem entsprach nach Ende des zweiten Weltkrieges und der Gründung der beiden deutschen Staaten (BRD und DDR) im Jahr 1949 nicht mehr den Erfordernissen der Zeit. Deshalb wurde seit 1961 die Einführung eines neuen Postleitzahlensystems vorangetrieben und am 23. März 1962 eingeführt. Das 4-stellige Postleitzahlensystem der Bundesrepublik ging von einem geeinten Deutschland aus und reservierte die Bereiche 1000 bis 1999 und 9000 bis 9999 für den Osten Deutschlands. Daher wurden Postleitzahlen aus diesem Bereich nicht zugeteilt. Lediglich die 1000 wurde von Berlin (West) benutzt.

Die Post der DDR führte kurze Zeit später ein eigenes vierstelliges Postleitzahlensystem ein. Dieses war anders strukturiert und auf die DDR zugeschnitten. Die Postleitzahlenbereiche von 1000 bis 9999 wurden auf die 15 Bezirke der DDR verteilt. Im Unterschied zum System der Bundesrepublik, wo Städten stets nur eine einzige Postleitzahl zugeordnet war und Großstädte nur durch eine nachgestellte Zustellpostamtsziffer differenziert werden konnten, wurden größeren Städten in der DDR bereits damals mehrere Postleitzahlen zugeordnet. Auch war der jeweilige Zustellbezirk im DDR-System bereits in der Postleitzahl integriert.

Das 5-stellige PLZ-System: Nach dem Ende der DDR 1990 stand die Bundespost vor dem Problem, dass im nun geeinten Deutschland zwei Postleitzahlensysteme existierten und viele Postleitzahlen in Ost und West doppelt vergeben waren. So stand die 5300 sowohl für Weimar in Thüringen als auch für Bonn. Übergangsweise wurde daher vor jede Postleitzahl ein „O-" bzw. ein „W-" gesetzt, um die Eindeutigkeit zu wahren.

Daher wurde entschieden, ein neues Postleitzahlensystem mit fünfstelligen Zahlen zu entwickeln, wobei strukturelle Vorteile des alten DDR-Systems Berücksichtigung fanden. Im Ergebnis erfolgte eine Änderung aller Postleitzahlen.

Ein wichtiger Grund für die Einführung der 5-stelligen Postleitzahlen war auch die immer weiter voranschreitende Automatisierung der Briefsortierung. Mit der Einführung der neuen Postleitzahlen wurde die Grundlage für die effiziente Arbeit der Briefzentren geschaffen, mit welchen es im Idealfall möglich ist, Postsendungen mit nur zwei Sortiergängen (1xBZA / 1xBZE) bis auf den Zusteller zu sortieren. Im neuen System wurden die Zustellbezirke in die Postleitzahlen integriert. Der Wechsel zu den fünfstelligen Postleitzahlen erfolgte am 01. Juli 1993.

2.2.6 Postleitzahlensysteme anderer Länder

Das fünfstellige Postleitzahlensystem der Bundesrepublik Deutschland ist nicht die einzige Art und Weise festzulegen, wohin eine Postsendung geschickt werden soll.

Niederlande: In den Niederlanden wird seit März 1978 ein Postleitzahlensystem aus vier Ziffern und zwei Buchstaben verwendet. Die ersten beiden Ziffern bezeichnen die Region und Orte, die letzten beiden Ziffern das Dorf bzw. den Ortsteil. Die beiden Buchstaben bezeichnen das Stadtviertel (Straßengruppen) und Zustellparzellen. Einzelne Straßen besitzen teilweise verschiedene Postleitzahlen für gerade und ungerade Hausnummern auf jeweils einer Straßenseite.

Österreich: In Österreich wurden Postleitzahlen 1966 eingeführt und sind vierstellig. Die erste Stelle gibt im Wesentlichen die entsprechende Region an, z.B.: 1xxx – Wien, 5xxx – Salzburg. Die zweite Stelle bezeichnet das Leitgebiet, die dritte Stelle die Leitstrecke und die vierte Stelle den Leitort (Postamt). In Wien steht an der zweiten und dritten Stelle der Postleitzahl der Gemeindebezirk (z.B. 1120: 12. Bezirk). Außerdem gibt es Sonderpostleitzahlen, z.B.: für Verteilerzentren, Postfächer etc.

Schweden: Das schwedische Postleitzahlensystem ähnelt dem deutschen am meisten. In Schweden werden fünfstellige Leitzahlen verwendet. Groß-, Mittel- und einigen Kleinstädten sind mehrere Postleitzahlen zugeordnet, den rund 900 kleinen Orten nur eine. Großkunden, Postfachanlagen sowie der Versandhandel verfügen über eigene Leitzahlen.

Schweiz: Die Schweizer Post führte 1964 Postleitzahlen ein. In der Schweiz sind die Postleitzahlen vierstellig. Wie beim Postleitzahlensystem in Deutschland kann eine Gemeinde in der Schweiz mehrere Postleitzahlen erhalten, oder eine Postleitzahl mehrere politische Gemeinden umfassen. Durch die begrenzte Anzahl von zur Verfügung stehenden Postleitzahlen, ist die Adressierung einzelner Poststellen in größeren Städten oft nicht möglich (3000 Bern 1, 3000 Bern 2 etc.). In das schweizerische Postleitzahlensystem ist auch das Fürstentum Liechtenstein einbezogen.

USA: Der ZIP Code (Abk. für Zone Improvement Plan) ist der Postleitzahlen-Code des US-amerikanischen Postdienstleisters **US Postal Service**. Es handelt sich einen 5-stelligen Code. Jeder der ca. 30.000 Poststellen ist eine eigene Nummer zugeordnet. Die niedrigste Nummer liegt an der Ostküste – 01001 Agawam (Bundesstaat Massachusetts), die Höchste in Bundesstaat Alaska – 99929 Wrangell. Viele Adressen, z.B. Geschäftsadressen haben zusätzlich noch vier Nummern, um den Sortiervorgang zu erleichtern. In jeder Adresse muss neben dem ZIP Code auch der Name der Stadt und die Abkürzung des Bundesstaates enthalten sein.

Vereinigtes Königreich (Großbritannien und Nordirland): Im Vereinigten Königreich sind die Postleitzahlen nach dem Schema AA0 0AA (A = Buchstabe, 0 = Ziffer) vergeben. Bei der Adressierung wird die Postleitzahl der Ortsbezeichnung nachgestellt.

Die erste Buchstabenkombination zeigt die Region an, wobei die Kombination der abgekürzte Name des Hauptorts dieser Region ist, z.B. AB – Aberdeen, B – Birmingham. Diese Regionen sind in Unterregionen aufgeteilt, deren Kennzahl (ein- oder zweistellig) ohne Lücke folgt. Die Zahlen-Buchstaben-Kombination nach der Lücke identifiziert den Ort oder Ortsteile, z.B. Stadtviertel oder Straßenabschnitte.

2.3 Das System der Zellcodierung

Die Zellcodierung wurde 1992 von der Hermes-Logistik Gruppe entwickelt, um eine bessere Tourenplanung zu ermöglichen. Die Codierung erfolgt anhand eines Niederlassungsschlüssels und des Tourencodes.

Abb. 3.8: Zellcodierung (Quelle: Hermes Logistik-Gruppe)

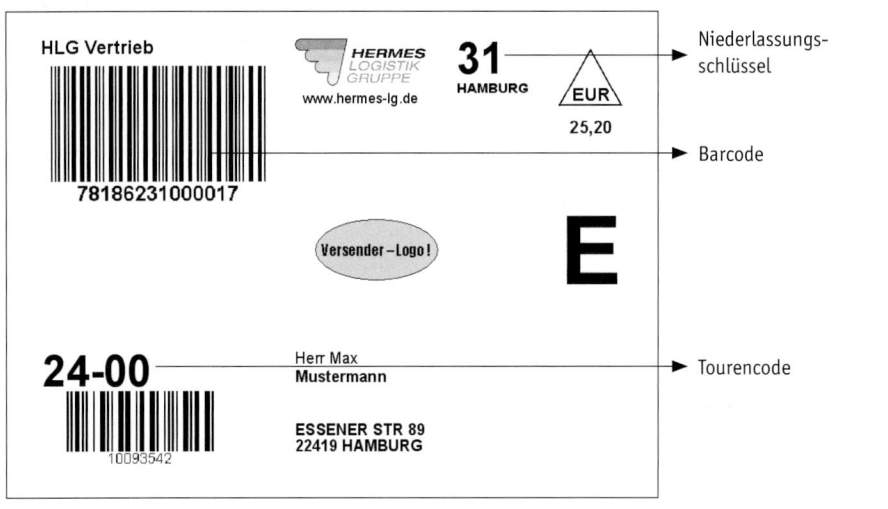

Der **Niederlassungsschlüssel** entspricht der Postleitzahl und gibt die Niederlassung an, zu der die Sendung transportiert werden soll.

Der **Tourencode** setzt sich dagegen aus zwei Elementen zusammen:
* dem Tourenelement (ersten beiden Ziffern) und
* der Zelle (letzten beiden Ziffern).

Während das Tourenelement am ehesten mit einzelnen Straßenzügen vergleichbar ist, gibt die Zelle einen konkreten Straßenabschnitt an, der von den Zustellern betreut und angefahren wird.

3 Sendungserfassung und Sendungsverfolgung

Die Sendungserfassung und -verfolgung ist eine von vielen Kurier-, Express- und Postdienstleistern angebotene Serviceleistung, mit der der konkrete Transportverlauf einer Sendung von der Einlieferung bis zur Ablieferung nachvollzogen werden kann. Neben dem für den Kunden positiven Aspekt, jederzeit genau über den Verbleib der Sendung Auskunft zu erhalten, ist das System der Sendungserfassung auch unter haftungsrechtlichen Gesichtspunkten notwendig geworden. So verlangen die Gerichte insbesondere beim Umschlag von Sendungen eine ordnungsgemäße Eingangs- und Ausgangskontrolle, die zwingend die Erfassung der eingehenden und ausgehenden Sendungen voraussetzt.

3.1 Sendungserfassung

Zum Zwecke der Sendungserfassung werden alle eingehenden Sendungen mit einem **Barcode** (s.o.) versehen. Dieser wird zunächst eingescannt und mit den dazugehörigen Absender- und Empfängerdaten sowie dem Eingangsdatum im System hinterlegt. Die Sendung ist nun im System erfasst und kann bei Bedarf abgerufen werden. Auch kann der Empfänger über die baldige Zustellung der Sendung benachrichtigt werden.

Für die mobile Datenerfassung, die insbesondere bei Paketdiensten zum Einsatz kommt, werden die Sendungsdaten an das **mobile Datenerfassungsgerät (MDE)** übertragen. Der Empfänger quittiert die Annahme der Sendung direkt auf dem MDE-Gerät. Nach Beendigung der Tour werden die Daten dann an das System zurückübertragen, sodass dort die gesamten Sendungsdaten samt elektronischer Unterschriften der Empfänger zur Verfügung stehen.

Abb. 3.9: Mobiles Datenerfassungsgerät (MDE)

Für jede Route wird dann eine **Verteilerliste** gedruckt, die den Barcode, den Absender, den Empfänger und die Unterschrift des Empfängers enthält. Die erfolgte Zustellung kann nun über den Listenbarcode registriert werden. Nicht zugestellte Sendungen werden automatisch in eine neue Verteilerliste aufgenommen und können dann erneut zugestellt werden.

Abb. 3.10: Routenliste

Routenliste 2	26.06.02 14:46	Seite 1
Absender	Empfänger	Unterschrift
DPAG 506231659765 Landmark	M5 Frau Krusche	_Krusche_
UPS 1Z7418468400036717 Jumptech	M3 Hr. Schmidt	_Schmidt_
DPAG 554064278365 Bundesamt	M3 Fr. Lange	_Lange_
DPAG 200598050234	M5 Hr. Schulze	_Schulze_

3.2   Vollautomatische Sendungserfassung

Gerade in größeren KEP-Unternehmen ist aufgrund der Vielfalt der zu bearbeitenden Sendungen ein System zur automatisierten Erfassung und Bearbeitung von Adressen, Barcodes und Labels notwendig.

Dabei werden alle wesentlichen Informationen wie Format, Gewicht, Adressat und Empfänger mit einer speziellen Erkennungssoftware ermittelt und im System hinterlegt. Sind im System auch die Zusteller oder die Zustellrouten in einer speziellen Datenbank hinterlegt, werden die Sendungen automatisch einem Zusteller oder einer Route zugeordnet.

Zusätzlich erhalten die Sendungen eine spezielle Videocodierung, mit der nicht oder nur unvollständig eingelesene Daten nachbearbeitet werden können. Erst wenn die Sendung richtig erfasst worden ist, wird ein Label- oder Barcode gedruckt, der dann auf die Sendung aufgebracht wird.

3.3   Sendungsverfolgung

Die Sendungsverfolgung, auch Tracking & Tracing genannt, setzt zwingend die Sendungserfassung voraus. Denn erst das Aufbringen des Barcodes auf den jeweiligen Sendungen schafft die Voraussetzung für eine permanente Überwachung.

Der Barcode wird auf jedem Umschlagplatz gescannt und erneut eingelesen. Der Standort wird dann an einen festgelegten Server übermittelt und dort in einer Datenbank hinterlegt. Aber auch während des Transports ist eine Standortermittlung durch Mobiltelefone, Funknetze oder den Einsatz von GPS-Systemen möglich. Der Kunde kann sich daher jederzeit über den aktuellen Standort seiner Sendung informieren.

3.4   Sendungsauskunft

Der aktuelle Standort der Sendung sowie der Bearbeitungsstand kann von den Kunden per Telefon oder über das Internet abgefragt werden. Der Kunde erhält dann einen Login-Namen und ein Passwort, unter dem er sich online anmelden und den aktuellen Aufenthaltsort seiner Sendung abfragen kann.

Barcode	Bearbeitungs-datum	Letzter Sendungsstatus	Bemerkungen	Sendungs-historie
X368875	15.06.2007	Die Sendung ist zugestellt.		>>Klicken<<

Sendungshistorie			
Barcode	Datum	Uhrzeit	Bearbeitungsstand
X368875	15.06.2007	13.00	Die Sendung ist zugestellt
X368875	15.06.2007	9.00	Die Sendung ist auf Tour
X368875	14.06.2007	23.00	Eingang in der Niederlassung
X368875	14.06.2007	18.00	Eingang im Hub

Die Sendungsdaten werden schließlich in der Datenbank archiviert, um sie im Bedarfsfall auch später noch abrufen zu können.

4   Verkehrsgeografie

Um Standorte richtig ermitteln und Touren optimal planen zu können, sind Kenntnisse über die Geografie unserer Erde oder über das Ermitteln der Zeit unerlässlich.

4.1   Gradnetz und Zeitzonen

4.1.1   Gradnetz

Jeder Standort auf der Erde kann mithilfe des Gradnetzes, dem Koordinatensystem auf der Erdoberfläche, bestimmt werden.

Die Erde wird dazu einmal **quer** in eine **Nord-Süd-Halbkugel** und einmal **längs** in eine **Ost-West-Halbkugel** geteilt.

Die Teilung in die Nord- und Südhalbkugel erfolgt durch den Äquator. Dieser befindet sich genau bei 0° nördlicher und südlicher Breite. Parallel zum Äquator verlaufen dann die **Breitengrade**. Vom Äquator zählt man nun 90 Breitengrade nach Norden und 90 Breitengrade nach Süden. Damit befindet sich der Nordpol bei 90° nördlicher Breite (90° N) und der Südpol bei 90° südlicher Breite (90° S).

Zwischen dem Äquator und den jeweils 90. Breitengraden befinden sich weitere Breitengrade, die eine besondere Bedeutung haben, nämlich die Wendekreise und die Polarkreise.

Die **Wendekreise** liegen bei genau 23,27° nördlicher bzw. südlicher Breite (23,27° N, 23,27° S). Die Sonne steht hier am 21. Juni beziehungsweise am 21. Dezember um die Mittagszeit genau senkrecht über der Erde, sodass ein Stab, der senkrecht in den Boden gesteckt wird, keinen Schatten wirft.

Die **Polarkreise** hingegen befinden sich genau bei 66,33° nördlicher bzw. südlicher Breite (66,33° N, 66,33° S). Gebiete, die innerhalb der Polarkreise liegen, überschreiten nicht jeden Tag die Tag-Nacht-Grenze, d.h., es gibt mindestens einen Tag im Sommer, an dem die Sonne nicht untergeht, Polartag, und mindestens einen Tag im Winter, an dem die Sonne nicht aufgeht, Polarnacht.

Abb. 3.11: Breitengrade

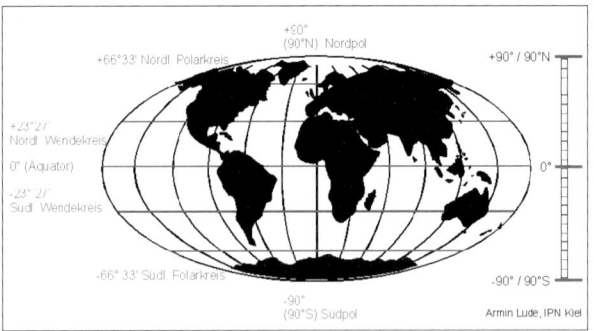

Die Teilung in eine Ost-West-Halbkugel erfolgt hingegen durch den Nullmeridian. Dieser verläuft genau durch die Sternwarte in Greenwich, nahe London. Parallel zum Nullmeridian verlaufen die **Längengrade,** auch Meridiane genannt. Vom Nullmeridian zählt man nun 180 Längengrade nach Westen und 180 Längengrade nach Osten. Der 180. Längengrad westlicher Länge (180° W) ist identisch mit dem 180. Längengrad östlicher Länge (180° O) und befindet sich – ausgehend vom Nullmeridian – auf der Rückseite der Erdoberfläche.

Abb. 3.12: Längengrade

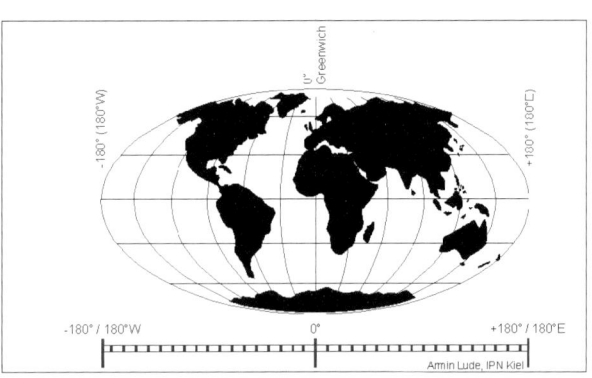

Die durch die Angabe des Breiten- und Längengrades bestimmten Koordinaten werden durch Winkelminuten und Winkelsekunden noch weiter präzisiert. Dabei entspricht ein Grad gleich 60 Winkelminuten (1° = 60'), und eine Winkelminute entspricht 60 Winkelsekunden (60"). Eine Winkelminute umfasst eine Strecke von etwa 1,85 km, eine Winkelsekunde umfasst etwa 31 m. Der Standort kann nun auf 31 Meter genau bestimmt werden. Eine noch genauere Standortbestimmung kann dann nur mithilfe von Satelliten vorgenommen werden.

Beispiel: Berlin 52°31'20"Nord, 13°17'51"Ost;
Frankfurt/Main 50°06'44"Nord, 08°40'55"Ost

4.1.2 Zeitzonen

Die Erdoberfläche wird ferner in Zeitzonen eingeteilt. Zeitzonen geben den Teil der Erdoberfläche an, auf dem eine gemeinsame Uhrzeit gilt. Die Zeitzonen orientieren sich an den Längengraden und sind an die **koordinierte Weltzeit** (**U**niversal **T**ime **C**oordinated, kurz: UTC) gekoppelt. Die UTC wird an dem Nullmeridian ausgerichtet. Die Zeiten der anderen Zeitzonen ergeben sich dann durch das Abziehen oder Hinzufügen einer meist ganzzahligen Stundenzahl. Die Anzahl der Stunden, die abgezogen oder hinzugefügt werden, errechnet sich nach dem mittleren Abstand vom Nullmeridian.

Grundsätzlich sah man sich genötigt, jedem Land eine Zeitzone zuzuordnen, damit nicht innerhalb eines Landes unterschiedliche Zeiten gelten. In sehr großen Ländern mit einer entsprechenden Ost-West-Ausrichtung ist dies aber nicht gelungen. Sie sind über mehrere Zeitzonen verteilt. So hat beispielsweise Russland mehr als elf, die USA mehr als sechs und Kanada mehr als fünf Zeitzonen. China allerdings liegt trotz seiner großen Ost-West-Ausdehnung innerhalb nur einer Zeitzone. Aktuell wird durch die Regierungen verschiedener Staaten eine Reduzierung der bisherigen Zeitzonen diskutiert (zum Beispiel Russland).

Daneben gibt es Länder, die – meist aus politischen Gründen – ihre eigenen Zeitzonen haben, deren Differenz zu anderen Zeitzonen keine ganzen Stunden betragen. So liegen beispielsweise die australischen Bundesstaaten „Northern Territory" und „South Australia" neuneinhalb Stunden vor der UTC, Indien fünfeinhalb Stunden und der Iran dreieinhalb Stunden.

Abb. 3.13: Zeitzonen

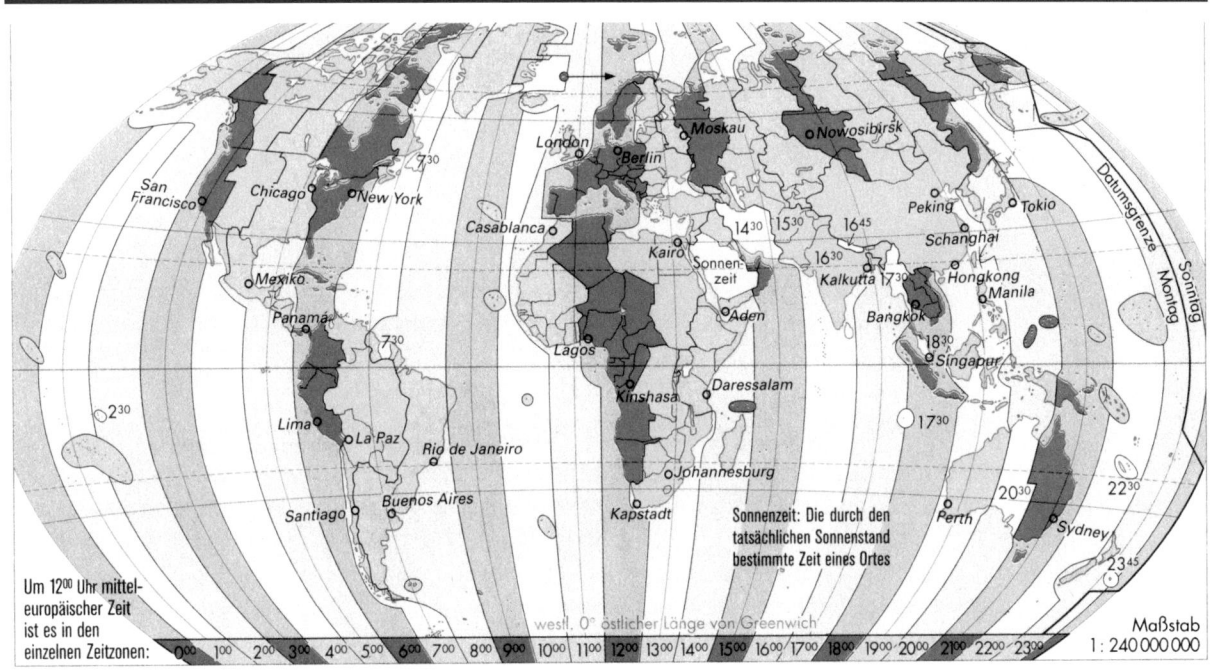

Der kanadische Eisenbahningenieur Sir Sandford Fleming schlug daher 1879 erstmals die Einführung einer Eisenbahnzeit vor, der Zeitzonen zu Grunde gelegt worden sind. Dies führte dann bereits im Oktober 1884 dazu, dass auf der Internationalen Meridiankonferenz in Washington D.C. die Erde in 24 Stunden-zonen von je 15 Längengraden aufgeteilt wurde. Die Differenz zwischen den jeweiligen Zeitzonen betrug eine Stunde, ausgehend von dem bereits 1883 zur Berechnung der Weltzeit festgesetzten Nullmeridian.

Zudem wechseln viele Länder in der **Sommerzeit**, von Frühlingsmitte bis Herbstmitte, in eine andere Zeitzone. So gilt beispielsweise in Mitteleuropa die mitteleuropäische Sommerzeit (MESZ), die von der koordinierten Weltzeit (UTC) zwei statt der sonst üblichen einen Stunde entfernt liegt. In den Sommermonaten wird die mitteleuropäische Zeit daher auch mit MESZ, UTC + 2 angegeben, in den Wintermonaten mit MEZ, UTC + 1. Im westlichen Europa gilt entsprechend die West-europäische Sommerzeit (WEZ) und im östlichen Europa die Osteuropäische Sommerzeit (OEZ).

(!) **Wichtig:** Beachten Sie, dass bei Ländern, die auf der Südhalbkugel liegen, die Jahreszeiten den europäischen entgegengesetzt sind.

4.1.3 Datumsgrenze

Die Welt ist in 360 Längengrade und 24 Zeitzonen unterteilt. Damit entspricht eine Zeitzone rein rechnerisch 15 Längengraden. Reist man nun vom Nullmeridian in Richtung Osten, schreitet die Zeit schneller voran, d.h., man verliert Zeit. Reist man aber Richtung Westen, gewinnt man Zeit hinzu.

Nach 24 Stunden und genau 360 Längengraden beträgt die Zeitdifferenz genau einen Tag. Dies würde aber dazu führen, dass ein Flugzeug, das am 10.10. in westlicher Richtung die Erde umkreist, nach seiner Rückkehr am Ausgangspunkt und 24 Stunden später wieder am 10.10. ankäme.

Würde das Flugzeug aber in östlicher Richtung fliegen, käme es erst am 12.10. am Ausgangs-punkt an. Es würde also praktisch in der Zeit herumreisen. Um das zu verhindern, hat man eine feste Datumsgrenze eingeführt.

Die Datumsgrenze ist eine gedachte Linie auf der Erdoberfläche, die entlang des 180. Längen-grades verläuft. Überschreitet man die Datumsgrenze in östlicher Richtung, wird das Datum um einen Tag zurückgestellt. Überschreitet man sie in westlicher Richtung, stellt man das Datum um einen Tag vor.

4.2 Die Bundesrepublik Deutschland

In der Bundesrepublik Deutschland leben auf einer Fläche von rund 360.000 km^2 an die 82,5 Millionen Einwohner. Deutschland ist eine parlamentarische Demokratie. Regierungssitz und Hauptstadt ist Berlin.

Als föderaler Bundesstaat gliedert sich die Bundesrepublik in zwei Ebenen, die Bundes- und die Länderebene. Während die Bundesebene die Bundesrepublik Deutschland nach außen vertritt, existieren auf Länderebene 16 teilsouveräne **Bundesländer**, wobei jedes Bundesland für sich selbst verantwortlich ist. Das heißt: Jedes Bundesland besitzt – wie die Bundesrepublik Deutschland als Ganzes – eigene Staatsorgane der ausführenden, gesetzgebenden und rechtsprechenden Gewalt. Durch den Bundesrat nehmen die Bundesländer an der Gesetzgebung des Bundes teil und bestimmen die Politik der Bundesrepublik Deutschland mit.

Die Bundesrepublik Deutschland kann politisch in die einzelnen Bundesländer oder wirt-schaftlich in Ballungszentren bzw. Metropolregionen gegliedert werden.

4.2.1 Bundesländer

Im Folgenden werden die Bundesländer tabellarisch vorgestellt und anhand der Karte geografisch eingeordnet.

Abb. 3.14: Deutschland und seine Bundesländer

Land	Hauptstadt	Fläche in km²	Bevölkerung je 1.000	Einwohner je km²
Baden-Württemberg	Stuttgart	35.751,64	10.717	300
Bayern	München	70.549,44	12.444	176
Berlin	Berlin	891,82	3.388	3.799
Brandenburg	Potsdam	29.478,14	2.568	87
Bremen	Bremen	404,23	663	1.641
Hamburg	Hamburg	755,24	1.735	2.297
Hessen	Wiesbaden	21.114,79	6.098	289
Mecklenburg-Vorpommern	Schwerin	23.178,53	1.720	74
Niedersachsen	Hannover	47.619,63	8.001	168
Nordrhein-Westfalen	Düsseldorf	34.084,08	18.075	530
Rheinland-Pfalz	Mainz	19.853,48	4.061	205
Saarland	Saarbrücken	2.568,69	1.056	411
Sachsen	Dresden	18.414,70	4.296	233
Sachsen-Anhalt	Magdeburg	20.445,73	2.494	122
Schleswig-Holstein	Kiel	15.763,42	2.829	179
Thüringen	Erfurt	16.172,08	2.355	146
Deutschland gesamt	Berlin	357.045,64	82.501	231

Quelle: Statistische Ämter des Bundes und der Länder

4.2.2 Gliederung nach Metropolregionen

Ferner kann eine Gliederung nach Metropolregionen vorgenommen werden. Eine Metropolregion ist eine Großstadtregion, die von hoher internationaler Bedeutung ist. Sie umfasst häufig die Großstädte und deren Umland und wird als Antriebskraft der sozialen, gesellschaftlichen und wirtschaftlichen Entwicklung der Region betrachtet.

Metropolregion Berlin/Brandenburg

Die Metropolregion umfasst neben der Stadt Berlin auch das angrenzende brandenburgische Umland. Die gesamte Region zählt über 4 Millionen Einwohner auf einer Fläche von nur ca. 5.000 km². Berlin nimmt bereits als Hauptstadt der Bundesrepublik Deutschland eine besondere Stellung ein. Neben der Bundesregierung sind aber nur wenige Behörden mit nach Berlin umgezogen. Die politische Landschaft ist daher geprägt durch die Parteizentralen und Interessenverbände. Daneben ist Berlin als Universitäts- und Kulturstadt bekannt.

Metropolregion Bremen/Oldenburg

Die Metropolregion Bremen/Oldenburg erstreckt sich über die kreisfreien Städte Bremen, Bremerhaven, Delmenhorst, Oldenburg und Wilhelmshaven sowie die Landkreise Ammerland, Cloppenburg, Cuxhaven, Diepholz, Friesland, Oldenburg, Vechta, Verden und Wesermarsch.

Die Region hat durch die ihre vielen Häfen, insbesondere in Bremen, Bremerhaven, Wilhelmshaven und Cuxhaven, sowie die Flughäfen eine gute internationale Anbindung. Viele Forschungsinstitute und Unternehmen vieler Branchen haben hier ihren Sitz, beispielsweise aus den Bereichen Luft- und Raumfahrt, Logistik, Hafenwirtschaft, Automobil-, Energie- und Ernährungswirtschaft. Die Region ist auch Standort vieler Universitäten und Hochschulen.

Metropolregion Hamburg

Die Metropolregion Hamburg hat insbesondere im Norden Deutschlands eine große wirtschaftliche Bedeutung. Sie umfasst neben der Stadt Hamburg 14 weitere Kreise und Landkreise, wie beispielsweise den Landkreis Lüneburg, Rothenburg, Cuxhaven, Ludwigslust und Parchim sowie die Kreise Pinneberg, Segeberg bis hin zum Kreis Dithmarschen.

Als Handels- und Dienstleistungszentrum ist die Region Hamburg insbesondere für Unternehmen der Logistikbranche, exportorientierte Unternehmen im verarbeitenden Gewerbe und Dienstleistungsunternehmen interessant. Diese haben sich im Laufe der Zeit hier angesiedelt und profitieren derzeit von dem stetig wachsenden internationalen Handel.

Metropolregion Hannover/Braunschweig/Göttingen

Zur Metropolregion Hannover/Braunschweig/Göttingen gehören unter anderem der Großraum Hannover, die Städte Braunschweig, Göttingen, Wolfsburg, Salzgitter, Hildesheim, Celle, Hameln, Wolfenbüttel, Goslar und Gifhorn. Diese sind durch Autobahnen und die Eisenbahn miteinander vernetzt. Zwischen den einzelnen Städten liegen großräumige landwirtschaftlich genutzte Flächen.

Die Region ist im Übrigen durch Dienstleistungsunternehmen, das produzierende Gewerbe, Hochschulen und Forschungseinrichtungen geprägt, wobei der Schwerpunkt von Forschung und Entwicklung in der Verkehrstechnologie liegt. Die hier angesiedelten Unternehmen sind insbesondere in den Branchen Fahrzeugbau, Verkehrstechnologie, Logistik, Biotechnologie, Elektronik, Optik, Messtechnik und im Bereich der regenerativen Energien zu finden.

Metropolregion München

Die Region umfasst neben München auch die Landkreise Dachau, Ebersberg, Erding, Freising, Fürstenfeldbruck, Landsberg am Lech und Starnberg.

Die Infrastruktur der Region ist ausgezeichnet, Autobahnen, Eisenbahnnetze und der Großflughafen München verbinden die Region mit wichtigen Standorten im In- und Ausland. Viele renommierte Unternehmen aus den Bereichen Fahrzeugbau, Flugzeugbau, Informations- und Biotechnologie haben deshalb hier ihren Sitz oder eine Niederlassung. München hat sich darüber hinaus als Verlagsstandort etabliert und beherbergt viele Fernseh- und Filmproduktionen. Eine Vielzahl von Forschungseinrichtungen und Universitäten runden das Bild ab.

Metropolregion Nürnberg

Der wirtschaftliche Schwerpunkt der Region liegt in dem Städteviereck Nürnberg, Fürth, Erlangen und Schwabach. Wegen der Anbindung zum Flughafen, dem ICE-und Fernverkehrsnetz sowie dem Main-Donau-Kanal ist die Region eine der wichtigsten deutschen Verkehrsdrehscheiben.

Die Region beherbergt Branchen wie Maschinenbau, Elektrotechnik, Medizintechnik, Rundfunk- und Nachrichtentechnik, Verkehrstechnik und Logistik, wobei sie insbesondere in den zuletzt genannten Branchen eine Spitzenstellung innehat. Nürnberg ist zudem Standort vieler ausländischer Unternehmen, wobei hier insbesondere die Volksrepublik China als Wirtschaftspartner hervorzuheben ist.

Metropolregion Frankfurt/Rhein-Main

Das Rhein-Main-Gebiet war und ist gerade wegen seiner verkehrsgünstigen Lage, der Nähe zum Großflughafen Frankfurt, der guten Autobahn- und Eisenbahnanbindung, eine bedeutende Wirtschafts- und Handelsregion. Sie umfasst die Regionen um Frankfurt, Wiesbaden, Offenbach, Darmstadt und Hanau sowie Aschaffenburg und Mainz.

Im Rhein-Main-Gebiet werden ca. 1,8 Millionen Arbeitnehmer beschäftigt, denn eine Vielzahl von Unternehmen aus den unterschiedlichsten Branchen haben hier ihren Sitz. Während in der Region um Frankfurt überwiegend Handels- und Dienstleistungsunternehmen anzutreffen sind, haben sich die Industrieunternehmen vorwiegend in den Regionen Wiesbaden, Offenbach und Rüsselsheim angesiedelt. In Wiesbaden haben sich ferner Versicherungsunternehmen und Bundesbehörden etabliert, und Darmstadt gilt als Wissenschaftsstadt.

Metropolregion Rhein-Neckar-Dreieck

Das Rhein-Neckar-Dreieck umfasst die Großstädte Mannheim, Ludwigshafen am Rhein und Heidelberg sowie den Neckar-Odenwald-Kreis und erstreckt sich entlang der Flüsse Rhein und Neckar.

Die Region liegt strategisch günstig zwischen den Metropolregionen Frankfurt/Rhein-Main und Stuttgart und ist insbesondere für Industrie- und Dienstleistungsunternehmen sehr attraktiv. So gehört das Gebiet um Mannheim/Ludwigshafen zu den wichtigsten Standorten der chemischen Industrie. Die Verkehrsinfrastruktur ist durch die Binnenschifffahrt, Autobahn- und Eisenbahnanbindung sowie die Nähe zum Frankfurter Flughafen sehr gut.

Metropolregion Rhein-Ruhr

Das Rhein-Ruhr Gebiet erstreckt sich entlang der Flüsse Rhein und Ruhr und umfasst damit den Bereich von Hamm im Osten bis nach Mönchengladbach im Westen sowie Bonn im Süden und Wesel im Norden.

Es ist vor allem wegen seiner Braun- und Steinkohlevorkommen bekannt. Im letzten Jahrhundert waren hier vor allem Unternehmen der Schwerindustrie, d.h. Eisen und Stahl verarbeitende Unternehmen, zu finden, die ihre Vormachtstellung aber längst nicht mehr behaupten können. Das Schließen vieler Kohlezechen und die Zurückdrängung der Stahlindustrie haben zu einem umfassenden Wandel geführt. Heute sind Unternehmen aus den unterschiedlichsten Branchen im Rhein-Ruhr-Gebiet zu finden. Allein in der Region um Düsseldorf haben sich mehr als 100.000 Firmen angesiedelt, darunter auch viele ausländische Konzerne, insbesondere aus den Niederlanden, den USA und Japan.

Metropolregion Sachsendreieck

Die Metropolregion Sachsendreieck bezeichnet die Region um die Städte Chemnitz/Zwickau, Dresden und Leipzig/Halle. Die drei Stadtgebiete haben für die Region eine gleich große Bedeutung. Der dezentrale Charakter der Region ist mit Ausnahme des Rhein-Ruhr-Gebietes sonst in keiner anderen Metropolregion anzutreffen.

Die Region hat eine gute Autobahn- und Eisenbahnanbindung und besitzt mit den Flughäfen Leipzig/Halle und Dresden zwei internationale Airports. Sie ist eine der wirtschaftlich stärksten Regionen im Osten Deutschlands, auch wenn nur wenige Unternehmen ihren Hauptsitz in dieser Region begründet haben. Das Branchenspektrum reicht von Fahrzeugbau und Maschinenbau über Mikroelektronik bis hin zu Chemie, Biotechnologie und Pharmaunternehmen. Viele Wissenschafts- und Forschungseinrichtungen haben hier ihren Sitz. Auch sind Leipzig, Halle und Dresden als Universitäts- und Hochschulstädte bekannt.

Metropolregion Stuttgart

Die Region umfasst Stuttgart sowie die umliegenden Landkreise und Gemeinden, unter anderem Böblingen, Göppingen, Ludwigsburg, die Region Heilbronn-Franken, die Region Nordschwarzwald, die Region Neckar-Alb und die Region Ostwürttemberg.

Unternehmen aus den Branchen Fahrzeugbau, Elektrotechnik, Biotechnologie sowie international anerkannte Forschungsunternehmen haben ihren Sitz in der Region begründet. Der Schwerpunkt der Region liegt im produzierenden Gewerbe, wobei die ständig neu entwickelten und qualitativ hochwertigen Produkte oder Verfahrensweisen gerade im Ausland stark nachgefragt werden.

4.3 Deutschland und seine Nachbarn

Die Bundesrepublik Deutschland liegt im Herzen Europas. Sie wird im Norden von Nord- und Ostsee begrenzt und grenzt an neun Nachbarländer (vgl. Karte auf Seite 121).

Diese sind
- Dänemark im Norden,
- Polen im Nordwesten,

- Tschechien im Osten,
- Österreich im Südosten,
- die Schweiz im Süden,
- Frankreich im Südwesten,
- Luxemburg und
- Belgien im Westen sowie
- die Niederlande im Nordwesten.

4.3.1 Dänemark

Die Halbinsel Jütland, die das dänische Festland bildet, und 443 meist kleinere Inseln, von denen aber nur 76 bewohnt sind, bilden zusammen das Königreich Dänemark. Die meisten dänischen Inseln liegen in der Ostsee, einige gehören zu den Nordfriesischen Inseln in der Nordsee oder liegen im Limfjord. Insgesamt umfasst Dänemark eine Fläche von ca. 43.000 km^2; Grönland mitgerechnet, erhöht sich die Staatsfläche auf knapp 2,24 Mio km^2. Die Einwohnerzahl beträgt fast 5,6 Millionen.

Dänemark ist eine parlamentarische Monarchie und seit 1973 Mitglied der Europäischen Gemeinschaft. Die Hauptstadt Kopenhagen befindet sich an der Ostküste der Insel Seeland und beherbergt auf einer Fläche von nur 88 km^2 ca. eine halbe Million Einwohner.

Das Rohstoffvorkommen beschränkt sich in Dänemark auf Erdöl, Erdgas, Fisch, Salz und Kalkstein. Die Eisen- und Stahlindustrie sowie die Elektrotechnik, die Biotechnologie und Chemieindustrie haben eine große wirtschaftliche Bedeutung. Aber auch die Fertigungswirtschaft hat ihren Stellenwert, ist aber stark von Rohstoffimporten abhängig.

4.3.2 Polen

Polen befindet sich nordöstlich von Deutschland. Die Oder ist Grenzfluss und trennt die ca. 300.000 km^2 große Staatsfläche mit ihren knapp 40 Millionen Einwohnern von der Bundesrepublik Deutschland. Polen ist eine parlamentarische Demokratie und Mitglied der Europäischen Union. Die Hautstadt Polens ist Warschau.

Landwirtschaft und Viehzucht sind in Polen weiterhin wichtige Wirtschaftszweige. Daneben haben sich aber auch die Automobil- und Elektroindustrie sowie Erdöl, Kupfer und Aluminium verarbeitende Industrie und Bauunternehmen angesiedelt, die heute mehr als 30 % des Bruttoinlandsproduktes erwirtschaften. Hauptwirtschaftszweig ist die Dienstleistungsbranche mit fast 65 %.

4.3.3 Tschechien

Die rund 79.000 km^2 große Staatsfläche umfasst die historischen Länder Böhmen, Mähren und Mährisch-Schlesien. Tschechien ist eine parlamentarische Demokratie und seit Mai 2004 Mitglied der Europäischen Union. Die Hauptstadt Prag ist Heimat für ca. 1.180.000 Menschen.

Den bedeutendsten Wirtschaftszweig bildet heute der Dienstleistungssektor. Daneben produziert Tschechien moderne Industrieanlagen und Industriekomplexe. Zu finden ist ferner die Automobil-, Maschinen- und Holzindustrie, Glasereien sowie die Lebensmittelindustrie. Zu den Bodenschätzen Tschechiens gehören unter anderem Kohle, Kaolin, Ton, Holz, Grafit und Kalkstein. Böhmisches Kristallglas ist weit über die Grenzen Tschechiens bekannt.

4.3.4 Österreich

Österreich ist eine demokratische Republik und seit 1995 Mitglied der Europäischen Union. Das Staatsgebiet umfasst eine Fläche von knapp 84.000 km^2 und ist Heimat für 8,26 Millionen Einwohner. Wie Deutschland ist auch Österreich in Bundesländer unterteilt. Das größte Siedlungsgebiet, Metropolregion und Hauptstadt des Landes ist Wien mit gut 2 Millionen Einwohnern.

Ein bedeutender Wirtschaftsfaktor Österreichs ist die Forstwirtschaft, aber auch der Weinanbau und die biologische Landwirtschaft. Die Fertigungswirtschaft, wie Bergbau, Bauwesen und die Güterproduktion, macht ca. 40 % des Bruttoinlandsproduktes Österreichs aus. Den weitaus größten Anteil an der Wirtschaftsleistung haben aber die Dienstleistungen, insbesondere in den Bereichen Tourismus und Banken.

4.3.5 Schweiz

Die Schweiz ist eine bundesstaatlich organisierte direkte Demokratie. Die nur ca. 40.000 km² große Staatsfläche beheimatet knapp 7,5 Millionen Einwohner. Die Hauptstadt ist Bern. Die Schweiz ist das einzige Nachbarland, das nicht Mitglied der Europäischen Union ist. Sie besteht aus 26 Kantonen, vergleichbar mit unseren Bundesländern, die eigenständig organisiert sind.

Der bedeutendste Wirtschaftssektor ist auch hier die Dienstleistungsbranche, insbesondere in den Bereichen Handel, Bank- und Versicherungswesen. Aber auch der sekundäre Sektor mit den Industriezweigen Uhrenindustrie, Maschinenbau und Medizintechnik sowie Chemie- und Pharmaindustrie ist stark entwickelt.

4.3.6 Frankreich

Frankreich ist eine semipräsidiale Republik, d.h., sowohl der Präsident als auch der Ministerpräsident verfügen über weit reichende Machtbefugnisse, die annähernd gleich groß sind. Die Republik gehörte wie Deutschland und die Benelux-Staaten zu den Gründungsmitgliedern der Europäischen Union.

Frankreich umfasst eine Fläche von ca. 670.000 km², zu der auch die Überseegebiete in der Karibik, in Südamerika, vor der Küste Nordamerikas, im Indischen Ozean und in Ozeanien gehören. 60,5 Millionen Menschen haben hier ihr Zuhause. Die Hauptstadt Paris ist eine der bedeutendsten Weltstädte und Sitz der UNESCO, OECD und ICC.

Die Energiewirtschaft ist eine der wichtigsten Industriezweige Frankreichs, ca. 80 % der Elektrizität wird aus Atomkraft gewonnen. Daneben haben sich die Stahl- und Automobilindustrie, der Flugzeugbau, der Elektro- und Maschinenbau und die chemische Industrie stark entwickelt. Aber auch der Anbau von Wein und die Tourismusbranche spielen in Frankreich eine große Rolle.

4.3.7 Luxemburg

Das Großherzogtum Luxemburg ist das einzige Großherzogtum der Welt und eine konstitutionelle Monarchie. Luxemburg ist eines der Gründungsländer der Europäischen Union. Auf einer Fläche von nur rund 2.600 km² leben ca. 470.000 Einwohner. Die größte Stadt mit ca. 80.000 Einwohnern und gleichzeitig Hauptstadt des Landes ist Luxemburg.

Rohstoffe sind – mit Ausnahme der reichen Erzvorkommen – nur wenige vorhanden, und so erklärt es sich auch, dass der Dienstleistungssektor Luxemburgs Wirtschaft dominiert. Als internationaler Finanzplatz und Sitz verschiedener europäischer Institutionen ist Luxemburg international bekannt. Die Bedeutung der Eisen- und Stahlindustrie ist hingegen stark zurückgegangen, und auch das Baugewerbe und die Landwirtschaft nehmen nur eine untergeordnete Rolle ein.

4.3.8 Belgien

Das Königreich Belgien ist eine bundesstaatlich organisierte parlamentarische Monarchie. Auf rund 33.000 km² leben ca. 10 Millionen Einwohner, die meisten sprechen niederländisch oder französisch. Die Hauptstadt Brüssel ist Sitz vieler Einrichtungen der Europäischen Union, unter anderem der Europäischen Kommission und des Rates der Europäischen Union. Sie wird deswegen auch als inoffizielle Hauptstadt der Europäischen Union bezeichnet.

Der Dienstleistungssektor ist in Belgien mit fast 75 % am stärksten ausgeprägt, die Stahl-, Automobil- und Textilindustrie spielten nach der Rezession der 80er-Jahre mit nur 23 % nur noch eine untergeordnete Rolle, und die Landwirtschaft ist fast völlig zu vernachlässigen.

4.3.9 Niederlande

Auch das Königreich Niederlande ist Gründungsmitglied der Europäischen Union. Die Niederlande, umgangssprachlich auch Holland genannt, sind eine parlamentarische Monarchie mit

Amsterdam als Hauptstadt. Auf der 41.526 km² großen Staatsfläche leben rund 16,5 Millionen Einwohner.

Die Niederlande verfügen über Erdgaslager und Salzlagerstätten sowie Torfvorkommen. Die Landwirtschaft, insbesondere die Tulpenzucht und die Käseproduktion, zählt zu den wichtigen Wirtschaftszweigen. Dominierend sind jedoch Erdölraffinerien, die chemische Industrie sowie die Nahrungs- und Genussmittelindustrie. Bedeutung haben daneben auch die Schwerindustrie, die Kunststoffherstellung, Petrochemie, die Schiffsindustrie und Fischerei.

5 Verkehrspolitik und Verkehrsinfrastruktur

Eine moderne und effiziente Verkehrsinfrastruktur ist wichtig, um die Mobilität in Deutschland gewährleisten zu können. Dafür müssen Straßen-, Schienen- und Wasserwege vom Bundesamt für Verkehr, Bau und Städteplanung geplant, gebaut, überwacht, erneuert oder erweitert werden. Die Entscheidung, welches Bauprojekt gefördert wird, hängt neben einem Kosten-Nutzen-Vergleich aber vor allem von politischen Entscheidungen ab. So sind derzeit Bemühungen erkennbar, den Güterverkehr von der Straße auf die Schiene oder auf Wasserwege zu verlagern.

Die Verkehrspolitik erfasst daher alle Verkehrswege,
- den Straßenverkehr,
- den Schienenverkehr,
- Wasserwege und
- Luftwege.

Hier eine Übersicht des Anteils der einzelnen Verkehrswege am Gesamtverkehrsaufkommen:

Abb. 3.15: Anteil der einzelnen Verkehrswege am Gesamtverkehrsaufkommen

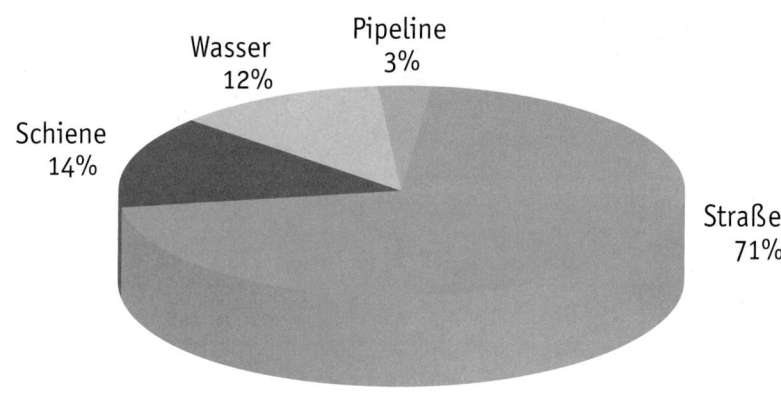

5.1 Straßenverkehr

Die Bundesrepublik Deutschland besitzt eines der dichtesten Straßennetze der Welt mit ungefähr 12.000 km **Autobahnen**, 41.200 km **Bundesstraßen**, 86.800 km **Landesstraßen** und 91.000 km **Kreisstraßen**.

Den Bundesstraßen kommt in Deutschland eine hohe Bedeutung für die Verkehrsabwicklung zu. Mehr als die Hälfte der jährlichen Fahrleistungen der Kraftfahrzeuge werden auf Autobahnen oder Bundesstraßen zurückgelegt. Deutschland ist damit das Transitland Nr. 1 in Europa.

Abb. 3.16: Straßennetz der BRD

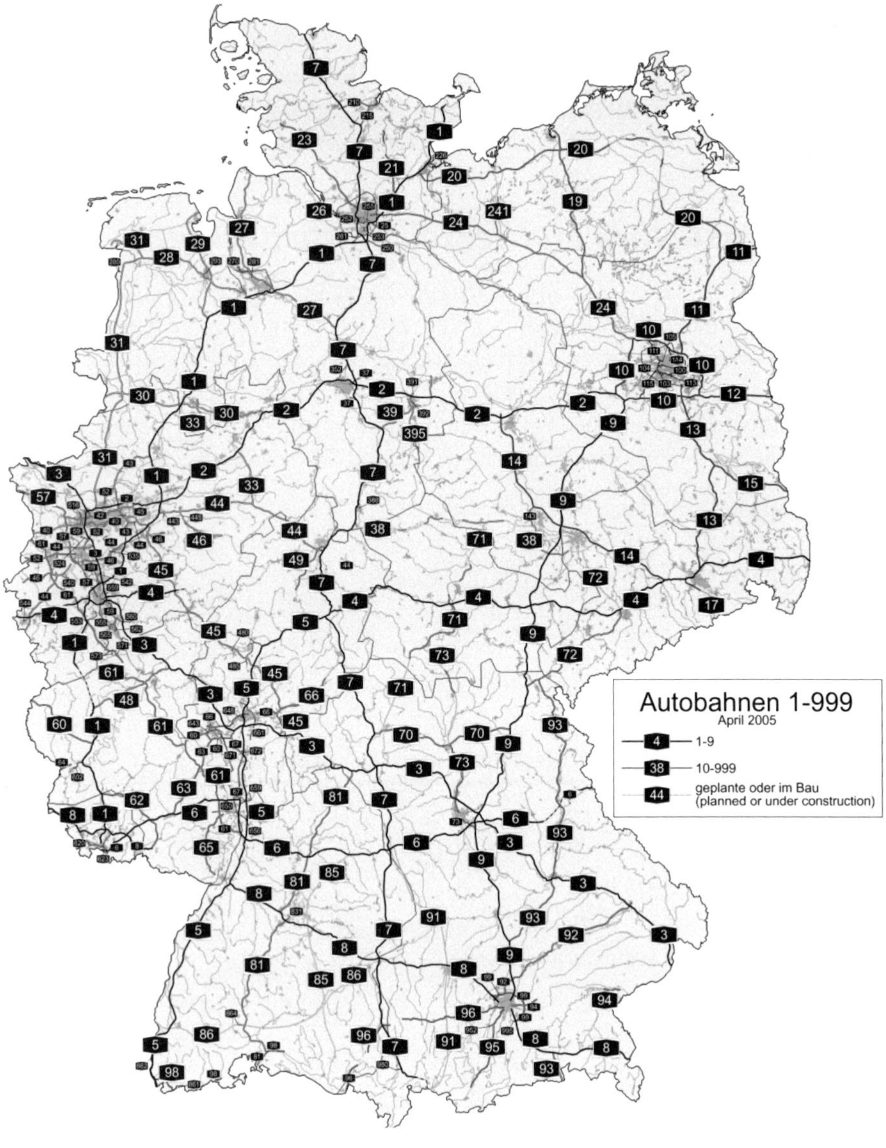

5.1.1 Autobahnen

Autobahnen sind Schnellverkehrsstraßen, bestehend aus zwei Richtungsfahrbahnen, die mindestens je zwei Fahrspuren sowie häufig einen Standstreifen haben. Die Fahrbahnen sind meist durch einen Grünstreifen, Schutzplanken oder eine Betonschutzwand voneinander getrennt. In Deutschland besteht kein allgemeines Tempolimit, die empfohlene Richtgeschwindigkeit liegt bei 130 km/h.

Die erste Autobahn der Welt, die AVUS, wurde 1921 in Berlin gebaut. Heute durchzieht ein gitterförmiges Netz von Autobahnen die gesamte Bundesrepublik von Nord nach Süd und Ost nach West. Die Autobahnen sind ihrer Bedeutung nach nummeriert. So sind Autobahnen mit nur einer Ziffer (z.B. die A 7) von bundesweiter Bedeutung. Autobahnen mit zwei Ziffern sind noch von überregionaler Bedeutsamkeit und mit drei Ziffern von regionaler oder auch städtischer Bedeutung.

5.1.2 Bundesstraßen

Bundesstraßen sind Fernverkehrsstraßen, die dem überregionalen, weiträumigen Verkehr dienen. Auch Bundesstraßen sind fortlaufend nummeriert und ihnen ist ein großes „B" für Bundesstraße vorangestellt. Das nebenstehende Bild deutet also auf die B 35 hin.

Im Gegensatz zu Autobahnen dienen Bundesstraßen nicht ausschließlich dem Schnellverkehr mit Kraftfahrzeugen. Die zulässige Höchstgeschwindigkeit beträgt innerhalb geschlossener Ortschaften 50 km/h, sonst 100 km/h, bei autobahnähnlichen Bundesstraßen gilt die Richtgeschwindigkeit von 130 km/h.

5.1.3 Landesstraßen

Landesstraßen, in Bayern und Sachsen auch Staatsstraßen genannt, sind Straßen, deren Einzugsbereich über das Gebiet eines Landkreises oder einer kreisfreien Stadt hinausgehen. Die Kurzbezeichnung besteht aus einer fortlaufenden Nummer und dem vorangestellten „L" für Landesstraße oder „St" für Staatsstraße. Die Einstufung einer Straße als Landesstraße bedarf einer entsprechenden Widmung.

5.1.4 Kreisstraßen

Kreisstraßen dienen dem überörtlichen Verkehr innerhalb eines Landkreises beziehungsweise dem Verkehr zwischen benachbarten Landkreisen oder kreisfreien Städten. Die Kurzbezeichnung besteht aus einer fortlaufenden Nummer und einem vorangestellten „K" für Kreisstraße.

5.2 Schienenverkehr

Nach der Personenbeförderung hat der Eisenbahnverkehr insbesondere im Bereich Transport und Logistik eine besondere Bedeutung. Gerade auf langen Strecken oder bei sehr großen und schweren Gütern hat der Transport mit der Eisenbahn viele Vorzüge. In Konkurrenz zur Schifffahrt bietet die Bahn an über 80 Containerbahnhöfen das Verladen und den Transport von Binnen- und Überseecontainern an. Hinzu kommt, dass die Eisenbahn eines der sichersten und neben dem Binnenschiff auch eines der umweltfreundlichsten Transportmittel ist.

Das Eisenbahnnetz in der Bundesrepublik Deutschland umfasst ca. 44.400 km Schienenstrecke. Nach dem Schweizer SBB-Netz ist das Eisenbahnnetz der Deutschen Bahn das zweitdichteste der Welt und durch Kooperationen ist der nahtlose Transport auch im europäischen Netzwerk möglich.

5.3 See- und Binnenschifffahrt

5.3.1 Binnenschifffahrt

Deutschland hat ein ca. 7.500 km langes, gut ausgebautes Netz von Wasserwegen für die Binnenschifffahrt. Die wichtigsten Flüsse sind der Rhein, der Main, die Weser und die Elbe. Die wichtigsten Binnenhäfen sind Duisburg, Mannheim und Magdeburg.

Über die Bundeswasserstraßen werden jährlich Gütermengen von bis zu 240 Millionen Tonnen transportiert. Dies entspricht fast 90 Prozent der Güterverkehrsleistung der Eisenbahnen bzw. ca. 14 Millionen Lkw-Fahrten. Weiterhin werden im Binnenschiffsverkehr etwa 1,5 Millionen Container befördert.

5.3.2 Seeschifffahrt

Deutschland verfügt zudem über 23.000 km Seewasserstraßen und eine Vielzahl moderner Seehäfen, wie Hamburg, Wilhelmshaven, Bremen, Rostock und Lübeck. Über 250 Millionen Tonnen Güter werden an den deutschen Häfen der Nord- und Ostsee umgeschlagen. Davon entfielen im Jahr 2003 ca. 79 Millionen Tonnen auf den Containertransport.

Wegen der hohen Nachfrage werden aber auch große Anteile am Seehandel in Übersee, insbesondere in den Niederlanden, abgewickelt. Um dem entgegenzuwirken, werden derzeit ein vierter

Containerterminal in Bremerhaven sowie ein neuer Tiefseewasserhafen in Wilhelmshaven gebaut.

5.4   Luftverkehr

Deutschland hat 17 internationale Flughäfen und 430 Flughäfen und Flugplätze. Die größten und wichtigsten Flughäfen sind der Rhein-Main Flughafen in Frankfurt am Main und der Flughafen München.

Ab einer zurückzulegenden Wegstrecke von 400 bis 800 km ist der Luftverkehr den anderen Verkehrsträgern in der Geschwindigkeit überlegen. Kein anderes Verkehrsmittel ermöglicht einen schnelleren Gütertransport als das Flugzeug. Es ist daher insbesondere für besonders eilige oder aber auch besonders wertvolle Frachtgüter geeignet. Aber auch Briefe und Pakete werden im interkontinentalen Verkehr auf dem Luftweg transportiert.

5.5   Kombinierter Verkehr

Immer größerer Beliebtheit und Nachfrage erfreut sich auch der so genannte kombinierte Verkehr oder auch der Huckepack-Verkehr. Beim **kombinierten Verkehr** wird der Transport streckenweise von dem Verkehrsträger übernommen, der für die jeweilige Strecke am besten geeignet ist. Während Lkws sich besonders für Kurzstrecken anbieten, sind die Eisenbahn oder das Binnenschiff für längere Strecken geeigneter. Folglich ist es sinnvoll, für längere Strecken Schiffe oder die Eisenbahn einzusetzen und erst dann auf Lkws umzuladen. Um dies bewerkstelligen zu können, werden die einzelnen Sendungen zu Ladeeinheiten zusammengefasst, die zwischen Schiff, Eisenbahn und Lkw umgeladen werden können.

Im Gegensatz dazu wird beim **Huckepack-Verkehr** nicht nur die jeweilige Ladung durch ein anderes Verkehrsmittel transportiert, sondern das Verkehrsmittel, meist ein Lkw, gleich mit. So bietet beispielsweise die Deutsche Bahn durch den Einsatz von Spezialeisenbahnwagons den Transport ganzer Lastzüge oder Sattelkraftfahrzeuge einschließlich Zugmaschine an. Aber auch in der Binnenschifffahrt ist das Huckepack-Verfahren üblich.

Abb. 3.17: Begleiteter Huckepackverkehr

Wiederholungs- und Übungsaufgaben

1. Benennen Sie die einzelnen Verpackungsbestandteile unter Verwendung der einschlägigen Fachbegriffe.

2. Welche Besonderheit muss die Verpackung von Büchersendungen aufweisen?

3. Was ist bei der Verpackung von Paketen zu beachten? Nennen Sie mindestens fünf Stichpunkte.

4. Welche Transportbehälter verwendet man gemeinhin für Briefe?

5. Wozu werden Europaletten oder Corletten verwendet?

6. Welche Transportbehälter werden insbesondere bei Kurierdiensten eingesetzt?

7. Erklären Sie die Bedeutung der Postleitzahl. Was geben die einzelnen Ziffern der Postleitzahl an?

8. Welches andere System wird außer dem Postleitzahlensystem noch verwendet, um Sendungen zu sortieren und zuzustellen?

9. Was versteht man unter einem Hub?

10. Erklären Sie die Funktionsweise eines Hub-and-Spoke-Systems.

11. Wie werden Sendungen erfasst?

12. Wozu dient die Sendungserfassung und -verfolgung?

13. Was kann mithilfe des Gradnetzes bestimmt werden?

14. Wie ist das Gradnetz der Erde aufgeteilt?

15. Was geben Zeitzonen an?

16. Welche Bedeutung hat die Datumsgrenze?

17. Benennen Sie die Bundesländer der Bundesrepublik Deutschland und deren Hauptstädte.

18. Was versteht man unter einer Metropolregion?

19. Benennen Sie die elf Metropolregionen Deutschlands.

20. Benennen Sie die Verkehrswege in Deutschland und erläutern Sie kurz deren Vor- und Nachteile.

Lernfeld 4

Sendungen an Empfänger ausliefern

1 Kommissionierung und Tourenplanung

1.1 Kommissionierung

Bevor die Sendungen transportiert werden können, müssen sie oftmals noch kommissioniert werden.

Kommissionieren ist das Zusammenstellen bestimmter Teilmengen (Aufträge, Artikel) aus einer Gesamtmenge (Sortiment) auf Grund der vorhandenen Informationen (Route, Kundenaufträge etc). Die Kommissionierung erfolgt durch die Bereitstellung, die Entnahme, die Fortbewegung und die Abgabe der zu transportierenden Güter.

1.1.1 Bereitstellung

Die zu transportierenden Güter müssen zunächst bereitgestellt werden. Dies kann statisch oder dynamisch erfolgen.

Die **statische Bereitstellung** zeichnet sich dadurch aus, dass sich der Kommissionierer zu den Gütern, dem Artikel oder Produkt hinbewegt und die benötigte Teilmenge aus dem Lager in der zuvor festgelegten Reihenfolge entnimmt. Sie wird deshalb auch als **Mann-zur-Ware-Bereitstellung** bezeichnet.

Bei der **dynamischen Bereitstellung** werden die Güter aus einem automatisierten Lager zum Kommissionierer transportiert. Dieser entnimmt dann die benötigten Teilmengen. Die verbleibenden Güter werden wieder in das Lager gebracht. Diese Art der Bereitstellung wird daher auch **Ware-zum-Mann-Bereitstellung** genannt.

Beispiele für die dynamische Bereitstellung sind:
* Hochregallager mit automatischen Regalförderzeugen,
* Umlaufregalanlagen mit automatischen Ein- und Auslagervorrichtungen,
* Durchlaufregallager mit automatischen Regalförderzeugen,
* Paternosteranlagen,
* Kommissionierungsautomaten und
* Einsatz von Robotern.

1.1.2 Entnahme

Die Entnahme der Teilmengen aus den Lagerplätzen erfolgt manuell, mechanisch oder automatisch. Bei der Wahl der Entnahmetechnik finden die Größe, das Gewicht und die Beschaffenheit des Gutes sowie die Art der Lagerung Berücksichtigung.

Die **manuelle Entnahme** ist bei entsprechender Beschaffenheit der Güter dann unproblematisch, wenn sich die Güter im Sicht- und Greifbereich des Kommissionierers befinden. Ist dies nicht der Fall, muss vermehrt auf **mechanische Hilfsmittel** zugegriffen werden. Dies gilt insbesondere bei Hochregallagern.

Eine **automatische Entnahme** liegt vor, wenn die Entnahme vollständig ohne das Eingreifen des Kommissionierers vorgenommen wird.

Abb. 4.1: Hochregallager

1.1.3 Fortbewegung

Unter Fortbewegung im Sinne des Kommissionierens versteht man den **Weg zu und zwischen den Entnahmepunkten**. Die Fortbewegung kann ein- und zweidimensional erfolgen.

- Bei der **eindimensionalen Fortbewegung** bewegt sich der Kommissionierer nur auf einer Fläche und kommissioniert mithin nur einen beschränkten Bereich.
- Die **zweidimensionale Fortbewegung** erfolgt sowohl horizontal als auch vertikal, wobei sich der Kommissionierer dazu verschiedenartigster Hilfsmittel bedient, wie beispielsweise Leitern, Hebebühnen oder Kommissioniergeräte. Insbesondere die Kommissioniergeräte können dabei technisch sehr anspruchsvoll ausgestattet sein, z.B. beim Einsatz von Scannern, Messvorrichtungen oder Bildschirmterminals. Sie können Greifhöhen bis zu 10 m erreichen und auch schwere Lasten bewegen.

1.1.4 Abgabe

Die so entnommenen Teilmengen werden dann abgegeben und quittiert. Dieser Vorgang wird häufig mit einer Überprüfung der kommissionierten Waren verbunden, die manuell oder automatisch erfolgen kann.

1.2 Arten der Kommissionierung

Zu unterscheiden sind die folgenden Arten der Kommissionierung:
- einstufige Kommissionierung,
- mehrstufige Kommissionierung,
- serielle Kommissionierung,
- parallele Kommissionierung,
- Pick- und Pack-Kommissionierung.

1.2.1   Einstufige Kommissionierung

Bei der einstufigen Kommissionierung werden für jeden Auftrag die Teilmengen einzeln entnommen und bereitgestellt. Dies ist sehr zeitaufwändig und lohnt sich daher nur für die Just-in-Time-Anlieferung.

1.2.2   Mehrstufige Kommissionierung

Bei der mehrstufigen Kommissionierung werden für eine Vielzahl von Aufträgen die jeweiligen Teilmengen zusammen entnommen und an einen Platz gebracht, an dem sie dann nach Aufträgen sortiert und bereitgestellt werden. Dieses Verfahren ermöglicht eine Zeitersparnis, wenn beispielsweise für eine größere Anzahl von Aufträgen jeweils nur kleine Teilmengen kommissioniert werden sollen.

1.2.3   Serielle Kommissionierung

Bei der seriellen Kommissionierung arbeitet der Kommissionierer die Aufträge entweder nach dem Hauptgangsverfahren oder dem Hauptgang-Stichgangsverfahren ab. Beim **Hauptgangsverfahren** wird jeder Lagergang zum Hauptgang, den der Kommissionierwagen abfährt. Dieses Verfahren führt zu langen Wegen und damit zu hohen Kommissionierungskosten.

Im **Hauptgang-Stichgangsverfahren** werden die Lagergänge in Haupt- und Stichgänge eingeteilt. Häufig nachgefragte Artikel werden in den Hauptgängen, weniger häufig nachgefragte Artikel in den Stichgängen gelagert. Diese befinden sich zudem am Ende des Lagers und führen so zu einer Weg- und Zeitersparnis, da der Kommissionierwagen nicht bei jeder Kommissionierung die Stichgänge durchfahren muss.

1.2.4   Parallele Kommissionierung

Bei der parallelen Kommissionierung wird der Kommissionierungsauftrag in verschiedene Kommissionierungsbereiche unterteilt. Der Kommissionierer ist dann nur in seinem Bereich zuständig und entnimmt daher auch nur die in seinem Bereich lagernden Artikel. Die aus den verschiedenen Kommissionierungsbereichen stammenden Artikel werden dann an einen Platz gebracht und dort zu einem Auftrag zusammengeführt und für den Versand bereitgestellt.

Zu unterscheiden sind hier das Lagerbereichsverfahren und das Lagergangverfahren. Beim **Lagerbereichsverfahren** wird der Auftrag in zwei bis vier Unteraufträge unterteilt, denen dann die jeweiligen Lagerbereiche zugeordnet werden.

Beim **Lagergangverfahren** wird das Lager in Gänge aufgeteilt, die dann jeweils einen Kommissionierbereich darstellen. Dieses Verfahren spart zwar viel Zeit, ist aber auch sehr aufwändig, da es einen beachtlichen organisatorischen Aufwand erfordert, der ohne EDV-Unterstützung nicht ohne Weiteres zu bewältigen ist.

1.2.5   Pick- und Pack-Kommissionierung

Bei der Pick- und Pack-Kommissionierung wird das Kommissioniervolumen eines Auftrages ermittelt und anhand dessen die nötige Größe für den Versandkarton. Die auftragsbezogenen Teilmengen werden dann gleich versandfertig verpackt.

Dies hat den Vorteil, dass keine Kommissionierbehälter bereitgehalten, die Waren nicht mehr umgepackt werden müssen und der Rücklauf der leeren Kommissionierbehälter entfällt.

1.3   Tourenplanung

Für die Auslieferung der Sendungen werden Tourenpläne erstellt, mit deren Hilfe die verschiedenen Aufträge entsprechenden Fahrzeugen zugeordnet werden und für jedes Fahrzeug die ideale Reihenfolge der Auslieferungsstandorte ermittelt wird.

Das sind nur die wesentlichsten Gründe für eine Tourenplanung. Deren Notwendigkeit ergibt sich insbesondere auch daraus, dass
- eine Minimierung der Standzeiten der Fahrzeuge des eigenen Fuhrparkes angestrebt wird,
- die Besonderheiten unterschiedlicher Sendungen und die damit benötigten speziellen Fahrzeuge Berücksichtigung finden (Spezialfahrzeuge, Ladekapazität, Schnelligkeit),
- das Zusammenladeverbot Beachtung findet und
- die Einhaltung gesetzlicher Vorschriften (Lenk- und Ruhezeiten, Berechtigungen) im Vordergrund steht.

Die Tourenplanung für die Auslieferung entspricht im Grunde der für die Abholung, d.h., es muss ermittelt werden,
- welche Aufträge zu einer Tour zusammengefasst (**Clusterung**) und
- in welcher Reihenfolge die Aufträge erledigt werden (**Routing**).

Für die Auslieferungstour kommen insbesondere die
- tägliche Tourenplanung und
- Standardtourenplanung in Betracht.

Die **tägliche Tourenplanung** berücksichtigt alle für einen bestimmten Tag anliegenden Auslieferungsaufträge und Rückläufer (Retouren). Sie erfolgt meist am selben Tag bzw. am Vorabend, um Änderungen wegen Neuaufträgen und Stornierungen so gering als möglich zu halten.

Beispiel: Das Unternehmen Krause wünscht am 23. Dezember die Express-Zustellung von Weihnachtskarten an alle Geschäftskunden im Umkreis von 20 km. Die jeweiligen Empfänger werden zu einem Auftrag zusammengefasst und die kürzeste und effizienteste Route wird ermittelt.

Bei **Standardtouren** kommt es hingegen auf die konkreten Auslieferungsaufträge nicht an, da die Strecke standardisiert immer abgelaufen oder abgefahren wird. Änderungen in den Planungen werden nur in größeren zeitlichen Abständen durchgeführt.

Beispiel: Die Post legt täglich dieselbe Strecke für das Austragen der Briefe zurück, unabhängig davon, ob Post für jedes Haus vorhanden ist.

Untersetzt werden können beide bisher aufgezeigten Arten der Tourenplanung durch
- Rahmentourenplanungen und
- periodische Tourenplanungen.

Die **Rahmentourenplanung** findet dann Anwendung, wenn bestimmte Mitarbeiter und/oder Fahrzeuge immer in einem bestimmten Gebiet eingesetzt werden. Dabei sind in der Regel die konkreten Transportaufträge bei der Planung noch nicht bekannt.

Eine **periodische Tourenplanung** ist besonders für den Vertrieb und Außendienst notwendig. Hierbei werden die Kunden einer Route regelmäßig aber in unterschiedlichen zeitlichen Abständen besucht. Dies ist hinsichtlich der Erweiterung des Leistungsangebotes von KEP-Unternehmen aktuell von besonderer Bedeutung.

Um die Tourenplanung so effizient wie möglich zu gestalten, verwenden immer mehr Unternehmen eine **Tourenplanungssoftware**.

Diese unterstützt vor allen Dingen bei der Planung und Optimierung der Touren. Die Basis hierfür bilden vorrangig
- digitale Straßenkarten,
- eine Kundenstammdatei,

- eine Auflistung aller Fahrzeuge und Mitarbeiter und deren Besonderheiten (Ladekapazität, offen oder geschlossen, Geschwindigkeit, Berechtigungen ...) sowie
- die aktuelle Auftragsliste.

Neben diesen Basisangaben finden später in den zusammengestellten Touren weiterhin Berücksichtigung:
- Kundenvorgaben,
- Kapazitäten und Lasten,
- Arbeits- und Pausen- / Ruhezeiten,
- Fahrzeugwartung.

Gute, aber teurere Tourenplanungssoftware beachtet automatisch alle aktuellen Veränderungen, d.h., sie arbeitet im Interesse eines KEP-Unternehmens flexibel und operativ.

Viele mögliche Zusatzleistungen können eine solche Software aufwerten (Anbindung an die Navigation, Kostenoptimierung, Mautberechnung, Rechnungserstellung und Faktura, Sendungsverfolgung, Analyse und Auswertung von Logistikprozessen).

2 Ladungssicherung

Nicht selten hört man im Radio, dass sich auf der Fahrbahn Ladungsstücke wie Eisenstangen, Bretter oder Kisten befinden, die im wahrsten Sinne des Wortes vom Lkw gefallen sind. Um andere Verkehrsteilnehmer, den Frachtführer oder sonstige Personen, die mit der Ladung in Berührung kommen, vor herunterfallenden oder auf der Straße liegenden Frachtstücken zu schützen, muss die Ladung gegen Verrutschen und Herunterkippen gesichert werden.

In Abhängigkeit von der Art der Ladung und dem verwendeten Transportmittel erfolgt die **Ladungssicherung nach drei Prinzipien**:
- Direktsicherung,
- Reibungssicherung und
- Bündelung oder Oberflächensicherung.

2.1 Direktsicherung

Bei der Direktsicherung wird die Ladung direkt gesichert durch
- Zugelemente, wie Zurrgurte, Ketten, Drahtseile, Kunststoffbänder;
- Druckelemente, wie Holzverblockung, Keile, Luftkissen, Paletten;
- die Begrenzung der Ladefläche selbst, d.h. Stauen der Ware;
- Rungen und Drehschlösser.

Die Direktsicherung ist **zwingend erforderlich** für alle Ladungen, die rollen können oder auf Grund ihrer glatten, nassen oder fettigen Oberfläche nur eine geringe Reibungshaftung aufweisen. Ferner ist die Direktsicherung notwendig, wenn ein Kippen von hohen Ladungen verhindert werden soll.

Die wesentlichsten technische Vorschriften zur Ladungssicherung sind einzuhalten:
- Unfallverhütungsvorschriften UVV „Fahrzeuge" BGV D29,
- VDI-Richtlinie 2700,
- DIN EN Normen und
- CTU-Packrichtlinien.
- Einen Gesamtüberblick finden Sie auf der Homepage der Bundesanstalt für Materialforschung und -prüfung (www.bam.de).

2.2 Reibungssicherung

Ziel der Reibungssicherung ist es, mithilfe von senkrechten Zugelementen die nach unten auf die Ladung wirkenden Kräfte (Anpresskraft) zu erhöhen und dadurch die Reibung zu vergrößern. Denn je größer die Reibung ist, desto schwerer ist es, die Ladung wegzubewegen, und desto unwahrscheinlicher wird ein Verrutschen der Ladung.

2.3 Bündelung oder Oberflächensicherung

Diese Form der Ladungssicherung findet insbesondere dann Anwendung, wenn kleine und lose Teile transportiert werden sollen, die durch die Bordwände auf der Ladefläche gehalten werden. Um zu verhindern, dass einzelne Teile während des Transports herunterfallen, müssen diese durch Planen, Netze oder Taue an der Oberfläche befestigt werden.

In der Praxis findet sich häufig eine Kombination von mehreren Sicherungsarten.

2.4 Haftung bei nicht ordnungsgemäßer Ladungssicherung

Die für die Ladungssicherung verwendeten Gurte, Kunststoffbänder etc. müssen so ausgesucht und angebracht werden, dass sie einer Belastung bei einem normalen Transportverlauf standhalten. Dies gilt insbesondere für alle verkehrs- und straßenbedingten Erschütterungen, aber auch für die von einem Dritten ausgelöste Notbremsung.

Der Absender, der für die beförderungssichere Verladung verantwortlich ist, haftet daher dem Frachtführer für alle Schäden, die ihm durch die nicht ordnungsgemäße Transportsicherung und in deren Folge durch das Verrutschen der Ladung entstanden sind. Dies gilt auch, wenn der Frachtführer bei der Verladung geholfen hat, anders aber, wenn der Frachtführer vertraglich die Verladung des Gutes übernommen hat.

Der Frachtführer, der für die betriebssichere Verladung verantwortlich ist, haftet hingegen für alle Schäden, die durch die nicht hinreichende Betriebssicherheit entstanden sind. Denn die betriebssichere Verladung dient der Verkehrssicherheit und ist in der Straßenverkehrsordnung vorgeschrieben. Folglich ist der Frachtführer, sofern die Ladung während des Transportes auf das Fahrzeug einwirkt und damit die Betriebssicherheit infrage stellt, für die Sicherstellung der Betriebssicherheit verantwortlich. Dies geschieht meist durch Anweisung oder Hinweise an den Absender, die Ladung so zu verstauen und zu befestigen, dass die Betriebssicherheit, z.B. bei einer Notbremsung, gewährleistet ist. Dabei muss der Frachtführer darauf achten, dass die zulässigen Maße (Höhe, Breite und Länge) gewahrt sind und herausragende Ladungsteile hinreichend gesichert und genügend gekennzeichnet sind, z.B. durch rote Wimpel.

Nicht selten kommt es hinsichtlich der beförderungssicheren und der betriebssicheren Verladung zu Überschneidungen der Pflichten von Absender und Frachtführer. Entstehen in einem solchen Fall Schäden, kommt es häufig zur Schadensteilung nach Verursachungsanteilen, d.h., jeder haftet in dem Umfang, in dem er den Schaden verursacht hat.

2.5 Arbeitsanweisung für Lade- und Fahrzeugkontrollen

Die folgende Arbeitsanweisung zeigt anhand eines praktischen Beispiels, wie das richtige Verladen sichergestellt werden kann.

Arbeitsanweisung

(1) Zweck und Anwendungsbereich

Diese Arbeitsanweisung dient zur Kontrolle der:

- Einhaltung der vorgegebenen Nutzlast des zu kontrollierenden Fahrzeuges
- ordnungsgemäßen Fahrzeugbeladung
- Stückzahl der Voll- und Spitzenpakete (VP, SP) und Fremdobjekte-/Mindermengenpakete (Vergleich SOLL/IST)
- Kontrolle der mitgeführten Unterlagen

Es werden alle Arbeitsschritte, die bei der Durchführung von Lade- und Fahrzeugkontrollen zu berücksichtigen sind, beschrieben. Lade- und Fahrzeugkontrollen werden für alle Touren im Verteilungsgebiet durchgeführt.

Die Durchführung von Lade- und Fahrzeugkontrollen erfolgt unmittelbar an der Rampe nach der Beladung des Auslieferungsfahrzeuges durch den Unternehmer bzw. Fahrer.

Das Ergebnis der Lade- und Fahrzeugkontrollen geht in die Bewertung Transportdienstleistungen ein.

(2) Zuständigkeiten

Art der Tätigkeit	Durchführungs-verantwortung	Mitwirkung	Ist zu informieren
Auswahl der betreffenden Touren	Leiter Nacht-expedition	QM/UM-Beauftragte*	Mitarbeiter der Nachtexpedition
Durchführen der Kontrollen	Mitarbeiter der Nachtexpedition	Leiter Nachtexpedition	verantwortlicher Disponent

*QM: Qualitätsmanagement / UM: Umweltmanagement

(3) Arbeitsschritte

a) Auswahl der Lade- und Fahrzeugkontrolle
  - wenn Probleme auftreten bzw.
  - nach dem Zufälligkeitsprinzip regelmäßig durchgeführte Kontrollen

  Die Auswahl erfolgt nach Vorgabe des Leiters der Nachtexpedition unter Mitwirkung des verantwortlichen Disponenten und der QM/UM-Beauftragten.

b) Vorbereitung – Grundlage Formular „Lade-/Fahrzeugkontrolle"

  Eintragung der Tournummer, des Unternehmers und des Kontrolldatums

c) Durchführen der Lade- und Fahrzeugkontrolle

  Eintragung Fahrzeugtyp und polizeiliches Kennzeichen

d) Überprüfung der Ladung/Vergleich SOLL/IST
  - Eintragung der SOLL-VP und SOLL-SP für die zu transportierenden Druckerzeugnisse und für die Fremdobjekte-/Mindermengenpakete
  - Zählung und Eintragung der IST-VP und IST-SP für die zu transportierenden Druckerzeugnisse und der IST-Fremdobjekte-/Mindermengenpakete
  - Vergleich SOLL/IST, d.h. Vergleich der IST-Eintragungen mit den SOLL-Eintragungen auf der Transport- und Versandliste und den Lieferscheinen

e) Überprüfung der mitzuführenden Unterlagen
  - Vorhandensein von Tourenmappe (aktueller Tourenplan)
  - Einfahrberechtigungskarte

f) Auswertung/Bemerkungen zu Problemen
  - Aufnahme von Unzulänglichkeiten, z.B.:
    • abweichende Ladungsmengen
    • Fehlen von Unterlagen

g) Überprüfung des optischen Zustandes des Fahrzeuges
- Vorhandensein und Gültigkeit der Prüfplaketten TÜV, AU,
- Überprüfung der Lichtanlage,
- Sauberkeit und Trockenheit der Ladefläche,
- Sauberkeit des Fahrzeuges,
- Zustand der Bereifung.

Rückgabe des ausgefüllten und unterschriebenen Formulars an den verantwortlichen Mitarbeiter zur Auswertung.

(4) Dokumentation
- Formular „Lade-/Fahrzeugkontrollen"
- Lieferlisten
- Transport- und Versandliste
- Tourenplan
- Einfahrberechtigungskarte

Quelle: Media Logistik

3 Sendungen befördern und abliefern

3.1 Ablieferung beim Empfänger

Die Zustellung der Sendungen unterscheidet sich je nach **Sendungsart**.

Während die Zustellung bei Briefsendungen regelmäßig durch den Einwurf in den Briefkasten oder eine sonstige zum Empfang von Sendungen bereitgehaltene Einrichtung erfolgt, werden Pakete, Express- und Kuriersendungen dem Empfänger meist persönlich übergeben.

Die Übergabe beziehungsweise der Erhalt der Sendung ist dann vom Empfänger zu quittieren. Die **Quittung** kann entweder beleghaft, durch Unterschreiben der ausgedruckten Verteilerliste, oder beleglos erfolgen, durch Unterschrift auf dem MDE-Gerät.

Wurde der Empfänger oder ein Ersatzempfänger nicht angetroffen, werden – je nach Unternehmen – bis zu vier weitere Ablieferungsversuche unternommen. Der Kunde wird jeweils durch eine Benachrichtigungskarte über die versuchte Ablieferung und den Termin für den erneuten Ablieferungsversuch informiert. Die jeweiligen Ablieferungsversuche werden auf der Sendung dokumentiert.

3.2 Ablieferung beim Ersatzempfänger/Nachbarn

Wird der Kunde nicht persönlich angetroffen und ist die persönliche Abgabe nicht zwingend vorgeschrieben, sehen viele allgemeine Geschäftsbedingungen die Ersatzzustellung in der Nachbarschaft vor (Beispiel Hermes Logistik Gruppe):

„Die Zustellung erfolgt an den auf der Sendung angegebenen Adressaten durch persönliche Übergabe gegen Unterschrift des Empfängers. Der absendende Auftraggeber ist damit einverstanden, dass die Übergabe auch an eine andere Person erfolgen darf, von der den Umständen nach angenommen werden kann, dass sie zur Annahme der Sendung berechtigt ist. Hierzu zählen insbesondere in den Räumen des Adressaten (Empfänger) anwesende Mitglieder und Angestellte des Haushaltes des Empfängers sowie unmittelbare Nachbarn des Adressaten. Wird eine Nachbarschaftsabgabe durchgeführt, erhält der Adressat eine Benachrichtigungskarte mit einem qualifizierten Hinweis zur Zeit und zum Ort der Übergabe."

Erklärt sich der Nachbar zur Annahme der Sendung bereit, muss auch er den Empfang der Sendung quittieren. Zudem werden Name und Anschrift des Nachbarn vermerkt.

Eine **Benachrichtigungskarte** informiert den Empfänger über die Zustellung seiner Sendung in der Nachbarschaft. Die Benachrichtigungskarte wird vom Zusteller ausgefüllt und in den Briefkasten des Empfängers eingeworfen.

Abb. 4.2: Benachrichtigungskarte

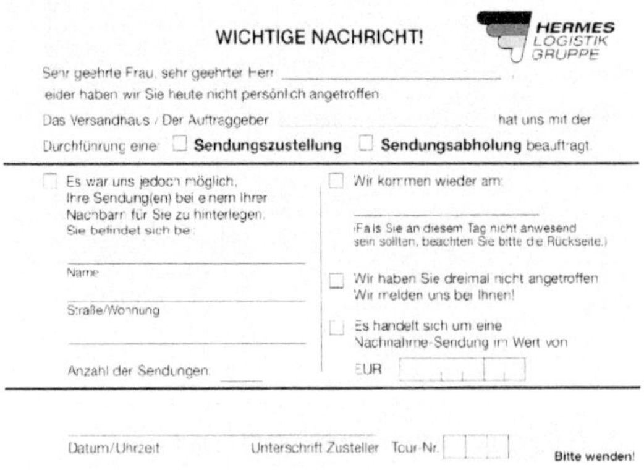

WICHTIGE NACHRICHT!

HERMES LOGISTIK GRUPPE

Sehr geehrte Frau, sehr geehrter Herr _____

eider haben wir Sie heute nicht persönlich angetroffen.

Das Versandhaus / Der Auftraggeber _____ hat uns mit der

Durchführung eine: ☐ **Sendungszustellung** ☐ **Sendungsabholung** beauftragt.

☐ Es war uns jedoch möglich, Ihre Sendung(en) bei einem Ihrer Nachbarn für Sie zu hinterlegen. Sie befindet sich bei:

Name: _____

Straße/Wohnung _____

Anzahl der Sendungen: _____

☐ Wir kommen wieder am:

(Falls Sie an diesem Tag nicht anwesend sein sollten, beachten Sie bitte die Rückseite.)

☐ Wir haben Sie dreimal nicht angetroffen. Wir melden uns bei Ihnen!

☐ Es handelt sich um eine Nachnahme-Sendung im Wert von

EUR _____

Datum/Uhrzeit _____   Unterschrift Zusteller Tour-Nr. ____   **Bitte wenden!**

Quelle: Hermes Logistik Gruppe

3.3   Ablieferung in Packstationen

DHL bietet außerdem die Ablieferung von Päckchen und Paketen in so genannten Packstationen an. Packstationen sind an öffentlichen Orten aufgestellte und für jedermann zugängliche Paketautomaten, in denen Sendungen für den Empfänger hinterlegt werden. Der Empfänger wird dann mittels E-Mail oder SMS über die Hinterlegung der Sendung in der Packstation informiert und kann seine Sendung jederzeit abholen.

Abb. 4.3: Packstation

Um die Packstation nutzen zu können, muss sich der Empfänger kostenfrei unter www.pack-station.de anmelden. Er erhält dann per Einschreiben eine Kundenkarte, eine Postnummer und einen PIN. Für die Abholung der Pakete muss der Empfänger die Kundenkarte in den Paketauto-maten einführen und den PIN eingeben. Hat der Kunde seine Kundenkarte vergessen, kann er stattdessen auch die Postnummer eingeben. Das Paketfach wird dann geöffnet, und die Sendung kann entnommen werden.

Den Erhalt der Sendung hat der Empfänger auch hier zu quittieren. Die Quittung erfolgt beleglos durch Unterschrift auf dem Display der Packstation.

Für Unternehmen bietet DHL darüber hinaus die Inhouse-Packstation an, d.h., die Packstationen können im Unternehmen aufgestellt werden und die Mitarbeiter lassen sich ihre Päckchen und Pakete dann ins Unternehmen liefern. Dies kommt vor allem Mitarbeitern mit unregelmäßigen oder späten Arbeitszeiten entgegen.

3.4 Ablieferung in Paketshops und Postfilialen

Ferner bieten viele Unternehmen die Ablieferung der Sendungen in Paketshops, Filialen oder Agenturen an. Wie bei der Packstation werden die Empfänger auch hier per Benachrichtigungs-karte, E-Mail oder SMS benachrichtigt und können ihre Sendungen dann abholen.

Nachteilig hieran ist allerdings, dass die Abholung nur innerhalb der üblichen Öffnungszeiten erfolgen kann.

3.5 Ablieferung gegen Entgelt

Nachnahme: Bei Nachnahme-Sendungen darf die versandte Ware nur gegen Bezahlung des Nach-nahmebetrages an den Empfänger übergeben werden. Der Nachnahmebetrag setzt sich aus dem Rechnungsbetrag der Ware sowie etwaiger Versand- und Versicherungskosten zusammen und wird vorab zwischen dem Absender und dem Empfänger vereinbart.

Nachnahmesendungen sind meist auf der Verpackung deutlich als solche gekennzeichnet und dürfen nur gegen Unterschrift und Bezahlung des Nachnahmebetrages beim Empfänger abgelie-fert werden. Oft wird als Bezahlung nur Bargeld akzeptiert, weswegen der Zusteller immer darauf zu achten hat, ausreichend Wechselgeld mit sich zu führen.

Kann der Nachnahmebetrag nicht erbracht werden oder ist kein ausreichendes Wechselgeld vor-handen, so wird meist ein erneuter Ablieferungstermin vereinbart.

Achtung: Auf keinen Fall darf die Sendung ohne die Bezahlung der Nachnahme übergeben wer-den, denn das KEP-Unternehmen haftet dem Absender für den Einzug des Nachnahmebetrages.

Nachentgelt: Das Nachentgelt wird von KEP-Unternehmen erhoben, wenn diese eine unfreie bzw. nicht ausreichend frankierte Sendung an den Empfänger zustellen und dieser mit befreiender Wirkung für den Absender das Entgelt zahlt.

Das Nachentgelt setzt sich zusammen aus:
- dem Beförderungsentgelt und
- einem zusätzlichen Einziehungsentgelt.

Ein erhöhtes Einziehungsentgelt hat der Absender auch zu tragen, wenn er die Beförderung seiner Sendung erschleicht und in der Absicht handelt, das Entgelt nicht oder nicht vollständig zu ent-richten.

4 Beförderungs- und Ablieferungshindernisse

4.1 Beförderungshindernisse

Beförderungshindernisse sind all diejenigen Hindernisse, die vor der Ankunft des Frachtgutes am Bestimmungsort eintreten und der vertragsgemäßen Beförderung entgegenstehen. Hierzu zählen insbesondere:

- verkehrsbedingte Verzögerungen (Stau, Unfall),
- witterungsbedingte Verzögerungen,
- Überladung des Transportmittels,
- Defekt des Transportmittels,
- Naturkatastrophen,
- höhere Gewalt.

Zu den **verkehrsbedingten Verzögerungen** zählen vor allem Staus und Unfälle, die den Frachtführer bei der Beförderung seiner Ware behindern. Diese können und sollten durch Presseberichte, Polizeibestätigung oder Werkstattrechnungen nachgewiesen werden.

Witterungsbedingte Verzögerungen sind beispielsweise plötzlich auftretendes Glatteis, Schneegestöber oder starker Nebel, die den Frachtführer an der Weiterfahrt hindern und ihn zwingen, sein Fahrzeug am Fahrbahnrand oder auf Parkplätzen vorübergehend abzustellen, um sich und sein Frachtgut vor Schäden zu schützen. Auch hier sollten zum Nachweis für den Absender Wetterberichte und Polizeibestätigungen eingeholt und beigelegt werden.

Ferner kann es vorkommen, dass bei Straßenkontrollen das **Überladen des Transportmittels** festgestellt wird, sodass der Frachtführer erst weiterfahren darf, wenn die Mehrladung beseitigt ist, d.h. auf ein anderes Fahrzeug umgeladen worden ist.

Hat das Fahrzeug einen **Defekt**, eine Reifenpanne oder etwas Vergleichbares, so ist dieser unverzüglich selbst oder durch eine beauftragte Fachwerkstatt zu beseitigen. Rechnungen oder Quittungen von Werkstätten und Abschleppunternehmen sind aufzubewahren und gegebenenfalls dem Absender vorzulegen.

Mit **Naturkatastrophen** meint man vor allem Sturmfluten, Erdbeben, Wirbelstürme etc., und unter **höherer Gewalt** versteht man Kriegsereignisse, Streiks und öffentliche Beschlagnahmen.

4.2 Ablieferungshindernisse

Ablieferungshindernisse sind hingegen all diejenigen Hindernisse, die nach der Ankunft des Gutes am Bestimmungsort bestehen und der vertragsgemäßen Ablieferung entgegenstehen. Dies sind insbesondere:

- Verlust oder Beschädigung der Sendung,
- Verweigerung der Annahme seitens des Empfängers,
- Weigerung des Empfängers, die Nachnahme oder die Frachtkosten zu zahlen, oder
- der Empfänger ist nicht zu ermitteln.

Der **Verlust oder die Beschädigung** der Sendung ist das wohl am häufigsten auftretende Ablieferungshindernis. Denn wenn eine Sendung auf dem Transport verloren gegangen ist, kann sie nicht abgeliefert werden. Bei der Beschädigung hängt es von dem Grad der Beschädigung ab, ob die Sendung noch an den Empfänger weitertransportiert und abgeliefert wird oder ob man von vornherein darauf verzichtet, weil man damit rechnet, dass der Empfänger ohnehin die Annahme des beschädigten Gutes verweigern wird.

Die **Annahmeverweigerung** kann hingegen die unterschiedlichsten Ursachen haben, z.B.

- die Beschädigung der Sendung,

- die Sendung entspricht nicht der Bestellung,
- die Ware wurde überhaupt nicht bestellt oder die Bestellung zwischenzeitlich widerrufen,
- die Ware wurde zu früh oder zu spät angeliefert,
- das Unternehmen des Empfängers wird bestreikt.

Aber auch wenn der Empfänger sich ohne Angabe von Gründen weigert, die vereinbarte **Fracht oder Nachnahme** zu bezahlen, kann die Sendung nicht an den Empfänger ausgeliefert werden.

Ferner ist eine Ablieferung nicht möglich, wenn der Empfänger nicht zweifelsfrei ermittelt werden kann oder eine zur Ablieferung der Sendung nötige Vorrichtung (Briefkasten) nicht vorhanden oder nutzbar ist.

Dies ist bei folgenden Sachlagen der Fall:
- Empfänger-Adresse unvollständig
- Empfänger-Adresse falsch
- Briefkasten nicht vorhanden
- Briefkasten überfüllt
- Briefkasten nicht zugängig (hinter verschlossener Tür)
- Briefkasten und Klingel nicht beschriftet
- Behinderung durch freilaufende Tiere (bissiger Hund)

In diesen Fällen werden die Sendungen wieder in den Stützpunkt des mit dem Transport beauftragten Unternehmens zurückgebracht. Können die Hindernisse beseitigt werden, erfolgt meist ein erneuter Zustellversuch, anderenfalls gehen diese Sendungen zurück an den Absender.

4.3 Verhalten bei Beförderungs- und Ablieferungshindernissen

Ist während des Transportes erkennbar, dass der Transport oder die Ablieferung nicht vertragsgemäß durchgeführt werden kann, so hat der Frachtführer Weisungen des Absenders einzuholen. Für den Fall, dass nach der Ankunft des Gutes am Bestimmungsort Ablieferungshindernisse bestehen sollten, sind hingegen die Weisungen des Empfängers einzuholen.

Achtung: Die Weisungen sind nicht erst dann einzuholen, wenn die Hindernisse bereits entstanden sind, sondern auch wenn vorhersehbar ist, dass diese wahrscheinlich entstehen werden.

Beispiel: Der Fahrradkurier hat eine eilige Sendung an den Kunden bis 12.00 Uhr auszuliefern. Wegen einer Großdemonstration ist der Bereich um die Ablieferungsstelle weiträumig abgesperrt worden, sodass er die Ablieferungsstelle nicht so ohne Weiteres erreichen kann. Was ist zu tun?
Der Fahrradkurier meldet sich über Funk unverzüglich bei der Einsatzzentrale, die dann den Absender informiert, und wartet weitere Weisungen ab.

Hat der Frachtführer nicht die Zeit, vorab Weisungen des Absenders oder Empfängers einzuholen, oder erhält er auf seine Anfrage hin keine Weisung, so hat der Frachtführer nach eigenem Ermessen zu entscheiden, was weiter zu geschehen hat. Er kann beispielsweise von der vereinbarten Route abweichen, um sein Ziel auf anderem Wege zu erreichen, das Transportmittel wechseln, die Ware entladen und bei Dritten einlagern. Der Frachtführer kann die Ware aber auch zurücktransportieren und im Notfall die Ware sogar vernichten. Letzteres kommt beispielsweise bei leicht verderblichen Waren oder umweltgefährdenden Gütern in Betracht.

Der Frachtführer muss bei seiner Entscheidung die Interessen des Absender oder Empfängers berücksichtigen und darf nur solche Entscheidungen treffen, die im Interesse des Absenders oder Empfängers am besten geeignet erscheinen.

Handelt der Frachtführer auf Anweisung und ist das Beförderungs- oder Ablieferungshindernis nicht auf sein Verschulden zurückzuführen, so kann er vom Absender oder Empfänger eine angemessene Vergütung sowie einen Ersatz der erforderlichen Aufwendungen verlangen.

5   Sendungsrücklauf, Retouren und Transportschäden

5.1   Sendungsrücklauf

In den Rücklauf geraten alle Sendungen, die nicht beim Empfänger oder einem Nachbarn abgeliefert werden konnten, Sendungen mit Transportschäden sowie alle Sendungen, bei denen Ablieferungshindernisse nicht abgestellt werden konnten.

Der Grund für den Sendungsrücklauf wird im MDE-Gerät oder auf dem Verteilerschein dokumentiert und die Sendungen werden zurück in die Niederlassung des Empfängers transportiert. Dort wird dann entschieden, ob ein erneuter Ablieferungsversuch unternommen wird oder ob die Sendung zurück an den Absender geht.

Sendungen, die zurück an den Absender gehen, werden in der Niederlassung des Empfängers gesammelt und anschließend über das Hub zurück zur Niederlassung des Absenders transportiert. Dann erfolgt die Ablieferung der Sendung beim Absender.

5.2   Retouren

Als Retouren werden diejenigen Sendungsrückläufe bezeichnet, bei denen der Empfänger die Sendung zunächst ordnungsgemäß erhalten hat, aber wegen der Inanspruchnahme von Widerrufs- oder Gewährleistungsrechten die Sendung zurück an den Absender gehen soll.

Wie bei normalen Sendungen auch erfolgt die Sendungsannahme entweder durch Abholung oder Einlieferung in den Paketshop, die Filiale oder die Packstation. Dabei müssen Retouren als solche gekennzeichnet werden, da viele Unternehmen das Entgelt für die Retoure übernehmen.

Bei der Annahme von Retouren ist Folgendes zu beachten:

Die Sendung muss
- ordnungsgemäß verpackt sein,
- als Retoure gekennzeichnet sein,
- Name und Anschrift des Absenders (jetzt Empfängers) sowie
- einen Lieferschein oder eine Rechnung enthalten.

Die Entgegennahme der Retoursendung wird von dem KEP-Unternehmen quittiert und anschließend wie alle anderen Rückläufe zur Niederlassung transportiert, dort gesammelt und über das Hub beim Absender (jetzt Empfänger) abgeliefert.

5.3   Transportschäden

Wird die Sendung beim Transport beschädigt, geht sie erst einmal in den Sendungsrücklauf und wird zurück zur Niederlassung transportiert. In der Niederlassung ist zunächst der Schadensumfang festzustellen. Ist nur die Verpackung beschädigt oder auch der Inhalt? Liegt nur ein Teilschaden oder ein Totalschaden vor?

Dann ist der Auftraggeber bzw. Absender unverzüglich von dem Schaden und dem Schadensumfang in Kenntnis zu setzen. Er entscheidet dann, was mit der Sendung geschehen soll.

Möglich ist beispielsweise:
- die Erneuerung der Verpackung und Auslieferung der Sendung,

- die Beförderung und Auslieferung des unbeschädigten Teils der Sendung und der Rücktransport oder die Vernichtung der beschädigten Sendung,
- der Rücktransport der gesamten Sendung oder
- die Vernichtung der gesamten Sendung.

6 International Commercial Terms (Incoterms)

Die **International Commercial Terms (Incoterms)** sind internationale Handelsbedingungen, die seit dem 01.01.2011 auch in nationale Verträge einbezogen werden können. Sie regeln die wichtigsten Pflichten der Käufer und Verkäufer im Rahmen nationaler und internationaler Beförderungsverträge, u.a. den Zeitpunkt des Gefahr- und Kostenübergangs.

Dem Wesen nach sind sie vorformulierte Vertragsklauseln, die aus einem Handelsbrauch hervorgegangen sind. Ihre Geltung setzt voraus, dass sie wirksam in den Vertrag einbezogen worden sind. Dies geschieht regelmäßig durch Bezeichnung der Klausel, des Abhol- oder Bestimmungsortes sowie eines Hinweises auf die Incoterms, aktuell die Incoterms 2010.

 Beispiel: Free Carrier Hamburg, Incoterms 2010

Im Einzelnen:

Incoterm	Bezeichnung/Verkehrsträger		Bedeutung
Klauseln für alle Transportarten			
EXW	EX Works Ab Werk	✗ Eisenbahn ○ Binnen- u. Seeschifffahrt ✗ Straßentransport ✗ Lufttransport	Der Verkäufer hat die Ware zur vereinbarten Zeit transportgerecht zu verpacken, zur Abholung bereitzustellen und den Käufer zu benachrichtigen. Ab dem Werk übernimmt der Käufer alle Kosten und Gefahren, die beim Transport der Waren zum Bestimmungsort entstehen.
FCA	Free Carrier Frei Frachtführer	✗ Eisenbahn ✗ Binnen- u. Seeschifffahrt ✗ Straßentransport ✗ Lufttransport	Der Verkäufer hat die Ware dem Frachtführer am vereinbarten Ort zur vereinbarten Zeit zu übergeben. Er trägt außerdem die Kosten für die Verladung. Mit der Übergabe der Ware an den Frachtführer übernimmt der Käufer alle Kosten und Gefahren.
DDP	Delivered Duty Paid Geliefert verzollt	✗ Eisenbahn ✗ Binnen- u. Seeschifffahrt ✗ Straßentransport ✗ Lufttransport	Der Verkäufer hat die Ware zum Bestimmungsort im Einfuhrland fristgerecht, aber verzollt auf seine Kosten und Gefahren zu liefern.
CPT	Carriage Paid To Frachtfrei	✗ Eisenbahn ✗ Binnen- u. Seeschifffahrt ✗ Straßentransport ✗ Lufttransport	Der Verkäufer zahlt die Fracht für den Transport der Waren bis zum Bestimmungsort. Er trägt die Gefahren aber nur bis zur Übergabe der Sendung an den ersten Frachtführer. Alle anderen Kosten, insbesondere gesondert anfallende Entladekosten, trägt der Käufer.
CIP	Carriage and Insurance Paid to Frachtfrei versichert	✗ Eisenbahn ✗ Binnen- u. Seeschifffahrt ✗ Straßentransport ✗ Lufttransport	Der Verkäufer zahlt die Fracht für den Transport der Waren bis zum Bestimmungsort und trägt die Gefahr bis zur Übergabe der Sendung an den ersten Frachtführer. Ferner schließt er zu Gunsten des Käufers eine Transportversicherung ab. Alle anderen Kosten, insbesondere gesondert anfallende Entladekosten, trägt der Käufer.

Incoterm	Bezeichnung/Verkehrsträger		Bedeutung
DAT	Delivererd At Terminal Geliefert bis Terminal	✗ Eisenbahn ✗ Binnen- u. Seeschifffahrt ✗ Straßentransport ✗ Lufttransport	Der Verkäufer hat die Ware pünktlich auf eigene Kosten und Gefahren zum benannten Terminal zu transportieren, dort zu entladen und für den Käufer zur Abholung bereitzustellen. Terminal erfasst sowohl ein Straßen-, Schienen- oder Luftfrachtterminal, als auch einen Hafenkai, ein Containerdepot oder eine Lagerhalle.
DAP	Delivererd At Place Geliefert bis Benannter Ort	✗ Eisenbahn ✗ Binnen- u. Seeschifffahrt ✗ Straßentransport ✗ Lufttransport	Der Verkäufer hat die Ware pünktlich auf eigene Kosten und Gefahren zum vereinbarten Ort zu transportieren und dort für den Käufer entladebereit bereitzustellen..
Klauseln für den See- und Binnenschiffstransport			
FAS	Free Alongside Ship Frei Längsseite Schiff	○ Eisenbahn ✗ Binnen- u. Seeschifffahrt ○ Straßentransport ○ Lufttransport	Der Verkäufer hat die Ware rechtzeitig zum vereinbarten Verschiffungshafen längsseits des Schiffs auf eigene Kosten und Gefahren zu liefern. Alle weiteren Kosten und Gefahren einschließlich der Verladungskosten trägt der Käufer.
FOB	Free On Bord Frei an Bord	○ Eisenbahn ✗ Binnen- u. Seeschifffahrt ○ Straßentransport ○ Lufttransport	Der Verkäufer hat die Ware rechtzeitig auf eigene Kosten und Gefahren an Bord des vereinbarten Schiffes zu bringen. Der Käufer trägt alle weiteren Kosten und Gefahren ab dem Zeitpunkt, zu dem die Ware die Reling des Schiffes passiert hat.
CIF	Cost, Insurance and Freight Kosten, Versicherung, Fracht	○ Eisenbahn ✗ Binnen- u. Seeschifffahrt ○ Straßentransport ○ Lufttransport	Der Verkäufer bezahlt den Haupttransport. Er trägt die Kosten und Gefahren bis zum Verbringen der Ware an Bord. Darüber hinaus schließt er zu Gunsten des Käufers eine Versicherung ab und zahlt die Fracht bis zum Bestimmungshafen. Der Käufer trägt alle Gefahren ab dem Zeitpunkt, zu dem die Ware die Reling des Schiffes im Verschiffungshafen passiert hat, und alle während des Transports entstandenen Kosten mit Ausnahme der Fracht und der Versicherung.
CFR	Cost and Freight Kosten und Fracht	○ Eisenbahn ✗ Binnen- u. Seeschifffahrt ○ Straßentransport ○ Lufttransport	Entspricht der CIF-Klausel mit Ausnahme der Versicherung.

7   Kommunikation und Kundenorientierung

7.1   Kommunikation

Die Kommunikation erfasst jede Art der zwischenmenschlichen Verständigung, sei es nun im Beruf oder im privaten Alltag. Menschen können auf vielfältige Weise miteinander kommunizieren, z.B. durch Sprache, Körpersprache, Zeichen, Signale, Schrift und Bilder.

Man kommuniziert, indem zwischen einem Sender und einem Empfänger Informationen ausgetauscht werden.

Abb. 4.4: Sender-Empfänger-Modell

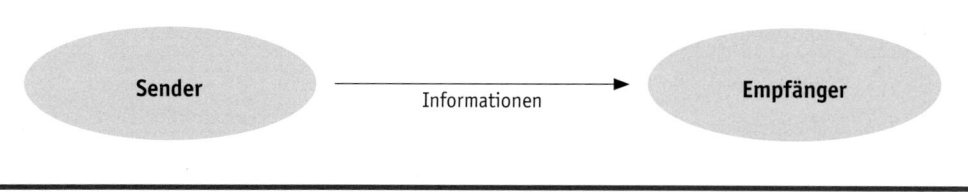

Abb. 4.5: Kommunikationsarten

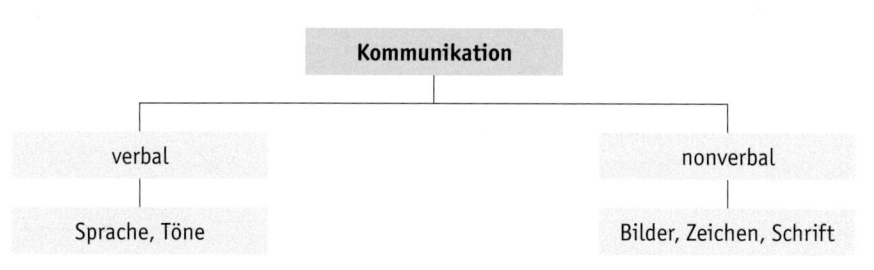

Diese Informationen können **verbal** – durch Sprache und Töne – oder **nonverbal** – durch Bilder, Schriften und Zeichen – ausgetauscht werden.

Für die Kommunikation kommt es aber nicht nur darauf an, welche Informationen wie ausgetauscht, sondern auch, **wie** diese Informationen vom Empfänger verstanden werden. Der Psychologe Friedemann Schultz von Thun hat dazu das Vier-Ohren-Modell entwickelt. Es geht davon aus, dass eine Information unter wenigstens vier Gesichtspunkten verstanden werden kann:
- dem wörtlich **Gesagten** (Daten, Fakten);
- dem darin enthaltenen **Appell** (Wunsch, Aufforderung);
- der darin enthaltenen **Selbstoffenbarung** des Senders (Gefühle, Werte, Motive) und
- dem darin enthaltenen **Hinweis auf die Beziehung** zwischen dem Sender und dem Empfänger.

Abb. 4.6: Mit vier Ohren hören

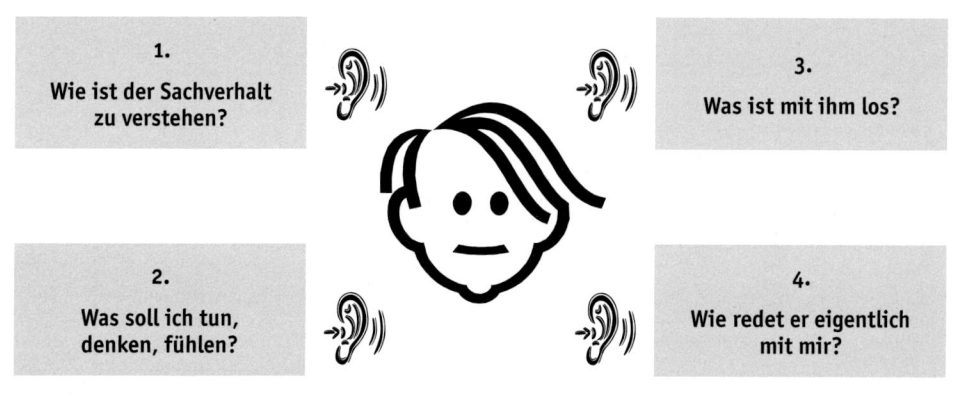

Beispiel: Während einer Autofahrt sagt der Beifahrer zum Fahrer: „Die Ampel ist rot." Diese Information könnte der Fahrer als reine Sachverhaltsbeschreibung deuten. Er könnte den „Appell" heraushören, langsamer zu fahren. Er könnte besorgt heraushören, dass der Beifahrer Angst vor einem möglichen Unfall hat. Oder aber er könnte ärgerlich werden, weil er glaubt, der andere bevormunde ihn.

7.2 Kundenorientierung

Die Kundenorientierung beinhaltet die Bewertung von Produkten, Prozessen und Strategien des Unternehmens unter dem Gesichtspunkt, **welchen Nutzen die Kunden** des Unternehmens daraus ziehen. Das heißt: Der Kunde steht im Mittelpunkt des unternehmerischen Handelns. Denn nur wenn der Kunde mit der Leistung des Unternehmens zufrieden ist, kann sich auch ein langjähriger Geschäftserfolg einstellen.

Grundlagen für jede **dauerhafte Kundenbeziehung** sind daher:
• eine hervorragende Leistung,
• Kundenorientierung,
• Flexibilität und
• technische Kompetenz.

Die Kundenorientierung ist auch Basis für das Qualitätsmanagement. So wird bereits im Vorfeld einer Produktentwicklung versucht, das Produkt so zu konzipieren, dass es den Kunden aller Voraussicht nach zufrieden stellen wird. Dies geschieht durch die Erhebung von Kundenanforderungen und die Ausrichtung der Produktfunktionen auf die möglichst umfassende Erfüllung dieser Anforderungen. Nach der Einführung des Produktes kann dann, z.B. durch **Kundenbefragungen**, die tatsächliche Kundenzufriedenheit ermittelt werden. Das Produkt kann dann den Kundenwünschen noch weiter angepasst werden.

Nachdem ermittelt wurde, dass der Kunde mit dem Unternehmen und seiner angebotenen Dienstleistung zufrieden ist, muss weiterhin abgesichert werden, dass er im Falle einer Reklamation oder sonstigen Unzufriedenheit einen Ansprechpartner hat, mit dem er seine „Sorgen und Nöte" besprechen kann, und eine sofortige Bearbeitung garantiert wird.

Als direkte Ansprechpartner im Dienstleistungsbereich kann man **Kundenberater/-betreuer** einsetzen, die sich ganz individuell der Reklamation „ihres" Kunden annehmen. Auf diese Weise wird ein enger Kontakt zwischen Kunden und Dienstleister hergestellt. Die so aufgebaute Kommunikation bezieht sich oft nicht nur auf die aktuelle Situation, sondern ist durch sich ergebende Kundengespräche auch ein breit gefächertes Informationsfeld für beide Seiten.

Diese Art der Kommunikation wirkt sich positiv auf die Gesamtentwicklung des Unternehmens aus.

Achtung: Es gilt also: Die Zufriedenheit des Kunden muss das höchste Ziel eines Unternehmens sein. Denn zufriedene Kunden bleiben einem Unternehmen treu, empfehlen es Freunden und Bekannten und kaufen weitere Produkte. Verliert man hingegen Kunden, ist es oft sehr schwer, diese wiederzugewinnen.

7.3 Zehn Grundregeln für die kundenorientierte Kommunikation

Die folgenden 10 Grundregeln sollte jeder Mitarbeiter eines KEP-Unternehmens im Sinne einer kundenorientierten Zustellung und Abholung beachten:

1. **Ich verhalte mich dem Kunden gegenüber immer höflich und freundlich,**

   ... denn ich behandle den Kunden so, wie ich selbst gern behandelt werden möchte. Dazu gehört auch, dass ich mich entschuldige, wenn es Grund zu Beanstandungen gegeben hat, etwa weil ich mich verspätet habe oder die Verpackung beschädigt ist etc.

2. **Ich rauche während des Transports und der Auslieferung nicht,**

   ... denn Zigarettenqualm führt zu unangenehmen Gerüchen, die in der Sendung und der Kleidung hängen bleiben können. Außerdem gefährden Zigarettenkippen die Sendungen, denn es kann zu Brandflecken und Entzündungen kommen.

3. **Mein Äußeres, meine Kleidung und mein Fahrzeug sind stets gepflegt und sauber,**

   ... denn ich repräsentiere mein Unternehmen.

4. **Ich bin durch spezielle Kleidung als Mitarbeiter meines Unternehmens zu erkennen,**

   ... denn so weiß der Kunde gleich, dass ich zum Unternehmen gehöre und ihm als Ansprechpartner jederzeit zur Seite stehe.

5. **Ich halte vereinbarte Termine ein,**

   ... denn Pünktlichkeit ist wichtig, der Kunde muss sich auf Zusagen meines Unternehmens verlassen können.

6. **Ich stelle beim Empfänger zu,**

   ... denn der Empfänger ist neben dem Absender der „zweite Kunde" und grundsätzlich als Einziger berechtigt, die Sendung in Empfang zu nehmen.

7. **Ich hinterlasse eine ausgefüllte Benachrichtigungskarte, wenn ich den Kunden nicht erreiche oder die Sendung beim Nachbarn zustelle,**

   ... denn nur ausnahmsweise darf ich die Sendung auch an Dritte zustellen. Dann muss ich aber den Empfänger von meinem Zustellversuch und/oder der Ersatzzustellung sofort informieren.

8. **Ich helfe dem Kunden bei Fragen und Problemen,**

   ... denn ich bin sein direkter Ansprechpartner. Kann ich dem Kunden keine zufriedenstellende Antwort geben, bemühe ich mich um weitere Information oder vermittle dem Kunden einen neuen Ansprechpartner.

9. **Ich schütze die Sendung vor Beschädigung,**

   ... indem ich sie nicht fallen lasse, keinen unangenehmen Gerüchen aussetzte und vor Regen schütze.

10. **Ich schütze die Sendung vor Diebstahl,**

    ... indem ich mein Fahrzeug immer abschließe und die Sendung nur dort hinlege, wo sie nicht gestohlen werden kann.

Quelle: Hermes Logistik Gruppe

Wiederholungs- und Übungsaufgaben

1. Definieren Sie den Begriff Kommissionierung.

2. Schildern Sie kurz den Ablauf einer Kommissionierung.

3. Welche Arten der Kommissionierung kennen Sie?

4. Welche drei Prinzipien der Ladungssicherung kennen Sie, beschreiben Sie diese kurz.

5. Wen oder was schützen die beförderungssichere und die betriebssichere Verladung?

6. Was tun Sie, wenn Sie den Empfänger einer Sendung nicht persönlich antreffen? Auf was müssen Sie dabei achten?

7. Beschreiben Sie kurz die Ablieferung von Sendungen in der Packstation.

8. Was ist eine Nachnahme?

9. Wofür wird das Nachentgelt erhoben?

10. Nennen Sie jeweils vier Beförderungs- und Ablieferungshindernisse.

11. Der Flitzer-Kurier hat eine eilige Sendung an den Kunden bis 12.00 Uhr auszuliefern. Wegen eines Unfalls steht er im Stau und kann den Liefertermin aller Voraussicht nach nicht einhalten. Was ist zu tun?

12. Was ist das Nachentgelt und wie setzt es sich zusammen?

13. Wodurch unterscheidet sich der Sendungsrücklauf von der Retoure?

14. Was ist zu tun, wenn Sie Schäden an der zu transportierenden Sendung feststellen?

15. Was sind Incoterms?

16. Nennen Sie alle für den Straßenverkehr verwendeten Incoterms und beschreiben Sie kurz ihre Bedeutung.

17. Was verstehen Sie unter dem Begriff Kundenorientierung?

18. Wie reagieren Sie bei Kundenbeschwerden?

19. Wie wird kommuniziert?

20. Beschreiben Sie das Vier-Ohren-Modell.

21. Nennen Sie acht der zehn Grundregeln zur kundenorientierten Kommunikation.

Lernfeld 5

Zahlungsvorgänge bearbeiten, dokumentieren und abrechnen

1 Zahlungsmittel und Zahlungsarten

Während es vor 40 Jahren noch hieß „Nur Bares ist Wahres" hat die Bedeutung von Bargeld in Zeiten von Kredit-, Geld- und Bankkarten stark abgenommen. Heute bezahlt man allenfalls das Brötchen beim Bäcker oder den kleinen Snack für zwischendurch noch mit Bargeld. Großeinkäufe, Mieten oder Gehälter werden hingegen meist unbar durch Überweisung oder mittels elektronischer Zahlungssysteme bezahlt.

1.1 Zahlungsmittel

Grundsätzlich unterscheidet man vier Zahlungsmittel:

- das **Warengeld** (Salz, Kamele etc),

- das **Bargeld** (Münzen, Geldscheine) und

- das **Buch- oder Giralgeld** (Umbuchung von Konto zu Konto),

- **elektronisches Geld** (Kartengeld/Netzgeld).

1.1.1 Warengeld

Das Warengeld ist das älteste Geldmittel, da hier Waren und Dienstleistungen in Naturalien bezahlt werden.

Beispiel: Der Landarzt impft Bauer Obst gegen Grippe und erhält als Gegenleistung 1 kg Äpfel und 3 kg Spargel.

1.1.2 Bargeld

Bargeld kommt in Form von **Banknoten** und **Münzen** vor und ist das einzige gesetzlich anerkannte Zahlungsmittel. Dabei müssen allein Geldscheine in unbegrenzter Höhe und Stückzahl angenommen werden. Münzen müssen nur bis zu einer Höhe von 100,00 € je Zahlung angenommen werden, jedoch nicht mehr als 50 Münzen.

Seit dem 1. Januar 2002 sind die **Euro-Banknoten** gesetzlich anerkanntes Zahlungsmittel in Deutschland und allen anderen Mitgliedsländern der Europäischen Union, die an der Währungsunion teilgenommen haben.

Die Banknoten weisen sieben verschiedene Nennbeträge aus, nämlich: 5, 10, 20, 50, 100, 200 und 500 Euro. Jede dieser Banknoten zeigt typische Bauwerke aus sieben Epochen der europäischen Kulturgeschichte.

Zudem wurden in die Banknoten mehrere **Sicherheitsmerkmale** integriert, die es ermöglichen sollen, die Echtheit der Banknoten festzustellen (Abb. 5.1).

Abb. 5.1: Sicherheitsmerkmale der Euro-Banknoten

1.1.3 Giral- oder Buchgeld

Das Giralgeld (italienisch „giro": Kreis), auch Buchgeld genannt, wird in einer Art Kreislauf von einem Konto zum anderen Konto weitergegeben. Die Bezeichnung Buchgeld ist insoweit passender, als das Geld nicht tatsächlich in Banknoten oder Münzen weitergegeben wird, sondern nur in den Büchern oder Datenbanken der Kreditinstitute verzeichnet und miteinander verrechnet (gebucht) wird.

Beispiel: Ein Großkunde überweist dem KEP-Unternehmen 10.000,00 € für die Auslieferung von Infobriefen. Während die 10.000,00 € dem Konto des Großkunden belastet werden, wird das Geld dem Konto des KEP-Unternehmens buchtechnisch gutgeschrieben. Für diesen Zahlungsvorgang wurde kein Bargeld aus- oder eingezahlt.

1.1.4 Elektronisches Geld

Elektronisches Geld (anfangs auch Computer- oder Cybergeld genannt) ist ein relativ neues Zahlungsmittel. In der E-Geld-Richtlinie 2000/46 EG wird es definiert als „ein monetärer Wert in Form einer Forderung gegen die ausgebende Stelle, der

- auf einem Datenträger gespeichert ist,
- gegen Entgegennahme eines Geldbetrages ausgegeben wird, dessen Wert nicht geringer ist als der ausgegebene monetäre Wert,
- von anderen Unternehmen als der ausgegebenen Stelle als Zahlungsmittel akzeptiert wird." Aktuell gibt es zwei Formen des elektronischen Geldes (E-Geld),
- kartengestütztes E-Geld/Kartengeld
- softwarebasiertes E-Geld/Netzgeld

Beim Kartengeld wird der monetäre Wert des elektronischen Geldes auf einem Chip oder dem Magnetstreifen hinterlegt und beim Bezahlvorgang abgebucht. Beim Netzgeld hingegen erfolgt die Speicherung entweder unter Einsatz einer speziellen Software auf der Festplatte oder einem Online Konto. Um Netzgeld zu erhalten, muss man zunächst Giralgeld an ein E-Geld-Institut bzw. eine herausgebende Bank überweisen, die dann im Gegenzug das elektronische Geld dem Kunden gutschreibt. Das elektronische Geld schließlich ist eine Forderung gegen das herausgebende Geldinstitut, die dann beim Bezahlvorgang übertragen wird. Der Empfänger des elektronischen Geldes kann dieses dann wieder bei dem herausgebenden Geldinstitut in Giral- bzw. Buchgeld umtauschen. Da die Sicherungsanforderungen an ein solches System sehr hoch sein müssen, sind für die Online-Datenübertragung komplizierte Verschlüsselungen notwendig.

1.2 Zahlungsarten

Bei den Zahlungsarten unterscheidet man
- die **Barzahlung,**
- die **halbbare Zahlung** und
- die **bargeldlose Zahlung.**

1.2.1 Barzahlung

Die Barzahlung erfolgt durch die Hingabe von Bargeld, d.h. Münzen oder Geldscheinen. Der große **Vorteil** der Barzahlung ist die sofortige Verfügbarkeit über das Geld.

Nachteile sind hingegen:
- hoher Kosten- und Zeitaufwand für die Empfangnahme des Geldes bzw. das Überbringen,
- erhöhter Zeitaufwand für das Zählen des Geldes und
- Gefahr des Verlustes durch Diebstahl oder Unachtsamkeit.

1.2.2 Halbbare Zahlung

Bei der halbbaren Zahlung wird Bargeld in Giralgeld umgewandelt oder umgekehrt. Es ist daher erforderlich, dass wenigstens einer der Beteiligten des Zahlungsvorgangs (Schuldner oder Gläubiger) ein Konto bei einem Kreditinstitut besitzt, von dem das Geld ein- oder ausgezahlt werden kann. Dafür gibt es grundsätzlich drei Möglichkeiten: den Barscheck, den Zahlschein und die Zahlung per Nachnahme.

Bei der Verwendung eines **Barschecks** muss der Schuldner ein Konto besitzen. Mit dem Barscheck erteilt er seiner Bank den Auftrag, an den Überbringer des Schecks (Gläubiger) den angegebenen Scheckbetrag zulasten seines Kontos bar auszuzahlen.

Mit dem **Zahlschein** zahlt der Schuldner den Geldbetrag bar bei einer Bank ein, die den Einzahlbetrag dann dem Konto des Verkäufers gutschreibt. Bei dieser Zahlungsform muss also der Zahlungsempfänger ein Konto besitzen.

Abb. 5.2: Barscheck

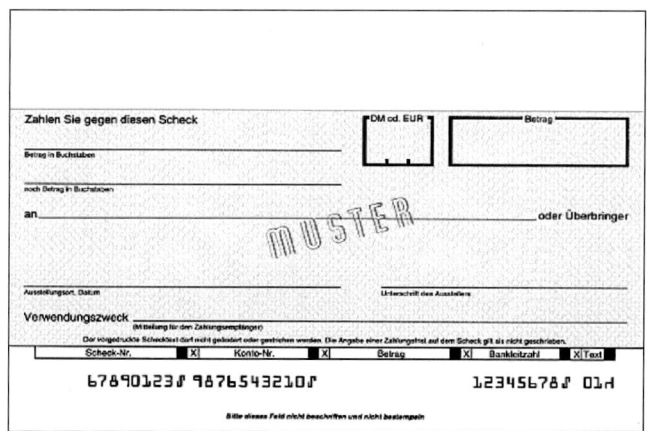

Abb. 5.3: Bareinzahlungsbeleg

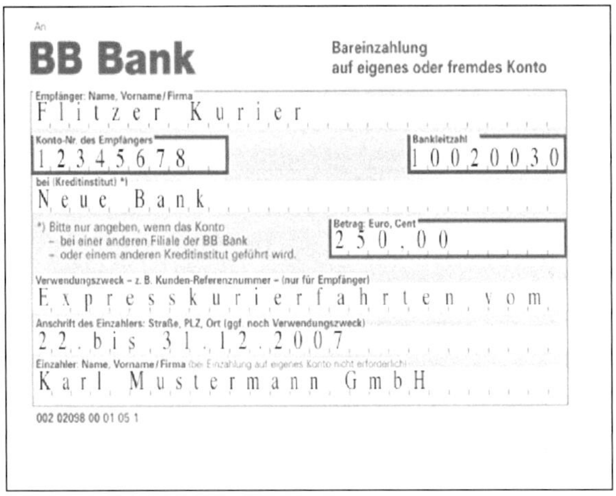
An

BB Bank

Bareinzahlung
auf eigenes oder fremdes Konto

Empfänger: Name, Vorname/Firma
Flitzer Kurier

Konto-Nr. des Empfängers
12345678

Bankleitzahl
10020030

bei (Kreditinstitut) *)
Neue Bank

*) Bitte nur angeben, wenn das Konto
– bei einer anderen Filiale der BB Bank
– oder einem anderen Kreditinstitut geführt wird.

Betrag: Euro, Cent
250.00

Verwendungszweck – z. B. Kunden-Referenznummer – (nur für Empfänger)
Expresskurierfahrten vom

Anschrift des Einzahlers: Straße, PLZ, Ort (ggf. noch Verwendungszweck)
22. bis 31.12.2007

Einzahler: Name, Vorname/Firma (bei Einzahlung auf eigenes Konto nicht erforderlich)
Karl Mustermann GmbH

002 02098 00 01 05 1

Die Bezahlung per **Nachnahme** erfolgt in Verbindung mit einer Warensendung. Die Zustellung und Übergabe der Waren erfolgt nur gegen Barzahlung und anschließende Gutschrift des Nachnahmebetrages auf dem Konto des Verkäufers (Gläubigers).

Der große **Vorteil** gegenüber der Barzahlung ist der geringere Zeitaufwand, weil weite Strecken und Wege vermieden werden.

Nachteile sind hingegen:
- keine sofortige Verfügbarkeit, da Bank zwischengeschaltet ist,
- erhöhter Zeitaufwand für das Zählen des Geldes und
- Gefahr des Verlustes durch Diebstahl oder Unachtsamkeit.

1.2.3 Bargeldlose Zahlung

Voraussetzung für den bargeldlosen Zahlungsverkehr ist, dass alle am Zahlungsvorgang Beteiligten ein Konto, regelmäßig ein Girokonto, führen. Denn der Zahlungsvorgang vollzieht sich durch Umbuchung des Geldbetrages vom Konto des Schuldners auf das Konto des Gläubigers.

Ein **Girokonto** ist ein Konto zur Abwicklung des bargeldlosen Zahlungsverkehrs. Mit der Eröffnung des Girokontos werden dem Kontoinhaber eine **Bankkarte** sowie seine **persönliche Identifikationsnummer (PIN)** ausgehändigt. Mit der Karte kann der Kontoinhaber dann in den meisten größeren Geschäften bargeldlos bezahlen, auch im Ausland. Ferner kann man zu jeder Tages- und Nachtzeit Bargeld am Geldautomaten abheben oder einzahlen, und der Kontoinhaber kann sich am Kontoauszugsdrucker über seinen aktuellen Kontostand informieren.

Vorteile der bargeldlosen Zahlung sind:
- übersichtliche Abrechnungen,
- bequeme Zahlung mit PIN oder Unterschrift,
- geringes Verlustrisiko, da Karte ersetzbar und durch Identifizierung relativ sicher.

Nachteile sind insbesondere:
- Zahlung einer Jahresgebühr, insbesondere für Kreditkarten;
- eingeschränkte Einkaufsmöglichkeiten, da Karten nicht überall akzeptiert werden;
- Offenlegung persönlicher Daten und des Käuferverhaltens;
- Gefahr der Überschuldung: Bei häufiger Nutzung der Karte kann der Überblick über den tatsächlichen Kontostand schnell verloren gehen.

2 Zahlungs- und Abrechnungssysteme

In der Praxis gibt es eine Reihe von Zahlungs- und Abrechnungsmöglichkeiten, die in klassische und elektronische Verfahren unterschieden werden. Die Akzeptanz der einzelnen Systeme ist unterschiedlich. Bei deren Bewertung ist sowohl die Kunden- als auch die Unternehmenssicht heranzuziehen. Typische Beurteilungskriterien sind beispielsweise der Aufwand bei der Abwicklung des Gesamtauftrags, mögliche Zahlungs- bzw. Lieferausfälle und Zusatzkosten, um eine hohe Zahlungssicherheit zu erzielen.

2.1 Klassische Verfahren

2.1.1 Zahlung auf Rechnung/Überweisung

Bei diesem Verfahren erbringt das Unternehmen die angebotene Leistung, wie z.B. die Abwicklung eines Transportauftrags, und erst danach wird dem Kunden eine Rechnung gestellt, die innerhalb eines bestimmten Zahlungsziels in bar oder durch Überweisung zu begleichen ist. **Zahlungsziel** meint in diesem Zusammenhang einen in der Zukunft liegenden Zeitpunkt, zu dem der Rechnungsbetrag bezahlt werden muss.

Bei der **Überweisung** erteilt der Kunde (Schuldner) seiner Bank den Auftrag, einen bestimmten Geldbetrag zulasten seines Kontos auf das Konto des von ihm benannten Empfängers (Gläubigers) zu übertragen. Die Erteilung des Auftrags erfolgt meist online oder mittels elektronisch lesbarer Vordrucke, die die Banken ihren Kunden kostenfrei zur Verfügung stellen.

Für den Kunden ist diese Art der Abwicklung sehr komfortabel, da er die finanzielle Gegenleistung nicht sofort nach Abschluss des Auftrags durch das Unternehmen erbringen muss. Das Risiko liegt ganz beim Unternehmen, da es einerseits in Vorleistung gehen muss und andererseits die Gefahr von Zahlungsausfällen besteht, wenn der Kunde keine Überweisung vornimmt.

Abb. 5.4: Überweisung

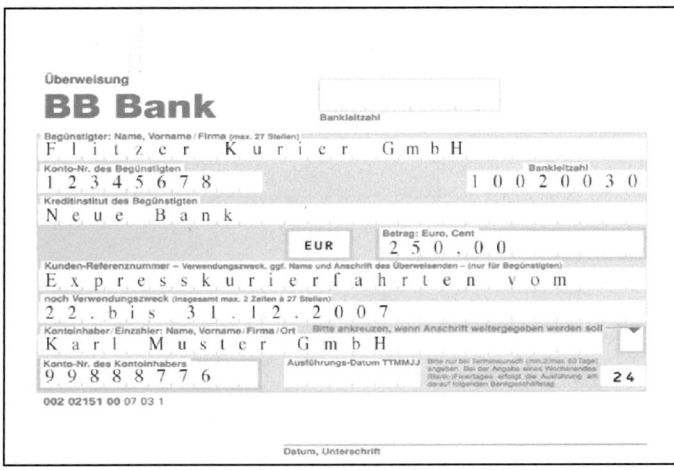

2.1.2 Zahlung per Dauerauftrag

Bei häufig wiederkehrenden Zahlungen mit gleich bleibendem Betrag (Miete, Gehalt, Strom) besteht auch die Möglichkeit eines **Dauerauftrag**s. Der Dauerauftrag ist eine besondere Form der Überweisung. Der Kontoinhaber erteilt seiner Bank einmalig den Auftrag, regelmäßig (z.B. monatlich) an zuvor festgelegten Terminen (z.B. am 1. des Monats oder am 15. des Monats) einen bestimmten Betrag auf das Empfängerkonto zu überweisen. Die Höhe des Zahlungsbetrages und der Zahlungsempfänger ändern sich dabei nicht. Ein Dauerauftrag muss immer vom Kontoinhaber in Auftrag gegeben werden und er gilt bis auf Widerruf. Der **Vorteil** von Daueraufträgen ist in der unkomplizierten Zahlungsabwicklung von Folgeaufträgen zu sehen.

Beispiel: Der Kunde bezahlt eine monatliche Pauschalsumme für die Inanspruchnahme eines Kurierdienstes für eine Tour mit fest definiertem Verlauf, die täglich zu erbringen ist.

2.1.3 Zahlung per Scheck

Möglich ist ferner die Bezahlung mittels eines **Scheck**s. Bei einem Scheck handelt es sich um ein Wertpapier, mit dem eine Bank durch den Aussteller, regelmäßig den Kontoinhaber, angewiesen wird, aus seinem Guthaben einen bestimmten Betrag an den Überbringer des Schecks auszuzahlen.

Barscheck: Nur das auf dem Scheck ausgewiesene Kreditinstitut darf dem Scheküberbringer den Betrag auf Wunsch bar auszahlen.

Verrechnungsscheck: Der Scheckbetrag wird dem Konto des Einreichenden gutgeschrieben, eine Barauszahlung erfolgt nicht. Verrechnungsschecks entstehen durch den zusätzlichen Vermerk „nur zur Verrechnung" auf der Vorderseite. Selbst bei einer Streichung des Vermerks wird kein Barscheck daraus.

Kann ein Scheck auf Grund mangelnder Kontodeckung nicht eingelöst werden (ungedeckter Scheck), kann der Scheckinhaber gegen den Aussteller Rückgriff (Regress) nehmen. Dies bedeutet, dass der Scheckinhaber die Schecksumme sowie Zinsen, zusätzlich entstandene Kosten und eine begrenzte Provision, die gesetzlich geregelt ist, verlangen kann.

2.1.4 Zahlung per Lastschriftverfahren

In Betracht kommt aber auch die Erteilung einer Einzugsermächtigung und somit die Teilnahme am **Lastschrift- oder Einzugsermächtigungsverfahren**. Bei der Zahlung per Bankeinzug wird das Unternehmen vom Kunden ermächtigt, den Betrag für eine erbrachte Leistung, z.B. die Zustellung eines Expresspakets, vom Konto des Kunden abzubuchen. Demzufolge wird die Zahlungsauslösung nicht vom Kunden, sondern vom Unternehmen vorgenommen.

Wurde eine Einzugsermächtigung nicht oder nicht in der abgebuchten Höhe erteilt, kann der Kontoinhaber der Abbuchung innerhalb von sechs Wochen widersprechen. Der fehlerhaft abgebuchte Geldbetrag wird dann auf das Konto zurückgebucht.

Dieses Verfahren eignet sich insbesondere für regelmäßig wiederkehrende Zahlungen an denselben Empfänger, wobei die Beträge jedoch differieren. Sofern das Konto gedeckt ist, besteht dabei nicht die Gefahr eines Zahlungsausfalls. Aus unternehmerischer Sicht handelt es sich um ein sicheres Verfahren, um schnell und unkompliziert das Geld für eine erbrachte Leistung zu erhalten. Das Lastschriftverfahren ist sowohl für den Kunden als auch das Unternehmen komfortabel in der Abwicklung.

2.1.5 Zahlung per Nachnahme

Beim Verfahren der Nachnahme erfolgt zum Zeitpunkt der Lieferung einer Sendung eine Barzahlung bzw. Scheckübergabe an den Zusteller. Anschließend wird das Geld vom Post- bzw. Paketdienst, der die Sendung zugestellt hat, an den Verkäufer überwiesen.

Auf Grund der komplizierten Abwicklung fallen zusätzliche Entgelte an, die sich i.d.R. Kunde und Versandunternehmen teilen. Aus Kundensicht ist dieses Verfahren als eher unkomfortabel zu bewerten, da seine Anwesenheit bei der Zustellung der Sendung zwingend erforderlich ist. Außerdem hat der Kunde keine Möglichkeit, die Ware vor der Bezahlung zu prüfen.

2.1.6 Vorauskasse

Ein Verfahren mit sehr geringem Risiko für das Unternehmen stellt die Vorauskasse dar. Dabei wird erst die Leistung erbracht, wenn die Zahlung des Kunden auf dem Konto des Unternehmens eingegangen ist. Die Zahlung kann dabei per Lastschrift, in bar bzw. in Form eines zugesandten Schecks oder nach Eingang des Überweisungsbetrages erfolgen. Diese Form wird von Unternehmen insbesondere bei Kunden mit schlechter Zahlungsmoral bevorzugt. Der größte Vorteil liegt jedoch darin, dass seitens des Unternehmens keine Vorleistung erbracht werden muss.

2.2 Elektronische Zahlverfahren

Elektronische Zahlungs- und Abrechnungssysteme haben sich in der Praxis der KEP-Unternehmen bisher nur bedingt durchgesetzt, da die verschiedenen Formen miteinander konkurrieren und es bisher nicht gelungen ist, ein Verfahren als Standard zu etablieren. Zu nennen sind: Kreditkartenzahlungen, Bankeinzüge, virtuelle Geldbörsen sowie die elektronischen Kartenzahlungssysteme.

2.2.1 Kreditkartenzahlung

Bei der Zahlung per Kreditkarte wird das Girokonto des Kunden einmal monatlich belastet, unabhängig von der Anzahl der Zahlungen, die mit der Kreditkarte vorgenommen wurden. Kreditkarten werden von Kreditkartengesellschaften und Banken ausgegeben und ermöglichen dem Inhaber den bargeldlosen Einkauf. Der Verkäufer liest mittels eines elektronischen Terminals die nötigen Kundendaten entweder elektronisch oder beleghaft ein, und der Kunde unterschreibt den Abbuchungsbeleg. In den USA wird für die Kreditkartenbezahlung bereits die NFC-Technik (Near Field Communication / Kurzstreckenfunkstandard) eingesetzt. Hierbei werden die Daten, die auf der Kreditkarte gespeichert sind, per Funk an das Lesegerät übertragen. Der Kunde muss dann die Kreditkarte nur noch in die Nähe des Lesers halten, um den Übertragungsvorgang auszulösen.

Bei der Kreditkartenzahlung hat der Kunde ein sehr geringes Risiko. Wenn das Kreditkartenlimit überschritten wird, besteht aber die Gefahr eines Zahlungsausfalls für das Unternehmen.

2.2.2 Bankeinzug via Internet

Das Bankeinzugsverfahren via Internet unterscheidet sich kaum von der Kreditkartenzahlung, jedoch wird beim Bankeinzug das Kundenkonto unmittelbar belastet.

Die Gefahren liegen darin, dass das Konto möglicherweise nicht gedeckt bzw. erloschen ist. Dennoch ist dieses Verfahren aus Unternehmersicht als sicher zu bewerten, da es insbesondere für Vorauskassen genutzt werden kann. Für den Kunden besteht jedoch die Gefahr, dass die bestellte Ware nach dem Bankeinzug nicht geliefert wird oder seine Zahlungsdaten missbraucht werden.

2.2.3 Zahlung mit Bankkarte

Bei der Zahlung mit **Bankkarten** (auch EC- oder MaestroCard) kann der Verkäufer mittels eines elektronischen Terminals die nötigen Zahlungsdaten wie Kontoinhaber, Kontonummer und Bank elektronisch einlesen und eine Lastschrift zum Einzug des Zahlungsbetrages auslösen. Der Kunde identifiziert sich durch seine Unterschrift oder mittels seiner persönlichen Identifikationsnummer (PIN). Gleichzeitig genehmigt er damit den Abbuchungsvorgang.

Diese Art der Bezahlung setzt zwingend das Vorhandensein elektronischer Kartenzahlungssysteme voraus, die jedoch meist nur in größeren Geschäften vorgehalten werden. Bankkarten sind durch die Identifizierung relativ sicher, und das Verlustrisiko ist eher gering einzuschätzen.

Durch Bankkarten werden aber auch die persönlichen Daten des Kunden offengelegt und das Käuferverhalten analysiert. Ferner besteht für den Kunden die Gefahr, mehr Geld auszugeben, als tatsächlich auf dem Konto vorhanden ist und sich so zu überschulden.

2.2.4 Zahlung mit Geldkarte

Bei der Geldkarte, auch **virtuelle Geldbörse** genannt, wird zwischen der girokontobezogenen Geldkarte und der kontoungebundenen Geldkarte unterschieden.

Während bei der **girokontobezogenen Geldkarte** mit dem Aufladen der Geldkarte am Geldautomaten das dazu gehörige Girokonto belastet wird, wird bei der **kontoungebundenen Geldkarte** der Geldbetrag vorher in bar am Schalter oder einem Ladeterminal eingezahlt und dann als Guthaben auf dem Chip gespeichert.

Abb. 5.5: Bankkarte

Folglich handelt es sich um ein guthabenbasiertes Verfahren, bei dem der Kunde in finanzielle Vorleistung geht. Als zusätzliche PC-Hardwarekomponente benötigt man jedoch ein Kartenlesegerät, welches zusätzliche Investitionen bedingt und daher nur sehr geringe Akzeptanz findet. Für das Unternehmen ist dieses Verfahren als sehr sicher zu bewerten.

2.2.5   Electronic-Cash-System (POS-Zahlung)

Das **Electronic-Cash-System** verlangt für die Identifizierung die Eingabe der PIN und garantiert dafür die Zahlung des eingegebenen Betrages.

Abb. 5.6: POS-Symbol

Der Bezahlvorgang läuft wie folgt ab:
1. Der Verkäufer gibt den Kaufpreis entweder direkt in das Kartenlesegerät ein oder in seine Kasse, die mit dem Kartenlesegerät verbunden ist und den Zahlbetrag direkt zum Kartenlesegerät überträgt.
2. Der Kunde steckt seine Karte in das Kartenlesegerät so ein, dass sich der Magnetstreifen der Karte hinten rechts befindet.
3. Dann bestätigt der Kunde den angezeigten Zahlbetrag durch Drücken der grünen Bestätigungstaste.
4. Der Kunde wird aufgefordert, seine PIN einzugeben.
5. Nachdem der Kunde seine PIN eingegeben hat, bestätigt er seine Eingabe wiederum durch Drücken der grünen Bestätigungstaste.
6. Die Daten werden dann zum Rechenzentrum der kontoführenden Bank übertragen. Dort wird geprüft, ob die Karte mit der eingegebenen PIN übereinstimmt, das Konto die nötige Deckung aufweist und kein Sperrvermerk eingetragen ist.

7. Nur wenn alles in Ordnung ist, autorisiert die Bank die Zahlung des Betrages. Der Betrag wird von dem Girokonto des Kunden abgebucht und auf das Konto des Verkäufers überwiesen.
8. Nach erfolgter Überweisung des Betrages erscheint auf dem Kartenlesegerät der Vermerk „Zahlung erfolgt".
9. Zum Abschluss des Zahlungsvorgangs wird ein Zahlungsbeleg gedruckt, auf dem alle wichtigen Angaben zum Zahlungsvorgang enthalten sind.

2.2.6 Das elektronische Lastschriftverfahren (ELV)

Neben dem Electronic-Cash-System hat sich noch das vereinfachte **elektronische Lastschriftverfahren** entwickelt. Dabei nutzt der Verkäufer die Bankkarte nur als Informationsquelle für die Kontodaten des Kunden. Er verzichtet aber auf die Kontodeckungsabfrage und die Abfrage der Sperrdatenbank, sodass letztlich der Verkäufer das volle Betrugsrisiko trägt.

Das elektronische Lastschriftverfahren funktioniert wie folgt:
1. Der Verkäufer gibt den Kaufpreis entweder direkt in das Kartenlesegerät ein oder in seine Kasse, die mit dem Kartenlesegerät verbunden ist und den Zahlbetrag direkt zum Kartenlesegerät überträgt.
2. Die Karte wird dann mittels des Kartenlesegerätes eingelesen und die notwendigen Informationen wie Kunde, Konto und kontoführende Bank ermittelt.
3. Das Kartenlesegerät druckt eine entsprechende Einzugsermächtigung, die die Kontodaten und den Kaufpreis enthält.
4. Der Kunde unterschreibt die Einzugsermächtigung und übergibt diese an den Verkäufer. Der Verkäufer vergleicht die Unterschriften von Karte und Beleg und händigt dem Kunden die Abschrift und den Kassenbon aus.
5. Die erteilte Einzugsermächtigung berechtigt den Verkäufer nun, den Betrag von der kontoführenden Bank einzuziehen. Der Einzugsbetrag wird bei entsprechender Kontodeckung und wenn kein Sperrvermerk vorhanden ist, vom Konto des Bankkunden abgebucht und dem Konto des Verkäufers gutgeschrieben.
6. Weist das Konto jedoch einen Sperrvermerk auf oder fehlt eine entsprechende Kontodeckung, verweigert die kontoführende Bank die Zahlung des Betrages. Kundendaten werden nicht übermittelt.

Hinweis: Um dem Betrugsrisiko, insbesondere durch die Verwendung einer gestohlenen Karte und Nachahmen der Unterschrift, vorzubeugen, lassen sich viele Händler zur Identifizierung des Kunden als Karteninhaber den Personalausweis vorzeigen.

Das **POZ-System (Point of Sale ohne Zahlungsgarantie)**, das im Gegensatz zur Electronic Cash-Zahlung zur Identifizierung nur die Unterschrift des Karteninhabers verlangt, wurde zum 1. Januar 2007 abgeschafft.

In der folgenden Tabelle werden die Vor- und Nachteile der jeweiligen Kartenzahlungssysteme aus **Sicht der Händler/Verkäufer** dargestellt.

System	Vorteile	Nachteile
Electronic-Cash-System (POS)	hohe Sicherheit durch: • PIN • Sperrdatenbankabfrage • Kontodeckungsabfrage • Zahlungsgarantie	hohe Kosten für: • Terminal • Transaktion • Inkasso • Datenübertragung

Elektronisches Lastschriftverfahren (ELV)	geringe Kosten	keine Sicherheit, da • keine Sperrdatenbankabfrage • keine Kontodeckungsabfrage • keine Zahlungsgarantie • keine Kundendatenübermittlung

Aus **Sicht des Kunden/Käufers** ist das Electronic-Cash-System am vorzugswürdigsten, da die Abfrage der persönlichen Identifikationsnummer (PIN) den höchsten Sicherheitsstandard bietet, während für das elektronische Lastschriftverfahren nur die Unterschrift genügt. Kosten entstehen für den Kunden nicht.

2.2.7 Bezahlen mit dem Handy

Das Bezahlen mit dem Handy wird wohl in naher Zukunft möglich werden. Aktuell arbeiten Google, Microsoft und Apple zusammen mit den Kreditkartenunternehmen Visa und Mastercard an einem Bezahl-Handy. Folgt man ersten Analysen, sollen bis 2014 insgesamt 340 Millionen Menschen per Handy bezahlen. Möglich ist das Bezahlen mit dem Handy durch den Einsatz der NFC Technologie. Das Handy wird dann mit einem NFC Chip ausgerüstet und die Kreditkartendaten werden in einer speziellen App – einem Zusatzprogramm – hinterlegt. Das Handy muss dann nur noch an ein Lesegerät gehalten werden. Das Lesegerät fragt die Kreditkartennummer und deren Gültigkeitsdauer ab und bucht den Bezahlbetrag ab. (Focus Online) Aktuell gibt es aber international noch kein einheitlich funktionierendes System, auch verfügen weder Banken, noch Geschäfte in Deutschland derzeit über die nötige Infrastruktur. Anders sieht dies in Großbritannien und Frankreich aus, wo man mit einer schnellen Verbreitung rechnet. (Financial Times Deutschland)

3 Kassenführung und Kassenabrechnung

3.1 Ordnungsgemäße Kassenführung

Bei jeder selbstständigen Tätigkeit fallen Zahlungen an, die bar abgewickelt werden. Die angefallenen Bareinnahmen und Barausgaben müssen dann aufgezeichnet werden. Dies erfolgt in Form der Kassenführung.

3.1.1 Arten der Kassenführung

Man unterscheidet folgende Arten der Kassenführung:
• geschlossene Kassenführung (Kassenbuch),
• Kassenbericht,
• Registrierkasse,
• Portmonee-Geschäfte ohne Kassenführung.

Das **Kassenbuch** enthält sämtliche Bareinzahlungen und -auszahlungen. Alle Beträge, die in Form von Bargeld eingehen oder ausgezahlt werden, auch Abhebungen vom Bankkonto zur Einlage in die Kasse und Barentnahmen zur Einzahlung bei der Bank, sind im Kassenbuch festzuhalten.

Der **Kassenbericht** oder auch Tageskassenbericht ist erforderlich, wenn man die Einnahmen summarisch ermitteln möchte und keine Registrierkasse hat.

Bei der Verwendung von **Registrierkassen** werden die Tageseinnahmen nicht einzeln, sondern in der Summe vom Tagesendsummenbon der Registrierkasse in das Kassenbuch oder den Kassenbericht übernommen. Die Tagesendsummenbons müssen dann aber 10 Jahre aufbewahrt werden. Dies gilt auch für Fehlbons.

Abb. 5.7: Kassenbuch

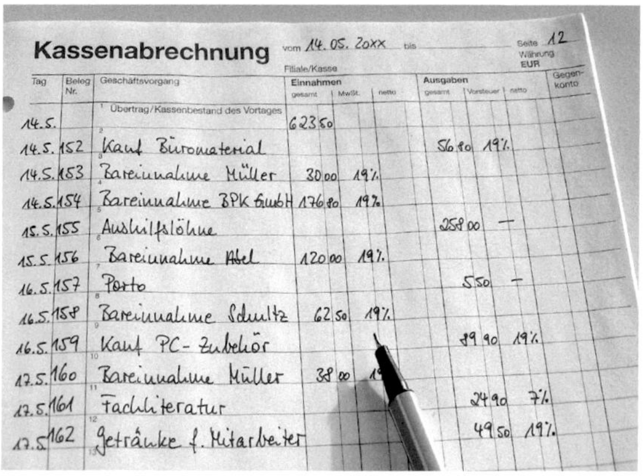

3.1.2 Erfassung der Kasseneinnahmen

Nach § 146 Abs. 1 der Abgabenordnung (AO) müssen die Eintragungen in den Geschäftsbüchern

- vollständig,
- richtig,
- zeitgerecht und
- geordnet vorgenommen und
- Kasseneinnahmen und -ausgaben täglich festgehalten werden.

Der Grundsatz der Richtigkeit erfordert sowohl materiell als auch formell eine richtige Erfassung. Folglich muss jeder Buchung ein entsprechender **Beleg** zu Grunde liegen. Der Beleg ist zweckmäßig zu nummerieren, sodass er der jeweiligen Buchung im Kassenbuch zugeordnet werden kann (siehe auch Abschnitt 3.3).

Auch dürfen Buchungen oder Aufzeichnungen nicht in einer Weise verändert werden, dass der ursprüngliche Inhalt nicht mehr feststellbar ist. Das heißt, Sie dürfen die alten Werte nur durchstreichen, nicht aber wegradieren oder durch Tipp-Ex unleserlich machen.

Nach § 146 Abs. 1, Satz 2 AO sind die Einnahmen und Ausgaben grundsätzlich **täglich** festzuhalten. Ausnahmen sind nur aus zwingenden Gründen zulässig. Die Buchungen müssen hingegen nur **zeitgerecht** vorgenommen werden, d.h. nicht täglich, allerdings sollten zwischen dem Geschäftsfall und der Erfassung nicht mehr als 10 Tage liegen.

Ein **Geschäftsfall** oder auch **Geschäftsvorfall** beschreibt ein Ereignis, das sich auf das Vermögen oder die Schulden eines Unternehmens auswirkt, z.B. Kauf, Verkauf, Erbringung von Dienstleistungen, Bezug von Waren etc.

Bei einer ordnungsgemäßen Kassenführung stimmt der Sollbestand nach dem Kassenbuch jederzeit mit dem tatsächlichen Bestand in der Kasse (Istbestand) überein. Treten bei einer Überprüfung der Kasse Fehlbeträge auf, sind diese meist auf folgende Ursachen zurückzuführen:

- fehlerhafte Erfassung von Bareinnahmen oder -ausgaben,
- Mehrfachbuchungen oder
- nicht erfasste Einlagen oder Ausgaben.

Sind die Ursachen für den Fehlbetrag ermittelt worden, müssen

- vergessene Einnahmen und Ausgaben nachträglich erfasst werden,
- fehlerhafte Buchungen korrigiert und
- Mehrfachbuchungen gestrichen werden.

Liegt die Ursache für den Fehlbetrag nicht in der Erfassung, sondern wurde tatsächlich zu viel oder zu wenig eingenommen, hängt es von der Arbeitsstelle ab, ob Fehlbeträge aus der Tasche des

Verantwortlichen nachgezahlt werden müssen oder nicht. In keinem Fall aber dürfen Mehrbeträge eigenmächtig einbehalten werden. Denn dies wäre strafbar und ein Grund für eine außerordentliche Kündigung.

3.2 Kassenabrechnung

Bei der Kassenabrechnung wird schließlich der **Kassenbestand** ermittelt. Dazu muss zunächst die Summe aller Einnahmen und Ausgaben ermittelt werden. In einem zweiten Schritt werden die Ausgaben von den Einnahmen abgezogen. Das Ergebnis ist dann der Kassenbestand.

Kassenbestand = Summe der Einnahmen − Summe der Ausgaben

 Beispiel:

Datum	Beleg Nr.	Bezeichnung	Einnahmen (brutto) in €	Ausgaben (brutto) in €	enthaltene Umsatzsteuer
1.1	1	Bareinnahme	2.000,00		19 %
3.1	2	Porto		160,00	0 %
3.1	3	Kauf eines PC		800,00	19 %
14.1	4	Kauf von Büromaterial		600,00	19 %
14.1	5	Bareinnahme	1.600,00		19 %
30.1	6	Bareinnahme	2.500,00		19 %
30.1	7	Aushilfslöhne		800,00	0 %
		Summe	**6.100,00**	**2.360,00**	

Kassenbestand = 6.100,00 € − 2.360,00 € = 3.740,00 €

3.3 Kassenbelege

Ein **Beleg** ist ein Schriftstück, das einen Geschäftsvorfall dokumentiert. Zu unterscheiden sind:
- Rechnungen (Eingangs- oder Ausgangsrechnungen),
- Kassenbon oder Rechnungen über Kleinbeträge,
- Quittungen,
- Einnahme- oder Ausgabebelege.

3.3.1 Rechnungen

Als Rechnung wird jedes Dokument bezeichnet, mit dem über eine Lieferung oder eine sonstige Leistung abgerechnet wird. Je nachdem, ob man Ersteller oder Empfänger der Rechnung ist, handelt es sich um eine **Ausgangs-** oder eine **Eingangsrechnung**. Rechnungen sind grundsätzlich beleghaft, d.h. auf Papier auszustellen. Hat der Rechnungsempfänger aber dem elektronischen Versand zugestimmt, ist auch dieser möglich. Vorausgesetzt die Echtheit der Herkunft und die Unversehrtheit des Inhalts der Rechnung sind durch eine qualifizierte elektronische Signatur oder den elektronischen Datenaustausch nach Artikel 2 der Empfehlung 94/820/EG der Europäischen Kommission über die rechtlichen Aspekte des elektronischen Datenaustauschs gewährleistet.

Die Rechnung muss nach § 14 Absatz 4 Umsatzsteuergesetz (UStG) folgende Angaben enthalten:
- Namen und Anschrift des leistenden Unternehmens/Verkäufers und des Leistungsempfängers/Käufers
- Steuernummer/Umsatzsteueridentifikationsnummer des leistenden Unternehmens
- Ausstellungsdatum

- Rechnungsnummer
- Menge und Art der gelieferten Gegenstände und Umfang und Art der sonstigen Leistungen
- Zeitpunkt der Lieferung oder sonstigen Leistung oder den Empfang des Entgelts
- den nach Steuersätzen aufgeschlüsselten Zahlbetrag
- den Steuersatz sowie den auf den Zahlbetrag entfallenden Steuerbetrag
- evtl. Hinweis auf die Aufbewahrungspflicht des Leistungsempfängers

Abb. 5.8: Rechnung

Flitzer Kurier OHG
Am Marktplatz 1
77777 Blitzhausen

Flitzer-Blitzer Kurierdienst

Finanzamt Blitzhausen
Brunnenstr. 12
77778 Blitzhausen

Flitzer Kurier OHG, Geschäftsführender
Gesellschafter: Franz Abel,
Sitz: Blitzhausen,
Registergericht: Blitzhausen
HR A 5478,
Ust-Idnr: DE 123456789,
St.Nr.: 2222/5555/8888

Kundennummer:	**678**
Rechnungsnummer:	**1004879/XX**
Rechnungsdatum:	**31.12.20XX**
ausgestellt am:	**31.12.20XX**
Leistungszeit:	**1.12. – 31.12.20XX**

Sehr geehrte Damen und Herren,

wir erlauben uns, Ihnen gegenüber unsere Dienste und Leistungen für den Monat Dezember 20XX abzurechnen:

Produkt/Leistung	Menge	Einheit	Ust	Stückpreis netto	Gesamtpreis
Standardbrief	3.500	Stück	19 %	0,40 €	1.400,00 €
Kompaktbrief	790	Stück	19 %	0,80 €	632,00 €
Maxibrief	10	Stück	19 %	1,35 €	13,50 €
Anschriftenprüfung	245		19 %	0,50 €	122,50 €
Gesamt netto					2.168,00 €
Umsatzsteuer			19 %		411,92 €
Gesamt brutto					2.579,92 €

Wir bitten um die Begleichung des ausgewiesenen Gesamtbruttobetrages bis zum
14. Januar 20XY
auf unser Konto bei der Blitzbank, Kontonummer: 12345678, BLZ 100 000 00.

Mit freundlichen Grüßen
Harald Krause & Ihr
Flitzer Kurier Team

Hinweis: Rechnungen sind zehn Jahre aufzubewahren. Die Aufbewahrungspflicht beginnt mit dem Schluss des Kalenderjahres, in dem die Rechnung ausgestellt worden ist.

3.3.2 Kassenbon/Rechnung über Kleinbeträge

Auch mit dem Kassenbon oder der Rechnung über Kleinbeträge (Gesamtzahlungsbetrag unter 100,00 €) wird über eine Lieferung oder sonstige Leistung abgerechnet. Man erhält sie beispielsweise beim Kauf von Lebensmitteln im Supermarkt oder von Büchern im Buchgeschäft. Wegen des geringeren Zahlbetrages macht § 33 Umsatzsteuerdurchführungsverordnung (UstDV) daher von den Anforderungen des § 14 UStG eine Ausnahme und senkt die Anforderungen herab:

Kassenbons oder sonstige Rechnungen über Kleinbeträge müssen nach § 33 UstDV wenigstens folgende Angaben enthalten:
- Namen und Anschrift des leistenden Unternehmens/
- Verkäufers
- Ausstellungsdatum
- Menge und Art der gelieferten Gegenstände und den Umfang und die Art der sonstigen Leistungen
- Zahlbetrag
- den auf den Zahlbetrag entfallenden Steuerbetrag in einer Summe
- den jeweils anzuwendenden Steuersatz

Abb. 5.9: Kassenbon

Deutsche Post AG
Postdienst
Am Marktplatz 15
77777 Blitzhausen
02.01.20XX

10 · 0,55 € Briefmarke	5,50 €
10 · 1,45 € Briefmarke	14,50 €
1 · 6,90 € Päckchen	6,90 €

Summe: 26,90 €, Mwst 0 %

3.3.3 Quittung

Die Quittung ist das Bekenntnis des Zahlungsempfängers, dass er den Zahlungsbetrag erhalten hat. Sie dient somit als Zahlungsnachweis und kann nach § 368 BGB vom Zahlenden immer verlangt werden.

Die Quittung muss folgende Angaben enthalten:
- Zahlungsbetrag in Ziffern und in Buchstaben
- Umsatzsteuerbetrag ab 100,00 € netto
- Namen des Zahlenden
- Zahlungsgrund/-zweck
- Empfangsbestätigung
- Ort und Datum der Ausstellung
- Unterschrift des Zahlungsempfängers

Abb. 5.10: Quittung

3.3.4 Einnahmebeleg/Ausgabebeleg

Der Einnahmebeleg ist ein Beleg, der den Empfang von Bargeld dokumentieren soll. Der Ausgabebeleg dokumentiert die Auszahlung von Bargeld. Beide Belege müssen enthalten:

- Zahlungsbetrag in Ziffern und in Buchstaben
- Umsatzsteuerbetrag
- Name des Zahlenden/Zahlungsempfängers
- Zahlungsgrund/-zweck
- Empfangsbestätigung
- Ort und Datum der Ausstellung
- Unterschrift des Zahlungsempfängers

Abb. 5.11: Einnahme-/Ausgabebeleg

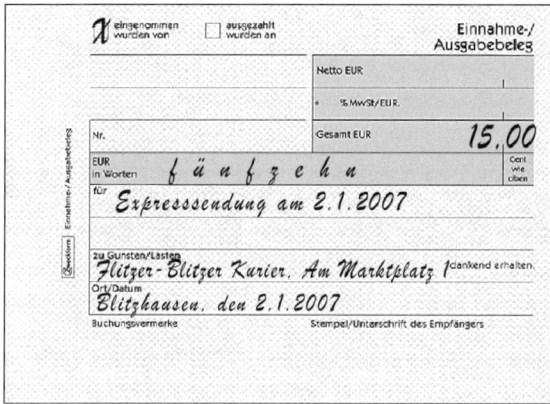

4 Mahnwesen

4.1 Zahlungseingänge überwachen

Die regelmäßige Überwachung der Zahlungseingänge und der Abgleich mit den ausstehenden Forderungen des Unternehmens, d.h. den noch nicht bezahlten Rechnungen, sind unbedingt notwendig, um Einnahmeverluste für das Unternehmen zu vermeiden. Denn andernfalls fallen nicht bezahlte Rechnungen gar nicht oder erst zu spät auf und können beim Schuldner nicht mehr eingetrieben werden.

4.2 Zahlungsverzug

Ein Kunde befindet sich mit einer **Zahlung in Verzug**, wenn er

- den vertraglich vereinbarten Preis
- nach Eintritt der Fälligkeit
- auf eine Mahnung des Gläubigers hin
- schuldhaft
- nicht oder nicht vollständig bezahlt (§ 286 BGB).

Einer Mahnung bedarf es nicht, wenn ein Zahlungstermin **nach dem Kalender bestimmt** ist, z.B. der 12. August 20XX als spätester Zahlungstermin vereinbart wurde, oder wenn der Kunde die Bezahlung der Rechnung endgültig verweigert hat. Der Verzug tritt ferner ein, wenn der Kunde den Rechnungsbetrag nicht innerhalb von **30 Tagen nach Fälligkeit** und Zugang der Rechnung bezahlt.

Achtung: Für Verbraucher gilt die 30-Tage-Regelung nur, wenn er auf diese Folge gesondert hingewiesen worden ist.

Geldschulden sind während des Verzuges zu verzinsen (vgl. Abschnitt 4.6 Verzugszinsen). Darüber hinaus ist der Schuldner dem Gläubiger zum Ersatz desjenigen Schadens verpflichtet, der ihm durch die Verzögerung der Leistung entstanden ist, § 280, 286 BGB. Der Schadensersatzanspruch erfasst beispielsweise:

- Kreditzinsen, wenn die Aufnahme eines Kredites zur Zwischenfinanzierung erforderlich geworden ist sowie
- Anwaltskosten, wenn ein Anwalt mit der Geltendmachung der Forderung beauftragt wurde.

4.3   Kaufmännisches Mahnverfahren

Das kaufmännische Mahnverfahren ist gesetzlich nicht geregelt, sondern beruht lediglich auf kaufmännischen Gepflogenheiten. Diese beanspruchen keine Allgemeingültigkeit und werden daher je nach Unternehmen anders gehandhabt. Grundsätzlich lassen sich jedoch folgende Schritte für das kaufmännische Mahnverfahren festmachen:

Abb. 5.12: Ablauf des kaufmännischen Mahnverfahrens

Erinnerungsschreiben ↓	Zunächst wird der Kunde freundlich daran **erinnert**, dass er eine Rechnung noch nicht bezahlt hat.
Erste Mahnung ↓	Bleibt dieses Erinnerungsschreiben ohne Reaktion, wird der Kunde durch eine **erste Mahnung** aufgefordert, den ausstehenden Rechnungsbetrag zu einem bestimmten Termin auszugleichen.
Zweite Mahnung ↓	Reagiert der Kunde auch hierauf nicht, erfolgt eine **zweite Mahnung**, verbunden mit der Androhung, den Geldbetrag durch ein Inkassounternehmen einziehen zu lassen.
Dritte Mahnung / Gerichtliches Mahnverfahren	Mit der **dritten Mahnung** wird ein letzter Termin gesetzt und auf die Folgen bei Nichtzahlung hingewiesen, d.h. entweder die Abgabe der Angelegenheit an einen Rechtsanwalt oder die Einleitung des **gerichtlichen Mahnverfahrens**.

4.4   Gerichtliches Mahnverfahren

Für die Einleitung des gerichtlichen Mahnverfahrens muss der Gläubiger bei dem Amtsgericht, in dessen Gerichtsbezirk der Schuldner seinen Wohn- oder Geschäftssitz hat, einen Mahnbescheid beantragen.

Der Antrag auf Erlass eines Mahnbescheides kann online erfolgen oder ist als Vordruck in Schreibwarengeschäften erhältlich. Er enthält lediglich die Bezeichnung des Gläubigers und des Schuldners, der Forderung und des Forderungsgrundes. Zudem können Zinsen und Mahnkosten geltend gemacht werden.

Der Antrag muss ausgefüllt und unterschrieben an das Amtsgericht gesendet werden, welches nach einer Plausibilitätsprüfung den Mahnbescheid erlässt. Der geltend gemachte Anspruch wird gerichtlich nicht überprüft. Der Schuldner hat nun drei Möglichkeiten, auf den Mahnbescheid zu reagieren:

1. Er zahlt den ausgewiesenen Betrag,
2. er tut gar nichts oder
3. er legt gegen den Mahnbescheid Widerspruch ein.

Bezahlt der Schuldner die Geldforderung, dann endet das gerichtliche Mahnverfahren. Legt er Widerspruch ein, dann geht das gerichtliche Mahnverfahren in ein ordentliches Gerichtsverfahren über, in der der Gläubiger seinen Anspruch begründen und beweisen muss (vgl. Abschnitt 4.5). Nur wenn der Schuldner nicht reagiert, geht das gerichtliche Mahnverfahren in die zweite Stufe, auf der Antrag auf Erlass eines Vollstreckungsbescheides gestellt wird.

Mit dem Erlass des Vollstreckungsbescheides hat der Schuldner wiederum drei Möglichkeiten, zu reagieren:
1. Er zahlt den ausgewiesenen Betrag,
2. er tut gar nichts oder
3. er legt gegen den Mahnbescheid Widerspruch ein.

Bezahlt der Schuldner die Geldforderung, dann endet das gerichtliche Mahnverfahren. Legt er hingegen Widerspruch ein, dann geht das gerichtliche Mahnverfahren wiederum in ein ordentliches Gerichtsverfahren über. Reagiert der Schuldner aber nicht, dann wird der Vollstreckungsbescheid rechtskräftig, und der Gläubiger hat einen vollstreckbaren Titel, aus dem er die Forderung gegen den Schuldner vollstrecken kann.

Abb. 5.13: Ablauf des gerichtlichen Mahnverfahrens

4.5   Ordentliches Gerichtsverfahren

An Stelle des gerichtlichen Mahnverfahrens kann der Gläubiger seine Forderung auch direkt beim zuständigen Amts- oder Landgericht, in dessen Gerichtsbezirk der Schuldner seinen Wohn- oder Geschäftssitz hat, einklagen. Das Klageverfahren bietet sich insbesondere dann an, wenn der Schuldner bereits im außergerichtlichen Schriftverkehr zu verstehen gegeben hat, dass er den Anspruch des Gläubigers auf den Zahlbetrag bestreitet, z.B. weil er den Vertrag angefochten hat oder die Leistung des Gläubigers nicht oder nur mangelhaft erbracht worden ist.

4.6 Verzugszinsen

Jede Geldschuld ist mit dem Eintritt des Verzugs zu verzinsen, § 288 BGB. Der Verzugszinssatz beträgt für das Jahr **fünf Prozentpunkte** über dem Basiszinssatz, bei Rechtsgeschäften, an denen kein Verbraucher beteiligt ist, sogar **acht Prozentpunkte** über dem Basiszinssatz.

Der Basiszinssatz wird halbjährlich angepasst und beträgt derzeit 0,37 % (Stand: Juli 2011). Den aktuellen Zinssatz können Sie z.B. unter www.basiszinssatz.info ermitteln. Durch die regelmäßigen Anpassungen wird die Berechnung der Verzugszinsen erschwert, da für den zu berechnenden Zeitraum meist unterschiedliche Zinssätze gelten, die alle gesondert berechnet werden müssen. Deshalb wird die Berechnung der Verzugszinsen meist Computerprogrammen (so genannten Zinsrechnern) überlassen. Grundkenntnisse über die Berechnung des Zinsbetrages sind dennoch wichtig und werden im Folgenden kurz dargestellt:

Berechnung der Verzugszinsen

pro Jahr: $= \text{Betrag} \cdot \text{Zinssatz} \cdot x \text{ Jahre}$ oder $\dfrac{\text{Betrag} \cdot \text{Zinssatz} \cdot 360 \text{ Tage}}{360 \text{ Tage}}$

pro Monat: $= \dfrac{\text{Betrag} \cdot \text{Zinssatz} \cdot x \text{ Monate}}{12 \text{ Monate}}$ oder $\dfrac{\text{Betrag} \cdot \text{Zinssatz} \cdot 30 \text{ Tage}}{360 \text{ Tage}}$

pro Tag: $= \dfrac{\text{Betrag} \cdot \text{Zinssatz} \cdot x \text{ Tage}}{360 \text{ Tage}}$

Gesamtbetrag $= \text{Zahlbetrag} + \text{Verzugszinsen}$

Beispiel: Ausweislich der Rechnung Nr. 27 schuldet Herr Abel der Flitzer Kurier OHG 1.000,00 €. Diese sind am 20. August 2011 zur Zahlung fällig. Da Herr Abel nicht zahlt, wird er per Mahnung vom 22. August 2011 aufgefordert, den Rechnungsbetrag bis zum 30. August 2011 zu begleichen. Herr Abel bezahlt die Rechnung aber erst zum 31. Dezember desselben Jahres. Seit wann befindet sich Herr Abel mit der Zahlung in Verzug? Wie hoch sind die Verzugszinsen, wenn der Zinssatz 5,37 % (5 % zzgl. 0,37 %) beträgt?

Herr Abel befindet sich seit dem 1. September mit der Zahlung in Verzug. Die Verzugszinsen berechnen sich daher wie folgt:

$\text{Verzugszinsen} = \dfrac{\text{Betrag} \cdot \text{Zinssatz} \cdot x \text{ Monate}}{12 \text{ Monate}}$

$\text{Verzugszinsen} = \dfrac{1.000,00 \text{ €} \cdot 5,37 \text{ \%} \cdot 4 \text{ Monate}}{12 \text{ Monate}}$

Die Verzugszinsen betragen 17,90 €.

4.7 Verjährung

Zu beachten sind unbedingt die Verjährungsfristen nach §§ 195 ff. BGB. Ansprüche, z.B. auf Zahlung des Kaufpreises, können verjähren, d.h., nach einem bestimmten Zeitraum werden die Ansprüche nicht mehr vom Gesetz geschützt. Die Verjährung ist eine Einrede, die, wenn sie vom Schuldner erhoben wird, die gerichtliche und außergerichtliche Durchsetzung des (Zahlungs-)Anspruches hindert.

Die regelmäßige Verjährungsfrist beträgt 3 Jahre. Sie gilt insbesondere für Geldforderungen, aber auch für andere Ansprüche an beweglichen Sachen. Daneben gibt es noch die 10-jährige Verjährungsfrist für Rechte an einem Grundstück und die 30-jährige Verjährungsfrist unter anderem für rechtskräftig festgestellte Ansprüche wie Vollstreckungsbescheide, Urteile etc.

Die Verjährung beginnt mit dem Schluss des Jahres, in dem der Anspruch entstanden ist, vorausgesetzt, der Gläubiger kannte die den Anspruch begründenden Tatsachen und die Person des Schuldners oder er hätte sie kennen müssen.

Beispiel:

In unserem obigen Beispiel beginnt die Verjährungsfrist am 31. Dezember 2011 und endet am 31. Dezember 2014.

Entstehung des Anspruchs	Beginn der Verjährungsfrist	Ende der Verjährungsfrist
	3 Jahre →	
01.09.2011	31.12.2011	31.12.2014

Die Verjährung wird unter anderem durch die Erhebung einer Klage oder die Zustellung eines Mahnbescheides **gehemmt**. Aber auch Verhandlungen zwischen Gläubiger und Schuldner über den Anspruch hemmen die Verjährung. Der Zeitraum, in dem die Verjährung gehemmt ist, wird in die Verjährungsfrist nicht eingerechnet.

Beispiel:

Die Flitzer Kurier OHG gewährt Herrn Abel, der sich vorübergehend in Zahlungsschwierigkeiten befindet, am 1. April 2012 einen Zahlungsaufschub bis zum 31. Juli 2012.

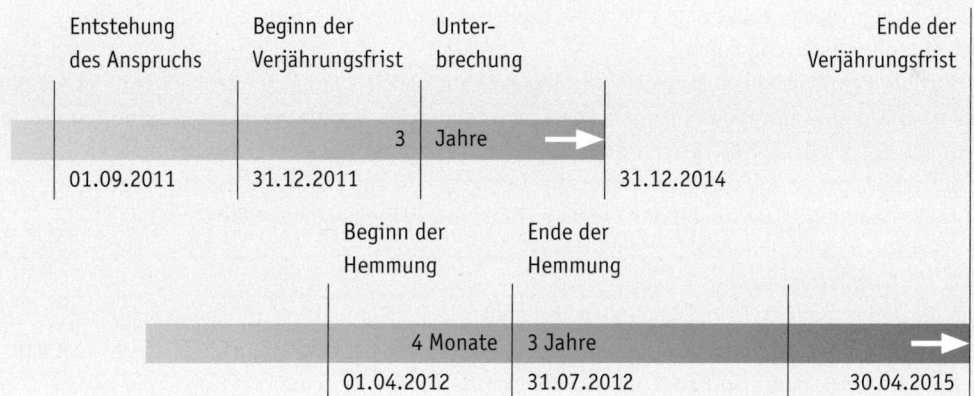

5 Betriebliche Steuern und Abgaben

5.1 Betriebliche Steuern

Zu den betrieblich bedeutsamen Steuern zählen:
- die Einkommensteuer,
- die Körperschaftssteuer,
- die Gewerbesteuer und
- die Umsatzsteuer.

5.1.1 Einkommensteuer

Die Einkommensteuer ist eine Steuer, die auf das Einkommen natürlicher Personen erhoben wird und deren Bemessungsgrundlage das zu versteuernde Einkommen ist. Sie wird im Einkommensteuergesetz (EStG) geregelt und lässt sich wie folgt ermitteln:

	Summe aller Einkünfte
–	Freibeträge, Entlastungsbeträge
=	Gesamtbetrag der Einkünfte
–	Verlustvortrag
–	Sonderausgaben
–	außergewöhnliche Belastungen etc.
=	Einkommen
–	Freibeträge, Härteausgleich
=	zu versteuerndes Einkommen
-/+	Jahressteuer nach Grund-/Splittingtabelle Steuerermäßigungen/-hinzurechnungen
=	festzusetzende Jahressteuer
–	Vorauszahlungen
–	anzurechnende Kapitalertragssteuer
–	anzurechnende Lohnsteuer
=	**Steuererstattung/Steuernachzahlung**

5.1.2 Körperschaftssteuer

Die Körperschaftssteuer trifft vor allem die Kapitalgesellschaften, wie die Aktiengesellschaft und die Gesellschaft mit beschränkter Haftung. Denn sie wird auf das Einkommen von Körperschaften, Personenvereinigungen und Vermögensmassen erhoben, die ihren Sitz oder ihre Geschäftsleitung in Deutschland haben.

Für die Ermittlung des zu versteuernden Einkommens ist zunächst der Gewinn der Gesellschaft oder Vereinigung maßgeblich. Dieser wird nach den Vorschriften des Einkommensteuergesetzes ermittelt. Die konkreten Regelungen zur Körperschaftssteuer finden sich im Körperschaftssteuergesetz (KStG). Der Steuersatz liegt zurzeit bei 15 % und ist im Gegensatz zum Einkommenssteuersatz unabhängig von der Höhe des zu versteuernden Einkommens.

5.1.3 Gewerbesteuer

Die Gewerbesteuer trifft jeden Gewerbebetrieb und wird auf die objektive Ertragskraft eines Gewerbebetriebes erhoben. Die objektive Ertragskraft eines Betriebes ist dessen Gewinn, der dann je nach Lage des Falles gemindert oder erhöht wird.

Die Gewerbesteuer wird von den Gemeinden festgesetzt und erhoben, wobei die genauen Regelungen im Gewerbesteuergesetz (GewStG) enthalten sind.

5.1.4 Umsatzsteuer

Der Umsatzsteuer unterliegen grundsätzlich alle von Unternehmen getätigten Umsätze von Waren und Dienstleistungen. In Deutschland gibt es zwei **Umsatzsteuersätze**, den Regelsteuersatz und den ermäßigten Steuersatz. Der Regelsteuersatz beträgt 19 %, der ermäßigte Steuersatz 7 % (Stand Okt. 2011). Dem ermäßigten Steuersatz unterliegen vor allem Lebensmittel, Bücher, Zeitungen, der öffentliche Nahverkehr sowie Kulturveranstaltungen wie Theater oder Kino. Seit dem 01.01.2010 gilt er auch für Hotels. Der Regelsteuersatz wird auf alle anderen Umsätze erhoben.

Die Umsatzsteuer errechnet sich vom Nettopreis, indem man den Nettopreis mit dem Steuersatz von 19 % multipliziert und durch 100 % dividiert.

Nettopreis in €	100			Nettopreis · 19
Umsatzsteuerbetrag in %	19	Umsatzsteuer =		100

Möchte man direkt den Bruttopreis berechnen, muss der Nettopreis mit 119 % multipliziert und das Ergebnis dann durch 100 % dividiert werden.

Nettopreis in €	100			Nettopreis · 119
Bruttopreis in €	119	Bruttopreis =		100

Die Preisangabenverordnung bestimmt, dass die gegenüber Verbrauchern angegebenen Preise stets Bruttopreise sein müssen, d.h., die Umsatzsteuer ist bereits im Preis enthalten.

Beispiel: Tom kauft sich eine neue Jeans zum Preis von 80,00 €. In diesem Preis sind 19 % Umsatzsteuer enthalten (Bruttopreis). Dies entspricht einem Betrag von 12,77 €. Der Nettopreis der Jeans beträgt folglich nur 67,23 €.

Umsatzsteuer fällt bei jedem Kauf von Waren oder der Inanspruchnahme von Dienstleistungen an, und zwar unabhängig davon, ob der Käufer Unternehmer oder Endverbraucher ist. Da der Gesetzgeber mit der Umsatzsteuer aber nur die Endverbraucher belasten will, können sich die Unternehmen die von ihnen an andere Unternehmen gezahlte Umsatzsteuer, die so genannte **Vorsteuer**, vom Finanzamt zurückholen. Im Gegenzug müssen sie aber die von ihnen vereinnahmte Umsatzsteuer an das Finanzamt abführen. Tatsächlich erfolgt das über eine Verrechnung der Vorsteuer mit der Umsatzsteuer, sodass die Unternehmen nur den jeweiligen Saldo an das Finanzamt abführen oder vom Finanzamt erstattet bekommen.

Beispiel: Die Flitzer Kurier OHG hat in diesem Jahr ca. 70.000 Expresssendungen zugestellt und insgesamt 119.000,00 € vereinnahmt. Dem stehen Anschaffungskosten für Fahrräder, Autos, Sortiermaschinen etc. in Höhe von 50.000,00 € gegenüber. Der Umsatzsteuersatz beträgt 19 %.
Zunächst ist die Umsatzsteuer aus den Verkaufserlösen herauszurechnen:

119.000,00 €	119			119.000,00 € · 19 %
Umsatzsteuerbetrag in %	19	Umsatzsteuer =		119 %

Die **Umsatzsteuer** beträgt 19.000,00 €.

Dann ist die Vorsteuer von den Anschaffungskosten herauszurechnen:

50.000,00 €	119 %			50.000,00 € · 19 %
Vorsteuer in %	19	Vorsteuer =		119 %

Die **Vorsteuer** beträgt 7.983,19 €.

Die Vorsteuer wird nun von der Umsatzsteuer abgezogen.
Umsatzsteuer – Vorsteuer = + / - Saldo
19.000,00 € – 7.983,19 € = 10.016,81 €

Die Flitzer Kurier OHG muss folglich einen Betrag von 10.016,81 € an das Finanzamt abführen.

Die Unternehmen müssen im laufenden Kalenderjahr regelmäßig, meist monatlich, eine **Umsatzsteuervoranmeldung** beim Finanzamt einreichen, in der die Umsatzsteuerein- und -ausgänge verzeichnet sind. Nach Ablauf des Kalenderjahres müssen die Unternehmen dann die **Umsatz-**

steuerjahreserklärung abgeben, in der alle Umsatzsteuer- und Vorsteuerbeträge des Vorjahres aufgelistet und zusammengerechnet sind. Der Saldo ist dann entsprechend an das Finanzamt abzuführen oder wird vom Finanzamt zurückgezahlt.

Die Umsatzsteuervoranmeldung und -Jahreserklärung werden elektronisch mittels des „ELSTER-Formulars" übermittelt.

Abb. 5.14: Umsatzsteuererklärung – Elster Formular

5.2   Abgaben (Lkw-Maut)

Neben den steuerlichen Belastungen fallen insbesondere in den KEP-Unternehmen, die ihre Transporte mit dem Lkw durchführen, zusätzliche Kosten durch die im Januar 2005 erstmals eingeführte Lkw-Maut an.

Die Lkw-Maut ist eine Gebühr, die auf Bundesautobahnen für Lkws ab einem zulässigen Gesamtgewicht von 12 Tonnen gilt und entfernungsabhängig sowie schadstoffabhängig erhoben wird. Gebührenpflichtige Streckenabschnitte können in der Mauttabelle unter: http://www.maut-tabelle.de/ nachgelesen werden.

Für die Berechnung der Maut kommen zwei Systeme zur Anwendung:
- die automatische Einbuchung via Satellit über das freiwillig eingebaute On Board Unit Gebührenerfassungsgerät oder
- die manuelle Streckenbuchung über das stationäre Mautterminal oder über das Internet.

Die Mautsätze betragen seit dem 01.01.2009:

Emissionsklasse	Mautkategorie	Maut seit 01.01.2009
EEV	Kategorie A	bis 3 Achsen: 14,1 Cent pro Kilometer ab 4 Achsen: 15,5 Cent pro Kilometer
Euro V	Kategorie A	bis 3 Achsen: 14,1 Cent pro Kilometer ab 4 Achsen: 15,5 Cent pro Kilometer
Euro IV oder Euro III mit PMK 2,3, oder 4	Kategorie B	bis 3 Achsen: 16,9 Cent pro Kilometer ab 4 Achsen: 18,3 Cent pro Kilometer
Euro III oder Euro II mit PMK 1,2,3 oder 4	Kategorie C	bis 3 Achsen: 19,0 Cent pro Kilometer ab 4 Achsen: 20,4 Cent pro Kilometer
Euro II	Kategorie D	bis 3 Achsen: 27,4 Cent pro Kilometer ab 4 Achsen: 28,8 Cent pro Kilometer
Euro I / Euro 0	Kategorie D	bis 3 Achsen: 27,4 Cent pro Kilometer ab 4 Achsen: 28,8 Cent pro Kilometer

(Bundesminsterium für Verkehr-, Bau und Stadtentwicklung)

5.3 Auswirkungen von Steuern und Abgaben auf den Unternehmenserfolg

Die Einkommensteuer, die Körperschaftssteuer und die Gewerbesteuer führen grundsätzlich zu einer Reduzierung des Gewinns und damit des Unternehmenserfolgs.

Die Umsatzsteuer ist dagegen ein Durchlaufposten, sie hat folglich keinen Einfluss auf das Betriebsergebnis und findet damit auch keinen Niederschlag im Unternehmenserfolg.

Wiederholungs- und Übungsaufgaben

1. Nennen Sie die vier Zahlungsmittel.

2. An welchen Merkmalen erkennen Sie Falschgeld?

3. Welche Zahlungsarten unterscheidet man?

4. Erläutern Sie die grundsätzliche Funktionsweise der Zahlungsarten sowie ihre Vor- und Nachteile.

5. Was ist ein Girokonto?

6. Wie funktioniert die Zahlung per Überweisung?

7. Wann ist es sinnvoll, einen Dauerauftrag einzurichten?

8. Was ist ein Scheck? Welche zwei Scheckarten unterscheidet man?

9. Wie funktioniert die Bezahlung mit der Bankkarte?

10. Beschreiben Sie die beiden Ihnen bekannten Kartenzahlungssysteme und deren Vor- und Nachteile.

11. Was ist ein Kassenbuch?

12. Was besagt § 146 Abs. 1 Abgabenordnung (AO)?

13. Was verstehen Sie unter dem Begriff „Geschäftsvorfall"?

14. Welche Kassenbelege kennen Sie?

15. Was ist eine Quittung?

16. Bitte quittieren Sie folgenden Geschäftsvorfall: Am 10.10.20XX erhält der Flitzer Kurier von Herrn Maier für eine Expresssendung 30,00 € in bar.

17. Führen Sie eine Kassenabrechnung durch und ermitteln Sie den Kassenbestand:

Beleg Nr.	Datum	Bezeichnung	Einnahmen in €	Ausgaben in €	enthaltene Umsatzsteuer
1	10.10.	Einzahlung Müller	500,00		19 %
2	10.10.	Kauf Büromaterial		200,00	19 %
3	10.10.	Einzahlung Maier	800,00		19 %
4	10.10.	Einzahlung Schulze	300,00		19 %
5	10.10.	Aushilfslöhne		300,00	0 %
		Summe			

18. Nennen Sie die Voraussetzungen des Zahlungsverzuges.

19. Beschreiben Sie den Ablauf des kaufmännischen Mahnverfahrens.

20. Beschreiben Sie den Ablauf den gerichtlichen Mahnverfahrens.

21. Ausweislich der Rechnung Nr. 30 schuldet Frau Krause dem Flitzer Kurier 2.000,00 €. Diese sind am 20. Mai 2011 zur Zahlung fällig. Da Frau Krause nicht zahlt, wird sie per Mahnung vom 1. Juni 2011 aufgefordert, den Rechnungsbetrag bis zum 15. Juni 2011 zu begleichen. Frau Krause bezahlt die Rechnung aber erst zum 15. September 2011. Seit wann befindet sich Frau Krause mit der Zahlung in Verzug? Berechnen Sie die Verzugszinsen, wenn der Zinssatz 5,37 % beträgt.

22. Nennen Sie die vier betrieblichen Steuerarten und erklären Sie kurz, wofür bzw. worauf diese erhoben werden.

23. Die Berlin-Post hat im Jahr 20XX ca. insgesamt 119.000,00 € vereinnahmt. Wie hoch ist die Ausgangssteuer, wenn der Umsatzsteuersatz 19 % beträgt?

24. Die Berlin-Post hat für Fahrräder, Autos und eine Sortiermaschine 80.000,00 € ausgegeben. Berechnen Sie die Vorsteuer, wenn der Umsatzsteuersatz 19 % beträgt.

25. Welche betriebliche Abgabe kennen Sie, die insbesondere beim Transport von Gütern erhoben wird? Nennen Sie die Voraussetzungen, unter denen diese besondere Abgabe erhoben wird.

Lernfeld 6

Zusätzliche Dienstleistungen analysieren,

bearbeiten und dokumentieren

1   *Mehrwertdienstleistungen*

Mehrwertdienstleistungen sind alle Dienstleistungen, die über die eigentliche Beförderung von Gütern oder Briefen hinausgehen. Dies sind unter anderem:

Adressierung / Etikettierung	Einbindung der Empfängeradresse auf dem Brief. Die Adresse wird dabei aus einer Datenbank direkt auf das Schriftstück, das Kuvert oder ein Klebeetikett gedruckt.
Adressmarketing	Verwaltung von Adressen und Erstellung von Adressdatenbanken, aber auch Vermittlung/Vermietung und Verkauf von Adressen an Unternehmen.
Anschriftenprüfung, -ermittlung und -mitteilung	Insbesondere die Postdienstleistungsunternehmen bieten als zusätzlichen Service die Überprüfung, Ermittlung und Mitteilung von neuen oder alten Anschriften an, beispielsweise wenn der Empfänger verzogen ist.
Callcenter	Auch Callcenter sind in KEP-Unternehmen anzutreffen. Die Mitarbeiter bearbeiten und beantworten Kundenanfragen, geben Auskünfte zu Produkten und Sendungsverläufen, bearbeiten Schadensanzeigen etc.
Dokumenten-Archivierung	Daten und Dokumente werden digitalisiert und archiviert und stehen oft online dem Kunden oder Finanzamt zur Verfügung.
E-Brief	Elektronische Kommunikationsform mit eindeutig identifizierbarem Absender, Brief wird am PC verfasst und digital versandt oder – wenn der Empfänger keine E-Briefadresse hat, ausgedruckt und über den Hausbriefkasten zugestellt.
Einschreiben (Einwurf, eigenhändig, Rückschein)	Beim Einschreiben erhält der Absender einen Nachweis über die Einlieferung und die Ablieferung der Sendung. Er kann ferner bestimmen, ob die Sendung nur in den Briefkasten eingeworfen werden soll (Einwurf), nur dem Empfänger persönlich ausgehändigt werden soll (eigenhändig) oder eine empfangsberechtigte Person den Empfang auf einem Rückschein quittieren muss, der dann an den Absender zurückgesendet wird.
Falzen	Das Falzen der Schreiben wird oft von kombinierten Kuvertier- und Falzmaschinen übernommen, die bis zu 20.000 Sendungen/Stunde verarbeiten.
Finanzdienstleistungen	Dazu gehören insbesondere Inkassotätigkeiten. Inkasso bezeichnet den Einzug von Geld und die Übermittlung des eingezogenen Geldes an den Kunden. Im KEP-Bereich hervorzuheben ist hierbei die Nachnahme (s. u.). Denkbar ist aber auch die Übernahme der Rechnungslegung (Fakturierung).

Frankierung	Das Frankieren, d.h. das „Freimachen" der Sendung kann manuell oder maschinell erfolgen. Mithilfe von speziellen Frankiermaschinen können Unternehmensdaten oder Werbebotschaften neben dem Porto auf das Kuvert aufgebracht werden.
Fulfillment	Erfasst wird hier die komplette Auftragsabwicklung. Dazu zählen neben der Postvorbereitung auch die Bestellannahme und der Versand, die Lagerhaltung, Kommissionierung, Verpackung, Rechnungserstellung, Mahnung, Retourenmanagement, Ersatzteilversorgung, Reparatur und Entsorgung.
Identverfahren	Das Identverfahren dient dazu, Personen durch die Vorlage und den Abgleich der Personalausweise sicher zu identifizieren. Dadurch soll gewährleistet werden, dass Sendungen nur an die als Empfänger ausgewiesene Person übergeben werden oder dass ein beigefügtes personalisiertes Dokument auch von dieser Person unterschrieben wird.
Inhouse-Logistik	Einige KEP-Unternehmen übernehmen alle im Betrieb des Kunden anfallenden transport- und nicht transportbezogenen Logistikaktivitäten.
Kommissionierung	Bestimmte Teilmengen bzw. Dienstleistungen aus dem zur Verfügung stehenden Sortiment werden herausgenommen, um den Auftrag den Kundenwünschen entsprechend zu erfüllen.
Konfektionierung	Die Konfektionierung fasst folgende Arbeitsschritte zusammen: Falzen, Kuvertierung, Adressierung, Frankierung und Postauslieferung.
Lettershops	Als Lettershops bezeichnet man Unternehmen, die personalisierte Werbesendungen, also Direct-Mails be- und verarbeiten. Das Angebot erfasst die Datenübernahme, den Druck, die Kuvertierung, Adressierung, Frankierung, Porto-Optimierung und die Postauslieferung.
Porto-Optimierung	Aufbereitung von Briefsendungen nach bestimmten Richtlinien des Zustellunternehmens, um spezielle Rabatte zu erhalten. Vorsortierung nach Briefarten oder Postleitzahlen.
Sendungsverfolgung	Mithilfe von Tracking bzw. Trackingsystemen können KEP-Unternehmen jederzeit den genauen Standort der Sendung ermitteln und diese Information an den Kunden weiterreichen.
Transportversicherung	Fast alle KEP-Unternehmen bieten Transportversicherungen an. Diese soll Schäden ausgleichen, die beim Transport des zu befördernden Gutes auftreten und nicht in der Verantwortung des Frachtführers liegen.
Transpromo	Eine Kombination von Transaktionsdruck und Werbung, bei dem dem Empfängerkunden neben dem eigentlichen Brief / einer Rechnung etc. personalisierte und auf seine Bedürfnisse angepasste Werbung beigelegt wird.
Verpackungstätigkeiten	Die Verpackung der zu transportierenden Waren gehört nicht zum normalen Aufgabenspektrum der KEP-Unternehmen. Dennoch bieten viele Unternehmen die Verpackung nebst dem Bereitstellen des Verpackungsmaterials als Sonderleistung an.
Zollabwicklung	Die Zollabwicklung wird bei grenzüberschreitendem Verkehr standardmäßig angeboten. Zur Zollabwicklung gehören insbesondere die Übergabe der nötigen Papiere und die Bezahlung von Zoll und Wiegegeldern.
Zustellungsauftrag	Die formelle Zustellung von Schriftstücken umfasst die Zustellung und die Beurkundung der Übergabe durch den jeweiligen Mitarbeiter.

Die wichtigsten Mehrwertdienstleistungen werden nachfolgend ausführlicher behandelt.

1.1 Nachnahme

Unter Nachnahme versteht man eine Versandart, bei der die zu befördernde Ware nur gegen Bezahlung des Nachnahmebetrages an den Empfänger ausgehändigt wird.

Der vom Frachtführer / dem KEP-Unternehmen einzuziehende Nachnahmebetrag, regelmäßig der Rechnungsbetrag der Ware zuzüglich etwaiger Versand- und Versicherungskosten, wird zwischen dem Absender und dem Empfänger vorab vereinbart. Der Absender weist dann den Frachtführer an, die Ware nur gegen Bezahlung des vereinbarten Geldbetrages an den Empfänger zu übergeben. Das eingezogene Geld wird nach Abzug der Nachnahmegebühr an den Absender weitergeleitet beziehungsweise auf dessen Konto überwiesen.

Nachnahmesendungen finden sich häufig bei Online-Versandanbietern, die die Nachnahme als zusätzliches Zahlungssystem neben der Vorauskasse, der Rechnung und der Zahlung mit Kreditkarte anbieten.

Vorteil der Nachnahme für den Empfänger ist, dass die Bezahlung erst mit Übergabe der Ware erfolgen muss. Für den Absender gilt entsprechend, dass die Ware erst mit Bezahlung des Rechnungsbetrages übergeben werden muss. Der Versand per Nachnahme hat aber einen entscheidenden Nachteil: Er ist in der Regel teurer als die Zahlung per Rechnung oder Vorauskasse. Die Preise liegen zwischen 3,50 € und 15,00 € je Nachnahme und Überweisung.

1.2 Zustellungsauftrag

1.2.1 Zustellung an den Zustelladressaten

Die Zustellung ist die beurkundete Übergabe eines bestimmten Schriftstücks. Sie ist in der Zustellungsurkunde festzuhalten und dient als Beweis dafür, dass einer Person ein bestimmtes Schriftstück zugestellt worden ist.

Wird einem Kurier-, Express- oder Postdienstleistungsunternehmen ein Zustellauftrag erteilt, übergibt die Geschäftsstelle, der Gerichtsvollzieher oder jede andere Person (Unternehmen oder Privatperson) gemäß § 176 Zivilprozessordnung (ZPO) das zuzustellende Schriftstück in einem verschlossenen Umschlag zusammen mit dem vorbereiteten Vordruck einer Zustellungsurkunde. Das Schriftstück kann der Person, der zugestellt werden soll, an jedem Ort übergeben werden, an dem sie angetroffen wird, zum Beispiel in der Wohnung, am Arbeitsplatz oder auf der Straße.

1.2.2 Ersatzzustellung in der Wohnung (§ 178 ZPO)

Wird die Person, der zugestellt werden soll, in ihrer Wohnung, in den Geschäftsräumen oder in einer Gemeinschaftseinrichtung, in der sie wohnt, nicht angetroffen, kann das Schriftstück auch

a) in der Wohnung (des Zustelladressaten)
   - einem erwachsenen Familienangehörigen,
   - einer in der Familie beschäftigten Person oder
   - einem erwachsenen ständigen Mitbewohner,

b) in Geschäftsräumen: einer dort beschäftigten Person,

c) in Gemeinschaftseinrichtungen
   - dem Leiter der Einrichtung oder
   - einem zur Entgegennahme von Schriftstücken im Wege der Ersatzvornahme ermächtigten Vertreter zugestellt werden.

Nichtantreffen meint, dass sich der Adressat zum Zeitpunkt der Zustellung nach Meinung des Zustellers nicht in der Wohnung aufhält. Dafür genügt es, wenn ein Angehöriger in der Wohnung sagt, dass der Zustelladressat nicht anwesend sei. Der Zusteller braucht diese Angaben nicht zu überprüfen, er darf dies in der Regel auch nicht.

Zu den **Familienangehörigen** gehören unter anderem die Ehepartner, Geschwister, erwachsene Kinder und Pflegekinder sowie verwandte (Onkel, Tanten, Cousins, Cousinen, Neffen, Nichten) und verschwägerte Personen (Schwiegereltern, Schwager, Schwägerin).

Hausangestellter ist jeder, der eine Beschäftigung im Haushalt des Zustelladressaten für längere Zeit ausübt. Eine Aushilfe ist nicht empfangsberechtigt.

Ständige Mitbewohner sind zum Beispiel der Lebenspartner, der nicht eheliche Lebensgefährte oder in einer Wohngemeinschaft der gleichberechtigte Mitbewohner. Der Untermieter ist kein ständiger Mitbewohner.

Geschäftsraum ist jeder Raum, der für den Betrieb des Unternehmens, der Gesellschaft, Behörde, Gemeinde oder des Vereins bestimmt ist, z.B. Büro, Laden, Registratur, Sekretariat, Wartezimmer, Werkstatt, nicht aber das Warenlager oder die Auslieferungsstelle.

Bedienstete sind zum Beispiel: Angestellte, Auszubildende, Handwerker, Kellner, Mitinhaber, Pförtner/Türsteher (wenn er von keinem anderen Unternehmen gestellt wurde, z.B. Securitas!), Raumpfleger, Verkäufer, Volontär.

Gemeinschaftseinrichtungen sind z.B. Krankenhäuser, Altersheime, Pflegeheime, Wohnheime, Gefängnisse etc. Achten Sie bei der Ersatzzustellung an den ermächtigten Vertreter der Gemeinschaftseinrichtung unbedingt darauf, sich die Vollmacht vorlegen zu lassen. Denn nicht jeder, der in einer größeren Gemeinschaftseinrichtung in der Verwaltung oder Leitung angetroffen wird, ist auch zur Entgegennahme von Schriftstücken im Wege der Ersatzzustellung ermächtigt.

Beachten Sie aber, dass die Zustellung an eine der vorgenannten Personen nur dann erfolgen darf, wenn diese in dem Rechtsstreit nicht als Gegner der Person, der zugestellt werden soll, beteiligt ist. Andernfalls wäre die Zustellung unwirksam.

1.2.3 Zustellung bei verweigerter Annahme (§ 179 ZPO)

Wird die Annahme des zuzustellenden Schriftstücks unberechtigt verweigert, so ist das Schriftstück in der Wohnung oder dem Geschäftsraum zurückzulassen. Dafür reicht es aus, wenn das Schriftstück unter der Wohnungstür durchgeschoben wird. Es kann auch an der Wohnungstür angeklebt oder sonst wie befestigt werden, darf aber unter keinen Umständen der Gefahr von Nässe, Frost oder Entwendung ausgesetzt werden. Auch darf das Schriftstück nicht in einer Gemeinschaftseinrichtung zurückgelassen werden, da es dort zu leicht verloren gehen könnte.

Hat der Zustellungsadressat zum Zeitpunkt des Zustellversuchs keine Wohnung und keinen Geschäftsraum, muss der Zusteller das Schriftstück an den Absender zurücksenden.

Achtung: Der Zusteller darf das Schriftstück nicht einer Person übergeben, die nach den gesetzlichen Vorschriften nicht zum Empfang des Schriftstücks berechtigt ist. Auch darf eine Zustellung durch Einlegen in den Briefkasten nur nach § 180 ZPO erfolgen.

1.2.4 Ersatzzustellung durch Einlegen in den Briefkasten (§ 180 ZPO)

Ist eine Ersatzzustellung in der Wohnung oder in den Geschäftsräumen nicht möglich, kann das Schriftstück in einen zu der Wohnung oder dem Geschäftsraum gehörenden Briefkasten oder in eine ähnliche Vorrichtung (Türschlitz oder Türspalt) eingelegt werden. Der Einwurf in den Briefkasten setzt grundsätzlich voraus, dass dieser klar beschriftet, unbeschädigt und verschlossen vorgefunden wird. In einem wenig gepflegten Haus kann auch ein beschädigter Briefkasten, der den Namen des Zustelladressaten trägt, ausreichen. Ein Gemeinschaftsbriefkasten ist aber ungeeignet.

(!) **Achtung:** Briefkästen, die erheblich beschädigt oder aufgebrochen sind, die überquellen oder gar nicht bzw. unklar bezeichnet sind, eignen sich nicht für die Zustellung durch Einlegen in den Briefkasten!

Der Zusteller hat vor dem Einwurf in den Briefkasten/Türschlitz/Türspalt auf dem Umschlag des zuzustellenden Schriftstücks das Datum der Zustellung zu vermerken.

Die Durchführung der Zustellung darf nicht nur schwierig sein, sie muss sich vielmehr als praktisch unmöglich erwiesen haben. Dies ist zum Beispiel dann der Fall, wenn ähnliche Zustellversuche in anderen Fällen in den letzten Tagen oder wenigen Wochen gescheitert sind.

1.2.5 Ersatzzustellung durch Niederlegung (§ 181 ZPO)

Ist die Zustellung in einer Gemeinschaftseinrichtung oder durch Einlegen in den Briefkasten nicht möglich, kann das zuzustellende Schriftstück auch auf der Geschäftsstelle des Amtsgerichts, in dessen Bezirk der Ort der Zustellung liegt, oder in einer Filiale des Postdienstleistungsunternehmens niedergelegt werden.

Der Zusteller hat vor der Niederlegung das Datum der Zustellung auf dem Umschlag des zuzustellenden Schriftstücks zu vermerken. Außerdem muss der Zusteller dem Zustelladressaten eine schriftliche Mitteilung über die erfolgte Niederlegung machen. Er hat dafür den gesetzlich vorgesehenen Vordruck zu verwenden und auszufüllen. Dieser muss zumindest den Namen des Zustelladressaten und das Aktenzeichen enthalten.

Der ausgefüllte Vordruck ist dem Zustelladressaten wie ein gewöhnlicher Brief zuzustellen, d.h. in den Briefkasten einzuwerfen. Ist das nicht möglich, ist der Vordruck unter der Tür der Wohnung, des Geschäftsraums oder der Gemeinschaftseinrichtung durchzuschieben oder an der Tür anzuheften. Wegen der Gefahr der unbefugten Beseitigung des Schriftstücks kommt diese Art der Mitteilung nur im äußersten Notfall in Betracht.

Eine Aushändigung an den Nachbarn zur Weitergabe an den eigentlichen Empfänger ist ebenso unzulässig wie die Übergabe der Mitteilung an das 10-jährige Kind des Zustelladressaten. Auch reicht die Übersendung der Mitteilung per Post oder der Einwurf in ein Postschließfach nicht aus.

Das niedergelegte Schriftstück ist drei Monate zur Abholung bereitzuhalten und darf nur an den Zustelladressaten persönlich oder denjenigen herausgegeben werden, der eine Empfangsvollmacht oder eine bei der Post zu niederlegende Postvollmacht vorlegt. Nicht abgeholte Schriftstücke sind danach an den Absender zurückzusenden.

(!) **Achtung:** Vor der Niederlegung sind erst alle anderen Zustellmöglichkeiten auszuschöpfen, d.h. der Zusteller darf den Zustelladressaten in der jetzigen Wohnung, dem Geschäftsraum oder der Gemeinschaftseinrichtung nicht angetroffen haben. Ferner muss erfolglos die Ersatzzustellung nach den §§ 178 – 180 ZPO versucht worden sein.

1.2.6 Die Zustellungsurkunde

Der Zusteller hat die Zustellungsurkunde am Ort der Zustellung gut lesbar auszufüllen und eigenhändig zu unterschreiben. Eine versehentlich falsch ausgefüllte Urkunde ist zu berichtigen. Die Berichtigung der Urkunde muss aber eindeutig sein und darf nicht zur Unlesbarkeit der Urkunde führen.

Die Zustellurkunde muss nach § 182 ZPO folgende Angaben enthalten:
- die Angabe, was zugestellt worden ist,
- die Bezeichnung der Person, der zugestellt werden soll (Empfänger),
- die Bezeichnung der Person, an die der Brief oder das Schriftstück übergeben wurde,

- im Falle der Zustellung an einen Bevollmächtigten die Angabe, dass die Vollmachtsurkunde vorgelegen hat,
- im Fall der Ersatzzustellung in der Wohnung oder der Ersatzzustellung durch Einlegen in den Briefkasten die Angabe des Grundes, der diese Zustellung rechtfertigt, und wenn die Ersatzzustellung durch Niederlegung erfolgt ist, die Bemerkung, wie die schriftliche Mitteilung abgegeben wurde,
- im Falle der Zustellung bei verweigerter Annahme die Erwähnung, wer die Annahme verweigert hat und dass der Brief am Ort der Zustellung zurückgelassen oder an den Absender zurückgesandt wurde,
- die Bemerkung, dass der Tag der Zustellung auf dem Umschlag, der das zuzustellende Schriftstück enthält, vermerkt ist,
- den Ort, das Datum und auf Anordnung der Geschäftsstelle auch die Uhrzeit der Zustellung,
- Name, Vorname und Unterschrift des Zustellers sowie die Angabe des beauftragten Unternehmens oder der ersuchten Behörde.

Als Zustellurkunde ist das gesetzlich eingeführte Formular zu verwenden und auszufüllen.

Abb. 6.1: Zustellurkunde

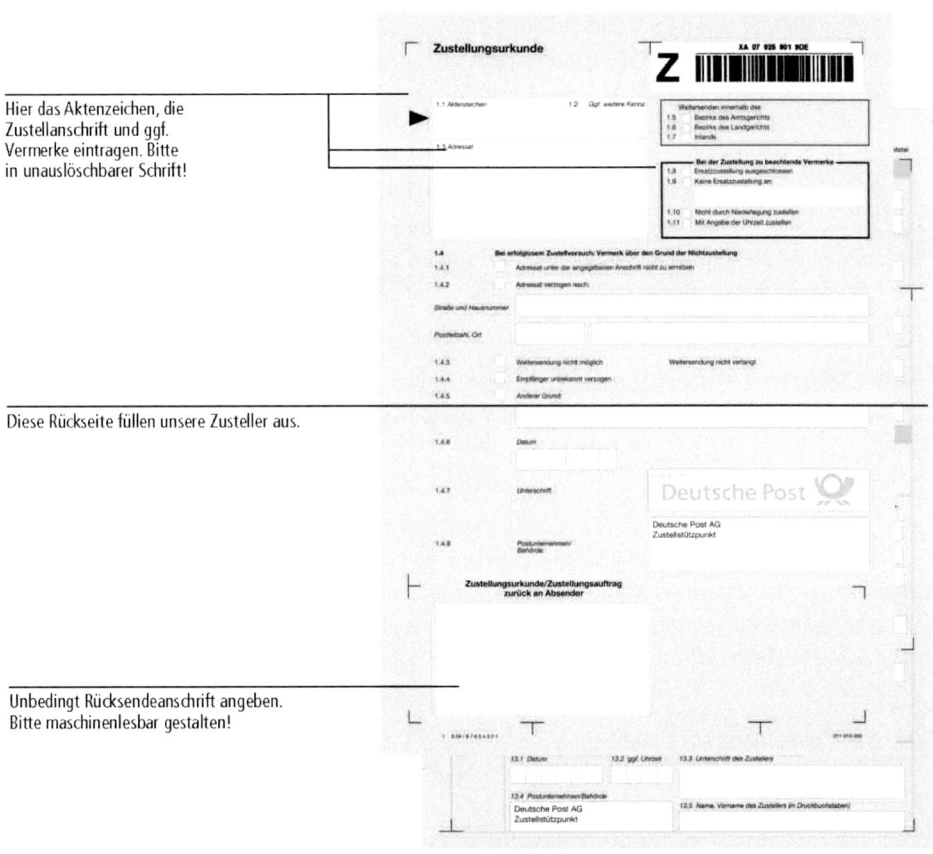

1.3 Identverfahren

Das Identverfahren soll die Identifizierung natürlicher Personen durch Mitarbeiter des KEP-Dienstes ermöglichen, um sicherzustellen, dass Sendungen nur an diese bestimmte Person ausgeliefert werden.

Die Übergabe der Sendung erfolgt dann nur gegen Vorlage des Personalausweises. Dieser wird entsprechend abgeglichen, d.h., es werden das Lichtbild, Name, Vorname und Anschrift überprüft. Nur wenn diese übereinstimmen, wird dem Empfänger die Sendung ausgehändigt. Dem Absender wird dann in einem gesonderten Dokument die Aushändigung an den Empfänger persönlich und unter Angabe dessen Personalausweisnummer bestätigt.

Von dieser ursprünglichen Form des Identverfahrens haben sich zwischenzeitlich weitere Unterformen herausgebildet, so bietet beispielsweise die Deutsche Post AG das „Postident Spezial" an. Dieses beinhaltet neben der Identifikation des Empfängers auch die Vorlage eines personalisierten Dokumentes, welches dann vor den Augen des Mitarbeiters unterschrieben werden muss.

Üblich ist ein solches Verfahren z.B. bei einem Online-Vertragsschluss, bei dem gewährleistet sein muss, dass der Vertragspartner auch tatsächlich derjenige ist, für den er sich ausgibt. Das „Postident Spezial" kann dann weiter mit der Zusatzleistung Nachnahme kombiniert werden.

Beispiel: Herr Maier eröffnet im Internet bei der Online-Bank ein Konto. Um sicherzugehen, dass auch wirklich Herr Maier und nicht Herr Schulz das Konto eröffnet hat, sendet die Bank Herrn Maier ein Dokument mit seinen persönlichen Angaben zu und bittet ihn, dieses Dokument und seinen Personalausweis in einer Postfiliale vorzulegen und dort zu unterschreiben. Erst nachdem die Daten abgeglichen und der Online-Bank das Dokument nebst Unterschrift zurückgesandt worden ist, wird das Konto eröffnet und für Herrn Maier freigeschaltet.

1.4 Transportversicherung

Mit der Transportversicherung soll die Ware gegen Schäden abgesichert werden, die beim Transport der Waren auftreten können. Sie kann folgende Versicherungen umfassen:

Kaskoversicherung/ Transportmittelversicherung	Mit der Kaskoversicherung versichert der Versicherungsnehmer das Transportmittel gegen Unfall, Diebstahl oder Beschädigung.
Kargoversicherung/ Güterversicherung	Mit der Kargoversicherung werden die Güter gegen typische Gefahren des Transports oder nur gegen ausgewählte Gefahren versichert. In den Versicherungsvertrag können die DTV-Güterversicherungsbedingungen einbezogen sein (siehe Abschnitt 1.4.3).
Werkverkehrsversicherung	Die Werkverkehrsversicherung ist eine Sonderform der Güterversicherung, mit der Werkverkehr, d.h. der Transport von Gütern mit eigenen Fahrzeugen und ausschließlich zu eigenen Zwecken, versichert wird.
Verkehrshaftungsversicherung	Mit der Verkehrshaftungsversicherung können sich Frachtführer, Spediteure und Lagerhalter für den Fall versichern, dass sie einem Dritten gesetzlich oder vertraglich aus den Verkehrsverträgen haften. In den Versicherungsvertrag können die DTV-Verkehrshaftungsversicherungsbedingungen für Frachtführer, Spediteure und Lagerhalter einbezogen sein (siehe Abschnitt 1.4.3).

Für den Frachtführer ist insbesondere der Abschluss der Verkehrshaftungsversicherung, der Kasko- und der Kargoversicherung von Bedeutung, um sich gegen die Inanspruchnahme aus dem Frachtvertrag abzusichern. Denn auch wenn die Haftung für eintretende Schäden gesetzlich oder vertraglich eingeschränkt werden kann, haftet der Frachtführer nach § 425 HGB grundsätzlich verschuldensunabhängig für alle Schäden, die während des Transportes eines Gutes aufgetreten sind und die nicht unabwendbar waren.

Aber auch für den Absender kann sich der Abschluss einer Transportversicherung, insbesondere der Kargoversicherung, anbieten. Denn die Haftung des Frachtführers ist gesetzlich im Verhältnis zu dem Gewicht der Waren begrenzt und wird durch die allgemeinen Geschäftsbedingungen oft im weitmöglichsten Umfang eingeschränkt. Der tatsächliche Schaden ist daher oft nicht mehr gedeckt.

Mit dem Abschluss des Versicherungsvertrages und der Zahlung der Versicherungsprämie übernimmt die Versicherung im Schadensfall die Schadensregulierung innerhalb ihrer vertraglichen Bedingungen.

Abb. 6.2: Transportversicherung

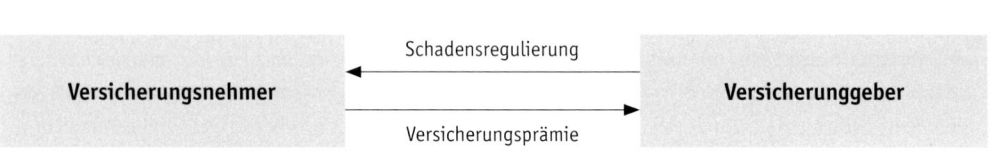

Achtung: Beim Abschluss einer Transportversicherung ist immer zu beachten, dass die Versicherungssumme dem Versicherungswert entspricht, da andernfalls eine Unterversicherung besteht und Sie den anteiligen Schaden dann selbst ausgleichen müssen. Der Versicherungswert ist der Handels- oder Marktwert zuzüglich der Versicherungskosten und aller weiteren Kosten, die bis zur Annahme der Güter durch den Beförderer entstehen, sowie der endgültig bezahlten Fracht.

1.4.1 Die Versicherungspolice als Wertpapier

Die Transportversicherung wird in der Praxis häufig als **Inhaberpapier** ausgestellt, d.h., Berechtigter der Versicherungsleistung ist der Inhaber der Original-Versicherungspolice. Anzutreffen sind aber auch gekorene Orderpapiere und Rektapapiere.

Orderpapiere sind Wertpapiere, die auf den Namen des Berechtigten lauten und durch schriftliche Erklärung auf dem Papier, das so genannte Indossament, auf den neuen Berechtigten übertragen werden. Diese können bereits gesetzlich (geboren) als Orderpapiere ausgestaltet sein, wie Schecks, Wechsel oder Namensaktien, oder willkürlich (gekoren) zu Orderpapieren werden. Gekorene Orderpapiere werden erst durch das Indossament zu einem Orderpapier, z.B. bei kaufmännischen Anweisungen, Ladeschein, Lagerschein und der Transportversicherung.

Rektapapiere sind Wertpapiere, die auf den Namen einer bestimmten Person ausgestellt werden. Nur diese Person ist zur Geltendmachung des in dem Wertpapier verbrieften Rechts berechtigt. Die Übertragung dieses Rechts auf einen Dritten erfolgt durch Abtretung und Übergabe des Papiers.

1.4.2 Versicherungsarten

Bei der Transportversicherung sind, wie in Abb. 6.3 dargestellt, folgende Versicherungsarten zu unterscheiden:

Die Versicherungspolice besteht aus dem Versicherungsvertrag und dem Versicherungsanspruch. Während bei einer Einzelpolice der Versicherungsanspruch unmittelbar aus der Police geltend gemacht werden kann, muss bei einer Generalpolice der Versicherungsanspruch erst auf ein Versicherungszertifikat übertragen werden. Das Versicherungszertifikat wird für jeden Transport einzeln ausgestellt und dem Importeur übergeben.

Abb. 6.3: Versicherungsarten

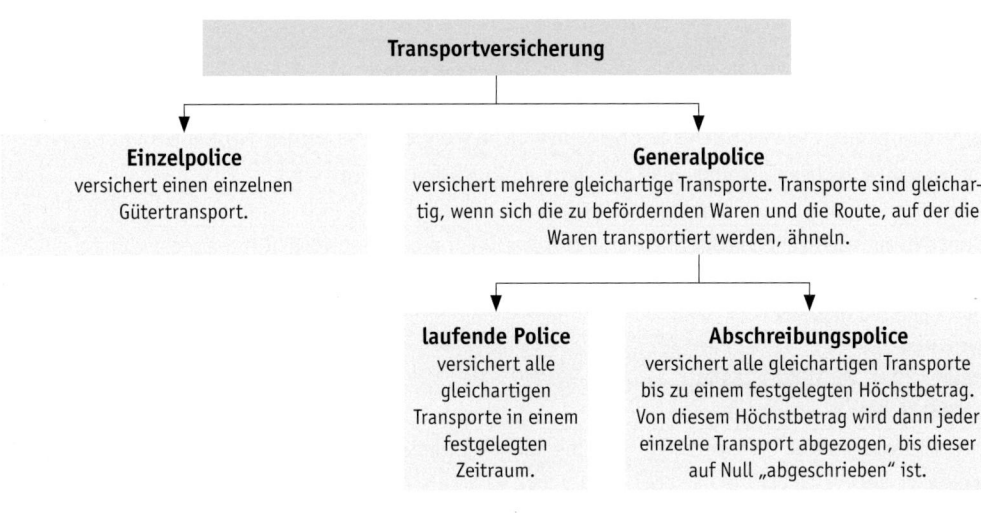

1.4.3 Allgemeine Versicherungsbedingungen

DTV-Güterversicherungsbedingungen

Die DTV-Güterversicherungsbedingungen sind allgemeine Geschäftsbedingungen der Versicherungswirtschaft. Gegenstand der Güterversicherung ist nach Ziffer 1 jedes in Geld schätzbare Interesse, das jemand daran hat, dass die Güter die Gefahren der Beförderung sowie der damit verbundenen Lagerung unbeschadet überstehen.

Versichert werden können die im Vertrag benannten Güter bzw. Waren und/oder alle sonstigen Aufwendungen und Kosten. Dies sind: der imaginäre Gewinn, der Mehrwert, der Zoll, die Fracht, die Steuern und Abgaben und sonstige Kosten.

DTV-Verkehrshaftungsversicherungsbedingungen für Frachtführer, Spediteure und Lagerhalter

Gegenstand der Verkehrshaftungsversicherung sind nach Ziffer 1.1. „Verkehrsverträge (Fracht-, Speditions- und Lagerverträge) des Versicherungsnehmers als Frachtführer im Straßengüterverkehr, als Spediteur oder Lagerhalter, (...) wenn und soweit die damit zusammenhängenden Tätigkeiten in der Betriebsbeschreibung ausdrücklich dokumentiert sind." Voraussetzung ist ferner, dass die Verkehrsverträge während der Laufzeit des Versicherungsvertrages abgeschlossen und ordnungsgemäß bei dem Versicherer angemeldet worden sind.

Versichert ist die Haftung des Unternehmens nach den gesetzlichen Regelungen, den allgemeinen Geschäftsbedingungen und den internationalen Übereinkommen. Die Versicherung umfasst den Ausgleich begründeter und die Abwehr unbegründeter Schadensersatzansprüche. Zu diesem Zweck werden dem Versicherungsnehmer ausweislich Ziffer 4.2. die Aufwendungen zur Abwendung oder Minderung eines drohenden oder bereits entstandenen Schadens erstattet sowie die gerichtlichen und außergerichtlichen Kosten, soweit der Versicherungsnehmer sie für erforderlich halten dürfte.

Abb. 6.4: Versicherungszertifikat (Vorderseite) nach DTV-Güter 2000/2008

Einzelversicherung **Marine/Cargo Policy**		☒			
Güterversicherungszertifikat **Cargo Insurance Certificate**		☐			
Versicherungssumme Sum Insured **38.500,00 €**	Ausfertigungsort/-tag Place and Date of Issue **Wuppertal, 29. Okt. 20XX**	Exemplare Issues **2**	Einzelversicherungs-Nr. Policy-No		
			General-Police-Nr. Open Cover No. **123456789**	Zertifikat-Nr. Certificate No. **120000**	

Hiermit wird bescheinigt, dass auf Grund der oben genannten Einzelversicherung/General-Police Versicherung übernommen worden ist gegenüber:
/ This is to certify that insurance has been granted under the above Policy/Open Cover to:
to the holder

für Rechnung wen es angeht, auf nachstehend näher bezeichnete Güter: / For account of whom it may concern, on following goods:
28 000 packets with printed napkins
purchase order Nr. 1546
stowed in 1 container 20 ft, Nr. TSRU 425165 1
4 900 kg gross, 4 760 kg net

Für folgenden Transport (Transportmittel, Transportweg) / For the following transport (means of transport, route):
Marianna Vessel
From Hamburg port to New York port
Von Haus zu Haus, sofern nicht anderweitig vereinbart, gemäß Ziffer 8 der DTV-Güter 2000, Volle Deckung/
From warehouse to warehouse, unless otherwise agreed, in accordance with no. 8 of the DTV Cargo 2000, Full Cover

Schäden zahlbar an den Inhaber dieser Einzelversicherung/dieses Zertifikates. Mit Schadenzahlung gegen eine Ausfertigung werden die anderen ungültig. Claims payable to the holder of this Policy/Certificate. Settlement under one copy shall render all others null and void.

Bedingungen / Conditions:

A DTV-Güterversicherungsbedingungen 2000/2008 (DTV-Güter 2000/2008) / DTV Cargo Insurance Conditions 2000/2008 (DTV Cargo 2000/2008)
Volle Deckung / Full Cover

B Besondere Bedingungen/Klauseln / Special Conditions/Clauses
1. Kriegklausel für die Versicherung von Seetransporten sowie Lufttransporten im Verkehr mit dem Ausland nach den DTV-Güter 2000/2008 / War Clauses for the insurance of goods carried by sea and air transports to and from foreign countries governed by the provisions of DTV Cargo 2000/2008
2. Streik- und Aufruhrklauseln für die Versicherung nach den DTV-Güter 2000/2008 / Strikes, Riots and Civil Commotions Clause for insurance governed by DTV Cargo 2000/2008

Anweisungen für den Schadensfall siehe Rückseite.
See overleaf for instructions tobe followed in case of loss or damage.
Im Schadensfall ist zur Schadenfeststellung unverzüglich hinzuziehen:
/ In case of loss or damages immediately apply for survey to:
Ewig International Marine Corp.
111 Pavonia City, NJ 07310
Tel. +1 201 9633355
Fax +1 201 9634015
nyc.office@ei
mc. com http://www.ewig.com

Namens und in Vollmacht der beteiligten Gesellschaften: / For and on behalf of the leading company and all co-insurers:

Cargo Versicherungs AG
Frachtstraße 125
20251 Hamburg
in Vollmacht
Klaus Trichter

2 Erweiterung und Verbesserung des betrieblichen Leistungsangebotes

2.1 Erstellen kundenspezifischer Leistungsangebote

Um das Leistungsangebot eines Unternehmens zu erhöhen, kann man selbst neue Produkte und Leistungen entwickeln oder aber die vorhandenen Leistungen an die individuellen Kunden- wünsche anpassen. Beschäftigen soll uns im Folgenden nur der letzte Punkt, d.h. das Erstellen kundenspezifischer Leistungsangebote.

Zunächst müssen die individuellen Kundenwünsche ermittelt und analysiert werden. Die indivi- duellen Kundenwünsche werden meist in Form von Fragebögen oder Interviews erfragt und kön- nen dann ausgewertet werden. Die Anforderungen, die ein Kunde an ein bestimmtes Produkt oder eine Leistung hat, werden daraufhin eindeutig und klar formuliert und in spezielle Produkt- oder Leistungsanforderungen übersetzt.

Dann erfolgt ein Abgleich zwischen den kundenspezifischen Produkt- oder Leistungsanfor- derungen und dem vorhandenen Produkt- oder Leistungsspektrum. Man schaut, welche Ände- rungen oder Anpassungen im aktuellen Leistungsprozess vonnöten sind, um den kundenspezifi- schen Anforderungen gerecht zu werden, und ermittelt die Auswirkungen der Änderungen auf den aktuellen Leistungsprozess.

An den Abgleich schließt sich die Bewertung der Kundenwünsche an, d.h., man versucht, den Aufwand, den eine Anpassung an die spezifischen Kundenwünsche mit sich bringt, abzuschätzen, ermittelt mögliche Zielkonflikte und Einschränkungen. Methodisch erfolgt die Bewertung durch eine Nutzwertanalyse, eine Punktbewertung oder ein Rating-Verfahren.

Erst wenn diese Bewertung positiv ausfällt, d.h. der Nutzwert der Anpassung an die Kunden- wünsche den damit verbundenen Aufwand übersteigt, werden die Produkte oder Leistungen entsprechend der Kundenwünsche angepasst.

2.2 Vergleich der Leistungsangebote anderer Unternehmen

Eine weitere Möglichkeit zur Erweiterung und Verbesserung des eigenen Leistungsspektrums ist es, die eigene Produkt- oder Dienstleistungspalette mit der eines Konkurrenzunternehmens zu vergleichen. Dazu genügt heute meist schon ein Blick in das Internet auf die Website des Kon- kurrenten. Dort sind die angebotenen Produkte bzw. Leistungen aufgelistet und können nun mit den eigenen Produkten bzw. Leistungen verglichen werden.

Haben einzelne Produkte oder Leistungen das Interesse des Unternehmens geweckt, muss unbe- dingt vorab geprüft werden, ob Rechte Dritter an diesen Produkten oder Leistungen bestehen. Rechte Dritter können Urheberrechte, Markenschutzrechte, Patentrechte, Geschmacks- und Gebrauchsmusterrechte sein. Diese schützen den Rechte-Inhaber vor unbefugter Nachahmung oder Verwertung.

Wenn Rechte Dritter nicht bestehen, ist der weitere Ablauf bis zur Aufnahme des neuen Produktes oder der neuen Leistung dann mit dem der Erstellung eines kundespezifischen Leistungsangebotes vergleichbar, d.h., auch hier muss zunächst untersucht werden, welche Veränderungen oder Neu- erungen vonnöten sind, um das neue Produkt oder die neue Leistung in die Angebotspalette auf- zunehmen. Ferner müssen die Auswirkungen der Neuaufnahme eines Produktes oder einer Leis- tung auf den aktuellen Leistungsprozess ermittelt werden.

Auch hier schließt sich die Bewertung an, d.h., man versucht, den Aufwand, den eine Einfüh- rung eines neuen Produktes oder einer neuen Dienstleistung mit sich bringt, abzuschätzen sowie mögliche Zielkonflikte und Einschränkungen zu ermitteln. Ist die Bewertung positiv, wird das neue Produkt oder die neue Leistung in die bestehende Angebotspalette integriert.

2.3   Zusammenhänge zwischen Mehrwertdienstleistung, Qualität und betriebswirtschaftlichem Ergebnis

Zwischen dem Angebot zusätzlicher Dienstleistungen, dem betriebswirtschaftlichen Ergebnis und der Erfüllung von Qualitätsanforderungen besteht ein Zusammenhang, der sich aber nicht auf eine klare Formel bringen lässt. So kann etwa nicht pauschal behauptet werden, dass das Angebot zusätzlicher Dienstleistungen oder eine Erhöhung der Angebotspalette automatisch zu einem besseren betrieblichen Ergebnis führt, d.h. zu einem höheren Gewinn. Denn maßgeblich bei allen zu erbringenden Leistungen oder den angebotenen Produkten ist auch die Qualität. Sind Qualitätsanforderungen nicht gewahrt, d.h., kommen Briefe im Inland erst nach 7 Tagen an, gehen verloren oder werden auf dem Transportweg beschädigt, dann nützt die breiteste Angebotspalette nichts. Andererseits ist der beste Qualitätsstandard nur halb so gut, wenn man nur eine Sparte des eigentlichen Geschäfts abdeckt, da Kunden gern „alles in eine Hand" geben.

Die Herausforderung besteht folglich darin, einen Ausgleich zwischen dem Angebot, der Qualität und dem damit zu erzielenden Gewinn zu schaffen. Dazu muss sich das Unternehmen zunächst auf seine Kernkompetenzen, d.h. den Transport und die Zustellung von Sendungen, besinnen und hier einen hohen Qualitätsstandard aufbauen und aufrechterhalten. Nur wenn das gelungen ist, sollte das Unternehmen zusätzliche Leistungen in sein Programm aufnehmen, wobei auch hier stets auf Qualität geachtet werden sollte. Denn nur das Angebot in einer bestimmten Qualität sichert zufriedene Kunden, und nur diese sichern ein gutes betriebliches Ergebnis.

3   Branchenübliche Haftung

3.1   Vertragliche Frachtführerhaftung

Einzelvertraglich oder durch die Verwendung von allgemeinen Geschäftsbedingungen wird die Haftung des Frachtführers meist weitestgehend eingeschränkt. So wird beispielsweise keine Haftung für Sendungen übernommen, die von der Beförderung ausgeschlossen sind. Die Haftung für Sachschäden wird meist auf den vertragstypischen Schaden und insoweit auf bestimmte Höchstbeträge begrenzt. Ferner wird die Haftung für leichte Fahrlässigkeit meist ausgeschlossen. Die Haftung für Personenschäden ist hingegen nicht begrenzbar und hat auch bei leichter Fahrlässigkeit zu erfolgen. Insoweit haben die Gerichte eindeutige Regeln für die Haftungsbeschränkung aufgestellt. Sofern Regelungen zur Schadensanzeige getroffen werden, wiederholen diese meist nur den Gesetzeswortlaut und wären daher eigentlich überflüssig. Dennoch werden entsprechende Regelungen häufig in die Verträge integriert.

Beispielhaft werden die allgemeinen Geschäftsbedingungen „Brief National", Stand 01.01.2004, der DP AG auszugsweise herangezogen:

> (1) Die Deutsche Post haftet für Schäden, (...) die sie, einer ihrer Leute oder ein sonstiger Erfüllungsgehilfe (§428 HGB) vorsätzlich oder leichtfertig und in dem Bewusstsein, dass ein Schaden mit Wahrscheinlichkeit eintreten werde, begangen hat, ohne Rücksicht auf die nachfolgenden Haftungsbeschränkungen. (...) Die Deutsche Post haftet außerdem unbegrenzt für Schäden aus der Verletzung des Lebens, des Körpers oder der Gesundheit, die auf einer fahrlässigen Pflichtverletzung der Deutschen Post oder einer vorsätzlichen oder fahrlässigen Pflichtverletzung eines ihrer gesetzlichen Vertreter oder Erfüllungsgehilfen beruht.

> (2) (...) Der Haftungsumfang ist auf den unmittelbaren vertragstypischen Schaden bis zu den Höchstbeträgen gemäß Absatz 3 begrenzt. Die Deutsche Post ist auch von dieser Haftung befreit, soweit der Schaden auf Umständen beruht, die sie auch bei größter Sorgfalt nicht vermeiden und deren Folgen sie nicht abwenden konnte (z.B. Streik, höhere Gewalt). (...) Die Deutsche Post haftet ferner nicht für ausgeschlossene Sendungen.

(3) Die Haftung der Deutschen Post gemäß Absatz 2 ist auf folgende Höchstbeträge begrenzt: bei Brief- und briefähnlichen Sendungen mit

1. Einschreiben   25,00 €
2. Einschreiben Einwurf   20,00 €
3. Nachnahme   Nachnahmebetrag
4. Rückschein, eigenhändig und Anschriftenprüfung (...)   Zusatzentgelt

(...)

(4) Zeigt der Absender oder Empfänger (Teil-)Verlust oder Beschädigung nicht innerhalb von sieben Tagen nach der Ablieferung schriftlich an, so wird vermutet, dass das Gut in vertragsgemäßem Zustand abgeliefert worden ist. Ansprüche wegen Überschreitung der Lieferfrist erlöschen, wenn der Absender oder Empfänger der Deutschen Post die Überschreitung nicht innerhalb von 21 Tagen nach Ablieferung oder Rückgabe an den Absender schriftlich anzeigt. § 438 HGB bleibt im Übrigen unberührt.

(5) Eine Sendung gilt als verloren, wenn sie nicht innerhalb von 20 Tagen nach Einlieferung an den Empfänger abgeliefert ist und ihr Verbleib nicht ermittelt werden kann. Abweichend von § 424 Absatz 3 HGB kann die Deutsche Post einer Erstattung ihrer nach den Absätzen 1 und 2 geleisteten Entschädigung verlangen. (...)"

3.2 Gesetzliche Frachtführerhaftung nach dem HGB

Das Handelsgesetzbuch regelt in den §§ 407 ff. HGB das Verkehrshaftungsrecht für die deutschlandweite Güterbeförderung zu Lande, auf Binnengewässern und mit Luftfahrzeugen. Für das Seerecht finden im Wesentlichen die §§ 476 bis 905 HGB Anwendung.

3.2.1 Haftung nach § 425 HGB

Nach § 425 HGB haftet der Frachtführer grundsätzlich für den Schaden, der dem Absender oder dem Empfänger entsteht durch:

- den Verlust oder die Beschädigung des Frachtgutes in der Zeit von der Übernahme zur Beförderung bis zur Ablieferung oder
- durch das Überschreiten der Lieferfrist.

Zu Gunsten des Absenders gilt die **Verlustvermutung** nach § 424 HGB. Dieser bestimmt, dass das Frachtgut als verloren gilt, wenn es nicht innerhalb der Lieferfrist angeliefert wird, die doppelte Lieferfrist abgelaufen ist, mindestens aber 20 Tage bei einem inländischen Transport beziehungsweise 30 Tage bei einem internationalen Transport vergangen sind.

Die Lieferfrist ist die Frist, die einem sorgfältigen Frachtführer unter Berücksichtigung der Umstände vernünftigerweise zuzubilligen ist.

Beispiel: Für die Beförderung von Postsendungen innerhalb Deutschlands benötigt ein sorgfältiger Frachtführer ca. 2-3 Werktage. Die doppelte Lieferfrist ist nach 6 Tagen abgelaufen. Da die doppelte Lieferfrist aber noch unter der minimalen Wartezeit von 20 Tagen liegt, muss der Absender beziehungsweise der Empfänger noch mindestens weitere 14 Tage zuwarten, bis zu seinen Gunsten die Vermutung gilt, dass die Postsendung verloren gegangen ist.

Die Haftung ist verschuldensunabhängig ausgestaltet, das heißt, es kommt nicht darauf an, ob dem Frachtführer vorsätzliches oder fahrlässigen Verhalten während dieser Zeit nachgewiesen werden kann.

Ist der Schaden durch ein Verhalten des Absenders oder des Empfängers oder durch einen Mangel des Frachtgutes mit verursacht worden, kommt es je nach Verursachung zur Schadensteilung.

3.2.2 Haftungsbefreiung

Der Frachtführer ist von der Haftung befreit, wenn und soweit der Verlust, die Beschädigung oder das Überschreiten der Lieferfrist auf Umständen beruht, die der Frachtführer auch bei größter Sorgfalt nicht hätte vermeiden und deren Folgen er nicht hätte abwenden können (§ 426 HGB). Dies sind beispielsweise Naturkatastrophen, Streik oder Massenkarambolagen.

Der Frachtführer ist nach § 427 HGB ferner von der Haftung befreit, wenn der Verlust, die Beschädigung oder das Überschreiten der Lieferfrist auf eine der nachfolgenden Gefahren zurückzuführen ist:

- vereinbarte oder übliche Verwendung von offenen, nicht mit Planen abgedeckten Fahrzeugen oder Verladung auf Deck;
- ungenügende Verpackung oder Kennzeichnung durch den Absender;
- Behandeln, Verladen, Entladen des Gutes durch den Absender oder Empfänger;
- natürliche Beschaffenheit des Gutes, die besonders leicht zu Schäden, insbesondere Bruch, Rost, innerem Verderb, Austrocknen, Auslaufen, normalem Schwund, führt;
- Beförderung lebender Tiere.

Die vorgenannten Haftungsausschlussgründe sowie anderweitige, meist vertragliche Haftungsbeschränkungen, entfallen aber, wenn der Frachtführer den Schaden vorsätzlich oder leichtfertig und in dem Bewusstsein eines wahrscheinlichen Schadenseintritts herbeigeführt hat. Während Vorsatz bedeutet, den Schadenseintritt vorhergesehen und willentlich herbeigeführt zu haben, wird Leichtfertigkeit grundsätzlich dann angenommen, wenn eine auf der Hand liegende Sorgfaltspflicht außer Acht gelassen wurde.

Beispiel: Der Bundesgerichtshof hat ein solches sorgfaltswidriges Verhalten im Fall eines Paketdienstleisters angenommen, bei dem Ein- und Ausgangskontrollen für die zu befördernden Pakete fehlten. Denn bei dieser Art von Kontrollen handele es sich um elementare Vorkehrungen gegen den Verlust von Waren.

Grundsätzlich gilt das Wertersatzprinzip, das heißt, die Haftung des Frachtführers ist auf den Wert des Frachtgutes begrenzt (§ 429 HGB). Die Haftung für sonstige Vermögensschäden ist auf die Schäden beschränkt, die im Zusammenhang mit der Beförderung des Gutes stehen (§ 432 HGB).

3.2.3 Reklamationsfristen und Verjährung

Das Frachtgut ist sofort nach dessen Ablieferung beim Empfänger auf Schäden und Verlust zu überprüfen. Ist äußerlich eine Beschädigung des Frachtgutes zu erkennen oder wird festgestellt, dass Teile des Frachtguts oder aber das gesamte Frachtgut fehlt, ist dies sofort gegenüber dem Frachtführer anzuzeigen. Bei äußerlich nicht sofort erkennbaren Schäden oder Verlust hat die Schadensanzeige innerhalb von 7 Tagen nach der Ablieferung zu erfolgen. Wird die Reklamationsfrist versäumt, gilt das Frachtgut als vertragsgemäß abgeliefert, wodurch die Durchsetzung der Ansprüche erschwert wird, § 438 Abs. 1 und 2 HGB.

Ansprüche wegen Überschreitung der Lieferfrist müssen innerhalb von 21 Tagen nach dem Liefertermin angezeigt werden, andernfalls erlöschen sie, § 438 Abs. 3 HGB. Sofern die Schadensanzeige nicht sofort erfolgt, muss sie schriftlich abgefasst und rechtzeitig an den Frachtführer abgesendet werden, § 438 Abs. 4 HGB.

Transportrechtliche Ansprüche verjähren grundsätzlich nach einem Jahr. Wurde der Schaden vorsätzlich oder leichtfertig herbeigeführt, verjähren die Ansprüche erst nach drei Jahren. Die Verjährung beginnt am Tag der Ablieferung beziehungsweise am vereinbarten Ablieferungstermin. Nach Ablauf der Verjährungsfrist sind die Ansprüche nicht mehr durchsetzbar, sie erlöschen aber nicht.

3.3 Internationale Frachtführerhaftung nach dem CMR

3.3.1 Frachtführerhaftung nach Artikel 17 CMR

Die Artikel 17 ff. des Übereinkommens über den Beförderungsvertrag im internationalen Straßengüterverkehr (Convention relatif aux contracts de transport des marchandises par route, kurz CMR) regeln die Frachtführerhaftung. Danach haftet der Frachtführer für gänzlichen oder teilweisen Verlust und für die Beschädigung des Gutes, sofern der Verlust oder die Beschädigung nach der Übernahme und vor der Ablieferung des Gutes erfolgt ist oder die Lieferfrist überschritten wurde. Nach Artikel 3 des Übereinkommens haftet der Frachtführer ferner für alle Handlungen und Unterlassungen von Personen, derer er sich bei der Ausführung der Beförderung bedient.

3.3.2 Haftungsbefreiung und Haftungsbeschränkung

Der Frachtführer ist von der Haftung befreit, wenn der Verlust, die Beschädigung oder das Überschreiten der Lieferfrist auf

- einem Verschulden des Verfügungsberechtigten (Absender, Empfänger) beruht,
- eine nicht vom Frachtführer verschuldete Weisung des Verfügungsberechtigten zurückzuführen ist,
- besonderen Mängeln des Gutes oder auf Umständen beruht, die der Frachtführer nicht vermeiden konnte.

Die Beweislast dafür obliegt aber dem Frachtführer, d.h. er muss das Vorliegen eines der oben genannten Gründe voll beweisen.

Beispiel: Das OLG München hat in einem Fall, in dem ein Lkw mit voller Ladung auf einer angemieteten Teilfläche auf einem fremden Betriebsgrundstück über das Wochenende abgestellt worden ist, eine Haftungsbefreiung wegen Unvermeidbarkeit des Schadenseintritts (Diebstahl der Ladung) abgelehnt und dies, obwohl das Betriebsgrundstück durch einen zwei Meter hohen Zaun und ein Rolltor eingefriedet war.

Der Frachtführer ist von der Haftung auch befreit, wenn der Verlust oder die Beschädigung auf folgende Gefahren zurückzuführen ist:

- Verwendung offener Fahrzeuge, wenn diese Verwendung vereinbart und im Frachtbrief vermerkt ist,
- Fehlen oder Mängel der Verpackung,
- Behandlung, Verladen, Verstauen oder Auslagern des Gutes durch den Absender oder Empfänger oder Dritte, derer sich der Absender oder Empfänger bedient,
- natürliche Beschaffenheit der Güter,
- ungenügende oder unzulängliche Bezeichnung oder Nummerierung der Frachtstücke,
- Beförderung lebender Tiere.

Ein Überschreiten der Lieferfrist liegt vor, wenn das Gut nicht innerhalb der vereinbarten Frist abgeliefert worden ist oder, wenn keine Frist vereinbart ist, die tatsächliche Beförderungsdauer die Frist überschreitet, die vernünftigerweise einem sorgfältigen Frachtführer zuzubilligen ist.

Auch gilt im internationalen Frachtrecht eine Verlustvermutung. Nach Artikel 20 des Übereinkommens kann der Verfügungsberechtigte das Gut als verloren betrachten, wenn es nicht binnen 30 Tagen nach Ablauf der vereinbarten Lieferfrist oder, wenn keine Frist vereinbart ist, binnen 60 Tagen nach der Übernahme des Gutes durch den Frachtführer abgeliefert worden ist.

Der Schadensersatzanspruch orientiert sich am Wert des Gutes, das beschädigt beziehungsweise ganz oder teilweise verloren gegangen ist. Wert des Gutes meint den Börsen- oder Marktpreis. Die Entschädigung darf jedoch 8,33 Rechnungseinheiten für jedes fehlende Kilogramm des Rohgewichts nicht überschreiten und im Fall der Beschädigung nicht mehr betragen als der Betrag, den der Frachtführer bei Verlust des Transportgutes schuldet.

Der Frachtführer haftet dem Absender ferner für die Einziehung der Nachnahme beim Empfänger bis zur Höhe des Nachnahmebetrages.

3.3.3 Reklamationsfristen und Verjährung

Das Frachtgut ist sofort nach dessen Ablieferung beim Empfänger auf Schäden und Verlust zu überprüfen. Ist äußerlich eine Beschädigung des Frachtgutes zu erkennen oder wird festgestellt, dass das Frachtgut ganz oder zum Teil verloren gegangen ist, ist dies sofort gegenüber dem Frachtführer anzuzeigen. Bei äußerlich nicht sofort erkennbaren Schäden oder Verlust hat die Schadensanzeige innerhalb von 7 Tagen nach der Ablieferung zu erfolgen. Wird die Reklamationsfrist versäumt, gilt das Frachtgut als vertragsgemäß abgeliefert.

Die Ansprüche aus diesem Übereinkommen verjähren in einem Jahr, bei Vorsatz in drei Jahren.

4   Spezialgesetzliche Haftung

4.1   Produkthaftung

4.1.1   Einführung

Das Produkthaftungsgesetz (ProdHaftG) ist als nationales Gesetz aus der EG-Produkthaftungsrichtlinie hervorgegangen und zum 1. Januar 1990 in Kraft getreten. Es dient der Verbesserung des Verbraucherschutzes und der Vereinheitlichung der Produkthaftung innerhalb der Europäischen Union.

Im Produkthaftungsgesetz ist die Haftung des Herstellers für Personen- und Sachschäden, die infolge der Benutzung seines Produktes entstanden sind, geregelt. Ziel ist es, die Unternehmen zur Verbesserung ihrer Qualitätsstandards anzuhalten beziehungsweise ein erreichtes hohes Qualitätsniveau zu halten.

4.1.2   Haftung

Nach § 1 ProdHaftG ist der Hersteller eines Produktes dem Geschädigten gegenüber zum Ersatz aller Schäden verpflichtet, die ihm durch das fehlerhafte Produkt an Leben, Körper, Gesundheit oder an anderen Sachen entstanden sind. Die Haftung ist verschuldensunabhängig ausgestaltet, das heißt: Es genügt, dass der Hersteller ein fehlerhaftes Produkt in Verkehr bringt.

Die Haftung des Herstellers ist aber ausgeschlossen, wenn
- er das Produkt nicht in Verkehr gebracht hat,
- das Produkt zum Zeitpunkt des In-Verkehr-Bringens frei von Fehlern war,
- der Hersteller nicht im Rahmen seiner beruflichen Tätigkeit gehandelt hat,
- die Herstellung nicht kommerziellen Zwecken diente (Hobbybastler) oder
- es sich um einen Fehler handelt, der nach dem Stand von Wissenschaft und Technik zum Zeitpunkt des In-Verkehr-Bringens nicht erkennbar gewesen war.

Der Geschädigte muss den Nachweis des Produktfehlers, seines Schadens und des Zusammenhangs zwischen Fehler und Schaden erbringen. Der Hersteller hat hingegen die Voraussetzungen eines Haftungsausschlusses zu beweisen, insbesondere muss er nachweisen, dass das Produkt zum Zeitpunkt des In-Verkehr-Bringens frei von Fehlern war.

Hersteller ist nach § 4 ProdHaftG jeder
- der das Produkt oder Teile davon tatsächlich hergestellt hat,
- der sich durch das Anbringen seines Namens, seiner Marke oder jedes anderen unterscheidungskräftigen Kennzeichens als Hersteller ausgibt,
- der das Produkt zu wirtschaftlichen Zwecken vertreibt oder in die Europäische Union einführt,
- oder der Lieferant, wenn der Hersteller des Produktes nicht zu ermitteln ist.

Produkt meint jede bewegliche Sache sowie Elektrizität, § 2 ProdHaftG.

Das Produkt hat einen **Fehler**, wenn es nicht die Sicherheit bietet, die unter Berücksichtigung aller Umstände, insbesondere seiner Darbietung, seines gewöhnlichen Gebrauchs und des Zeitpunkt des In-Verkehr-Bringens, berechtigterweise erwartet werden kann. In Betracht kommen:

Konstruktionsfehler	Beruhen auf einer fehlerhaften technischen Planung und treten daher bei allen Produkten einer Serie auf.
Fabrikationsfehler	Entstehen während der Herstellung und treten nur vereinzelt auf, so genannte „Ausreißer".
Instruktionsfehler	Beruhen auf einer mangelhaften Gebrauchsanweisung oder einer fehlenden oder nicht ausreichenden Warnung vor möglichen Schäden, z.B. Beipackzettel von Medikamenten.

4.1.3 Haftungsbeschränkung

Die Haftung für Personenschäden ist nach § 10 ProdHaftG auf einen Höchstbetrag von 85 Millionen Euro begrenzt. Übersteigt die Schadenssumme bei mehreren Geschädigten den Höchstbetrag, so verringern sich die Einzelansprüche entsprechend. Den genauen Schadensumfang regeln die §§ 7 bis 9 ProdHaftG.

Bei Sachschäden hat der Geschädigte einen Schaden bis zu 500 Euro selbst zu tragen, § 11 ProdHaftG.

4.1.4 Verjährung und Erlöschen der Ansprüche

Die Ersatzansprüche verjähren in drei Jahren, beginnend mit dem Zeitpunkt, zu dem der Geschädigte von dem Schaden, dem Fehler und von der Person des Herstellers Kenntnis erlangt oder Kenntnis hätte erlangen müssen, § 12 ProdHaftG.

Die Ersatzansprüche erlöschen zehn Jahre nachdem der Hersteller das Produkt in Verkehr gebracht hat, § 13 ProdHaftG.

4.2 Produzentenhaftung

Die Produzentenhaftung knüpft wie die Produkthaftung an das In-Verkehr-Bringen von Produkten an, von denen Gefahren für Dritte ausgehen oder bei unsachgemäßer Verwendung drohen. Im Gegensatz zur Produkthaftung ist aber nicht nur der Verbraucher, sondern jeder Dritte in den Schutzzweck des Gesetzes (§ 823 BGB) eingebunden.

§ 823 BGB legt den Produzenten vorrangig **Kennzeichnungspflichten**, **Instruktionspflichten** oder **Warnpflichten** auf, wenn sich die Gefahren für den Verbraucher nicht ohne Weiteres erkennen lassen.

Beispiel: Der Hersteller von Feuerwerkskörpern muss auf mögliche Gefahren bei der Verwendung der Feuerwerkskörper hinweisen und den Verkauf an Kinder, die die Gefahren oftmals falsch einschätzen, untersagen.
Der Hersteller von gezuckerten Säuglingsprodukten muss auf die Gefahr von Karies hinweisen, die beim Verzehr der Nahrung entstehen kann.

Erweiternd zur Produkthaftung trifft den Produzenten auch nach dem In-Verkehr-Bringen seines Produktes eine **Produktbeobachtungspflicht**. Wird die Gefährlichkeit eines Produktes erst später erkannt, kann vom Hersteller verlangt werden, nachträglich noch Sicherheitshinweise an die Produkte anzubringen oder die Produkte zum Austausch oder zur Umrüstung zurückzuholen, um Gefahren für den Benutzer zu verhindern bzw. zu verringern.

Beispiel: Der Hersteller von Motorradzubehörteilen brachte eine Lenkerverkleidung auf den Markt, bei deren Verwendung sich jedoch das Fahrverhalten des Motorrads bei hoher Geschwindigkeit extrem verschlechtert. Dies führte zu zahlreichen Unfällen mit oft tödlichem Ausgang. Der Hersteller ist verpflichtet, entsprechende Warnhinweise, z.B. „Nicht geeignet für Geschwindigkeiten über 80 km/h", anzubringen oder die Lenkerverkleidung vom Markt zu nehmen.

Dasselbe gilt, wenn sich Produkte im Nachhinein als wirkungslos erwiesen haben, zum Beispiel weil Krankheitserreger oder Schädlinge im Laufe der Zeit resistent gegen den Wirkstoff geworden sind. Hier muss auf die Möglichkeit der Resistenz hingewiesen werden, damit alternative Schutzmaßnahmen ergriffen werden können.

4.3   Gesetz gegen den unlauteren Wettbewerb

Das Gesetz gegen den unlauteren Wettbewerb (UWG) schützt Mitwettbewerber und Verbraucher und sonstige Marktteilnehmer vor unfairen Wettbewerbsmethoden und das Interesse der Allgemeinheit an einem unverfälschten Wettbewerb, vgl. § 1 UWG.

Nach § 3 UWG sind unlautere geschäftliche Handlungen unzulässig, wenn sie geeignet sind, die Interessen von Mitwettbewerbern, Verbrauchern und sonstigen Marktteilnehmern spürbar zu beeinträchtigen. Gegenüber Verbrauchern sind geschäftliche Handlungen überdies unzulässig, wenn sie dazu geeignet sind, die Entscheidungsfreiheit des Verbrauchers spürbar zu beeinträchtigen. Dabei ist auf den durchschnittlichen informierten Verbraucher abzustellen oder, wenn eine bestimmte Kundengruppe angesprochen wird, auf ein durchschnittliches Mitglied dieser Gruppe, beispielsweise Teenager, ältere Menschen, Akademiker etc.

Im Anhang zum Gesetz findet sich nun eine Aufzählung von geschäftlichen Handlungen gegenüber Verbrauchern („schwarze Liste"), die stets unzulässig sind. Hierzu gehören unter anderem:
- die Verwendung von Gütezeichen ohne die erforderliche Genehmigung,
- Lockangebote (Angebot von Waren oder Dienstleistungen zu einem bestimmten Preis ohne entsprechende Bevorratung),
- Unwahre Angabe, beispielsweise, die Ware oder Dienstleistung sei nur für eine sehr begrenzte Zeit verfügbar, um den Verbraucher zu einem sofortigen Vertragsschluss zu veranlassen,
- Erwecken des Eindrucks, gesetzlich bestehende Rechte würden eine Besonderheit des Angebots darstellen,
- Werbeanzeigen, die als Verbraucherinformation getarnt sind, wenn sich der Anzeigencharakter nicht eindeutig daraus ergibt,
- Schneeball- oder Pyramidensysteme,
- Herkunftstäuschung,
- Unwahre Angaben zur Geschäftsaufgabe oder Verlegung des Geschäfts,
- Die Übersendung von Werbematerial unter Beifügung einer Rechnung, um so den Eindruck zu erwecken, die beworbene Ware oder Dienstleistung sei bereits bestellt,
- Die Aufforderung zur Bezahlung nicht bestellter Waren oder Dienstleistungen.

Unlauter handelt nach § 4 UWG auch, wer geschäftliche Handlungen vornimmt,
- die geeignet sind, die Entscheidungsfreiheit der Verbraucher oder sonstiger Marktteilnehmer durch die Ausübung von Druck, in menschenverachtender Weise oder durch sonstige unangemessene unsachliche Einflüsse zu beeinträchtigen,

Beispiel: Beim Abschluss eines Dauerabonnements über monatlich 4,99 € erhält man einen LCD-Fernseher im Wert von 1.000,00 €.

- die geeignet sind, geistige oder körperliche Gebrechen, das Alter, die geschäftliche Unerfahrenheit, die Leichtgläubigkeit, die Angst oder die Zwangslage von Verbrauchern auszunutzen,

Beispiel: Die Handy GmbH verkauft unter anderem Klingeltöne und wendet sich hauptsächlich an Jugendliche im Alter von 12 bis 18 Jahren. Diese werden in Zeitschriften aufgefordert, ihre Lieblingsklingeltöne herunterzuladen. Bei 10 Klingeltönen in der Woche erhält man einen Klingelton umsonst. Die Kosten für den Download werden mit 0,99 €/Minute angegeben. Eine Angabe zur jeweiligen Dauer des Downloads fehlt aber.

- die den Werbecharakter von geschäftlichen Handlungen verschleiern,
- die bei Preisnachlässen, Zugaben, Geschenken, Gewinnspielen und Preisausschreiben die Bedingungen für deren Inanspruchnahme oder Teilnahme nicht klar angeben,

Beispiel: Die Brief AG verspricht ihren Kunden für jeden geworbenen weiteren Kunden 50,00 €. Sie weist aber nicht klar darauf hin, dass die geworbenen Kunden zunächst einen Mindestumsatz von 500,00 € erbringen müssen und die 50,00 € nicht in bar ausgezahlt werden, sondern als Paketgutscheine (10 x 5,00 €) ausgegeben werden.

- bei Verkaufsförderungsmaßnahmen wie Preisnachlässen, Zugaben oder Geschenken die Bedingungen für ihre Inanspruchnahme nicht klar und eindeutig angeben,
- die die Teilnahme von Verbrauchern an einem Preisausschreiben oder Gewinnspiel von dem Erwerb einer Ware oder der Inanspruchnahme einer Dienstleistung abhängig machen, es sei denn das Preisausschreiben oder Gewinnspiel ist naturgemäß mit der Ware oder der Dienstleistung verbunden,

Beispiel: Die Warenhaus GmbH möchte, um sich bekannt zu machen, ein Preisausschreiben veranstalten, bei dem man ein Auto gewinnen kann. Voraussetzung für die Teilnahme an dem Preisausschreiben ist aber der vorherige Kauf aus dem Versandkatalog.

- die Kennzeichen, Waren, Dienstleistungen, Tätigkeiten oder persönliche und geschäftliche Verhältnisse eines Mitbewerbers herabsetzen oder verunglimpfen,

Beispiel: Die Brief AG behauptet wider besseres Wissen, dass die Zustellung mit der X-Post GmbH sehr unzuverlässig sei, da schon des Öfteren Briefe abhanden gekommen oder erst Wochen später beim Empfänger angekommen sind.

- über die Waren, Dienstleistungen oder das Unternehmen eines Mitbewerbers Tatsachen behaupten, die geeignet sind, den Betrieb des Unternehmens oder den Kredit des Unternehmers zu schädigen, sofern die Tatsache nicht erweislich wahr ist,

Beispiel: Der XY Kurierdienst verbreitet über den Z Kurierdienst, dass dieser kurz vor der Insolvenz steht, obwohl er genau weiß, dass dies eine Lüge ist.

- die Waren oder Dienstleistungen eines Mitbewerbers nachahmen und anbieten, wenn damit eine Herkunftstäuschung verbunden ist, die Wertschätzung der nachgeahmten Ware oder Dienstleistung ausgenutzt oder beeinträchtigt wird oder die für die Nachahmung erforderlichen Kenntnisse oder Unterlagen unredlich beschafft worden sind,

Beispiel: Die Post GmbH verwendet als Unternehmenskennzeichen eine Brieftaube. Dieses Zeichen benutzt nun auch die Brief AG für ihre Geschäftsbriefe, Werbung, den Internetauftritt etc. Der Kunde denkt nun, dass die Brief AG eine Tochtergesellschaft der Post GmbH ist oder zumindest mit dieser zusammenarbeitet. Dies ist jedoch nicht der Fall.

- bei denen der Mitbewerber gezielt behindert wird,

> **Beispiel:** Die Brief AG, die ihren Unternehmenssitz direkt gegenüber der Post GmbH begründet hat, engagiert junge Mitarbeiter, die Werbeflyer der Brief AG direkt vor dem Haupteingang zur Post GmbH verteilen und so versuchen, die Kunden der Post GmbH auf die Brief AG aufmerksam zu machen und abzuwerben.

- bei denen Gesetze verletzt werden, die im Interesse der Marktteilnehmer das Marktverhalten regeln.

> **Beispiel:** Verstöße gegen das Ladenschlussgesetz, Arzneimittelgesetz, Lebensmittelgesetz, Heilmittelwerbegesetz, Rechtsberatungsgesetz, Steuerberatungsgesetz etc.

Nach § 5 UWG handelt unlauter, wer irreführende geschäftliche Angaben vornimmt. So ist es beispielsweise irreführend, mit Original Thüringer Bratwürsten zu werben, wenn diese gar nicht aus Thüringen kommen, sondern nur nach Thüringer Rezept hergestellt worden sind.

Auch ist es irreführend, sich als die „Nummer 1" oder der „größte Anbieter" auf dem Markt zu bezeichnen, wenn dies nicht belegt ist oder nur kurze Zeit andauert.

Auch das Verschweigen einer Tatsache kann irreführend sein, wenn diese für die Verbraucherentscheidung maßgeblich ist und der Verbraucher in Kenntnis der wahren Sachlage anders gehandelt hätte. Vergleichende Werbung hingegen ist nicht per se unlauter, sondern nur, wenn weitere Tatsachen hinzutreten.

Anders sieht es hingegen bei Belästigungen aus, beispielsweise das Versenden von Werbemails und -faxen. Oder auch Werbe- bzw. Verkaufsanrufe – ohne vorherige Zustimmung der Verbraucher. Auch darf die Identität des Absenders nicht verheimlicht oder verschleiert werden.

Nach § 8 UWG kann derjenige, der unlautere Wettbewerbsmethoden anwendet, auf Beseitigung und Unterlassung in Anspruch genommen werden. Darüber hinaus besteht nach § 9 UWG ein Schadensersatzanspruch bei Vorsatz und Fahrlässigkeit und die Möglichkeit zur Abschöpfung des erzielten Gewinns, wenn jemand vorsätzlich handelt und zulasten einer Vielzahl von Abnehmern einen Gewinn erzielt, § 10 UWG.

Wiederholungs- und Übungsaufgaben

1. Was versteht man unter dem Begriff „Mehrwertdienstleistungen"?

2. Was meint der Begriff Adress-Management?

3. Wie funktioniert ein Identverfahren?

4. Was versteht man unter dem Begriff Konfektionierung?

5. Was versteht man unter Porto-Optimierung?

6. Welche Aufgabe hat ein Lettershop?

7. Wie funktioniert die Sendungsverfolgung?

8. Was ist eine Nachnahme?

9. Was wird in einer Zustellurkunde dokumentiert?

10. Was versteht man unter der amtlichen Bezeichnung „Zustellung"?

11. Welche Voraussetzungen müssen für eine Ersatzzustellung in der Wohnung vorliegen?

12. In dem Scheidungsverfahren Krämer gegen Krämer sollen Sie an Herrn Krämer die Ladung zum Gerichtstermin förmlich zustellen. Die Eheleute Krämer bewohnen die eheliche Wohnung noch zusammen. Als Sie an der Tür klingeln, öffnet Ihnen Frau Krämer. Sie teilt Ihnen mit, dass ihr Mann nicht zuhause ist, bietet Ihnen aber an, den Brief in Empfang zu nehmen und ihrem Mann auszuhändigen. Dürfen Sie Frau Krämer die Ladung übergeben? Begründen Sie Ihre Antwort.

13. Wann darf eine Ersatzzustellung durch Einlegen in den Briefkasten nur vorgenommen werden?

14. Was machen Sie, wenn Sie das Schriftstück nicht zustellen können?

15. Wie lange müssen niedergelegte Schriftstücke zur Abholung bereitgehalten werden?

16. Nennen Sie zwei Maßnahmen, die zu einer Verbreiterung der Angebotspalette führen.

17. Erklären Sie den Zusammenhang zwischen Mehrwertdienstleistung, Qualität und Gewinn eines Unternehmens.

18. Nennen Sie drei Versicherungen, die von der Transportversicherung erfasst sein können, und beschreiben Sie kurz, was durch sie versichert ist.

19. Was versteht man unter einer Generalpolice?

20. Wofür haftet der Frachtführer nach § 425 HGB?

21. Nennen Sie drei Haftungsausschlussgründe.

22. Innerhalb welcher Fristen müssen Transportschäden angezeigt werden?

23. Wann verjähren die Ansprüche aus dem Frachtvertrag?

24. Die internationale Frachtführerhaftung leitet sich aus welchem Übereinkommen her?

25. Wofür haftet der Hersteller eines Produktes nach § 1 ProdHaftG?

26. Auf welchen Höchstbetrag ist die Haftung für Personenschäden nach § 10 ProdHaftG beschränkt?

27. Welche vier Pflichten treffen den Produzenten einer Ware nach den Grundsätzen der Produzentenhaftung?

28. Was wird durch das Gesetz gegen unlauteren Wettbewerb geschützt? Nennen Sie drei Beispiele für unlauteren Wettbewerb.

29. Was ist die „schwarze Liste"?

Lernfeld 7

Geschäftsprozesse erfassen und betriebliche Daten aufbereiten

1 Jahresabschluss

Nach den §§ 42 ff. HGB besteht für alle Kaufleute die Pflicht, einen Jahresabschluss aufzustellen. Der handelsrechtliche Jahresabschluss umfasst grundsätzlich die Bilanz und die Gewinn- und Verlustrechnung. Für Kapitalgesellschaften besteht nach § 264 Absatz 1 HGB zusätzlich die Pflicht, einen Lagebericht und einen Anhang aufzustellen.

Zunächst ist es jedoch notwendig, die Vermögenswerte und Schulden des Unternehmens festzustellen und im Inventar niederzuschreiben.

1.1 Vermögen, Schulden und Eigenkapital

Das **Vermögen** eines Unternehmens erfasst sein Geld und alle materiellen und immateriellen Güter, die mit Geld beschafft werden können.

Das Vermögen unterscheidet sich in
- Anlagevermögen und
- Umlaufvermögen.

Das **Anlagevermögen** umfasst Güter, die zum ständigen Gebrauch im Unternehmen bestimmt sind. Sie dienen dem Betrieb dauerhaft und sind daher nur langsam in Geld umzuwandelnde Werte, wie z.B.:
- Grundstücke,
- Maschinen und Anlagen,
- Betriebs- und Geschäftsausstattung,
- Rechte, Lizenzen und
- Beteiligungen.

Das **Umlaufvermögen** hingegen soll nicht dauerhaft dem Betrieb zur Verfügung stehen. Deshalb finden sich im Umlaufvermögen vor allem Bargeld und Werte, die schnell in Geld umgewandelt werden können, wie z.B.:
- Bankguthaben,
- Wertpapiere, Schecks und Wechsel,
- Forderungen,
- unfertige und fertige Erzeugnisse/Waren.

Die **Schulden** eines Unternehmens umfassen vor allen Dingen seine Verbindlichkeiten gegenüber Kreditinstituten oder anderen Unternehmen (= Fremdkapital). Sie unterteilen sich in kurzfristige und langfristige Verbindlichkeiten, abhängig von dem Zeitpunkt ihrer Fälligkeit.

Das **Eigenkapital** gibt hingegen an, welcher Teil des Vermögens dem Unternehmen als so genannter Reingewinn zusteht. Man erhält das Eigenkapital, indem man die Schulden von den Vermögenswerten des Unternehmens abzieht.

1.2 Inventur und Inventar

Die **Inventur** (§ 240 HGB) ist die mengen- und wertmäßige Bestandsaufnahme aller Vermögensteile und Schulden des Unternehmens zu einem bestimmten Stichtag. Sie muss vom Kaufmann zwingend aufgestellt werden

- bei der Gründung oder dem Kauf des Unternehmens,
- am Ende eines jeden Geschäftsjahres und
- bei der Liquidation oder dem Verkauf des Unternehmens.

Das Ergebnis der Inventur wird in einem Bestandsverzeichnis, dem **Inventar**, zusammengestellt. Das Inventar weist alle Vermögensteile und Schulden des Unternehmens zum Stichtag nach Art, Menge und Wert aus. Die Gliederung entspricht der Bilanzgliederung nach § 266 HGB.

Beispiel: Die Flitzer Kurier GmbH hat zum 31. Dezember eine Inventur durchgeführt. Aus den Inventurergebnissen stellt die Flitzer Kurier GmbH das folgende Inventar auf:

Inventar der Flitzer Kurier GmbH zum 31. Dezember 20XX

	Einzelwerte in €	Gesamtwerte in €
A. Vermögen		
I Anlagevermögen		
1. Grundstück		200.000,00
2. Betriebsausstattung	60.000,00	
3. Geschäftsausstattung	10.000,00	70.000,00
II Umlaufvermögen		
1. Waren		
a) Briefumschläge	100.000,00	
b) Briefmarken	180.000,00	280.000,00
2. Forderungen an		
a) Finanzamt	10.000,00	
b) Firma Müller	3.000,00	13.000,00
3. Bankguthaben		18.000,00
4. Bargeld in der Kasse		5.000,00
Summe des Vermögens		**586.000,00**
B. Schulden		
I langfristige Schulden		
Darlehen der Hypothekenbank		150.000,00
II kurzfristige Schulden		
1. Verbindlichkeiten gegenüber		
a) Y-GmbH	40.000,00	
b) Z-GmbH	30.000,00	70.000,00
2. sonstige Verbindlichkeiten		0,00
Summe der Schulden		**220.000,00**
C. Eigenkapital		
Summe Vermögen		586.000,00
Summe Schulden		220.000,00
Eigenkapital (= Reinvermögen)		**366.000,00**

Das Eigenkapital wird wie folgt berechnet:

	Summe des Vermögens
–	Summe der Schulden
=	Eigenkapital (Reinvermögen)

Erfolgsermittlung durch Eigenkapitalvergleich

Um seinen Erfolg zu ermitteln, kann der Unternehmer einen **Eigenkapitalvergleich** aufstellen. Dafür wird die Differenz zwischen dem Eigenkapital des jeweiligen Geschäftsjahres und dem des Vorjahres gebildet. Ergibt sich eine Mehrung des Eigenkapitals, hat der Unternehmer einen Gewinn erwirtschaftet. Bei einer Minderung hat sein Unternehmen einen Verlust eingefahren.

	Eigenkapital am Ende des Geschäftsjahres
–	Eigenkapital am Ende des Vorjahres
=	**Gewinn** (Eigenkapital-Mehrung) oder **Verlust** (Eigenkapital-Minderung)

Beispiel: Die Flitzer Kurier GmbH hat zum 31. Dezember dieses Jahres ein Eigenkapital (EK) von 366.000,00 € (siehe obiges Beispiel). Im Vorjahr hatte das Unternehmen ein Reinvermögen von 205.000,00 €. Wie hoch ist der Erfolg der Flitzer Kurier GmbH?

	EK am Ende des Geschäftsjahres	366.000,00 €
–	EK am Ende des Vorjahres	205.000,00 €
=	Unternehmenserfolg (Gewinn)	161.000,00 €

1.3 Bilanz

In der Bilanz (§§ 242, 266 HGB) werden die Vermögenswerte und die Schulden des Unternehmens **in Kontoform** gegenübergestellt. Die linke Seite der Bilanz ist die **Aktivseite**. Sie zeigt alle Vermögenswerte des Unternehmens und seine Verwendung an. Die rechte Seite ist entsprechend die **Passivseite**, die die Schulden und das Eigenkapital des Unternehmens anzeigt. Sie informiert über die Herkunft beziehungsweise Finanzierung der Vermögenswerte.

Aktivseite	Passivseite
A. Anlagevermögen	**A. Eigenkapital**
I. Immatierelle Vermögensgegenstände	I. Gezeichnetes Kapital
1. Konzessionen, gewerbliche Schutzrechte und ähnliche Rechte und Werte sowie Lizenzen an solchen Rechten	II. Kapitalrücklage
2. Geschäfts- und Firmenwert	III. Gewinnrücklagen
3. geleistete Anzahlungen	1. gesetzliche Rücklage
II. Sachanlagen	2. Rücklage für eigene Anteile
1. Grundstücke, grundstücksgleiche Rechte und Bauten einschließlich der Bauten auf fremden Grundstücken	3. satzungsmäßige Rücklagen
2. technische Anlagen und Maschinen	4. andere Gewinnrücklagen
3. andere Anlagen, Betriebs- und Geschäftsausstattung	IV. Gewinnvortrag/Verlustvortrag
4. geleistete Anzahlungen und Anlagen im Bau	V. Jahresüberschuss/Jahresfehlbetrag
III. Finanzanlagen	
1. Anteile an verbundenen Unternehmen	**B. Rückstellungen**
2. Ausleihungen an verbundene Unternehmen	1. Rückstellungen für Pensionen und ähnliche Verpflichtungen
3. Beteiligungen	2. Steuerrückstellungen
4. Ausleihungen an Unternehmen, mit denen ein Beteiligungsverhältnis besteht	3. sonstige Rückstellungen

5. Wertpapiere des Anlagevermögens

6. sonstige Ausleihungen

B. Umlaufvermögen

I. Vorräte

1. Roh-, Hilfs- und Betriebsstoffe

2. unfertige Erzeugnisse, unfertige Leistungen

3. fertige Erzeugnisse und Waren

4. geleistete Anzahlungen

II. Forderungen und sonstige Vermögensgegenstände

1. Forderungen aus Lieferungen und Leistungen

2. Forderungen gegen verbundene Unternehmen

3. Forderungen gegen Unternehmen, mit denen ein Beteiligungsverhältnis besteht

4. sonstige Vermögensgegenstände

III. Wertpapiere

1. Anteile an verbundenen Unternehmen

2. eigene Anteile

3. sonstige Wertpapiere

IV. Kassenbestand, Bundesbankguthaben, Guthaben bei Kreditinstituten und Schecks

C. Rechnungsabgrenzungsposten

C. Verbindlichkeiten

1. Anleihen

2. Verbindlichkeiten gegenüber Kreditinstituten

3. erhaltene Anzahlungen auf Bestellungen

4. Verbindlichkeiten aus Lieferungen und Leistungen

5. Verbindlichkeiten aus der Annahme gezogener Wechsel und der Ausstellung eigener Wechsel

6. Verbindlichkeiten gegenüber verbundenen Unternehmen

7. Verbindlichkeiten gegenüber Unternehmen, mit denen ein Beteiligungsverhältnis besteht

8. sonstige Verbindlichkeiten, davon aus Steuern, davon im Rahmen der sozialen Sicherheit

D. Rechnungsabgrenzungsposten

Grundlage der Bilanz ist das Inventar. Im Gegensatz zum Inventar werden in der Bilanz aber keine Einzelheiten mehr erfasst, sondern nur noch die **Endsummen** der einzelnen Positionen. Folglich unterscheidet sich die Bilanz vom Inventar nur durch ihren Umfang und die Kontoform (T-Konto), der Inhalt ist jedoch gleich.

Für unser obiges Beispiel ergibt sich folgende Bilanz:

Aktiva	Bilanz der Flitzer Kurier GmbH zum 31.12.20XX		Passiva
A. Anlagevermögen		A. Eigenkapital	366.000,00
Grundstück	200.000,00	B. Verbindlichkeiten	
Betriebs- und Geschäfts-	70.000,00	langfristige Verbindlichkeiten	150.000,00
ausstattung (BGA)		kurzfristige Verbindlichkeiten	70.000,00
B. Umlaufvermögen			
Waren	280.000,00		
Forderungen	13.000,00		
Bankguthaben	18.000,00		
Bargeld in der Kasse	5.000,00		
	586.000,00		586.000,00
Berlin, 28.03.20XY		Unterschrift	

1.4 Wertveränderungen in der Bilanz

Die Bilanz ist ständigen Veränderungen unterworfen, denn bereits der erste Geschäftsfall nach dem Erstellen der Bilanz verändert sie.

Es gibt folgende Bilanzänderungstypen:

Typ	Erläuterung	Beispiel (Geschäftsfall)
Aktivtausch	Die Summe der Bilanz bleibt gleich.	Barverkauf eines gebrauchten PC (angesprochen werden die beiden Aktivkonten „BGA" und „Kasse")
Passivtausch	Die Summe der Bilanz bleibt gleich.	Unwandlung einer Lieferschuld in eine Darlehensschuld (angesprochen werden die beiden Passivkonten „Verbindlichkeiten" und „Darlehensschuld")
Aktiv-Passiv-Mehrung	Die Summe der Bilanz erhöht sich.	Rohstoffeinkauf auf Ziel (Mehrungen auf dem Aktivkonto „Rohstoffe" sowie auf dem Passivkonto „Verbindlichkeiten")
Aktiv-Passiv-Minderung	Die Summe der Bilanz verringert sich.	Bezahlung einer Lieferantenrechnung durch Banküberweisung (Minderung auf dem Aktivkonto „Bank" und auch auf dem Passivkonto „Verbindlichkeiten")

Auflösung der Bilanz in Konten

Alle Veränderungen müssen sofort aufgezeichnet werden. Da Änderungen und Streichungen in der Bilanz selbst nicht vorgenommen werden dürfen, richtet man für jeden Bilanzposten eine besondere Verrechnungsstelle ein. Diese Verrechnungsstelle wird auch **Bestandskonto** genannt. Bestandskonten sind entweder Vermögens- oder Kapitalkonten.

Jedes Bestandskonto hat zwei Seiten. Die linke Seite des Kontos wird als **Soll-**, die rechte Seite als **Habenseite** bezeichnet. Je nachdem, ob es sich um einen Aktiv- oder einen Passivposten handelt, werden die Anfangsbestände aus der Bilanz übernommen und die Zugänge (Bestandsmehrungen) links oder rechts eingetragen. Die Abgänge bzw. Bestandsminderungen werden auf der jeweiligen Gegenseite verbucht.

Konteneröffnung

Die Schlussbilanz des Vorjahres ist gleichzeitig die **Eröffnungsbilanz** des neuen Jahres. Bei Eröffnung der Bestandskonten wird der Anfangsbestand laut Eröffnungsbilanz eingetragen. Es wird ein **Eröffnungsbilanzkonto** (EBK) als Hilfskonto eingerichtet, um bei den Eröffnungsbuchungen ein Gegenkonto zu haben.

Buchen von Geschäftsfällen

Als Nächstes folgt die Buchung der Geschäftsfälle. Dabei werden mindestens zwei Konten angesprochen. Auf einem Konto steht die Buchung im Soll, bei dem anderen im Haben. Welche Buchung wo steht, ergibt sich daraus, dass entweder eine Mehrung oder eine Minderung von Aktiv- oder Passivposten vorliegt (vgl. 2.2.1 Das System der doppelten Buchführung). Die Buchung erfolgt in Form eines **Buchungssatzes**. Es wird zuerst das Konto genannt, auf dem die Sollbuchung vorgenommen wird, dann das Konto, das die Habenbuchung aufnimmt. Somit lautet der Buchungssatz immer: SOLL an HABEN.

Kontenabschluss

Zum Bilanzstichtag werden alle Konten abgeschlossen. Hierfür wird der Schlussbestand, der **Kontensaldo,** ermittelt. Dazu wird die Differenz von Soll und Haben errechnet und auf der wertmäßig schwächeren Seite des Bestandskontos eingetragen, sodass beide Seiten des Kontos den gleichen Wert haben (Kontensumme).

Für diese Abschlussbuchungen wird als Gegenkonto das **Schlussbilanzkonto** (SBK) eingerichtet. Die Schlussbestände (Salden) werden dann in die neue Bilanz übertragen. Die Summen von SBK und **Schlussbilanz** müssen also übereinstimmen.

Zusammenfassend gilt:

Eröffnen der Bestandskonten mithilfe des EBK (Anfangsbestände = AB)

Eröffnungsbuchungen: Aktivkonto an EBK

                             EBK an Passivkonto

Jeder Geschäftsfall muss zwei Konten ansprechen und zu einer Soll- und einer Habenbuchung führen, die den gleichen Wert haben.

Buchungssatz: Soll an Haben

Buchung auf Bestandskonten:

Soll	Aktivkonto	Haben
1) Anfangsbestand	3) Minderung	
2) Mehrung	4) Schlussbestand (Saldo)	

Soll	Passivkonto	Haben
3) Minderung	1) Anfangsbestand	
4) Schlussbestand (Saldo)	2) Mehrung	

Abschließen der Konten mithilfe des SBK (Salden bzw. Schlussbestände = SB)

Abschlussbuchungen: SBK an Aktivkonto

                            Passivkonto an SBK

Beispiel:

Eröffnungsbilanz

Aktiva	Bilanz 31.12.20XX		Passiva
Waren	280.000	Eigenkapital	246.000
Forderungen	13.000	Verbindlichkeiten	70.000
Bank	18.000		
Kasse	5.000		
	316.000		316.000

Eröffnungsbilanzkonto (Anfangsbestände)

Soll	EBK		Haben
Eigenkapital (EK)	246.000	Waren	280.000
Verbindlichkeiten (Vb)	70.000	Forderungen	13.000
		Bank	18.000
		Kasse	5.000
	316.000		316.000

Eröffnungsbuchungen

Waren an EBK	280.000	EBK an EK	246.000
Forderungen an EBK	13.000	EBK an Vb	70.000
Bank an EBK	18.000		
Kasse an EBK	5.000		

Geschäftsfälle

1. Die Flitzer Kurier GmbH tilgt Verbindlichkeiten gegenüber der Z-GmbH in Höhe von 30.000,00 € per Banküberweisung.

   → **Buchungssatz: Verbindlichkeiten an Bank**   **30.000,00**

   Das erste angesprochene Konto ist das Passivkonto „Verbindlichkeiten". Dadurch, dass die Flitzer Kurier GmbH die Verbindlichkeiten an die Z-GmbH bezahlt, nehmen diese ab, d.h., es liegt eine Minderung vor. Sie wird im Soll gebucht. Das zweite angesprochene Konto ist das Konto „Bank". Durch die Zahlung der 30.000,00 € liegt auch hier eine Minderung vor, weshalb die Buchung auf dem Aktivkonto „Bank" im Haben steht.

2. Die Flitzer Kurier GmbH kauft Waren bei der X-GmbH in Höhe von 20.000,00 €.

   → **Buchungssatz: Waren an Verbindlichkeiten**   **20.000,00**

   Durch den Einkauf nimmt der Warenbestand zu. Diese Mehrung wird auf dem Aktivkonto „Waren" im Soll verbucht. Die Verbindlichkeiten nehmen ebenfalls zu (Buchung auf dem Passivkonto im Haben).

3. Ein Kunde überweist den noch ausstehenden Rechnungsbetrag von 10.000,00 €.

   → **Buchungssatz: Bank an Forderungen**   **10.000,00**

   Das Guthaben auf dem Bankkonto steigt (Mehrung = Sollbuchung), gleichzeitig vermindern sich die offenen Forderungen (Habenbuchung).

4. Es werden 4.000,00 € aus der Kasse entnommen und auf dem Bankkonto eingezahlt.

   → **Buchungssatz: Bank an Kasse**   **4.000,00**

   Das Guthaben auf dem Bankkonto steigt (Mehrung = Sollbuchung), der Kassenbestand wird geringer (Minderung = Habenbuchung).

Buchung dieser Geschäftsfälle auf die Konten

Hinweis: Die Zahlen 1. bis 4. beziehen sich auf die jeweiligen Geschäftsfälle.

Aktivposten

Soll	Waren		Haben
AB	280.000	1. Vb	30.000
2. Vb	20.000	SB (Saldo)	2.000
	300.000		300.000

Soll	Forderungen		Haben
AB	130.000	3. Bank	10.000
		SB (Saldo)	3.000
	13.000		13.000

Passivposten

Soll	EK		Haben
SB (Saldo)	246.000	AV	246.000
	246.000		246.000

Soll	Verbindlichkeiten		Haben
1. Bank	30.000	AB	70.000
SB (Saldo)	60.000	2. Waren	20.000
	90.000		90.000

Soll	Bank		Haben
AB	18.000	1. Vb	30.000
3. Ford.	10.000	SB (Saldo)	2.000
4. Kasse	4.000		
	32.000		32.000

Soll	Kasse		Haben
AB	5.000	4. Bank	4.000
		SB (Saldo)	1.000
	5.000		5.000

Abschlussbuchungen

SBK an Waren	300.000	EK an SBK	246.000
SBK an Forderungen	3.000	Vb an SBK	60.000
SBK an Bank	2.000		
SBK an Kasse	1.000		

Schlussbilanzkonto (Schlussbestände)

Soll	SBK		Haben
Waren	300.000	Eigenkapital	246.000
Forderungen	3.000	Verbindlichkeiten	60.000
Bank	2.000		
Kasse	1.000		
	306.000		306.000

Schlussbilanz

Aktiva	Bilanz 31.12.20XX		Passiva
Waren	300.000	Eigenkapital	246.000
Forderungen	3.000	Verbindlichkeiten	60.000
Bank	2.000		
Kasse	1.000		
	306.000		306.000

1.5 Gewinn- und Verlustrechnung

Die Gewinn- und Verlustrechnung ist die am Ende eines jeden Geschäftsjahres vorzunehmende Gegenüberstellung der Aufwendungen und Erträge des Geschäftsjahres.

1.5.1 Aufwand und Ertrag

Als **Aufwendungen** werden alle Abgänge aus dem Kapitalbestand, z.B. durch die Bezahlung von Löhnen und Gehältern, Miete und Steuern, bezeichnet.
Erträge sind hingegen Kapitalzuwächse infolge von Einnahmen aus Warenverkäufen, Zinsen oder Provisionen.

Durch die Saldierung der Aufwendungen und Erträge wird der **Jahresüberschuss** bzw. **Jahresfehlbetrag** beziehungsweise der Gewinn oder Verlust des Unternehmens ermittelt.

1.5.2 Gesamtkostenverfahren

Nach § 275 Absatz 1 HGB kann die Gewinn- und Verlustrechnung nach dem Gesamtkostenverfahren oder dem Umsatzkostenverfahren aufgestellt werden.

Bei dem **Gesamtkostenverfahren** werden sämtliche Erträge der Periode den in derselben Periode angefallenen Aufwendungen gegenübergestellt. Erhöhungen im Lagerbestand werden dann dem Erfolg zugerechnet, Minderungen entsprechend abgezogen. Die Gliederung erfolgt **nach Aufwandsarten**, z.B. Personalkosten, Materialkosten etc., und ergibt sich unmittelbar aus dem Gesetz (§ 275 Absatz 2 HGB):

	Umsatzerlöse
+/–	Erhöhung oder Verminderung des Warenbestands
+	andere aktivierte Eigenleistungen
+	sonstige betriebliche Erträge
–	Materialaufwand
=	**Rohergebnis**

– Personalaufwand
– Abschreibungen
– sonstige betriebliche Aufwendungen

= **Betriebsergebnis**
+ Erträge aus Beteiligungen
+ Erträge aus anderen Wertpapieren und Finanzanlagen
+ sonstige Zinsen und ähnliche Erträge
– Abschreibungen auf Finanzanlagen und Wertpapiere
– Zinsen und ähnliche Aufwendungen

= **Ergebnis der gewöhnlichen Geschäftstätigkeit**
+ außerordentliche Erträge
– außerordentliche Aufwendungen
– Einkommens- und Ertragssteuern
– sonstige Steuern

= **Jahresüberschuss/Jahresfehlbetrag**

+ außerordentl. Erträge
– außerordentl. Aufwendungen
= **außerordentl. Ergebnis**

1.5.3 Umsatzkostenverfahren

Beim **Umsatzkostenverfahren** werden hingegen die Umsatzerlöse den Herstellungskosten gegenübergestellt. Die weiteren Kosten, z. B. für die Verwaltung und den Vertrieb, werden anschließend abgezogen. Die Gliederung erfolgt – im Gegensatz zum Gesamtkostenverfahren – nicht nach Aufwandsarten, sondern nach **Funktionsbereichen** und lässt sich ebenfalls § 275 Absatz 2 HGB entnehmen:

  Umsatzerlöse
– Herstellungskosten der zur Erzielung der Umsatzerlöse erbrachten Leistungen

= **Bruttoergebnis vom Umsatz**
– Vertriebskosten
– allgemeine Verwaltungskosten
+ sonstige betriebliche Erträge
– sonstige betriebliche Aufwendungen

= **Betriebsergebnis**
+ Erträge aus Beteiligungen
+ Erträge aus anderen Wertpapieren und Finanzanlagen
+ sonstige Zinsen und ähnliche Erträge
– Abschreibungen auf Finanzanlagen und Wertpapiere
– Zinsen und ähnliche Aufwendungen

= **Ergebnis der gewöhnlichen Geschäftstätigkeit**
+ außerordentliche Erträge
– außerordentliche Aufwendungen
– Einkommens- und Ertragssteuern
– sonstige Steuern

= **Jahresüberschuss/Jahresfehlbetrag**

+ außerordentl. Erträge
– außerordentl. Aufwendungen
= **außerordentl. Ergebnis**

1.5.4 Wertveränderungen in der Gewinn- und Verlustrechnung

Auch der Kapitalbestand in der Gewinn- und Verlustrechnung unterliegt Wertveränderungen. Um diese zu erfassen, werden – wie bei der Bilanz – besondere Verrechnungsstellen, die so genannten **Erfolgskonten** bzw. genauer Aufwands- und Ertragskonten, eingerichtet.

Auch die Erfolgskonten bestehen aus einer Soll- und einer Habenseite. Im Gegensatz zu den Bestandskonten wird der Anfangsbestand aus der Gewinn- und Verlustrechnung aber nicht übertragen.

In den **Aufwandskonten** werden – wie die Bezeichnung bereits vermuten lässt – alle Aufwendungen bzw. Kapitalabgänge des Unternehmens verzeichnet. Sie entstehen durch
- Personalaufwendungen (für Löhne und Gehälter) und
- Sachaufwendungen (für Geschäftsräume, Geschäftsbetrieb und Steuern).

Entsprechend werden in den **Ertragskonten** alle Erträge bzw. Kapitalzugänge verzeichnet. Diese ergeben sich meist aus den Verkaufserlösen, Zinsen und Provisionen.

Aufwendungen werden im Soll gebucht, da sie das Eigenkapital mindern. Erträge mehren das Eigenkapital und werden deshalb im Haben gebucht.

Am Ende des Geschäftsjahres werden die Beträge aus den Aufwands- und Ertragskonten über das Gewinn- und Verlustkonto (GuV-Konto) abgeschlossen. Das geschieht durch Bildung des Saldos der Erfolgskonten. Das GuV-Konto wird anschließend über das Eigenkapitalkonto abgeschlossen.

Beispiel:

Geschäftsfälle

1. Die Flitzer Kurier GmbH mietet Lagerräume zum Preis von 1.000,00 €/Monat an. Der Betrag wird monatlich per Banklastschrift beglichen.
   - → **Buchungssatz: Mietaufwand an Bank**   1.000,00

2. Die Gewerbesteuer in Höhe von 800,00 € wird fällig und per Banküberweisung gezahlt.
   - → **Buchungssatz: Gewerbesteuer an Bank**   800,00

3. Aus einer Kapitalanlage erhält die Flitzer Kurier GmbH 300,00 € Zinsen auf ihrem Bankkonto gutgeschrieben.
   - → **Buchungssatz: Bank an Zinsertrag**   300,00

Buchung der Geschäftsfälle auf die Konten

Erfolgskonten

Soll	Mietaufwendungen		Haben
1. Bank	1.000	1a) GuV	1.000
	1.000		1.000

Soll	Gewerbesteuer		Haben
2. Bank	800	2a) GuV	800
	800		800

Soll	Zinserträge		Haben
3a) GuV	300	3. Bank	300
	300		300

Bestandskonten

Soll	Bank		Haben
3. Zinsen	300	1. Miete	1.000
SB	1.500	2. Gewerbesteuer	800
	1.800		1.800

Soll	Eigenkapital		Haben
GuV	1.500	AB	3.000
SB	1.500		
	3.000		3.000

Abschlusskonten

Soll	GuV-Konto		Haben
S1a) Miete	1.000	3a) Zinserträge	300
2a) Gewerbesteuer	800	EK (Saldo)	1.500
	1.800		1.800

Soll		**SBK**		Haben
Bank	1.500	EK		1.500
	1.500			1.500

Im Gewinn- und Verlustkonto findet man alle Aufwendungen auf der Sollseite, alle Erträge auf der Habenseite. Anhand des Saldos (Eigenkapital) lässt sich erkennen, ob ein Gewinn oder ein Verlust eingefahren wurde. Steht im GuV-Konto der Saldo im Soll, übersteigen die Erträge also die Aufwendungen, liegt ein **Gewinn** vor. Sind umgekehrt die Aufwendungen größer als die Erträge, steht der Saldo im Haben und es wurde ein **Verlust** erwirtschaftet. Der Saldo des GuV-Kontos wird über das Konto Eigenkapital abgeschlossen.

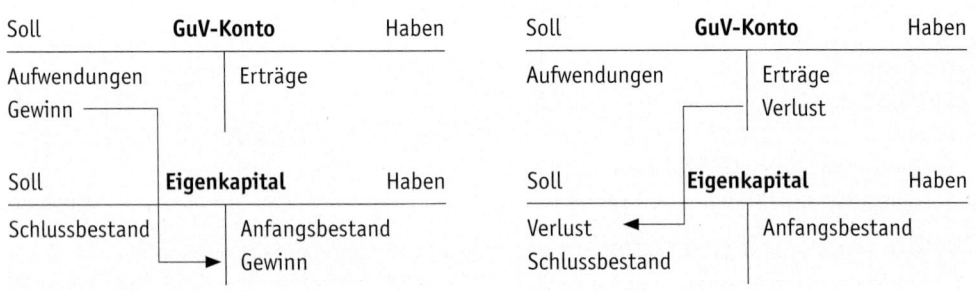

2 Buchführung

2.1 Gesetzliche Grundlagen

Die Buchführung ist die sachlich geordnete und lückenlose Aufzeichnung aller Geschäftsvorfälle eines Unternehmens aufgrund von Belegen.

Nach § 238 Absatz 1 HGB ist jeder Kaufmann verpflichtet, Bücher zu führen und in diesen seine **Handelsgeschäfte** und die Lage seines Vermögens nach den Grundsätzen der ordnungsgemäßen Buchführung ersichtlich zu machen. Die Buchführung muss so beschaffen sein, dass sie einem sachverständigen Dritten innerhalb angemessener Zeit einen Überblick über die Geschäftsvorfälle und über die Lage des Unternehmens vermitteln kann.

Neben den handelsrechtlichen Vorgaben gibt es noch die steuerrechtliche Verpflichtung zur Buchführung, die in der Abgabenordnung, dem Einkommensteuergesetz, dem Umsatzsteuergesetz, dem Körperschaftssteuergesetz sowie den entsprechenden Durchführungsverordnungen und Richtlinien verankert sind.

2.2 Grundsätze der ordnungsgemäßen Buchführung

Die Buchführung hat den Grundsätzen ordnungsgemäßer Buchführung (GoB) zu entsprechen. Teilweise in den §§ 238 ff. HGB verankert, verweist das HGB im Übrigen nur auf die Grundsätze der ordnungsgemäßen Buchführung. Die GoB finden nach dem ausdrücklichen Willen des Gesetzgebers in der gesamten Rechnungslegung Anwendung wie bei der Aufstellung der Inventur nach § 241 HGB und der Aufstellung und dem Inhalt der Bilanz (§§ 243, 264 HGB).

Zu unterscheiden sind formelle und materielle Grundsätze ordnungsgemäßer Buchführung. Während zu den **formellen** Grundsätzen die Buchführungs- und Bilanzierungstechnik gehört, umfassen die **materiellen** Grundsätze allgemeine Bilanzierungsgrundsätze und Regelungen zu Gliederung, dem Ansatz und der Bewertung.

2.2.1 Das System der doppelten Buchführung

Um sicherzustellen, dass die Buchführung ordnungsgemäß ist, nutzen Unternehmen das System der doppelten Buchführung. Jeder Geschäftsvorfall wird daher immer auf zwei Konten gebucht. Auf dem einen Konto wird der Betrag auf der Sollseite gebucht, auf dem anderen Konto wird die Habenseite belastet. Dabei ist über die Gesamtheit aller Konten die Summe der Sollbuchungen stets gleich der Summe aller Habenbuchungen.

2.2.2 Allgemeine Bilanzierungsgrundsätze

1. Bilanzklarheit	Die Buchführung und der Jahresabschluss müssen einem sachverständigen Dritten verständlich sein: • Die einzelnen Bilanzposten müssen eindeutig bezeichnet sein, • die Gliederung muss in ihrem Aufbau § 266 HGB entsprechen, • Aktiv- und Passivposten sowie Aufwendungen und Erträge dürfen nicht miteinander verrechnet werden (**Saldierungsverbot**, § 246 HGB).
2. Bilanzwahrheit	Der Jahresabschluss muss formal und materiell ordnungsgemäß sein: • Die Bilanz darf keine falschen Angaben enthalten, • Vermögensgegenstände und Schulden müssen wahrheitsgemäß und vollständig aufgezeichnet werden, • die Bewertung von Vermögen und Schulden ist nach den Bewertungsvorschriften und -grundsätzen vorzunehmen.
3. Bilanzvollständigkeit	Alle betrieblichen Aktiva und Passiva, alle Aufwendungen und Erträge sowie alle Wertsteigerungen und -minderungen sind zu erfassen. Ferner sind alle Umstände, die bis zum Bilanzstichtag bekannt werden, bei der Aufstellung der Bilanz zu berücksichtigen.
4. Bilanzidentität	Die Anfangsbilanz des neuen Geschäftsjahres muss mit der Schlussbilanz des alten Geschäftsjahres übereinstimmen. Dies gilt für alle Wertansätze, um eine fortlaufende Buchführung sicherzustellen.
5. Bilanzkontinuität	Sie setzt zunächst die Bilanzidentität voraus und verlangt darüber hinaus, dass auch die einmal gewählte Gliederung der Bilanz und der Gewinn- und Verlustrechnung beibehalten wird. Dasselbe gilt für einmal gewählte Bilanzansätze und Bewertungsmethoden, um die Jahresabschlüsse über das Geschäftsjahr hinaus miteinander vergleichen zu können.
6. Grundsatz der Vorsicht	Er verlangt eine vorsichtige Bewertung der Geschäftsvorgänge und schlägt sich in den folgenden Prinzipien nieder: • **Realisationsprinzip**: Danach dürfen Gewinne und Verluste erst dann ausgewiesen werden, wenn sie bereits realisiert, d.h. tatsächlich aufgetreten sind. • **Imparitätsprinzip**: Dieses schränkt das Realisationsprinzip insoweit ein, als Verluste, die bei der Aufstellung des Jahresabschlusses bereits absehbar sind, mit ihrer Erkennung als Aufwand berücksichtigt werden müssen. Dadurch soll verhindert werden, dass der Jahresabschluss einen zu hohen Gewinn ausweist, der dann an die Gesellschafter ausgeschüttet werden könnte. Es dient somit auch als Ausschüttungssperre. • **Niederstwertprinzip**: Danach muss beim Umlaufvermögen von zwei möglichen Wertansätzen stets der niedrigere angesetzt werden (§ 253 HGB). Erlaubt, aber nicht vorgeschrieben ist das auch für das Anlagevermögen.

2.3   Aufbewahrungspflichten

Nach § 147 Absatz 1 AO sind die folgenden Unterlagen geordnet aufzubewahren:

- Bücher und Aufzeichnungen, Inventare, Jahresabschlüsse, Lageberichte, die Eröffnungsbilanz sowie die zu ihrem Verständnis erforderlichen Arbeitsanweisungen und sonstigen Organisationsunterlagen,
- die empfangenen Handels- oder Geschäftsbriefe,
- Wiedergaben der abgesandten Handels- oder Geschäftsbriefe,
- Buchungsbelege,
- Unterlagen, die einer mit Mitteln der Datenverarbeitung abgegebenen Zollanmeldung beizufügen sind,
- sonstige Unterlagen, soweit sie für die Besteuerung von Bedeutung sind.

Die Handels- und Geschäftsbriefe müssen sechs Jahre, alle übrigen Unterlagen zehn Jahre aufbewahrt werden. Die Aufbewahrungsfrist beginnt mit dem Ende des Kalenderjahres, in dem die Unterlagen entstanden sind. Mit Ausnahme der Jahresabschlüsse und der Eröffnungsbilanz können die Unterlagen auch auf Bild- oder Datenträgern aufbewahrt werden. Das Unternehmen ist dann aber auch verpflichtet, den Finanzbehörden diejenigen Hilfsmittel zur Verfügung zu stellen, die notwendig sind, um die Unterlagen lesbar zu machen.

3   Anschaffungskosten von Anlagevermögen

Nach § 255 HGB müssen alle Gegenstände des Anlagevermögens mit ihren Anschaffungskosten in der Buchhaltung erfasst werden. Unter Anlagevermögen versteht man Gegenstände, die dem Geschäftsbetrieb dauernd, d.h. langfristig dienen. Es werden drei Arten von Anlagegütern unterschieden:

- Sachanlagen (z.B. Maschinen, Fuhrpark, Betriebs- und Geschäftsausstattung, Gebäude, Grundstücke),
- immaterielle Vermögensgegenstände (z.B. Rechte, Software, Patente) und
- Finanzanlagen (z.B. Aktien, Beteilungen an anderen Kapitalgesellschaften).

§ 255 HGB Anschaffungskosten

Anschaffungskosten sind die Aufwendungen, die geleistet werden, um einen Vermögensgegenstand zu erwerben und ihn in einen betriebsbereiten Zustand zu versetzen (...). Zu den Anschaffungskosten gehören auch die Nebenkosten sowie die nachträglichen Anschaffungskosten. Anschaffungspreisminderungen sind anzusetzen.

> **Berechnung der Anschaffungskosten:**
>
>   Anschaffungspreis
> − Anschaffungspreisminderungen
> + Anschaffungsnebenkosten
> **= Anschaffungskosten**

Anschaffungspreisminderungen sind zum Beispiel Rabatte und Skonti, die beim Kauf des Anlagegutes gewährt werden. Zu den Anschaffungsnebenkosten gehören u. a. Notar-, Zoll-, Makler-, Zulassungsgebühren sowie Grunderwerbssteuer und Einträge in das Grundbuch. Laufende Kosten, wie zum Beispiel Kfz-Versicherung oder Benzinkosten, gehören nicht zu den Anschaffungskosten. Nachträgliche Anschaffungskosten werden zu dem jeweiligen Zeitpunkt der Entstehung hinzugerechnet, hierbei kann es sich z.B. um Umbauten oder Zubehörteile handeln.

Beispiel: Das KEP-Unternehmen Flitzer Kurier GmbH hat einen neuen Transporter zum Ausliefern der Pakete angeschafft. Der Listenpreis beträgt 35.000,00 € netto. Es wird weiterhin vom Verkäufer in Rechnung gestellt: Anhängerkupplung 1.000,00 €, Überführungskosten 800,00 €, Zulassungskosten 150,00 €. Außerdem gewährt der Verkäufer 5 Prozent Rabatt auf den Listenpreis. Wie hoch sind die Anschaffungskosten des Transporters?

	Anschaffungspreis	36.000,00 €
−	Anschaffungspreisminderung (Rabatt)	1.750,00 €
+	Anschaffungsnebenkosten:	
	Überführung	800,00 €
	Zulassung	150,00 €
=	**Anschaffungskosten**	**35.200,00 €**

4 Abschreibungen

Die Abschreibung erfasst die **Wertminderung** der in den Unternehmen eingesetzten Anlagegüter. Ursachen für die Wertminderung eines Gutes sind beispielsweise:

- Abnutzung durch den Gebrauch oder Einsatz des Gutes in der Produktion (z.B. Maschinen),
- technischer Fortschritt (z.B. bei Computeranlagen),
- wirtschaftliche Veränderungen und damit einhergehende Entwertung des Gutes (Nachfrage verändert sich, neue Normen werden eingeführt etc.),
- Ablauf des Marken- oder Patentschutzes und
- Ablauf der Nutzungsrechte (Lizenzen).

Die Abschreibung kann unter handelsrechtlichen, steuerrechtlichen und kalkulatorischen Gesichtspunkten vorgenommen werden. Interessieren soll hier aber nur die Abschreibung nach handelsrechtlichen Grundsätzen.

4.1 Die Abschreibung nach handelsrechtlichen Grundsätzen

Bei **Gegenständen des Anlagevermögens** mit zeitlich begrenzter Nutzungsdauer wie Maschinen, Betriebs- und Geschäftsausstattungen und Firmenfahrzeugen sind grundsätzlich planmäßige Abschreibungen vorzunehmen. Dazu werden die Anschaffungs- bzw. Herstellungskosten im so genannten Abschreibungsplan auf die Geschäftsjahre verteilt, in denen der Vermögensgegenstand voraussichtlich genutzt werden kann (§ 253 Absatz 2 HGB). Möglich sind darüber hinaus aber auch außerplanmäßige Abschreibungen, bei einer voraussichtlich dauernden Wertminderung ist die sogar erforderlich (§ 253 Absatz 2 Satz 3 HGB).

Gegenstände des Umlaufvermögens sind am Bilanzstichtag auf den niedrigeren Wert abzuschreiben, der sich aus dem Börsen- oder Marktpreis im Vergleich zu den Anschaffungs- oder Herstellungskosten ergibt. Den hierbei zur Anwendung kommenden Grundsatz bezeichnet man auch als **strenges Niederstwertprinzip**. Darüber hinaus können Abschreibungen vorgenommen werden, wenn sie im Rahmen vernünftiger kaufmännischer Beurteilung notwendig sind, um künftige Wertschwankungen vorwegzunehmen (§ 253 Absatz 3 HGB).

4.2 Abschreibungsmethoden

Es lassen sich folgende Abschreibungsmethoden unterscheiden:

- lineare Abschreibung,
- degressive Abschreibung,
- leistungsabhängige Abschreibung.

4.2.1 Lineare Abschreibung

Bei der linearen Abschreibung wird der Abschreibungssatz jedes Jahr auf die Anschaffungs- und Herstellungskosten angewandt. Die Abschreibungsbeträge bleiben jedes Jahr gleich, werden also gleichmäßig auf die Nutzungsdauer verteilt. Am Ende der Nutzungsdauer ist das Anlagegut voll abgeschrieben.

Berechnungen:

$$\text{Abschreibungssatz} = \frac{100\,\%}{\text{Nutzungsjahre}}$$

$$\text{Abschreibungsbetrag} = \frac{\text{Anschaffungskosten}}{\text{Nutzungsjahre}}$$

Ist das Anlagegut abgeschrieben, wird aber weiterhin im Betrieb genutzt, kann es in der Bilanz mit einem **Erinnerungswert** von 1,00 € geführt werden.

Beispiel: Das KEP-Unternehmen kauft eine neue Sortiermaschine zu Anschaffungskosten von 50.000 €. Diese hat eine betriebsübliche Nutzungsdauer von 10 Jahren. Wie hoch ist der Abschreibungssatz und der jährliche lineare Abschreibungsbetrag?

$$\text{Abschreibungssatz} = \frac{100\,\%}{\text{Nutzungsjahre}} = \frac{100\,\%}{10\ \text{Nutzungsjahre}} = \mathbf{10\,\%}$$

$$\text{Abschreibungsbetrag} = \frac{\text{Anschaffungskosten}}{\text{Nutzungsjahre}} = \frac{50.000,00\ €}{10\ \text{Nutzungsjahre}} = \mathbf{5.000,00\ €}$$

Jahr	Abschreibungssatz	Abschreibungsbetrag in €	Restbuchwert in €
1. Jahr	10 %	5.000,00	45.000,00
2. Jahr	10 %	5.000,00	40.000,00
3. Jahr	10 %	5.000,00	35.000,00
4. Jahr	10 %	5.000,00	30.000,00
5. Jahr	10 %	5.000,00	25.000,00
6. Jahr	10 %	5.000,00	20.000,00
7. Jahr	10 %	5.000,00	15.000,00
8. Jahr	10 %	5.000,00	10.000,00
9. Jahr	10 %	5.000,00	5.000,00
10. Jahr	10 %	5.000,00	0,00 € / 1,00

4.2.2 Degressive Abschreibung

Bei der degressiven Abschreibung nehmen die Abschreibungsbeträge während der Nutzungsdauer des abzuschreibenden Gegenstandes ab.

Bei der **geometrisch-degressiven Abschreibung** wird der Abschreibungssatz jedes Jahr auf den Restwert angewandt. Er darf das Doppelte des linearen Abschreibungssatzes, höchstens jedoch 20 % betragen. Am Ende der Nutzungsdauer bleibt ein Restwert übrig, der mit der laufenden Abschreibung abgeschrieben wird.

Beispiel: Zur Veranschaulichung wird auf das obige Beispiel zurückgegriffen:

Anschaffungskosten: 50.000,00 €;   10 Nutzungsjahre

$$\text{Abschreibungssatz} \quad = \frac{100\,\%}{\text{Nutzungsjahre}} = \frac{100\,\%}{10\ \text{Nutzungsjahre}} = 10\,\% \cdot 3 = \mathbf{30\,\%}$$

Jahr	Berechnung	Abschreibungsbetrag in €	Restbuchwert in €
1. Jahr	50.000,00 € · 30 % =	15.000,00	35.000,00
2. Jahr	35.000,00 € · 30 % =	10.500,00	24.500,00
3. Jahr	24.500,00 € · 30 % =	7.350,00	17.100,00
4. Jahr	17.100,00 € · 30 % =	5.145,00	12.005,00
5. Jahr	12.005,00 € · 30 % =	3.601,50	8.403,50
6. Jahr	8.403,50 € · 30 % =	2.521,05	5.882,45
7. Jahr	5.882,45 € · 30 % =	1.764,74	4.117,72
8. Jahr	4117,72 € · 30 % =	1.235,32	2.882,40
9. Jahr	2.882,40 € · 30 % =	864,72	2.017,68
10. Jahr	2.017,68 € (Restbuchwert 100 % abgeschrieben)	2.017,68	0,00/1,00

Wechsel der Abschreibungsmethode

Ein Übergang von der geometrisch-degressiven zur linearen Abschreibung ist jederzeit zulässig. Ein Wechsel von der linearen zur geometrisch-degressiven Abschreibung ist dagegen nicht erlaubt. Die Abschreibungsmethode sollte in dem Jahr gewechselt werden, in dem der lineare Abschreibungsbetrag – bezogen auf den Restbuchwert und die verbliebene Nutzungsdauer – größer ist als der geometrisch-degressive.

Für das obige Beispiel würde der Wechsel von der linearen zur geometrisch-degressiven Abschreibung im 9. Nutzungsjahr stattfinden, da hier der lineare Abschreibungsbetrag erstmals größer ist als der geometrisch-degressive.

Durch die Abschreibung des höheren Betrages steigen die Betriebsausgaben des Unternehmens. Das wirkt sich mindernd auf die Steuer aus.

Berechnung:

8. Nutzungsjahr (Nj):

$$\frac{\text{Restbuchwert } 2.882,40\ €}{3\ \text{Restnutzungsjahre (8.-10. Nj.)}} = 960,80\ € \text{ linearer Abschreibungsbetrag}$$

Im achten Nutzungsjahr würde kein Wechsel der Abschreibungsmethode stattfinden, da der lineare Abschreibungsbetrag von 960,80 € geringer ist als der geometrisch-degressive von 1.235,32 € laut Abschreibungsplan.

aber:

9. Nutzungsjahr:

$$\frac{\text{Buchwert } 2.017,68\ €}{2\ \text{Restnutzungsjahre (9.-10. Nj.)}} = 1.008,84\ € \text{ linearer Abschreibungsbetrag}$$

Im neunten Nutzungsjahr ist der lineare Abschreibungsbetrag mit 1.008,84 € größer als der geometrisch-degressive von 864,72 €. Hier findet also der Wechsel von der geometrisch-degressiven zur linearen Abschreibung statt.

4.2.3 Leistungsabhängige Abschreibung

Die leistungsabhängige Abschreibung bietet sich an, wenn die Leistungsabgabe eines Gutes in den einzelnen Nutzungsjahren schwankt. Die Berechnung der Abschreibungsbeträge erfolgt dann nach Maßgabe der Leistung.

Beispiel: Ein Lkw hat eine voraussichtliche Gesamtfahrleistung von 300.000 km, die Anschaffungskosten betragen 60.000,00 €. Die zurückgelegte Fahrstrecke beträgt im ersten Jahr 70.000 km, im zweiten Jahr 120.000 km und im dritten Jahr 110.000 km.

Berechnung des Abschreibungsbetrages je km:

$$\frac{\text{Anschaffungskosten}}{\text{Gesamtfahrleistung}} = \frac{60.000,00\ \text{€}}{300.000\ \text{km}} = 0,20\ \text{€/km}$$

Jahr	Berechnung	Abschreibungsbetrag in €	Berechnung	Restbuchwert in €
1	70.000 € * 0,20 €/km	14.000,00	60.000 – 14.000	46.000,00
2	120.000 € * 0,20 €/km	24.000,00	46.000 – 24.000	22.000,00
3	110.000 € * 0,20 €/km	22.000,00	22.000 – 22.000	0,00

Der Lkw ist folglich nach drei Jahren abgeschrieben.

Wiederholungs- und Übungsaufgaben

1. Definieren Sie die Begriffe Anlagevermögen und Umlaufvermögen und nennen Sie je drei Beispiele.

2. Was ist die Inventur und in welchen Fällen muss sie zwingend durchgeführt werden?

3. Die X-GmbH ermittelt zum 31. Dezember folgende Inventurergebnisse: 200.000 Briefumschläge im Wert von 80.000,00 €, 100.000 Briefmarken im Wert von 90.000 €, Bargeld im Wert von 10.000,00 €, Bankguthaben im Wert von 30.000,00 €, Forderungen an Firma Maier im Wert von 10.000,00 €, Forderungen an Firma Müller im Wert von 7.000,00 €, Betriebsgrundstück im Wert von 200.000,00 €, Darlehen der Hypothekenbank im Wert von 180.000,00 €, Büroausstattung im Wert von 10.00,00 €, Maschinen, Anlagen im Wert von 50.000,00 €, Verbindlichkeiten gegenüber Y-GmbH im Wert von 30.000,00 €, Verbindlichkeiten gegenüber der Z-GmbH im Wert von 20.000,00 €. Erstellen Sie das Inventar für die X-GmbH. Verwenden Sie die nachfolgende Tabelle:

Inventar der X-GmbH zum 31. Dezember 20XX	Einzelwerte in €	Gesamtwerte in €
A. Vermögen		
I Anlagevermögen		
1. Grundstück		
2. Betriebsausstattung		
3. Geschäftsausstattung		
II Umlaufvermögen		
1. Waren		
a) Briefumschläge		
b) Briefmarken		
2. Forderungen an		
a) Finanzamt		
b) Firma Müller		
3. Bankguthaben		
4. Bargeld in der Kasse		
Summe des Vermögens		
B. Schulden		
I langfristige Schulden		
Darlehen der Hypothekenbank		
II kurzfristige Schulden		
1. Verbindlichkeiten gegenüber		
a) Y-GmbH		
b) Z-GmbH		
2. sonstige Verbindlichkeiten		
Summe der Schulden		
C. Eigenkapital		
Summe Vermögen		
Summe Schulden		
Eigenkapital (= Reinvermögen)		

4. Wodurch unterscheidet sich die Bilanz vom Inventar?

5. Erstellen Sie die Bilanz für die X-GmbH. Verwenden Sie die nachfolgende Tabelle:

Aktiva	Bilanz der X-GmbH zum 31.12.20XX	Passiva
A. Anlagevermögen 　Grundstück 　Betriebs- und Geschäftsaus- 　stattung B. Umlaufvermögen 　Waren 　Forderungen 　Bankguthaben 　Bargeld in der Kasse	A. Eigenkapital B. Verbindlichkeiten 　langfristige Verbindlichkeiten 　kurzfristige Verbindlichkeiten	

6. Buchen Sie folgende Wertveränderungen.

   a) Die Z-GmbH hat ausweislich ihrer Bilanz kurzfristige Verbindlichkeiten in Höhe von 50.000,00 €. Eine Woche nach dem Aufstellen der Bilanz tilgt sie eine Forderung in Höhe von 20.000,00 €, macht kurz darauf aber Schulden in Höhe von 10.000 €.

Soll	Kurzfristige Verbindlichkeiten	Haben

   b) Es werden 4.000,00 € aus der Kasse entnommen und auf dem Bankkonto eingezahlt. Das Bankkonto weist vor der Transaktion einen Betrag von 10.000,00 € auf.

Soll	Bank	Haben

7. Definieren Sie die Begriffe „Aufwand" und „Ertrag".

8. Worin unterscheidet sich das Gesamtkostenverfahren vom Umsatzkostenverfahren?

9. Was verstehen Sie unter doppelter Buchführung?

10. Nennen Sie die allgemeinen Bilanzierungsgrundsätze und beschreiben Sie kurz deren Bedeutung.

11. Was verstehen Sie unter dem Begriff „Abschreibung"?

12. Berechnen Sie den linearen jährlichen Abschreibungsbetrag einer Maschine, deren Anschaffungskosten 100.000,00 € betragen. Die betriebliche Nutzungsdauer liegt bei 14 Jahren.

13. Wann bietet sich die leistungsabhängige Abschreibung an?

Lernfeld 8

Transporte von Sendungen planen, organisieren und steuern

1 Arbeitsabläufe im KEP-Unternehmen

Ziel jedes Transportauftrages ist generell die Beförderung einer Sendung von A (Absender/Versender) nach B (Empfänger). Die Abwicklung erfolgt in aufeinander folgenden Prozessen:

- Auftragsverhandlung und -annahme,
- Sendungsabholung bzw. -übernahme bei Einlieferung durch den Versender,
- Kommissionierung oder auch Bereitstellung für die Auslieferung,
- Verladung und eventueller Umschlag,
- Zustellung sowie
- die Dokumentation des Transportauftrags.

1.1 Arbeitsabläufe der Kurier- und Expressdienste

Die Arbeitsabläufe der Kurier- und Expressdienstleister stellen sich wie folgt dar:

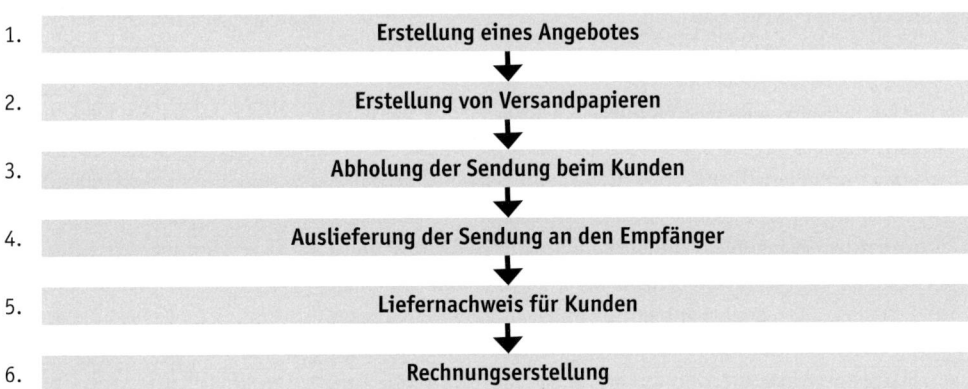

1. **Erstellung eines Angebotes**
2. **Erstellung von Versandpapieren**
3. **Abholung der Sendung beim Kunden**
4. **Auslieferung der Sendung an den Empfänger**
5. **Liefernachweis für Kunden**
6. **Rechnungserstellung**

- **Angebotserstellung:** Für Standardprodukte wie Paketbeförderung oder die zeitunkritische Beförderung von Warensendungen werden häufig festgelegte Preislisten verwendet. Die Transportleistungen im Kurier- und Expressdienst sind oft spezieller Natur und erfordern separate Kalkulationen, zum Beispiel auf Grund der Beschaffenheit der Ware oder der Termindringlichkeit der Sendungen. Als Grundlage zur Angebotserstellung werden in der Regel aufgewandte Fahrtkilometer und/oder benötigte Transportzeit herangezogen.
- **Versandpapiererstellung:** Die Ablieferung von Warensendungen und die Erbringung von Dienstleistungen im Kurier- und Expressbereich sind grundsätzlich nachweispflichtig.

Abb. 8.1: Datenerfassungsterminal

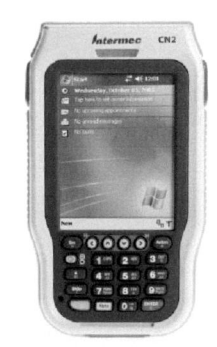

Die klassische Form des Nachweises ist der **Lieferschein** auf Papier in mehrfacher Ausführung. Das Original verbleibt beim Empfänger, das von ihm quittierte Duplikat behält der Spediteur bzw. Frachtführer. Der Empfänger ist verpflichtet, die Sendungen auf äußere Beschaffenheit der Verpackung bzw. die Sendung selbst zu überprüfen und Mängel zu vermerken.

Immer mehr Unternehmen nutzen die elektronische Methode des Quittierens per Scanner oder Handheld-Gerät. Der Empfang der Sendung wird durch Unterschrift auf dem Display bestätigt, die Unterschrift wird digitalisiert und im Softwaresystem des KEP-Dienstleisters gespeichert. Größter Vorteil neben dem papierlosen Umgang ist die schnelle Prüfbarkeit einer termingerechten Zustellung durch den Dienstleister sowie eine mögliche Benachrichtigung des Kunden bei Sendungsablieferung, z.B. per E-Mail.

- **Abholung der Sendungen:** In Abhängigkeit des Abhol- und Zustellzeitfensters wird die Abholung in bestehende Touren integriert (Kostenvorteil) oder als Sondertour beauftragt. Diese werden von Unternehmensmitarbeitern oder beauftragten Sub-Unternehmern gefahren und in Abhängigkeit der Entfernung sowie der Warenart gestaltet. Als Grundlage dienen die dem Frachtführer übergebenen **Lieferpapiere.**

- **Auslieferung der Sendungen:** In Abhängigkeit des gewünschten Auslieferzeitpunktes werden die zu transportierenden Güter direkt nach der Abholung ausgeliefert oder in Zwischenlager bzw. Umschlagpunkte, so genannte HUBs, transportiert. Bei Einlagerung oder Auslieferung an Umschlagpunkten sind der Wareneingang und später auch der erneute Warenausgang lückenlos zu dokumentieren.

  Die Auslieferung erfolgt, ähnlich wie die Abholung, in Abhängigkeit des geforderten Zustellzeitpunktes über bereits bestehende Touren oder separate Sondertouren. Die Sendungsablieferung ist per **Übernahmequittung** mit Unterschrift, Datum und Uhrzeit zu dokumentieren.

- **Liefernachweis für Kunden:** Da es sich im Expressbereich häufig um höherwertige Transportleistungen handelt, fordert der Kunde meist einen Nachweis der Sendungsübergabe. Dem Kunden wird entweder eine **Kopie des Lieferscheines** zur Verfügung gestellt oder die **elektronische Übernahmequittung** zugesandt.

- **Rechnungserstellung:** Nach Leistungserbringung erfolgt die Rechnungslegung. Man unterscheidet zwischen Kundenaufträgen von Stammkunden, die häufig Dienstleistungen beim gleichen Anbieter beziehen, und Kunden mit Einzelaufträgen.

  Stammkunden werden im Bereich Kundenverwaltung über eine Monatsrechnung abgerechnet.

  Dafür werden alle rechnungsrelevanten Daten wie Kundennummer, Sendungsart, vereinbarter Preis, Ablieferdatum sowie Abrechnungs- und Zahlungsmodalitäten zusammengeführt.

  Einzelaufträge werden in der Regel bereits nach Leistungserbringung und entsprechend den AGB bzw. Vereinbarungen mit dem Kunden abgerechnet.

1.2 Arbeitsabläufe der Brief- und Paketdienste

Die Arbeitsabläufe der Brief- und Paketdienste stellen sich wie folgt dar:

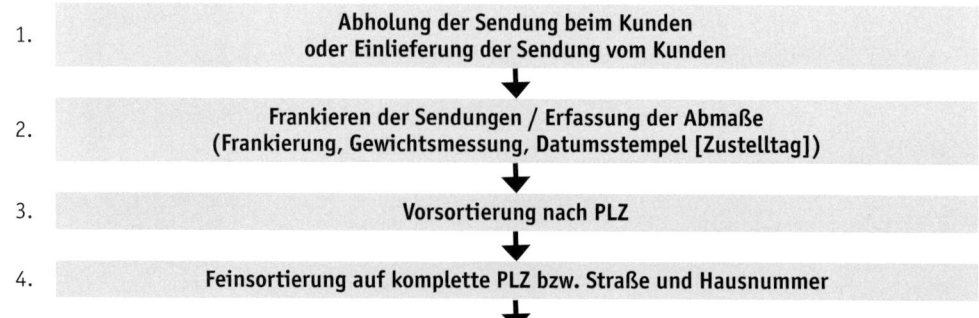

5.	**Austausch der sortierten Sendungen**
6.	**Shuttlefahrten zu den Zustellern, Auslieferung an die Zusteller**
7.	**Verteilung der Sendung**
8.	**Auswertung der unzustellbaren Sendungen (Rückläufer)**
9.	**Rechnungsstellung**

Abholung: Die Abholung der Postsendungen erfolgt durch die entsprechenden Abholtouren entweder zentral ab dem Sitz des KEP-Unternehmens oder dezentral von anderen Standorten aus. Die Abholtouren werden von Unternehmensmitarbeitern oder auch von beauftragten Unternehmern gefahren. Grundlage für die Abholung sind in erster Linie die Abholscheine, die täglich erstellt werden.

Weiterhin hat jeder Abholfahrer einen **Tourenplan**, auf dem alle Kunden seiner Tour vermerkt sind. Bei Neuzugang oder Wegfall eines Kunden erstellt der verantwortliche Disponent einen neuen Tourenplan, eine neue Stammkarte und eine neue Scannerkarte. Danach informiert er den Fahrer bzw. Unternehmer. Die Sendungen werden je nach Einzugsgebiet zur Regionalniederlassung oder dem zentralen Umschlagsplatz transportiert.

Sortierung der Sendung: Zunächst werden die Sendungen pro Kunde (Eingabe der Kundennummer an der Frankiermaschine und Scannen der Kundenscannerkarte) frankiert, gewogen, mit Datumsstempel (Einholdatum) versehen und gezählt.

Die erste **Grobsortierung** für die jeweiligen Postleitzahl-Gebiete erfolgt nach den ersten beiden Ziffern der Postleitzahl. Es findet dann ein Sendungsaustausch zwischen den jeweiligen Zustellgebieten statt. Die anschließende **Feinsortierung** beinhaltet die Kommissionierung auf Zustellebene. Pro Ablage werden
- die Sendungen gezählt,
- in die Lieferscheine eingetragen und
- mit den Sendungen zusammen verpackt.

Außerdem werden diese Sendungsmengen in das Formular **„Mengenliste"** eingetragen. Dieses ist Grundlage zur Kontrolle.

Die in die Mengenliste eingetragenen Sendungen werden anschließend von einem Mitarbeiter des KEP-Unternehmens in die Datenbank eingetragen.

Shuttlefahrzeuge transportieren die Sendungen zum Austragungsstandort. Dort werden sie den Tourenfahrern übergeben. Die Tourenfahrer kontrollieren die Anzahl der Sendungen für ihre Tour und quittieren diese auf dem Lieferschein.

Zustellung: Die Zusteller übernehmen die Sendungen und überprüfen die Anzahl der Sendungen mit der auf dem Lieferschein eingetragenen Stückzahl. Der Zusteller sortiert sich die Sendungen nach seiner Gangfolge. Jeder Zusteller hat eine **Zustellablaufkarte,** auf welcher der gesamte Zustellablauf einschließlich eventuell auftretender Probleme mit Lösungsvorschlägen, Ansprechpartnern und Telefonnummern vermerkt sind. Außerdem führt er ein **Zustellbuch,** in dem alle Besonderheiten der Tour vermerkt werden.

Die Zusteller verteilen dann die Postsendungen an die Empfänger. Alle unzustellbaren Sendungen gehen in die Rückläuferbearbeitung (Adressrecherche, Fehlerquellensuche) zurück zu den betreffenden Vertriebsstellen. Nach Fehlerbehebung geht die Sendung erneut in die Zustellung bzw. bei Unzustellbarkeit zurück zum Kunden.

Abrechnung von Kundenaufträgen: Die Abrechnung betrifft nur den Bereich, der nicht bereits im Wege der Vorauskasse, also durch den Kauf von Briefmarken oder Vorfrankierung, dem Kunden in Rechnung gestellt worden ist.

Die Abrechnung von Kundenaufträgen erfolgt über den Bereich Kundenverwaltung. Dort werden alle relevanten Daten zusammengeführt:
- Kundennummer,
- Sendungsart,
- Abrechnungsmodalitäten (Kostenstellen, Zusatzleistungen),
- Auslieferdatum,
- Ausliefermenge,
- Fertigmeldung über Abholung und Rücklieferung,
- Informationen der Kooperationspartner über Fertigstellung des Auftrages sowie
- Besonderheiten bei der Reklamationsbearbeitung.

Auf Grundlage dieser und der gespeicherten Daten aus der Frankiertechnik erfolgt die Rechnungserstellung über die realisierten Aufträge. Jeder Kunde erhält eine Rechnung.

Rückläuferbearbeitung und Reklamationen: Kann der Zusteller eine Sendung nicht zustellen, geht die Sendung mit entsprechendem Vermerk an die zuständige Vertriebsstelle zur Rückläuferbearbeitung. Dort wird die Adresse mithilfe der eigenen Datenbanken und der Umzugsdatenbank der DP AG überprüft und ggf. korrigiert. Die Adressänderung wird dann in die Rückläufer-Datenbank eingetragen.

Bei auftretenden Problemen oder Fragen hat der Kunde die Möglichkeit, eine kostenlose Servicenummer anzurufen. Von dort aus wird der Anrufer mit der jeweils zuständigen Stelle, Bereichsleitung, Disposition, Kundenbetreuung, Kundenverwaltung oder Vertrieb, verbunden. Bei Bedarf wird von den Mitarbeitern des beauftragten Unternehmens ein „Reklamations-/Nachforschungsauftrag" ausgefüllt und an die zuständigen Mitarbeiter weitergeleitet.

2 Personaleinsatz- und Urlaubsplanung

2.1 Personaleinsatzplanung

Mit der Personaleinsatzplanung soll der Arbeitsablauf besser organisiert werden. Dies geschieht, indem man die verschiedenen Mitarbeiter den ihrer Qualifikation und Fähigkeiten entsprechenden Positionen zuordnet, Mitarbeiter versetzt oder befördert oder vorhandene Abteilungen umstrukturiert.

Aufgabe der Personaleinsatzplanung ist es somit, die vorhandenen Mitarbeiter auf die verschiedenen Arbeitsplätze zu verteilen. Dabei müssen die quantitativen, zeitlichen und örtlichen Belange des Unternehmens und die Neigungen und Fähigkeiten des jeweiligen Mitarbeiters berücksichtigt werden.

Dafür müssen zunächst der Personalbestand und der Personalbedarf bezogen auf einen bestimmten Stichtag ermittelt werden (vgl. hierzu auch Lernfeld 10). Die ermittelten Daten werden miteinander verglichen und der Personaleinsatzplan erstellt.

Personaleinsatzplan					Planungszeitpunkt: 31.12.
	Material	Fertigung	Vertrieb	Verwaltung	Gesamt
Personalbestand	5	15	120	10	150
Personalbedarf	4	12	130	8	154
Personalveränderung	−1	−3	+10	−2	+4

Mithilfe des Personaleinsatzplans lassen sich nun diejenigen Veränderungen im Personalbestand erkennen, die bis zum betrachteten Planungszeitpunkt durchgeführt werden müssen. In Abhängigkeit von den betrieblichen Gegebenheiten werden diese tage-, wochen-, monats- oder quartalsweise beziehungsweise halb- oder einjährig erstellt. Die Personaleinsatzplanung kann entweder auftrags- oder arbeitsbezogen erfolgen. Unabhängig von der Planungsart muss aber stets gefragt werden, welche Arbeit wann verrichtet werden soll und welche Qualifikationen oder Anforderungen der jeweilige Mitarbeiter mitbringen muss.

Folglich sind bei der Planung folgende Kriterien zu berücksichtigen:
- Anzahl der Arbeitskräfte, die zur Gewährleistung betrieblicher Abläufe notwendig sind,
- Funktion der jeweiligen Mitarbeiter und ihre Kompetenz,
- Weiterbildung, Urlaub und Krankheit von Mitarbeitern,
- vereinbarte Arbeitszeit der Mitarbeiter,
- gesetzliche oder tarifvertragliche Lenk- und Ruhezeiten.

Wartezeiten von Fahrern beim Umschlag der Sendungen sollten so minimal wie möglich gehalten und der Einsatz so geplant werden, dass Verzögerungen und unvorhersehbare Ereignisse den reibungslosen Arbeitsablauf nicht gefährden.

Beispiel: Für die Datenerfassung der förmlichen Zustellungen sind verschiedene Arbeitsgänge erforderlich: Datenerfassung, Frankierung, Aufsortieren nach Zustellgebieten usw. Es werden Arbeitskräfte zur händischen Vorbereitung auf und zur Eingabe von den Daten, zur Frankierung und zum Aufsortieren benötigt. Der Dienstplan könnte dann wie folgt aussehen:

Datum	Mitarbeiter 1	Mitarbeiter 2	Mitarbeiter 3	Mitarbeiter 4
02.01.	18.00 – 2.30	18.00 – 2.30	19.00 – 1.00	19.00 – 2.00
03.01.	18.00 – 2.30	18.00 – 2.30	19.00 – 1.00	19.00 – 2.00
04.01.	18.00 – 2.30	18.00 – 2.30	19.00 – 1.00	19.00 – 2.00
05.01.	18.00 – 2.30	18.00 – 2.30	19.00 – 1.00	19.00 – 2.00
06.01.	18.00 – 2.30	18.00 – 2.30	19.00 – 1.00	19.00 – 2.00
09.01.	19.00 – 1.00	19.00 – 2.00	18.00 – 2.30	18.00 – 2.30
10.01.	19.00 – 1.00	19.00 – 2.00	18.00 – 2.30	18.00 – 2.30
11.01.	19.00 – 1.00	19.00 – 2.00	18.00 – 2.30	18.00 – 2.30
12.01.	19.00 – 1.00	19.00 – 2.00	18.00 – 2.30	18.00 – 2.30
13.01.	19.00 – 1.00	19.00 – 2.00	18.00 – 2.30	18.00 – 2.30
wiederholt sich 14-tägig				

Bei diesem Beispiel sind in der Anfangs- und Endphase zwei Mitarbeiter eingeteilt. Während der Hauptbelastungszeit, der Zeit mit dem höchsten Arbeitsaufwand, sind zeitweise vier Mitarbeiter eingesetzt. Auf einen Blick ist ersichtlich, wer wann eingeteilt ist und wie viele Arbeitskräfte eingeteilt sind.

Die Personaleinsatzplanung kann auch anhand einer Plantafel verdeutlicht werden, die zu jedem Zeitpunkt Angaben über den Personalbestand macht. Personalüber- bzw. Personalunterdeckung sind so schnell ersichtlich.

2.2 Urlaubsplanung

Die Urlaubsplanung sollte vor der Erstellung des Dienstplanes abgeschlossen sein, damit die Einteilung der Dienste bereits unter Berücksichtigung der Urlaubswünsche der Mitarbeiter vorgenommen werden kann.

Die Planung erfolgt für das Kalenderjahr. Sie ist bis zum 30. November des jeweiligen Kalenderjahres für das Folgejahr abzuschließen, d.h., die Mitarbeiter müssen zum Ende des Kalenderjahres ihre Urlaubswünsche für das Folgejahr zu ca. 85 Prozent angeben. Die verbleibenden 15 Prozent sind in Abstimmung mit der Personalabteilung rechtzeitig vor Urlaubsantritt zu benennen. Am Jahresende sollte der komplette Urlaub (100 Prozent) genommen sein.

Grundsätzlich sind dienstfreie Tage möglichst zusammenhängend zu gewähren. Auch sollte bei der Erstellung des Urlaubsplans auf eine gerechte Verteilung geachtet werden, d.h., wer schulpflichtige Kinder hat, sollte seinen Jahresurlaub in den Schulferien nehmen können. Auch sollten nicht jedes Jahr die gleichen Personen zur Weihnachtszeit oder zu Ostern Urlaub einreichen. Hier sollte man sich stets um einen Ausgleich bemühen.

Die Festlegungen des Bundesurlaubsgesetzes (BurlG, Inkrafttreten am 01. Januar 1963) sind einzuhalten.

2.3 Ausgleich einer kurzfristigen Personalüber- oder Personalunterdeckung

2.3.1 Personalüberdeckung

Im Fall der Personalüberdeckung besteht die Möglichkeit, **kurzfristig** durch die Gewährung von Urlaub und Abbau von Überstunden das personelle Ungleichgewicht auszugleichen. Langfristig kann der Arbeitgeber aber auch eigene Arbeitnehmer an andere Unternehmen ausleihen. Im Rahmen der so genannten **Arbeitnehmerüberlassung** erbringt der Arbeitnehmer des Verleihers zeitlich befristet Dienste für den Entleiher. Im Gegenzug zahlt der Entleiher dem Verleiher eine Entleihgebühr. Ist die Personalüberdeckung nicht nur kurzfristig, muss auch über die Entlassung von Mitarbeitern nachgedacht werden.

2.3.2 Personalunterdeckung

Bei einer Personalunterdeckung kommen folgende Ausgleichsmaßnahmen in Betracht:
- Mehrarbeit,
- Leiharbeit,
- der Einsatz von Subunternehmern und
- die Einstellung neuer Mitarbeiter.

Mehrarbeit: Eine kurzfristige Personalunterdeckung auf Grund von Krankheit, Urlaub oder eines Sonderauftrags erfolgt meist ohne Erhöhung des Personalbestandes. Von der Mehrarbeit können einzelne Arbeitnehmer, z.B. der Stellvertreter, eine Abteilung oder alle Arbeitnehmer betroffen sein. Die Mehrarbeit kann in Form von Überstunden, d.h., die tägliche Arbeitszeit übersteigt die im Arbeits- oder Tarifvertrag festgelegte Arbeitszeit, oder durch eine Erhöhung der betriebsüblichen Arbeitszeit bewirkt werden.

Leiharbeit: Kann der Personalbedarf kurzfristig nicht mit den eigenen Mitarbeitern gedeckt werden, können auch Arbeitskräfte von außerhalb eingesetzt werden. Diese Leiharbeiter werden meist von Personalvermittlungsagenturen geschickt oder von anderen Unternehmen überlassen (siehe oben: Arbeitnehmerüberlassung).

Der Einsatz von **Subunternehmen** kommt hingegen dann in Betracht, wenn nicht nur die Arbeitsleistung von externen Mitarbeitern erbracht, sondern auch das unternehmerische Risiko auf den Dritten verlagert werden soll.

Das Subunternehmen ist in der Regel ein rechtlich und wirtschaftlich selbstständiges Unternehmen, das seine Leistung einem anderen Unternehmen zur Verfügung stellt.

Selbstverständlich besteht auch die Möglichkeit, neue Arbeitskräfte einzustellen. Dann wird man aber meist eine zeitliche Befristung vereinbaren.

2.4 Einweisung und Einarbeitung neuer Mitarbeiter

Die Einweisung und Einarbeitung der Mitarbeiter muss sehr sorgfältig geplant und durchgeführt werden. Allgemeine Kenntnisse können zwar meist vorausgesetzt werden, jedoch müssen unternehmensspezifische Abläufe, Zusammenhänge sowie unternehmenskulturelle Dinge erst noch erlernt werden. Wichtig dabei ist, schnellstmöglich ein umfangreiches Fachwissen zu vermitteln.

Die Einweisung der Mitarbeiter ist Aufgabe der Führungskräfte, um den Mitarbeitern von Anfang an klare Ziele vorzugeben bzw. mit ihnen zu vereinbaren und deren Erreichung zu kontrollieren. Die Einarbeitungsphase gestaltet sich dabei nicht schlichtweg als Einweisung in bestimmte neue Aufgabengebiete, sondern vielmehr muss dem neuen Mitarbeiter seine Bedeutung innerhalb des Unternehmens vermittelt werden. Er soll merken, dass er gebraucht wird. In der Praxis erfolgt die Einarbeitung häufig anhand von Einarbeitungsplänen.

Der **Einarbeitungsplan** stellt einen Leitfaden während der Einarbeitungsphase dar und enthält den geplanten Ablauf, d.h. die Stationen der nächsten Tage und Wochen, die Namen der Ansprechpartner, Raumangaben und Telefonnummern. Diesen Plan erhalten alle Mitarbeiter, die an der Einarbeitung beteiligt sind. Es wird ein Verantwortlicher bestimmt, der für allgemeine Fragen während der Einarbeitungsphase zur Verfügung steht.

Beispiel: Einarbeitungsplan für einen Kommissionierungsmitarbeiter eines Briefdienstes.
Einarbeitungsplan Hr. Mustermann

Datum	Zeit	Aufgabengebiet/Ziel	Verantwortlicher
05.07.	17:00 – 19:00	Einweisung Abläufe allgemein, Administration, Problemauswertungen Vortag	Hr. H/Tel. 101
	19:00 – 21:30	Frankierung	Hr. M/Tel. 105
	anschl.	Feinsortierung	Fr. W/Tel. 123
06.07.	17:00 – 19:00	Einweisung Abläufe allgemein, Administration, Problemauswertungen Vortag, Vorsortierung, Briefmarken	Hr. H/Tel. 101
	19:00 – 21:30	Wareneingang, Briefverteilung an Maschinen, Erläuterung Klischees	Fr. K/Tel. 122
	anschl.	Ausgangsmengenerfassung	Hr. S/Tel. 117
07.07.	17:00 – 17:30	Einweisung Abläufe allgemein, Administration, Problemauswertungen Vortag	Hr. H/Tel. 101
	19:00 – 21:30	Frankierung	Hr. M/Tel. 105
	anschl.	Warenausgang	Fr. K/Tel. 122
10.07.	17:00 – 17:30	Einweisung Abläufe allgemein, Administration, Problemauswertungen Vortag	Hr. H/Tel. 101
	17:30 – 19:00	Paketbearbeitung	Hr. G/Tel. 114
	19:00 – 21:30	Frankierung	Hr. M/Tel. 105
	anschl.	Warenausgang	Hr. K/Tel. 121
11.07.	17:00 – 17:30	Einweisung Abläufe allgemein, Administration, Problemauswertungen Vortag	Hr. H/Tel. 101
	17:30 – 19:00	Frankierung	Hr. M/Tel. 105
	19:00 – 23:00	Postfach-Bearbeitung	Fr. S/Tel. 117
	anschl.	Depotauslieferung	Hr. H/Tel. 101
12.07.	17:00 – 17:30	Einweisung Abläufe allgemein, Administration, Problemauswertungen Vortag	Hr. H/Tel. 101
	17:30 – 20:00	Vorstellung/Planung Pauschalkräfte	Hr. H/Tel. 101
	20:00 – 21:00	Postzustellurkunden/Einschreiben	Fr. W/Tel. 123
	anschl.	Depotauslieferung	Hr. H/Tel. 101

3 Transportmittelplanung

3.1 Bedarfsermittlung

3.1.1 Erstbeschaffung

Bevor erstmalig ein Fahrzeug erworben wird, sollte der Unternehmer überlegen, ob ein Bedarf an Personenkraftwagen, Lastkraftwagen oder Zweirädern mit und ohne Motor besteht oder ob auf Alternativen zurückgegriffen werden kann. Solche Alternativen wären zum Beispiel:
- öffentliche Verkehrsmittel,
- Privatfahrzeuge der Mitarbeiter,
- Auftragsbearbeitung zu Fuß, gegebenenfalls mit Handwagen.

Dazu ist zu prüfen, in welchen Gebieten und für welche Strecken die Fahrzeuge eingesetzt werden sollen. Geht es um die Austragung von Briefen im Stadtverkehr, lässt sich die Zustellung meistens zu Fuß oder mit dem Fahrrad bewerkstelligen. Auf dem Land müssen meist weitere Stecken zurückgelegt werden. Hier wird der Einsatz eines Kraftfahrzeugs unumgänglich sein. Der Transport und die Zustellung von Paketen werden dagegen auch in städtischen Gebieten nicht ohne den Einsatz eines Kraftfahrzeugs auskommen, da die Sendungen auf Grund ihrer Größe, Vielzahl und des Gewichts nicht mehr zu Fuß transportiert werden können.

Die Entscheidung, ob und welche Fahrzeuge angeschafft werden, hängt demnach von folgenden Kriterien ab:
- Sendung (Umfang, Gewicht, Anzahl),
- Zustellort,
- Zustellweg,
- Zustellzeit und
- dem möglichen Einsatz privater Fahrzeuge.

3.1.2 Ersatzbeschaffung

Sind bereits Fahrzeuge im Unternehmen vorhanden, sollen aber ausgewechselt werden, spricht man von Ersatzbeschaffung. Zunächst sollte der Zustand der bestehenden Fahrzeuge analysiert werden. Die Analyse und der sich anschließende Bericht sollten auf folgende Umstände bzw. Kriterien eingehen:
- Bestand an Fahrzeugen,
- Fahrzeugzustand (Fahrzeugtyp und -alter, Kilometerstand, Wartung, Reparaturbedarf),
- Treibstoffverbrauch im letzten Jahr und Vergleich mit Normalverbrauch,
- Berechnung des Durchschnittsverbrauchs des Fuhrparks.

3.2 Fahrzeugbeschaffung

- Ist der grundsätzliche Bedarf ermittelt worden, wird anhand einer Kosten-Nutzen-Analyse geprüft, wie viele und welche Fahrzeuge angeschafft werden. Entscheidende Parameter sind: Preis,
- Leistung,
- voraussichtliche Lebensdauer,
- Treibstoffverbrauch,
- Steuern,
- Kosten für Service und Wartung,
- Kosten und Beschaffung von Ersatzteilen,
- Subventionen oder andere Fördermaßnahmen für umweltfreundliche Fahrzeuge und
- Prestige / Unternehmensimage.

Die genannten Kriterien werden dann in einer Vergleichstabelle gegenübergestellt und entsprechend ihrer Bedeutung gewichtet. So wird im Regelfall dem Preis des Fahrzeugs ein eher höherer Stellenwert zukommen als den Kosten für die Beschaffung von Ersatzteilen.

Ist die Entscheidung für ein oder mehrere Fahrzeugtypen gefallen, erfolgt ein konkreter Angebotsvergleich. Dazu werden die Angebote verschiedener Kfz-/Fahrradhändler eingeholt und miteinander verglichen. Der genaue Ablauf eines Angebotsvergleichs wird im Lernfeld 12 beschrieben.

3.3 Finanzierung der Fahrzeugbeschaffung

Es gibt drei Möglichkeiten, Fahrzeuge, die angeschafft werden sollen, zu finanzieren:
- Sofortzahlung,
- Ratenzahlung und
- Leasing.

3.3.1 Sofortzahlung

Die Sofortzahlung kann durch die Ihnen bereits aus dem Lernfeld 5 bekannten Zahlungsarten erfolgen, d.h.:
- Barzahlung,
- Überweisung,
- Lastschrifteinzug,
- Zahlung mit Bankkarte oder
- Zahlung mit Kreditkarte.

Oftmals bieten die Kfz-Händler aber auch die Vermittlung von Bankkrediten zur Finanzierung von Fahrzeugen an. Die Aufnahme eines solchen Kredites ist zweckgebunden, d.h., es dient ausschließlich der Finanzierung des Fahrzeugs. Dementsprechend erfolgt die Auszahlung der Kreditsumme direkt an den Händler und nicht an den Kreditnehmer.

Der Käufer kann aber auch selbstständig bei einer Bank einen Kredit zur Finanzierung der Fahrzeuge aufnehmen.

3.3.2 Ratenzahlung

Bei der Ratenzahlung vereinbaren Käufer und Verkäufer, dass der Kaufpreis nicht auf einmal fällig wird, sondern meist monatlich in zuvor festgelegten Raten. Eine Rate setzt sich in der Regel zusammen aus:
- dem Tilgungsbetrag (Teil des Kaufpreises) und
- den Zinsen.
Möglich ist auch die Bezahlung des Kaufpreises zu einem späteren bestimmten Termin.

Beispiel: Das KEP-Unternehmen kauft am 12. Januar drei Lkws und vereinbart mit dem Kfz-Händler, dass der Kaufpreis erst zum 31.12. desselben Jahres fällig wird.

3.3.3 Leasing

Stark verbreitet ist auch die Anschaffung von Fahrzeugen durch das Leasing. Das ist eine besondere Form der Miete, bei der eine bewegliche Sache gegen „Gebühr", konkret gegen Zahlung der Leasingraten, dem Leasingnehmer überlassen wird.

Das Leasing bietet u. a. folgende **Vorteile:**
- Der Kaufpreis wird nicht sofort fällig.
- Keine finanzielle Vorleistung, da Leasingraten periodisch anfallen.

- Leasingraten können unter bestimmten Voraussetzungen als Betriebsausgaben verbucht werden.
- Leasing ist bilanzneutral, sodass sich die Kreditwürdigkeit des Unternehmens durch das Leasing nicht verändert.
- Nach Ablauf der Leasingzeit kann das Leasingobjekt zurückgegeben oder zum Restwert gekauft werden.

Die **Nachteile** des Leasings sind:

- Der Leasingnehmer erwirbt in der Regel kein Eigentum (außer beim Finanzierungsleasing). Er ist daher gehalten, das Fahrzeug am Ende des Leasingvertrages zurückzugeben oder für einen Restbetrag dem Leasinggeber abzukaufen.
- Leasingraten sind über den Nutzungszeitraum berechnet meist höher als die Kreditfinanzierung.
- Bei Nichtnutzung des Fahrzeugs oder einem Totalschaden müssen die Leasingraten weiter bezahlt werden.

3.4   Fahrzeugeinsatz und Fahrzeugorganisation

Der gesamte Bestand an unternehmenseigenen Fahrzeugen wird auch als **Fuhrpark** bezeichnet. Die im Fuhrpark enthaltenen Fahrzeuge werden von verschiedenen Fahrern genutzt.

3.4.1   Fuhrparkmanagement

Der Fuhrpark wird meist zentral vom Fuhrparkmanagement verwaltet. Dieses entscheidet sowohl über die Zuteilung der Fahrzeuge zu den Fahrern bzw. Aufträgen als auch über die Anschaffung neuer Fahrzeuge, d.h. die Erweiterung des Fuhrparks. Auch die Wartung und die Ausführung der Reparatur werden vom Fuhrparkmanagement koordiniert.

3.4.2   Fahrzeugeinsatz

Die Entscheidung, welche Fahrzeuge für welche Strecken eingesetzt werden, hängt ab von:
- der Einsatzfähigkeit der Fahrzeuge (nicht reparatur- oder wartungsbedürftig),
- dem Gebiet oder Zweck, für den die Fahrzeuge eingesetzt werden sollen (lange Strecken, Landfahrten, Transport zum Hub oder zur Regionalniederlassung),
- den Sendungen, die transportiert werden sollen (Briefe, Pakete etc.).

Außerdem sind Restriktionen, d.h. Einschränkungen in der Nutzbarkeit der Fahrzeuge, zu berücksichtigen. An Sonn- und Feiertagen gilt beispielsweise auf deutschen Autobahnen ein Fahrverbot für Lkws von mehr als 7,5 t.

Die Fahrzeuge werden dann anhand eines Einsatzplanes den jeweiligen Touren und Mitarbeitern zugeteilt.

4   Lenk- und Ruhezeiten

Die Lenk- und Ruhezeiten für den gewerblichen Güter- und Personenverkehr sind innerhalb der Europäischen Union durch die Verordnung VO (EWG) 3820/85 einheitlich geregelt. Diese sieht vor, dass Fahrer von Fahrzeugen mit einem Gesamtgewicht von mehr als 3,5 t – in Deutschland auf Grund der Fahrpersonalverordnung bereits Fahrzeuge mit einem Gesamtgewicht von 2,8 t - folgende Lenk- und Ruhezeiten einhalten müssen.

| **Tageslenkzeit** | 9 Stunden | Die Tageslenkzeit darf 9 Stunden nicht überschreiten. Zweimal pro Woche ist eine Ausdehnung auf 10 Stunden zulässig. |

Lenkzeit-unterbrechung	45 Minuten	Nach einer Lenkzeit von 4,5 Stunden ohne Unterbrechung muss der Fahrer eine Pause von 45 Minuten einlegen. Statt einer langen Pause kann der Fahrer auch zwei kurze Pausen von 15 Minuten und 30 Minuten einlegen. Diese müssen aber alle innerhalb der 4,5 Stunden Lenkzeit liegen.
Wochenlenkzeit zwischen zwei Wochenruhezeiten	56 Stunden	Die wöchentliche Lenkzeit darf, sofern sie zwischen zwei Wochenruhezeiten liegt, nicht mehr als 56 Stunden pro Woche bzw. höchstens 6 Tageslenkzeiten hintereinander betragen. Im Personenverkehr dürfen höchstens 12 Tageslenkzeiten hintereinander gefahren werden. Hiervon ausgenommen ist jedoch der Linienverkehr.
Wochenlenkzeit in der Doppelwoche	90 Stunden	Innerhalb einer Doppelwoche darf die Gesamtlenkzeit nicht mehr als 90 Stunden betragen. Die Woche beginnt am Montag um 00:00 Uhr und endet am Sonntag um 24:00 Uhr.
Tagesruhezeit bei 1-Fahrer-Besatzung	11 Stunden	Die Tagesruhezeit, also die Zeit, die der Fahrer zur freien Verfügung hat, muss grundsätzlich 11 zusammenhängende Stunden täglich betragen. Sie darf zwischen zwei wöchentlichen Ruhezeiten an maximal drei Tagen auf 9 zusammenhängende Stunden verkürzt werden.
Tagesruhezeit bei 2-Fahrer-Besatzung	9 Stunden	Die Tagesruhezeit muss für jeden Zeitraum von 30 Stunden mindestens 9 Stunden betragen.
Wöchentliche Ruhezeit	45 Stunden	Die wöchentliche Ruhezeit ist nach sechs 24-Stunden-Zeiträumen einzulegen und muss zusammenhängend 45 Stunden betragen. Sie kann ausnahmsweise auf 24 Stunden innerhalb von zwei Wochen verkürzt werden, wenn • zwei Ruhezeiten von 45 Stunden oder • eine Ruhezeit von 45 Stunden zzgl. einer Ruhezeit von 24 Stunden eingehalten werden. Hierfür muss dann aber ein Ausgleich innerhalb von drei Wochen gewährt werden.

Der Unternehmer hat dafür Sorge zu tragen, dass die gesetzlichen Lenk- und Ruhezeiten eingehalten werden. Das heißt, er muss die Fahrer unterweisen, die Routen entsprechend planen und die Einhaltung der Bestimmungen kontrollieren.

Zur besseren Überprüfung der Lenk- und Ruhezeiten müssen alle Nutzfahrzeuge mit mehr als 3,5 Tonnen Gesamtgewicht, die nach dem 1. Mai 2006 zugelassen worden sind, mit einem digitalen Kontrollgerät ausgestattet sein. Das didgitale Kontrollgerät besteht aus einem Weg- bzw. Geschwindigkeitsgeber, einer Fahrzeugeinheit und verschiedenen Kontrollgerätekarten. Die wichtigste Gerätekarte ist die Fahrerkarte, die der Fahrer immer mit sich führen muss. Auf ihr und dem Massenspeicher der Fahrzeugeinheit werden alle relevanten Daten (Lenk-, Arbeits- und Ruhezeiten, Geschwindigkeit und andere Kfz-relevanten Daten) gespeichert. .

Da für den digitalen Tachographen keine Nachrüstpflicht besteht, müssen die Fahrer aller anderen Fahrzeuge Arbeitszeitennachweise (vgl. Abb 8.2) zu führen. Das Formblatt zum Nachweis berücksichtigungsfreier Tage, wie Urlaubs- und Krankheitstagen ist von allen Fahrern auszufüllen und stets mitzuführen.

Das Formblatt für den Arbeitszeitennachweis gilt einheitlich im gesamtes Gebiet der Europäischen Union und kann unter: folgendem Link heruntergeladen werden:

http:// www.bag.bund.de/cln_011/sid_C282BC2DFD 222C9F7FABDE85470372AB/SharedDocs/Kurzmeldungen/DE/2010/EU_Formblatt. html?nn=12502

Abb. 8.2: Arbeitszeitnachweis

Arbeitszeitnachweise n. § 1 Abs. 6 FPersV (Fahrzeuge über 2,8 t bis 3,5 t **ohne** Kontrollgerät)		
Amtl. Kennzeichen: *OL-BB 123* Anhänger:	Name, Vorname: *Mustermann Heinz*	Tag und Datum: *30.05.2010*

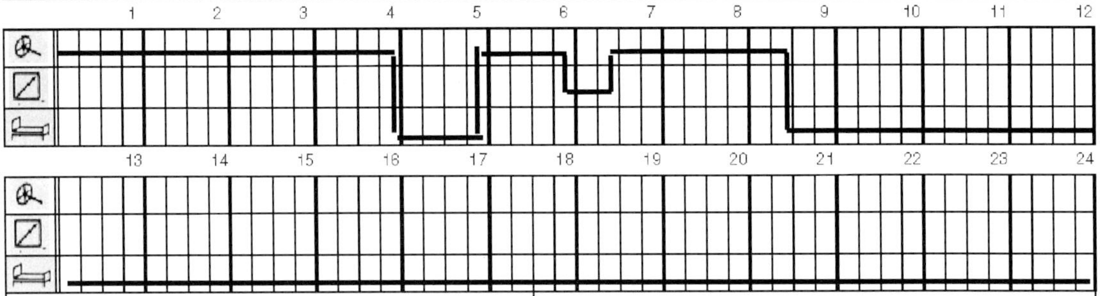

Ort des Fahrtbeginns: *Oldenburg*   Ort des Fahrtendes: *Oldenburg*

Zul. Gesamtgewicht/Gesamtmasse des Fahrzeuges einschließlich Anhänger: *2900 kg*

Kilometerstand	Fahrtende	71.000 km		Stundenzahl
			Lenkzeiten	7,0
	Fahrtbeginn	70.280 km	Sonstige Arbeiten	0,5
	Gesamtfahrstrecke	720 km	Ruhezeiten	16,5
				24,0

Bemerkungen und Unterschrift: *Heinz Mustermann*

Arbeitszeitnachweise n. § 1 Abs. 6 FPersV (Fahrzeuge über 2,8 t bis 3,5 t **ohne** Kontrollgerät)		
Amtl. Kennzeichen: Anhänger:	Name, Vorname:	Tag und Datum:

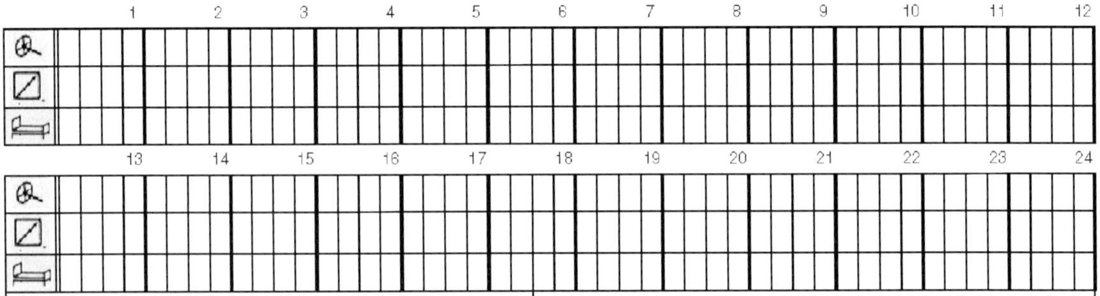

Ort des Fahrtbeginns: Ort des Fahrtendes:

Zul. Gesamtgewicht/Gesamtmasse des Fahrzeuges einschließlich Anhänger

Kilometerstand bei	Fahrtende	km		Stundenzahl
			Lenkzeiten	
	Fahrtbeginn	km	Sonstige Arbeiten	
	Gesamtfahrstrecke	km	Ruhezeiten	

Bemerkungen und Unterschrift

Hinweis
Aufzeichnungen der lfd. Woche und vom letzten Arbeitstag der Vorwoche mitführen, danach mindestens ein Jahr lang im Betrieb aufbewahren!

Lenkzeiten
Sonstige Arbeiten und Arbeitsbereitschaft
Ruhezeiten

5 Kapazitätsauslastung

Die Kapazitätsauslastung gibt die Auslastung des Unternehmens, seiner Mitarbeiter und/oder der zur Verfügung stehenden Arbeitsmittel an und wird durch Beobachtungen, Berechnungen oder Zählungen ermittelt.

5.1 Kapazitätsermittlung

Um die Auslastung der einzelnen Bereiche zu ermitteln, müssen interne Erhebungen durchgeführt werden. Dies geschieht durch Befragung der Mitarbeiter oder Überprüfung der Auslastung der Arbeitsmittel. Möglich sind auch Kundenbefragungen z.B. zu Serviceleistungen.

5.2 Über- und Unterkapazitäten

Man unterscheidet Über- und Unterkapazitäten. Eine geringe Auslastung der dem Unternehmen zur Verfügung stehenden Mitarbeiter oder Arbeitsmittel weist auf Überkapazitäten hin. Sind Mitarbeiter oder Arbeitsmittel jedoch regelmäßig überlastet, bestehen Unterkapazitäten.

Beispiel: Es ist Sommer, die meisten Kunden des Flitzer Kuriers sind im Urlaub und es herrscht die so genannte „Urlaubsflaute". Die Zusteller sind mit ihrer täglichen Tour statt um 16.00 Uhr immer schon um 13.00 Uhr fertig.
→ **Überkapazität**
Im Gegensatz dazu herrscht kurz vor Weihnachten reger Geschäftsbetrieb, weil Päckchen und Briefe bis zum Weihnachtsfest noch ausgetragen werden müssen. Die Mitarbeiter arbeiten im Schichtsystem mit Zustellungen bis 20.00 Uhr.
→ **Unterkapazität**

Für die Ermittlung der Kapazitätsauslastung sollten möglichst kurze Zeitabschnitte gewählt werden, da beispielsweise bei der Betrachtung eines Monats oder sogar eines ganzen Jahres zeitweise bestehende Unterkapazitäten durch zu anderen Zeiten bestehende Überkapazitäten ausgeglichen werden würden. Zur Veranschaulichung wird auf das obige Beispiel mit der Sommerflaute und dem Weihnachtsgeschäft zurückgegriffen. Würde die Kapazitätsauslastung über den Zeitraum des ganzen Jahres betrachtet, käme man wahrscheinlich zu dem Schluss, dass Über- oder Unterkapazitäten nicht beständen. Betrachtet man aber die Urlaubsmonate und die Weihnachtsmonate jeweils für sich, können reale Aussagen über die Kapazitätsauslastung getroffen und entsprechende Konsequenzen gezogen werden.

Abb 8.3: Über- und Unterkapazität

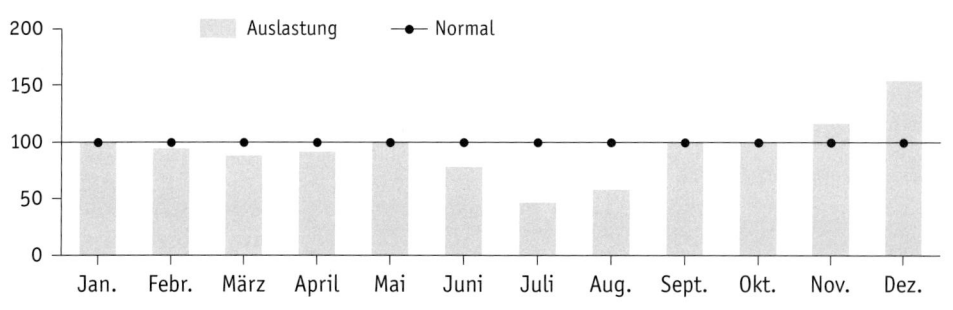

Es bietet sich ebenfalls an, die Auslastung vorhandener Kapazitäten in räumlicher und zeitlicher Hinsicht sowie auf einzelne Produkte voneinander getrennt zu betrachten.

5.3 Anpassungsmaßnahmen

Über- oder Unterkapazitäten können durch Verringerung bzw. Erweiterung der vorhandenen Kapazitäten beseitigt werden. Möglich ist es auch, Aufträge von anderen Unternehmen anzunehmen oder selbst Aufträge an andere Unternehmen zu vergeben. Dasselbe gilt für die entsprechenden Hilfsmittel oder Mitarbeiter. Im Hauptgeschäft könnten zusätzliche Mitarbeiter als Aushilfs- oder Leiharbeitskräfte eingesetzt werden, in den Sommermonaten eigene Mitarbeiter dagegen an andere Unternehmen „ausgeliehen" werden. Das Unternehmen könnte seinen Mitarbeitern in den Sommermonaten aber auch vermehrt Urlaub bewilligen, zum Weihnachtsgeschäft aber eine Urlaubssperre verhängen.

6 Außenwirtschaftliche Bestimmungen

Beim grenzüberschreitenden Waren- oder Dienstleistungsverkehr sind grundsätzlich die folgenden Vorschriften zu beachten:
- Außenwirtschaftsgesetz (AWG),
- Außenwirtschaftsverordnung (Ausfuhrkontrollrecht, Boykottregeln),
- Meldebestimmungen (Ausfuhranmeldung, Zollanmeldung) sowie
- Einfuhrbestimmungen des In- und Auslandes und
- Zollbestimmungen.

6.1 Außenwirtschaftsgesetz

6.1.1 Grundsatz

Nach § 1 Außenwirtschaftsgesetz (AWG) ist der Außenwirtschaftsverkehr grundsätzlich frei. Er unterliegt aber aus besonderen Gründen den Beschränkungen des AWG oder anderer Rechtsverordnungen, die auf Grund des AWG erlassen worden sind.

Zum Außenwirtschaftsverkehr zählen:
- alle Geschäfte mit fremden Wirtschaftsgebieten, wie:
  – der Waren- und Dienstleistungsverkehr,
  – der Kapital- und Zahlungsverkehr,
  – der sonstige Wirtschaftsverkehr,
- der Verkehr mit Auslandswerten und Gold zwischen Gebietsansässigen.

Begriffsbestimmungen: Ein **Wirtschaftsgebiet** ist zum Beispiel die Bundesrepublik Deutschland sowie die österreichischen Gebiete Jungholz und Mittelberg.
Gebietsansässige sind natürliche Personen mit Wohnsitz im Wirtschaftsgebiet oder juristische Personen und Personenhandelsgesellschaften mit Sitz oder Unternehmensleitung im Wirtschaftsgebiet.
Beschränkung meint, dass Handlungen generell oder im Speziellen einer Genehmigung bedürfen oder verboten sind.

6.1.2 Beschränkungen

Beschränkungen von Rechtsgeschäften und Handlungen im Außenwirtschaftsverkehr sind zulässig,
- wenn es um die Erfüllung zwischenstaatlicher Vereinbarungen geht,
- um schädlichen Folgen für die Wirtschaft oder einzelne Wirtschaftszweige vorzubeugen oder entgegenzuwirken,
- um wesentliche Sicherheitsinteressen der Bundesrepublik Deutschland zu gewährleisten,
- um eine Störung des friedlichen Zusammenlebens der Völker zu verhüten oder

- um erhebliche Störungen der auswärtigen Beziehungen der Bundesrepublik Deutschland zu vermeiden und
- um die öffentliche Sicherheit oder Ordnung in der Bundesrepublik Deutschland zu gewährleisten.

Dies gilt insbesondere für die Ein- und Ausfuhr von Waffen, Munition, Kriegsgeräten und Gegenständen, die zur Durchführung militärischer Aktionen bestimmt sind, Rüstungsgüter und alle anderen im Zusammenhang mit der Herstellung und Entwicklung von vorgenannten Geräten stehenden Pläne, Schutzrechte oder Einzelteile. Ferner kann die Ausfuhr von Waren beschränkt werden, um die Deckung des lebenswichtigen Bedarfs im Wirtschaftsgebiet sicherzustellen und der Lieferung minderwertiger Erzeugnisse vorzubeugen.

Beschränkungen sind aber nach Art und Umfang auf das Maß zu beschränken, dass nötig ist, um das mit ihr bezweckte Ziel zu erreichen, ohne dabei unnötig in die Freiheit der wirtschaftlichen Betätigung einzugreifen.

Die Einfuhr von Waren ist grundsätzlich frei. Sie bedarf aber dann einer Genehmigung, wenn sie auf der **Einfuhrliste** aufgeführt ist (vgl. Abschnitt 7.3). Auch für Waren, die sowohl zivilen, als auch militärischen Zwecken eingesetzt werden können, bedarf es einer Genehmigung durch das Bundesamt für Wirtschaft und Ausfuhrkontrolle.

6.1.3 Straftatbestände

Die Ausfuhr von in der Ausfuhrliste aufgeführten Gütern ohne Genehmigung wird mit einer Freiheitsstrafe von bis zu fünf Jahren oder mit einer Geldstrafe geahndet. Ebenfalls so bestraft wird, wer vorsätzlich gegen dieses Gesetz oder gegen auf Grund dieses Gesetzes erlassene Rechtsverordnungen verstößt und dadurch die Gefahr besteht, dass die äußere Sicherheit der Bundesrepublik Deutschland, das friedliche Zusammenleben der Völker oder die auswärtigen Beziehungen der Bundesrepublik Deutschland erheblich gefährdet werden.

6.1.4 Überwachung des Fracht-, Post- und Reiseverkehrs

Sachen, die ein-, aus- oder durchgeführt werden, sind auf Verlangen vorzulegen und können eingehend untersucht werden. Gepäckstücke, Beförderungsmittel und sonstige Behältnisse können auf Sachen geprüft werden, deren Einfuhr, Ausfuhr oder Durchfuhr beschränkt ist.

6.2 Außenwirtschaftsverordnung

Die Außenwirtschaftsverordnung (AWV) dient der Durchführung des Außenwirtschaftsgesetzes. Sie regelt das Genehmigungserfordernis für alle in der Ein- und Ausfuhrliste genannten Güter sowie **generelle Lieferverbote für Embargoländer**, in die keine Waren oder Dienstleistungen geliefert werden dürfen. Ein Embargo beschränkt oder verbietet die Einfuhr, die Durchfuhr und/oder die Ausfuhr von bestimmten Waren, Dienstleistungen, Waffen.

In der AWV sind auch Verfahrens- und Meldevorschriften enthalten. Danach ist jede Ausfuhr anzumelden und von der Zollstelle zu überprüfen. Genehmigungsbedürftige Ausfuhren müssen einen Antrag auf Erteilung einer Ausfuhrgenehmigung beim Bundesamt für Wirtschaft und Ausfuhrkontrolle (Bafa) stellen, dem auch eine internationale Einfuhrbescheinigung zur Ermittlung des Käufer- bzw. Bestimmungslandes beizufügen ist.

Die Ein- und Ausfuhrlisten sowie eine Übersicht über die Embargoländer sind bei der Bafa (www.bafa.de) zu erfragen.

6.3 Einfuhrbestimmungen des In- und Auslandes

Bei der Einfuhr von Waren in fremde Wirtschaftsgebiete sind die jeweiligen Einfuhrbestimmungen des In- und Auslandes zu beachten. Die Bafa hat zur Erleichterung eine **Einfuhrfibel** herausgegeben, in der die genehmigungs- und überwachungsbedürftigen Waren und zuständige

Ansprechpartner aufgelistet sind. Informationen über die jeweiligen Bestimmungen sind auch bei den Konsulaten der Einfuhrländer zu finden.

Grundsätzlich kann bei folgenden Waren mit Einschränkungen gerechnet werden:
- Waffen, Waffentechnologie,
- Nukleartechnologie,
- Tiere und Pflanzen,
- tierische und pflanzliche Produkte (Eier, Tierhäute, Tabak, Tee),
- verderbliche Güter (Blumen, Lebensmittel),
- alkoholische Getränke,
- Medikamente und Pharmaprodukte,
- Edelmetalle, Edelsteine, Diamanten, Schmuck,
- Antiquitäten, Kunstwerke etc.

6.4   Zollbestimmungen

Das Zollrecht besteht im Wesentlichen aus dem Zollkodex und den auf Gemeinschafts- und Länderebene erlassenen Durchführungsvorschriften. Diese regeln die Überwachung, Anmeldung und Abfertigung der Einfuhr von genehmigungspflichtigen und genehmigungsfreien Waren.

Nach Artikel 37 des Zollkodex unterliegen alle in das Zollgebiet der Gemeinschaft verbrachten Waren vom Zeitpunkt des Verbringens an der zollrechtlichen Überwachung. Alle Waren, die in ein Zollverfahren übergeführt werden sollen, sind zu dem betreffenden Verfahren anzumelden und stehen spätestens mit der Anmeldung unter zollamtlicher Überwachung.

6.4.1   Zollanmeldung

Bei der Zollanmeldung handelt es sich um eine Willensäußerung des Anmelders, durch die er erklärt oder anderweitig zum Ausdruck bringt, welches Zollverfahren durchgeführt werden soll. Dies kann schriftlich, mit Mitteln der Datenverarbeitung, mündlich oder durch entsprechend erkennbares Verhalten erfolgen.

Im Rahmen der schriftlichen Zollanmeldung kann man zwischen dem normalen Verfahren und dem vereinfachten Verfahren wählen.

Normales Verfahren

Die Anmeldung ist grundsätzlich schriftlich auf dem dafür vorgesehenen Vordruck abzugeben und eigenhändig zu unterschreiben. Zudem sind der Anmeldung alle notwendigen Unterlagen wie Einfuhrgenehmigungen, Einfuhrlizenzen, Überwachungsdokumente etc. beizufügen.

Die Zollbehörden können die Unterlagen überprüfen, weitere Unterlagen zum Nachweis der Richtigkeit anfordern und eine Zollbeschau vornehmen, bei der ggf. Muster und Proben zum Zwecke der Analyse entnommen werden können. Sind die Angaben überprüft oder ohne Überprüfung angenommen worden und bestehen keine Beschränkungen und Verbote, so werden die Waren dem Anmelder überlassen. Müssen Zollgebühren gezahlt werden, so erhält der Anmelder die Waren erst zurück, wenn die Gebühren gezahlt sind oder Sicherheit geleistet worden ist.

Vereinfachtes Verfahren

Das vereinfachte Anmeldeverfahren sieht folgende Möglichkeiten vor:
- Es können einige Angaben weggelassen und auf die Beifügung einiger Unterlagen verzichtet werden.
- Anstelle der Anmeldung kann ein Handels- und Verwaltungspapier zusammen mit dem Antrag auf Überführung der Waren in das entsprechendes Zollverfahren abgegeben werden.
- Die Anmeldung der Waren zu dem betreffenden Zollverfahren kann durch Anschreibung der Waren in der Buchführung vorgenommen werden.

In letzterem Fall können die Zollbehörden den Anmelder von der Gestellungspflicht befreien, d.h., die Waren müssen nicht zu einer Zollstelle oder einem anderen zugelassenen Ort verbracht und das Eintreffen der Waren mitgeteilt werden. Die Anmeldungen können auch über das Internet (www.zoll-d.de) vorgenommen werden. Dort finden sich auch die gängigen Formulare und Merkblätter als PDF-Download. Weiterführende Informationen erhalten Sie auch beim **Zoll-Infocenter** in Frankfurt.

Internetzollanmeldung

Seit dem 04. Mai 2009 besteht die Möglichkeit, Zollanmeldungen auch über das Internet zu erstellen, sie unterfällt der Fallgruppe Zollanmeldung mit Mitteln der Datenverarbeitung. Unter der Internetadresse

www.zoll.de/

können die folgenden Formulare online im Internet ausgefüllt und abgegeben werden:

- Internet Eingangs-Ausgangs-SumA (IIA)
- Internet-Zollanmeldung-Einfuhr (IZA)
- Internet-Versandanmeldung (IVA)
- Internet-Ausfuhranmeldung-Plus (IAA-Plus)

6.4.2 Zollbegleitdokumente

Folgende Zollbegleitdokumente sind für alle Nicht-EU-Länder und EU-Ausnahmegebiete erforderlich:

Warenwert	Zollbegleitdokumente
bis 1.000,00 €	Handelsrechnung (Original zzgl. zwei Kopien) Ursprungserklärung auf der Handelsrechnung
von 1.000,00 € bis 3.000,00 €	Handelsrechnung (Original zzgl. zwei Kopien) Ursprungserklärung auf der Handelsrechnung Ausfuhranmeldung
von 3.000,00 € bis 6.000,00 €	Handelsrechnung (Original zzgl. zwei Kopien) Ursprungserklärung auf der Handelsrechnung vorab vom Zoll gestempelte Ausfuhranmeldung
ab 6.000,00 €	Handelsrechnung (Original zzgl. zwei Kopien) vorab vom Zoll gestempelte Ausfuhranmeldung Warenverkehrsbescheinigung/Präferenznachweis

Zu den Nicht-EU-Ländern bzw. den EU-Ausnahmegebieten gehören:

Nicht-EU-Länder	EU-Ausnahmegebiete
Schweiz	Finnland: Alandinseln
Liechtenstein	Italien: Campione d'Italia, Livigno, Luganer See
Norwegen	Spanien: Kanarische Inseln, Ceuta/Melilla und Gibraltar
San Marino	Großbritannien: Kanalinseln (Jersey und Guernsey)
Andorra	
Vatikan	

7   Umweltpolitik und Umweltschutz

Neben der Schaffung und Erhaltung eines angenehmen Arbeitsumfeldes sollte auch die Erhaltung des Lebensumfeldes, d.h. unserer Umwelt, berücksichtigt werden. Denn gerade die Umwelt hat einen nicht unerheblichen Einfluss auf die Gesundheit und Leistungsfähigkeit jedes einzelnen Menschen. Umweltverschmutzung, Lärm oder die globale Erwärmung sind Störfaktoren für die Umwelt. Sie gehen nicht selten von Unternehmen aus oder werden von ihnen mit verursacht. Daher sollten wir unser Handeln – egal ob im Unternehmen oder im privaten Alltag – auch unter dem Aspekt Umweltschutz überdenken und eventuell zu einem umweltbewussteren Handeln ändern.

7.1 Gründe für die Umweltprobleme

Die Hauptursachen für Umweltprobleme liegen in der Erzeugung und Nutzung von Energie. So entstehen beispielsweise bei der Erzeugung von Strom auch Kohlendioxid und Schwefeldioxid. Diese hochgradig umweltschädlichen Stoffe werden zwar aus der Luft herausgefiltert, jedoch gelingt dies nie zu 100 %. Bei Verbrennungsvorgängen werden jährlich bis zu 70.000 Tonnen Feinstaub in die Luft abgegeben, davon entfallen 35.000 Tonnen auf den Straßenverkehr. Ungefähr ein Drittel des Feinstaubes besteht aus krebserregendem Dieselruß. Die Abholzung der Wälder, die Bodenerosion und die Grundwasserbelastung durch Düngemittel tun ihr Übriges.

7.2 Prinzipien der Umweltpolitik

Umweltpolitik meint die Gesamtheit aller politischen Bemühungen zur Erhaltung unseres Lebensumfeldes, d.h. zum Schutz unserer Umwelt. Die Umweltpolitik folgt in ihren Bemühungen den folgenden Prinzipien:

- Nach dem **Vorsorgeprinzip** sollen Umweltschäden durch den Einsatz vorbeugender Mittel, z.B. Filter, erst gar nicht entstehen. Unterfälle des Vorsorgeprinzips sind das Vorsichts- und Substitutionsprinzip. Das **Vorsichtsprinzip** besagt, dass von der Produktentwicklung oder Aufnahme eines Verfahrens abgesehen werden soll, wenn dazu keine wissenschaftlichen Erkenntnisse zur Umweltverträglichkeit vorliegen. Nach dem **Substitutionsprinzip** sind Gefahrstoffe durch umweltfreundliche Ersatzstoffe zu ersetzen.
- Das **Verursacherprinzip** besagt, dass derjenige, der die Umweltschäden verursacht hat, auch die Kosten für ihre Beseitigung tragen muss.
- Lassen sich die Umweltschäden keinem Verursacher mehr zurechnen, trägt nach dem **Gemeinlastprinzip** die Allgemeinheit die Kosten für die Beseitigung.
- Beim **Kooperationsprinzip** geht es darum, dass Bürger, Unternehmen und der Staat zusammenarbeiten, um umweltpolitische Maßnahmen wirksam umzusetzen.

7.3 Umsetzung der Umweltpolitik

Dem Staat stehen für die Umsetzung der Umweltpolitik folgende Möglichkeiten zur Verfügung: Bei der **Selbstverpflichtung** handelt es sich um eine freiwillige Erklärung des Unternehmens, besonders umweltschädliche Stoffe künftig nicht mehr zu verwenden oder Maßnahmen zur Verringerung der Schadstoffemissionen zu ergreifen.

Der Staat kann durch entsprechende gesetzliche Vorgaben seine Umweltpolitik verfolgen. Es werden beispielsweise Grenzwerte für Schadstoffe gesetzlich vorgegeben oder die Auflage erteilt, dass die Genehmigung für eine neue Fabrik nur erteilt wird, wenn besonders umweltfreundliche Technologien zum Einsatz kommen.

Der Staat kann auch **wirtschaftliche Anreize** geben, damit umweltfreundliche Technologien verwendet werden. Zum Beispiel kann das Überschreiten gewisser Grenzwerte mit hohen Abgaben belegt werden oder es können Steuervergünstigungen und Subventionen für den Einsatz moderner und umweltfreundlicher Technologien gewährt werden.

Meist stehen die drei Alternativen nicht gleichrangig nebeneinander. Vielmehr wird der Staat zunächst versuchen, durch wirtschaftliche Anreize und Selbstverpflichtungen seine Umweltpolitik durchzusetzen, und erst an zweiter Stelle Gesetze oder Auflagen erlassen.

7.4 Betriebliche Umweltpolitik, Abfallsysteme und Umweltmanagementsysteme

7.4.1 Betriebliche Umweltpolitik

Im Rahmen der betrieblichen Umweltpolitik sollte nicht nur auf die Einsparung von Energie geachtet werden. Gerade auch beim Kauf neuer Fahrzeuge sollten umweltschonende Alternativen zu Motorfahrzeugen in Betracht gezogen werden. Im Vordergrund stehen dabei die neuen Hybrid-, Erdgas- und Elektrofahrzeuge. Sie weisen eine besonders hohe Energie- und Umwelteffizienz auf.

Hybridfahrzeuge werden von zwei Motoren angetrieben, einem Benzin- und einem Elektromotor. Letzterer dient vor allem der Rückgewinnung von Bremsenergie und zum Ausgleich von Leistungsspitzen. Der Treibstoffverbrauch kann so um bis zu 30 % gesenkt werden.

Beispiele: Das Unternehmen FedEx hat derzeit 365 Hybrid-Plug-In-Elektro-Fahrzeuge im Einsatz.

(Quelle: http://www.oekonews.com/index.php?mdoc_id=1084583; letzter Zugriff 26.05.2014)

Die Hermes-Logistik-Gruppe fährt mit 220 Fahrzeugen, die mit der Micro-Hybrid-Technologie ausgestattet sind.

(Quelle: https://www.hermesworld.com/de/ueber_uns/umwelt/aktuelle_projekte/hohe_umweltstandards/hohe-umweltstandards.html; letzter Zugriff 26.05.2014)

Elektrofahrzeuge werden ausschließlich mit Strom betrieben und sind im Betrieb außergewöhnlich umweltfreundlich. Allerdings reicht die im Vergleich zu Benzin und Diesel geringere Energiedichte der Batterien für größere Reichweiten noch nicht aus.

Beispiele: Auch der Einsatz von Elektrofahrzeugen hat weiter zugenommen. So setzt DHL aktuell 79 Elektrofahrzeuge in Bonn ein und Hermes testet in Berlin und Hamburg 20 rein elektrisch betriebene Vito-E-Cell-Fahrzeuge.

(Quellen:http://www.dpdhl.com/de/presse/mediathek/fotos/verantwortung_elektrofahrzeuge.html bzw. https://www.hermesworld.com/de/ueber_uns/umwelt/aktuelle_projekte/hohe_umweltstandards/hohe-umweltstandards.html; letzter Zugriff 26.05.2014)

FedEx hat weltweit 161 Elektrofahrzeuge im Einsatz. Von 2005 bis 2012 konnten so allein beim Unternehmen FedEx 2,4 Millionen Liter Treibstoff gespart werden.

(Quelle „oekonews", Link wie obiges Beispiel)

Erdgasautos verfügen über einen Ottomotor, der anstatt mit Benzin mit Erdgas oder alternativ mit Biogas betrieben wird. Für Notsituationen ist meist ein zusätzlicher Benzintank eingebaut. Eine weitere umweltfreundliche Alternative zu Benzin- und Dieselkraftstoffen sind **Biotreibstoffe**. Diese können teilweise schon in konventionellen Otto- oder Dieselmotoren eingesetzt werden. Biotreibstoffe sind erneuerbar und damit grundsätzlich umweltschonend.

Aktuell werden auch Fahrzeuge mit einem Brennstoffzellenantrieb getestet. Hierbei werden positiv geladene Wasserstoffionen mit negativ geladenen Sauerstoffionen zusammengeführt. Bei der chemischen Reaktion entsteht Energie und Wärme, die dann zum Betrieb des Fahrzeuges verwendet werden kann.

Beispiel: Die Hermes Logistik Gruppe, die bereits 20 Erdgastransporter im Einsatz hat, testet gerade zwei Fahrzeuge mit dem Brennstoffzellenantrieb.

(Quelle: „oekonews", Link wie obiges Beispiel)

UPS wartet weltweit mit 2.600 Fahrzeugen auf, die mit alternativen Kraftstoffen und Technologien ausgestattet sind.

Quelle: http://www.grueneautos.com/2013/07/ups-startet-kleinflottenversuch-mit-elektro-transportern-in-karlsruhe/

Durch eine **sparsame Fahrweise** lässt sich die Belastung der Umwelt ebenfalls reduzieren. Dabei sollten die folgenden Regeln beachtet werden:

- Im höchstmöglichen Gang und bei niedriger Drehzahl fahren.
- Zügig beschleunigen.
- Früh hochschalten (bei höchstens 2.500 Umdrehungen) und spät herunterschalten.
- Vorausschauend und gleichmäßig fahren, unnötige Brems- und Schaltmanöver vermeiden.

Viele Unternehmen lassen ihre Fahrer bereits in speziellen Fahrertrainings schulen. Dort erhalten die Fahrer auch Anleitungen zu einer Kraftstoff sparenden Fahrweise und zur Festlegung der Routen auch unter Umweltaspekten. Denn auch durch die Optimierung der Routen, Neufestlegung von Umschlagspunkten (Hubs) und die Erneuerung der Fahrzeugflotten lassen sich sichtbare Erfolge bei der CO_2- und Feinstaubemmission erzielen.

7.4.2   Betriebliches Abfallkonzept

Aufgabe des betrieblichen Abfallkonzepts sollte es sein:

- Abfall weitestgehend zu vermeiden, z.B. durch die Verwendung von nachfüllbaren Druckerpatronen und Tonern,
- Computer, Drucker, Kopierer, Toner oder Komponenten aus Kraftfahrzeugen zur Weiterverwertung in Entwicklungsländern oder einkommensschwachen Familien (Refurbishing) zur Verfügung zu stellen,
- Papier, Glas, Verpackungsstoffe etc. der Wiederaufbereitung (Recycling) zuzuführen.

7.4.3   Umweltmanagementsystem

In vielen Unternehmen werden die behördlichen, gesetzlichen oder unternehmensinternen Vorgaben zum Umweltschutz mithilfe von Umweltmanagementsystemen umgesetzt. Pflichtvorgaben für den Aufbau eines Umweltmanagementsystems gibt es nicht, es bietet sich aber an, sich an den Umweltmanagementnormen ISO 14001, ISO 14004 oder der EMAS-Verordnung zu orientieren. Diese geben Mindestanforderungen, Grundsätze, Systeme und Hilfsinstrumente für ein Umweltmanagementsystem vor.

Sie regeln unter anderem die schriftliche Festlegung der betrieblichen Umweltpolitik, die Zuständigkeiten, Verhaltensweisen sowie Abläufe und Vorgaben zur Umsetzung der betriebsinternen Umweltpolitik.

ISO ist die international einheitlich verwendete Kurzbezeichnung für Internationale Organisation für Normung, die einheitliche Standards beziehungsweise Normen festlegt. **EMAS** ist die Kurzbezeichnung für Eco-Management and Audit-Scheme und bezeichnet ein in der Europäischen Union entwickeltes System aus Umweltmanagement und -betriebsprüfung.

Ist das Umweltmanagementsystem nach den Vorgaben der ISO 14001 oder der EMAS-Verordnung aufgebaut, kann sich das Unternehmen sein Umweltmanagementsystem von einem externen Umweltgutachter zertifizieren lassen.

Abb. 8.4: Umweltmanagementsystem

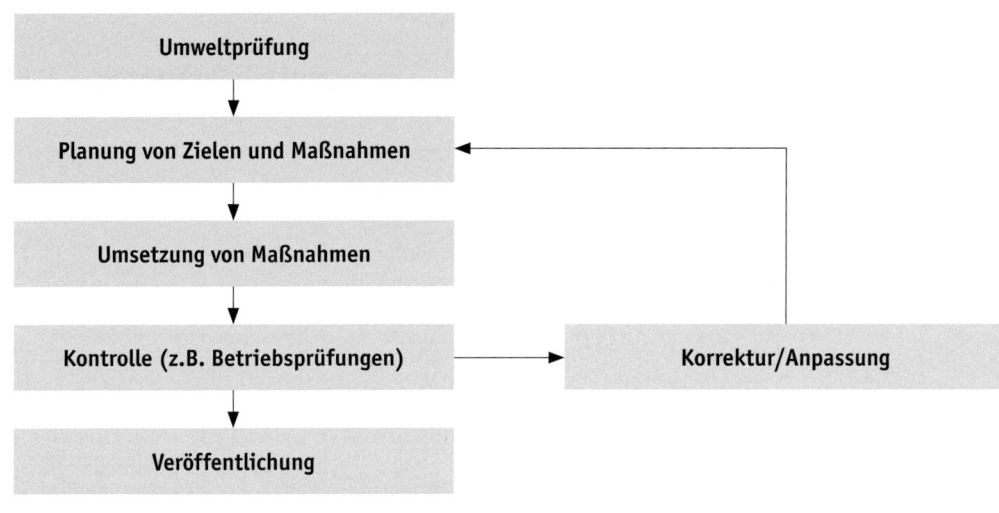

Die Umsetzung erfolgt im Rahmen des sog. **kontinuierlichen Verbesserungsprozesses,** der auf der Methode „Planen-Ausführen-Kontrollieren-Optimieren" (Plan-Do-Check-Act, PDCA) beruht.

- **Planen:** Festlegung der Zielsetzungen und Prozesse, um die Umsetzung der Umweltpolitik der Organisation zu erreichen
- **Ausführen:** die Umsetzung der Prozesse
- **Kontrollieren:** Überwachung der Prozesse hinsichtlich rechtlicher und anderer Anforderungen sowie Zielen der Umweltpolitik der Organisation; ggfs. Veröffentlichung der Umweltleistung (des Erfolgs der Organisation in Bezug auf ihre Umweltschutzmaßnahmen)
- **Optimieren:** Falls notwendig, müssen die Prozesse korrigiert (angepasst) werden

Wiederholungs- und Übungsaufgaben

1. Beschreiben Sie die Arbeitsschritte von der Einlieferung bis zur Zustellung einer Sendung und gehen Sie auf sendungsspezifische Unterschiede ein.

2. Wozu dient die Personalplanung?

3. Womit beschäftigt sich die Personalbedarfsplanung?

4. Wie lässt sich der zukünftige Personalbestand ermitteln?

5. Nennen Sie je fünf innere und äußere Faktoren, die den Personalbedarf beeinflussen.

6. Mittels welcher Verfahren kann der Bruttopersonalbedarf ermittelt werden?

7. Welche Aufgaben kommen der Personaleinsatzplanung zu?

8. Welche Möglichkeiten haben Sie bei einer kurzfristigen Personalüber- oder Personalunterdeckung?

9. Worauf müssen Sie achten, wenn Sie den Bedarf für die Erstanschaffung von Fahrzeugen ermitteln sollen?

10. Welche Parameter sind für die Fahrzeugbeschaffung entscheidend?

11. Welche Möglichkeiten zur Finanzierung von Fahrzeugen kennen Sie? Beschreiben Sie diese kurz.

12. Welche Kriterien müssen Sie beim konkreten Einsatz von Fahrzeugen beachten?

13. Welche Zeitspanne darf die Tageslenkzeit grundsätzlich nicht überschreiten?

14. Welche Pausen und Ruhezeiten müssen beachtet und eingehalten werden?

15. Was versteht man unter Kapazitätsauslastung?

16. Nennen Sie die Vorschriften, die beim grenzüberschreitenden Waren- und Dienstleistungsverkehr beachtet werden müssen.

17. Welche Zollbegleitdokumente sind im EU-Ausland erforderlich?

18. Welchen Prinzipien sollte die Umweltpolitik folgen? Beschreiben Sie diese kurz.

19. Durch welche Maßnahmen kann die staatliche Umweltpolitik umgesetzt werden?

20. Durch welche Maßnahmen kann ein KEP-Unternehmen aktiv die CO_2- und Feinstaubbelastung in seinem Unternehmen reduzieren?

21. Welche Aufgabe kommt dem betrieblichen Abfallkonzept zu?

22. Was versteht man unter einem Umweltmanagementsystem?

23. Nennen Sie die Normen, die Ihnen beim Aufbau eines Umweltmanagementsystems helfen können.

24. Erläutern Sie die Philosophie von „Plan-Do-Check-Act".

Lernfeld 9
Kunden gewinnen und Kundenkontakte pflegen

Um Kunden für ein Unternehmen zu gewinnen, bedarf es zunächst umfassender Marktforschungen und des Einsatzes von Marketinginstrumenten.

1 Marketing und Marktforschung

1.1 Entstehung des Marketings

Die Entwicklung des Marketings ist auf eine zunehmende Sättigung der Käufermärkte zurückzuführen. In der Zeit nach dem Zweiten Weltkrieg herrschte ein Mangel an Waren jeder Art. Unternehmen fanden für ihre Produkte reißenden Absatz und konnten sich einzig auf eine Erhöhung ihrer Produktivität und die Verbesserung ihrer Produkte konzentrieren. Später setzte dann aber eine Sättigung der Märkte ein, d.h., der Bedarf der Käufer an bestimmten Produkten war befriedigt und die Produkte blieben in den Regalen liegen. Die Unternehmen versuchten nun, die Nachfrage ihrer bereits produzierten Ware zu steigern, indem den potenziellen Käufern durch **Werbung** ein Bedarf eingeredet wurde. Da bei dieser Methode die Wünsche der potenziellen Käufer weitestgehend unberücksichtigt blieben, war sie nur mäßig erfolgreich.

Das heutige Marketing sieht seine Aufgabe vorrangig in der Erforschung der Bedürfnisse der potenziellen Käufer und erst dann in der Beeinflussung des Kaufverhaltens zu Gunsten der Unternehmen. Damit gibt es für die heute am Markt tätigen Unternehmen grundsätzlich zwei Möglichkeiten, ihre Produkte Erfolg versprechend abzusetzen:
- Entwicklung und Anpassung der Produkte an die Bedürfnisse der potenziellen Käufer;
- Beeinflussung der Bedürfnisse der potenziellen Käufer.

1.2 Marktforschung

Die Marktforschung ist insbesondere für die Entwicklung neuer Produkte besonders wichtig. Denn nur wenn man die Bedürfnisse der unterschiedlichen Käufergruppen kennt, kann man entsprechende Produkte entwickeln und so die Risiken, die mit der Einführung neuer Produkte am Markt verbunden sind, minimieren. Zentrale Aufgabe der Marktforschung ist daher
- die Beschaffung von Informationen,
- die Erforschung des Käuferverhaltens,
- die Überwachung der eingesetzten Marketinginstrumente und
- die Entwicklung neuer Marketinginstrumente.

1.2.1 Primär- und Sekundärforschung

Bei der **Primärforschung** werden die Marktdaten für ein konkretes Projekt erstmals erhoben. Dazu muss zunächst festgelegt werden, an welche Grundgesamtheit, d.h. an welche potenziellen Kunden man sich wenden möchte. In einem zweiten Schritt muss man sich entscheiden, ob man eine Totalerhebung oder eine Teilerhebung durchführen möchte. Während bei der **Totalerhebung** alle potenziellen Kunden befragt werden, werden bei der **Teilerhebung** nur „Stichproben" genommen, d.h., es werden nur einige auserwählte repräsentative Kunden befragt, um dann Rückschlüsse auf das Käuferverhalten der Grundgesamtheit zu ziehen. Gerade wenn man sich eine große Zielgruppe auserwählt hat, wird eine Totalerhebung faktisch kaum durchführbar sein, sodass dem Unternehmen meist nur die Teilerhebung übrig bleibt.

Die erforderlichen Marktdaten werden dann entweder durch Beobachtung oder durch Befragungs der auserwählten potenziellen Kunden erhoben, wobei die Befragung die weitaus üblichere und auch kostengünstigere Erhebungsmethode ist. Bei einer **Beobachtung** wird das tatsächliche Verhalten potenzieller Kunden, z. B. beim Einkauf, beobachtet und ausgewertet.

Bei der **Befragung** wird meist nach Personenkreisen unterschieden, d.h., nach Experten, Händlern oder Verbrauchern; ferner nach dem Wie der Befragung, d.h., ob die Befragung von Angesicht zu Angesicht, per Telefon oder Brief erfolgt; und der Art und Weise, d.h. direkte oder indirekte Frage, offene Fragen, Kontakt-, Übergangs- und Motivationsfragen etc.

Bei der **Sekundärforschung** hingegen greifen die Marktforscher auf bereits vorhandenes Datenmaterial zurück, das ursprünglich für andere Zwecke erhoben oder erarbeitet worden ist. Dabei werden hauptsächlich Daten aus folgenden Quellen ausgewertet:
- amtliche Statistiken,
- Veröffentlichungen von Interessenverbänden,
- Medienveröffentlichungen,
- Studien von Unternehmensberatern,
- Berichte und Kennzahlen aus dem eigenen Unternehmen, von Subunternehmen oder Handelsvertretern.

Da die Sekundärforschung nicht vor Ort durchgeführt werden muss, sondern vom Schreibtisch aus operiert werden kann, ist sie im Regelfall kostengünstiger als die Primärforschung und erfreut sich mithin großer Beliebtheit.

1.2.2   Teilgebiete der Marktforschung

Die Marktforschung unterteilt sich in folgende Gebiete:
- Bedarfsforschung,
- Konkurrenzforschung,
- Absatzforschung,
- Konjunkturforschung und
- Beschaffungsforschung.

Bei der **Bedarfsforschung** werden Informationen wie Anzahl, Alter, Kaufmotive und Kaufkraft bereits vorhandener oder potenzieller Nachfrager gesammelt.

Aufgabe der **Konkurrenzforschung** ist es dagegen, möglichst viele Informationen über bestehende oder künftige Konkurrenzunternehmen und ihre Produkte zusammenzutragen, z.B. Anzahl der Konkurrenten, deren Marktanteile, Preise, Rabatt- und Sonderaktionen.

Die **Absatzforschung** soll Informationen über die Ergebnisse und Wirkungen der eigenen Absatzpolitik erbringen; die **Konjunkturforschung** hingegen über die allgemeine wirtschaftliche Entwicklung.

Aufgabe der **Beschaffungsforschung** ist es, die aktuelle Situation und mögliche Veränderungen auf dem Beschaffungsmarkt herauszufinden, um beispielsweise die Verfügbarkeit und Kosten für Rohstoffe oder die Transportkosten besser einschätzen zu können.

1.3   Marketingstrategien

Für die Vermarktung neuer oder bereits vorhandener Produkte müssen Marketingstrategien entwickelt werden. Unter Marketingstrategien versteht man die Entscheidung des Unternehmens über den Einsatz einer oder mehrerer Marketinginstrumente zur Erzielung eines größtmöglichen Absatzes. Dabei sind die Bedürfnisse der potenziellen Käufer, das bisherige Produkt- oder Leistungsangebot des Unternehmens und das Verhältnis zur Konkurrenz zu berücksichtigen.

2 Marketing-Mix

Auf der Grundlage der vom Unternehmen entwickelten Marketingstrategie wird ein Marketing-Mix entwickelt. Marketing-Mix meint die Kombination verschiedener Marketinginstrumente in der Erwartung eines größtmöglichen Absatzerfolges. Die Marketinginstrumente werden dazu in die folgenden vier Bereiche unterteilt:

- Poduktpolitik,
- Preispolitik,
- Kommunikationspolitik und
- Distributionspolitik.

2.1 Produktpolitik

2.1.1 Produkt

Das Produkt stellt sich als eine Vielzahl Nutzen bringender Eigenschaften dar, deren Ziel die Befriedigung von Bedürfnissen ist. Denn ein Produkt wird meist nicht um seiner selbst willen gekauft, sondern wegen des mit ihm verbundenen Nutzens.

Beispiel: Eine Tafel Schokolade kauft man nicht, um sie zu besitzen, sondern um sie zu essen. Auch ein Auto kauft man nicht, damit man ein Auto hat, sondern um damit umherzufahren.

2.1.2 Produktqualität

Eng verbunden mit dem Nutzen, den ein Produkt dem Käufer bringt, ist die Produktqualität. Sie definiert sich über die Gebrauchstüchtigkeit, d.h. die Eignung des Produktes zur Erfüllung eines bestimmten Verwendungszwecks. Entscheidend ist dabei nicht nur die objektive Eignung, sondern auch die subjektive Eignung, d.h., ob das Produkt vom potenziellen Käufer auch als nutzbringend angesehen wird.

Beispiel: Das Waschmittel wird nicht mehr in Pulverform, sondern in Perlenform vertrieben. Obwohl die Waschkraft bei beiden Waschmittelformen objektiv gleich ist, glauben die Käufer der Perlenform an eine höhere Waschkraft durch bessere Wasserlöslichkeit der Perlen.

2.1.3 Produktarten

Die am Markt existierenden Produkte können grob in Konsumgüter und Investitionsgüter eingeteilt werden. Während **Investitionsgüter** Produkte sind, die für die Herstellung anderer Produkte oder Dienstleistungen verwendet werden, sind **Konsumgüter** für den Verkauf an den Endverbraucher bestimmt.

Die **Konsumgüter** ihrerseits lassen sich wiederum einteilen in:
- Güter des täglichen Bedarfs mit niedrigem Preis, z.B. Lebensmittel;
- Güter des täglichen Bedarfs, bei denen Preis- und Produktvergleiche vorgenommen werden, z.B. Köperpflegemittel, Markenprodukte;
- Shopping-Güter, d.h. Güter, die eher selten gekauft werden, z.B. Möbel, Autos, größere Haushaltsgegenstände;
- Luxusgüter, d.h. Güter, die aus Sicht der Käufer nicht austauschbar sind, z.B. Harley Davidson, Rolls Royce.

2.1.4 Produktpolitische Entscheidungen

Die Produktpolitik betrifft Entscheidungen über
- die Neuentwicklung von Produkten (Produktinnovation),
- die Weiterentwicklung/Veränderung bereits vorhandener Produkte (Produktvariation),

- die Entfernung von Produkten vom Markt (Produktelimination) und
- die Einführung bzw. den Aufbau einer Marke (Markierung).

Bei der **Produktinnovation** ist zu unterscheiden, ob das Produkt nur im Unternehmen neu hergestellt werden soll, auf dem Markt aber bereits vorhanden ist (Unternehmensneuheit), oder ob es gänzlich neu ist und eine so genannte Marktlücke schließt (Marktneuheit).

Beispiel: Die Elektro-Max GmbH stellt MP3-Player her. Nachdem diese reißenden Absatz finden, entschließt sich auch die Pluto AG, die sonst nur CD-Spieler produziert, MP3-Player im eigenen Unternehmen herzustellen.

Beispiel: Die Clever KG entwickelt als erstes Unternehmen eine Waschmaschine, die ohne Wasser wäscht.

Mit der **Produktvariation** soll ein eigentlich recht erfolgreiches Produkt durch leichte Veränderungen eine neue Zielgruppe erreichen bzw. sich besser von Produkten der Konkurrenz absetzen.

Beispiel: Die Schlau GmbH stellt elektrische Zahnbürsten her. Die Zahnbürsten werden in Weiß und Blau produziert. Um sie auch für Kinder interessant zu machen, werden Bilder von Tieren oder bekannten Trickfilmfiguren aufgedruckt.

Die **Produktelimination** kommt vor allem dann in Betracht, wenn der Absatz des Produktes stark zurückgeht oder das Produkt nicht mehr dem Image des Unternehmens entspricht.

Beispiel: Das Möbelhaus Hubert verkaufte jahrelang auch Teppiche aus Indien. Da bekannt ist, dass in Indien auch Kinder die Teppiche knüpfen, hat dies den Unmut von Kinderhilfsorganisationen geweckt. Das Möbelhaus Hubert beschließt daraufhin, die Teppiche aus Indien aus seinem Sortiment zu nehmen, und wirbt ab sofort mit dem Slogan: „Gegen Kinderarbeit – Wir machen mit".

Die **Markierung** ist die Einführung einer Marke, die ein Produkt zur Markenware macht. Der Begriff der Markenware wird gesetzlich definiert als ein Erzeugnis, dessen Lieferung in gleich bleibender oder verbesserter Güte von dem preisempfehlenden Unternehmen gewährleistet wird und mit einem seine Herkunft kennzeichnenden Merkmal versehen ist.

Beispiel: für Markenprodukte: Adidas, Nike oder Puma für Sportartikel; Coca Cola oder Pepsi für Colagetränke etc.

Die Markierung ermöglicht es dem Unternehmen, sein Produkt von den Konkurrenzprodukten unterscheidbar zu machen, und erleichtert den Verbrauchern die Wiedererkennung des Produktes. Damit soll eine **Markenbindung** erreicht werden, d.h., der Verbraucher soll – von der Qualität des Produktes überzeugt – nur noch die mit der Marke versehenen Produkte kaufen.

Marken können sein:
- Firma (Nike, BMW),
- Bilder und Symbole (3 Streifen für Adidas; Mercedes-Stern);
- Eigennamen (West),
- Fantasiewörter (Twix),
- Akronyme (Haribo für Hans Riegel Bonn) oder
- Zahlenkombinationen (4711 für Kölnisch Wasser).

2.2 Preispolitik

Die Entscheidung über den Preis eines Produktes oder einer Leistung gehört zu den wichtigsten unternehmerischen Entscheidungen. Ist der Preis zu hoch, sind Nachfrage- und Umsatzrückgang die Folgen. Ist der Preis zu niedrig, setzt man sich einem Preiskampf aus, dem man auf lange Sicht vielleicht nicht standhalten kann.

Die Preispolitik beschäftigt sich nicht nur mit der Preisfindung und der Veränderung des Preises im Zeitablauf, sondern auch mit der Form der Preissetzung.

2.2.1 Preisfindung

Bei der Preisfindung orientieren sich Unternehmen meist an:
- den Kosten,
- der Nachfrage bzw. Zahlungsbereitschaft der Kunden,
- den Konkurrenzpreisen.

Der Preis kann sich aus allen drei Komponenten zusammensetzen. Oftmals rückt jedoch eine der Komponenten in den Vordergrund. Der Konkurrenzpreis ist beispielsweise dann ausschlaggebend für den Verkaufspreis, wenn es sich um Aktionsartikel handelt. Häufig orientiert man sich jedoch an den Kosten (Einkaufspreisen, die dann um einen angemessenen Zuschlag erhöht werden). Diese Art der Preisfindung nennt man auch **Zuschlagskalkulation**.

Aufgabe des Marketings ist es nun herauszufinden, welchen Preis der Verbraucher bereit ist für das Produkt oder die Dienstleistung zu zahlen, bzw. den Verbraucher durch den Einsatz weiterer Marketinginstrumente zu veranlassen, einen höheren Preis zu zahlen.

Es besteht folglich ein Zusammenhang zwischen den angebotenen Produkten, der Nachfrage und dem Preis. Je höher der Preis für ein Produkt ist, desto mehr Umsatz macht ein Unternehmen und desto mehr investiert es in die Herstellung neuer Produkte. Andererseits sinkt bei hohen Preisen die Nachfrage, d.h., weniger Verbraucher kaufen ein teures Produkt. Die sinkende Nachfrage bewirkt wiederum eine Preissenkung, und da der Unternehmer nun weniger verdient, eine Reduzierung der auf dem Markt angebotenen Produkte. Dies führt schließlich zu einer höheren Nachfrage, die die Preise wieder steigen lässt.

Abb. 9.1: Preisfindungsprozess

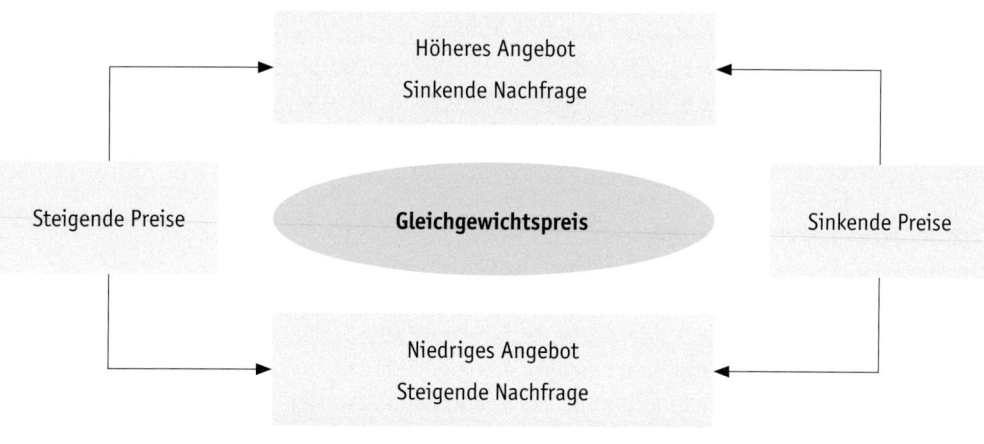

Es gilt also:
- Die Nachfrage ist umso höher, je niedriger der Preis ist.
- Die Nachfrage ist umso niedriger, je höher der Preis ist.
- Das Angebot ist umso höher, je höher der Preis ist.
- Das Angebot ist umso niedriger, je niedriger der Preis ist.

Nach anfänglichen Schwankungen pendelt sich der Preis dann auf den **Gleichgewichtspreis** ein. Dieser beruht auf einem Gleichgewicht von Angebot und Nachfrage, denn die Unternehmer produzieren nur so viele Produkte wie von den Verbrauchern auch nachgefragt werden.

Die Entstehung des Gleichgewichtspreises lässt sich grafisch wie folgt darstellen:

Abb. 9.2: Gleichgewichtspreis

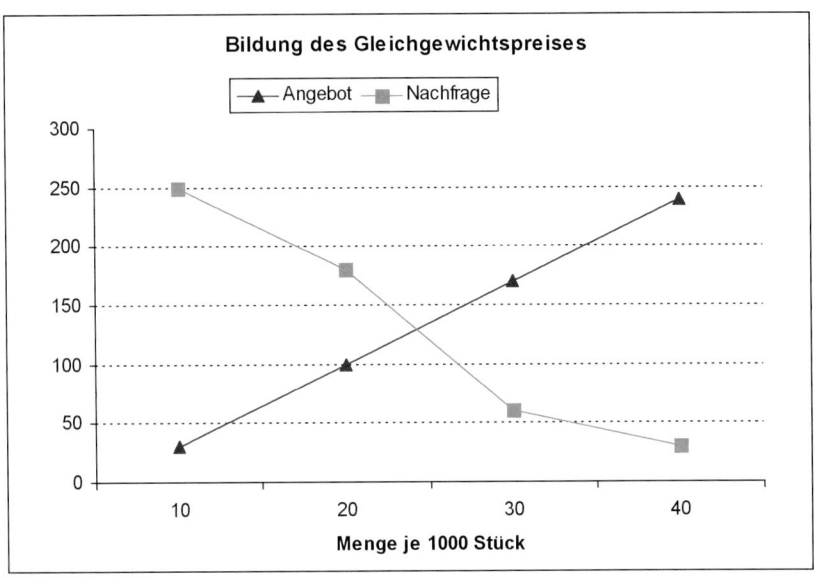

2.2.2 Preisänderung

Die Preisänderung ist ein Mittel, um den Absatz eines Produktes oder seine Wertschätzung zu erhöhen.

Die **Erhöhung des Absatzes** eines Produktes wird meist in Form von niedrigen Einführungspreisen, Angebotspreisen oder dauerhaften Preissenkungen bewirkt. Letztere kommen insbesondere dann in Betracht, wenn sich der Absatz eines Produktes im Laufe der Zeit stark verändert.

Denkbar sind aber auch Preiserhöhungen, insbesondere dann, wenn die Nachfrage nach einem Produkt schneller oder stärker steigt als das Angebot. Preiserhöhungen können aber auch auf einer **erhöhten Wertschätzung** z.B. für ein Markenprodukt beruhen. Denn wenn man von einem Produkt, seiner Qualität, dem dahinterstehenden Unternehmen überzeugt ist, ist man auch bereit, einen höheren Preis dafür zu zahlen.

2.2.3 Form der Preissetzung

Die Form der Preissetzung entscheidet über die Festsetzung:
- eines festen Verkaufspreises pro Stück (linearer Preis),
- eines nach Verkaufs- bzw. Absatzmenge gestaffelten Preises (nicht linearer Preis),
- einer Grundgebühr und eines verbrauchsabhängigen Entgeltes (nicht linearer Preis),
- eines Preises für eine Kombination von mehreren Produkten oder Dienstleistungen (Preisbündelung).

Beispiel: linearer Preis: 500 g Butter kosten 0,80 € → 5 kg Butter kosten entsprechend 8,00 €
nicht linearer Preis: 500 g Butter zu 0,80 € → 5 kg Butter zum Preis von 6,00 €
nicht linearer Preis: Handygrundgebühr von 5,00 €/Monat zzgl. 0,30 €/Minute
Preisbündelung: neues Auto + Benzinfüllung + Winterreifen zum Preis von 20.000,00 €

Die Vereinbarung nicht linearer Preise und Preisbündelungen zielt darauf ab, den Verbraucher zu veranlassen, entweder eine größere Menge oder aber weitere Produkte von dem Unternehmen abzunehmen und damit den Unternehmensumsatz zu erhöhen.

2.3 Kommunikationspolitik

Wegen der großen Anzahl gleicher oder ähnlicher Produkte am Markt ist es wichtig, die eigene Leistung oder das eigene Produkt von Konkurrenzprodukten abzuheben. Wichtiges Mittel für die Differenzierung ist die Kommunikationspolitik, die folgende Bereiche umfasst:

- Werbung,
- Verkaufsförderung,
- Öffentlichkeitsarbeit,
- den persönlichen Verkauf,
- Messen und
- Sponsoring.

2.3.1 Werbung

Werbung dient einerseits dazu, die Öffentlichkeitswirkung eines Unternehmens zu erhöhen und andererseits eine bestimmte Zielgruppe anzusprechen, um neue Produkte erfolgreich in den Markt einzuführen bzw. bestehende Produkte im Markt zu halten oder deren Streuungsgebiet zu erweitern. Werbemaßnahmen sind in der Regel in das Corporate Design eines Unternehmens eingebunden, d.h., unternehmensspezifische Schriftzüge, Logos, Farben und Grafiken werden auch in der Werbung genutzt. Ziel ist eine einprägsame Gestaltung, um Glaubwürdigkeit und Kontinuität zu vermitteln und die gewünschte Nachhaltigkeit zu erreichen.

Für die Werbung bedient man sich verschiedener Medien, wie Zeitungen, Zeitschriften, Plakate, Werbeaufdrucke auf Fahrzeugen, Anzeigentafeln, Radio, Fernsehen, Kino und Internet. In der KEP-Branche sind TV-Spots und Zeitungsanzeigen zunehmend verbreitet. Des Weiteren wird auf das Corporate Design insbesondere bei der Bekleidung der Mitarbeiter zur Erreichung einer gewissen Öffentlichkeitswirksamkeit geachtet.

Dabei ist die Werbung mittels elektronischer Medien besonders Erfolg versprechend, da hier der Verbraucher durch Sehen und Hören angesprochen wird. Wegen der zunehmenden Anzahl der Werbebotschaften ist jedoch zu beobachten, dass das Informationsinteresse der Verbraucher stark abgenommen hat, was insbesondere bei der Einblendung von Fernsehwerbeblöcken dazu führt, dass die Verbraucher umschalten bzw. durch die Programme „zappen". Diesem Verhalten wird zuweilen versucht, durch das bezahlte Platzieren von Werbeprodukten in Spielfilmen und Serien, dem so genannten „Product-Placement", entgegenzuwirken. Product-Placement ist jedoch wegen des Trennungsprinzips, das eine Vermischung zwischen Film und Werbung untersagt, verboten. Allerdings gibt es Bestrebungen in der Europäischen Union, das Verbot aufzuweichen.

Beispiel: Die Süßwaren GmbH produziert Gummibären. Weil sie weiß, dass die Werbung meist abgeschaltet wird, vereinbart sie mit der Kinderfilm AG, dass die Helden der neuen Kinderserie Tim & Lola mindestens einmal pro Serie die Gummibären der Süßwaren GmbH essen und die Verpackung gut sichtbar in die Kamera halten. ==> Verbotenes Product-Placement!

2.3.2 Verkaufsförderung

Die Verkaufsförderung soll den Absatz kurzfristig und unmittelbar anheizen. Dies geschieht meist durch Verköstigungen und Proben bzw. Probierpackungen.

Die Verkaufsförderung kann sich gleichermaßen an Verbraucher, den Handel und den eigenen Vertrieb, d.h. die Außendienstmitarbeiter, richten.

Beispiel: Die Chips & Flips KG hat eine neue Sorte Chips entwickelt. Um diese bei den Verbrauchern bekannt zu machen, stehen in den großen Einkaufsmärkten junge Leute, die Probierpackungen gratis an die Kunden verteilen.

2.3.3 Öffentlichkeitsarbeit

Die Öffentlichkeitsarbeit zielt darauf ab, das Vertrauen der angesprochenen Gruppen in das Unternehmen zu stärken. Dies geschieht in erster Linie durch Information.

Zu den angesprochenen Gruppen zählen Verbraucher, Aktionäre oder Mitgesellschafter, Arbeitnehmer, Lieferanten, Politiker und Interessenvereinigungen.

Beispiel: Die Hunny OHG vertreibt Honig ohne jedwede Zusatzstoffe und mit einem besonders hohen Reinheitsgrad. Auf ihrer Internetseite informiert sie über die Standorte der Bienenwagen und die Herstellung des Honigs.

2.3.4 Persönlicher Verkauf

Beim persönlichen Verkauf wird unmittelbar auf den potenziellen Nachfrager eingewirkt, um ihn als Kunden zu gewinnen und entsprechende Aufträge zu erlangen. Dabei ist der Erfolg dieser Verkaufsmethode stark von dem Verkaufstalent des Verkäufers, seiner Motivation, seinen Kenntnissen und Erfahrungen und von seiner Zufriedenheit mit der Arbeit abhängig. Zudem entstehen hohe Kosten für einen entsprechenden Personaleinsatz oder für entsprechend hohe Provisionszahlungen.

Andererseits erhält das Unternehmen sofort eine Reaktion, da Informationen, die der Verkäufer von seinen Kunden erhält, unmittelbar an das Unternehmen weitergegeben werden. Dies ermöglicht es dem Unternehmen, Vorteile im Wettbewerb zu erlangen und eine Bindung des Kunden an den Verkäufer zu erreichen.

Beispiel: Die Blitzblank AG produziert Staubsauger, die sie über Außendienstmitarbeiter den Kunden direkt vorstellt und zum Kauf anbietet.

2.3.5 Messen

Messen sind regelmäßige Verkaufveranstaltungen an meist gleich bleibenden Orten, bei denen Unternehmen ihre Produkte und Leistungen ausstellen und den potenziellen Nachfragern präsentieren.

Je nachdem, was präsentiert werden soll, unterscheidet man

- Fachmessen (eine Branche),
- Mehrbranchenmessen (mehrere Branchen) und
- Universalmessen (alle Branchen).

Auch wenn die Messe vorrangig der Präsentation der eigenen Produkte und Leistungen dient, zielt sie schließlich doch auf eine Vertragsanbahnung und das Zustandekommen eines Vertrages ab.

Beispiel: Internationale Tourismus-Börse (ITB) – Fachmesse für Reise und Touristik
Internationale Automobilausstellung (IAA) – Fachmesse der Automobilbranche
Centrum der Büro- und Informationstechnik (Cebit) – Messe für Informationstechnik
Grüne Woche – Internationale Ausstellung der Ernährungswirtschaft, der Landwirtschaft und des Gartenbaus – Mehrbranchenmesse

2.3.6 Sponsoring

Sponsoring bezeichnet das Verhältnis von Unterstützer (Sponsor) und Unterstütztem (Gesponsertem). Die Unterstützung kann in Geld, aber auch in kostenlosen oder ermäßigten Produkten liegen, die der Sponsor dem Gesponserten überlässt.

Der Sponsor verfolgt damit nicht nur gemeinnützige Zwecke. Er nutzt das Sponsoring meist für eine Aufbesserung seines Images oder zur Umgehung etwaiger Werbeverbote. Das Sponsoring ist häufig bei Sport- und Kulturveranstaltungen anzutreffen, aber auch bei ökologischen und sozialen Projekten. Neben dem Imagegewinn stehen hier vor allem steuerrechtliche Aspekte im Vordergrund.

> **Beispiel:** Der Automobilbauer Crasher unterstützt mit einer Spende von 100.000,00 € die Olympiade für behinderte Menschen. Zudem stellt er 10 Transporter mit Firmenlogo für den Transport der Teilnehmer zu den Austragungsstätten zur Verfügung. Auf allen verkauften Eintrittskarten findet sich auf der Rückseite der Satz „Mit freundlicher Unterstützung des Automobilbauers Crasher und anderer."

2.4 Distributions- oder Verteilungspolitik

Die Verteilungspolitik befasst sich mit dem Absatzweg und logistischen Fragen.

2.4.1 Der Absatzweg

Der Absatzweg ist der Weg, den ein Produkt von der Herstellung bis zum Verkauf an den Endverbraucher zurücklegen muss. Das Unternehmen entscheidet zunächst über die **vertikale** oder **horizontale** Struktur des Absatzweges.

Legt das Unternehmen die vertikale Absatzstruktur fest, bestimmt es über die Anzahl der Absatzstufen. Üblich ist die Einschaltung einer oder mehrerer Absatzstufen bei der Verteilung des Produktes **(indirekter Vertrieb)**. Dabei werden Groß- und Einzelhändler als Absatzmittler in den Absatzweg einbezogen, d.h. sie geben das Produkt an die jeweils unter ihnen liegende Stufe weiter.

Wird nur die Einzelhandelsstufe in den Absatzweg eingeschaltet, liegt ein Fall des indirekt verkürzten Absatzes vor. Gewählt wird diese Absatzform oft von Herstellern von Markenartikeln, da diese den Absatz und die Verteilung ihrer Produkte weitgehend selbst beeinflussen und kontrollieren möchten.

Das Unternehmen kann aber auch ganz auf die Einschaltung von Absatzstufen verzichten und das Produkt selbst verteilen **(Direktvertrieb)**. Zum Direktvertrieb zählt der Vertrieb über Factory Outlets (Fabrikverkäufe) und über Vertreter.

Abb. 9.3: Vertikaler Absatzweg

Bei der **horizontalen Absatzstruktur** hingegen bestimmt das Unternehmen für jede Absatzstufe die Anzahl der verschiedenen Handelsbetriebstypen wie Supermarkt, Selbstbedienungswarenhaus und Discounter. Ferner legt es für jeden Handelsbetriebstyp fest, in wie vielen Vertriebsstätten das Produkt verkauft werden soll.

Abb. 9.4: Horizontaler Absatzweg

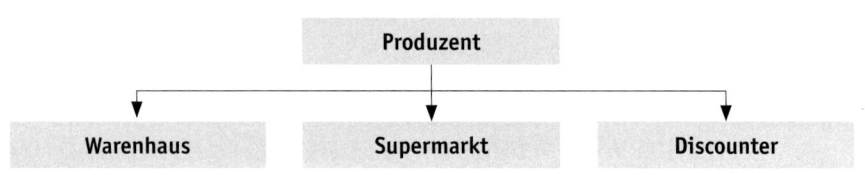

Das Unternehmen muss sich dann entscheiden, ob das Produkt im Universal-, Selektiv- oder Exklusivvertrieb verteilt werden soll.

Wählt das Unternehmen den Absatz im **Universalvertrieb**, möchte es, dass sein Produkt regelmäßig überall erhältlich ist. Folglich stellt das Unternehmen keine qualitativen oder quantitativen Anforderungen an die eingeschalteten Absatzmittler, sondern beliefert alle, die bereit sind, das Produkt in ihr Sortiment aufzunehmen. Im Universalvertrieb werden vorrangig Güter des täglichen Bedarfs, wie Lebensmittel, Waschmittel, Toilettenpapier, Taschentücher etc., vertrieben.

Den **Selektivvertrieb** wählt das Unternehmen, wenn es einen sach- und fachgerechten Vertrieb gewährleisten möchte. Absatzmittler wird daher nur derjenige, der bestimmte qualitative Kriterien wie Geschäftslage und Kundendienst erfüllt und zudem bereit ist, sich entsprechend den Vorgaben des Unternehmens kooperativ zu verhalten.

Beispiel: Die Elektro GmbH stellt Computer und Bildschirme her. Da sie möchte, dass ihre Kunden immer einen fachkundigen Ansprechpartner haben, vertreibt sie ihre Produkte nur in Elektromärkten und nicht in Warenhäusern und Discountern.

Der **Exklusivvertrieb** stellt einen Sonderfall des Selektivvertriebes dar. Die Auswahl der Absatzmittler erfolgt im Exklusivvertrieb sowohl nach qualitativen als auch nach quantitativen Gesichtspunkten. Dies kann so weit führen, dass in einem bestimmten Gebiet nur ein Absatzmittler eingesetzt wird, der eine so genannte Alleinvertriebsberechtigung hat. Unternehmen wollen mit der Wahl des Exklusivvertriebes in erster Linie Preiskämpfe konkurrierender Absatzmittler vermeiden. Darüber hinaus können sie so die belieferten Absatzmittler besser kontrollieren und beeinflussen.

Beispiel: Die Braut AG produziert Hochzeitskleider und Schleier. Um die Exklusivität ihrer Produkte herauszustellen, wählt sie den Exklusivvertrieb, d.h., im Umkreis von 10 km wird immer nur ein Brautwarengeschäft beliefert. Dies sichert zudem relativ stabile Preise.

2.4.2 Logistik

Die Logistik betrifft den Transport und die Lagerhaltung der Produkte. Sie wird notwendig, weil die Produktion und der Konsum von Produkten oft räumlich und zeitlich auseinanderfallen.

Das Unternehmen muss Entscheidungen treffen zu:
- Lagerstandorten,
- Verantwortlichen der Lagerhaltung,
- Transportmitteln,
- Transporteuren und
- Verpackungen.

Hinzu kommt die Vereinbarung von Lieferbedingungen mit den Absatzmittlern. Die Lieferbedingungen können dann folgende Regelungen vorsehen:

- Kostentragung,
- Gefahrübergang und Gefahrtragung,
- Lieferzeiten und Termine,
- Zustand der Lieferung,
- rechtlich verbindliche Verpflichtungen.

3 Die ABC-Analyse

Die ABC-Analyse ist ein einfaches Hilfsmittel, um sich über die aktuelle Situation eines Unternehmens ein Bild zu machen. Sie dient der Ordnung großer Datenmengen durch Aufteilung der Datenmengen in drei Gruppen (A, B, C).

Den jeweiligen Buchstaben kommt jeweils eine unterschiedlich hohe Bedeutung zu. Dabei bedeutet:
A: sehr wichtig,
B: relativ (un)wichtig und
C: unwichtig.

3.1 Ziel der ABC-Analyse

Ziel der ABC-Analyse ist dabei,
- Wesentliches von Unwesentlichem zu trennen,
- Schwerpunkte bei der Verbesserung/Rationalisierung von Vorgängen zu setzen,
- unwirtschaftliche Bemühungen zu vermeiden und
- die Wirtschaftlichkeit des Unternehmens zu steigern.

3.2 Die Pareto-Verteilung

Das Ideal stellt die so genannte Pareto-Verteilung oder 80/20-Regel dar. Diese geht davon aus, dass ein relativ geringer Mengenanteil von 20 % einen relativ großen Wertanteil von 80 % besitzt. Oder anders ausgedrückt, dass mit einem relativ kleinen Aufwand ein relativ großer Ertrag erwirtschaftet werden kann.

Klasse	Anteilige Menge	Anteiliger Wert
A	10 – 20 %	60 – 80 %
B	20 – 30 %	15 – 30 %
C	65 – 80 %	5 – 15 %

Beispiel: Die Raser GmbH erwirtschaftet mit 20 % ihrer Kunden fast 80 % ihres Umsatzes (A-Kunden). Mit weiteren 30 % der Kunden erzielt die Raser GmbH einen Umsatz von 15 % (B-Kunden) und mit den restlichen 50 % der Kunden nur einen Umsatz von 5 % (C-Kunden). Mithin kommt den A-Kunden eine besonders hohe Bedeutung, den B-Kunden nur eine mittlere und den C-Kunden eine geringe bis gar keine Bedeutung zu.

Die ABC-Analyse wird aber nicht nur für Kundenbewertungen verwendet, analysiert werden auch:
- Produkte nach ihren Verkaufszahlen oder
- Lieferanten nach ihrem Einkaufsumsatz.

3.3 Erstellen einer ABC-Analyse

Für die Erstellung einer ABC-Analyse bedarf es folgender vier Arbeitsschritte:

1. Sammeln und Erfassen des Datenmaterials,
2. Sortieren des Datenmaterials,
3. Auswerten des Datenmaterials,
4. Schlussfolgerungen.

Das nachfolgende Beispiel soll das grundlegende Vorgehen verdeutlichen: Ein KEP-Unternehmen hat drei Kunden. Die Tabelle zeigt nun die Anzahl der für den jeweiligen Kunden ausgetragenen Briefe und die Preise je Brief.

Preis/Brief	Briefe pro Jahr		
	Kunde 1	Kunde 2	Kunde 3
0,50 €	500.000	100.000	20.000
0,90 €	0	50.000	100.000
1,40 €	0	10.000	200.000

Nun müssen die Jahreswerte insgesamt sowie die anteilige Menge und der anteilige Wert jeweils in Prozent der Gesamtwerte errechnet werden:

$$\text{Jahreswert (Euro/Jahr)} = \text{Preis pro Brief} \cdot \text{Briefe pro Jahr}$$

$$\text{anteilige Menge (\%)} = \frac{\text{Menge}}{\text{Gesamtmenge}}$$

$$\text{anteiliger Wert (\%)} = \frac{\text{Wert}}{\text{Gesamtwert}}$$

Kunde	Preis/Brief	Briefe/Jahr	Jahreswert (€/Jahr)	anteilige Menge	anteiliger Wert
1	0,50 €	500.000	250.000	$\frac{500.000}{980.000}$	$\frac{250.000}{739.000}$
	0,90 €	+ 0	+ 0		
	1,40 €	+ 0	+ 0	= 0,51 = **51 %**	= 0,34 = **34 %**
		= 500.000	= 250.000		
2	0,50 €	100.000	50.000	$\frac{160.000}{980.000}$	$\frac{109.000}{739.000}$
	0,90 €	+ 50.000	+ 45.000		
	1,40 €	+ 10.000	+ 14.000	= 0,16 = **16 %**	= 0,15 = **15 %**
		= 160.000	= 109.000		
3	0,50 €	20.000	10.000	$\frac{320.000}{980.000}$	$\frac{380.000}{739.000}$
	0,90 €	+ 100.000	+ 90.000		
	1,40 €	+ 200.000	+ 280.000	= 0,33 = **33 %**	= 0,51 = **51 %**
		= 320.000	= 380.000		
Summe	---	**980.000**	**739.000**	**100 %**	**100 %**

Entsprechend müssen nun die kumulierten (aufaddierten) Mengen und Werte errechnet und in die Tabelle eingestellt werden.

Kunde	anteilige Menge	anteiliger Wert	kumulierte Menge	kumulierter Wert	Klasse
3	33 %	51 %	33 %	51 %	A
1	51 %	34 %	84 %	85 %	B
2	16 %	15 %	100 %	100 %	C

Die Kunden mit der Nummer 1 und 3 sind sehr wichtig, und der Kunde mit der Nummer 2 relativ wichtig. Unwichtige Kunden hat das Unternehmen nicht.

Vorteile der ABC-Analyse	Nachteile der ABC-Analyse
vielschichtige Probleme können durch die Beschränkung auf die wesentlichen Faktoren analysiert werden, einfach anwendbar, geringer Aufwand, übersichtliche Darstellung der Ergebnisse.	sehr grobe Einteilung, eingeschränkte Sicht auf ein Kriterium, qualitative Komponenten bleiben unberücksichtigt, sichere Daten als Grundlage nötig.

4 Kundenkontakte pflegen

4.1 Kundenzufriedenheit

Da die Kundenzufriedenheit ein wichtiger und zuverlässiger Faktor für den Erfolg eines Unternehmens ist, sollte hier ein Augenmerk des Unternehmens liegen. Dazu muss man sich zunächst Klarheit darüber verschaffen, mithilfe welcher Maßnahmen man die Kunden zufrieden stellt. Als Grundregel kann hierzu gelten: Je mehr die Erfahrungen des Kunden seine anfänglichen Erwartungen übertreffen, desto zufriedener ist der Kunde mit dem Unternehmen oder mit dem Produkt.

Dazu müssen:
- Produktversprechen eingehalten,
- qualitativ hochwertige Produkte oder Dienstleistungen angeboten und
- Probleme schnell und effizient gelöst werden.

4.2 Kundenzufriedenheit prüfen

Die Kundenzufriedenheit kann anhand der verschiedensten Kriterien geprüft werden. So kann die häufige Inanspruchnahme der angebotenen Dienstleistung oder der Wiederkauf des angebotenen Produkts grundsätzlich als ein Zeichen der Kundenzufriedenheit gewertet werden. Aber auch anhand von Beschwerden, Kündigungen, Reklamationen und Abwanderungen kann die Kundenzufriedenheit oder besser gesagt -unzufriedenheit gemessen werden.

Um solchen negativen Folgen möglichst rechtzeitig zu begegnen, sollten frühzeitig Instrumente zur Messung der Kundenzufriedenheit eingeführt werden, damit man bei fallender Kundenzufriedenheit schnellstmöglich reagieren kann.

4.2.1 Beschwerdemanagement

Das Unternehmen kann mit einem optimalen Beschwerdemanagement nicht nur das konkrete Problem des Kunden beheben, sondern den Kunden auch an das Unternehmen binden und mögliche Verbesserungen für das angebotene Produkt oder die Dienstleistung ableiten.

Als Erstes sollten das Unternehmen und seine Mitarbeiter Beschwerden nicht als etwas Negatives ansehen, sondern als die Chance, die eigene Leistung zu verbessern und den Kunden vom Unternehmen bzw. der angebotenen Leistung zu überzeugen, auch wenn es einmal zu „kleinen Fehlern" gekommen ist.

Viele Unternehmen bieten zu diesem Zweck Service-Hotlines an, die teilweise 24 Stunden zum Nulltarif erreichbar sind. Da ein solcher Service mit Kosten verbunden ist, kann ihn sich nicht jedes Unternehmen leisten. Allerdings sollte sichergestellt sein, dass der Kunde wenigstens innerhalb der üblichen Geschäftszeiten eine Service-Nummer zum Ortstarif anrufen kann und dass der Kunde über diese Möglichkeit auch Bescheid weiß. Die Telefonnummer der Service-Hotline kann auf dem Produkt selbst, den Angebotsschreiben und der Rechnung aufgedruckt sein. Auch sollten Mitarbeiter im persönlichen Gespräch auf diese Möglichkeit hinweisen.

Beschwerdeanrufe sollten stets freundlich entgegengenommen werden. Der Anrufer sollte nicht mehr als einmal weiterverbunden werden und die aufgeworfenen Probleme sollten sofort bearbeitet oder besser noch gelöst werden.

Beispiel: Sie sind Mitarbeiter im Beschwerde-Center eines KEP-Unternehmens und erhalten einen Anruf von einem Kunden, der sich über eine beschädigte Sendung beschwert. Wie reagieren Sie?

Zunächst bitten Sie den Kunden, Ihnen alle wesentlichen Daten wie Name, Anschrift, eventuelle Auftragsnummer und Zustelldatum zu nennen. Dann fragen Sie nach den konkreten Schäden. Ist nur die Verpackung beschädigt oder auch der Inhalt? Welchen Wert hat der beschädigte Gegenstand? Wurde eine Transportversicherung abgeschlossen? – Können Sie das Problem nicht sofort lösen, teilen Sie dem Kunden mit, dass Sie den Schadensfall sofort an den zuständigen Sachbearbeiter weiterleiten werden und dieser sich schnellstmöglich (in spätestens 3-4 Tagen) mit dem Kunden in Verbindung setzen wird.

4.2.2 Kundenbefragung

Natürlich gibt es auch die Möglichkeit, direkt Kundenbefragungen durchzuführen. Die Kundenbefragung sollte dabei immer eine klare Zielsetzung haben und in regelmäßigen Zyklen oder unmittelbar nach der Inanspruchnahme der Dienstleistung oder dem Kauf des Produkts durchgeführt werden.

Die Kundenbefragung kann mündlich oder anhand von Kundenfragebögen vorgenommen werden. Bei der Befragung sollte zunächst sichergestellt werden, dass der Kunde das Produkt oder die Dienstleistung kennt und eventuell auch mit dem Unternehmen in Verbindung bringt. Der Fragebogen sollte eher kurz ausgestaltet sein und sich auf das Wesentliche konzentrieren.

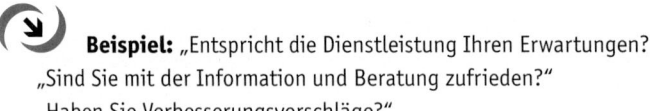

Beispiel: „Entspricht die Dienstleistung Ihren Erwartungen?"
„Sind Sie mit der Information und Beratung zufrieden?"
„Haben Sie Verbesserungsvorschläge?"

4.2.3 Testläufe durch eigene Mitarbeiter

Schließlich kann man auch die eigenen Mitarbeiter Tests durchführen und die eigenen Erfahrungen niederschreiben lassen. Allerdings sollte die Auswertung der Leistung nur mit der größten Vorsicht vorgenommen werden, denn wegen des bestehenden Arbeitsverhältnisses ist eine objektive Bewertung oftmals nicht möglich.

4.3 Kundenzufriedenheit verbessern

Wurden bei der Überprüfung Mängel oder Verbesserungsbedarf festgestellt, sollte das Unternehmen Maßnahmen erarbeiten, um die Kundenzufriedenheit zu verbessern und die Kunden damit stärker an das Unternehmen zu binden.

Dazu sollten die Ursachen für die Beschwerden, Reklamationen und Kündigungen ermittelt und abgestellt und die Verbesserungsvorschläge der Kunden analysiert und eventuell umgesetzt werden.

Auch kann das Unternehmen die Praktiken und Erfahrungen anderer Unternehmen, insbesondere konkreter Mitbewerber, zur Verbesserung der eigenen Kundenzufriedenheit nutzen. Zu diesem Zweck können Testkäufe getätigt oder Testsendungen verschickt werden. Dabei erfährt man aus erster Hand etwas über die Zustellzeiten, die Bedienung, Beratung und Abschlussstärke der Konkurrenz und kann die darauf gewonnenen Erkenntnisse zur Verbesserung des eigenen Vorgehens nutzen.

5 Qualitätsmanagement

In Zeiten stetig wachsender Sättigung der Märkte und den zusätzlich steigenden Kunden-ansprüchen spielt das Qualitätsmanagement in den Unternehmen eine immer wichtigere Rolle.

5.1 Begriffsbestimmung

Qualität bezeichnet im engeren Sinne die Güte eines Produktes oder einer Leistung. Im weiteren Sinne kann man Qualität auch als Gesamtheit aller Bemühungen eines Unternehmens auffassen, den an das Unternehmen gestellten Erwartungen gerecht zu werden.

Das Qualitätsmanagement erfasst:
- die Qualitätsplanung,
- die Qualitätskontrolle,
- die Qualitätsprüfung und
- die Qualitätssteuerung.

Seit Mitte der 80er-Jahre herrscht in Unternehmen das **integrierte Qualitätsmanagement** vor. Danach ist das Qualitätsmanagement ein Teil der strategischen Unternehmensführung und folg-lich eine wichtige Aufgabe der Führungsebene unter Einbeziehung sämtlicher Mitarbeiter. Das Unternehmen orientiert sich bei der Qualität vorrangig an den Kundenbedürfnissen. Denn Umfragen zufolge schätzen Verbraucher die Qualität eines Produktes als bedeutsamer ein als den Preis.

5.1.1 Qualitätsplanung

Bei der Qualitätsplanung legt das Unternehmen die Beschaffenheit beziehungsweise die Quali-tätseigenschaften des Produktes oder den Service rund um das Produkt fest. Zu Letzterem zählen insbesondere: Schnelligkeit, Anleitung, Kundenservice und Reklamation.

Zu beachten sind aber auch spezielle Qualitätsvorschriften. Dies sind Gesetze, Verordnungen, Beschaffungs-, aber auch Unfallverhütungsvorschriften.

Aufgaben der Qualitätsplanung sind:
- Entscheidung für die optimale Prüfmethode,
- Erstellen von Prüfunterlagen,
- Festlegung der Prüfstellen,
- Festlegung der Prüf- oder Messmittel und
- Erarbeiten der Prüfungsanweisungen.

Ziel der Qualitätsplanung ist die Minimierung der Kosten bei Erhaltung einer gleich hohen Qua-lität. Die Qualitätsplanung betrifft damit auch Maßnahmen und Entscheidungen über die Art und Weise, wie die Qualitätsziele erreicht werden können. Um die gesetzten Qualitätsziele erreichen zu können, müssen Fehler im Produktionsprozess vermieden werden. Dies geschieht mittels der Fehlermöglichkeits- und Einflussanalyse, mit der Maßnahmen entwickelt werden, die das Entstehen von Fehlern verhindern sollen.

Die Qualitätsplanung mündet dann in den Qualitätsplan, in dem Ziele und Aktionen festgelegt werden.

5.1.2 Qualitätskontrolle

Die Qualitätskontrolle beinhaltet die Qualitätsüberwachung und -untersuchung. Zu diesem Zweck werden zunächst die aktuellen Qualitätswerte (Istwerte) ermittelt und dann mit den zuvor festgelegten Qualitätsstandardwerten (Sollwerte) verglichen. Dieser Soll-Ist-Vergleich ermöglicht es dem Unternehmen, die Qualitätseinstellungen zu verändern, wenn die Qualität nicht den Erwartungen entspricht.

Bei größeren Produktionsmengen ist die Überprüfung aller Produkte meist zu zeitaufwändig und kostenintensiv. Hier bieten sich Stichproben an, mit deren Hilfe Fehler und deren Häufigkeit bestimmt werden können, sodass ein Rückschluss auf die Fehlerhäufigkeit der gesamten Produktion möglich ist.

5.1.3 Qualitätsprüfung

Bei der Qualitätsprüfung, auch **Audit** genannt, wird nun konkret festgestellt, wie viele und welche der festgelegten oder vorgeschriebenen Qualitätswerte erfüllt sind. Die Qualitätsprüfung ist ein Soll-Ist-Vergleich und erfolgt im Rahmen der Qualitätskontrolle oder des Materialeingangs. Dabei sind Entscheidungen in Bezug auf folgende Prüfungspunkte zu treffen:

- Prüfungsumfang,
- Prüfungsbezug,
- Prüfungsort,
- Prüfungsart und
- Prüfungswirkung.

Beim **Prüfungsumfang** ist zu unterscheiden, ob jedes einzelne Produkt der Prüfung unterzogen werden soll (Totalprüfung) oder nur repräsentative Stichproben entnommen werden.

Ferner muss das Unternehmen entscheiden, wer die Qualitätsprüfung vornimmt (**Prüfungsbezug**). So können die Mitarbeiter gehalten sein, ihre Arbeit selbst zu überprüfen (Eigenkontrolle oder interne Audits) oder aber die Prüfung von einem anderen Mitarbeiter oder einem Betriebsfremden ausführen lassen (Fremdkontrolle oder externe Audits).

Auch über den **Prüfungsort**, das heißt den Ort, an dem die Qualitätsprüfung vorgenommen werden soll, muss eine Entscheidung getroffen werden. Möglich ist die Prüfung am eigenen Arbeitsplatz oder einer gesonderten Prüfstelle, wobei letztere insbesondere bei aufwändigen Prüfungen unter besonderen Bedingungen in Laboratorien notwendig sein kann.

Die **Prüfungsart** bezieht sich darauf, wie die Prüfung vorgenommen wird. Die manuelle Prüfung wird von einem Mitarbeiter vorgenommen, der das Produkt auf äußerlich erkennbare Mängel untersucht. Bei der mechanischen Prüfung erfolgt die Prüfung mittels einer Fertigungseinrichtung und bei der automatischen Prüfung durch die Verwendung eines Prozessrechners.

Und schließlich ist noch eine Aussage über die weitere Verwendung des Produktes zu treffen (**Prüfwirkung**). Die Prüfung kann das Produkt zerstören, z.B. bei Crash-Tests oder Zerreißproben, oder aber die Prüfung hat eine nicht zerstörende Wirkung, die eine weitere Verwendung des Produktes möglich macht.

5.1.4 Qualitätssteuerung

Die Qualitätssteuerung betrifft die Maßnahmen, die ein Unternehmen zu treffen hat, um die zuvor definierten Sollwerte zu erreichen. Aufgaben der Qualitätssteuerung sind daher:

- die Qualitätssicherung,
- die Beseitigung von Qualitätsfehlern und
- die Qualitätsförderung.

Die **Qualitätssicherung** umfasst alle Maßnahmen zur Vermeidung von Qualitätsfehlern. Als Elemente der Qualitätssicherung sind Wareneingangsprüfungen, Erstbemusterungen, Lieferantenbewertungen, Ablauf- und Fertigungsprüfungen, die Verwaltung der Prüfmittel sowie die lückenlose Dokumentation aufzuführen.

- **Wareneingangsprüfung:** unverzügliche Prüfung einer Sendung nach Lieferung auf Vollständigkeit sowie Beschaffenheit
- **Lieferantenbewertungen:** Erstellung anhand von Liefer- und Termintreue sowie Lieferqualität, wobei eine Klassifizierung in A, B und C erfolgt. Festlegung einer so genannten „Blacklist" mit Lieferanten, die auf Grund schlechter Qualität gesperrt werden.

- **Ablauf- und Fertigungsprüfungen:** Kontrolle und Überwachung der Prozesse anhand von Losprüfungen, die auftrags- oder kundenbezogen erfolgen
- **Prüfmittelverwaltung:** Sicherstellung der Bereitstellung geeigneter Instrumente
- **Lückenlose Dokumentation:** um Prozesstransparenz zu erzielen und als Qualitätsnachweis inklusive fristgerechter Aufbewahrung

> **Beispiel:** Bei Briefdiensten kommen unter anderem folgende Maßnahmen zur Qualitätssicherung zum Einsatz: Laufzeitkontrollen für Briefe, die entweder telefonisch oder anhand von Testaussendungen erfolgen. Des Weiteren eine lückenlose Reklamationsbearbeitung, basierend auf Datenbanksystemen, in denen eine Reihe von Sendungsdaten erfasst wird, wie z.B. Frankierdatum und -zeit, mögliche Gründe für Nichtzustellungen und Informationen zu Fehlsortierungen, um Laufzeitverlängerungen nachzuvollziehen, entsprechende Gegensteuerungsmaßnahmen ergreifen und dem Kunden innerhalb von 48 Stunden zufrieden stellende Antworten geben zu können. Eine weitere Maßnahme ist die Überprüfung der Zusteller, indem unzustellbare Sendungen nochmals an einen anderen Zusteller zu Kontrolle übergeben werden.

An die Qualitätsprüfung schließt sich dann die **Fehleranalyse** an. Bei der Fehleranalyse ist zu hinterfragen, welcher Fehler wann und wo auftrat und wer dafür verantwortlich ist.

Bei **Qualitätsfehlern** unterscheidet man:
- nebensächliche Fehler,
- kritische Fehler und
- überkritische Fehler.

Während man unter nebensächlichen Fehlern lediglich kleinere Schönheitsfehler fasst, können kritische Fehler zur Unbrauchbarkeit des Produktes oder der Leistung führen. Bei überkritischen Fehlern können im schlimmsten Fall auch Gefahren für den Menschen bestehen, z.B. wenn die Bremsen bei einem Kraftfahrzeug versagen.

Nach Durchführung einer entsprechenden Fehleranalyse ist gegebenenfalls eine Nachsteuerung vorzunehmen. Diese kann in einer entsprechenden Unterweisung der verantwortlichen Mitarbeiter, der Korrektur der Qualitätseinstellungen, dem Austausch oder der Reparatur fehlerhafter Maschinen- und Maschinenteile oder einer besseren Verpackung bestehen.

5.2 Qualitätsverbesserung

Die Qualität kann intern durch Schaffung von Anreizen zum fehlerfreien Arbeiten oder extern durch eine großzügigere Handhabung der Gewährleistung gefördert werden.

Aktuell gibt es drei Konzepte zur Qualitätsförderung auf dem Markt:
- **Total Quality Management** (langfristig; Qualitätsverantwortung wird sowohl den Führungskräften als auch jedem einzelnen Mitarbeiter übertragen)
- **Null-Fehler-Konzept** (systematische Qualitätsverbesserung; Motivation der Mitarbeiter zu fehlerfreier Arbeit durch Wettbewerb)
- **Computer Aided Quality** (Einsatz von Software zur Unterstützung des Qualitätsmanagements)

5.3 Total Quality Management

Durch die Einführung eines Qualitätsmanagementsystems soll im Unternehmen eine verbesserte Leistung herbeigeführt werden. Es soll außerdem sicherstellen, dass durch die Festlegung und Handhabung von Prozessen die erbrachten Dienstleistungen den Forderungen und Erwartungen der Kunden voll entsprechen.

Für die Einführung eines Qualitätsmanagementsystems sprechen daher folgende Punkte:

- Steigerung der Kundenzufriedenheit,
- Imageverbesserung des Unternehmens durch hohe Qualität,
- Fehlerminimierung und
- Verbesserung der Mitarbeitermotivation.

Der Aufbau eines Qualitätsmanagementsystems sollte sich an den Regeln DIN ISO 9000 ff. orientieren, wobei als Elemente Verantwortung der Leitung, Beschaffung, Prüfungen, Handhabung, Lagerung, Verpackung, Versand, interne Überprüfungen und Schulung infrage kommen.

Das folgende Modell zeigt das Zusammenwirken der verschiedenen Elemente der Qualitätsnorm und die daraus resultierenden Verbesserungen der Kundenzufriedenheit durch bestmögliche Erfüllung der Kundenforderungen.

Ab. 9.5: Verbesserung des Qualitätsmanagementsystems

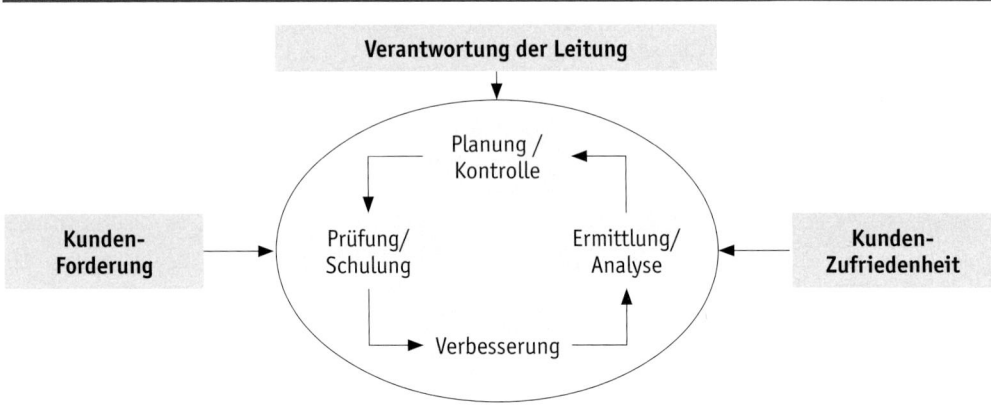

6 Zertifizierung

6.1 Begriffsbestimmung

Allgemein versteht man unter Zertifizierung die Überprüfung von Betriebsabläufen oder Produkten des Unternehmens auf die Erfüllung bestimmter Kriterien hin. Die Erfüllung dieser Kriterien kann dem Unternehmen durch eine unabhängige Zertifizierungsgesellschaft (z.B. TÜV, Dekra) in Form von Gütesiegeln, Gütezeichen oder durch ein Zertifikat bestätigt werden.

6.2 ISO-Qualitätsnorm

Im Zusammenhang mit internationalen Qualitätsstandards bedeutet Zertifizierung aber in erster Linie die Erfüllung der ISO-Normenreihe. Die Internationale Organisation für Standardisierung (ISO) erlässt als international anerkannte Behörde Qualitätsnormen, die allgemeine Anforderungen an ein Qualitätssicherungssystem setzen.

Diese sind:

- EN ISO 9000 (Grundlagen und Begriffe zu Qualitätsmanagementsystemen),
- EN ISO 9001 (Grundsätze des Qualitätsmanagementsystems),
- EN ISO 9004 (Leitfaden zur Leistungsverbesserung für Qualitätsmanagementsysteme),
- EN ISO 19011 (Anleitung für das Auditieren von Qualitätsmanagement- und/oder Umweltmanagementsystemen).

Nach ISO 9000:2005 können zertifiziert werden:

- Aufbau- und Ablauforganisation des Unternehmens,
- Einbeziehung der Mitarbeiter, Aus- und Weiterbildung,
- Regelung der Zuständigkeiten, Verantwortung, Befugnisse,
- Dokumentationspflicht für mehr Transparenz,
- präventive Maßnahmen zur Vermeidung von Qualitätsproblemen,
- Überwachung, Wiederholung.

ISO 9001:2008 beschreibt die 8 Grundsätze eines Qualitätsmanagementsystems. Diese sind:

1. Kundenorientierung
2. Führung
3. Einbeziehung der Mitarbeiter
4. Prozessorientierter Ansatz
5. Systemorientierter Managementansatz
6. ständige Verbesserung
7. Sachbezogener Ansatz zur Entscheidungsfindung
8. Lieferantenbeziehungen zum gegenseitigen Nutzen

Abb. 9.6: ISO 9001:2008 Zertifikat

Die ISO 9004:2009 beschreibt die Wirksamkeit und die Effizienz von Qualitätsmanagementsystemen und bietet eine Anleitungen zur Umsetzung eines Total-Quality-Managements.. Die Neufassung der Norm erschien 2009 unter dem Titel „Leiten und Lenken für den nachhaltigen Erfolg einer Organisation – Ein Qualitätsmanagementansatz".

Neben diesen branchenübergreifenden Qualitätsnormen gibt es zahlreiche branchenspezifische Normen, die ergänzend herangezogen werden können. Beispielsweise :
- die ISO/TR 10013 – ein Leitfaden zur Dokumentation des Qualitätsmanagementsystems,
- die ISO/FDIS 10014 – ein Leitfaden zur Erzielung finanziellen und wirtschaftlichen Nutzens mithilfe von Qualitätsmanagementsystemen
- die EN ISO 16106 – Verpackungen – Verpackungen zur Beförderung gefährlicher Güter – Gefahrverpackungen, Großpackmittel (IBC) und Großverpackungen
- die EN 12507 Dienstleistungen im Transportwesen – Leitfaden zur Anwendung der ISO 9001:2000 auf den Straßen- und Schienengüterverkehr, die Lagerhaltung und die Verteilerindustrie.

Die Gründe für eine Zertifizierung nach der ISO-Normenreihe sind vielfältig, zumal die Zertifizierung eines Qualitätssicherungssystems freiwillig erfolgt.

Zu nennen sind hier:
- Zertifizierung wird von anderen Unternehmen als Nachweis verlangt,
- Erfordernis vergleichbarer Qualitätsstandards,
- bessere Wettbewerbsfähigkeit, Maßnahme zur Vertrauensbildung,
- Voraussetzung für die Teilnahme an öffentlichen Ausschreibungen,
- Zertifizierung als Beweismittel in Produkthaftungsfällen.

6.3 Das Zertifizierungsverfahren

Das Zertifizierungsverfahren erfolgt in mehren Schritten:

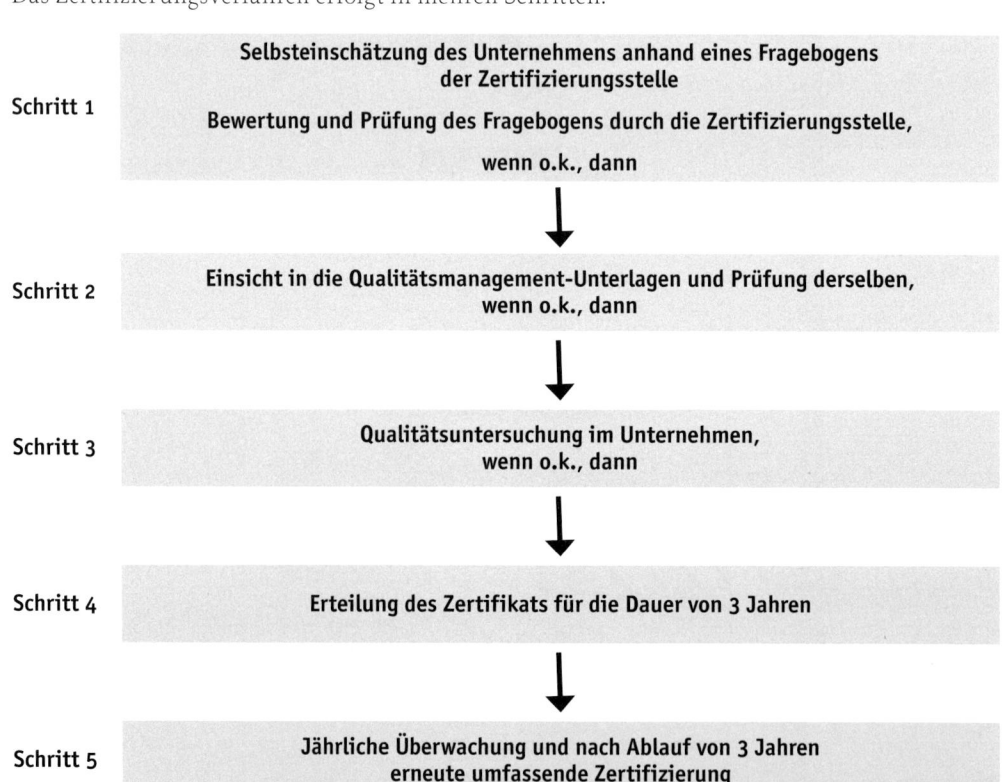

Schritt 1	**Selbsteinschätzung des Unternehmens anhand eines Fragebogens der Zertifizierungsstelle** **Bewertung und Prüfung des Fragebogens durch die Zertifizierungsstelle,** **wenn o.k., dann**
Schritt 2	**Einsicht in die Qualitätsmanagement-Unterlagen und Prüfung derselben,** **wenn o.k., dann**
Schritt 3	**Qualitätsuntersuchung im Unternehmen,** **wenn o.k., dann**
Schritt 4	**Erteilung des Zertifikats für die Dauer von 3 Jahren**
Schritt 5	**Jährliche Überwachung und nach Ablauf von 3 Jahren erneute umfassende Zertifizierung**

7 Kommunikationstechniken und Strategien der Gesprächsführung

7.1 Kommunikationstechniken

Kommunikationstechniken dienen als Mittel, um die Kommunikation wirkungsvoll zu gestalten.

Argumentation	Eine gute Argumentation basiert darauf, dass zunächst eine Behauptung aufgestellt wird, welche dann begründet wird. Anhand von Argumenten (z.B. durch Beispiele) wird die Behauptung belegt oder bewiesen.
Interpretation	Das Gesagte wird analysiert und es werden Zusammenhänge hergestellt.
Feedback	Das Feedback ist als Reaktion auf das Gesagte besonders wichtig. Es kann positiv oder negativ ausfallen. Sie sollten aber immer darauf achten, dass das Feedback konstruktiv ist, d.h. sachliche und konkrete Vorschläge zur Verbesserung enthält.
Motivation	Durch die Motivation können neue Anreize geschaffen werden. Dies gelingt beispielsweise, indem positive Aspekte hervorgehoben werden, indem man lobt oder seine Wertschätzung für den anderen ausdrückt.
Konfrontation	Die Konfrontation ist insbesondere bei Verhandlungen üblich. Dem Gesprächspartner werden Aussagen, Dokumente oder Zahlen entgegengehalten, mit denen er sich auseinandersetzen muss.

7.2 Wichtige Merkmale einer gelungenen Gesprächsführung

Selbstbewusstsein und Ruhe	Für eine gute Gesprächsführung ist es wichtig, dass Sie selbstbewusst und mit Ruhe in das Gespräch hineingehen.
Blickkontakt	Sie sollten von Anfang an Blickkontakt zum Gesprächspartner herstellen und während des gesamten Gesprächs halten.
Aktiv zuhören	Besonders wichtig ist das Zuhören. Dabei sollte man ruhig einmal nachfragen, wenn man etwas nicht verstanden hat. Anregungen und Bemerkungen sollten eher zurückhaltend geäußert werden.
Bestätigung	Der Gesprächspartner sollte auch Bestätigung erfahren, z.B. „sehr schön" oder „Jetzt habe ich verstanden, was Sie meinen".
Keine Emotionen	Emotionen sollten auf ein Minimum beschränkt werden. Auch wenn etwas nicht in Ihrem Sinne ist, sollten Sie versuchen, ruhig und gelassen zu bleiben.
Verständnis	Sie sollten ferner versuchen, Verständnis für die Standpunkte des Gesprächspartners aufzubringen und angemessen zu reagieren.
Offenheit	Fragen sollten möglichst konkret gestellt und Probleme offen angesprochen werden.
Missverständnisse beseitigen	Um Missverständnisse gar nicht erst entstehen zu lassen, sollten Zwischenergebnisse kurz zusammengefasst werden, z.B. „Ich darf den Stand des Gespräches nochmals kurz zusammenfassen". Durch Verständnisfragen, z.B. „Sie meinen ... – habe ich Sie da richtig verstanden?" können Missverständnisse beseitigt werden.

7.3 Strategien der Gesprächsführung

7.3.1 Vorgesetztenlösung

Die Vorgesetztenlösung wird oft bei Verhandlungen und Konferenzen eingesetzt, da hier der Vorgesetzte auch Sitzungsleiter der Gesprächsrunde ist. Er hat im Vorfeld der Diskussion bereits einen Lösungsvorschlag erarbeitet, den er dann von den Teilnehmern aus fachlicher Sicht und unter der Maßgabe der effektiven Umsetzung diskutieren lässt. Da der Sitzungsleiter seine eigene Meinung in den Vordergrund der Diskussion stellt, ist das Ergebnis stark vorgeprägt und inhaltlich eingeengt. Für die Lösung komplexer Probleme ist das Modell nur sehr eingeschränkt tauglich.

7.3.2 Moderation

Unter Moderation versteht man die Leitung einer Gruppe, um Diskussionen oder Verhandlungen effizient durchzuführen. Dabei sollen alle Teilnehmer der Gruppe an der Diskussion bzw. der Verhandlung beteiligt werden. Ziel ist es, ein Ergebnis zu erlangen, das von allen Teilnehmern akzeptiert wird.

Im Gegensatz zur Vorgesetztenlösung soll sich der Moderator in erster Linie nicht mit eigenen Meinungen und Beiträgen an der Diskussion beteiligen, sondern sich neutral verhalten. Seine Aufgabe ist es, die Diskussion zu leiten und zu strukturieren. Treten während der Gesprächsrunde Probleme auf – sei es, dass die Diskussion zum Erliegen kommt oder unterschiedliche inhaltliche Meinungen sich verhärten –, hat der Moderator zu vermitteln und das Gespräch in neue Bahnen zu lenken.

Die Moderation kann aber nur dann erfolgreich sein, wenn alle Beteiligten bereit sind, Kompromisse einzugehen und zusammen eine Lösung zu finden. Sind Konflikte bereits eskaliert und haben sich die Positionen bereits verhärtet, sodass sich die Teilnehmer mehr als Feinde betrachten denn als Kollegen, so ist diese Methode von vornherein zum Scheitern verurteilt.

7.3.3 Mediation

Auch bei der Mediation steht die Leitung der Gesprächsgruppe im Vordergrund. Anders als bei der Moderation wird die Leitung bei der Mediation jedoch einer unabhängigen, neutralen und sachkundigen Vermittlungsperson, dem Mediator, übertragen. Dabei müssen alle Teilnehmer der Verhandlungsrunde den Mediator freiwillig beauftragen.

Die Mediation wird dann eingesetzt, wenn der Konflikt bereits eskaliert ist und die Parteien selbst nicht mehr in der Lage sind, von ihren Positionen abzuweichen, ohne das Gefühl zu haben, ihr Gesicht zu verlieren. Die Inanspruchnahme fremder Hilfe wird dann von den Beteiligten als Ausweg gesehen, den entstandenen Schaden zu begrenzen.

In Betracht zu ziehen ist die Mediation vor allem bei Streitigkeiten auf Gesellschafterebene, wenn die Gesellschaft droht, durch Meinungsverschiedenheiten auseinanderzufallen, oder bei Streitigkeiten mit einem Großlieferanten oder Großkunden.

8 Präsentationstechniken

Um Informationen oder spezielles Wissen anderen Personen zugänglich zu machen, sollte das Wissen ansprechend präsentiert werden. Die nachfolgenden Ausführungen sollen Ihnen daher einen Einblick geben, welche Grundsätze für eine erfolgreiche Präsentation beachtet werden sollten.

8.1 Vorbereitung der Präsentation

Für eine gute Präsentation sollten Sie sich vorab folgende Fragen stellen:
1. Welches Ziel verfolge ich mit der Präsentation?
2. Für welche Zielgruppe ist die Präsentation?

3. Welche Hilfsmittel stehen mir zur Verfügung und welche möchte ich verwenden?
4. Welche Fragen könnten zu dem Thema gestellt werden?

Sie sollten sich ferner Gedanken über die Sitzordnung und die Pausen sowie die Länge Ihrer Präsentation machen.

8.2 Aufbau der Präsentation

Der Aufbau der Präsentation hängt davon ab, ob das Publikum lediglich informiert oder auch überzeugt werden soll.

Steht die **Informationsvermittlung** im Vordergrund, müssen:
- Daten und Fakten anschaulich dargestellt,
- Überlegungen und Standpunkte dargelegt und
- Schlussfolgerungen mitgeteilt oder erarbeitet werden.

Geht es jedoch darum, die Zuhörer vom eigenen Standpunkt **zu überzeugen,** so sollten:
- die möglichen Probleme benannt,
- Gegenargumente vorweggenommen und entkräftet werden und
- erst dann die eigene Lösung dargestellt werden.

Ferner ist eine Entscheidung darüber zu treffen, ob die Präsentation nur mündlich oder unter Zuhilfenahme von Präsentationsmedien wie dem Overhead-Projektor und Folien, einer Power-Point-Präsentation, dem Whiteboard oder dem Flipchart dargebracht werden soll.

8.3 Umsetzung der Präsentation

Bei der Umsetzung der Präsentation sollte beachtet werden, dass die visuelle Präsentation durch die oben genannten Hilfsmittel nicht zu überladen wirkt, streng nach dem Motto: „Weniger ist manchmal mehr".

Als Gestaltungselemente kommen grundsätzlich in Betracht:
- Absätze, Aufzählungspunkte,
- Diagramme,
- Bilder, Grafiken,
- Tabellen und Statistiken.

Ferner ist darauf zu achten, dass die Gestaltungselemente für den Präsentationszweck auch geeignet sind.

	Information	Unterstützung des Verständnisses	Überzeugung
Absätze/Aufzählungspunkte	X	X	
Diagramme	X	X	
Bilder, Grafiken	X		X
Tabellen, Statistiken	X		X

Beim Vortrag sollte insbesondere darauf geachtet werden, dass:
- Blickkontakt zu den Zuhörern besteht,
- die Stimme in ihrer Lautstärke und Geschwindigkeit so angepasst wird, dass der Zuhörer dem Vortrag gut folgen kann,
- Gestik und Mimik den Inhalt unterstreichen (weder Hände in der Hosentasche noch wildes Herumfuchteln!),
- der Vortrag natürlich und überzeugend und als harmonisches Ganzes beim Zuhörer ankommt.

9 Internetrecherche

Die Internetrecherche erfolgt, wenn man die genaue Internetadresse nicht kennt, meist über Suchmaschinen. Zu unterscheiden sind:

- Volltextsuchmaschinen, z.B. Google, msn search,
- Katalogsuchmaschinen, z.B. Yahoo,
- Metasuchmaschinen, z.B.MetaGer oder
- spezielle Suchmaschinen (branchenspezifische oder themenspezifische Suchmaschinen).

In die Suchmaschinen gibt man nun Suchbegriffe ein, die das zu recherchierende Thema so genau wie möglich beschreiben. Wegen der Vielzahl der in Suchmaschinen gespeicherten Daten empfiehlt sich die Eingabe mehrerer Suchbegriffe, um nicht Tausende von Links durchsehen zu müssen.

Beispiel: Ein Link ist eine Verknüpfung zu der Seite einer Homepage, auf der sich die gesuchten Informationen befinden.

Erhält man mit der Kombination mehrerer Suchbegriffe nur eine kleine Anzahl von Links zu interessierenden Internetseiten angezeigt, sollte man einfach einen Suchbegriff weglassen oder ein anderes Wort für den gesuchten Begriff verwenden.

Die Suchmaschinen sind so aufgebaut, dass der Link, der die höchste Übereinstimmung mit den eingegebenen Suchbegriffen aufweist, an erster Stelle erscheint. Bei gleich hohen Übereinstimmungen erscheint derjenige Link zuerst, auf den von anderen Internetseiten am häufigsten verwiesen wird oder auf den in der Vergangenheit am häufigsten zugegriffen worden ist.

Durch Anklicken der Links öffnet sich die dahinter stehende Internetseite. Diese kann nun durchgelesen werden. Wichtige Informationen können ausgedruckt oder gespeichert werden.

Seiten, auf die man häufiger zu Recherchezwecken zugreifen möchte, kann man sich auch als Favoriten speichern. Zu diesem Zweck muss man einfach nur am oberen Seitenrand den Menüpunkt „Favoriten" aufrufen und auf den Button „Favoriten hinzufügen" drücken. Der PC speichert dann automatisch die aktuelle Internetseite. Bei der nächsten Recherche kann auf die Internetseite dann direkt zugriffen werden, indem unter „Favoriten" die Seite aufgerufen wird.

Bitte beachten Sie jedoch, dass Inhalte aus dem Internet – auch wenn Sie jedem zugänglich sind – nicht gemeinfrei sind, d.h. nicht ohne die Zustimmung des Seiteninhabers oder Autoren für eigene, insbesondere gewerbliche Zwecke genutzt werden dürfen. Denn an den Inhalten können Rechte (Urheberrechte, gewerbliche Schutzrechte etc.) bestehen, die einem die Übernahme und Verwendung der Daten verbieten.

Ferner sollte man aufpassen, dass man nur sichere Daten „downloadet" bzw. herunterlädt, denn manchmal verstecken sich hinter kostenlosen Programmen, Bildern etc. Viren, Würmer, Spionageprogramme oder Dialer. Diese können Daten auf Ihrem PC zerstören oder durch die Einwahl teurer „Mehrwertdienste-Nummern" enorme Kosten verursachen. Um dies zu vermeiden, sollten Sie Ihren Computer durch eine aktuelle Virensoftware und eine Firewall schützen und grundsätzlich nur vertrauenswürdige Seiten aufrufen. Dabei hilft manchmal schon ein Blick in das Impressum. Geht aus diesem kein Ansprechpartner mit Anschrift in Deutschland hervor, sollten Programme im Zweifel eher nicht heruntergeladen werden. Auch Programme, die nur heruntergeladen werden können, nachdem das Wort „ok" eingegeben wird, sollten Ihr Misstrauen erregen.

Wiederholungs- und Übungsaufgaben

1. Was ist die Aufgabe der Marktforschung?

2. Was versteht man unter dem Begriff „Marketing-Mix"?

3. Definieren Sie die folgenden Begriffe:
    a) Produktinnovation
    b) Produktvariation
    c) Produktelimination
    d) Markierung

4. Ergänzen Sie den folgenden Lückentext:
    Die Nachfrage ist umso _____, desto niedriger der Preis ist.
    Die Nachfrage ist umso _____, desto höher der Preis ist.
    Das Angebot ist umso höher, je _____ der Preis ist.
    Das Angebot ist umso niedriger, je _____ der Preis ist.

5. Definieren Sie die folgenden Begriffe:
    a) Universalvertrieb;   b) Selektivvertrieb;   c) Exklusivvertrieb.

6. Die Flitzer OHG hat drei Kunden. Die nachfolgende Tabelle zeigt nun die Anzahl der für den jeweiligen Kunden ausgetragenen Briefe und die Preise je Brief.

Kunde	Preis/Brief	Briefe/Jahr
1	0,50 €	100.000
	0,90 €	0
	1,40 €	0
2	0,50 €	10.000
	0,90 €	5.000
	1,40 €	0
3	0,50 €	0
	0,90 €	0
	1,40 €	200.000

   a) Berechnen Sie für jeden Kunden den Jahreswert, die anteilige Menge und den anteiligen Wert.
   b) Geben Sie für jeden Kunden die entsprechende Klasse (A, B, C) an.

7. Nennen Sie die Vor- und Nachteile der ABC-Analyse.

8. Welche drei Punkte führen zur Kundenzufriedenheit?

9. Wie kann die Kundenzufriedenheit ermittelt werden?

10. Was versteht man unter dem Begriff „Beschwerdemanagement?"

11. Benennen Sie die vier Teilbereiche des Qualitätsmanagements und beschreiben Sie kurz deren Aufgaben.

12. Was versteht man unter der Bezeichnung „ISO-Qualitätsnorm"?

13. Beschreiben Sie den Ablauf des Zertifizierungsverfahrens.

14. Nennen und beschreiben Sie mindestens zwei Kommunikationstechniken.

Lernfeld 10

Bei Personalmaßnahmen mitwirken und arbeitsrechtliche Bestimmungen anwenden

1 Innerbetriebliche Kommunikation

1.1 Horizontale und vertikale Kommunikation

Bei der innerbetrieblichen Kommunikation unterscheidet man die horizontale und die vertikale Kommunikation.

Die **vertikale Kommunikation** meint die Kommunikation von Führungskräften zu ihren Mitarbeitern.

Die **horizontale Kommunikation** betrachtet hingegen die Kommunikation auf der jeweiligen Unternehmensebene, d.h.
* zwischen den Mitarbeitern untereinander,
* zwischen Mitarbeitern und Kunden,
* zwischen Mitarbeitern und Lieferanten oder
* zwischen den Abteilungsleitern.

Der wechselseitige betriebliche Austausch von Informationen erfolgt regelmäßig in:
* Gesprächen,
* Besprechungen und
* Konferenzen.

Während bei **Gesprächen** der Informationsaustausch regelmäßig nur zwischen zwei Personen erfolgt, können an **Besprechungen** bis zu 15 Personen teilnehmen.

In **Konferenzen** geht es den teilnehmenden Personen über den reinen Informationsaustausch hinaus um die Erreichung eines bestimmten Ziels. Dieses Ziel kann in der Motivation der Mitarbeiter, der Lösung von Problemen oder dem Führen von Verhandlungen bestehen.

1.2 Führungsstile

Die Art und Weise, wie ein Vorgesetzter seine Mitarbeiter führt, sagt auch viel über die innerbetriebliche Kommunikation und die Mitwirkung der Arbeitnehmer an der Entwicklung des Unternehmens aus.

Grundsätzlich unterscheidet man:
* den autoritären Führungsstil,
* den demokratischen Führungsstil und
* den Laisser-faire-Führungsstil.

Beim **autoritären Führungsstil** entscheidet allein der Vorgesetzte, d.h., er gibt Anweisungen und entscheidet, ohne seine Mitarbeiter in den Entscheidungsprozess einzubeziehen. Kritik und Anregungen sind nicht erwünscht; Ungehorsam und Fehler werden bestraft. Vorteile dieses Stils sind: die schnelle Entscheidungsfindung und die gute Kontrolle, Nachteile hingegen: Demotivation der Mitarbeiter und Gefahr von Fehlentscheidungen auf Grund von Überlastung des Vorgesetzten.

Der **demokratische Führungsstil** ist dagegen durch eine starke Einbindung der Mitarbeiter in den Entscheidungsprozess gekennzeichnet. Aufgaben und Verantwortungen werden delegiert. Konstruktive Kritik und Anregungen sind erwünscht. Statt zu bestrafen, wird versucht, Fehler künftig zu vermeiden. Die alles führt dazu, dass die Mitarbeiter hochmotiviert und kreativ sind, andererseits benötigt die Entscheidungsfindung entsprechende Zeit.

Der **Laisser-faire-Führungsstil** vermeidet jede Vorgabe. Er verfolgt das Prinzip des „Gewähren-lassens", d.h., die Mitarbeiter haben viele Freiheiten bei der Erfüllung ihrer Aufgaben. Informationen werden nicht gebündelt, sondern erfolgen nach Gutdünken. Der Vorgesetzte greift weder ein, um zu helfen, noch um zu strafen. Dies fördert einerseits die Individualität der Mitarbeiter, Disziplinprobleme und Kompetenzstreitigkeiten sind jedoch vorprogrammiert.

1.3 Maßnahmen zur Verbesserung der innerbetrieblichen Kommunikation

1.3.1 Information

Das wichtigste Element der innerbetrieblichen Kommunikation ist die regelmäßige und ausführliche Information der Beschäftigten. Diese kann beispielsweise durch das Schwarze Brett, das Intranet oder Rundbriefe bzw. -mails gewährleistet werden.

1.3.2 Feedback

Ferner sollte man Mitarbeitern immer ein Feedback geben, damit diese wissen, wie ihre Leistungen eingeschätzt werden und dass ihre Arbeitsergebnisse Beachtung finden und honoriert werden. Andererseits sollte man selbst aber auch Feedbacks einfordern, um die eigene Leistung besser einschätzen zu können. Das Feedback sollte stets

- fair,
- ehrlich,
- verantwortlich und persönlich,
- sachlich,
- positiv verstärkend und aufbauend sein.

Denn nur eine sachliche und konstruktive Kritik kann dazu führen, dass Verhaltensweisen verbessert und verändert werden.

1.3.3 Motivation

Auch spielt die Motivation der Mitarbeiter eine wichtige Rolle zur Verbesserung des Arbeitsumfeldes und der innerbetrieblichen Kommunikation. Motivieren, also eine positive Verhaltensänderung herbeizuführen, heißt, jemanden bewusst zu führen. Ein Mitarbeiter ist motiviert, wenn er ein zufriedener Mitarbeiter ist! Motivatoren können beispielsweise sein:

Geld	Geld meint jede Form der finanziellen Zuwendung, sei es in Form einer leistungsgerechten Entlohnung, die Einführung von Prämiensystemen für Betriebszugehörigkeit oder für einen besonders erfolgreichen Arbeitseinsatz sowie soziale Zusatzleistungen.
Anerkennung	Die Anerkennung für geleistete Dienste erfolgt meist durch den direkten Vorgesetzten in Form von Lob, einer guten Beurteilung oder einer Empfehlung zur Versetzung. Sie signalisiert dem Arbeitnehmer, dass gute Leistungen wahrgenommen werden und nicht selbstverständlich sind.
Handlungs-spielräume	Durch das Einräumen von Handlungsspielraum werden Entscheidungsfreiheit, Verantwortung und Selbstständigkeit der Arbeitnehmer verstärkt, damit diese ihr Aufgabenfeld eigenständiger gestalten können.

Entwicklungschancen	Chancen, im persönlichen Arbeitsumfeld die eigenen Fähigkeiten einzusetzen, persönliche Vorstellungen auszuprobieren, neue Methoden einzusetzen und sich durch diese Herausforderung selbstständig weiterzuentwickeln.
Zielvorgaben	Die Vereinbarung von End- und Zwischenzielen bei der Projektarbeit wirkt meist motivierend, da mit Erreichen des Zwischenziels immer auch ein kleiner Erfolg verbunden ist. Zudem eröffnen Zwischenziele eine zusätzliche Kontrollmöglichkeit, sodass nicht erst bei Abschluss des Projektes die Arbeit auf ihre Schlüssigkeit und Durchführbarkeit hin überprüft wird. Damit lassen sich Fehler früher erkennen und die Erfolgschancen steigern.
Führungsstil	Umfasst die Einstellung, das Verhalten und den Umgang der Führungskräfte gegenüber den Mitarbeitern. Führungsstile können motivierend oder demotivierend auf die Mitarbeiter wirken (s. o.).

2   Personalplanung

Aufgabe der Personalwirtschaft ist es, das Unternehmen mit den notwendigen Arbeitskräften auszustatten und sicherzustellen, dass diese ihre Arbeit optimal erfüllen. Mit der Personalplanung sollen zukünftige Personalentwicklungen gedanklich vorweggenommen werden. So wird sichergestellt, dass dem Unternehmen die für die Erreichung seiner Ziele notwendigen Mitarbeiter zur Verfügung stehen. Ziel ist es, den Produktionsfaktor Arbeit andauernd und zu wirtschaftlichen Bedingungen für das Unternehmen zu sichern, die Mitarbeiter entsprechend den Stellenanforderungen und ihren persönlichen Qualifikationen einzusetzen sowie bestmögliche Arbeitsbedingungen für die Mitarbeiter zu schaffen.

Bei der Personalplanung hat der **Betriebsrat** folgende Mitwirkungsrechte:
- **Unterrichtung** durch den Arbeitgeber nach § 92 Abs. 1 BetrVG über den gegenwärtigen und künftigen Personalbedarf und die sich daraus ergebenden personellen Maßnahmen,
- unverbindliche **Beratung** mit dem Arbeitgeber über Art und Umfang der erforderlichen Maßnahmen,
- Unterbreitung von unverbindlichen **Vorschlägen** zur Einführung und Durchführung einer Personalplanung.

Die **Personalplanung** setzt sich zusammen aus der:
- Personalbestandsplanung,
- Personalbedarfsplanung,
- Personaleinsatzplanung (vgl. Lernfeld 8),
- Personalveränderungsplanung,
- Personalentwicklungsplanung und
- Personalkostenplanung.

2.1   Personalbestandsplanung

Die Personalbestandsplanung liefert Zahlen und Fakten über die Anzahl der im Planungszeitpunkt bereits vorhandenen Mitarbeiter und ihre Qualifikationen. Der aktuelle Personalbestand ist Grundlage für die weitere Personalplanung, insbesondere für die Personalbedarfs- und die Personaleinsatzplanung.

2.2   Personalbedarfsplanung

Mithilfe der Personalbedarfsplanung wird abgeschätzt, wie viele Mitarbeiter mit welcher Qualifikation künftig im Unternehmen benötigt werden. Die Personalbedarfsplanung erfolgt unter quantitativen und qualitativen Gesichtspunkten. Bei der **quantitativen Bedarfsplanung** wird der zukünftige Personalbestand unter Berücksichtigung etwaiger Personalzugänge und Personalabgänge ermittelt.

	Aktueller Personalbestand
+	Personalzugänge
–	Personalabgänge
=	Zukünftiger Personalbestand

Dabei können die Personalzugänge und die Personalabgänge autonom, d.h. vom Unternehmen unbeeinflusst, erfolgen oder aber vom Unternehmen selbst initiiert werden. **Autonome Personalbestandsveränderungen** beruhen beispielsweise auf Mitarbeiterkündigungen, Eintritt in den Ruhestand, Rückkehr aus dem Zivil- oder Wehrdienst. **Initiierte Veränderungen** können beispielsweise auf der Übernahme von Auszubildenden, der Einstellung oder arbeitgeberseitigen Kündigung von Mitarbeitern beruhen.

Bei der **qualitativen Bedarfsplanung** werden die zukünftig notwendigen Qualifikationen und Stellenanforderungsprofile ermittelt.

Der Personalbedarf wird durch innere und äußere Faktoren beeinflusst. **Innere Faktoren** sind solche, die das Unternehmen selbst bestimmt, wie
- Unternehmenspolitik,
- Auftragsmengen, Produktvielfalt,
- Arbeitsmittel, Einsatz neuer Technologien,
- Arbeitsorganisation,
- Rationalisierungsmaßnahmen,
- Mitarbeiterstruktur,
- Fehlzeiten und Fluktuation der Mitarbeiter.

Äußere Faktoren werden dem Unternehmen hingegen durch seine Umwelt vorgegeben, beispielsweise:
- Bevölkerungsentwicklung,
- Entwicklung des Arbeitsmarktes oder Bruttosozialprodukts,
- Entwicklung der Branche oder des Geschäftszweigs,
- technologische Neuerungen,
- veränderte Wettbewerbssituation auf dem Markt,
- Wandel gesellschaftlicher Werte und
- Politikwechsel.

Um den **Bruttopersonalbedarf** eines Unternehmens zu ermitteln, bedient man sich folgender Verfahren und Methoden: Schätzverfahren, Kennzahlenmethode, Stellenplanmethode.

Beim **Schätzverfahren** werden die Personalbedarfszahlen anhand der Erfahrungswerte, die bisher in der Personalabteilung gesammelt worden sind, abgewogen.

Die **Kennzahlenmethode** versucht zuallererst, Beziehungen zwischen den Unternehmenskennzahlen, wie Umsatz oder Auftragseingang, und Anzahl der Mitarbeiter herzustellen.

Beispiel: In einem Unternehmen gehen jährlich ca. 1.000 Aufträge ein, die von 100 Mitarbeitern bearbeitet werden. Folglich bearbeitet jeder Mitarbeiter im Durchschnitt 10 Aufträge

$$\frac{\text{Auftragseingang}}{\text{Mitarbeiter}} = \frac{1.000}{100} = 10 \text{ Aufträge/Mitarbeiter}$$

Erhöhen sich nun die Aufträge um 100 Stück, kann der zusätzliche Personalbedarf wie folgt ermittelt werden.

$$\text{Personalbedarf} = \frac{1.100}{10} = 110 \text{ Mitarbeiter}$$

110 Mitarbeiter (Bedarf) – 100 Mitarbeiter (Bestand) = 10 Mitarbeiter (neu)

Die **Stellenplanmethode** ermittelt den zukünftigen Personalbedarf anhand von Stellenplänen und Stellenbeschreibungen. In ihnen werden Aufgaben, Kompetenzen, Anforderungen und Verantwortungen des Stelleninhabers festgelegt. Sie bilden die Grundlage für die Ermittlung des Bruttopersonalbedarfs.

Der **Nettopersonalbedarf** eines Unternehmens ergibt sich dagegen aus einem Vergleich des Bruttopersonalbedarfs und den Entwicklungen im Personalbestand. Als Ergebnis erhält man dann entweder eine Personalüberdeckung oder eine Personalunterdeckung.

Die konkrete Ermittlung des Nettopersonalbedarfs lässt sich folgendem Beispiel entnehmen:

	Bruttopersonalbedarf	200 Mitarbeiter
–	vorhandene Mitarbeiter	180 Mitarbeiter
–	Zugänge durch Übernahme von Auszubildenden, Rückkehrer von der Bundeswehr, feststehende Neueinstellungen	10 Mitarbeiter
=	**akuter Personalbedarf**	**10** Mitarbeiter
+	Pensionierungen	8 Mitarbeiter
+	Einberufung zur Bundeswehr	9 Mitarbeiter
+	Kündigungen	4 Mitarbeiter
+	statistische Todesfälle	1 Mitarbeiter
=	**Ersatzbedarf**	**32** Mitarbeiter
+	Neubedarf durch Auftragssteigerung	10 Mitarbeiter
–	Minderbedarf	3 Mitarbeiter
=	**Nettopersonalbedarf**	**39** Mitarbeiter

2.3 Personalveränderungsplanung

Die Personalveränderungsplanung zeigt auf, welche Personalveränderungen einzuleiten sind. Sie können entweder in der Beschaffung oder in der Freisetzung von Personal liegen, d.h., es sind Entscheidungen über die Versetzung, die Pensionierung, die Entlassung, die Einstellung von Mitarbeitern oder die Übernahme von Auszubildenden zu treffen.

Abteilung					
	Material	Fertigung	Vertrieb	Verwaltung	gesamt
Personalzugangserfordernis			+10		+10
Übernahme von Auszubildenden			5		
Versetzung			2		
Personalbeschaffung			3		
Personalabgangserfordernis	–1	–3		–2	–6
Versetzung	1	1			
Vorzeitige Pensionierung		1		1	
Personalfreistellung		1		1	
Veränderung	–1	–3	+10	–2	+4

Die **Personalentwicklungsplanung** beschäftigt sich mit der zukünftigen Gestaltung, Erhaltung und Verbesserung der Mitarbeiterqualifikation. Ihr Ziel ist es, die Mitarbeiter zu befähigen, die ihnen übertragenen Aufgaben erfolgreich und effizient zu bewältigen und neue Herausforderungen selbstbewusst und motiviert anzugehen.

Bei der **Personalkostenplanung** finden alle direkten und indirekten, geldlichen und geldwerten Leistungen eines Unternehmens an seine Mitarbeiter Berücksichtigung, z.B. Gehälter, Weihnachtsgeld, Urlaubsgeld, Prämien, Dienstwagen, Fimenhandy etc. Die Planung orientiert sich dabei an dem zukünftigen Personalbestand und den zu erwartenden Lohnentwicklungen.

Die Personalkostenplanung endet meist mit der Festlegung eines **Personalkostenbudgets**, aus dem dann alle künftigen Leistungen des Unternehmens an seine Mitarbeiter bestritten werden müssen.

3 Das Allgemeine Gleichbehandlungsgesetz (AGG)

Hintergrund des AGG ist vor allem der Präventivgedanke (Vorbeugung). Die generelle Idee dabei ist die Schaffung eines diskriminierungsfreien Umfelds im Unternehmen. So greift dieses Gesetz in alle personalrelevanten Bereiche eines Unternehmens (Verhalten untereinander, Personalbeschaffung, Ausschreibungen, Personalauswahl, Führungsstil etc.) ein. Schutzgut des AGG ist dabei laut Gesetzesmaterialien die „Würde des Menschen". Dem Arbeitgeber werden vom Gesetz weitreichende Organisations- und Handlungspflichten auferlegt, um Benachteiligungen von Beschäftigten zu vermeiden und zu unterbinden.

3.1 Definition und Begriffe

Verboten sind nach § 1 AGG Benachteiligungen aus Gründen der „Rasse" oder wegen
- der ethnischen Herkunft,
- des Geschlechts,
- der Religion,
- der Weltanschauung,
- des Alters,
- einer Behinderung und
- der sexuellen Identität.

Einige Begriffe in § 1 AGG erscheinen dabei unklar:

Was bedeutet „Rasse"? Diesen Begriff verwendet der Gesetzgeber mit der Einschränkung, dass er selbst davon ausgeht, dass unterschiedliche menschliche Rassen **nicht** existieren.

Was bedeutet ethnische Herkunft? Das Gesetz versteht hierunter eine Gruppe von Personen, die der gleichen Kultur angehören. Es geht demnach um die Zuordnung zu Kulturkreisen, wobei offenbleibt, wie weit diese Kreise zu ziehen sind. Unter Berücksichtigung von EU-Recht ist der Begriff weit auszulegen und umfasst somit die „Rasse", Hautfarbe, Abstammung, nationalen Ursprung oder auch das Volkstum. Er muss sich daher keineswegs mit der jeweiligen Staatsangehörigkeit überschneiden.

Was bedeutet Behinderung? Die Gesetzesbegründung zum AGG verweist hier auf § 2 Abs. 1 SGB IX und § 3 BGG, die vorgeben, dass Menschen behindert sind, wenn ihre körperliche Funktion, geistige Fähigkeit oder seelische Gesundheit mit hoher Wahrscheinlichkeit länger als sechs Monate von dem für das Lebensalter typischen Zustand abweichen und daher ihre Teilhabe am Leben in der Gesellschaft beeinträchtigt ist.

Was ist sexuelle Identität? Die Richtlinie 2000/78/EG spricht nur von „sexueller Ausrichtung". Der deutsche Gesetzgeber wollte hier klarstellen, dass er auch homosexuelle, bisexuelle oder transsexuelle Menschen schützen wollte.

3.2 Anwendungsbereich des Gesetzes

Sachlicher Anwendungsbereich, § 2 AGG

Das Benachteiligungsverbot im Arbeitsrecht umfasst alle einseitigen Maßnahmen des Arbeitgebers wie direkte Anweisungen oder ein Verhalten (z.B. sexuelle Belästigung), aber auch Vereinbarungen oder Regelungen auf individueller oder kollektiver Ebene. Darunter fallen insbesondere auch Tarifverträge, Betriebsvereinbarungen, Arbeitsverträge, Gesamtzusagen, betriebliche Übungen oder Einzelanweisungen.

Das Verbot umfasst die gesamte Dauer eines Beschäftigungsverhältnisses einschließlich der Anbahnungs- und Bewerbungsphase bis zur Beendigung und nachwirkenden Regelungen.

Für wen das AGG im Arbeitsrecht gilt (§ 6 AGG):

Geschützt werden vom AGG nicht nur Arbeitnehmer, als Beschäftigte gelten ferner auch:

- Auszubildende,
- Bewerber/innen,
- ausgeschiedene Beschäftigte,
- Leiharbeitnehmer/innen,
- arbeitnehmerähnliche Personen,
- eingeschränkt Organvertreter und Selbstständige (soweit Zugang zur Erwerbstätigkeit oder beruflicher Aufstieg betroffen sind).

3.3 Was ist verboten?

§ 3 AGG verbietet eine **unmittelbare Benachteiligung** aus den in § 1 AGG genannten Gründen. Diese liegt vor, wenn in einer vergleichbaren Situation eine Person schlechter behandelt wird, als eine andere Person.

 Beispiel: Die Suche nach einer „dynamischen Mitarbeiterin" kann eine unmittelbare Benachteiligung gegenüber Älteren und Männern darstellen. Ein männlicher Bewerber wird wegen seines Geschlechts nicht zum Vorstellungsgespräch eingeladen.

Das Gesetz verbietet aber nicht nur die unmittelbaren Benachteiligungen, sondern auch die mittelbaren. Eine **mittelbare Benachteiligung** aus den in § 1 AGG genannten Gründen kann sich beispielsweise aus – auf den ersten Blick – scheinbar neutralen Vorschriften, Maßnahmen, Kriterien oder Verfahren ergeben.

Beispiel:

1. Ein insgesamt niedrigeres Lohnniveau für Teilzeitkräfte im Verhältnis zu Vollzeitkräften stellt eine mittelbare Benachteiligung dar, da in der Regel vermehrt Frauen den Anspruch auf Teilzeitarbeit wahrnehmen.

2. Ein Rollstuhlfahrer kann an einer Fortbildung nicht teilnehmen, da diese in Räumlichkeiten ohne Zugangsmöglichkeit für Rollstühle stattfindet.

Eine Benachteiligung kann aber auch in der Form erfolgen, dass jemand im Bereich des Arbeitsrechts (Verweis auf § 2 Abs. 1 Nr. 1 bis 4) eine Person **vorsätzlich** anweist, einen Beschäftigten oder eine Beschäftigte wegen eines in § 1 genannten Grundes (potenziell oder direkt) zu benachteiligen.

Außerdem kennt das AGG als weitere Form der Benachteiligung die Belästigung, insbesondere die sexuelle Belästigung (§ 3 AGG).

Die **Belästigung** als Benachteiligung ist dadurch gekennzeichnet, dass jemand aus den in § 1 genannten Gründen bezweckt oder bewirkt, die Würde eines anderen zu verletzen und ein so genanntes feindliches Umfeld zu schaffen, welches geprägt ist durch

* Einschüchterungen,
* Anfeindungen,
* Erniedrigungen und
* Beleidigungen.

 Beispiel: Erzählen von Ausländerwitzen.

Die **sexuelle Belästigung** ist eine Benachteiligung, wenn unerwünschtes, sexuell bestimmtes Verhalten eine Verletzung der Würde bezweckt oder bewirkt.

Unerwünscht ist hier das Verhalten bereits dann, wenn objektiv davon ausgegangen werden kann, dass der Belästigte dies nicht wünscht. Dieser muss das nicht etwa explizit zum Ausdruck bringen.

Verboten sind hier das ständige Erzählen zotiger Witze, sichtbares Anbringen von pornografischen Darstellungen, direkte körperliche Belästigungen, ständige unerwünschte Einladungen und Briefe mit eindeutiger Absicht oder das Kneifen und Klapsen des Gesäßes. Nicht erfasst sind jedoch Redewendungen wie „Man kann einem nackten Mann nicht in die Tasche greifen", das „Spind-Foto" oder eine einmalige bewundernde Bemerkung über die Beine einer Kollegin.

3.4 Rechtfertigungsgründe im Arbeitsrecht

Von dem grundsätzlichem Verbot benachteiligenden Verhaltens aus den in § 1 genannten Gründen hat der Gesetzgeber jedoch in engen Grenzen Ausnahmen zugelassen. Nach § 8 AGG ist eine Benachteiligung dann zulässig, wenn das Merkmal, das die Benachteiligung darstellt, eine **wesentliche und entscheidende berufliche Anforderung** darstellt. Berufliche Anforderungen sind dabei beispielsweise eine bestimmte Ausbildung oder Qualifikation (z.B. Studienabschlüsse, Sprachkenntnisse, ggf. auch körperliche Fitness).

Wesentlich sind die Anforderungen dann, wenn sie für den konkreten Beruf tatsächlich objektiv prägend sind.

Entscheidend sind Anforderungen nur, wenn sie die eigentliche berufliche Aufgabe darstellen und nicht nur einen gewünschten Nebeneffekt betreffen.

Beispiel: Bei Flugbegleitern mag die Bedienung durch weibliches Personal dem Wunsch der Airline und der Kunden entsprechen, objektiv können jedoch auch Männer diese Funktion ausüben. Dagegen kann der jugendliche Liebhaber in einem Kinofilm nur von einem Mann gespielt werden und Damenmode nur von weiblichen Models präsentiert werden. Weitere Beispiele sind: Tänzer, Sänger, weibliche Pflegekraft in Arztpraxen mit überwiegend weiblichen muslimischen Patienten, Geschäftsführerin im Frauenverband, Schlachter jüdischen Glaubens, wenn die Schlachterei koscheres Fleisch verkauft.

Für das Alter gibt es ebenfalls eine spezielle gesetzliche Ausnahmeregelung, § 10 AGG.

3.5 Organisationspflichten des Arbeitgebers

Nach §§ 11 und 12 AGG ist der Arbeitgeber verpflichtet, in seinem Unternehmen die erforderlichen vorbeugenden Maßnahmen zum Schutz vor Benachteiligungen zu ergreifen. Der Arbeitgeber hat in geeigneter Art und Weise auf die Unzulässigkeit solcher Benachteiligungen, insbesondere im Rahmen der beruflichen Aus- und Fortbildung, hinzuweisen und darauf hinzuwirken, dass diese unterbleiben. Hat der Arbeitgeber seine Beschäftigten in geeigneter Weise zum Zwecke der Verhinderung von Benachteiligung geschult, gilt dies als Erfüllung seiner Pflichten zum Schutz vor Benachteiligung.

Die Organisationspflichten hat der Arbeitgeber nach § 11 AGG schon bei der Ausschreibung einer Stelle einzuhalten, damit eine mögliche Benachteiligung bestimmter Gruppen von Bewerbern unterbleibt.

Verstoßen Beschäftigte gegen das Benachteiligungsverbot des § 7 AGG, hat der Arbeitgeber die im Einzelfall geeigneten, erforderlichen und angemessenen Maßnahmen zur Unterbindung der Benachteiligung wie Abmahnung, Umsetzung, Versetzung oder Kündigung zu ergreifen.

Der Arbeitgeber ist nach dem Gesetz auch dazu verpflichtet, geeignete und angemessene Maßnahmen zum Schutz seiner Beschäftigten zu ergreifen, wenn diese bei der Ausübung ihrer Tätigkeit durch Dritte (z. B. Kunden, Lieferanten) benachteiligt werden.

3.6 Rechte der Beschäftigten

Beschwerde

Beschäftigte, die von einer Benachteiligung betroffen sind oder meinen, betroffen zu sein, haben zunächst ein Beschwerderecht bei Vorgesetzten, bei Gleichstellungsbeauftragten und bei betrieblichen Beschwerdestellen. Das Gesetz lässt offen, wer diese Beschwerdestelle sein soll. Jedoch empfiehlt es sich, möglichst eine barrierefreie und kompetente Stelle einzurichten. Wenn es im Betrieb einen Betriebsrat geben sollte, liegt es nahe, Mitglieder aus diesem in die Beschwerdestelle wählen zu lassen. Die Beschwerde muss inhaltlich geprüft und das Ergebnis dem Beschwerdeführer mitgeteilt werden. Daneben bleiben die Rechte des Betriebsrats (§ 84 BetrVG) unberührt.

Leistungsverweigerung

§ 14 AGG regelt ein Leistungsverweigerungsrecht für Beschäftigte. Hierunter versteht man, dass sie ihre Arbeitsleistung nicht erbringen müssen – ohne den Lohnanspruch zu verlieren –, solange sie Belästigungen ausgesetzt sind. Der Anspruch ist allerdings inhaltlich beschränkt auf Fälle von Belästigung und sexueller Belästigung, wenn der Arbeitgeber keine oder keine geeigneten Gegenmaßnahmen ergreift. Dies ist z. B. gegeben, wenn der Arbeitgeber nicht auf eine Beschwerde reagiert oder die Belästigung durch den Arbeitgeber oder Dienstvorgesetzten selbst erfolgt. Die betroffenen Beschäftigten sind dann berechtigt, ihre Tätigkeit ohne Verlust des Arbeitsentgelts einzustellen, soweit dies zu ihrem Schutz erforderlich ist.

Entschädigung und Schadensersatz

Als einschneidende Sanktion sieht § 15 als zentrale Rechtsfolge einer Verletzung des Benachteiligungsverbotes einen Anspruch auf eine angemessene Entschädigung in Geld für immaterielle Schäden (Schmerzensgeld) und Schadensersatz für materielle Schäden vor.

Der materielle Schadensersatzanspruch – anders bei der Entschädigung – entsteht nur, wenn der Arbeitgeber die Pflichtverletzung zu vertreten hat (vorsätzlich oder fahrlässig). Der Arbeitgeber übernimmt die

- Haftung für eigenes Verschulden,
- Haftung für Organmitglieder (zum Beispiel Geschäftsführer), § 31 BGB,
- Haftung für Erfüllungsgehilfen (zum Beispiel Vorgesetzte), § 278 BGB.

Für Verstöße eines betriebsfremden Dritten ist die Haftung des Arbeitgebers stets ausgeschlossen, es sei denn, dass er diese unterbinden muss und kann. Unterlässt er dies, handelt er selber jedoch wiederum schuldhaft.

Immaterielle Schäden können gemäß § 15 Abs. 2 AGG verschuldensunabhängig gegenüber dem Arbeitgeber geltend gemacht werden.

Die **Höhe der Entschädigung** muss angemessen sein. Nach der Rechtsprechung des Europäischen Gerichtshofes muss sie jedoch auch im Einzelfall eine abschreckende Wirkung gegenüber dem Arbeitgeber haben. Gemäß § 15 Abs. 2 S. 2 AGG darf die Entschädigung bei einer Nichteinstellung drei Monatsgehälter nicht übersteigen, wenn der Benachteiligte die Arbeitsstelle auch bei benachteiligungsfreier Auswahl **nicht** erhalten hätte. Dies bedeutet aber auch, dass dieser Anspruch deutlich höher ausfallen muss, wenn er sie ansonsten bekommen hätte. Hier ist die Höhe der Entschädigung unbegrenzt! Dann besteht der Entschädigungsanspruch neben dem Anspruch auf Schadensersatz gem. § 15 Abs. 1 AGG.

Die Entschädigung und der Schadensersatz müssen nach § 15 Abs. 4 AGG innerhalb von **zwei Monaten** ab Kenntniserlangung schriftlich geltend gemacht werden. Die **Klagefrist** beträgt 3 Monate ab der Geltendmachung, § 61b Abs. 1 Arbeitsgerichtsgesetz (ArbGG).

4 Personalbeschaffung

4.1 Inner- und außerbetriebliche Personalbeschaffung

Die Personalbeschaffung kann sich an die Personalplanung anschließen, wenn feststeht, dass Bedarf an (weiteren) Arbeitskräften besteht. Um diesen Bedarf zu decken, haben Unternehmen in der Regel zwei Möglichkeiten:
- die innerbetriebliche Personalbeschaffung und
- die außerbetriebliche Personalbeschaffung.

4.1.1 Innerbetriebliche (interne) Personalbeschaffung

Die innerbetriebliche (interne) Personalbeschaffung kann durch die Versetzung eines Mitarbeiters erfolgen, der sich entweder intern auf die ausgeschriebene Stelle beworben hat oder von seinem Vorgesetzten für die Stelle vorgeschlagen wurde. Sie kann sich aber auch ohne Personalbewegung durch Mehrarbeit, Verlängerung der betrieblichen Arbeitszeit oder die Qualifizierung von Mitarbeitern vollziehen.

4.1.2 Außerbetriebliche (externe) Personalbeschaffung

Demgegenüber vollzieht sich die außerbetriebliche (externe) Personalbeschaffung immer durch eine Erweiterung des bestehenden Personalbestandes. Dies kann passiv durch „Blindbewerbungen", persönliche Vorsprachen von Bewerbern, die Auswertung von Stellengesuchen oder die Vermittlung von Zeitarbeitskräften erfolgen. Das Unternehmen kann aber auch aktiv an der Personalbeschaffung tätig sein, indem es die benötigte Stelle in Zeitungen oder auf der Internetseite ausschreibt, Personalberater mit der Anwerbung neuer Mitarbeiter betraut, Werbung in Schulen macht oder das Arbeitsamt um die Vermittlung geeigneter Bewerber bittet.

4.1.3 Vor- und Nachteile der internen und externen Personalbeschaffung

	Interne Personalbeschaffung	Externe Personalbeschaffung
Vorteile	• geringere Beschaffungskosten • schnelle Stellenbesetzung ohne langwieriges Auswahlverfahren	• große Auswahl an Bewerbern • Innovation von außen

	• Fähigkeiten und Arbeitsweise des Mitarbeiters sind bekannt • Bindung des Mitarbeiters an das Unternehmen durch innerbetriebliche Aufstiegschancen	• keine Personalverschiebungen • Personalbedarf wird direkt gelöst • Zuwachs von Know-how
Nachteile	• geringere Auswahl an Bewerbern • weniger Innovation durch „Betriebs-blindheit" • durch Versetzung entsteht an anderer Stelle Personalbedarf • nachlassende Arbeitsqualität bei Beförderungsautomatismus	• höhere Beschaffungskosten • aufwändiges Auswahlverfahren • Einarbeitungszeit • hohe externe Einstellungsquote bedeutet auch hohe Fluktuation • Verschlechterung des Betriebsklimas, wenn keine internen Aufstiegschancen bestehen • Risiko, dass Mitarbeiter in der Probezeit kündigen

Bevor man sich jedoch konkret mit der Beschaffung von Personal befasst, sollte man sich darüber Klarheit verschaffen, welche Stelle zu besetzen ist und welche konkreten Anforderungen an Bewerber zu stellen sind.

4.2   Stellenbeschreibung

Die Stellenbeschreibung ist notwendig, um die **objektiven Anforderungen** des Stelleninhabers an die Stelle zu kennzeichnen und seine Verantwortlichkeiten und Kompetenzen eindeutig fest-zulegen und klar abzugrenzen.

Die Stellenbeschreibung soll die Ziele, die mit der Stelle verfolgt werden, klar definieren und die Stelle möglichst konkret und umfassend bezeichnen. Anhand der für die Stelle geplanten Aufga-ben, Verantwortlichkeiten und Kompetenzen ist dann die Eingliederung in die Instanzen des Unternehmens vorzunehmen. Schließlich müssen noch persönliche Anforderungen an den Stel-leninhaber formuliert und eine geeignete Vertretungsregelung gefunden werden.

Eine Stellenbeschreibung soll alle wesentlichen Merkmale einer Stelle ausweisen. Sie legt fest,
• welche Ziele zu erfüllen sind,
• durch welche Aufgaben diese Ziele erreicht werden können,
• über welche Kompetenzen der Stelleninhaber verfügen soll oder darf und
• wie sich die Stelle im hierarchischen Betriebsaufbau einfügt.

Die Stellenbeschreibung dient darüber hinaus als Informationsgrundlage für die Personalpla-nung und -entwicklung, den Personaleinsatz, die Leistungsbeurteilung und die Festlegung des Leistungsentgelts (Lohn und Gehalt).

Sie beinhaltet:
• die Stellenbezeichnung,
• die Einordnung der Stelle in die Unternehmensorganisation,
• die Aufgaben und Ziele,
• die Befugnisse und Verantwortlichkeiten,
• die Stellvertretung und
• die Unterschriften, durch die die Stellenbeschreibung legitimiert wird.

Bei der Ausschreibung ist besonders darauf zu achten, dass nicht durch unbedachte Formulie-rungen Indizien für die Absicht einer Benachteiligung gesetzt werden.

Beispiel: „Wir suchen ab sofort für die Zustellung von Briefsendungen in und um Berlin einen/ eine Briefzusteller/in. Sie sind zuverlässig und verfügen über eine gute Ortskenntnis. Sie sind im Besitz eines einwandfreien polizeilichen Führungszeugnisses und beherrschen die deutsche Sprache in Wort und Schrift. Bei Interesse bewerben Sie sich unter: ....“

4.3 Externe Bewerbung

Die Bewerbung ist vergleichbar mit einem Aushängeschild, durch das sich der Bewerber präsentiert. Deswegen sollte eine Bewerbung stets sehr sorgfältig angefertigt werden, denn sie ist die Grundlage für den ersten Eindruck, den ein Unternehmen von einem externen Bewerber hat.

Die Bewerbung sollte daher zwingend folgende Informationen und Unterlagen enthalten:
- Bewerbungsschreiben,
- Lichtbild,
- Lebenslauf,
- Schulzeugnisse,
- Arbeitszeugnisse,
- schriftliche Beurteilungen von Vorgesetzten und
- Referenzen.

Im Hinblick auf das Allgemeine Gleichbehandlungsgesetz (AGG; vgl. Abschnitt 3) ist es mittlerweile umstritten, ob das Unternehmen ein Lichtbild fordern darf, da dadurch subjektive Kriterien wie das äußere Erscheinungsbild zur Auswahl herangezogen werden. Auch wird diskutiert, ob überhaupt noch Unterlagen eingereicht werden sollen, aus denen sich das Alter des Bewerbers ergibt. Aktuell entspricht es jedoch noch der deutschen Rechtskultur, dass man sich mit Lichtbild und Zeugnis bewirbt, sodass dem Bewerber zumindest anzuraten ist, diese der Bewerbung beizufügen.

4.3.1 Bewerbungsschreiben

Das Bewerbungsschreiben ist ein Anschreiben an das Unternehmen, das alle wesentlichen Informationen über den Bewerber in Bezug auf seine Eignung für die konkrete Stelle enthält. So muss unter anderem auf berufsspezifische Kenntnisse, spezielle Praktika und/oder einschlägige Berufserfahrung eingegangen werden. Auch besondere Fähigkeiten des Bewerbers, wie eine schnelle Auffassungsgabe, Teamfähigkeit, Selbstständigkeit etc., sollten kurz benannt werden. Falls vom Unternehmen ausdrücklich gefordert, sollten auch Angaben über die Gehaltsvorstellungen des Bewerbers nicht fehlen.

4.3.2 Lichtbild

Das **Lichtbild** soll einen ersten Eindruck über das äußere Erscheinungsbild des Bewerbers vermitteln.

4.3.3 Lebenslauf

Das Kernstück der Bewerbung ist der **Lebenslauf** nebst Anlagen. In diesem ist der schulische und berufliche Werdegang des Bewerbers meist tabellarisch aufbereitet. Anschrift, Schulausbildung, Schulabschlüsse, Berufsausbildung, ausgeübte Tätigkeiten, Sprachkenntnisse etc. sollten auf einen Blick erkennbar sein und durch entsprechende Anlagen, wie Schul- und Arbeitszeugnisse, Beurteilungen und Zertifikate, belegt werden.

4.4 Interne Bewerbung

Für die interne Bewerbung sind die vorgenannten Unterlagen und Informationen meist schon aus der Personalakte beziehungsweise dem Personalinformationssystem ersichtlich.

4.4.1 Personalakte

Die Personalakte ist das Spiegelbild der beruflichen Beziehung zwischen Arbeitgeber und Mitarbeiter. In ihr sind die Bewerbungsunterlagen und Beurteilungen, der Personalfragebogen, der Arbeitsvertrag sowie sämtliche Änderungsverträge, Zeugnisse, Abmahnungen, Arbeitsunfähigkeitsbescheinigungen, Urlaubsunterlagen, Kündigungsschreiben, Aufhebungsverträge, abrechnungs-, steuerrechtliche und sozialversicherungsrechtliche Unterlagen, aber auch Pfändungen, Unterlagen zum Mutterschutz, Behinderungen und zum Wehrdienst sowie die gesamte mit dem Mitarbeiter geführte Korrespondenz enthalten. Allerdings können unwichtige Unterlagen, wie Urlaubsmitteilungen oder Mitteilungen über persönliche Ereignisse, vom Arbeitgeber auch vernichtet werden.

Aufgabe der Personalakte ist es, ein möglichst vollständiges, wahrheitsgemäßes und sorgfältiges Bild über den Arbeitnehmer im Arbeitsprozess zu erstellen (vgl. BAG, Urteil vom 07.09.1988 – 5 AZR 625/82). Allerdings dürfen nicht alle Unterlagen und Informationen in die Personalakte aufgenommen werden. So besteht beispielsweise bei grafologischen Gutachten und Eignungstests grundsätzlich die Pflicht des Arbeitgebers, die Einwilligung des Arbeitnehmers zuvor einzuholen. Auch hinsichtlich ärztlicher Gutachten dürfen Informationen nur insoweit aufgenommen werden, als ein Unterrichtungsanspruch des Arbeitgebers besteht. Dieser beschränkt sich auf das Untersuchungsergebnis.

Relevant wird in diesem Zusammenhang auch das **Datenschutzgesetz,** das die Speicherung personenbezogener Daten nur insoweit zulässt,

- als der Betroffene zugestimmt hat oder
- die Verarbeitung der Daten im Rahmen des Arbeitsvertrages notwendig ist und schutzwürdige Belange des Arbeitnehmers nicht überwiegen (siehe unten).

Jeder Arbeitnehmer hat das Recht, jederzeit und ohne Angabe von Gründen seine Personalakte einzusehen, § 83 BetrVG. Die Einsichtnahme kann grundsätzlich während der Arbeitszeit erfolgen, jedoch muss auf betriebliche Belange Rücksicht genommen werden.

Sofern nicht steuer- und sozialversicherungsrechtliche Vorschriften etwas anderes bestimmen, ist eine Mindestfrist für die Aufbewahrung der Unterlagen in der Personalakte gesetzlich nicht vorgesehen.

4.4.2 Personalinformationssysteme

In vielen Unternehmen werden zudem Personalinformations- bzw. -verwaltungssysteme eingesetzt. Diese basieren meist auf dem Gehaltsabrechnungsprogramm und enthalten alle wichtigen Daten über den Mitarbeiter, wie Namen, Anschrift, Alter, Familienstand, Zahl der Kinder, Gehalt und die Steuerklasse. Hinzu kommen Informationen über die bisherigen Tätigkeiten, besondere Kenntnisse oder Fähigkeiten, Leistungsdaten, Aus- und Weiterbildungen, Einsatzorte und sogar frühere Arbeitgeber und Beschäftigungen.

Auf Grundlage solcher Personalinformationssysteme können Personalstatistiken erstellt werden, die dann Auskünfte über die Personalstruktur und -entwicklung des Unternehmens geben.

4.4.3 Bewerbungsunterlagen

Die Bewerbungsunterlagen bei einer internen Bewerbung beschränken sich auf das Bewerbungsschreiben, in welchem der Mitarbeiter darlegen sollte, warum er sich auf die neue Stelle bewirbt und welche Vorstellungen er mit dem Stellenwechsel verbindet. Hilfreich ist meist auch eine schriftliche Beurteilung des derzeitigen Vorgesetzten über die Leistungen, damit sich die Personal- und Fachabteilung ein Bild darüber machen kann, ob und wie sich der Mitarbeiter bei der Erfüllung der ihm übertragenen Aufgaben bisher bewährt hat.

4.5 Auswahl geeigneter Bewerber

4.5.1 Allgemeine Kriterien für die Personalauswahl

Bei der Personalauswahl finden folgende Kriterien Beachtung:

Physische Kriterien	Hierunter fallen alle körperlichen und gesundheitlichen Anforderungen an den Bewerber, wie Behinderungen, Rot-Grün-Sehschwäche, Muskelkraft und allgemeine Widerstandsfähigkeit.
Sozialpsychologische Kriterien	Dieses Merkmal erfasst alle Anforderungen, die die zwischenmenschlichen Beziehungen des Bewerbers charakterisieren, wie z. B. die Fähigkeit zur Teamarbeit und seine Führungsqualitäten. Aber auch die soziale Situation am Arbeitsplatz soll durch dieses Merkmal beschrieben werden. So können z.B. das Alter oder die Qualifikation von Kollegen, Vorgesetzten und Untergebenen die Arbeitsleistung des Bewerbers beeinflussen und eine Zusammenarbeit erschweren.
Psychische Kriterien	Hierunter fallen alle geistigen und sonstigen nicht körperlichen Anforderungen wie Intelligenz, Reaktionsvermögen, Konzentrations- und Entscheidungsfähigkeit. Ferner werden die Kriterien erfasst, die die Leistungs- und Einsatzbereitschaft eines Menschen sowie dessen Belastbarkeit beschreiben.
Fachliche Kriterien	Fachliche Kriterien sind dagegen all diejenigen Merkmale, die durch Aus- und Weiterbildung oder praktische Erfahrung erworben werden können, z.B. fachspezifische Kenntnisse, fachliches Können, Berufserfahrung.

4.5.2 Anforderungsprofil

Um den geeigneten Bewerber aus der Vielzahl der eingehenden Bewerbungen herauszufiltern, werden ein **Anforderungs-** und ein **Qualitätsprofil** erstellt.

Das Anforderungsprofil enthält alle für die Stelle objektiv wichtigen Anforderungsmerkmale und Anforderungsarten und sollte zumindest Aussagen über die folgenden Kriterien treffen:

- Fachwissen / Fachkönnen,
- Führungsverhalten (Ausrichtung an Zielen, Aufgaben oder den Mitarbeitern),
- Leistungsbereitschaft (Eigeninitiative, Selbstmotivation),
- Lernbereitschaft,
- Belastbarkeit (Umgang mit Stress, Konflikten, Kritik und Frust),
- Flexibilität,
- Teamfähigkeit,
- Kommunikationsverhalten (Auftreten, Überzeugungsfähigkeit, Kontaktfreude),
- Verhandlungsführung,
- logisches Denken und
- unternehmerisches Denken.

4.5.3 Qualitätsprofil

Dann wird ein Qualitätsprofil von dem potenziellen Bewerber erstellt. Dazu werden die Schul- und Arbeitszeugnisse des Bewerbers sowie seine Beurteilungen ausgewertet. Im persönlichen Gespräch, auch Interview genannt, werden weitere Erkenntnisse über die Qualifikation sowie seine Eignung gewonnen. Auch können psychologische Eignungstests durchgeführt werden und Arbeitsproben von dem potenziellen Bewerber abverlangt werden.

4.5.4 Vergleich von Anforderungs- und Qualitätsprofil

Schließlich werden Anforderungs- und Qualitätsprofil miteinander verglichen, d.h., es wird geschaut, ob die Fähigkeiten des potenziellen Bewerbers zu den Anforderungen aus dem Anforderungsprofil passen. Derjenige Bewerber, dessen Qualitätsprofil die höchste Übereinstimmung mit dem Anforderungsprofil aufweist, ist als geeigneter Kandidat für die Besetzung der Stelle anzusehen.

4.6 Ablauf des Bewerbungsverfahrens

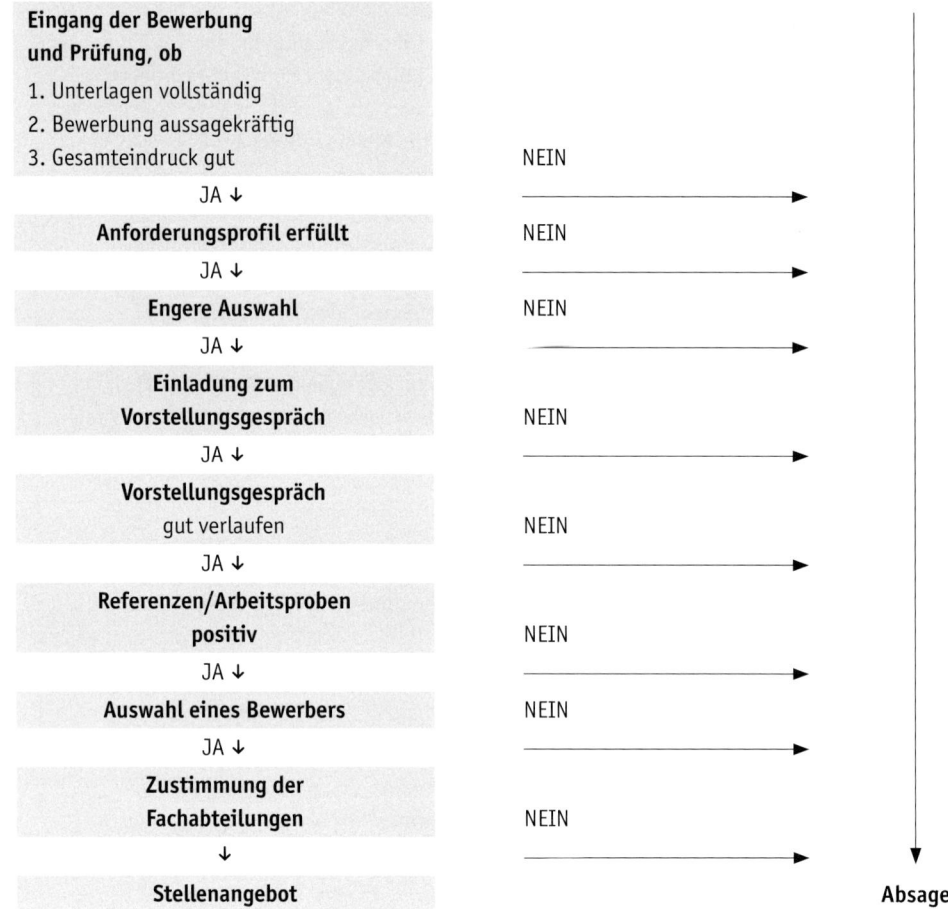

5 Der Arbeitsvertrag

5.1 Begründung und Inhalt von Arbeitsverhältnissen

Nachdem ein Bewerber ein Stellenangebot erhalten hat, müssen sich die Parteien noch über verschiedene Punkte des Arbeitsverhältnisses einigen und dann einen Arbeitsvertrag schließen. So werden sich die Parteien etwa darüber verständigen, ob der Bewerber Vollzeit- oder Teilzeit arbeiten soll, was er verdient und wo er eingesetzt werden soll.

Bei einem Arbeitsvertrag handelt es sich um einen **Dienstvertrag,** in dem sich der Arbeitnehmer verpflichtet, seine Arbeitsleistung zur Verfügung zu stellen, und der Arbeitgeber sich verpflichtet, hierfür das Arbeitsentgelt zu zahlen.

Arbeitsverträge werden in der Regel schriftlich abgeschlossen, müssen es aber nicht. Auch ein mündlich geschlossener Arbeitsvertrag ist wirksam.

5.1.1 Inhalt des Arbeitsvertrages

Jedoch hat der Arbeitnehmer einen Anspruch darauf, dass der Arbeitgeber ihm zumindest die wesentlichen Vertragsbedingungen, auf die sich die Parteien geeinigt haben, schriftlich mitteilt. Das **Nachweisgesetz** (NachweisG) regelt hier:

§ 2 Nachweispflicht

(1) Der Arbeitgeber hat spätestens einen Monat nach dem vereinbarten Beginn des Arbeitsverhältnisses die wesentlichen Vertragsbedingungen schriftlich niederzulegen, die Niederschrift zu unterzeichnen und dem Arbeitnehmer auszuhändigen. In die Niederschrift sind mindestens aufzunehmen:

1. der Name und die Anschrift der Vertragsparteien,
2. der Zeitpunkt des Beginns des Arbeitsverhältnisses,
3. bei befristeten Arbeitsverhältnissen: die vorhersehbare Dauer des Arbeitsverhältnisses,
4. der Arbeitsort oder, falls der Arbeitnehmer nicht nur an einem bestimmten Arbeitsort tätig sein soll, ein Hinweis darauf, dass der Arbeitnehmer an verschiedenen Orten beschäftigt werden kann,
5. eine kurze Charakterisierung oder Beschreibung der vom Arbeitnehmer zu leistenden Tätigkeit,
6. die Zusammensetzung und die Höhe des Arbeitsentgelts einschließlich der Zuschläge, der Zulagen, Prämien und Sonderzahlungen sowie anderer Bestandteile des Arbeitsentgelts und deren Fälligkeit,
7. die vereinbarte Arbeitszeit,
8. die Dauer des jährlichen Erholungsurlaubs,
9. die Fristen für die Kündigung des Arbeitsverhältnisses,
10. ein in allgemeiner Form gehaltener Hinweis auf die Tarifverträge, Betriebs- oder Dienstvereinbarungen, die auf das Arbeitsverhältnis anzuwenden sind.

Es gilt: Haben die Parteien sich auf etwas ausdrücklich geeinigt, so gilt diese Regelung, es sei denn, dass das Gesetz, der Tarifvertrag oder eine Betriebsvereinbarung hier etwas anderes vorschreiben.

Beispiel: Der Arbeitsvertrag regelt, dass der Arbeitnehmer 6 Urlaubstage im Jahr erhält. Dies widerspricht § 3 BUrlaubG, der 24 Werktage als Mindesturlaub vorschreibt. Die Regelung im Arbeitsvertrag ist damit unwirksam und es gilt das Gesetz.

So ist es auch, wenn im Arbeitsvertrag selber nichts geregelt ist. Diese bewusste oder unbewusste Lücke wird dann durch die gesetzliche oder tarifvertragliche Regelung ausgefüllt.

Beispiel: Der Arbeitsvertrag enthält keine Regelung zu Kündigungsfristen. Dann gelten die gesetzlichen Fristen gem. § 622 BGB.

Daneben ist es üblich, zahlreiche andere Punkte im Arbeitsvertrag zu regeln, beispielsweise:

- Wettbewerbsverbote,
- Probezeit,
- Zuzahlungen zu Fahrkosten,
- Pflicht zur unverzüglichen Krankmeldung,
- Freistellungsregelungen,
- Schriftformklauseln.

5.1.2   Rechte und Pflichten aus dem Arbeitsverhältnis

Aus dem Arbeitsverhältnis ergeben sich für die Parteien auch weitere Pflichten, die nicht ausdrücklich im Vertrag vereinbart werden müssen.

Aufseiten des **Arbeitnehmers** sind dies
- **die Treuepflicht:** Verschwiegenheit gegenüber Dritten, Wahrung von Geschäftsgeheimnissen, Förderung des Unternehmenszieles;
- **das Wettbewerbsverbot:** Der Arbeitnehmer darf neben seiner Beschäftigung für den Arbeitgeber ohne dessen Zustimmung nicht in einer Weise selber geschäftlich tätig werden, dass das Arbeitsverhältnis hierunter leidet. So darf er nicht für einen Konkurrenten arbeiten oder selber konkurrierend tätig sein.

Aufseiten des **Arbeitgebers** ist dies vor allem die:
- **Fürsorgepflicht:** Der Arbeitgeber hat Leben und Gesundheit des Arbeitnehmers zu erhalten und ihn auch vor sonstigen Gefahren zu schützen. So muss er ihn etwa in der Kündigung darauf hinweisen, dass er sich unverzüglich arbeitslos melden muss.

5.2   Befristung von Arbeitsverhältnissen

Arbeitsverhältnisse können sowohl unbefristet wie auch befristet abgeschlossen werden. Unter einem unbefristeten Arbeitsverhältnis versteht man, dass dieses Arbeitsverhältnis auf unbestimmte Zeit geschlossen ist, während das befristete Arbeitsverhältnis nur für eine bestimmte Dauer zwischen den Parteien bestehen soll.

Beispiel: Frau Müller wird befristet als Vertretung für Frau Schneider eingestellt, die für zwei Jahre in Elternzeit geht.

Unbefristete Arbeitsverhältnisse müssen in der Regel gekündigt werden. Befristete Arbeitsverträge enden grundsätzlich mit Ablauf der bestimmten Frist oder mit Wegfall des Befristungsgrundes.

5.2.1   Arten der Befristung

Man unterscheidet zeitbezogene und zweckbezogene Befristungen. Die **zeitbezogenen Verträge** können für einen bestimmten Zeitraum (etwa für einen Monat oder ein Jahr) geschlossen werden, während **zweckbezogene Verträge** bis zum Wegfall eines bestimmten Zwecks (Urlaubs- oder Krankheitsvertretung, Unterstützung eines bestimmten Projektes) geschlossen werden. Diese Verträge laufen aus, sobald der Arbeitgeber das Erreichen des jeweiligen Zwecks angezeigt hat. Das Arbeitsverhältnis endet dann mit einer Auslauffrist von zwei Wochen.

Der Abschluss von befristeten Arbeitsverhältnissen unterliegt auch sonst gesetzlichen Bestimmungen, die die Befristung von Arbeitsverhältnissen nur unter bestimmten Bedingungen zulassen. Dies folgt bereits aus der Überlegung, dass sonst Arbeitgeber alle Arbeitsverhältnisse nur noch zeitlich befristet abschließen könnten, um damit den Kündigungsschutz des Kündigungsschutzgesetzes zu umgehen.

Ein zeitlich befristeter Arbeitsvertrag kann für eine **Höchstdauer von zwei Jahren** geschlossen werden. Innerhalb dieses Zeitraums ist es auch möglich, kürzere Fristen bis zu dreimal zu verlängern. Überschreitet der Arbeitgeber die Zwei-Jahres-Frist, kommt ein unbefristetes Arbeitsverhältnis zu Stande.

Beispiel: Frau Meier wird zunächst für ein Jahr als Kassiererin eingestellt. Kurz vor Ablauf dieses Jahres verlängert ihr Arbeitgeber das Arbeitsverhältnis um weitere neun Monate. Nach Ablauf dieser neun Monate ist es möglich, das Arbeitsverhältnis nochmals um weitere drei Monate zu verlängern.

Die zeitliche Befristung des Arbeitsverhältnisses ist nur zulässig bei echten Neueinstellungen. Dies bedeutet nach der Rechtsprechung des Bundesarbeitsgerichts, dass zwischen dem Ende des früheren Arbeitsverhältnisses und dem sachgrundlos befristeten neuen Arbeitsvertrag mehr als drei Jahre liegen müssen, bevor der vorherige Arbeitgeber den Arbeitnehmer erneut sachgrundlos befristet anstellen darf.

> **Beispiel:** Frau Meier hat im Busbetrieb des A als Kassiererin gearbeitet. Vor 2 ½ Jahren wechselte sie dann zu einem Logistikunternehmen. Das Busunternehmen möchte Frau Meier nun wieder einstellen, dies jedoch zunächst befristet für ein Jahr. Dies ist jedoch nicht möglich, da Frau Meier bereits einmal in einem Arbeitsverhältnis zu dem Busunternehmen gestanden hat und dies noch keine 3 Jahre her ist.

Eine Befristung ist auch möglich, wenn diese Befristung **zweckbezogen** ist. Gründe, die eine solche Befristung rechtfertigen, können darin liegen, einen anderen Arbeitnehmer zu vertreten, kurzfristigen Arbeitsanfall oder Eilaufträge aufzufangen oder ein bestimmtes Projekt abzuwickeln. Üblich ist die zweckbezogene Befristung auch gerade im Hotelgewerbe, bei dem während der Hochsaison jeweils ein erhöhter Bedarf an Arbeitskräften besteht.

Während der Dauer eines befristeten Arbeitsverhältnisses kann dieses nur dann ordentlich gekündigt werden, wenn der Vertrag selber eine ordentliche Kündigungsmöglichkeit vorsieht. Wenn ein so genannter „wichtiger Grund" gegeben ist, der das Festhalten am gegenseitigen Vertrag unzumutbar werden lässt, kann ein befristeter Vertrag auch außerordentlich (fristlos) gekündigt werden.

5.2.2 Schriftform

Das Gesetz gibt vor, dass befristete Arbeitsverhältnisse schriftlich geschlossen werden müssen. Diese Schriftform ist nur dann eingehalten, wenn **vor** der Arbeitsaufnahme die entsprechende Vereinbarung zwischen den Parteien unter Angabe der Befristungszeit bzw. des Befristungsgrundes schriftlich und von beiden Parteien unterzeichnet niedergelegt wird. Wird die Schriftform nicht eingehalten, entsteht zwischen den Parteien ein unbefristetes Arbeitsverhältnis.

6 Fort- und Weiterbildungsmöglichkeiten

Um den betrieblichen, wirtschaftlichen und sozialen Herausforderungen auch weiterhin gewachsen zu sein, ist die Inanspruchnahme von Fort- und Weiterbildungsangeboten durch den Arbeitnehmer meist unerlässlich.

Private und öffentliche Einrichtungen bieten eine Vielzahl von Weiterbildungsmöglichkeiten an. Diese sind nicht nur auf berufs- bzw. fachspezifische Themen beschränkt, auch Fremdsprachenkurse oder allgemein bildende Kurse werden angeboten. In vielen Bundesländern erhält der Arbeitnehmer zur Wahrnehmung von Bildungsveranstaltungen nach dem jeweiligen Bildungsurlaubsgesetz des Landes **Bildungsurlaub,** d.h., der Arbeitnehmer wird für fünf Tage von der Arbeit freigestellt, um an der Bildungsveranstaltung teilnehmen zu können. Anerkannte Bildungsveranstaltungen können bei der jeweils zuständigen Behörde erfragt werden.

Werden Bildungsmaßnahmen vom Arbeitgeber bezahlt, so ist damit nicht selten die Verpflichtung zur (teilweisen) Rückzahlung des verauslagten Betrages verbunden, wenn der Arbeitnehmer innerhalb von höchstens 36 Monaten nach der Maßnahme kündigt. Damit soll sichergestellt werden, dass der Arbeitnehmer die in der Weiterbildung erworbenen Fähigkeiten auch für den Arbeitgeber einsetzt und sich nicht auf eine bessere Stelle in einem anderen Unternehmen bewirbt.

7 Beendigung von Arbeitsverhältnissen

7.1 Die Kündigung

Arbeitsverhältnisse können auf unterschiedliche Weise enden. Der häufigste Fall der Beendigung ist die Kündigung. Die Kündigung ist eine einseitige, empfangsbedürftige Willenserklärung. Diese muss der Berechtigte **schriftlich** (§ 623 BGB) dem Arbeitnehmer gegenüber aussprechen. Eine nur mündlich ausgesprochene Kündigung ist unwirksam. Die Erklärung muss hinreichend deutlich machen, dass mit ihr das Arbeitsverhältnis beendet werden soll. Das Wort „Kündigung" muss nicht ausdrücklich benutzt werden.

In der Regel müssen auch **keine Kündigungsgründe** angegeben werden. Hiervon gibt es wichtige Ausnahmen, wie etwa geregelt in § 22 Abs. 3 BBiG sowie in Arbeitsverträgen, Betriebsvereinbarungen oder Tarifverträgen. In diesen Fällen ist die Angabe von Kündigungsgründen eine Wirksamkeitsvoraussetzung für die Kündigung insgesamt. Der Kündigungsgrund muss dann im Kündigungsschreiben genau bezeichnet werden, Schlagworte oder die Bezugnahme auf ein vorher geführtes Gespräch reichen nicht.

Die Kündigung muss durch einen Berechtigten erfolgen. Handelt es sich bei dem Arbeitgeber um eine natürliche Person, reicht dessen Erklärung. Ansonsten richtet sich die Berechtigung bei juristischen Personen und Personengesellschaften nach den gesetzlichen Vorschriften. So ist etwa der Geschäftsführer einer GmbH oder der Komplementär einer Kommanditgesellschaft berechtigt, Kündigungen zu erklären. Selbiges gilt für Prokuristen, Handelsbevollmächtigte oder Generalbevollmächtigte. Auch der Personalleiter eines Unternehmens besitzt regelmäßig die Vollmacht zur Kündigung.

Die Kündigungserklärung selber muss der anderen Vertragspartei tatsächlich zugehen. Dies ist dann der Fall, wenn sie so in den Machtbereich des Empfängers der Erklärung gelangt ist, dass bei Annahme gewöhnlicher Verhältnisse damit zu rechnen ist, dass der Empfänger von ihr Kenntnis erhält. Somit ist der Zugang bei einem Einwurf des Kündigungsschreibens in den Briefkasten dann erfolgt, wenn und sobald mit der normalen Leerung des Briefkastens zu rechnen ist. Wird das Schreiben erst nach der üblichen Leerungszeit eingeworfen, erfolgt der Zugang entsprechend erst am nächsten Tag. Ein während der Abwesenheit der anderen Partei – etwa im Urlaub – zugegangenes Kündigungsschreiben gilt diesem dennoch als zugegangen.

Ein Einwurfeinschreiben geht dann zu, wenn es in den Briefkasten eingeworfen wurde und mit der Leerung zu rechnen ist. Wird dieses für den Empfänger hinterlegt – etwa beim Einschreiben mit Rückschein – geht das Schreiben erst zu, wenn es tatsächlich vom Empfänger abgeholt wird. Hiervon gibt es eine bedeutende Ausnahme. Verhindert der Empfänger des Kündigungsschreibens den Zugang des Einschreibens rechtsmissbräuchlich, indem er es nicht abholt oder die Aushändigung verhindert, weil er weiß oder damit rechnen muss, dass es sich um ein Kündigungsschreiben handelt, muss er sich dennoch so behandeln lassen, als wäre das Kündigungsschreiben tatsächlich zugegangen.

Man unterscheidet grundsätzlich zwischen der ordentlichen und der außerordentlichen Kündigung und der jeweiligen Änderungskündigung.

7.2 Ordentliche Kündigung

Die ordentliche Kündigung ist der Regelfall für die Beendigung eines Arbeitsverhältnisses. Vorbehaltlich einer abweichenden vertraglichen Regelung – die jedoch nicht zu Ungunsten des Arbeitnehmers abweichen darf – ist in § 622 BGB geregelt, nach Ablauf welcher **Kündigungsfrist** das Arbeitsverhältnis dann endet.

Hierbei gilt für eine Kündigung **seitens des Arbeitnehmers,** dass das Arbeitsverhältnis mit einer Frist von vier Wochen zum 15. oder zum Ende eines Kalendermonats gekündigt werden kann. Für die Kündigung **seitens des Arbeitgebers** gelten die Kündigungsfristen gem. § 622 Abs. 2 BGB, der eine Staffelung der Kündigungsfristen je nach Länge des Arbeitsverhältnisses enthält.

Bei der Berechnung der Beschäftigungsdauer werden jedoch Zeiten, die vor der Vollendung des 25. Lebensjahres des Arbeitnehmers liegen, an sich nicht berücksichtigt (§ 622 Abs. 2 S. 2 BGB). Denn der Europäische Gerichtshof in Luxemburg hat diese Vorschrift wegen eines Verstoßes gegen das Diskriminierungsverbot wegen Alters (hier eben auch junges Alter) für nicht anwendbar erklärt. Somit steht diese zwar noch in Gesetz, darf jedoch nicht angewandt werden.

Eine Ausnahme gilt während einer vereinbarten **Probezeit.** Innerhalb dieser, die längstens für die Dauer von sechs Monaten bestehen darf, kann das Arbeitsverhältnis von beiden Vertragsparteien mit einer Frist von zwei Wochen gekündigt werden.

Die ordentliche Kündigung führt im Regelfall dazu, dass das Arbeitsverhältnis nach Ablauf der Kündigungsfrist beendet wird. Besonderheiten ergeben sich hier jedoch für Arbeitnehmer, die unter den Geltungsbereich des **Kündigungsschutzgesetzes** fallen.

7.2.1 Kündigungsschutz

Für eine ordentliche Kündigung seitens des Arbeitgebers hat der Gesetzgeber in den meisten Fällen hohe Anforderungen gesetzt. Dies rechtfertigt sich dadurch, dass die meisten Arbeitnehmer auf ihr Arbeitsverhältnis zur Sicherung ihrer Existenz angewiesen sind.

Das Arbeitsrecht unterscheidet zwischen dem allgemeinen und besonderen Kündigungsschutz. Das Kündigungsschutzgesetz regelt, dass eine ordentliche Kündigung gegenüber Arbeitnehmern, die in Betrieben arbeiten, die in der Regel **mehr als zehn Arbeitnehmer** beschäftigen (§ 23 Abs. 1 KSchG) und deren Arbeitsverhältnis in diesem Betrieb **länger als sechs** Monate (§ 1 Abs. 1 KSchG) bestanden hat, rechtsunwirksam ist, wenn sie sozial ungerechtfertigt ist.

Sozial gerechtfertigt ist eine solche Kündigung allein, wenn für sie ein betrieblicher Grund, ein Grund, der im Verhalten des Arbeitnehmers liegt, oder ein Grund, der in der Person des Arbeitnehmers liegt, gegeben ist.

7.2.2 Betriebsbedingte Kündigung

Eine ordentliche Kündigung auf Grund dringender betrieblicher Erfordernisse kann etwa gegeben sein, wenn der Arbeitgeber sich entschließt, Umstellungen oder Einschränkungen in der Produktion vorzunehmen oder bisher im Betrieb erbrachte Arbeiten auf eine Fremdfirma zu übertragen. In Frage kommen jedoch auch außerbetriebliche Umstände, wie etwa ein drastischer Auftragsrückgang.

Diese Ursachen müssen dazu führen, dass ein konkreter Arbeitsplatz wegfällt. Hierüber hat der Arbeitgeber eine unternehmerische Entscheidung zu treffen, in der er relativ frei ist. Die Gerichte überprüfen diese Entscheidung nur daraufhin, ob diese rechtsmissbräuchlich sind. Ein Rechtsmissbrauch liegt lediglich vor, wenn die unternehmerische Entscheidung offensichtlich unsachlich und willkürlich ist. Dagegen prüfen die Gerichte voll umfänglich, ob die Tatsachen, die der unternehmerischen Entscheidung zu Grunde liegen – wie etwa der Auftragsrückgang – tatsächlich vorliegen.

Bei der Kündigung auf Grund dringender betrieblicher Erfordernisse fordert die Rechtsprechung, dass eine solche Kündigung tatsächlich dringend und die letzte mögliche Alternative für den Arbeitgeber darstellt. So ist er gehalten, etwaige andere freie Arbeitsplätze dem ansonsten zu kündigenden Arbeitnehmer anzubieten und ggf. diesem auch eine Änderungskündigung zu erteilen.

Oftmals ist es so, dass mehrere Arbeitnehmer auf vergleichbaren Arbeitsstellen beschäftigt werden, sodass an sich jeder dieser Arbeitsplätze entfallen könnte. Hier ist der Arbeitgeber gehalten, zwischen den Arbeitnehmern eine **soziale Auswahl** durchzuführen. Auch wenn dringende betriebliche Gründe für eine Kündigung gegeben sind, wäre die Kündigung dennoch sozialwidrig und damit rechtsunwirksam, wenn der Arbeitgeber bei der Auswahl des zu kündigenden Arbeitnehmers die Dauer der Betriebszugehörigkeit, das Lebensalter, die Unterhaltspflichten und die Schwerbehinderung des Arbeitnehmers nicht oder nicht ausreichend berücksichtigt hat.

> **Beispiel:** Arbeitgeber A beschäftigt zwei Buchhalter. Herr Meier ist 35 Jahre alt und seit 14 Jahren im Unternehmen tätig. Er hat keine Kinder. Frau Müller ist 23 Jahre alt und seit zwei Jahren im Unternehmen tätig. Sie hat einen unterhaltspflichtigen Sohn. Auf Grund einer unternehmerischen Entscheidung fällt eine Buchhalterstelle weg
>
> Die soziale Auswahl ergibt, dass Herr Meier 12 Jahre älter als Frau Müller ist und dem Betrieb 13 Jahre länger angehört. Für Frau Müller spricht, dass sie ein unterhaltspflichtiges Kind hat. Dem Arbeitgeber steht hier ein gewisser Beurteilungsspielraum zu. Er wird sich jedoch für die Kündigung von Frau Müller entscheiden, da eine Abwägung aller Sozialdaten ergibt, dass Herr Meier auf Grund des deutlich höheren Alters und der längeren Betriebszugehörigkeit sozial schutzwürdiger erscheint.

7.2.3 Verhaltensbedingte Kündigung

Hier ist die ordentliche Kündigung nur dann sozial gerechtfertigt, wenn sie durch ein Verhalten des Arbeitnehmers selber veranlasst wurde. Als solche verhaltensbedingten Gründe gelten:

- Leistungsstörungen wie verspätetes Erscheinen zur Arbeit, Schlechtleistungen oder Verstöße gegen die Arbeitspflicht;
- Störung der betrieblichen Ordnung (Verstoß gegen Alkoholverbot oder Beleidigung von Arbeitskollegen);
- Störungen im Vertrauensbereich (Straftaten gegen den Arbeitgeber oder auch Verletzungen von arbeitsvertraglichen Nebenpflichten, verspätete Vorlage von Krankmeldungen).

Nicht jedes Fehlverhalten des Arbeitnehmers führt sofort zu einer ordentlichen Kündigung. Auch hier ist zu berücksichtigen, dass eine Kündigung des Arbeitsvertrages nur das äußerste Mittel sein kann. Grundsätzlich hat der Arbeitgeber die Pflicht, vor Ausspruch einer Kündigung dem Arbeitnehmer eine so genannte **Abmahnung** zu erteilen. Diese besteht aus drei Elementen:

- Das pflichtwidrige Verhalten wird geschildert **(Dokumentationsfunktion)**.
- Der Pflichtverstoß des Arbeitnehmers wird getadelt **(Bestandsfunktion)**.
- Der Arbeitnehmer wird darauf hingewiesen, dass bei weiteren Verstößen gegen seine arbeitsvertraglichen Verpflichtungen eine Kündigung ausgesprochen wird **(Warnfunktion)**.

Eine solche Abmahnung kann nur entfallen, wenn das pflichtwidrige Verhalten des Arbeitnehmers so schwer wiegt, dass die Rechtswidrigkeit für den Arbeitnehmer ohne Weiteres erkennbar war und dass eine Hinnahme des Verhaltens durch den Arbeitgeber offensichtlich ausgeschlossen ist. Dies ist insbesondere in Fällen von strafrechtlichen Handlungen zum Nachteil des Arbeitgebers anzunehmen.

7.2.4 Personenbedingte Kündigung

Personenbedingte Kündigungsgründe liegen vor, wenn die Umstände, auf denen die Kündigung beruht, in der Sphäre des Arbeitnehmers liegen, sodass dieser quasi eine permanente „Störquelle" darstellt. Als Beispiele kommen Langzeiterkrankungen oder auch erhebliche sonstige Leistungsminderungen infrage.

7.3 Außerordentliche Kündigung

Die außerordentliche Kündigung führt in der Regel zur **sofortigen Beendigung** des Arbeitsverhältnisses, das somit unmittelbar mit Zugang der Kündigungserklärung eintritt. Sie kann jedoch – ausnahmsweise – auch mit einer so genannten Auslauffrist erklärt werden. Die Kündigungserklärung kann somit lauten:

> **Beispiel:** „Wir kündigen Ihnen außerordentlich fristlos." oder „Wir kündigen Ihnen außerordentlich zum ... (Angabe eines Datums)."

Die außerordentliche Kündigung ist davon abhängig, dass ein so genannter „wichtiger Grund" für die Kündigung vorliegt. Die Kündigung muss dann innerhalb von zwei Wochen erfolgen, nachdem der Kündigende von dem wichtigen Grund Kenntnis erlangt hat (§ 626 Abs. 2 BGB).

Ein **wichtiger Grund** ist dann gegeben, wenn Tatsachen vorliegen, auf Grund derer dem Kündigenden die Fortsetzung des Arbeitsverhältnisses bis zum Ablauf der ordentlichen Kündigungsfrist oder bis zu der vereinbarten Beendigung des Arbeitsverhältnisses (Befristung) nicht zugemutet werden kann.

Bei einer **Kündigung durch den Arbeitnehmer** kann ein solcher Grund z. B. vorliegen, wenn der Arbeitgeber mit dem Arbeitslohn in Verzug gerät, grob die Fürsorgepflichten verletzt, Straftaten gegen den Arbeitnehmer begeht oder es zu sexuellen Belästigungen am Arbeitsplatz kommt.

Bei einer **Kündigung durch den Arbeitgeber** entscheidet über die Frage, ob ein wichtiger Grund vorliegt, eine Interessenabwägung, die in zwei Schritten vorzunehmen ist. Zunächst müssen die der Kündigung zu Grunde liegenden Tatsachen an sich geeignet sein, die Fortsetzung des Arbeitsverhältnisses unzumutbar erscheinen zu lassen. Hier kommen etwa Straftaten wie Diebstahl und Betrug gegenüber dem Arbeitgeber, die Annahme von Schmiergeldern, eigenmächtige Urlaubsaufnahme oder verbotene Konkurrenztätigkeit infrage.

Liegt ein objektiver Grund für eine Kündigung vor, ist abzuwägen, ob nicht weniger einschneidende Maßnahmen dazu führen könnten, die Fortsetzung des Arbeitsverhältnisses zumutbar zu machen. Hier käme etwa eine Abmahnung, Versetzung oder Änderungskündigung infrage. Insbesondere in Fällen, in denen der Arbeitnehmer ohne jede Beanstandung längere Zeit für den Arbeitgeber tätig war, scheidet die direkte Erteilung einer außerordentlichen Kündigung aus.

Beispiel 1: Der seit einem Jahr im Supermarkt des A beschäftigte Kassierer Herr Meier nimmt 50,00 € aus der Kasse. Hier ist eine außerordentliche fristlose Kündigung wirksam. In der Unterschlagung des Geldes liegt ein schweres und sogar strafbares Fehlverhalten des Herrn Meier vor. Eine Abmahnung ist entbehrlich, da jeder Arbeitnehmer weiß, dass er kein Geld des Arbeitgebers entwenden darf. Auf Grund der kurzen Betriebszugehörigkeit und dem schweren Fehlverhalten in einem Vertrauensbereich des Herrn Meier führt auch eine generelle Abwägung zu dem Ergebnis, dass dem Arbeitgeber nicht zugemutet werden kann, Herrn Meier bis zum Ablauf der ordentlichen Kündigungsfrist zu beschäftigen.

Beispiel 2: Die Kassiererin Frau Müller ist seit zehn Jahren im Supermarkt des A tätig. In ihrer Mittagspause entnimmt sie der Tiefkühltruhe ein Eis, ohne es zu bezahlen. Hier liegt objektiv ein Fehlverhalten (Unterschlagung) vor, das an sich geeignet ist, es dem Arbeitgeber nicht zumutbar zu machen, das Arbeitsverhältnis bis zum Ablauf der ordentlichen Kündigungsfrist fortzusetzen. Hier ergibt sich jedoch auf Grund des bisherigen untadeligen Verhaltens und der langen Betriebszugehörigkeit der Frau Müller, dass ein Festhalten an dem Arbeitsverhältnis trotz des Vergehens noch zumutbar erscheint. Der A wird daher der Frau Müller lediglich eine Abmahnung erteilen. Erst im Wiederholungsfalle wäre an eine außerordentliche fristlose bzw. verhaltensbedingte ordentliche Kündigung zu denken.

7.4 Änderungskündigung

Bei der Änderungskündigung handelt es sich um eine normale Kündigung des Arbeitsverhältnisses, das jedoch mit dem Angebot verbunden wird, das Arbeitsverhältnis zu geänderten Arbeitsbedingungen fortzusetzen.

Beispiel: Der Arbeitgeber kündigt der bisherigen Sekretärin, bietet ihr jedoch an, in der Lohnbuchhaltung zu arbeiten. Die Änderungskündigung lautet dann:
„Wir kündigen das mit Ihnen bestehende Arbeitsverhältnis ordentlich zum ... Gleichzeitig bieten wir Ihnen an, zukünftig als Lohnbuchhalterin für uns tätig zu sein."

7.5 Der Arbeitsprozess

Der Arbeitnehmer kann sich gegen eine nach Kündigungsschutzgesetz oder aus anderen Gründen (z.B. nicht erfolgte Anhörung des Betriebsrats) unwirksame Kündigung zur Wehr setzen, indem er bei den hierfür zuständigen Arbeitsgerichten feststellen lässt, dass die Kündigung unwirksam ist und er einen Anspruch gegen den Arbeitgeber hat, weiterbeschäftigt zu werden. Eine solche Kündigungsschutzklage muss er innerhalb von drei Wochen nach Zugang der Kündigung erheben, ansonsten wird gesetzlich vermutet, dass die Kündigung wirksam ist.

7.6 Das Arbeitszeugnis

§ 109 Gewerbeordnung (GewO) und § 630 BGB regeln, dass der Arbeitgeber verpflichtet ist, dem Arbeitnehmer bei Beendigung des Arbeitsverhältnisses ein Arbeitszeugnis zu erteilen. Dabei unterscheidet man zwischen

- **einem einfachen Zeugnis,** das sich nur auf die Art der Tätigkeit und die Beschäftigungsdauer bezieht, und
- **einem qualifizierten Zeugnis**, das sich zusätzlich auf die Führung und Leistung bezieht.

Auf Verlangen des Arbeitnehmers ist der Arbeitgeber zur Erteilung eines qualifizierten Zeugnisses verpflichtet.

§ 109 GewO ergänzt noch, dass das Zeugnis klar und verständlich formuliert sein muss und keine Merkmale oder Formulierungen enthalten darf, die den Zweck haben, eine andere als aus der äußeren Form oder aus dem Wortlaut ersichtliche Aussage über den Arbeitnehmer zu treffen. Dies bedeutet, dass weder durch die Form des Zeugnisses noch durch dessen Formulierungen versteckte Aussagen gemacht werden dürfen.

7.6.1 Form des Zeugnisses

Das Zeugnis ist maschinenschriftlich auf dem ungeknickten Geschäftspapier des Unternehmens zu erstellen. Handschriftliche Ergänzungen, Radierungen, Ausstreichungen, Verbesserungen etc., darf es nicht enthalten. Hieraus könnte ein späterer neuer Arbeitgeber den Schluss ziehen, dass ihm der vorhergehende Arbeitgeber heimlich mitteilen wollte, dass auch der Arbeitnehmer unsauber arbeitet.

Weiterhin ist das Zeugnis auf den letzten Arbeitstag zu datieren. Ein späteres Datum brächte die Vermutung auf, dass es zwischen den Parteien wegen der Beendigung des Arbeitsverhältnisses zu langwierigen gerichtlichen Auseinandersetzungen gekommen ist.

Es muss die eigenhändige Unterschrift des Arbeitgebers oder des Vertreters unter dem Zeugnis stehen. Beim qualifizierten Zeugnis muss der Unterzeichner ranghöher sein als der zu beurteilende Mitarbeiter. Alles andere drückte wiederum eine geringe Wertschätzung aus.

7.6.2 Mindestinhalt des einfachen Zeugnisses

Zwingend müssen auch im einfachen Zeugnis folgende Angaben gemacht werden:
- Name, Vorname,
- Beruf,
- akademischer Grad,
- Art der Tätigkeiten,
- Beschreibung des Arbeitsplatzes,
- Leitungsbefugnisse,
- Sonderaufgaben und
- Fortbildungsmaßnahmen.

Anschrift und Geburtsdatum sind nur mit Einverständnis des Arbeitnehmers anzugeben.

7.6.3 Zusätzliche Angaben im qualifizierten Zeugnis

Die Angaben im qualifizierten Arbeitszeugnis erstrecken sich zusätzlich zu den Mindestinhalten des einfachen Zeugnisses auch auf „Führung und Leistung". Das qualifizierte Zeugnis muss daher präzise und zuverlässige Angaben über die

- tatsächlich verrichtete Tätigkeit enthalten und
- eine nachprüfbare Gesamtbewertung der Leistung des Arbeitnehmers beschreiben. Dies betrifft auch die
- Führung des Arbeitnehmers,
- sein Sozialverhalten gegenüber Vorgesetzten, Kollegen, Dritten sowie nachgeordneten Mitarbeitern und
- die Beachtung der betrieblichen Ordnung.

Bei der Beurteilung von Leistung und Führung hat der Arbeitgeber einen gewissen Spielraum, wie er die Leistung und Führung des Arbeitnehmers bewerten und darstellen möchte. So ist es an ihm, ob er bestimmte Leistungen und Eigenschaften besonders hervorhebt oder nicht.

Der Arbeitgeber muss das Zeugnis dennoch hinreichend **objektiv abfassen** und es in sich schlüssig gestalten. So dürfen die einzelnen Abschnitte keine Widersprüche enthalten. Insbesondere die Schlussnote darf nicht überraschen, sondern muss sich mit den einzelnen Beurteilungen decken. Auf eine Dankens- und Bedauernsformel (z. B.: „Wir bedauern sein Ausscheiden sehr und wünschen ihm für seine Zukunft alles Gute.") besteht kein Rechtsanspruch. Sie sind jedoch in der Praxis bei einem wohlwollenden Zeugnis üblich.

Negative Formulierungen sind in Zeugnissen unzulässig. Daher gibt es in der Praxis eine Art „Geheimsprache", wie man auch mit positiven Formulierungen eine negative Beurteilung abgeben kann. So wird etwa formuliert:

Formulierung	Bedeutung
Er/Sie hat stets die ihm/ihr übertragenen Arbeiten stets zu unserer vollsten Zufriedenheit erledigt.	Sehr gute Leistungen
Er/Sie hat die ihm/ihr übertragenen Arbeiten stets zu unserer vollen Zufriedenheit erledigt.	Gute Leistungen
Er/Sie hat die ihm/ihr übertragenen Arbeiten zu unserer Zufriedenheit erledigt.	Ausreichende Leistungen
Er/Sie hat die ihm/ihr übertragenen Arbeiten im Großen und Ganzen zu unserer Zufriedenheit erledigt.	Mangelhafte Leistungen
Er/Sie hat sich bemüht, die ihm/ihr übertragenen Arbeiten zu unserer Zufriedenheit zu erledigen.	Unzureichende Leistungen

Auch andere – an sich positiv klingende – Formulierungen können eine negativ gemeinte Bewertung oder versteckte Information ausdrücken. Etwa:

Formulierung	Bedeutung
Mit seinen Vorgesetzten ist er gut zurechtgekommen.	Er ist ein Mitläufer, der sich gut anpasst.
Er war sehr tüchtig und wusste sich gut zu verkaufen.	Er ist ein unangenehmer Mitarbeiter, der aufschneidet.
Wegen seiner Pünktlichkeit war er stets ein gutes Vorbild.	Er war in jeder Hinsicht eine Niete, bei der es nichts zu loben gibt.
Durch seine Geselligkeit trug er zur Verbesserung des Betriebsklimas bei.	Er ist Alkoholiker oder starker Trinker.

Jeder Arbeitnehmer sollte daher sein Zeugnis kritisch überprüfen.

8 Entgeltarten und Entgeltabrechnung

In der modernen Arbeitswelt hat ein Unternehmen ein besonderes Interesse daran, seine Mitarbeiter zu der bestmöglichen Leistung zu motivieren. Hierbei gibt es die unterschiedlichsten Arten, den jeweiligen Mitarbeiter anzuspornen. Vielleicht möchte jemand gerne einige Tage in der Woche zuhause arbeiten. Ein anderer möchte sich auf einem bestimmten Gebiet fortbilden und wäre dankbar, wenn das Unternehmen ihm die Kurse bezahlt und seine Arbeitszeit flexibel gestaltet, damit er daran teilnehmen kann. Nicht zu vergessen ist sicherlich auch die Möglichkeit, den Mitarbeiter einfach mit Lob und Anerkennung seiner Leistung zu motivieren.

Am häufigsten versuchen Unternehmen jedoch nach wie vor, ihre Mitarbeiter durch finanzielle Anreize zu überdurchschnittlichen Leistungen zu bewegen. Als Grundlohn kommen dabei der Zeitlohn und Akkordlohn oder eine Mischung aus diesen beiden Lohnformen in Betracht.

8.1 Der Zeitlohn

Der Zeitlohn bestimmt sich nach der für die Erbringung der Arbeitsleistung aufgewendeten Zeit. Der Mitarbeiter arbeitet die nach dem Arbeitsvertrag vereinbarte Zeit und erhält für diese Stunden einen festen Lohn. Die Vergütung ist demnach unabhängig von der Qualität der Arbeit. Auch wenn der Mitarbeiter an einem Tag keine für das Unternehmen nutzbare Leistung erbringt, muss dies ihm dennoch den Lohn zahlen.

 Beispiel: Der Briefausträger A erhält für das Austragen der Briefe an 6 Tagen die Woche in der Zeit von 8:00 bis 14:00 Uhr € 1.600,00.

In Arbeitsverträgen finden sich folgende Vereinbarungen zum Zeitlohn:

Jahresgehalt	Für Geschäftsführer und höhere leitende Angestellte wird in den Verträgen oft ein Jahresgehalt vereinbart, das in Teilen monatlich ausgezahlt wird.
Monatsgehalt	Es wird ein Betrag für jeweils einen ganzen Monat Arbeit vereinbart, unabhängig von der Länge des Monats sowie der Anzahl an Sonn- und Feiertagen. Diese Vereinbarung ist der Regelfall.
Stundenlohn	Hier wird das Arbeitsentgelt nach den tatsächlich gearbeiteten Stunden abgerechnet. Diese Regelung findet sich vor allem bei Aushilfsarbeiten.

8.2 Der Leistungslohn

8.2.1 Akkordlohn

Der Akkord- oder auch Stücklohn ist ein Leistungslohn, bei dem der Mitarbeiter nach der Menge der von ihm produzierten Waren oder erbrachten Dienstleistung und somit nach seiner Leistung bezahlt wird.

 Beispiel: Ein Schweißer wird nach der Anzahl der täglich fertig gestellten Schweißnähte bezahlt.

Diese Lohnform wird in Unternehmen angewandt, wenn es sich bei der Tätigkeit des Mitarbeiters um gleichartige, regelmäßig wiederkehrende Tätigkeiten handelt, welche ein eindeutig bestimmbares Ergebnis (Anzahl der gefertigten Teile oder zugestellten Briefe) haben. Der Mitarbeiter muss in der Lage sein, sein individuelles Arbeitsergebnis zu beeinflussen.

Beim Akkordlohn wird darüber hinaus auch unterschieden, ob dieser von einer Einzelperson oder einer Gruppe erzielt wird. Der **Einzelakkordlohn** ist der Lohn auf Basis der Leistung einer Einzelperson.

 Beispiel: Der Dreher A stellt 120 Werkstücke her.

Beim **Gruppenakkordlohn** zählt das Leistungsergebnis einer Gruppe.

 Beispiel: Ein Team stellt 5 Autos eines bestimmten Typs her.

Der Versuch des einzelnen Mitarbeiters oder der Gruppe, möglichst hohe Mengen zu erreichen, kann jedoch dazu führen, dass oberflächlich oder sogar schlampig gearbeitet wird. Dies bedeutet dann für das Unternehmen einen hohen Ausschuss oder unzufriede Kunden. Auch droht eine Überanstrengung der Mitarbeiter, die dann ihre Gesundheit und damit auch die Arbeitskraft riskieren.

Um die Nachteile der jeweils reinen Grundlohnarten zu korrigieren, wendet die überwiegende Anzahl der Unternehmen, bei denen noch ein Akkordlohn gezahlt wird, eine Mischung der beiden Arten an, die dann als **gemischter Akkordlohn** bezeichnet wird. Zu einem festen Grundgehalt, das sich nach den gearbeiteten Stunden richtet (Zeitlohnelement), kommt ein prozentualer Zuschlag, der etwa 15 bis 25 % des Grundgehalts ausmachen kann **(Akkordzuschlag)**. Der Mitarbeiter hat die Sicherheit, dass das Grundgehalt als Mindestlohn – unabhängig von seiner Leistung – immer gezahlt wird. Darüber hinaus besteht jedoch der Anreiz, durch gute Leistung auch den Akkordzuschlag zu verdienen.

Durch die zunehmende Automatisierung des Fertigungsprozesses verliert der Akkordlohn jedoch zunehmend an Bedeutung. Maschinen übernehmen einen Großteil der Arbeiten, die bisher von Menschen erbracht wurden. So werden andere Kriterien als die reine Produktionsmenge für das Unternehmen entscheidend.

8.2.2 Prämienlohn

Im Gegensatz zum Akkordlohn berücksichtigt der Prämienlohn daher vor allem Leistungen qualitativer Art. Auch er ist ein Leistungslohn, seine Höhe richtet sich jedoch nach Qualitätskriterien für die Arbeit, wie:
* Einhaltung oder Unterschreitung von vorgegebenen Zeiten,
* Unterschreitung einer zulässigen Ausschussquote,
* optimale Ausnutzung der eingesetzten Betriebsmittel und dadurch Verkürzung der Wartezeiten oder
* Einsparung von Energie oder Materialien.

 Beispiel: Ein Briefausträger schafft täglich seine Briefzustellungen bis 12:00 Uhr und hat im Monat nur 1 Reklamation von Kunden. Dafür bekommt er eine Prämie.

Wie beim gemischten Akkordlohn wird beim Prämienlohn ebenfalls ein Grundlohn zu Grunde gelegt. Zu diesem kommt dann die entsprechende Prämie noch hinzu.

Zu dem Lohn selber können im Arbeitsvertrag noch weitere Zulagen, wie z.B. Provisionen bei Außendienstmitarbeitern, Zuschüsse wie Essengeld und Monatskarten für den öffentlichen Nahverkehr oder Weihnachts- oder Urlaubsgeld, vereinbart werden. Bei leitenden Angestellten finden sich oftmals Erfolgs- und Gewinnbeteiligungen.

8.3 Entgeltabrechnung

Der Arbeitgeber ist verpflichtet, eine **Lohnabrechnung** zu erstellen. Diese muss mindestens folgende Angaben enthalten:

- Abrechnungszeitraum, z. B. April 2011,
- Zusammensetzung des Arbeitsentgelts,
- Art und Höhe der Zuschläge sowie sonstige Vergütungen,
- Art und Höhe der Abzüge,
- Abschlagszahlungen und Vorschüsse.

Der Arbeitnehmer erhält einen **Nettolohn** ausbezahlt. Dies ist der zwischen den Parteien vereinbarte Lohn **abzüglich** der Steuern und gesetzlichen Sozialversicherungsbeiträge.

8.3.1 Abzuziehende Steuern

An Steuern sind vom Bruttolohn Einkommens- und ggf. Kirchensteuer abzuziehen, die der Arbeitnehmer vollständig zu tragen hat.

Bei der **Einkommensteuer** handelt es sich um die Steuer, die natürliche Personen auf ihr Einkommen zu zahlen haben. Geregelt ist dies im Einkommensteuergesetz (EstG). Die **Lohnsteuer** ist eine besondere Form der Einkommensteuer, die auf Einkommen aus nicht selbstständiger Arbeit erhoben wird.

Die Höhe der Lohnsteuer hängt von der Lohnsteuerklasse, der Einkommenshöhe und dem Steuersatz ab. Man unterscheidet sechs unterschiedliche Lohnsteuerklassen. Die geringsten steuerlichen Abzüge müssen bei der Steuerklasse III, die höchsten Abzüge bei Steuerklasse VI hingenommen werden.

Lohnsteuerklasse I	Arbeitnehmer, die ledig oder auf Dauer getrennt lebend sind
Lohnsteuerklasse II	Arbeitnehmer, bei denen die Voraussetzungen der Steuerklasse I vorliegen, die aber allein erziehend sind und bei denen mindestens ein Kind und keine zweite erwachsene Person in der Wohnung gemeldet ist
Lohnsteuerklasse III	Arbeitnehmer, die verheiratet sind und nicht dauernd getrennt leben, wenn der Ehegatte keinen Arbeitslohn bezieht oder in die Steuerklasse V eingereiht ist
Lohnsteuerklasse IV	Arbeitnehmer, die verheiratet sind und nicht dauernd getrennt leben, wenn der berufstätige Ehegatte ebenfalls in der Steuerklasse IV ist
Lohnsteuerklasse V	Arbeitnehmer, die verheiratet sind und nicht dauernd getrennt leben, wenn der berufstätige Ehegatte in der Steuerklasse III ist
Lohnsteuerklasse VI	Arbeitnehmer, die eine Lohnsteuerkarte für ein zweites oder weiteres Dienstverhältnis benötigen. Außerdem ist der Arbeitgeber verpflichtet, die Lohnsteuer nach Steuerklasse VI einzubehalten, wenn der Arbeitnehmer keine Lohnsteuerkarte vorlegt.

Die Lohnsteuer wird monatlich vom Einkommen des Arbeitnehmers abgezogen. Der Arbeitgeber ermittelt die Höhe der Lohnsteuer, behält diese pauschal vom Arbeitslohn ein und führt die Beträge an das Finanzamt ab. Am Ende des jeweiligen Steuerjahres wird die endgültige Steuerschuld im Rahmen einer Einkommensteuerveranlagung festgestellt. Hier hat der Arbeitnehmer dann die Möglichkeit, Werbungskosten für Fortbildungen oder Fahrten zur Arbeit steuermindernd geltend zu machen. Falls die monatlichen Abzüge höher sind als die tatsächliche Steuerschuld, erhält der Arbeitnehmer die zu viel gezahlte Lohnsteuer von Finanzamt zurück.

Die **Kirchensteuer** beträgt in Bayern und Baden-Württemberg 8 % und in den anderen Bundesländern 9 % der Lohnsteuer.

Zur Finanzierung und Förderung der ostdeutschen Bundesländer ist seit 1995 zusätzlich der **Solidaritätszuschlag** zu zahlen. Dieser beträgt seit 1998 5,5 % von der Lohnsteuer und ist auch heute noch zu zahlen, auch wenn immer wieder seine Abschaffung gefordert wird.

8.3.2 Abzuziehende Sozialversicherungsbeiträge

Die Sozialversicherungen dienen dazu, den Einzelnen vor sozialen Notlagen zu schützen. Aktuell gibt es in der Bundesrepublik fünf gesetzliche Sozialversicherungszweige:
- Rentenversicherung,
- Krankenversicherung,
- Arbeitslosenversicherung bei der Bundesagentur für Arbeit,
- Unfallversicherung und die
- Pflegeversicherung.

Die Versicherungsbeiträge bemessen sich am Bruttoentgelt des Arbeitnehmers. Bei der Arbeitslosen- und Rentenversicherung sind sie je zur Hälfte vom Arbeitnehmer und vom Arbeitgeber zu tragen. Bei der Kranken- und der Pflegeversicherung muss der Arbeitnehmer zusätzlich Sonderbeiträge leisten. Die Beiträge zur Unfallversicherung sind vom Arbeitgeber allein zu tragen.

Die Beitragssätze in der gesetzlichen Sozialversicherung betragen ab dem 01.01.2011:

Versicherungszweig	Gesamtbeitragssatz	Arbeitgeberanteil	Arbeitnehmeranteil
Rentenversicherung	19,9 %	9,95 %	9,95 %
Arbeitslosenversicherung	3,0 %	1,5 %	1,5 %
Krankenversicherung allgemeiner Beitragssatz ermäßigter Beitragssatz	15,5 % 14,9 %	7,3 7,0	8,2 7,0 + Sonderbeitrag 0,9 %
Pflegeversicherung	1,95 % [1]	0,975 %	0,975 % + Zuschlag für Kinderlose ab 23 Jahren 0,25 %
Unfallversicherung	richtet sich nach Gefahrenklasse und Betriebsgröße des Unternehmens	100 % des Beitragssatzes	---

[1] Sonderregelung in Sachsen: Dort zahlen die Arbeitgeber abweichend von der Tabelle 0,475 %

8.3.3 Vermögenswirksame Leistungen und geldwerte Vorteile

Vermögenswirksame Leistungen (VL) sind Zahlungen, die der Arbeitgeber direkt auf ein vom Arbeitnehmer benanntes Anlagekonto überweist und die nach dem Fünften Vermögensbildungsgesetz mit einer Arbeitnehmersparzulage gefördert werden. Vermögenswirksame Leistungen sind für den Arbeitnehmer steuerrechtlich Bestandteil des Gehalts und somit lohnsteuer- und sozialversicherungspflichtig.

Zusätzlich gibt es die so genannte **Arbeitnehmersparzulage** vom Staat:
- 9 % der Sparleistung bei Bausparverträgen, maximal 470 €/Jahr und
- 20 % für Wertpapiere, maximal 400,- €/Jahr.

Die Zulage erhalten Arbeitnehmer, die eine bestimmte Einkommensgrenze (zurzeit 20.000 € für Alleinstehende und 40.000 € für Verheiratete) nicht überschreiten.

Die staatliche Sparzulage wird regelmäßig mit der Einkommensteuer beim Finanzamt beantragt. Nach Ablauf der Sperrfrist (differiert je nach Anlageform) wird die staatliche Zulage auf das Anlagekonto überwiesen.

Geldwerte Vorteile sind Einkommen, die nicht in Geld bestehen. Für diesen Vorteil wird in der Regel der Geldbetrag berechnet, den der Arbeitnehmer ausgeben müsste, wenn er sich die Sache oder die Dienstleistung nach dem üblichen Endpreis selbst beschaffen würde. Dieser Geldbetrag ist dann in der Regel als steuerpflichtiger Arbeitslohn anzusetzen.

Beispiel: Dem Arbeitnehmer steht sein Dienstwagen auch zur privaten Nutzung zur Verfügung, oder er kann verbilligt in einer Kantine speisen.

8.3.4 Berechnung des Nettolohns

Der Nettolohn lässt sich nach folgendem Schema berechnen:

    Bruttoentgelt

+ ggf. vermögenswirksame Leistungen (Arbeitgeberanteil)

+ ggf. vorhandene geldwerte Leistungen

= **steuerpflichtiges Bruttoentgelt**

– Lohnsteuer (vom steuerpflichtigen Bruttoentgelt)

– Solidaritätszuschlag (von der Lohnsteuer)

– ggf. Kirchensteuer (von der Lohnsteuer)

– Arbeitnehmeranteil zur Sozialversicherung
   (vom steuerpflichtigen Bruttoentgelt)

= **Nettoentgelt**

– ggf. vermögenswirksame Sparleistung

– zuvor hinzugerechnete geldwerte Leistungen

= **Auszahlungsbetrag**

Abb. 9.1: Verdienstabrechnung

Flitzer-Blitzer Kurierdienst

– Vertraulich –
Personalnr. 532

Herrn Klaus Mustermann
Bahnhofstraße 8a
12345 Blitzhausen

Flitzer Blitzer Kurierdienst, Geschäftsführender Gesellschafter: Franz Abel,
Sitz: Blitzhausen

Abrechnungsmonat	Februar 20xx
Kostenstelle	0100
Sachbearbeiter/in	Frau Trautmann

Verdienstabrechnung

		Betrag €	Jahreswerte €
Steuerklasse 1 / kein Freibetrag			
Ev. Lutherisch			
Eintritt 01.08.20xx			
Geburtsdatum: 17.05.19xy			
Monatsentgelt		1.500,00	3.000,00
VL Arbeitgeberanteil		30,00	60,00
Gesamtbrutto		1.530,00	3.060,00
Steuerbrutto, laufende Bezüge	1.530,00		
Lohnsteuer		– 135,08	– 170,16
Kirchensteuer		– 12,15	– 24,30
Solidaritätszuschlag		– 7,42	– 14,84
Krankenversicherungsbrutto	1.530,00		
Krankenversicherung: AOK (7,9 %)		– 120,87	– 241,74
Pflegeversicherung (1,225 %)		– 18,74	– 37,48
Rentenversicherungsbrutto	1.530,00		3.060,00
Rentenversicherung (9,95 %)		– 152,24	– 304,48
Arbeitslosenversicherung (1,5 %)		- 22,59	45,90
Gesetzliches Netto		1060,91	2.121,82
VL Bausparen		– 30,00	– 60,00
Empfänger:			
Debeka Bausparkasse 5718235			
Auszahlungsbetrag		1.030,91	2.061,82
auf Konto: 155555 Sparkasse Blitzhausen			

Beispiel: Der Arbeitnehmer Mustermann ist 24 Jahre alt und verdient 1.500 € brutto. Er hat keine Kinder und ist nicht verheiratet. Er ist in den gesetzlichen Sozialversicherungen pflichtversichert und zahlt an die Krankenkasse einen Beitragssatz von insgesamt 14,9 % (einschließlich Sonderbeitrag). Als vermögenswirksame Leistung erhält Mustermann 30,00 € von seinem Arbeitgeber.

Bruttoentgelt:		1.500,00 €
+ VL		30,00 €
= steuerpflichtiges Bruttoentgelt		1.530,00 €

Hieraus ergibt sich:

Rentenversicherung	9,95 %	152,24 €
Arbeitslosenversicherung	1,5 %	22,95 €
Krankenversicherung	7,9 %	120,87 €
Pflegeversicherung	1,225 %	18,74 €
Lohnsteuer		135,08 €
Soli-Zuschlag		7,42 €
Kirchensteuer		12,15 €

9 Datenschutz und Datensicherheit

Grundsätzlich bezwecken alle datenschutzrechtlichen Bestimmungen immer den Schutz personenbezogener Daten. Personenbezogene Daten werden im Bundesdatenschutzgesetz definiert als Einzelangaben über persönliche oder sachliche Verhältnisse einer natürlichen Person (eines Betroffenen). Die speziellen post- und telekommunikationsspezifischen Regelungen (§§ 41 PostG, 91 TKG) schützen darüber hinaus aber auch Einzelangaben über juristische Personen, die dem Post- oder Fernmeldegeheimnis unterliegen. Der Anwendungsbereich dieser speziellen Normen geht folglich noch über das Bundesdatenschutzgesetz hinaus.

Während das Telekommunikationsgesetz selbst den Schutz von personenbezogenen Daten regelt, ermächtigt das Postgesetz darüber hinaus zum Erlass von Verordnungen zum Schutz personenbezogener Daten der am Postverkehr Beteiligten. Auf Grund dieser Ermächtigung hat der Gesetzgeber die Postdienste-Datenschutzverordnung erlassen.

9.1 Die Postdienste-Datenschutzverordnung

Die Postdienste-Datenschutzverordnung bezweckt den Schutz personenbezogener Daten der am Postverkehr Beteiligten. Danach dürfen Kurier-, Express- und Postdienstleistungsunternehmen personenbezogene Daten der am Postverkehr Beteiligten nur für die Erbringung und Abrechnung des Postdienstes sowie für die Zustellung und Rückführung von Postsendungen erheben, verarbeiten und nutzen.

Personenbezogene Daten ihrer Kunden dürfen Postdienstleistungsunternehmen nur erheben, verarbeiten und nutzen, soweit es sich um folgende Daten handelt:

- **Bestandsdaten:** Daten, die für das Begründen, die inhaltliche Ausgestaltung oder die Änderung des Vertragsverhältnisses über Postdienste erforderlich sind, z.B. Name, Anschrift, Geburtsdatum und Art des in Anspruch genommenen Postdienstes.
- **Verkehrsdaten:** Daten, die für den Zweck des Vertragsverhältnisses erforderlich sind, z.B. Häufigkeit und Umfang der in Anspruch genommenen Postdienste.
- **Auslieferungsdaten:** Daten, die zum Nachweis einer ordnungsgemäßen Behandlung, Zustellung oder Rückführung der Postsendung erforderlich sind, z.B. Anschrift des Absenders und Empfängers.

- **Entgeltdaten:** Daten, die für das ordnungsgemäße Ermitteln, Abrechnen und Auswerten sowie zum Nachweis der Richtigkeit von Leistungsentgelten erforderlich sind, z.B. Rechnungsanschrift, Kontoverbindungen, Übersicht über die erbrachten Leistungen.

Für andere Zwecke, insbesondere für Werbung, bedarf es der ausdrücklichen Einwilligung der Beteiligten.

9.2 Das Bundesdatenschutzgesetz

Das Bundesdatenschutzgesetz regelt die Erhebung, Verarbeitung und Nutzung personenbezogener Daten durch öffentliche und nicht öffentliche Stellen.

Nach § 5 BDSG ist es den bei der Datenverarbeitung beschäftigten Personen untersagt, personenbezogene Daten unbefugt zu verarbeiten oder zu nutzen (Datengeheimnis). Mitarbeiter, die bei nicht öffentlichen Stellen beschäftigt werden, sind bei der Aufnahme ihrer Tätigkeit auf das Datengeheimnis zu verpflichten. Das Datengeheimnis besteht auch nach Beendigung der Tätigkeit fort.

Der Betroffene hat grundsätzlich folgende **Rechte** in Bezug auf seine personenbezogenen Daten:
- **Auskunft** über die zu seiner Person gespeicherten Daten (auch soweit sie sich auf die Herkunft dieser Daten beziehen), die Empfänger (an die die Daten weitergegeben werden) und den Zweck der Speicherung,
- **Berichtigung**, sofern die gespeicherten personenbezogenen Daten unrichtig sind,
- **Löschung**, wenn die Speicherung unzulässig oder die Kenntnis der personenbezogenen Daten für die verantwortliche Stelle zur Erfüllung ihrer Aufgaben nicht mehr erforderlich ist,
- **Sperrung**, soweit einer Löschung gesetzliche, satzungsmäßige oder vertragliche Aufbewahrungsfristen entgegenstehen, oder wenn Grund zu der Annahme besteht, dass durch eine Löschung schutzwürdige Interessen des Betroffenen beeinträchtigt würden, oder wenn eine Löschung wegen der besonderen Art der Speicherung nicht oder nur mit unverhältnismäßig hohem Aufwand möglich ist.

Diese Rechte des Betroffenen können vertraglich nicht ausgeschlossen oder beschränkt werden.

9.3 Verstoß gegen die datenschutzrechtlichen Bestimmungen

Mit Freiheitsstrafe bis zu einem Jahr oder mit Geldstrafe wird bestraft, wer unbefugt personenbezogene Daten, die nicht offenkundig sind,
- speichert, ändert oder übermittelt,
- zum Abruf mittels automatisierten Verfahrens bereithält,
- für andere Zwecke nutzt, indem er sie an Dritte weitergibt,
- abruft beziehungsweise sich oder anderen aus Dateien verschafft.

Handelt der Täter mit Bereicherungsabsicht beziehungsweise gegen Entgelt, erhöht sich die Strafandrohung auf Freiheitsstrafe bis zu zwei Jahren oder Geldstrafe.

Wiederholungs- und Übungsaufgaben

1. Was versteht man unter
   a) horizontaler
   b) vertikaler Kommunikation?

2. Welche Führungsstile unterscheidet man? Beschreiben Sie diese kurz.

3. Wie sollte ein Feedback stets sein?

4. Nennen Sie drei Beispiele zur Mitarbeitermotivation.

5. Nennen Sie sieben Gründe, die eine unzulässige Benachteiligung des Arbeitnehmers darstellen.

6. Welche Ansprüche hat der Arbeitnehmer nach dem AGG?

7. Was versteht man unter
   a) innerbetrieblicher
   b) außerbetrieblicher Personalbeschaffung?

8. Nennen Sie die Vor- und Nachteile der inner- und außerbetrieblichen Personalbeschaffung.

9. Wozu dient die Stellenbeschreibung? Was muss eine Stellenbeschreibung beinhalten?

10. Welche Unterlagen sollten bei einer externen Bewerbung auf keinen Fall fehlen?

11. Was ist die Personalakte und was beinhaltet sie?

12. Welche allgemeinen Kriterien für die Personalauswahl gibt es?

13. Was ist ein Arbeitsvertrag?

14. Welche Rechte und Pflichten können sich für Arbeitnehmer und Arbeitgeber auf Grund des Arbeitsverhältnisses noch ergeben?

15. Kann man Arbeitsverträge befristen und wenn ja, wie lange?

16. Wie muss die Kündigung eines Arbeitsvertrages erfolgen und wo steht das?

17. Was versteht man unter
    a) ordentlicher Kündigung,
    b) außerordentlicher Kündigung,
    c) Änderungskündigung?

18. Welche Möglichkeiten des Kündigungsschutzes gibt es?

19. Wann kommt eine betriebsbedingte Kündigung in Betracht?

20. Unter welchen Voraussetzungen kann ein Arbeitgeber einem Arbeitnehmer außerordentlich kündigen?

21. Ist ein Arbeitgeber zur Erstellung eines qualifizierten Arbeitszeugnisses verpflichtet? Begründen Sie Ihre Antwort.

22. Welche Entgeltarten gibt es und wofür werden sie gezahlt?

23. Wie errechnet sich der Nettolohn eines Arbeitnehmers?

24. Was bezweckt die Postdienste-Datenschutzverordnung?

25. Welche Rechte hat der Betroffene in Bezug auf die von ihm gespeicherten personenbezogenen Daten?

Lernfeld 11

Geschäftsprozesse dokumentieren und auswerten

Um Geschäftsprozesse auswerten zu können, bedarf es grundlegender Kenntnisse der Kosten- und Leistungsrechnung. Während in der **Finanzbuchhaltung** (vgl. Lernfeld 7) alle Geschäftsvorfälle des Unternehmens nach handels- und steuerrechtlichen Vorschriften erfasst werden, bleibt die **Betriebsbuchhaltung** von diesen Vorschriften weit gehend unbeeinflusst. Mithilfe der Betriebsbuchhaltung wird nach betriebsindividuellen Vorgaben das **Betriebsergebnis (Leistungen minus Kosten)** ermittelt.

1 Die Kosten- und Leistungsrechnung

Die Kosten- und Leistungsrechnung (KLR) dient als Basis für die Berechnung des Betriebsergebnisses. Sie erfasst alle im Unternehmen angefallenen Kosten und Leistungen nach Art und Höhe (Kostenartenrechnung), ordnet sie den Kostenstellen (dem Ort ihres Entstehens) zu und ermittelt schließlich mithilfe der Kostenträgerrechnung, für welches Produkt oder welche Dienstleistung die Kosten im Einzelnen entstanden sind.

Aufbau der Kosten- und Leistungsrechnung (KLR)		
Welche Kosten/Leistungen sind entstanden?	Kostenartenrechnung	Gliederung und Erfassung aller Kosten und Leistungen
Wo sind die Kosten entstanden?	Kostenstellenrechnung	Erfassung und Kontrolle der Kosten am Ort des Entstehens
Wofür sind die Kosten entstanden?	Kostenträgerrechnung	Selbstkosten- und Preisermittlung (Kalkulation)

1.1 Kostenartenrechnung

Mit der Kostenartenrechnung werden alle im Unternehmen anfallenden Kosten erfasst sowie gegliedert und stehen dann für die Kostenstellen- und die Kostenträgerrechnung zur Verfügung. Die Kostenartenrechnung beantwortet die Frage: „Welche Kosten sind entstanden?"

Leistungsarten sind insbesondere Umsatzerlöse aus dem Verkauf von Waren und Dienstleistungen.

Kostenarten werden wie folgt unterteilt:

a) nach ihrer Verrechnung:

Einzelkosten	Einzelkosten sind direkte Kosten, das heißt, sie können direkt einzelnen Kunden, Aufträgen oder Produkten zugewiesen werden, wie beispielsweise Löhne und Materialkosten für die Ausführung eines bestimmten Auftrags oder die Fertigung eines bestimmten Produktes.

| Gemeinkosten | Gemeinkostenarten sind indirekte Kosten wie z.B. Personal- oder Energiekosten. Sie lassen sich nicht auftrags- oder produktbezogen erfassen, sondern nur je Periode (Monat, Jahr). Folglich ist eine direkte Zurechnung auf einzelne Produkte oder Aufträge nicht möglich. Sie werden nach der Berechnung der entsprechenden Zuschlagssätze zu den direkten Kosten addiert. Um diese Zuschlagssätze berechnen zu können, müssen die Gemeinkosten auf die einzelnen Kostenstellen verteilt werden. Dies geschieht mithilfe des Betriebsabrechnungsbogens. |

b) in Abhängigkeit von der Produktion:

| Fixe Kosten | Fixkosten fallen unabhängig von der Produktion oder dem Vertrieb an. Zu ihnen gehören beispielsweise Miet- und Personalkosten. |
| Variable Kosten | Zu den variablen Kosten zählen dagegen alle produktions- und verbrauchsabhängigen Kosten, wie Material- und Energiekosten. |

c) nach der Art der Produktionsfaktoren:

Personalkosten	Löhne, Gehälter, Sozial- und Pensionsaufwendungen
Materialkosten	Rohstoffe, Hilfsstoffe, Vor- und Zwischenprodukte
Kapitalkosten	Zinsen
Dienstleistungskosten	Aufwendungen für Beratung, Versicherung, Transport, Energiekosten und öffentliche Abgaben
Raumkosten	Miete, Pacht und Reinigungskosten
Kalkulatorische Kosten	Kalkulatorische Kosten lassen sich nicht auf konkrete Ausgaben zurückführen. Sie werden in der Finanzbuchhaltung entweder in anderer Höhe (Anderskosten) oder gar nicht verbucht (Zusatzkosten). Man unterscheidet kalkulatorische Abschreibungen, kalkulatorische Zinsen, kalkulatorische Miete, kalkulatorische Unternehmerlohn und kalkulatorische Wagnisse.

d) nach ihrer betrieblichen Funktion:

Beschaffungskosten	fallen beim Einkauf und in der Beschaffungslogistik an, z.B. Kosten für Material, Arbeitskräfte, Transport, Marktanalyse, Ausschreibungen und Vertragsverhandlungen, Warenannahme und Einlagerung.
Fertigungskosten	fallen direkt (Fertigungseinzelkosten, z.B. Lohnstückkosten) oder indirekt (Fertigungsgemeinkosten, z.B. Miete und Energiekosten) bei der Produktion von Gütern an; aber auch Sonderkosten für Spezialaufträge und Kosten für Produktionsplanung und Qualitätskontrolle fallen hierunter. Hinzu kommen Kosten für eingekaufte Fremdleistungen.
Vertriebskosten	fallen beim Absatz der Produkte an, z.B. Transportkosten, Marketingkosten, Kosten für Handelsvertreter.
Verwaltungskosten	fallen bei der Organisation und Leitung des Unternehmens an, aber auch für das Erfassen und Verarbeiten betrieblicher Vorgänge.

1.2 Kostenstellenrechnung

Unter Kostenstellen versteht man die kostenmäßig selbstständig geführten Arbeitsbereiche und Abteilungen, wie beispielsweise die Materialabteilung, Fertigung, Vertrieb und Verwaltung.

In der Kostenstellenrechnung werden die nach Kostenarten unterteilten Gemeinkosten den Kostenstellen zugeordnet, in denen sie angefallen sind. Die Zuordnung erfolgt mithilfe des **Betriebsabrechnungsbogens** entweder direkt oder mithilfe eines Umlageschlüssels. Ferner werden die **Gemeinkostenzuschläge** für Material, Fertigung, Verwaltung und Vertrieb berechnet, um sie dann in der Kostenträgerrechnung auf die einzelnen Kostenträger (fertige und unfertige Erzeugnisse) verteilen zu können.

Die Kostenstellenrechnung dient damit in erster Linie der Vorbereitung der Kostenträgerrechnung. Darüber hinaus werden aber auch die Leistungsbeziehungen des Unternehmens dargestellt. Sie ermöglichen eine bessere Kontrolle der Wirtschaftlichkeit des Unternehmens.

1.2.1 Betriebsabrechnungsbogen

Der Betriebsabrechnungsbogen (BAB) dient einer möglichst verursachungsgerechten Zuordnung der Gemeinkosten zu den einzelnen Arbeitsbereichen bzw. Abteilungen. Zu diesem Zweck werden im BAB zunächst die Gemeinkosten auf die Kostenstellen verteilt (siehe Schaubild). Ist dies nicht möglich, wie beispielsweise bei der Aufteilung von Löhnen und Gehältern, muss man sich mit einem Aufteilungsschlüssel behelfen. Sind die Gemeinkosten auf die einzelnen Kostenstellen verteilt, werden die Gemeinkosten je Kostenstelle addiert.

Der BAB wird in der Regel kurzfristig (z.B. monatlich) erstellt, um eine regelmäßige und zeitnahe Kostenkontrolle zu ermöglichen.

Blitz Kurier			einstufiger Betriebsabrechnungsbogen			
			allgemeine Kostenstelle	Hauptkostenstellen		
Zeile	Kostenart	Gesamt	Verwaltung	Material	Dienste	Vertrieb
1	Personalgemeinkosten	95.000	15.000	10.000	40.000	30.000
2	Energiekosten	34.000	20.000	7.000	3.000	4.000
3	Beiträge, Versicherungen	6.000	1.000	1.500	2.500	1.000
4	Gewerbesteuer	3.500			3.500	
5	Sonstige Steuern	3.000		1.500	1.000	500
6	Bürobedarf	9.000	6.000	500	1.500	1.000
7	Instandhaltung	7.500	2.500	2.000	1.000	2.000
8	Werbung	5.500	1.000			4.500
9	AfA	65.000	15.000	20.000	20.000	10.000
	Summe Gemeinkosten	228.500	60.500	42.500	72.500	53.000

In vielen Unternehmen ist der einstufige BAB jedoch nicht aussagekräftig genug, da er zum Beispiel nur einen Kostenbereich „Dienste" ausweist, sodass der Gemeinkostenverbrauch der einzelnen Dienstleistungen nicht differenziert genug betrachtet werden kann. Um jedoch auch hier eine gezielte Kostenkontrolle zu ermöglichen, bietet sich der erweiterte bzw. mehrstufige BAB an. In einem mehrstufigen Betriebsabrechnungsbogen werden folgende Erweiterungen und Umlagen vorgenommen:

| Blitz Kurier | | mehrstufiger Betriebsabrechnungsbogen | | | | | | | |
| Gemeinkostenart | Gesamt | Kostenstellen | | | Allge-meine Kosten-stelle AKS | Hilfs-Kosten-stellen HIKS | Dienstleistungshauptstellen (DHS) | | |
		Verwal-tung	Mate-rial	Vertrieb			Paket-dienste	Kurier-dienste	Brief-dienste
Personal GK	95.000	15.000	10.000	30.000	500	1.000	15.000	5.000	18.500
Energie GK	34.000	19.000	5.000	3.500	2.600	2.200	800	600	300
Beiträge/Vers.-Kosten	6.000	700	1.000	700	1.300	1.000	400	600	300
Gewerbesteuer	3.500	-	-	-	-	100	1.000	1.000	1.400
Sonstige Steuern	3.000	-	1.200	400	500	200	200	150	350
Bürobedarf	9.000	5.850	400	1.000	450	250	350	450	250
Instandhaltung	7.500	2.400	1.000	1.500	1.700	500	200	100	100
Werbung	5.500	800	-	4.350	350	-	-	-	-
AfA	65.000	13.000	18.000	9.000	7.700	5.500	5.300	2.000	4.500
Summe	228.500	56.750	36.600	50.450	15.100	10.750	23.250	9.900	25.700
Umlage AKS	15.100	1.500	3.600	2.500	-	-	2.500	2.000	3.000
Zwischensumme		58.250	40.200	52.950	-	10.750	25.750	11.900	28.700
Umlage HIKS	10.750	-	-	-	-	-	3.000	4.750	3.000
Stellengemeinkosten	-	58.250	40.200	52.950	-	-	28.750	16.650	31.700

1.2.2 Berechnung der Gemeinkostenzuschläge

Aus den Fertigungsgemeinkosten und den Fertigungslöhnen lässt sich der Zuschlagssatz für die Fertigungsgemeinkosten und aus den Materialgemeinkosten und den Materialeinzelkosten der Zuschlagssatz für die Materialgemeinkosten berechnen.

Materialgemeinkostenzuschlag: $\dfrac{\text{Materialgemeinkosten} \cdot 100\,\%}{\text{Materialeinzelkosten}}$

Fertigungsgemeinkostenzuschlag: $\dfrac{\text{Fertigungsgemeinkosten} \cdot 100\,\%}{\text{Fertigungseinzelkosten}}$

Dann werden aus den Materialeinzelkosten (Fertigungsmaterial), den Fertigungseinzelkosten (Fertigungslöhnen) und den entsprechenden Gemeinkosten die Herstellungskosten pro Periode bestimmt. Sie bilden die Basis für die Zuschlagssätze der Verwaltungsgemeinkosten und der Vertriebsgemeinkosten.

> Materialeinzelkosten
> + Materialgemeinkosten
> + Fertigungslöhne
> + Fertigungsgemeinkosten
> + Sondereinzelkosten der Fertigung
> = **Herstellungskosten**

Verwaltungsgemeinkostenzuschlag: $\dfrac{\text{Verwaltungsgemeinkosten} \cdot 100\,\%}{\text{Herstellungskosten}}$

Vertriebsgemeinkostenzuschlag: $\dfrac{\text{Vertriebsgemeinkosten} \cdot 100\,\%}{\text{Herstellungskosten}}$

Beispiel: Ein Unternehmen verfügt über folgende Kostenstellen:

- Material (Materialbeschaffung, -kontrolle und -lagerung),
- Fertigung (Personal, Produktionsmaschinen),
- Verwaltung (Geschäftsleitung, Rechnungswesen, Controlling),
- Vertrieb (Verkauf, Versand).

Für die Produktion der Unternehmenserzeugnisse fielen Einzelkosten für Material in Höhe von 50.000,00 € und Fertigungslöhne in Höhe von 121.000,00€ an. Ferner sind Stromkosten in Höhe von 5.000,00 € entstanden, die im Verhältnis 1:3:1:1 auf die Kostenstellen zu verteilen sind, und Kosten für die Gewerberäume in Höhe von 60.000,00 €, die nach den m²-Zahlen auf die einzelnen Kostenstellen verteilt werden. Für die Gehälter seiner Mitarbeiter hat das Unternehmen 200.000,00 € aufgewandt, die im Verhältnis 3:8:3:6 zu verteilen sind. Die Kosten für Hilfs- und Betriebsstoffe in Höhe von 30.000,00 € können internen Belegen entnommen und entsprechend zugeordnet werden.

Der Betriebsabrechnungsbogen stellt sich wie folgt dar:

Zeile	Kostenart	Gesamt	Betriebsabrechnungsbogen I			
			Material	Fertigung	Verwaltung	Vertrieb
1	Hilfs- und Betriebsstoffe	30.000	10.000	8.000	8.000	4.000
2	Gehälter (3:8:3:6)	200.000	30.000	80.000	30.000	60.000
3	Miete (m²)	60.000	20.000	30.000	8.000	2.000
4	Strom (1:3:1:1)	5.000	1.000	3.000	500	500
Summe Gemeinkosten		**295.000**	**61.000**	**121.000**	**46.500**	**66.500**
Bezugsgröße			50.000	121.000	353.000	353.000
Zuschlagssatz			**122 %**	**100 %**	**13,17 %**	**18,84 %**

Die Material- und Fertigungsgemeinkostenzuschlagssätze errechnen sich wie folgt:

$$\text{Materialgemeinkostenzuschlag} = \frac{61.000 \cdot 100\,\%}{50.000} = 1,22 \quad = \textbf{122\,\%}$$

$$\text{Fertigungsgemeinkostenzuschlag} = \frac{121.000 \cdot 100\,\%}{121.000} = 1,0 \quad = \textbf{100\,\%}$$

Für die Verwaltungs- und Vertriebsgemeinkostenzuschlagssätze müssen zunächst die Herstellungskosten errechnet werden.

Herstellungskosten = 61.000 + 50.000 + 121.000 + 121.000 = 353.000 €

$$\text{Verwaltungsgemeinkostenzuschlag} = \frac{46.500 \cdot 100\,\%}{353.000} = 0,1317 \quad = \textbf{13,17\,\%}$$

$$\text{Vertriebsgemeinkostenzuschlag} = \frac{66.500 \cdot 100\,\%}{353.000} = 0,1884 \quad = \textbf{18,84\,\%}$$

Diese werden dann entsprechend in den Betriebsabrechnungsbogen übernommen.

1.3 Kostenträgerrechnung

In der Kostenträgerrechnung werden schließlich die Einzelkosten und die den jeweiligen Kostenstellen zugeordneten Gemeinkosten auf die einzelnen Kostenträger, das sind fertige und unfertige Erzeugnisse, verteilt. Ziel ist es, die Herstellungs- und Selbstkosten eines Produktes zu ermitteln. Um dieses Ziel zu erreichen, werden verschiedene Verfahren angewandt:

- Divisionskalkulation,
- Äquivalenzziffernmethode und
- Zuschlagskalkulation.

1.3.1 Divisionskalkulation

Die Divisionskalkulation kann nur in Unternehmen eingesetzt werden, die in Massenfertigung lediglich ein Produkt herstellen. Nach der Vorgehensweise ist die ein-, zwei- und mehrstufige Divisionskalkulation zu unterscheiden.

In der **einstufigen Divisionskalkulation** werden die gesamten Kosten nach dem Durchschnittsprinzip auf die jeweiligen Kostenträger verteilt.

$$\text{Stückkosten: } \frac{\text{Gesamtkosten}}{\text{Produktions- bzw. Absatzmenge}}$$

In der **zweistufigen Divisionskalkulation** werden die Kosten für die Herstellung auf die produzierten Güter umgelegt, die Kosten für Verwaltung und Vertrieb aber nur auf die verkauften Produkte.

$$\text{Stückkosten: } \frac{\text{Herstellungskosten}}{\text{Produktionsmenge}} + \frac{\text{Verwaltungs- und Vertriebskosten}}{\text{Absatzmenge}}$$

In der **mehrstufigen Divisionskalkulation** werden schließlich die in der jeweiligen Produktionsstufe anfallenden Kosten auf die jeweils dort produzierten Güter umgelegt.

1.3.2 Äquivalenzziffernmethode

Die Äquivalenzziffernmethode knüpft grundsätzlich an die Divisionskalkulation an und wurde insbesondere für die Sortenfertigung weiterentwickelt. Als **Sortenfertigung** bezeichnet man die Produktion von verschiedenen Varianten des gleichen Erzeugnisses, wobei der Herstellungsprozess sowie der Rohstoff gleich sind, wie z.B. bei der Produktion von Schrauben in verschiedenen Größen. Sie kann bei Gütern verwandt werden, die eine große Ähnlichkeit und ein konstantes Kostenverhältnis zueinander aufweisen, wie beispielsweise Wasserflaschen unterschiedlicher Füllmenge zu 1,5, 1,0 und 0,5 Litern.

Das Referenzprodukt erhält die Äquivalenzziffer 1. Die anderen Produkte erhalten dann im Verhältnis zu ihren Kosten entsprechende Äquivalenzziffern.

 Beispiel: Das Unternehmen Klar & Rein stellt Wasserflaschen in den Größen 1,5 l, 1,0 l und 0,5 l her. Die 1,0 l-Wasserflaschen erhalten die Äquivalenzziffer 1, die 1,5 l-Wasserflaschen entsprechend die Äquivalenzziffer 1,5 und die 0,5 l-Wasserflaschen die Äquivalenzziffer 0,5. Die Stückkosten errechnen sich dann wie folgt:

Stückkosten = Referenzeinheit · Äquivalenzziffer

Das Referenzprodukt ist hier die 1,0 l-Wasserflasche mit Stückkosten in Höhe von 1,00 €:

Stückkosten = 1,00 € · 1

Stückkosten = 1,00 €

Berechnung der Stückkosten für die 1,5 l-Wasserflasche:

Stückkosten = 1,00 € · 1,5

Stückkosten = 1,50 €

Berechnung der Stückkosten für die 0,5 l-Wasserflasche:

Stückkosten = 1,00 € · 0,5

Stückkosten = 0,50 €

1.3.3 Zuschlagskalkulation

Die Zuschlagskalkulation ist schließlich anwendbar, wenn das Unternehmen mehrere Produkte mit jeweils unterschiedlichem Produktionsprogramm herstellt. Die Zuschlagskalkulation kann darüber hinaus für die Einzel- und Serienfertigung angewendet werden.

Bei der Zuschlagskalkulation werden die Einzelkosten direkt den Kostenträgern zugeordnet, die Gemeinkosten hingegen mittels Kalkulationssätzen zugeschlagen. Zu unterscheiden sind wiederum die einstufige und die mehrstufige Zuschlagskalkulation:

Bei der **einstufigen Zuschlagskalkulation** werden die Gemeinkosten als ein Zuschlag auf die Einzelkosten, Materialeinzelkosten bzw. die Lohneinzelkosten verrechnet.

Zuschlagssatz: $\dfrac{\text{Gemeinkosten} \cdot 100}{\text{Einzelkosten}}$

Stückkosten: Einzelkosten · (1 + Zuschlagssatz)

Bei der **mehrstufigen Zuschlagskalkulation** werden die Gemeinkosten der jeweiligen Kostenstelle als Zuschlag auf die entsprechenden Einzelkosten verrechnet.

	Materialeinzelkosten
+	Materialgemeinkosten
+	Fertigungslöhne
+	Fertigungsgemeinkosten
+	Sondereinzelkosten der Fertigung
=	**Herstellungskosten**
+	Verwaltungskosten
+	Vertriebskosten
+	Sondereinzelkosten des Vertriebs
=	**Selbstkosten**

	Materialeinzelkosten
+	Materialgemeinkosten
=	**Materialkosten**
+	Fertigungslöhne
+	Fertigungsgemeinkosten
+	Sondereinzelkosten der Fertigung
=	**Fertigungskosten**

2 Deckungsbeitragsrechnung

Bei der Deckungsbeitragsrechnung werden die Gesamtkosten in variable und fixe Kosten getrennt. Diese werden dann – je nach Methode – von dem Nettoerlös bzw. Nettopreis des Produktes abgezogen. Zu unterscheiden ist daher zwischen der einstufigen und der mehrstufigen Deckungsbeitragsrechnung.

2.1 Einstufige Deckungsbeitragsrechnung

Bei der einstufigen Deckungsbeitragsrechnung, auch Direct Costing genannt, werden nur die variablen Kosten dem Endprodukt (Kostenträger) zugerechnet. Die Fixkosten werden zu einem Posten zusammengefasst und als Fixkostenblock in die kurzfristige Erfolgsrechnung eingestellt und so dem gesamten Unternehmen zugerechnet.

Deckungsbeitrag für ein Produkt = Preis – variable Kosten
db absolut = p – kv

Wesentliches Element der einstufigen Deckungsbeitragsrechnung ist der absolute Deckungsbeitrag (db absolut) je Produkt. Er ergibt sich als Differenz von dem Netto-Verkaufspreis (p) und den variablen Stückkosten (kv) je Produkt.

 Beispiel: Ein Unternehmen produziert Bleistifte, die für 0,50 € netto verkauft werden. Die variablen Kosten betragen 0,40 €/Stück.

Der Deckungsbeitrag errechnet sich wie folgt:
db = Preis – variable Kosten
db = 0,50 – 0,40 = 0,10 €

Der Deckungsbeitrag zeigt an, in welcher Höhe der Erlös die variablen Kosten des Produktes übersteigt bzw. deckt.

db > 0 → p > kv
db < 0 → p < kv
db = 0 → p = kv

Ist der Deckungsbeitrag kleiner oder gleich null, deckt der Preis gerade oder noch nicht einmal die variablen Kosten des Produktes. Es sollte dann überlegt werden, die Produktion einzustellen, oder über Maßnahmen zur Reduzierung der variablen Kosten nachgedacht werden. Ist der Deckungsbeitrag positiv, kann aber noch nicht auf die Rentabilität des Produktes geschlossen werden, weil die weiter anfallenden Kosten des Unternehmens, insbesondere die Fixkosten, keine Berücksichtigung gefunden haben.

2.2 Mehrstufige Deckungsbeitragsrechnung

Die mehrstufige Deckungsbeitragsrechnung, auch Fixkostendeckungsrechnung genannt, baut auf dem Direct Costing auf, berücksichtigt aber auch die stufenweise Fixkostendeckung. Auf der ersten Stufe werden zunächst wie beim Direct Costing die variablen Kosten vom Nettoerlös abgezogen. In den weiteren Stufen werden dann die fixen Kosten nach dem Grad ihrer Zurechenbarkeit dem Produkt zugeordnet und vom jeweiligen Deckungsbeitrag in Abzug gebracht. Durch die Subtraktion der jeweilig zurechenbaren Fixkosten können – angefangen mit dem Deckungsbeitrag für einzelne Produkte und Produktarten – auch die Deckungsbeiträge für Produktgruppen, Kostenstellen und das gesamte Unternehmen bestimmt werden.

Nettoerlös / Nettopreis
– Variable Kosten
= **Deckungsbeitrag I**
– Erzeugnisfixkosten
= **Deckungsbeitrag II**

	Summe der Deckungsbeiträge II
–	Erzeugnisgruppenfixkosten
=	**Deckungsbeitrag III**
	Summe der Deckungsbeiträge III
–	Unternehmensfixkosten
=	**Deckungsbeitrag IV / Periodenerfolg**

Mithilfe der stufenweisen Deckungsbeitragsrechnung können Aussagen darüber getroffen werden, ob verschiedene Erzeugnisse, Erzeugnisgruppen, Arbeits- oder Betriebsbereiche kostendeckend, d.h. rentabel sind. Auf dieser Grundlage können dann mittel- und langfristige Entscheidungen – das Unternehmen oder nur einzelne Produkte betreffend – getroffen werden. Beispielsweise könnte entschieden werden, dass alle Produkte, die einen negativen Deckungsbeitrag erwirtschaften, aus dem Sortiment genommen oder dass der Nettoverkaufspreis dieser Produkte angehoben werden muss.

Beispiel: Ein Unternehmen produziert drei Produkte. Produkt A kann auf dem Markt für 100,00 €, Produkt B für 150,00 € und Produkt C für 160,00 € verkauft werden.

		Produkt A	Produkt B	Produkt C
	Nettoerlös	100,00 €	150,00 €	160,00 €
–	Variable Kosten	20,00 €	50,00 €	90,00 €
=	**Deckungsbeitrag 1**	**80,00 €**	**100,00 €**	**70,00 €**
–	Erzeugnisfixe Kosten	10,00 €	10,00 €	30,00 €
=	**Deckungsbeitrag II**	**70,00 €**	**90,00 €**	**40,00 €**
–	Erzeugnisgruppenfixkosten	10,00 €	10,00 €	10,00 €
=	**Deckungsbeitrag III**	**60,00 €**	**80,00 €**	**30,00 €**
–	anteilige Unternehmensfixkosten	30,00 €	30,00 €	30,00 €
=	**Deckungsbeitrag IV/Periodenerfolg**	**30,00 €**	**50,00 €**	**0,00 €**

Ergebnis: Das Produkt C ist unwirtschaftlich, trotz des relativ hohen Verkaufspreises sind die anfallenden fixen und variablen Kosten so hoch, dass sich die Produktion unter diesen Bedingungen nicht lohnt. Das Unternehmen muss nun entscheiden, was mit dem Produkt passieren soll. Entweder versucht es, die Produktionskosten zu senken oder den Verkaufspreis anzuheben, oder es wird das Produkt aus dem Sortiment nehmen.

3 Controlling

Der Begriff Controlling kommt ursprünglich aus dem Englischen von control (= steuern, regeln) und bezeichnet ein Konzept zur Steuerung und Lenkung eines Unternehmens oder von Unternehmensteilen. Darüber hinaus soll das Controlling die Unternehmensleitung aber auch mit entscheidungsrelevanten Informationen versorgen und die verschiedenen Teil- und Funktionsbereiche des Unternehmens miteinander koordinieren. Das Controlling umfasst daher auch die Gewinnung, Verarbeitung und Aufbereitung von Informationen für den betrieblichen Leistungsprozess.

3.1 Strategisches und operatives Controlling

3.1.1 Ziele

Ziel des strategischen Controllings ist es, die Existenz des Unternehmens nachhaltig zu sichern, d.h., das Unternehmen muss dauerhaft so gestaltet werden, dass es sich Veränderungen in seinem Umfeld anpassen kann. Dazu müssen sich bietende Chancen und mögliche Risiken erkannt werden. Diese sind dann mit den Stärken und Schwächen des Unternehmens abzugleichen.

Das **operative Controlling** befasst sich demgegenüber mehr mit dem Unternehmenserfolg, genauer mit dem Gewinn des Unternehmens, seiner Liquidität und seiner Rentabilität. Um Aussagen über den Gewinn oder die Wirtschaftlichkeit des Unternehmens treffen zu können, werden Daten des Rechnungswesens erfasst und ausgewertet.

3.1.2 Aufgaben

Zu den Aufgaben des Controllings gehören:

- **Planung** (Mitwirkung an der Zielplanung des Unternehmens, der Planung des Produktprogramms, des Potenzials und der Funktionsbereiche; Aufstellung und Durchführung der kalkulatorischen und bilanziellen Ergebnisplanung sowie der Finanzplanung),
- innerbetriebliche **Information**,
- **Überwachung** (Durchführung von ergebnis- und liquiditätsorientierten Kontrollen).

Im Rahmen der **Planung** muss zunächst ein Unternehmensziel festgelegt werden. Dann werden diejenigen Maßnahmen und Ressourcen bestimmt, die zum Erreichen des Unternehmensziels erforderlich sind. Zu diesem Zweck müssen Analysen und Prognosen, aber auch Planungsunterlagen (Formulare) erstellt und die einzelnen Planungsschritte festgehalten werden. Teilpläne müssen anschließend zu einem Gesamtplan zusammengestellt werden. Dann werden die Budgets (die vorhandenen Ressourcen wie Gelder und Personal) auf die jeweiligen Bereiche verteilt, mit denen das Planungsziel erreicht werden soll.

Die innerbetriebliche **Information** meint hier die Übermittlung aller für die Steuerung des Unternehmens wichtigen Informationen an die Führungsebene, und zwar in kurzer und knapper Form. Sie bildet die Grundlage für die Überwachung und Beurteilung der Geschäftsentwicklung. Zu diesem Zweck werden Zielgrößen und Kennzahlen ermittelt und ausgewertet.

Die **Überwachung** der Geschäftsentwicklung erfolgt dann durch einen Soll-Ist-Vergleich. Weichen die Ist-Werte von den Soll-Werten ab, müssen zudem die Ursachen und mögliche Auswirkungen auf den Geschäftsverlauf ermittelt und durch Zahlen, Daten und Fakten untermauert werden.

Das Controlling unterstützt daher mit seiner Arbeit die Führungsebene in jeder Phase der Entscheidungsfindung.

3.2 Break-Even-Analyse

Mithilfe der Break-Even-Analyse wird untersucht, wie sich Veränderungen beim Absatz eines Produktes auf den Gewinn auswirken und bei welcher Absatzmenge der Gewinn gleich null ist, das heißt die so genannte Gewinnschwelle erreicht wird. Ausgehend von der einfachen Deckungsbeitragsrechnung und unter der Annahme konstanter Preise und konstanter variabler Selbstkosten errechnet sich der Break-Even-Point (BEP) wie folgt:

Gewinn = Deckungsbeitrag/Produkt · Absatzmenge/Periode – Fixkosten/Periode
$$G = db \cdot x - Kf$$

> **Deckungsbeitrag = Preis/Produkt – variable Kosten/Produkt**
> **db = p – kv**

Multipliziert man den Deckungsbeitrag je Produkt mit der Gesamtabsatzmenge in der Periode, erhält man den Deckungsbeitrag der Periode. Zieht man nun die gesamten in der Periode angefallenen Fixkosten vom Deckungsbeitrag der Periode ab, erhält man den Gewinn der Periode.

> **G = (p – kv) · x – Kf**

Da der Break-Even-Point derjenigen Absatzmenge entspricht, bei der der Gewinn gleich null ist, gilt Folgendes:

> **G = 0 = (p – kv) · x – Kf**   **/ + Kf**

> **Kf = (p – kv) · x**   **/ : (p – kv)**

Der Deckungsbeitrag der Periode entspricht im Break-Even-Point (BEP) genau den Fixkosten der Periode. Durch weiteres Umformen der Gleichung nach x erhält man diejenige Absatzmenge, bei der der Gewinn gleich null ist, also x (BEP).

> $$x \, (BEP) = \frac{Kf}{(p - kv)}$$

Ist die tatsächliche Absatzmenge größer als die Absatzmenge im Break-Even-Point, so erzielt das Unternehmen in der betrachteten Periode einen Gewinn. Ist die tatsächliche Absatzmenge kleiner, erwirtschaftet das Unternehmen hingegen einen Verlust.

> x > BEP-Menge → G > 0
> x < BEP-Menge → G < 0
> x = BEP-Menge → G = 0

Beispiel: Die Schröder OHG produziert Fahrräder, die einen Verkaufspreis von 300,00 € pro Stück erzielen. Das Unternehmen rechnet mit einer Absatzmenge von 1.000 Stück im Jahr. Für die Herstellung der Fahrräder fallen variable Kosten von 100,00 € je Fahrrad an sowie fixe Kosten in Höhe von 100.000,00 € im Jahr.

Ermittlung der Absatzmenge, bei der der Gewinn gleich null ist:

Gegeben:

p = 300,00 €/Stück
x = 1.000 Stück
kv = 100,00 €/Stück
Kf = 100.000,00 €

Gesucht: x (BEP)

Lösung:

$$x \, (BEP) = \frac{Kf}{(p - kv)}$$

$$x \, (BEP) = \frac{100.000,00 \ €}{(300,00 \ € - 100,00 \ €)/\text{Stück}}$$

$$x\,(BEP) = \frac{100.000,00\ €}{200,00\ €/Stück}$$

x (BEP) = 500 Stück

Berechnung des Periodengewinns:

G = (p – kv) · x – Kf

G = (300,00 €/Stück – 100,00 €/Stück) · 1.000 Stück – 100.000,00 €

G = 200.000,00 €– 100.000,00 €

G = 100.000,00 €

Abb. 11.1: Break-Even Point (BEP)

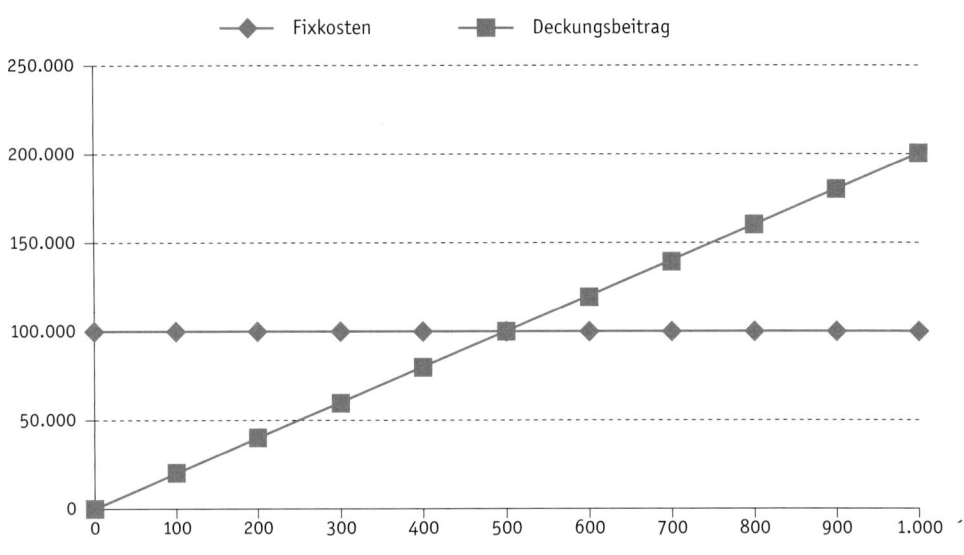

3.3 Vermögensstruktur

Die Vermögensstruktur sagt etwas über das Verhältnis von Anlagevermögen und Umlaufvermögen zum Gesamtvermögen aus, d.h., sie trifft Aussagen über die bilanzielle Zusammensetzung des Betriebsvermögens. Diese ist insbesondere für die Vergabe von Krediten, aber auch für Investoren von Bedeutung.

Dabei ist zwischen der Anlageintensität und der Umlaufintensität zu unterscheiden.

3.3.1 Anlageintensität

Die Anlageintensität gibt das Verhältnis vom Anlagevermögen zum Gesamtvermögen an und sagt etwas über die Flexibilität des Unternehmens aus. Je höher der Anteil des Anlagevermögens eines Unternehmens ist, desto unflexibler bzw. starrer ist das Unternehmen, da sich Anlagevermögen im Bedarfsfall eben nur schwer in flüssiges Kapital umwandeln lässt.

$$\text{Anlageintensität:}\ \frac{\text{Anlagevermögen}}{\text{Gesamtvermögen}} \cdot 100\,\%$$

Ist die Anlagenintensität überdurchschnittlich hoch, so kann dies durch den vermehrten Einsatz von Maschinen infolge von Rationalisierungsmaßnahmen verursacht worden sein. Es kann aber auch branchenüblich sein, beispielsweise bei Transportunternehmen und beim Schiffbau.

3.3.2 Umlaufintensität

Die Umlaufintensität gibt entsprechend das Verhältnis vom Umlaufvermögen zum Gesamtvermögen an. Es ist wie die Anlageintensität eine Kennzahl, mittels derer die Flexibilität des Unternehmens ermittelt werden kann.

$$\text{Umlaufintensität:} \quad \frac{\text{Umlaufvermögen}}{\text{Gesamtvermögen}} \cdot 100\,\%$$

Ist die Umlaufintensität überdurchschnittlich hoch, kann dies ein Hinweis auf einen hohen Material- und Güterbestand sein, der dann wiederum hohe Lagerkosten nach sich zieht. Die hohe Umlaufintensität kann aber auch auf einen hohen Forderungsbestand zurückzuführen sein.

3.3.3 Vermögenskonstitution

Die Vermögenskonstitution gibt das Verhältnis vom Anlagevermögen zum Umlaufvermögen an.

$$\text{Vermögenskonstitution:} \quad \frac{\text{Anlagevermögen}}{\text{Umlaufvermögen}} \cdot 100\,\%$$

Für sich allein genommen ist die Vermögenskonstitution nur wenig aussagekräftig. Sie gewinnt aber an Aussagekraft, wenn man sie über mehrere Perioden hinweg oder mit konkurrierenden Unternehmen vergleicht. Stellt das Unternehmen im Vergleich mit Konkurrenten oder vorangegangenen Perioden z.B. gravierende negative Abweichungen in der Vermögenskonstitution fest, sollte es versuchen, den Anteil am Anlagevermögen zu Gunsten des Umlaufvermögens zu verringern. So können z.B. nicht benötigte Maschinen verkauft werden, um mehr Flexibilität zu erlangen und bei Bedarf neue und innovative Maschinen einkaufen zu können.

Da die Vermögenskonstitution aber stark von der Branche und dem Grad der Mechanisierung abhängt, sollten Vergleiche nur innerhalb derselben Branche vorgenommen werden, da andernfalls die Ergebnisse verzerrt werden könnten.

3.4 Kapitalstruktur

Die Kapitalstruktur sagt etwas über das Verhältnis von Eigenkapital zu Fremdkapital aus. Damit lässt sich erkennen, ob sich ein Unternehmen überwiegend durch eigene oder durch fremde Kreditmittel finanziert. Dies ist z.B. bei der Kreditvergabe von Bedeutung. Ein Unternehmen mit hoher Eigenkapitalquote ist weniger von den Kreditgebern abhängig und damit grundsätzlich kreditwürdiger als ein Unternehmen mit einer niedrigen Eigenkapitalquote.

3.4.1 Eigenkapitalquote

Die Eigenkapitalquote bezeichnet den Anteil des Eigenkapitals am gesamten Kapital des Unternehmens. Sie errechnet sich aus dem Quotienten von Eigenkapital und Gesamtkapital. Unternehmen mit einer hohen Eigenkapitalquote sind gegenüber Kreditmittelgebern relativ unabhängig.

$$\text{Eigenkapitalquote:} \quad \frac{\text{Eigenkapital}}{\text{Gesamtkapital}} \cdot 100\,\%$$

3.4.2 Fremdkapitalquote

Die Fremdkapitalquote gibt den Anteil des Fremdkapitals am Gesamtkapital an. Gemeint sind die Schulden, die das Unternehmen bei Banken oder anderen Unternehmen hat. Unternehmen mit einer hohen Fremdkapitalquote finanzieren sich hauptsächlich aus Krediten, die – wenn sich die finanzielle und wirtschaftliche Situation des Unternehmens verschlechtern sollte – schnell zurückgezogen bzw. gekündigt werden könnten. Sie tragen damit ein höheres Risiko und laufen schneller Gefahr, sich zu überschulden, z.B. wenn die erwirtschafteten Erträge nicht mehr ausreichen, um die Darlehensraten und Zinsen zahlen zu können.

$$\textbf{Fremdkapitalquote:} \quad \frac{\text{Fremdkapital}}{\text{Gesamtkapital}} \cdot 100\,\%$$

3.4.3 Verschuldungskoeffizient

Der Verschuldungskoeffizient gibt an, inwieweit das Unternehmen sich aus Fremd- bzw. Eigenkapital finanziert.

$$\textbf{Gesamtkapital:} \quad \frac{\text{Fremdkapital}}{\text{Eigenkapital}} \cdot 100\,\%$$

Je höher der Fremdkapitalanteil, desto höher ist auch der Verschuldungskoeffizient. Wie hoch der Verschuldensgrad sein darf, um von den Banken noch als kreditwürdig angesehen zu werden, wird anhand von vertikalen Finanzierungsregeln festgemacht:

Finanzierungsregel	Verschuldenskoeffizient	Schlussfolgerung
1:1 - Regel	$\dfrac{\text{Fremdkapital}}{\text{Eigenkapital}} \leq 1$	ideal
2:1 - Regel	$\dfrac{\text{Fremdkapital}}{\text{Eigenkapital}} \leq 2$	gut
3:1 - Regel	$\dfrac{\text{Fremdkapital}}{\text{Eigenkapital}} \leq 3$	gerade noch zulässig

Die Gefahr der Überschuldung eines Unternehmens ist bei einer hohen Eigenkapitalquote (über 50 %) und entsprechend einer geringen Fremdkapitalquote (unter 50 %) gering. Denn das Unternehmen kann dann zur Überbrückung von Liquiditätsengpässen Fremdkapital aufnehmen, um seine laufenden Verbindlichkeiten zu begleichen. Das Unternehmen verfügt somit über eine hinreichende Fremdkapitalreserve, die die Gefahr einer Zahlungsunfähigkeit und somit auch die Insolvenzgefahr verringert.

3.5   Liquiditätsanalyse

3.5.1   Liquidität

Die Liquidität gibt – bezogen auf einen bestimmten Zeitpunkt – an, inwieweit das Unternehmen in der Lage ist, seine kurzfristigen Verbindlichkeiten zu begleichen. Dabei unterscheidet man drei Liquiditätsgrade, je nachdem, welche Mittel für den Ausgleich der Verbindlichkeiten aktuell zur Verfügung stehen:

$$\text{Liquidität 1. Grades:} \quad \frac{\text{flüssige Mittel}}{\text{kurzfristige Verbindlichkeiten}} \cdot 100\,\%$$

$$\text{Liquidität 2. Grades:} \quad \frac{\text{flüssige Mittel + kurzfristige Forderungen}}{\text{kurzfristige Verbindlichkeiten}} \cdot 100\,\%$$

$$\text{Liquidität 3. Grades:} \quad \frac{\text{gesamtes Umlaufvermögen}}{\text{kurzfristige Verbindlichkeiten}} \cdot 100\,\%$$

Unter **flüssige Mittel** versteht man:

- Kassenbestände,
- Guthaben bei Kreditinstituten,
- Schecks,
- diskontfähige Wechsel und
- börsenfähige Wertpapiere.

Kurzfristige Verbindlichkeiten meint Verbindlichkeiten mit einer Restlaufzeit von bis zu einem Jahr. Entsprechendes gilt für die **kurzfristigen Forderungen**, auch diese sollten eine Restlaufzeit von nicht mehr als einem Jahr haben.

Das **Umlaufvermögen** hingegen erfasst alle flüssigen Mittel und kurzfristigen Forderungen sowie alle nicht zum Anlagevermögen zählenden Forderungen und Vorräte.

Die Liquidität eines Unternehmens ist entscheidend für seinen Fortbestand. Sie muss auch kurzfristig immer sichergestellt sein, um die Zahlungsunfähigkeit und in deren Folge die Insolvenz zu vermeiden. Daher gilt:

Je höher der Liquiditätsgrad, desto geringer die Gefahr der Zahlungsunfähigkeit.

3.5.2 Cashflow

Der Cashflow dient zur Beurteilung der Finanz- und Ertragskraft eines Unternehmens, d.h., er zeigt an, welche Kapitalrückflüsse zu erwarten sind. Er zeigt weiter an, wie groß die Finanzkraft des Unternehmens ist und welchen Spielraum das Unternehmen in Bezug auf die Selbstfinanzierung von Investitionen, die Schuldentilgung und die Gewinnausschüttung hat. Aus dem Cashflow lässt sich somit ablesen, inwieweit das Unternehmen in der Lage ist, das erforderliche Kapital für Ersatz- und Erweiterungsinvestitionen aus eigener Kraft aufzubringen. Zudem gibt er Aufschluss über die Fähigkeit des Unternehmens, seine Schulden zu tilgen und seine Zinsverbindlichkeiten zu erfüllen. Mithilfe des Cashflows können daher die Kreditfähigkeit und die Kreditwürdigkeit eines Unternehmens beurteilt werden.

Der Cashflow errechnet sich wie folgt:

	nicht entnommener Gewinn
+	neu gebildete Rücklagen
+	Abschreibungen
+	Pauschalwertberichtigungen
=	Cashflow im engeren Sinne

oder ausführlicher:

	Jahresgewinn / -verlust
+/–	Gewinn- / Verlustvortrag
+/–	Erhöhung oder Auflösung der Rücklagen
+/–	Erhöhung oder Auflösung der langfristigen Rückstellungen
+	Abschreibungen und Wertberichtigungen
+/–	Aufwendungen / Erträge
=	Cashflow im weiteren Sinne

3.6 Rentabilitätsanalyse

Die Rentabilitätsanalyse ermöglicht die Bewertung des Erfolgs eines Unternehmens. Dabei kann man sich orientieren

- am Gewinn oder
- am Cashflow.

3.6.1 Gewinnorientierte Rentabilitätsanalyse

Die gewinnorientierte Rentabilität ergibt sich aus dem Verhältnis vom Gewinn zum Kapital.

$$\textbf{Eigenkapitalrentabilität:} \quad \frac{\text{Gewinn}}{\text{Eigenkapital}} \cdot 100\,\%$$

Die Eigenkapitalrentabilität gibt an, inwieweit sich das Eigenkapital in einer Abrechnungsperiode verzinst hat. Damit ist nicht der Sparzins gemeint, sondern wie viel das investierte Eigenkapital erwirtschaftet hat.

$$\textbf{Gesamtkapitalrentabilität:} \quad \frac{\text{Gewinn + Fremdkapitalzinsen}}{\text{Gesamtkapital}} \cdot 100\,\%$$

Die Gesamtkapitalrentabilität gibt an, wie rentabel der Einsatz des Kapitals mit Blick auf ein Investionsvorhaben in einer Abrechnungsperiode war.

$$\textbf{Umsatzrentabilität:} \quad \frac{\text{Gewinn}}{\text{Umsatz}} \cdot 100\,\%$$

3.6.2 Cashflow-orientierte Rentabilitätsanalyse

Die Cashflow-orientierte Rentabilität ergibt sich entsprechend aus dem Verhältnis vom Cashflow zum Kapital. Dabei dienen Rentabilitätsrechnungen grundsätzlich dem Unternehmer, um Entscheidungen über Investitionen zu treffen.

Beispiel: Ein Unternehmer hat die Möglichkeit, sich zu entscheiden, ob er sein Geld bei einer Bank anlegt oder ob damit Investitionen getätigt werden. Ergibt sich aus der Rentabilitätsrechung, dass der mit der Investition zu erwirtschaftende mögliche Ertrag geringer ausfällt, als wenn er sein Geld bei einer Bank anlegt, so wird der Unternehmer von der Investition Abstand nehmen.
Ist der Ertrag der Investition langfristig aber höher, d.h. wird sich die Investition rentieren, wird er investieren.

Das gleiche Verfahren wird auch verwendet, wenn der Unternehmer sich zwischen zwei Investitionen, beispielsweise zwei unterschiedlichen Maschinen, entscheiden muss. Die Maschine mit dem höchsten Cashflow und der höchsten Rentabilitätserwartung wird bevorzugt.

Zu unterscheiden ist wieder zwischen der Eigenkapitalrentabilität, der Umsatzrentabilität und der Gesamtrentabilität.

Eigenkapitalrentabilität: $\dfrac{\text{Cashflow}}{\text{Eigenkapital}} \cdot 100\,\%$

Gesamtkapitalrentabilität: $\dfrac{\text{Cashflow}}{\text{Gesamtkapital}} \cdot 100\,\%$

Umsatzrentabilität: $\dfrac{\text{Cashflow}}{\text{Umsatz}} \cdot 100\,\%$

3.6.3 Return on Investment

Der Return on Investment baut auf der Gesamtkapitalrentabilität auf und stellt die Beziehungen zwischen Gewinn, Umsatz und eingesetztem Kapital dar. Mithilfe dieser Kennziffer kann man Rückschlüsse darauf ziehen, ob Veränderungen der Gesamtkapitalrentabilität auf eine Veränderung der Umsatzrentabilität oder des Kapitalumschlags zurückzuführen sind.

Return on Investment: Umsatzrendite · Kapitalumschlag

Return on Investment: $\dfrac{\text{Gewinn}}{\text{Umsatz}} \cdot \dfrac{\text{Umsatz}}{\text{investiertes Kapital}} \cdot 100\,\%$

3.7 Wirtschaftlichkeit

Die Wirtschaftlichkeit ist ein Maßstab für die Effizienz und den besonnenen Einsatz der zur Verfügung stehenden Mittel. Sie bezeichnet daher auch das Verhältnis von den eingesetzten Mitteln (Kosten) zum damit erzielten Ertrag (Umsatz bzw. Leistung).
Eine Maßnahme ist dann wirtschaftlich, wenn der erzielte Umsatz höher ist als die angefallenen Kosten.

Wirtschaftlichkeit: $\dfrac{\text{Umsatz}}{\text{Kosten}}$ oder $\dfrac{\text{Ertrag}}{\text{Aufwand}}$

Praktisch kann die Wirtschaftlichkeit festgestellt werden durch:
- einen Soll-Ist-Vergleich,
- einen Vergleich mit anderen gleichartigen Unternehmen,
- einen Vergleich verschiedener Perioden (Geschäftsjahre).

Das Ziel eines jeden Unternehmens sollte es sein, die Wirtschaftlichkeit zu erhöhen, und zwar unter Beachtung der Ihnen bereits aus dem Lernfeld 1 bekannten Grundprinzipien, dem Minimal- und dem Maximalprinzip.

Nach dem **Minimalprinzip** soll ein bestimmter Ertrag mit einem möglichst minimalen Mitteleinsatz (Aufwand, Kosten) erzielt werden.

Nach dem **Maximalprinzip** soll mit den gegebenen Mitteln (Aufwand, Kosten) ein maximaler Ertrag erzielt werden.

Zu beobachten ist in der Praxis jedoch ein Streben nach Gewinn und nicht nach Wirtschaftlichkeit. Dies kann auf einem idealen Markt miteinander einhergehen, in einem Monopol führt dies aber dazu, dass der Gewinn auf Kosten der Verbraucher maximiert wird und so unrentable Strukturen erhalten bleiben.

4 Weitere Kennzahlen für Zielvereinbarungen

Neben den bilanziellen Kennzahlen sind für jedes Unternehmen noch betriebliche und branchenspezifische Kennzahlen heranzuziehen. So können betriebliche Kennzahlen beispielsweise Auskunft über die Personalstruktur oder den Krankenstand geben, branchenspezifische Kennzahlen über die Laufzeiten von Briefen oder die jeweiligen Zustellleistungen.

4.1 Kennzahlen der Personalstatistik

4.1.1 Personalstruktur

Die Personalstruktur gibt an, wie sich die Belegschaft eines Unternehmens zusammensetzt, d.h., wie hoch der Anteil von Arbeitern, Angestellten oder Hilfskräften im Verhältnis zur gesamten Mitarbeiterzahl ist. Möglich ist aber auch, Aussagen über die Altersstruktur des Unternehmens zu treffen, indem man das Verhältnis der „über 30-Jährigen", der „über 40-Jährigen" und der „über 50-Jährigen" ermittelt.

$$\text{Personalstruktur: } \frac{\text{Arbeiter/Angestellte/sonstige Mitarbeiter} \cdot 100\,\%}{\text{gesamte Belegschaft}}$$

4.1.2 Krankenstand/Krankheitsausfallquote

Der Krankenstand ist eine Kennzahl, mit der man die Erkrankungszeiten der Mitarbeiter im Unternehmen oder in bestimmten Abteilungen ermitteln kann. Da aus Arbeitgeberperspektive einzig der krankheitsbedingte Ausfall von Arbeitszeit relevant ist, errechnet sich der Krankenstand wie folgt:

$$\text{Krankenstand: } \frac{\text{krankheitsbedingte Fehlzeiten (Tage/Std)} \cdot 100\,\%}{\text{Sollarbeitszeit (Tage/Std.)}}$$

Erkrankungszeiten an arbeitsfreien Tagen oder Wochenenden bleiben bei dieser Betrachtungsweise außen vor. Dies gilt jedoch nicht für Erkrankungen während der Urlaubszeit. Denn der Arbeitnehmer hat bei ordnungsgemäßer Krankmeldung einen Anspruch darauf, die wegen Krankheit nicht genutzten Erholungstage seinem Urlaubskonto wieder gutschreiben zu lassen.

4.1.3 Fehlzeitenquote

Die Fehlzeitenquote soll die Fehlzeiten ermitteln, um Rückschlüsse auf die effektive Arbeitszeit ziehen zu können. Zu den Fehlzeiten zählen unter anderem: Urlaub, Feiertage, Streik, Abteilungs- oder Betriebsversammlungen sowie Krankheiten und Verspätungen.

$$\text{Fehlzeitenquote: } \frac{\text{Fehlzeiten (Tage/Std.)} \cdot 100\,\%}{\text{Sollarbeitszeit (Tage/Std.)}}$$

4.1.4 Fluktuationsquote

Die Fluktuationsquote gibt Auskunft über die Personalbewegungen, d.h. die Zu- und Abgänge des Personals. Ist die Fluktuationsquote sehr hoch, lässt dies unter Umständen Rückschlüsse auf das Betriebsklima, die Bezahlung oder mangelnde Aufstiegschancen zu. Sie errechnet sich wie folgt:

Fluktuationsquote: $\dfrac{\text{Zahl der Abgänge} \cdot 100\,\%}{\text{durchschnittlicher Personalbestand}}$

4.2 Branchenspezifische Kennzahlen

In der KEP-Branche lassen sich die Laufzeit und die Zustellleistung als wichtige Kennzahlen für die Beurteilung der Einhaltung der Zielvorgaben ausmachen. Dabei sind die Laufzeiten und Zustellleistungen sowohl auf nationaler als auch auf internationaler Ebene zu überprüfen. Zu diesem Zweck wurde auf europäischer Ebene die International Post Corporation (IPC) ins Leben gerufen, um die Gesamtqualität der europäischen Postdienste anhand der Laufzeiten internationaler Briefsendungen messen zu können.

Um an die zur Ermittlung der Kennzahlen notwendigen Daten zu gelangen, werden den Sendungen Chips beigegeben, die über den gesamten Laufweg der Sendungen Daten an die in mehr als 200 Standorten positionierten Empfängeranlagen übermitteln. So können Verspätungen, die vom Absender bis zum Empfänger aufgetreten sind, den jeweiligen Zuständigkeiten bzw. Zuständigkeitsbereichen des Postdienstleisters zugeordnet werden.

4.2.1 Laufzeiten

Die Laufzeit gibt an, wie viele Tage von der Einlieferung bis zur Zustellung einer Sendung benötigt werden. Sie wird mit E+1, E+2, E+3, E+4, E+5 bezeichnet. „E" steht hierbei für den Tag der Einlieferung der Sendung. „+1", „+2" usw. gibt die Anzahl der Tage an, die für das Einsammeln, Sortieren, Transportieren und Zustellen der Sendung benötigt werden.

Beispiel: Innerhalb eines Landes erfolgt die Zustellung in der Zeit E+1 bis E+3. Von 1.000.000 eingelieferten Sendungen erreichen 800.000 Sendungen am darauf folgenden Tag (E+1) den Empfänger. Weitere 195.000 Sendungen können erst zwei Tage (E+2) und die letzten 5.000 erst drei Tage (E+3) nach der Einlieferung zugestellt werden.

4.2.2 Zustellleistungen

Die Zustellleistung gibt an, wie viel Prozent der eingelieferten Sendungen (Briefsendungen / Paketsendungen / Expresssendungen) dem Empfänger innerhalb von E+1, E+2, E+3, E+4 oder E+5 Tagen zugestellt werden.

Zustellleistung (E+n) = $\dfrac{\text{Anzahl der (E+n) zugestellten Briefe}}{\text{Gesamtzahl der eingelieferten Sendungen}}$

Beispiel:

In Anlehnung an das obige Beispiel zu den Laufzeiten ergibt sich nun folgende Zustellleistung:

Zustellleistung (E+1) = $\dfrac{800.000 \text{ Briefe (E+1)}}{1.000.000 \text{ Briefe}}$

Zustellleistung (E+1) = 0,8 = 80 %

$$\text{Zustellleistung (E+2)} = \frac{195.000 \text{ Briefe (E+2)}}{1.000.000 \text{ Briefe}}$$

Zustellleistung (E+2) = 0,195 = 19,5 %

$$\text{Zustellleistung (E+3)} = \frac{5.000 \text{ Briefe (E+3)}}{1.000.000 \text{ Briefe}}$$

Zustellleistung (E+3) = 0,005 = 0,5 %

5 Darstellung von statistischem Zahlenmaterial

Das gesammelte Datenmaterial und die ermittelten Kennzahlen sollten der besseren Anschaulichkeit wegen tabellarisch und/oder grafisch aufbereitet werden.

5.1 Tabellarische Darstellung

So könnte beispielsweise die tabellarische Darstellung der Zustellleistungen internationaler Briefe und deren durchschnittlicher Laufzeit (DLT) wie folgt aussehen:

Abb. 11.2: Tabellarische Darstellung

Einlieferungsland	Bestimmungsland				
	Belgien	Niederlande	Spanien	Ungarn	Zypern
Deutschland					
E+3	98,2	98,2	90,5	92,3	54,8
E+5	99,5	99,8	98,9	99,2	89,0
DLT	2,0	1,9	2,3	2,2	3,9
Frankreich					
E+3	95,8	94,8	85,9	85,3	40,3
E+5	98,8	99,0	97,8	96,6	73,4
DLT	2,1	2,1	2,5	2,6	4,4
Spanien					
E+3	95,2	95,2	-	74,8	56,1
E+5	99,1	99,5	-	97,7	88,4
DLT	2,1	2,2	-	2,9	3,8

5.2 Grafische Darstellung

Für die grafische Darstellung von Zahlenmaterial kann man sich verschiedener Diagramme, wie Kreis-, Säulen- oder Liniendiagramme, bedienen. Um zu zeigen, wie sich die Zustellleistungen internationaler Briefe innerhalb der letzten Jahre verändert haben, kann man z.B. ein Liniendiagramm wählen. Denn ein Liniendiagramm bietet gerade bei mehreren Mess- oder Vergleichswerten, die dargestellt werden sollen, eine bessere Übersicht. Zudem können Zeitverläufe und Wertschwankungen mittels eines Liniendiagramms oft besser dargestellt werden als in einem Säulendiagramm.

Abb. 11.3: Liniendiagramm

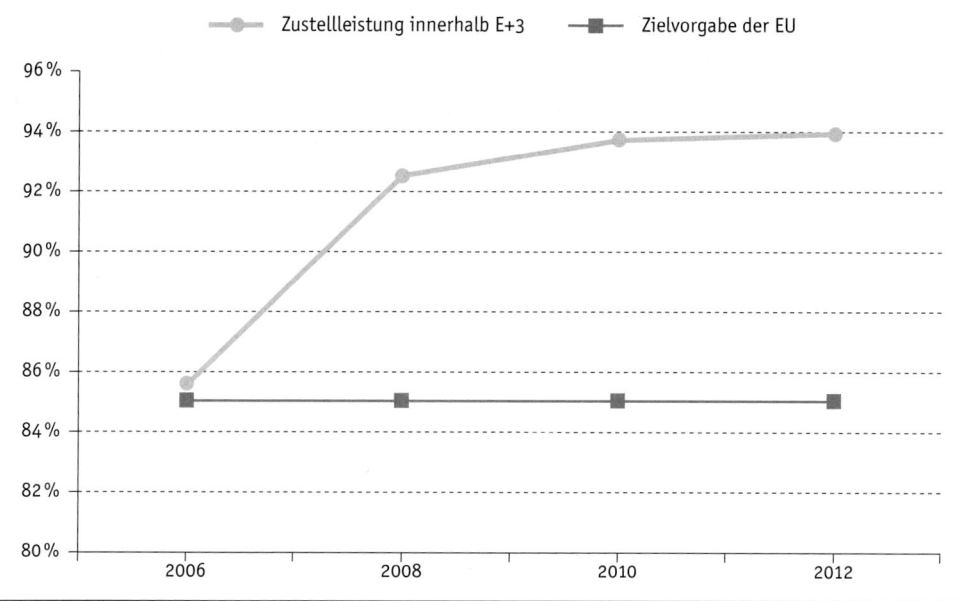

Für die Darstellung der Laufzeiten bietet sich dagegen ein Säulendiagramm an. Das Säulendiagramm ist sehr beliebt, wenn es gilt, bestimmte Daten besonders hervorzuheben. Es ist aber nur geeignet, wenn wie hier nur wenige Vergleichswerte darzustellen sind. Zudem werden in einem Säulendiagramm alle Werte vom Ursprung- bis zum Endwert optisch in einer Säule zusammengefasst. Differenzierungen sind daher mit dem Säulendiagramm weniger gut darstellbar.

Abb. 11.4: Säulendiagramm

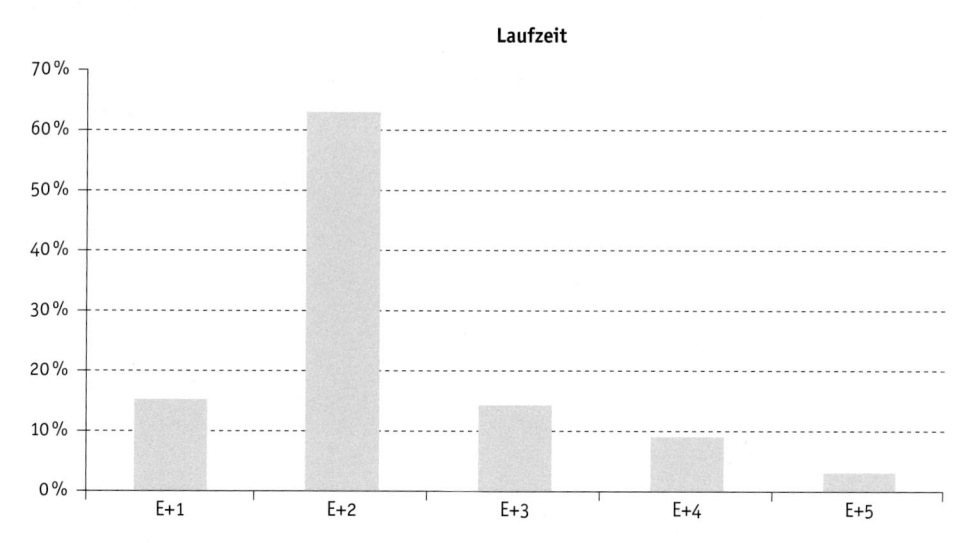

Wiederholungs- und Übungsaufgaben

Unterteilen Sie die Kosten nach ihrer Verrechnung und nach der Produktion.

1. Ein Unternehmen verfügt über folgende Kostenstellen:
   - Material (Materialbeschaffung, -kontrolle und -lagerung),
   - Fertigung (Personal, Produktionsmaschinen),
   - Verwaltung (Geschäftsleitung, Rechnungswesen, Controlling),
   - Vertrieb (Verkauf, Versand).

   Für die Produktion der Unternehmenserzeugnisse fielen Einzelkosten für Material in Höhe von 40.000,00 € und Fertigungslöhne in Höhe von 90.000,00 € an.

   Ferner sind Stromkosten in Höhe von 4.000,00 € entstanden, die im Verhältnis 1:1:1:1 auf die Kostenstellen zu verteilen sind, und Kosten für die Gewerberäume in Höhe von 60.000,00 €, die nach den m²-Zahlen auf die einzelnen Kostenstellen verteilt werden. Für die Gehälter seiner Mitarbeiter hat das Unternehmen 180.000,00 € aufgewandt, die im Verhältnis 3:3:2:1 zu verteilen sind. Die Kosten für Hilfs- und Betriebsstoffe in Höhe von 30.000,00 € können internen Belegen entnommen und entsprechend zugeordnet werden.

   Der Betriebsabrechnungsbogen stellt sich wie folgt dar:

Unternehmen				Betriebsabrechnungsbogen I			
Zeile	Kostenart	Gesamt	Material	Fertigung	Verwaltung	Vertrieb
1	Hilfs- und Betriebsstoffe	30.000	10.000	8.000	8.000	4.000
2	Gehälter (3:3:2:1)	180.000				
3	Miete (m²)	60.000	20.000	30.000	8.000	2.000
4	Strom (1:1:1:1)	4.000				
	Summe Gemeinkosten					
	Bezugsgröße					
	Zuschlagssatz					

   Bitte ergänzen Sie den Betriebsabrechnungsbogen um die fehlenden Kostenpositionen und berechnen Sie die Zuschlagssätze.

2. Ein Unternehmen produziert Stühle, die für 20,00 € netto pro Stück verkauft werden. Die variablen Kosten betragen 17,80 €/Stück. Wie hoch ist der Deckungsbeitrag?

3. Definieren Sie den Begriff Controlling.

4. Nennen Sie Aufgaben und Ziele des operativen Controllings.

5. Die Schröder OHG produziert Lkws, die einen Verkaufspreis von 50.000,00 € erzielen. Das Unternehmen rechnet mit einer Absatzmenge von 500 Stück im Jahr. Für die Herstellung der Lkws fallen variable Kosten von 40.000,00 € je Lkw an sowie fixe Kosten in Höhe von 1.000.000,00 € im Jahr.
   a) Bestimmen Sie die Absatzmenge, bei der der Gewinn gleich null ist.
   b) Berechnen Sie den Periodengewinn.

6. Berechnen Sie die Anlagenintensität, wenn das Anlagevermögen 30.000,00 € beträgt und das Gesamtvermögen 100.000,00 € ausmacht.

7. Bestimmen Sie die Eigenkapitalquote, die Fremdkapitalquote und den Verschuldenskoeffizienten eines Unternehmens, bei dem das Eigenkapital 100.000,00 € und das Gesamtkapital 300.000,00 € beträgt.

8. Was versteht man unter „flüssigen Mitteln" und „kurzfristigen Verbindlichkeiten"?

9. Was geben die folgenden Kennzahlen an:
   a) Liquidität,
   b) Rentabilität und
   c) Wirtschaftlichkeit?

10. Nennen und erläutern Sie mindestens zwei Kennzahlen der Personalstatistik.

11. Wie wird die Zustellleistung eines KEP-Unternehmens ermittelt?

12. Welche Form der grafischen Darstellung von statistischem Zahlenmaterial gibt es? Stellen Sie die folgenden Daten grafisch dar:

	E+1	E+2	E+3	E+4
Sendungen in %	15 %	50 %	30 %	5 %

Lernfeld 12

Dienstleistungen anbieten und verkaufen

1 Kunden akquirieren

Unter Akquise werden alle Maßnahmen gefasst, die der Gewinnung von neuen Kunden für das Unternehmen dienen, sei es durch persönliche Gespräche, Werbung oder im Rahmen des Direktverkaufs.

1.1 Arten der Kundenakquise

Die Kundenakquisition erfolgt aktiv oder passiv.

1.1.1 Aktive Akquise

Durch den Akquisiteur oder Kundenbetreuer kommt der Erstkontakt mit potenziellen Kunden zu Stande. Diese setzen sich mit dem möglichen Kunden in Verbindung und unterrichten ihn über das Unternehmen, einzelne Ablaufmodalitäten oder aktuelle Aktionen.

Häufig erfolgt dies durch das Zusenden von Werbematerial per Post, das Ansprechen auf der Straße, auf Messen oder zuhause. Immer häufiger sind aber auch unlautere Methoden, wie das Anrufen von potenziellen Kunden, das Fax- oder E-Mail-Spamming, zu beobachten. Dabei werden Kunden, ohne dass sie ihr Einverständnis hierzu gegeben hätten, telefonisch, per E-Mail oder Fax auf das Unternehmen oder aktuelle Aktionen aufmerksam gemacht. Bestehen zu dem potenziellen Kunden aber noch keine Geschäftsbeziehungen, dann sind diese Methoden wettbewerbswidrig und nach dem Gesetz gegen den unlauteren Wettbewerb verboten.

Ist der potenzielle Kunde an der Dienstleistung, die das Unternehmen anbietet, interessiert, erstellt das Dienstleistungsunternehmen ein entsprechendes Angebot, welches dem potenziellen Kunden dann übersandt wird.

Der Kunde hat dabei die Möglichkeit, seine Brief- oder Paketsendungen
- täglich,
- in einem regelmäßigen Rhythmus, z.B. nur an fest vereinbarten Abholtagen, bzw.
- nur nach Bedarf bzw. auf Abruf abholen zu lassen.

Die Erstellung und Zusendung eines Angebotes erfolgt – je nach Unternehmen – noch am gleichen Tag der Angebotsnachfrage.

Vor Auftragserteilung durch den Kunden erhält dieser zunächst die allgemeinen Geschäftsbedingungen des Dienstleistungsunternehmens. Werden diese von dem Kunden akzeptiert, erhält er ein kaufmännisches Bestätigungsschreiben, welches eventuell individuelle Besonderheiten des Kunden berücksichtigt. Der Kunde wird dann in die Kundendatei (Stammkarte) und in der Warenwirtschaft aufgenommen, alle Mitarbeiter werden informiert. Der Disponent ordnet den Kunden der betreffenden Einholtour zu und informiert den Unternehmer bzw. Fahrer.

1.1.2 Passive Akquise

Ein potenzieller Kunde stellt eine Anfrage per E-Mail oder per Telefon bei den Kundenbetreuern oder im Callcenter. Der Kunde erhält dann ein Angebotsschreiben einschließlich Faxantwort. Ist der Kunde interessiert, schickt er die Faxantwort zurück an das KEP-Unternehmen. Der weitere Ablauf entspricht dann dem Ablauf bei der projektbezogenen und aktiven Akquise.

1.2 Kundenwünsche ermitteln

Kundenwünsche ermittelt man

- **direkt,** indem man Kunden konkret nach ihren Wünschen und Bedürfnissen befragt, oder
- **indirekt,** indem man Reklamationen, Kundenrückfragen, Einkaufs- und Absatzstatistiken auswertet und sich das „Käuferverhalten" und Leistungsausschreibungen bzw. Vergaben ansieht.

1.3 Kundendaten erfassen

Ist der Kunde für das Unternehmen gewonnen worden, werden zunächst seine Daten – in der Regel im Computer – erfasst. Die wichtigsten Daten von Neukunden sind: Name und Anschrift des Kunden sowie die Lieferadresse. Hinzu kommen dann die Erfassung von Kundenwünschen, die bereits für den Kunden erbrachten Leistungen, die gestellten Rechnungen, Mahnungen, Reklamationen etc. Das Unternehmen erstellt quasi ein **Kundenprofil**.

Das Kundenprofil erleichtert es dem Unternehmen, Angebote speziell auf den Kunden abzustimmen. Ferner lässt es Rückschlüsse auf das Käufer- und Zahlungsverhalten des Kunden zu und dient dem Unternehmen dazu, Entscheidungen über die Gewährung von Rabatten oder Sonderkonditionen zu treffen oder bei zahlungsunwilligen bzw. -unfähigen Kunden Leistungen nur nach Vorkasse zu erbringen.

2 Angebote erstellen

2.1 Anfrage

Durch die Anfrage sollen Erkundigungen darüber eingeholt werden, ob und zu welchen Bedingungen ein Unternehmen eine bestimmte Ware oder Leistung anbietet.

Die Anfrage ist unverbindlich und dient nur der Einholung von Angeboten. Eine rechtliche Verpflichtung in der Form, dass die angebotenen Leistungen oder Waren abgenommen und bezahlt werden müssen, besteht nicht.

> **Beispiel:** Steuerberater Krause möchte seinen Briefdienstleister wechseln, da er gehört hat, dass viele Anbieter dieselben Leistungen zu einem günstigeren Preis anbieten. Er fragt deshalb bei verschiedenen KEP-Unternehmen nach, zu welchem Preis der Transport von 500 Briefen im Format DL angeboten und ob Rabatte gewährt werden.

2.2 Angebot

2.2.1 Definition

Das Angebot, auch **Antrag** genannt, ist eine Willenserklärung, die

- auf den Abschluss eines Vertrages (Kaufvertrag, Dienstleistungsvertrag, Werkvertrag etc.) gerichtet ist,
- die wesentlichen Bestandteile des Vertrages (Vertragsgegenstand, Preis, Lieferzeit) so genau bestimmt, dass der Vertrag durch bloßes „Ja-Sagen" zu Stande kommen kann und
- darauf schließen lässt, dass sich der Antragende rechtlich binden will.

2.2.2 Abgrenzung von der Aufforderung zur Abgabe eines Angebotes

Abzugrenzen ist das Angebot von der bloßen Aufforderung, ein Angebot abzugeben, eine so genannte **invitatio ad offerendum**. Im Gegensatz zum Angebot fehlt es dem Anbietenden bei der invitatio ad offerendum an dem Willen, sich rechtlich zu binden. Dies ist beispielsweise bei

Schaufensterauslagen oder Zeitungsannoncen der Fall. Diese sind einer unbegrenzten Vielzahl von Personen zugänglich, mit denen der Anbieter nicht immer einen Vertrag schließen will oder kann. Sei es, dass er die Ware gar nicht in einer ausreichenden Stückzahl vorrätig hat oder aber mit der konkreten Person verfeindet ist oder aus anderen Gründen einen Vertragsschluss ablehnt.

 Beispiel: Mit der Abgabe eines Angebots möchte sich der Anbietende rechtlich binden und einen vertraglichen Anspruch herleiten, der gegebenenfalls auch gerichtlich durchsetzbar ist. Mit der invitatio ad offerendum möchte der Anbietende lediglich für seine Ware oder Dienstleistung werben.

2.2.3 Inhalt eines Angebotes
Das Angebot sollte zumindest folgende Angaben enthalten:
- Angaben über die Ware oder Dienstleistung (Bezeichnung, Menge, Preis),
- Angaben über Zusatzleistungen/Mehrwertdienste,
- Lieferbedingungen (allgemeine Zustellzeit, vereinbarter Liefertermin),
- Verpackungskosten,
- Zahlungsbedingungen (Vorkasse, Bezahlung auf Rechnung, Skonto) und
- Einbeziehung der allgemeinen Geschäftsbedingungen.

Werden in einer Vielzahl von Fällen grundsätzlich dieselben Liefer- und Zahlungsbedingungen gelten, können diese auch in allgemeinen Geschäftsbedingungen niedergelegt werden. Allerdings ist dann darauf zu achten, dass die allgemeinen Geschäftsbedingungen zusammen mit dem Angebot an den Kunden zur Kenntnisnahme versandt werden, da sie andernfalls nicht zum Vertragsbestandteil gemacht werden können.

Beispiel:

Auf die Anfrage von Steuerberater Krause hin erstellt die Raser GmbH folgendes Angebot:

Sehr geehrter Herr Krause,

wir nehmen Bezug auf Ihre Anfrage vom 10.01. und unterbreiten Ihnen folgendes Angebot:

Für den Transport und die Zustellung von 500 Briefen im Format DL berechnen wir, wenn die Zustellung im Zustellgebiet A erfolgt, 0,40 € je Brief. Für Briefe, die nicht in unserem Zustellgebiet liegen, berechnen wir 0,45 € je Brief.

Rabatte werden erst ab einer Zustellmenge von 1.000 Stück gewährt. Die Zustellung der Briefe erfolgt innerhalb von 2 Werktagen.

Im Übrigen gelten unsere allgemeinen Geschäftsbedingungen, die wir zu Ihrer Kenntnisnahme anbeigelegt haben.

Mit freundlichen Grüßen
Raser GmbH

2.3 Bindung an das Angebot
Da das Angebot rechtlich bindend ist, kann es grundsätzlich nicht widerrufen werden. Es ist aber möglich, sich im Antrag den Widerruf ausdrücklich vorzubehalten oder die Bindungswirkung auszuschließen. Geschieht dies in der Art, dass ein **„unverbindliches Angebot"** erstellt wird, ist dieses als invitatio ad offerendum zu werten und nicht als Antrag.

Ferner besteht die Möglichkeit, das Angebot **zeitlich zu befristen.** Etwa indem der Antragende in seinem Angebot vermerkt: „Das Angebot gilt nur für die Dauer von 7 Tagen. Nach Ablauf dieser Frist bleiben Leistungs- und Preisänderungen vorbehalten.“

Wird das Angebot nicht oder nicht rechtzeitig angenommen, erlischt es. Ein unter Anwesenden gemachtes Angebot kann nur sofort angenommen werden. Dies gilt auch, wenn das Angebot telefonisch erklärt wird. Ein Angebot unter Abwesenden, d.h. ein schriftliches Angebot, muss bis zu dem Zeitpunkt angenommen werden, zu dem die Annahme üblicherweise erwartet werden dürfte, regelmäßig innerhalb von 14 Tagen. Ist das Angebot befristet oder hat der Anbietende dem Dritten eine Frist gesetzt, innerhalb derer er die Annahme erklären muss, so kann das Angebot nur innerhalb dieser Frist angenommen werden.

Geht die Annahmeerklärung dem Anbietenden verspätet zu, so ist sie als neues Angebot zu werten. Dasselbe gilt, wenn das Angebot verändert worden ist.

> **Beispiel:** Die Blitz-Kurier OHG bietet in einem Brief dem Steuerberater Krause an, zukünftig die Briefe für 0,45 € – unabhängig vom Gewicht – abzuholen und zuzustellen. Für die Annahme wurde Herrn Krause eine Frist von 5 Tagen gesetzt. Herr Krause erhält den Brief am 10.06. und entscheidet sich am 18.06., das Angebot der Blitz Kurier OHG anzunehmen. Ist ein wirksamer Vertrag zu Stande gekommen? – Nein, denn die Annahmeerklärung hätte der Blitz Kurier OHG bis zum 16.06. zugehen müssen. Die Annahme des Herrn Krause ist aber als ein neues Angebot zu werten.

3 Make-or-Buy

Für viele Unternehmen stellt sich bei der Auftragsbearbeitung die Frage, ob sie die Dienstleistung selbst erbringen (make) oder ob sie diese von einem Dritten einkaufen (buy), d.h. Fremdleistungen in Anspruch nehmen.

So ist ein regionaler Briefzusteller, der nur Zusteller in seinem Gebiet hat, oftmals nicht in der Lage, überregionale Briefe an den Empfänger zuzustellen. Wenn er diese Briefe seiner Kunden auch übernehmen möchte, kann es daher sinnvoll sein, die Zustellung überregionaler Brief an einen großen Briefdienstleister, beispielsweise die Deutsche Post AG oder die TNT Post, abzugeben oder sich einen kooperierenden Partner in dem betreffenden Zustellgebiet zu suchen.

3.1 Make-or-Buy-Analyse

Die Basis einer solchen Entscheidung sollte eine entsprechende Make-or-buy-Analyse sein. Dazu sind die Vor- und Nachteile des Einkaufs einer fremden Leistung unter folgenden Kriterien abzuwägen:
- Kosten,
- ersparte Investitionen,
- ersparte laufende Kosten (Personal, Miete etc.),
- Unternehmensphilosophie/Unternehmensprofil,
- Chancen und Risiken,
- Abhängigkeitsverhältnisse.

Vorteile können insbesondere in der Rationalisierung von Geschäftsprozessen, der Flexibilisierung des Unternehmens und der Besinnung auf das Kerngeschäft gesehen werden. Denn teure oder uneffiziente Aufgaben, die nicht zum Kerngeschäft des Unternehmens gehören, können auf Dritte übertragen oder ausgegliedert werden.

> **Beispiel:** Die Raser GmbH aus Aschaffenburg hat allein Zusteller im fränkischen Raum. Ein Kunde von ihr versendet nun einen Brief nach Kiel. Der Geschäftsführer will ihn nicht enttäuschen und nimmt den Brief zu dem üblichen Porto an.
>
> Wenn die Raser GmbH den Brief selber nach Kiel bringt, fallen an Kfz-Kosten ca. 605,00 € an (Aschaffenburg ist von Kiel 605 km entfernt). Mit dem IC-Kurier der Bahn kostet der Transport 82 €, doch dann muss noch jemand den Brief in Kiel vom Zug abholen und dort zustellen. Diese Kosten wären sehr hoch und bedeuteten einen hohen Verlust. Dennoch sollte die Raser GmbH die Annahme solcher Briefe nicht verweigern, da sonst der Kunde ggf. direkt auf einen Anbieter ausweicht, der alle seine Briefe vollständig befördern kann. Die Raser GmbH wird daher einen Briefdienstleister, der in der Lage ist, den Brief zu dem üblichen Porto von Aschaffenburg nach Kiel zu bringen und dort auszuliefern, beauftragen.

Nachteilig ist hingegen oftmals, dass bei der Fremdvergabe Qualität und Service nicht immer gewährleistet sind. Auch verliert man in diesem Bereich den direkten Kontakt zum Kunden und kann so auf individuelle Kundenwünsche nicht mehr entsprechend reagieren.

Partnerschaften oder anderweitige Kooperationen sollten daher sorgfältig geplant werden. Zudem sollte die Qualität der Auftragsbearbeitung streng überwacht werden. Denn jede Kostenersparnis bei der Ausführung wird in ihr Gegenteil verkehrt, wenn die Kunden mit der erbrachten Leistung unzufrieden sind und Reklamationen, Verluste und Beschädigungen zunehmen.

3.2   Umfang der Fremdleistung

Hat sich das Unternehmen grundsätzlich dazu entschieden, Leistungen von Dritten ausführen zu lassen, stellt sich auch die Frage nach der Dauer der Zusammenarbeit und dem Umfang der zu erbringenden Leistungen.

Nach der Dauer der Zusammenarbeit unterscheidet man die

- langfristige,
- zeitweilige oder
- projektbezogene Zusammenarbeit.
  Hinsichtlich des Umfanges der Leistung unterscheidet man das:
- **Out-Tasking:** Vergabe einzelner Aufgaben (englisch task = Aufgabe) an den Dienstleister und
- **Out-Sourcing:** Vergabe der gesamten Leistungserbringung an den Dienstleister.

Der Begriff **Outsourcing** ist ein Kunstwort, das aus den englischen Wörtern outside (= außerhalb) und resource (Ressource = Hilfsmittel, die das Unternehmen zum Wirtschaften braucht) zusammengesetzt ist.

> **Beispiel:** Out-Tasking: Die Blitz-Kurier OHG ist auf Grund eines kurzfristigen Engpasses zum Jahresende nicht in der Lage, die laufenden Buchungen alleine auszuführen. Sie übergibt daher alle bis dahin angefallenen Geschäftsvorfälle zur Buchung an das Buchhalterbüro Maier.
>
> **Out-Sourcing:** Die Blitz-Kurier OHG beschließt, die Buchungsabteilung komplett auszulagern, und lässt nunmehr alle Buchungen nur noch von dem Buchhalterbüro Maier ausführen.

3.3   Beschaffung von Fremdleistungen

Zunächst werden Angebote derjenigen Dienstleister eingeholt, die potenziell für die Übernahme der Leistung in Betracht kommen. Um sich ein objektives Bild von den jeweils eingeholten Angeboten zu machen, müssen diese dann miteinander verglichen werden. Das Unternehmen, bei dem das beste Preis-Leistungs-Verhältnis ausgemacht werden kann, erhält den Auftrag.

Das Angebotsvergleichsverfahren kann aber nicht nur bei der Vergabe von Dienstleistungsaufträgen eingesetzt werden, sondern natürlich auch bei der Materialbeschaffung. Denn auch wenn das Unternehmen in größerem Umfang Arbeitsmaterialien beschaffen muss, bietet sich eine Angebotsübersicht an.

3.3.1 Angebotsvergleichkarte

Zur besseren Vergleichbarkeit werden diese Angebote zunächst in eine Angebotsvergleichskarte eingetragen. Sie beinhaltet die wichtigsten Leistungsaspekte wie Preise, Leistungs- und Zahlungs- bedingungen sowie Hinweise auf Zertifizierungen. Der konkrete Leistungsvergleich erfolgt dann unter Berücksichtigung von quantitativen und qualitativen Kriterien.

Beispiel: Die Raser GmbH benötigt für die Zustellung von Briefen in Niedersachsen einen ver- lässlichen Kooperationspartner. Dazu holt sie Angebote von vier kleineren KEP-Unternehmen der Region ein und trägt sie in ihre Angebotsvergleichskarte ein.

Angebotsvergleich				
Unternehmen	**KEP 1**	**KEP 2**	**KEP 3**	**KEP 4**
Leistung	500 Briefe im Format DL	500 Briefe im Format DL	500 Briefe im Format DL	500 Briefe im Format DL
Zusatzleistung	Abholung vom Hub	–	–	Abholung vom Hub
Preis/Stück **Standardbrief** **Kompaktbrief** **Großbrief**	0,40 € 0,80 € 1,20 €	0,45 0,90 1,45	0,50 0,50 1,40	0,45 0,45 1,20
Rabatte, Skonto	10% ab 1.000 Stück	–	–	–
Zusatzkosten	-	–	–	80,00 € pauschal für Abholung
Lieferzeit	2 Werktage	3 Werktage	3–5 Werktage	1 Werktag
Zertifizierung	ja	nein	ja	nein

3.3.2 Quantitativer Angebotsvergleich

Mit dem quantitativen Angebotsvergleich soll der günstigste Anbieter ermittelt werden. Die Angebote werden unter Berücksichtigung folgender Aspekte verglichen:

- Grundpreis,
- Preisnachlass (Skonto, Rabatt etc.),
- Zahlungsbedingungen,
- Verpackungskosten,
- Beförderungskosten bzw.
- sonstige Zusatzkosten.

Nun wird für jedes Angebot der **Bareinkaufspreis** berechnet, da sich nur so die Angebote in quantitativer Hinsicht vergleichen lassen.

	KEP 1	KEP 2	KEP 3	KEP 4
Grundpreis/1.000 Stck.				
Standardbrief	400,00 €	450,00 €	500,00 €	450,00 €
Kompaktbrief	800,00 €	900,00 €	500,00 €	450,00 €
Großbrief	1.200,00 €	1.450,00 €	1.400,00 €	1.200,00 €
	2.400,00 €	2.700,00 €	2.400,00 €	2.100,00 €
– **Rabatt**	- 240,00 €	-	-	-
= **Zieleinkaufspreis**	2.160,00 €	2.700,00 €	2.400,00 €	2.100,00 €
– **Skonto**	-	-	-	-
+ **Zusatzkosten für Abholung**	-	-	-	80,00 € pauschal
= **Bareinkaufspreis/ 1.000 Stück**	**2.160,00 €**	**2.700,00 €**	**2.400,00 €**	**2.180,00 €**

Wie die Vergleichskalkulation zeigt, ist das KEP-Unternehmen 1 am günstigsten, gefolgt von Unternehmen 4 mit nur rund 20,00 € Preisunterschied. Das KEP-Unternehmen 3 weist dagegen bereits einen um mehr als 200,00 € höheren Preis auf und das Unternehmen 2 ist mit mehr als 500,00 € Preisunterschied am teuersten. Damit wäre unter rein quantitativen Gesichtspunkten das Angebot des KEP-Unternehmens 1 anzunehmen.

Ist dem Unternehmen allerdings auf Grund von Erfahrungswerten bekannt, dass z.B. Standardbriefe häufiger verschickt werden als Großbriefe, dann kann man auch eine **Gewichtung** vornehmen. Dabei wird der Preis entweder nach vermuteter Lieferzahl berechnet oder aber der Preis je 1.000 Stück mit dem jeweiligen Prozentsatz der Häufigkeit multipliziert und dieser dann als Grundpreis genommen. Die weitere Rechnung erfolgt wieder nach dem obigen Kalkulationsschema, d.h. abzüglich etwaiger Rabatte und zuzüglich etwaiger Zusatzkosten.

	KEP 1	KEP 2	KEP 3	KEP 4
Grundpreis/1.000 Stck.				
Standardbrief	400,00 €	450,00 €	500,00 €	450,00 €
Kompaktbrief	800,00 €	900,00 €	500,00 €	450,00 €
Großbrief	1.200,00 €	1.450,00 €	1.400,00 €	1.200,00 €
Gewichtung				
Standardbrief 60 %	240,00 €	270,00 €	300,00 €	270,00 €
Kompaktbrief 30 %	240,00 €	270,00 €	150,00 €	135,00 €
Großbrief 10 %	120,00 €	145,00 €	140,00 €	120,00 €
	600,00 €	685,00 €	590,00 €	525,00 €
– **Rabatt**	60,00 €	-	-	-
= **Zieleinkaufspreis**	540,00 €	685,00 €	590,00 €	525,00 €
– **Skonto**	-	-	-	-
+ **Zusatzkosten für Abholung**	-	-	-	80,00 € pauschal
= **Bareinkaufspreis/ 1.000 Stück**	**540,00**	**685,00 €**	**590,00**	**605,00 €**

3.3.3 Qualitativer Angebotsvergleich

Da der Preis aber nicht das einzige Entscheidungskriterium ist, werden die Angebote auch unter qualitativen Aspekten bewertet. Dabei sind unter anderem folgende Kriterien zu berücksichtigen:

- Zusatzleistungen,
- Produktqualität,
- Lieferzeit,
- Zuverlässigkeit,
- Kundendienst,
- Garantieleistungen,
- die Möglichkeit zu einem Gegengeschäft und
- die Zertifizierung des Unternehmens.

Das Unternehmen wählt die ihm wichtigen Kriterien für den qualitativen Angebotsvergleich aus und gewichtet diese mit Prozentwerten. Für jeden Lieferanten vergibt es dann Punkte von 1 (sehr schlecht) bis 10 (sehr gut).

	Gewichtung	KEP 1	KEP 2	KEP 3	KEP 4
Zuverlässigkeit	40 %	8	8	5	7
Lieferzeit	30 %	8	6	2	10
Möglichkeit zu Gegengeschäft	20 %	5	5	5	5
Zertifizierung	10 %	10	1	10	1

Die vergebenen Punkte werden dann mit der Prozentzahl multipliziert und schließlich zu einem Gesamtergebnis zusammengefasst.

	KEP 1	KEP 2	KEP 3	KEP 4
Zuverlässigkeit	$40 \cdot 8 = 320$	$40 \cdot 8 = 320$	$40 \cdot 5 = 200$	$40 \cdot 7 = 280$
Lieferzeit	$30 \cdot 8 = 240$	$30 \cdot 6 = 180$	$30 \cdot 2 = 60$	$30 \cdot 10 = 300$
Möglichkeit zu Gegengeschäft	$20 \cdot 5 = 100$	$20 \cdot 5 = 100$	$20 \cdot 5 = 100$	$20 \cdot 5 = 100$
Zertifizierung	$10 \cdot 10 = 100$	$10 \cdot 1 = 10$	$10 \cdot 10 = 100$	$10 \cdot 1 = 10$
	760	**610**	**460**	**690**

Auch unter der qualitativen Betrachtung wäre das Angebot des KEP-Unternehmens 1 anzunehmen. Damit steht das KEP-Unternehmen 1 als „Sieger" des Preis-Leistungs-Wettbewerbs fest.

Aber auch, wenn die Ergebnisse nicht so eindeutig ausfallen sollten, weil beispielsweise das Unternehmen mit dem günstigsten Preis die längsten Lieferzeiten hat, muss man sich entscheiden, welches Kriterium am wichtigsten ist, und ob die Arbeitsweise des kooperierenden Unternehmens zur eigenen Unternehmensphilosophie passt. Wirbt ein Unternehmen beispielsweise mit schnellen Zustellzeiten, kann es sich als Kooperationspartner kein Unternehmen aussuchen, das 3–5 Werktage für die Zustellung benötigt, egal wie niedrig der Preis auch sein mag.

4 Preiskalkulation

4.1 Vollkostenkalkulation

Bei der Kalkulation der Preise geht man grundsätzlich von den **Selbstkosten** aus. Die Selbstkosten bezeichnen alle für ein bestimmtes Produkt oder Erzeugnis während des Leistungsprozesses anfallenden Kosten. Sie errechnen sich wie folgt:

	Materialeinzelkosten		
+	Materialgemeinkosten		
=	**Materialkosten**		
+	Fertigungslöhne		
+	Fertigungsgemeinkosten		
+	Sondereinzelkosten der Fertigung		Materialkosten
=	**Fertigungskosten**	+	Fertigungskosten
=	**Herstellungskosten**	=	**Herstellungskosten**
+	Verwaltungskosten		
+	Vertriebskosten		
+	Sondereinzelkosten des Vertriebs		
=	**Selbstkosten**		

Die Selbstkosten werden zunächst um einen **Gewinnzuschlag** ergänzt. Dieser kann vom Unternehmen frei bestimmt werden und je nach Marktlage und Absatzmöglichkeit höher oder niedriger ausfallen. Die um den Gewinnzuschlag erhöhten Selbstkosten ergeben den **Listenpreis**.

Ausgehend vom Listenpreis werden die vom Unternehmen eventuell zu gewährenden Zugaben, Rabatte und Skonti oder Boni hinzugerechnet und man erhält den **Nettoverkaufspreis**.

Zugaben sind unentgeltliche Nebenleistungen, die in Form von Waren oder Dienstleistungen beim Kauf des Produktes gewährt werden. Diese können beispielsweise Zubehör oder ein spezieller Kundenservice (kostenlose Lieferung bzw. Abholung) sein, aber auch Waren, die mit dem eigentlichen Produkt nichts gemein haben (z. B. Flugtickets beim Kauf eines LCD-Fernsehgerätes). Zu beachten ist jedoch, dass die Zugabe im Verhältnis zur eigentlichen Ware nur einen angemessenen Wert haben darf, da sonst unzulässige Kaufanreize geschaffen werden könnten.

Rabatte sind vom Unternehmen gewährte Preisnachlässe. Sie können direkt gewährt werden, beispielsweise für die Abnahme einer bestimmten Menge (Mengenrabatt) oder aus Anlass des 10-jährigen Bestehens des Unternehmens (Sonder- oder Treuerabatt), oder aber als Finanzierungsvergünstigung in Form von Ratenzahlungsvereinbarungen mit nur geringen bzw. ohne Zinsen.

Skonti sind prozentuale Preisnachlässe (meist 2 – 3 %), die das Unternehmen dafür gewährt, dass der Kunde innerhalb einer bestimmten Frist (meist 14 Tage) den Rechnungsbetrag in bar oder per Überweisung an das Unternehmen begleicht.

Boni sind eine Art Vergütung, die nachträglich für einen bestimmten Umsatz gewährt wird. Sie werden beispielsweise eingesetzt, um Kundentreue zu belohnen oder Anreize für eine bestimmte Abnahmemenge zu schaffen.

Dem Nettoverkaufspreis muss dann noch die **Mehrwertsteuer** zugeschlagen werden. Diese beträgt zurzeit 7 % auf Lebensmittel, Zeitschriften etc. und 19 % auf alle anderen Waren bzw. Leistungen. Der so ermittelte Preis wird als **Bruttoverkaufspreis** bezeichnet.

	Selbstkosten
+	Gewinnzuschlag
=	**Listenpreis**
+	Skonto / Rabatte / Zugaben
=	**Nettoverkaufspreis**
+	Mehrwertsteuer (7%/19%)
=	**Bruttoverkaufspreis**

4.2 Kalkulation von Preisuntergrenzen

Zusatzaufträge können höhere Kosten verursachen, sodass zu den üblichen Preisen nicht mehr kostendeckend gearbeitet werden kann. Die Preisuntergrenze bezeichnet den **niedrigsten Verkaufspreis,** zu dem ein Zusatzauftrag gerade noch angenommen werden kann, ohne dass sich der Gewinn des Unternehmens verringert. Liegen die Preise für einen Zusatzauftrag oder eine bestimmte Produktart unterhalb der ermittelten Preisuntergrenzen, so sollte der Zusatzauftrag abgelehnt bzw. die Produktart aus dem Produktions- und Absatzprogramm des Unternehmens gestrichen werden.

Beispiel: Das KEP-Unternehmen hat seinen festen Mitarbeiterstamm, mit dem es die anfallenden Arbeiten gut erfüllen kann. Durch die Annahme eines Zusatzauftrags müssten die Mitarbeiter Überstunden machen oder es müssten sogar neue Mitarbeiter eingestellt werden. Es entstehen also zusätzliche Kosten, sodass geprüft werden muss, ob die erhöhten Kosten durch die mit dem Zusatzauftrag erzielten Umsätze abgedeckt werden können.

Ziel der Bestimmung von Preisuntergrenzen ist es folglich, eine Entscheidung darüber zu treffen, ob

- ein Zusatzauftrag angenommen werden kann oder abgelehnt werden muss,

- ein bestimmtes Produkt aus dem Produktions- und Absatzprogramm entfernt oder

- das Produktions- und Absatzprogramm verändert werden muss.

4.2.1 Preisuntergrenzen bei freien Kapazitäten

Den Ausgangspunkt für die Ermittlung der Preisuntergrenzen bilden die variablen Selbstkosten des Produktes. Diese entsprechen aber nur dann der Preisuntergrenze, wenn durch die Annahme des Zusatzauftrages keine Produktionsengpässe entstehen, die erforderlichen Kapazitäten im Unternehmen frei sind und auch keine zusätzlichen Kosten für die Kapazitätserhöhung anfallen.

$$PUG = k_{variabel}$$

PUG	Preisuntergrenze/Stück
$k_{variabel}$	variable Selbstkosten/Stück

Fallen für die Kapazitätserhöhung zusätzliche Kosten im Unternehmen an, sei es, dass neue Arbeitskräfte eingestellt werden müssen oder sich die Stromkosten erhöhen, müssen diese zu den variablen Selbstkosten des Produktes hinzugerechnet werden.

$$PUG = k_{variabel} + k_{zusätzlich}$$

$k_{zusätzlich}$	auf Grund der Kapazitätserhöhung zusätzlich anfallende variable Selbstkosten/Stück

Steigen durch die Kapazitätserhöhung nicht nur die variablen, sondern auch die fixen Kosten an, weil beispielsweise neue Lagerräume angemietet werden müssen, so gilt:

$$PUG = k_{variabel} + k_{zusätzlich} + \frac{K_{fix} \cdot T}{x}$$

K_{fix}	auf Grund der Kapazitätserhöhung zusätzlich anfallende fixe Kosten
T	Zeit/Dauer des Zusatzauftrags
x	Menge des Zusatzauftrags

Beispiel: Herr Franz, ein guter Kunde der Raser GmbH, fragt an, ob die Raser GmbH einen Zusatzauftrag von 500.000 Briefen übernehmen könne, die alle noch diese Woche zugestellt werden müssen. Die Raser GmbH berechnet normalerweise 0,40 € je Brief. Da aber für die Erledigung des Auftrags Zusatzkräfte eingestellt werden müssen, fallen zusätzliche Kosten in Höhe von 5.000,00 € an. Die Selbstkosten betragen 0,36 € je Brief.

a) Kann die Raser GmbH den Auftrag annehmen?

Gegeben:

$k_{variabel}$ = 0,36 €

$k_{zusätzlich}$ = 5000 ./. 500.000 = 0,01 €

k_{gesamt} = 0,37 €

Preis (p) = 0,40 €

T = 1

Gesucht: PUG, Gewinn (G)

Lösung:

PUG = $k_{variabel}$ + $k_{zusätzlich}$

PUG = 0,36 € + 0,01 €

PUG = 0,37 €

Der angebotene Preis von 0,40 €/Stück liegt damit noch über der Preisuntergrenze für diesen Auftrag.

G = Preis (p) – Kosten gesamt (K) → K = PUG

G = 0,40 € – 0,37 € = 0,03 €/Stück

G = 0,03 · 500.000

G = 15.000,00 €

Die Raser GmbH kann den Auftrag annehmen, da sie trotz der Einstellung von weiteren Fachkräften und den damit verbundenen Lohnkosten noch einen Gewinn von 15.000,00 € macht.

b) Wie wäre der Fall zu beurteilen, wenn zusätzlich zu den bereits angefallenen Kosten noch fixe Kosten in Höhe von 20.000,00 € anfallen würden?

Lösung:

$$PUG = k_{variabel} + k_{zusätzlich} + \frac{K_{fix} \cdot T}{x}$$

$$PUG = 0,36 + 0,01 + \frac{200.000 \cdot 1}{500.000}$$

PUG = 0,37 € + 0,04 €

PUG = 0,41 €

G = 0,40 – 0,41

G = – 0,01 · 500.000

G = – 5.000,00 €

Bei zusätzlichen fixen Kosten in Höhe von 20.000,00 € kann die Raser GmbH den Auftrag nicht annehmen, weil die Preisuntergrenze mit 0,41 € unter dem erzielbaren Preis von 0,40 € liegt und das Unternehmen mit diesem Auftrag einen Verlust von 5.000,00 € machen würde.

4.2.2 Preisuntergrenzen bei Kapazitätsengpässen

Entstehen durch den Zusatzauftrag Engpassstellen, weil die vorhandenen Kapazitäten nicht weiter ausgebaut werden können, muss das Unternehmen für die Ermittlung der Preisuntergrenzen noch weitere Kosten einbeziehen. Denn durch die Annahme des Zusatzauftrages müssten zwangsläufig aktuelle Produkte oder Leistungen aus dem Produktions- bzw. Leistungsprogramm herausgenommen werden. Dadurch entstehen aber Opportunitätskosten, die bei der Berechnung der Preisuntergrenzen berücksichtigt werden müssen.

Opportunitätskosten sind Kosten, die dadurch entstehen, dass man sich von zwei Alternativen für die eine Alternative entscheidet und dadurch den Nutzen oder Gewinn, den die andere Alternative mit sich gebracht hätte, nicht für sich verwenden kann.

Es ist natürlich auch möglich, dass mehrere Engpässe entstehen oder mehrere Produkte oder Leistungen aus dem aktuellen Produktionsprogramm mit der Annahme des Zusatzauftrages verdrängt werden. Auch für diese Fälle lässt sich selbstverständlich das Produktionsprogramm ermitteln. Die Darstellung der Berechnung würde aber an dieser Stelle zu weit führen.

4.3 Strategien bei der Preisgestaltung

Bei der Preisgestaltung gibt es mehrere Strategien, die verfolgt werden können. Als Erstes ist die **Hochpreisstrategie** aufzuführen, bei der ein verhältnismäßig hoher Preis angesetzt wird, um eine Marke bzw. exklusiv hohe Qualitätsnorm durchzusetzen. Als Beispiel hierfür sind Expresspakete mit dem Qualitätsmerkmal einer sehr kurzen Zustellzeit zu nennen.

Im Gegensatz dazu wird mit einer **Niedrigpreisstrategie** eine schnelle Kostenführerschaft angestrebt, um sich von der Konkurrenz abzuheben. Voraussetzung dafür ist eine entsprechend geringe Kostenstruktur. Als Beispiel hierfür können Lebensmittel-Discounter aufgeführt werden.

Bei der Einführung innovativer Produkte bzw. Dienstleistungen wird vielmals die **Abschöpfungsstrategie** gewählt, bei der zunächst ein hoher Preis verlangt wird, um möglichst viel Gewinn abzuschöpfen, der später jedoch gesenkt wird. Ein typisches Beispiel ist die Markteinführung neuer Multimediaprodukte.

Die so genannte **Penetrationsstrategie** zielt auf Grund niedriger Einführungspreise auf eine schnelle Marktdurchdringung ab. Dabei werden geringe Gewinnspannen in Kauf genommen. Wenn das Produkt den Markt in einem bestimmten Maße erreicht hat, erfolgt eine Preiserhöhung, die sich an den Preisen der Konkurrenz orientiert.

5 Der Fracht- bzw. Beförderungsvertrag

Für KEP-Kräfte ist der Frachtvertrag von großer Bedeutung, denn er bildet die Grundlage für die Beförderung und Zustellung von Kurier-, Express- und Postsendungen.

5.1 Vertragsanbahnung

In der Phase der Vertragsanbahnung werden meist durch verschiedene Anfragen Erkundigungen darüber eingeholt werden, ob und zu welchen Bedingungen ein Unternehmen eine bestimmte Ware oder Leistung anbietet.

Beispiel: Der Steuerberater Peter Müller benötigt für die Zustellung seiner Geschäftspost ein zuverlässiges KEP-Unternehmen. Bevor er einen entsprechenden Vertrag über die Beförderung seiner Geschäftspost abschließt, fragt er bei den ansässigen KEP-Unternehmen nach, zu welchen Bedingungen und Preisen diese die Zustellung seiner Geschäftspost übernehmen würden.

Die Anfrage ist unverbindlich und dient nur der Einholung von Angeboten. Eine rechtliche Verpflichtung in der Form, dass die auf Grund der Nachfrage angebotenen Leistungen oder Waren abgenommen und bezahlt werden müssen, besteht nicht.

5.2   Zustandekommen des Frachtvertrages

Der Frachtvertrag selbst und damit auch die Verpflichtung zur Abnahme und Erbringung der Leistung, kommt – wie auch der Kaufvertrag – durch zwei übereinstimmende Willenserklärungen, das Angebot und die Annahme, zu Stande.

Das **Angebot,** umgangssprachlich auch Auftrag genannt**,** muss
- auf den Abschluss eines Frachtvertrages gerichtet sein,
- die wesentlichen Bestandteile des Vertrages so genau bestimmen, dass der Vertrag durch bloßes „Ja-Sagen" zu Stande kommen kann, unter anderem:
  - Vertragsgegenstand, d.h. Beförderung von Briefen/Paket etc.,
  - Mengenangaben,
  - Preise,
  - Beförderungsbedingungen,
  - Lieferzeit-Zusagen/Garantien,
- und der Antragende muss sich rechtlich binden wollen, d.h. nicht nur eine unverbindliche Auskunft geben.

Die **Annahme,** auch Auftragsbestätigung, kann sowohl
- tatsächlich in der Entgegennahme oder Übergabe der Sendung oder aber
- in einer bejahenden Äußerung bzw. Erklärung bestehen.

Eine spezielle Form für Angebot und Annahme ist gesetzlich nicht vorgeschrieben, allerdings können allgemeine Geschäftsbedingungen oder einzelvertragliche Absprachen ein Formerfordernis begründen.

Beispiel: So enthalten beispielsweise die allgemeinen Geschäftsbedingungen der PIN Mail AG folgende Regelung: „Ein Beförderungsvertrag kommt grundsätzlich durch eine ausdrückliche schriftliche oder mündliche Vereinbarung der PIN Mail AG und dem Kunden zu Stande. Ein Beförderungsvertrag kommt auch zu Stande durch die Übergabe der Sendung durch den Kunden oder durch die Übernahme in die Obhut der PIN Mail AG, wenn daraus bei beiden auf den Willen zum Abschluss eines Beförderungsvertrages geschlossen werden kann. Ein Beförderungsvertrag kommt jedoch nicht zu Stande, wenn die Sendung gemäß Absatz 2 vom Transport ausgeschlossene Güter enthält. ..."

Die allgemeinen Geschäftsbedingungen der DP AG sehen hingegen folgende Regelung vor: „Beförderungsverträge kommen nur dann durch die Übergabe von Sendungen durch oder für den Absender und deren Übernahme in die Obhut der Deutschen Post oder von ihr beauftragter Unternehmen nach Maßgabe der vorliegenden AGB zu Stande, wenn die Sendungen keine der in Absatz 2 aufgelisteten vom Transport ausgeschlossenen Güter enthalten. ..."

Und bei der Hermes Logistik Gruppe Deutschland findet sich Folgendes: „Ein Auftrag zur Beförderung erfolgt entsprechend Ziff 2.2. durch Übergabe einer bedingungsgerechten Sendung. Es steht Hermes frei, einen Auftrag zur Beförderung jederzeit und ohne Angabe von Gründen abzulehnen."

5.3   Wesentlicher Vertragsinhalt

Der Frachtvertrag muss folgende Inhalte zwingend enthalten:
- Name und Anschrift des Auftraggebers und des Auftragnehmers,
- Name und Anschrift des Empfängers (meist durch Adressierung des Transportgutes),
- den Vertragsgegenstand, z.B. die Abholung und Zustellung von Briefsendungen, und
- das vereinbarte Entgelt.

Beförderungsvertrag

zwischen

Steuerberater Peter Müller

Beispielstraße 1

12345 Spielhausen — Auftraggeber —

und der

Raser GmbH

Beispielstraße 18

12345 Spielhausen — Auftragnehmer —

1. Vertragsgegenstand

(1) Der Vertrag kommt über die Beförderung von Briefen und briefähnlichen Sendungen zu Stande. Die Beförderung umfasst die Abholung der Briefsendungen, den Transport und die Zustellung beim Empfänger.

(2) Der Auftragnehmer holt die Briefsendungen wochentags (außer samstags) um 17.00 Uhr in den Geschäftsräumen des Auftraggebers ab.

2. Zusatzleistungen

Zusatzleistungen werden nicht vereinbart.

3. Entgelt

Es gelten die nachfolgenden Preise:

Briefe	Maße in mm	Gewicht	Preise in €
Postkarte	L: 140 – 235 B: 90 – 125	Flächengewicht 150 – 500 g/m²	0,45
Kompaktbrief	L: 100 – 235 B: 70 – 125 H: < 10	bis 50 g	0,90
Großbrief	L:100 – 353 B: 70 – 250 H: < 20	bis 500 g	1,45
Maxibrief	L: 100 – 353 B: 70 – 250 H: < 50	bis 1.000 g	2,20

4. Rechnungslegung

Die erbrachten Leistungen werden jeweils zum 15. eines jeden Monats abgerechnet.

5. Einbeziehung der allgemeinen deutschen Speditionsbedingungen

Die allgemeinen deutschen Speditionsbedingungen sind Inhalt dieses Vertrages.

6. Schlussbestimmungen

(1) Änderungen und Ergänzungen des Vertrages bedürfen der Schriftform.

(2) Sind einzelne oder mehrere Bestimmungen dieses Vertrages unwirksam, berühren sie die Gültigkeit des Vertrages im Übrigen nicht.

(3) Gerichtsstand ist Spielhausen.

Spielhausen, den 20.05.20xx

Unterschrift: Geschäftsführer der Raser GmbH   Unterschrift: Steuerberater Peter Müller

Wie der obige Beispielvertrag zeigt, werden aber noch weit mehr Regelungen im Frachtvertrag getroffen. Diese sind nicht zwingend, können aber für beide Vertragsseiten nützlich sein und werden deshalb oft mit aufgeführt. Zu nennen sind:

- die Einbeziehung von allgemeinen Geschäftsbedingungen,
- die Einbeziehung von Preis-Leistungs-Verzeichnissen,
- Konkretisierung der zu erbringenden Leistung, z.B. Abholzeiten, Zustellgebiete etc.,
- Fristen, beispielsweise für die rechtzeitige Zustellung der Briefsendungen,
- Zusatzleistungen, wie Nachnahme, Einschreiben, Anschriftenermittlung etc.,
- Bestimmungen zur Abrechnung oder Rechnungslegung,
- Gewährleistungsbestimmungen,
- Regelungen zur Haftung und zum Haftungsausschluss,
- Vereinbarung eines Kündigungsrechts und
- Schlussbestimmungen, wie Hinweise auf eine bestehende Lizenz, Schriftformklausel, Gerichtsstandsvereinbarungen und die Salvatorische Klausel (vgl. Ziffer 6.(2) des Beförderungsvertrags auf der vorigen Seite).

5.4 Einzel- und Rahmenvertrag

Die Verträge können als Einzel- und als Rahmenverträge geschlossen werden. Gegenstand eines Einzelvertrages ist die einmalige Beförderung von Kurier-, Express- und Postsendungen. Vertragsgegenstand und Preis sind so konkret wie möglich zu benennen.

 Beispiel: „Der Vertrag wird über die Beförderung von 100 Briefen zu je 0,40 € geschlossen."

Im Rahmenvertrag werden dagegen die Bedingungen für eine Vielzahl von Einzelbeförderungsverträgen und damit für mehrere Beförderungen festgelegt. Da zum Zeitpunkt des Vertragsschlusses noch nicht bekannt ist, wie viele Briefe in welcher Größe bzw. mit welchem Gewicht und damit zu welchem Preis versandt werden sollen, werden der Vertragsgegenstand und die Preise nur allgemein festgelegt. Die Konkretisierung bleibt dann dem bei jeder Beförderung neu abzuschließenden Einzelvertrag vorbehalten.

Beispiel: „Der Vertrag wird über die Beförderung von Briefen geschlossen. Die Preise für die Beförderung können dem beiliegenden Preisverzeichnis entnommen werden. Die Abholung erfolgt wöchentlich am Freitag um 17.00 Uhr."

5.5 Rechte und Pflichten im Frachtvertrag

Durch den Frachtvertrag wird der Frachtführer verpflichtet, das Frachtgut zum Bestimmungsort zu befördern und beim Empfänger abzuliefern. Der Absender ist im Gegenzug verpflichtet, das vereinbarte Entgelt (Fracht) zu zahlen. Der Empfänger ist der Begünstigte des Frachtvertrages, ihm obliegt es, das Frachtgut in Empfang zu nehmen.

Abb. 12.1: Rechte und Pflichten im Frachtvertrag

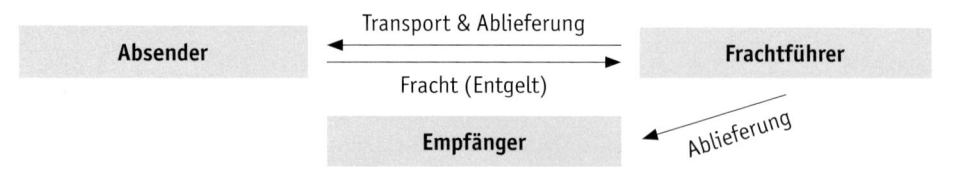

5.5.1 Der Absender

Der Absender gibt den Auftrag, das Frachtgut an einen anderen Ort zu transportieren. Ihm obliegt daher auch das **Zielortbestimmungsrecht**, das heißt, der Absender bestimmt, wohin das Frachtgut transportiert und an wen es übergeben werden soll. Daneben hat der Absender bis zur Ankunft des Frachtgutes beim Empfänger das **Verfügungs- und Weisungsrecht** über das Frachtgut nach §§ 418, 419 HGB. Er kann vom Frachtführer den Abbruch oder die Unterbrechung der Beförderung verlangen, den Transport an einen anderen Bestimmungsort oder eine andere Ablieferungsstelle. Der Absender kann sogar verlangen, dass das Frachtgut bei einem anderen Empfänger abgeliefert wird. Dies gilt aber nur so lange, bis der Frachtführer beim Empfänger eingetroffen ist. Dann kann der Empfänger die Herausgabe des Gutes verlangen; das Weisungsrecht geht auf den Empfänger über.

Ferner kann der Absender nach § 416 HGB vom Frachtführer auch die Beförderung nur eines Teils der Ladung (**Teilbeförderung**) verlangen und den Frachtvertrag jederzeit nach § 415 BGB kündigen.

Die wichtigste Pflicht des Absenders ist die **Bezahlung des vereinbarten Entgelts**, § 407 HGB. Das Entgelt ist bei Ablieferung des Frachtgutes zu zahlen.

Darüber hinaus ist der Absender verpflichtet, das Frachtgut **ordnungsgemäß zu verpacken und zu kennzeichnen**, sodass eine Beschädigung des Frachtgutes selbst oder anderer Güter oder Personen ausgeschlossen ist, § 411 HGB. Er hat das Frachtgut beförderungssicher zu ver- und **entladen**, § 412 HGB, auch wenn in der Praxis das Entladen häufig vom Empfänger übernommen wird. Ferner muss er **Begleitpapiere**, die beispielsweise für die Zollabfertigung benötigt werden, an den Frachtführer aushändigen, § 413 HGB.

Gehen von dem zu transportierenden Gut Gefahren aus, ist der Absender nach § 410 HGB verpflichtet, den Frachtführer über die Gefährlichkeit des Gutes zu informieren. Kommt der Absender seinen **Informationspflichten** gar nicht oder verspätet nach, ist der Frachtführer berechtigt, die Beförderung des Frachtgutes abzulehnen, das gefährliche Gut vom Transportmittel zu entfernen und Geldersatz zu verlangen.

5.5.2 Der Frachtführer

Der Frachtführer übernimmt die gewerbliche Beförderung des Frachtguts zum Bestimmungsort und die Ablieferung beim Empfänger. Für die Ausübung dieser Tätigkeiten kann er in erster Linie die Bezahlung des vereinbarten **Entgelt**s (§ 407 HGB) sowie die **Ausstellung des Frachtbriefes** durch den Absender (§ 408 HGB) verlangen.

Er hat ferner Anspruch auf
- Erstattung seiner Auslagen (§ 414 HGB),
- insbesondere verauslagter Zoll- oder Wiegegelder,
- Standgeld (§ 412 HGB).

Anspruch auf die Fracht und etwaige Auslagen hat der Frachtführer aber auch, wenn der Absender den Frachtvertrag kündigt, ohne dass dies auf einem Umstand beruht, der dem Frachtführer zuzurechnen ist.

Kommt der Absender, in Ausnahmefällen auch der Empfänger, seinen vertraglichen Pflichten nicht nach, kann der Frachtführer ein **Zurückbehaltungsrecht** an dem Frachtgut geltend machen, es also weder an den Empfänger noch an den Absender übergeben. Der Frachtführer ist darüber hinaus auch durch das **Frachtführerpfandrecht** nach § 441 HGB abgesichert. Das Pfandrecht ermöglicht dem Frachtführer bei Nichtzahlung des vereinbarten Entgelts, seiner Auslagen oder des Standgeldes das Frachtgut zu verwerten. Verwerten meint die Versteigerung des Gutes, wozu es aber einer gesonderten Androhung bedarf. Der Frachtführer darf das Gut jedoch nicht behalten und für eigene Zwecke verwenden.

Der Frachtführer schuldet in der Hauptsache die **Beförderung** des Frachtgutes zum Bestimmungsort und deren vollständige und unbeschädigte **Ablieferung** beim Empfänger (§ 407 HGB). Für die Beförderung ist es gleich, welchen Transportmittels sich der Frachtführer bedient, geschuldet ist unter normalen Umständen nur ein verkehrsübliches Transportmittel. Anders sieht dies jedoch bei besonders diebstahlgefährdeten Gütern aus. Hier kann es sinnvoll sein, ein einbruchsicheres Transportmittel und eine bestimmte Fahrtroute zu vereinbaren.

Ferner schuldet der Frachtführer die **betriebssichere Verladung** des Frachtgutes (§ 412 HGB). Diese soll sicherstellen, dass das Transportmittel während der Beförderung jeder Verkehrssituation, z.B. starkem Bremsen, gewachsen ist.

Der Frachtführer hat selbstverständlich vereinbarte oder gesetzliche Lieferfristen einzuhalten und den Absender während des Transports über Verzögerungen, den Standort etc. zu informieren beziehungsweise Auskunft zu erteilen. Denn Absender und Empfänger legen im geschäftlichen Verkehr häufig Wert auf die Einhaltung festgelegter Zeitpläne. Sie benötigen die Informationen, um Verzögerungen erkennen und schnell reagieren zu können. Viele Frachtführer bieten zu diesem Zweck so genannte Tracking- oder Tracingsysteme an, mit deren Hilfe sich jederzeit der genaue Standort des Gutes ermitteln lässt.

Darüber hinaus kann der Frachtführer – bei einer entsprechenden Vereinbarung mit dem Absender – verpflichtet sein, das Frachtgut nur gegen Einziehung einer **Nachnahme** beim Empfänger abzuliefern. Nachnahme ist der Einzug von Geld gegen Ablieferung des Frachtgutes. Im Übrigen obliegen dem Frachtführer nur noch allgemeine Obhut- und Schutzpflichten, das heißt, er hat das in seiner Obhut befindliche Gut zu sichern und zu schützen.

5.5.3 Der Empfänger

Der Empfänger ist der Begünstigte des Frachtvertrages, d.h., er empfängt das Frachtgut und hat ein eigenes Recht auf dessen Herausgabe. Im Gegenzug muss er dann aber auch dem Frachtführer die Fracht bezahlen. Ferner kann der Empfänger Schadensersatzansprüche wegen Verlust, Beschädigung oder Versäumen der Lieferfrist im eigenen Namen gegen den Frachtführer geltend machen.

6 Vertragsstörungen

Von Vertragsstörungen spricht man im Allgemeinen immer dann, wenn Hindernisse die ordnungsgemäße Ausführung der vertraglich zugesicherten Leistungen behindern. Vertragsstörungen können sowohl beim Vertragsschluss, aber auch während der Vertragsabwicklung entstehen. Für den Frachtvertrag gelten, soweit nicht die §§ 407 ff. HGB etwas anderes regeln, die allgemeinen gesetzlichen Bestimmungen, die bereits im Lernfeld 2 unter Ziffer 1.2.2 eingehend behandelt worden sind. Daher wird im Folgenden nur auf die vertragsspezifischen Störungen eingegangen.

Kurze Wiederholung: „Vertragsstörungen sind: die objektive oder subjektive Unmöglichkeit der Leistungserbringung, der unverhältnismäßige Aufwand, die Unzumutbarkeit der persönlichen Leistungserbringung und der Schuldnerverzug."

Während die Fallgruppe des unverhältnismäßigen Aufwands und der Unzumutbarkeit der persönlichen Leistungserbringung im Frachtvertragsrecht nur eine untergeordnete Rolle spielen, kommt der subjektiven Unmöglichkeit und dem Verzug eine bedeutende Rolle zu.

6.1 Unmöglichkeit

Subjektive Unmöglichkeit liegt vor, wenn der Frachtführer zur Leistung außer Stande ist; objektive Unmöglichkeit, wenn jedermann zur Leistung außer Stande ist. Dies ist beispielsweise dann der Fall, wenn

- das Postdienstleistungsunternehmen nicht über die erforderliche Lizenz verfügt,

- durch einen Brand alle zu transportierenden Briefe, Pakete oder sonstigen Sendungen unwiederbringlich zerstört worden sind oder

- das Transportgut verloren gegangen ist.

Zu Gunsten des Absenders gilt die **Verlustvermutung** nach § 424 HGB. § 424 HGB bestimmt, dass das Frachtgut als verloren gilt, wenn es nicht innerhalb der Lieferfrist ausgeliefert wird, die doppelte Lieferfrist abgelaufen ist, mindestens aber 20 Tage bei einem inländischen Transport beziehungsweise 30 Tage bei einem internationalen Transport vergangen sind.

Beispiel: Für die Beförderung von Postsendungen innerhalb Deutschlands benötigt ein sorgfältiger Frachtführer ca. 2 – 3 Werktage. Die doppelte Lieferfrist ist nach 6 Tagen abgelaufen. Da die doppelte Lieferfrist aber noch unter der minimalen Wartezeit von 20 Tagen liegt, muss der Absender beziehungsweise der Empfänger noch mindestens weitere 14 Tage warten, bis zu seinen Gunsten die Vermutung gilt, dass die Postsendung verloren gegangen ist.

Im Fall der Unmöglichkeit wird der Frachtführer von seiner vertraglichen Verpflichtung zur Beförderung und Ablieferung frei. Er verliert aber auch den Anspruch auf die Gegenleistung, hier das vereinbarte Entgelt. Zudem ist der Frachtführer dem Empfänger zum Ersatz des entstandenen Schadens verpflichtet, § 425 HGB, § 280 BGB.

Der Fall, dass dem Absender seine Leistung, d.h. die Bezahlung des vereinbarten Entgelts, unmöglich ist, ist insoweit ausgeschlossen, als das Gesetz von dem Grundsatz ausgeht: „Geld hat man zu haben." Folglich führt die vorübergehende oder andauernde Zahlungsunfähigkeit des Absenders nicht dazu, dass er von seiner Leistungspflicht befreit wird. Der Absender befindet sich vielmehr mit seiner Zahlungspflicht in Verzug.

6.2 Verzug

Der Verzug ist sowohl beim Absender als auch beim Frachtführer denkbar.

Kurze Wiederholung: Der Schuldner kommt mit seiner Leistung in Verzug, wenn er
nach dem Eintritt der Fälligkeit
auf eine Mahnung des Gläubigers hin
schuldhaft
nicht leistet.

Der Absender kommt mit der Bezahlung des vereinbarten Entgelts auch ohne Mahnung des Frachtführers in Verzug, wenn er nicht innerhalb von 30 Tagen nach Fälligkeit und Zugang der Rechnung die Zahlung leistet. Bei Verbrauchern gilt dies nur, wenn sie auf diese Folge gesondert hingewiesen worden sind.

Der Frachtführer kommt in Verzug, wenn er
- die vereinbarte Lieferfrist oder
- die einem sorgfältigen Frachtführer unter Berücksichtigung der Umstände vernünftigerweise zuzubilligende Frist nicht einhält.

Die rechtlichen Folgen des Verzugs des Frachtführers lassen sich dem § 425 HGB entnehmen. Danach haftet der Frachtführer verschuldensunabhängig für den Schaden, der durch das Überschreiten der Lieferfrist entsteht.

Der Absender haftet dem Frachtführer entsprechend für alle Schäden, die durch die verspätete Zahlung des Entgelts entstehen, § 280 BGB. Die Schadensersatzpflicht des Absenders setzt jedoch ein Verschulden, d.h. Vorsatz oder Fahrlässigkeit, voraus.

Zudem ist der Absender im Falle des Verzugs dem Frachtführer zur Zahlung von Verzugszinsen verpflichtet. Diese betragen nach § 288 BGB fünf Prozentpunkte über dem Basiszinssatz und für den Fall, dass ein Verbraucher an dem Rechtsgeschäft nicht beteiligt gewesen ist, sogar acht Prozentpunkte über dem Basiszinssatz.

6.3 Annahmeverzug

Denkbar ist natürlich auch der Fall, dass der Empfänger die angebotene Sendung (Paket, Brief etc.) nicht annimmt. Dann befindet sich der Empfänger in Annahmeverzug. Dies führt dazu, dass der Frachtführer während des Verzugs nur für vorsätzliches und grob fahrlässiges Verhalten haftet. Bei Gattungsschulden (vgl. Lernfeld 2, Abschnitt 3.2.1) geht zudem die Gefahr, dass die Sendung zufällig oder unverschuldet untergeht oder beschädigt wird, auf den Empfänger über.

Beispiel: Der Frachtführer vereinbart mit dem Empfänger einen Termin für die Lieferung eines Paketes. Der Empfänger wird zum vereinbarten Termin nicht in seiner Wohnung angetroffen und der Frachtführer muss das Paket wieder mitnehmen. Auf dem Rückweg kommt es zu einem Unfall, der nicht vom Frachtführer verursacht worden ist und infolgedessen das Paket und sein Inhalt erheblich beschädigt werden. Kann der Empfänger Schadensersatz verlangen?

Nein, denn der Empfänger befand sich in Annahmeverzug und hat ab dem Zeitpunkt, zu dem das Paket eigentlich abgeliefert worden wäre, die Gefahr für die Beschädigung und den Verlust zu tragen. Auch handelte der Frachtführer nicht vorsätzlich oder grob fahrlässig, sondern ist unverschuldet in den Unfall verwickelt worden.

Der Frachtführer oder der Absender können darüber hinaus Mehraufwendungen, die durch das mehrmalige Anbieten, die Lagerung und Erhaltung der Sendung entstehen, ersetzt verlangen.

Wiederholungs- und Übungsaufgaben

1. Nennen Sie die drei Formen der Kundenakquise und beschreiben Sie diese kurz.

2. Zu welchem Zweck werden Kundendaten erfasst?

3. Erklären Sie die Unterschiede von Anfrage, Angebot und invitatio ad offerendum.

4. Welchen Mindestinhalt sollte ein Angebot haben?

5. Die Berlin Kurier OHG erstellt folgendes Angebot für die Hausverwaltung Müller:
   „Wir bieten Ihnen die monatliche Beförderung von bis zu 100 Briefen zu einem Pauschalpreis von 40,00 €. Die Beförderung beinhaltet die Abholung und Zustellung der Briefe im Zustellgebiet Berlin und Umgebung. Ihrer Antwort sehen wir bis zum 10.10. entgegen."
   Am 12.10.20XX geht bei der Berlin Kurier OHG ein Schreiben der Hausverwaltung ein, in dem sie das Angebot annimmt. Die Berlin Kurier OHG erscheint daraufhin erstmalig am 20.10.20XX, um die Briefe der Hausverwaltung abzuholen und zu transportieren. Die Hausverwaltung lehnt jedoch ab und meint, es sei kein Vertrag zu Stande gekommen, weil die Frist versäumt wurde. Wie ist die Rechtslage?

6. Was versteht man unter einer Make-or-buy-Entscheidung?

7. Nennen Sie Vor- und Nachteile einer Make-or-buy-Entscheidung.

8. Was versteht man unter den Begriffen
   a) Out-Tasking?
   b) Out-Sourcing?

9. Wozu dient der Angebotsvergleich?

10. Unter welchen Aspekten werden Angebote miteinander verglichen. Nennen Sie entsprechende Kriterien.

11. Die Software Freaks GmbH – ein Unternehmen, das Software für Kleinbetriebe erstellt – entwickelt ein Produkt, mit dem die Preise für Dienstleistungen einfach kalkuliert werden können. Die Materialkosten betragen ca. 3,00 €, die Fertigungskosten 10,00 €. Die Kosten für Verwaltung und Vertrieb betragen 2,00 €. Das Unternehmen rechnet mit einem Gewinnzuschlag von 20 % und möchte einen Einführungsrabatt von 5 % gewähren. Berechnen Sie die Selbstkosten, den Listenpreis, den Netto- und den Bruttoverkaufspreis.

12. Ein Kunde der Software Freaks GmbH fragt an, ob diese ein bereits vorhandenes Programm den Bedürfnissen des Kunden anpassen würde. Dieser würde dann ca. 100 Lizenzen für diese Software erwerben wollen. Das ursprüngliche Programm hat Selbstkosten von 25,00 € und wird zum Preis von 30,00 € verkauft. Die Software Freaks GmbH rechnet damit, dass Zusatzkosten in Höhe von 5.000,00 € anfallen.
   a) Welchen Preis müsste die Software Freaks GmbH mindestens berechnen, damit ihre Kosten gedeckt wären?
   b) Wie hoch wäre der Preis, wenn noch 10 % Gewinn übrig bleiben sollen?

13. Welche Regelungen muss der Frachtvertrag mindestens beinhalten?

14. Nennen Sie drei fakultative (freiwillige) Regelungen, die der Frachtvertrag enthalten kann.

15. Was ist ein Rahmenvertrag?

16. Nennen Sie die beiden wichtigsten Vertragsstörungen im Frachtvertragsrecht und geben Sie jeweils zwei Beispiele dafür an.

Lernfeld 13

Unternehmerische Entscheidungen vorbereiten

Um unternehmerische Entscheidungen vorbereiten zu können, muss man sich zunächst darüber im Klaren sein, welche Unternehmensformen es gibt und wie man ein Unternehmen gründet. Außerdem sollte man wissen, wie man sich Informationen über bereits am Markt tätige Unternehmen beschaffen kann. Letzteres wird unter anderem durch das Handelsregister ermöglicht.

1   Das Handelsregister

Das Handelsregister ist ein vom Amtsgericht geführtes öffentliches Verzeichnis, in dem alle Kaufleute des Amtsgerichtsbezirks eingetragen sind und sich eintragen lassen müssen. Es enthält Tatsachen, die für den Handelsverkehr wichtig sind, z.B. Firma, Gesellschafter, Sitz der Gesellschaft, Stammeinlage und Haftungsbeschränkungen. Seit dem 1. Januar 2007 wird es in Deutschland flächendeckend elektronisch geführt.

1.1   Aufbau

Das Handelsregister ist in zwei Abteilungen unterteilt.
- **Abteilung A (HRA)**: Eintragung von Einzelkaufleuten und Personengesellschaften (OHG = Offene Handelsgesellschaft, KG = Kommanditgesellschaft)
- **Abteilung B (HRB)**: Eintragung von Kapitalgesellschaften (GmbH = Gesellschaft mit beschränkter Haftung, AG = Aktiengesellschaft)

1.2   Eintragungen

Abteilung A Einzelkaufleute, Personengesellschaften	Abteilung B Kapitalgesellschaften
Firmenbezeichnung, Ort der Niederlassung, Gegenstand des Unternehmens, Prokura-Erteilung und Löschung der Prokura, Eröffnung der Insolvenz, Liquidation des Unternehmens	
Name des Inhabers bzw. der Gesellschafter Höhe der Kommanditeinlagen	Namen der Geschäftsführer bzw. des Vorstands Höhe des Stamm- bzw. Grundkapitals

Die Eintragung dieser Tatsachen erfolgt grundsätzlich nur auf **Antrag**. Der Antrag muss von dem Unternehmen bzw. von den vertretungsberechtigten Personen wie den Gesellschaftern, dem Vorstand oder dem Geschäftsführer, gestellt werden und bedarf der öffentlichen Beglaubigung durch einen Notar.

Die Eintragung in das Handelsregister kann entweder
- konstitutive, d.h. herstellende oder
- deklaratorische, d.h. kundgebende Wirkung haben.

Ist die Eintragung **konstitutiv**, wird die Tatsache erst durch die Eintragung rechtswirksam. Ist die Eintragung **deklaratorisch**, dient sie lediglich der Bekanntmachung einer bereits rechtswirksamen Tatsache.

Abb. 13.1: Auszug aus dem Handelsregister

	– Wiedergabe des aktuellen Registerinhalts –	
	Abruf von 12.07.20XX, 15:12	
	Berlin	
Ausdruck	- Handelsregister Abteilung B -	HRB 43432 B

Aktueller Ausdruck HRB 43432
Handelsregister Abteilung B
Berlin

1. Anzahl der bisherigen Eintragungen
    3 Eintragungen

2.a) Firma
    Flitzer-Blitzer-Kurierdienst GmbH

b) Sitz, Niederlassung, Zweigniederlassung
    Berlin

c) Gegenstand des Unternehmens
    Die Beförderung von Briefsendungen aller Art.

3. Grund- und Stammkapital
    25.000 EUR

4.a) Allgemeine Vertretungsregelung
    Ist ein Geschäftsführer bestellt, so vertritt er die Gesellschaft allein. Sind mehrere Gesellschafter bestellt, wird die Gesellschaft gemeinschaftlich durch zwei Geschäftsführer oder durch einen Geschäftsführer in Gemeinschaft mit einem Prokuristen vertreten. Einzelvertretungsbefugnis kann erteilt werden.

b) Vorstand, Leitungsorgan, geschäftsführende Direktoren, persönlich haftende Gesellschafter, Geschäftsführer, Vertretungsberechtigte und besondere Vertretungsbefugnis
    Geschäftsführer:
    Tomalla, Heinz, · 06.04.1963, Potsdam
    Geschäftsführer:
    Kleinschmidt, Iris, · 25.01.1966, Berlin

5.a) Rechtsform, Beginn, Satzung oder Gesellschaftsvertrag
    Gesellschaft mit beschränkter Haftung
    Gesellschaftsvertrag vom 24.02.2000
    Zuletzt geändert: 31.08.2000

6. Tag der letzten Eintragung
    02.05.2007

12.07.20XX   Seite 1 von 1

1.3 *Funktion und Bedeutung*

Das Handelsregister informiert die Öffentlichkeit über alle rechtlich und wirtschaftlich relevanten Tatsachen des eintragenden Unternehmens. Alle neu eingetragenen Tatsachen werden im Bundesanzeiger sowie in einer Tageszeitung veröffentlicht. Darüber hinaus kann jeder das Handelsregister einsehen und Abschriften verlangen.

Nur Tatsachen, die im Handelsregister eingetragen und bekannt gemacht worden sind, muss der Dritte gegen sich gelten lassen (§ 15 HGB). Werden falsche Informationen eingetragen, muss sich der Eintragende so behandeln lassen, als wäre die Eintragung richtig.

Beispiel: Die Berlin Kurier GmbH hat Herrn Schmidt als Geschäftsführer in das Handelsregister eintragen lassen. Wegen Differenzen wurde Herr Schmidt später als Geschäftsführer abberufen. Es wurde jedoch vergessen, diese Tatsache ins Handelsregister einzutragen. Herr Schmidt schließt nun im Namen der Berlin Kurier GmbH einen Kaufvertrag über eine neue Sortiermaschine ab. Die Berlin Kurier GmbH fühlt sich an den Kaufvertrag nicht gebunden. Zu Recht? – Nein, denn aus Sicht des Verkäufers handelte Herr Schmidt als Geschäftsführer mit Vertretungsbefugnis. Für ihn war mangels einer entsprechenden Eintragung im Handelsregister nicht erkennbar, dass Herr Schmidt nicht mehr Geschäftsführer der Berlin Kurier GmbH war.

2   Das Recht der Kaufleute

2.1   Der Kaufmannsbegriff

„Kaufmann ist, wer ein Handelsgewerbe betreibt. Handelsgewerbe ist jeder Gewerbebetrieb, es sei denn, dass das Unternehmen nach Art oder Umfang einen in kaufmännischer Weise eingerichteten Geschäftsbetrieb nicht erfordert." (§ 1 HGB)

Für die Kaufmannseigenschaft wird also zunächst der Betrieb eines Gewerbes verlangt. Ein Gewerbe ist eine Tätigkeit, die
- für jedermann erkennbar / nach außen in Erscheinung getreten,
- auf Dauer angelegt,
- selbstständig,
- und erlaubt ist
- und mit der Absicht der Gewinnerzielung ausgeübt wird,
- mit Ausnahme der freien Berufe.

Beispiel: Tom und Paula, beide 18 Jahre alt, wollen sich in den Semesterferien etwas Geld als Fahrradkuriere verdienen und gründen die Raketen-GbR. Nach den Ferien wird der Geschäftsbetrieb wieder eingestellt. Sind Tom und Paula Kaufleute? – Nein, denn Sie betrieben kein Gewerbe, da ihre Tätigkeit nicht auf Dauer angelegt war.

Rechtsanwälte, Architekten oder Künstler sind als Angehörige der so genannten **freien Berufe** niemals Gewerbetreibende. Spielbankbetreiber oder Prostituierte dagegen üben erlaubte Tätigkeiten aus und betreiben daher ein Gewerbe. Verboten ist z.B. der Beruf des Zuhälters.

Ferner ist erforderlich, dass das Gewerbe nach Art und Umfang einen in kaufmännischer Weise eingerichteten Geschäftsbetrieb erfordert. Kriterien, die für einen in kaufmännischer Weise eingereichten Geschäftsbetrieb sprechen sind:
- Inanspruchnahme und Gewährung von Krediten,
- Buchführung und Bilanzierung,
- Teilnahme am Scheck- und Wechselverkehr,
- Einsatz kaufmännisch geschulter Hilfskräfte,
- Art und Ausmaß der persönlichen Mitarbeit des Inhabers,
- Größe des Betriebskapitals,
- Anzahl und Größe der Betriebsstätten,
- Größe des Kunden- und Lieferantenkreises und
- Anzahl der Beschäftigten.

Für die Bejahung der Kaufmannseigenschaft müssen aber nicht alle Kriterien vorliegen. Vielmehr genügt es, wenn nach dem Gesamteindruck eine überwiegende Wahrscheinlichkeit für einen in kaufmännischer Weise eingerichteten Geschäftsbetrieb besteht.

Ist für das Unternehmen ein in kaufmännischer Weise eingerichteter Geschäftsbetrieb erforderlich, dann besitzen diese Kaufleute die Kaufmannseigenschaft bereits von Gesetzes wegen, auch wenn sie nicht im Handelsregister eingetragen sind. Man bezeichnet sie daher auch als **Istkaufleute**.

Von ihnen zu unterscheiden sind die **Kannkaufleute**. Dies sind Kleingewerbetreibende, deren Unternehmen einen in kaufmännischer Weise eingerichteten Geschäftsbetrieb nicht erfordern. Sie erlangen die Kaufmannseigenschaft nur mittels Eintragung in das Handelsregister und können sie durch Löschung auch wieder verlieren.

Schließlich gibt es noch die **Formkaufleute**. Zu ihnen gehören
- die offene Handelsgesellschaft (OHG),
- die Kommanditgesellschaft (KG),
- die Aktiengesellschaft (AG),
- die Gesellschaft mit beschränkter Haftung (GmbH) und
- die eingetragene Genossenschaft (eG).

Während die OHG und die KG zwingend ein Handelsgewerbe betreiben müssen, ergibt sich für die übrigen Gesellschaften die Kaufmannseigenschaft aus den jeweiligen spezialgesetzlichen Regelungen, wie dem Aktiengesetz, GmbH-Gesetz oder Genossenschaftsgesetz, und zwar unanhängig davon, ob sie tatsächlich ein Handelsgewerbe betreiben oder nicht.

2.2 Die Firma des Kaufmanns

Die Firma eines Kaufmanns ist der **Name**, unter dem er seine Geschäfte betreibt und die Unterschrift abgibt (§ 17 HGB).

Die Firma muss zur Kennzeichnung des Kaufmanns geeignet sein und Unterscheidungskraft besitzen, d.h., die Marktteilnehmer sollen die Firma mit dem konkreten Unternehmen in Zusammenhang bringen. Zu diesem Zweck können Personennamen, Sachbezeichnungen, aber auch Fantasienamen verwendet werden. Ungeeignet sind aber weit verbreitete Familiennamen.

> **Beispiel:** Hans Müller eröffnet eine Bäckerei. Er möchte seine Bäckerei gern „Müller, e.Kfm." nennen. Mangels hinreichender Unterscheidungskraft ist die Firmierung jedoch unzulässig, anders aber bei der Firma „Bäckerei Hans Müller, e.Kfm.".

Ferner bedarf es eines Firmenzusatzes, aus dem die Kaufmannseigenschaft bzw. die konkrete Rechtsform hervorgeht. So müssen
- Einzelkaufleute die Bezeichnung „eingetragene(r) Kaufmann/frau" oder eine entsprechende Abkürzung „e.K.", „e.Kfm." bzw. „e.Kfr.",
- die offene Handelsgesellschaft die Bezeichnung „offene Handelsgesellschaft" oder „OHG",
- die Kommanditgesellschaft die Bezeichnung „Kommanditgesellschaft" oder „KG"
- die Gesellschaft mit beschränkter Haftung die Bezeichnung „Gesellschaft mbH" oder „GmbH"
- die Unternehmergesellschaft haftungsbeschränkt die Bezeichnung UG (haftungsbeschränkt)
- die Aktiengesellschaft die Bezeichnung „Aktiengesellschaft" oder „AG"
 enthalten.

Die Firma muss außerdem folgenden **Firmengrundsätzen** entsprechen:

Firmenwahrheit: Die Firma darf nicht über Art, Umfang oder sonstige Verhältnisse irreführen.

> **Beispiel:** Die Friedrich Metallwaren OHG muss auch wirklich mit Metallwaren handeln und darf nicht in der Hauptsache Gemüse verkaufen. Auch muss es sich tatsächlich um eine OHG und nicht um eine KG oder GmbH handeln.

Firmenbeständigkeit: Die bestehende Firma darf auch bei Veränderungen des Namens und des Inhabers weitergeführt werden.

> **Beispiel:** Der Bäcker Kohn vermacht sein Geschäft seiner Tochter. Diese hat durch Heirat aber den Namen Schmidt angenommen. Die Bäckerei darf trotz des neuen Inhabers und der Namensverschiedenheit unter „Bäckerei Kohn" firmieren.

Firmeneinheit: Kaufmann und Handelsgesellschaften dürfen für das Handelsgeschäft nur eine Firma haben.

> **Beispiel:** Die Franz Zement OHG und die Friedrich Zement OHG schließen sich zu einer neuen Gesellschaft zusammen. Die neue Gesellschaft darf aber nur eine Firma haben. Die noch als Filialen geführten Unternehmen der ehemaligen Franz Zement OHG und der ehemaligen Friedrich Zement OHG müssen auch nach außen als ein Unternehmen erkennbar sein. Es bietet sich daher an, das neue Unternehmen Franz & Friedrich Zement OHG zu nennen.

Firmenausschließlichkeit: Firmen in einem nahen räumlichen Zusammenhang müssen sich voneinander unterscheiden.

> **Beispiel:** Heinz Müller möchte in seinem Heimatdorf eine Bäckerei eröffnen. Sein Bruder Friedrich Müller ist in dem Dorf bereits Inhaber einer Bäckerei, die er Bäckerei Müller e. K. genannt hat. Heinz Müller darf seine Bäckerei nun nicht auch noch „Bäckerei Müller e. K." nennen, da dann nicht mehr erkennbar wäre, welcher der Brüder Inhaber ist. Er darf die Bäckerei aber „Bäckerei Heinz Müller e. K." nennen, denn damit hätte er sich hinreichend von seinem Bruder abgegrenzt.

Firmenöffentlichkeit: Die Firma muss im Handelsregister eingetragen werden.

2.3 Die Vertretung des Kaufmanns

Auf Grund der Vielzahl der anfallenden Geschäfte ist es dem Kaufmann nur selten möglich, alle Geschäfte persönlich abzuwickeln. Er ist deswegen darauf angewiesen, eine oder mehrere Personen zu ermächtigen, für ihn in seinem Namen und auf seine Rechnung Geschäfte abzuschließen. Diese Ermächtigung bezeichnet man als **Vollmacht bzw. Vertretungsmacht.**

Das HGB kennt zwei Formen rechtsgeschäftlicher Vertretungsmacht:
- die Prokura (§ 48 HGB) und
- die Handlungsvollmacht (§ 54 HGB).

2.3.1 Die Prokura
Nach § 49 HGB ermächtigt die Prokura zu allen Geschäften, die der Betrieb eines Handelsgewerbes mit sich bringt, wie:
- Ein- und Verkauf von Ware,
- Abschluss von Verträgen,
- Gründung einer Filiale,
- Erweiterung der bestehenden Geschäftsräume etc.

Die Prokura erfasst aber nicht:

- die Beendigung des Betriebs,
- die Prokura-Erteilung,
- das Unterzeichnen von Bilanz und Steuererklärung,
- die Veräußerung und Belastung von Grundstücken sowie
- die Vornahme von Geschäften aus dem privaten Bereich des Geschäftsinhabers.

Die Prokura kann nur persönlich und mittels ausdrücklicher Erklärung vom Kaufmann erteilt werden. Sie ist im Verhältnis zu Dritten (Außenverhältnis) grundsätzlich unbeschränkbar, d.h., Dritten gegenüber kann eine Beschränkung des Umfangs nicht entgegengehalten werden. Im Verhältnis zwischen Kaufmann und Prokurist (Innenverhältnis) sind natürlich Beschränkungen des Umfangs jederzeit möglich und oft auch üblich.

Beispiel: Der Kaufmann K bestellt seinen Angestellten P zum Prokuristen mit der Maßgabe, dass P keine Rechtsgeschäfte über 10.000,00 € tätigen darf. P hält sich nicht an diese Beschränkung und schließt mit dem Händler H einen Vertrag über einen Dienstwagen im Wert von 25.000,00 € ab. Ist dieser Vertrag wirksam?
Ja, denn im Verhältnis zu H ist die Prokura unbeschränkbar, d.h., er muss sich das Limit von 10.000,00 € nicht entgegenhalten lassen. Im Verhältnis zu K macht sich P aber schadensersatzpflichtig, d.h., er muss dem K gegebenenfalls den Kaufpreis für das Fahrzeug erstatten.

Zu ihrer Wirksamkeit bedarf die Prokura nicht der Eintragung ins Handelsregister. Ist die Prokura aber ins Handelsregister eingetragen worden, muss sie bei ihrem Widerruf wegen der Publizitätswirkung des Handelsregisters unbedingt aus dem Handelregister gelöscht werden. Denn gemäß § 15 Abs. 3 HGB muss derjenige, in dessen Angelegenheiten die Eintragung erfolgt ist, sie gegen sich gelten lassen, auch wenn sie objektiv falsch ist. Der Handelsregistereintrag erzeugt folglich einen Rechtsschein, der auch als **Handelsregisterpublizität** bezeichnet wird.

2.3.2 Die Handlungsvollmacht

Die Handlungsvollmacht hingegen ermächtigt nur zur Vornahme bestimmter zu dem Handelsgewerbe gehörender Geschäfte. Zu unterscheiden sind hier die:

Generalhandlungsvollmacht	ermächtigt zur Vornahme aller Rechtsgeschäfte, die das konkrete Handelsgewerbe mit sich bringt.
Arthandlungsvollmacht	ermächtigt zur Vornahme bestimmter Arten von Rechtsgeschäften.
Spezialhandlungsvollmacht	ermächtigt zur Vornahme einzelner Rechtsgeschäfte.

Auch andere Beschränkungen als die zuvor genannten sind jederzeit möglich. Denkbar wären hier zeitliche (Urlaubszeit, Weihnachtsgeschäft, Krankheit etc.) oder betragsmäßige Beschränkungen (bis zu 10.000,00 €) der Handlungsvollmacht. Diese muss der Dritte aber nur gegen sich gelten lassen, wenn er sie kannte.

Die Handlungsvollmacht kann von dem Kaufmann selbst, dem Prokuristen oder auch anderen Handlungsbevollmächtigten erteilt werden. Im Gegensatz zur Prokura wird die Handlungsvollmacht nicht in das Handelsregister eingetragen. Sie wird wie jede andere Vollmacht erteilt, d.h. entweder ausdrücklich oder stillschweigend (konkludent).

Beispiel: Der Kaufmann K erteilt seinem Angestellten H Vollmacht zum Abschluss von Kaufverträgen. H schließt nun im Namen des K einen Arbeitsvertrag mit seiner Freundin F, die er als Sekretärin einstellt. Ist dieser Vertrag wirksam?

Nein, denn H ist lediglich eine Arthandlungsvollmacht erteilt worden, denn er wurde nur zum Abschluss von Kaufverträgen ermächtigt. Eine Vollmacht zum Abschluss von Arbeitsverträgen hat H nicht. K muss deshalb die Willenserklärung des H nicht gegen sich gelten lassen und den Vertrag auch nicht erfüllen.

2.3.3   Vollmacht nach § 56 HGB

Eine weitere Form der Vertretungsmacht sieht das HGB für **Angestellte in einem Laden** oder einem offenen Warenlager vor. Diese Angestellten gelten nämlich nach § 56 HGB als für Verkäufe und Empfangnahmen, die in einem derartigen Laden gewöhnlich geschehen, ermächtigt.

Beispiel: Frau Schneider ist im Schmuckgeschäft von Glanz & Brillanz angestellt. Für gewöhnlich berät Frau Schneider die Kunden, die Kasse übernimmt die Chefin meist persönlich. Während die Chefin im Lager die Inventur beaufsichtigt, kommt Alois Reich in das Schmuckgeschäft und lässt sich von Frau Schneider ein Diamantencollier zeigen. Kurz entschlossen entscheidet sich Alois Reich zum Kauf. Frau Schneider, die erst noch ihre Chefin holen wollte, bleibt keine andere Wahl, als selbst abzukassieren. Sie weiß jedoch nicht, dass ihre Chefin das Collier bereits für eine andere Kundin zurückgelegt hat. Nachdem Herr Reich gegangen ist, kommt die Chefin aus dem Lager zurück und ist erbost über den Verkauf des Colliers. Kann sie den Kauf rückgängig machen?

Nein, denn Frau Schneider hat im Namen und mit Vollmacht, nämlich mit Ladenvollmacht gemäß § 56 HGB, für das Schmuckgeschäft Glanz & Brillanz gehandelt.

2.4   Haftung

2.4.1   Haftung bei Firmenfortführung

Erwirbt jemand ein Handelsgeschäft – ohne es zu erben – und führt er es unter der bisherigen Firma fort, so haftet er für alle im Handelsgeschäft begründeten Verbindlichkeiten, auch wenn sie vor dem Kauf entstanden sind. Die im Betrieb begründeten Forderungen gehen ebenfalls auf ihn über (§ 25 HGB). Eine abweichende Vereinbarung kann dem Dritten nur entgegengehalten werden, wenn sie im Handelsregister eingetragen und bekannt gemacht worden ist.

Beispiel: Frau Schneider erwirbt das Schmuckgeschäft Glanz & Brillanz für 200.000,00 €. Sie führt das Schmuckgeschäft unter der bisherigen Firma fort, damit die Kunden sich nicht an einen neuen Namen gewöhnen müssen. Herr Krause ist langjähriger Lieferant des Schmuckgeschäftes Glanz & Brillanz und hatte vor dem Verkauf Ketten und Ringe im Wert von 60.000,00 € an das Schmuckgeschäft geliefert, deren Rechnung noch nicht beglichen worden ist. Nunmehr verlangt er Zahlung von Frau Schneider. Zu Recht?

Ja, denn Frau Schneider haftet nach § 25 HGB für alle im Geschäft begründeten Verbindlichkeiten, wenn sie das Geschäft unter der alten Firma fortführt. Entgegenstehende Eintragungen sind aus dem Handelsregister nicht ersichtlich.

2.4.2   Haftung des Erben

Wird das Handelsgeschäft vererbt und führt der Erbe das Handelsgeschäft fort, so haftet er für alle im Betrieb des Handelsgeschäfts begründeten Verbindlichkeiten (§ 27 HGB).

Schlägt der Erbe die Erbschaft aus oder stellt er den Geschäftsbetrieb innerhalb von drei Monaten nach Kenntnis vom Erbfall ein, so haftet er nicht bzw. nur beschränkt auf den Nachlass.

2.5 Handelsgeschäft und Handelskauf

Als **Handelsgeschäfte** werden alle Geschäfte eines Kaufmanns bezeichnet, die zum Betrieb seines Handelsgewerbes gehören (§ 343 HGB). Im Zweifel gilt ein von einem Kaufmann vorgenommenes Rechtsgeschäft als Handelsgeschäft (§ 344 HGB).

Man unterscheidet **ein- und zweiseitige Handelsgeschäfte**, je nachdem, ob nur auf einer oder auf beiden Seiten Kaufleute beteiligt sind. Diese Unterscheidung hat insbesondere für die Anwendung bestimmter Normen Bedeutung. So setzt beispielsweise die Pflicht, Mängel im Handelskauf unverzüglich zu rügen (Rügeobliegenheit), ein zweiseitiges Handelsgeschäft voraus.

Der **Handelskauf** ist ein Handelsgeschäft, das entweder einen Kaufvertrag oder einen Werklieferungsvertrag zum Inhalt hat. Während der Kauf- oder Werklieferungsvertrag grundsätzlich nach den Regeln des BGB abgewickelt wird, bestimmt das HGB bei Leistungsstörungen besondere **Untersuchungs- und Rügepflichten** für Kaufleute. Nach § 377 HGB hat der Käufer die Ware unverzüglich nach der Ablieferung durch den Verkäufer zu untersuchen, bei Maschinen sogar einen Probelauf durchzuführen. Wenn sich ein Mangel zeigt, muss der Käufer diesen unverzüglich dem Verkäufer anzeigen. Unterlässt der Käufer die Anzeige, so gilt die Ware als ordnungsgemäß abgeliefert. Etwas anderes gilt nur, wenn der Mangel auch bei einer entsprechenden Untersuchung nicht erkannt worden wäre, sog. verdeckter Mangel. Dann muss die Mangelanzeige aber unverzüglich nach Entdecken des Mangels erfolgen.

Beispiel: Kaufmann Klaas bestellt bei Kaufmann Klever 100 schwarze Tische. Klever liefert aber 100 dunkelbraune Tische an. Klaas, der dies erst zwei Wochen später bemerkt, verlangt Nachlieferung der schwarzen und Rücknahme der dunkelbraunen Tische. Zu Recht? – Nein, zwar handelt es sich vorliegend um einen Mangel der Kaufsache. Nach dem HGB war Klaas aber verpflichtet, die angelieferten Tische unverzüglich auf Mängel zu untersuchen und entsprechend anzuzeigen. Da Klaas dies nicht gemacht hat und die falsche Farbe bei einer Untersuchung auch sofort erkannt hätte, gelten die Tische als vertragsgemäß geliefert. Klaas hat keine weiteren Ansprüche mehr gegen Klever.

2.6 Das kaufmännische Bestätigungsschreiben

Bestätigungsschreiben sind im kaufmännischen Verkehr bei Vertragsabschlüssen üblich. Sie fassen den Inhalt von zuvor geführten Vertragsverhandlungen zusammen und halten den bereits formlos geschlossenen Vertrag schriftlich fest. Will der andere Teil den Inhalt des kaufmännischen Bestätigungsschreibens nicht gegen sich gelten lassen, muss er ihm unverzüglich widersprechen. Denn anders als im übrigen Geschäftsverkehr gilt das **Schweigen** auf ein kaufmännisches Bestätigungsschreiben **als Zustimmung,** d.h., der Inhalt des kaufmännischen Bestätigungsschreibens wird zum Vertragsinhalt.

Üblich ist auch die Einbeziehung von allgemeinen Geschäftsbedingungen durch das kaufmännische Bestätigungsschreiben, auch wenn diese zuvor nicht Thema der Vertragsverhandlungen waren. Allgemeine Geschäftsbedingungen (AGB) sind für eine Vielzahl von Verträgen vorformulierte Vertragsbedingungen, die von einer Vertragspartei bei Abschluss eines Vertrages gestellt werden.

Beispiel: Die Kaufleute Bauer und Müller vereinbaren mündlich den Kauf von 1.000 Computern sowie die Einbeziehung von Bauers allgemeinen Geschäftsbedingungen. Kurz darauf schickt Müller an Bauer ein Bestätigungsschreiben, in dem er festhält, dass man sich auf die Geltung seiner AGB geeinigt hätte. Bauer reagiert nicht. Welche allgemeinen Geschäftsbedingungen sind nun Vertragsinhalt geworden?

Die allgemeinen Geschäftsbedingungen von Herrn Müller, da Herr Bauer auf das kaufmännische Bestätigungsschreiben nicht reagiert hat. Sein Schweigen ist als Zustimmung zu werten.

3 Unternehmensformen

Nachdem Sie in Lernfeld 1 bereits einen kurzen Überblick über die verschiedenen Gesellschaftsformen erhalten haben, wird nachfolgend nochmals vertieft auf die einzelnen Gesellschaften
eingegangen.

3.1 Personengesellschaften

3.1.1 Gesellschaft bürgerlichen Rechts

Die Gesellschaft bürgerlichen Rechts (GbR) oder auch BGB-Gesellschaft ist die Grundform der
Personengesellschaften. Sie ist ein vertraglicher Zusammenschluss von mindestens zwei Personen zur Verfolgung eines gemeinsamen Zwecks (§ 705 BGB). Als Zweck kommen sowohl ideelle
als auch kapitalistische Zwecke in Betracht. Das heißt, auch die Vereinbarung einer Fahrgemeinschaft, der gemeinsame Kauf eines Lotterieloses oder der gemeinsame Bau eines Wohnhauses
genügen als gemeinsamer Zweck für die Gründung einer GbR. Aber auch das Betreiben eines
Gewerbes steht einer GbR-Gründung nicht entgegen, es darf nur nach Art und Umfang kein in
kaufmännischer Weise eingerichteter Geschäftsbetrieb erforderlich werden, denn dann wandelt
sich die GbR kraft Rechtsformzwangs in eine OHG um.

Die Gründung der GbR ist unkompliziert, da weder ein Stammkapital noch ein notarieller
Gesellschaftsvertrag erforderlich ist. Die GbR entsteht mit dem Abschluss des Gesellschaftsvertrages, der grundsätzlich formfrei geschlossen werden kann. In dem Gesellschaftsvertrag verpflichten sich die Gesellschafter zur Verfolgung eines gemeinsamen Zwecks und zur Erbringung
von Beiträgen, mittels derer der Zweck erreicht werden soll. Die Beiträge können in Form von
Arbeit/Dienstleistung, Kapital/Geld oder Sachen erbracht werden.

Die Gesellschafter können nicht nur natürliche Personen, sondern auch juristische Personen
oder Personenhandelsgesellschaften, BGB-Gesellschaften und nicht rechtsfähige Vereine sein.
Einzige Voraussetzung ist jedoch, dass die Gesellschafter der GbR persönlich und unbeschränkt
haften.

Am **Gewinn und Verlust** der Gesellschaft sind die Gesellschafter grundsätzlich in gleicher
Höhe beteiligt.

Die **Geschäftsführung** steht den Gesellschaftern – sofern der Gesellschaftsvertrag nichts
anderes bestimmt – gemeinschaftlich zu. Die **Vertretung** der Gesellschaft obliegt hingegen nur
den Gesellschaftern, die mit Geschäftsführungsbefugnis ausgestattet sind (§ 714 BGB).

Die GbR besitzt nach der neueren Rechtsprechung **Rechtsfähigkeit**, soweit sie durch Teilnahme am Rechtsverkehr eigene Rechte und Pflichten begründet. Somit kann sie selber Träger
von Rechten und Pflichten sein. In diesem Rahmen ist sie zugleich im Zivilprozess aktiv und
passiv parteifähig.

3.1.2 Offene Handelsgesellschaft

Die offene Handelsgesellschaft (OHG) ist wie die GbR ein Personenzusammenschluss zu einem
gemeinsamen Zweck. Der Zweck der OHG ist – im Gegensatz zur GbR – aber auf den Betrieb eines
Handelsgewerbes unter einer gemeinschaftlichen Firma gerichtet (§ 105 HGB). Das heißt: es muss
ein Gewerbe betrieben werden, welches nach Art und Umfang einen in kaufmännischer Weise
eingerichteten Geschäftsbetrieb erfordert.

Achtung: Eine GbR, deren Zweck zumindest auch auf den Betrieb eines Handelsgewerbes gerichtet ist, wird kraft Gesetzes zu einer OHG (Rechtsformzwang).

Beispiel: Im Juni 20X3 gründen die zwei Freunde Max und Moritz die M&M Gesellschaft bürgerlichen Rechts, um ihr neues Betriebssystem zu vermarkten. Während sie anfänglich nur einen jährlichen Umsatz von 2.000,00 € erzielten, steigt der Umsatz im Jahr 20X6 auf 500.000,00 € an. Zudem beschäftigen sie nunmehr 10 Mitarbeiter, unter anderem eine eigene Buchhalterin, und arbeiten selbst nur noch teilweise im Betrieb mit. Auf Grund dieser Veränderungen wird die M&M GbR kraft Rechtsformzwangs, d.h. automatisch, zur M&M OHG.

Die **Firma**, d.h. der Name der offenen Handelsgesellschaft, muss die Bezeichnung „offene Handelsgesellschaft" oder „OHG" enthalten.

Die OHG soll in das Handelsregister eingetragen werden. Sobald diese Eintragung vorliegt, ist die Gesellschaft auf jeden Fall wirksam entstanden. Diese Eintragung ist jedoch rein deklaratorisch. Wird die OHG bereits vor ihrer Eintragung oder auch ohne jede Eintragung tätig, dann ist der Tag der tatsächlichen Geschäftsaufnahme bereits der Tag, an dem die OHG entsteht.

Die OHG kann unter ihrer Firma Rechte erwerben und Verbindlichkeiten eingehen, Eigentum und andere dingliche Rechte an Grundstücken erwerben, vor Gericht klagen und verklagt werden, § 124 HGB.

Wie bei der GbR erbringen auch die Gesellschafter der OHG einen Beitrag, der wiederum in der Leistung von Diensten, Geld oder Sachen bestehen kann.

Zur **Geschäftsführung** der Gesellschaft sind grundsätzlich alle Gesellschafter berechtigt (§ 114 HGB). Jeder Gesellschafter kann allein alle Handlungen vornehmen, die der gewöhnliche Betrieb des Handelsgewerbes mit sich bringt und wenn kein anderer geschäftsführender Gesellschafter widerspricht. Zur Bestellung eines Prokuristen bedarf es aber der Zustimmung aller geschäftsführenden Gesellschafter.

Auch zur **Vertretung** der Gesellschaft nach außen sind alle Gesellschafter jeweils allein ermächtigt, wenn sie nicht durch den Gesellschaftsvertrag von der Vertretung ausgeschlossen sind oder der Gesellschaftsvertrag Gesamtvertretung vorsieht(§ 125 HGB).

Achtung: Die Geschäftsführung betrifft das Innenverhältnis, d.h. die Rechte der Gesellschafter untereinander. Die Vertretung bezieht sich auf das Außenverhältnis der Gesellschaft, d.h. das Verhältnis zu Dritten.

Vom **Gewinn** der Gesellschaft erhalten die Gesellschafter zunächst einen Anteil von 4 % ihres Kapitalanteils. Der übrige Gewinn oder der **Verlust** werden dann unter den Gesellschaftern nach Köpfen verteilt (§ 121 HGB).

Die Gesellschafter haften Dritten gegenüber persönlich, primär, unmittelbar, akzessorisch, unbeschränkt und gesamtschuldnerisch (§ 128 HGB). Folglich haben Sie für die Verbindlichkeiten der Gesellschaft dem Gläubiger gegenüber gemeinsam mit ihrem gesamten Privatvermögen einzustehen. Zudem ist der Gläubiger nicht verpflichtet, sich zuerst an die Gesellschaft zu wenden, um von dieser das Geld zu erlangen. Er kann vielmehr direkt an die Gesellschafter herantreten.

Selbst wenn ein Gesellschafter neu in die Gesellschaft eintritt, haftet er dem Gläubiger gegenüber für alle vor seinem Eintritt begründeten Verbindlichkeiten der Gesellschaft.

3.1.3 Kommanditgesellschaft

Die Kommanditgesellschaft (KG) unterscheidet sich von der OHG nur darin, dass mindestens ein Gesellschafter in seiner Haftung beschränkt ist (**Kommanditist)** und mindestens ein weiterer Gesellschafter, der **Komplementär**, persönlich und unbeschränkt haftet (§ 161 HGB). Daher gelten, wenn nicht Sonderregelungen für die Kommanditgesellschaft bestehen, die Vorschriften zur OHG entsprechend(vgl. § 161 Abs. 2 HGB).

Die **Firma** der Kommanditgesellschaft muss die Bezeichnung „Kommanditgesellschaft" oder „KG" enthalten.

Die Kommanditgesellschaft bedarf zu ihrer Wirksamkeit zwar nicht zwingend der Eintragung in das Handelsregister. Erfolgt aber keine Eintragung, kommen die Kommanditisten nicht in den Genuss der Haftungsbeschränkung und haften grundsätzlich wie die Gesellschafter der OHG persönlich und unbeschränkt. In der Handelsregistereintragung müssen neben den üblichen Angaben wie Firma, Sitz und Gesellschafter bei der KG zusätzlich die Kommanditisten und die Höhe ihrer Einlagebeträge, auf die die Haftung beschränkt sein soll, angegeben werden.

Die **Geschäftsführung** und die Vertretung der KG obliegt hier nur den persönlich haftenden Gesellschaftern, also den Komplementären (§§ 164, 161 Abs. 2 iVm 114, 125 HGB). Diese haften – wie auch die Gesellschafter der OHG – persönlich, unmittelbar und unbeschränkt. Die Kommanditisten sind dagegen von der Geschäftsführung und der Vertretung ausgeschlossen (§§ 164, 170 HGB). Sie haben lediglich Informations- und Auskunftsrechte.

Vom **Gewinn** der Gesellschaft erhalten die Gesellschafter zunächst einen Anteil von 4 % ihres Kapitalanteils. Der übrige Gewinn oder der Verlust der Gesellschaft ist dann in einem angemessenen Verhältnis zu den Anteilen aufzuteilen. Der Kommanditist ist am **Verlust** bis zur Höhe seines Kapitalanteils und der rückständigen Einlagen beteiligt (§§ 167 ff. HGB).

Die **Haftung** des Kommanditisten ist auf die Höhe seiner Einlage beschränkt. Die Haftung ist ausgeschlossen, soweit die Einlage geleistet ist (§ 171 HGB). Tritt ein Kommanditist in eine bereits bestehende Gesellschaft ein, haftet er entsprechend für die vor seinem Eintritt begründeten Verbindlichkeiten der Gesellschaft. Die Haftungsbeschränkung wird erst mit ihrer Eintragung in das Handelsregister wirksam, davor haftet auch der Kommanditist unbeschränkt, es sei denn, dem Gläubiger ist die Kommanditistenstellung bekannt (§ 176 HGB).

Eine Sonderform der Kommanditgesellschaft ist die **GmbH & Co KG**. Sie ist eine Kommanditgesellschaft, deren persönlich haftender Gesellschafter (Komplementär) eine GmbH ist, für die wiederum die Haftung auf deren Stammkapital beschränkt ist. Dies führt letztlich dazu, dass keiner der Gesellschafter der KG mit seinem Privatvermögen haftet. Die Haftung der Kommanditisten ist beschränkt auf deren Einlage und die der GmbH auf deren Stammkapital. Vertreten wird die GmbH & Co. KG durch die GmbH und diese wiederum durch ihre Geschäftsführer, die dann faktisch auch die Geschäfte der KG führen.

3.2 Vereine und Kapitalgesellschaften

3.2.1 Verein

Der Verein ist ein Zusammenschluss von Personen zur Verwirklichung eines gemeinsamen Zwecks mit körperschaftlicher Verfassung. Die körperschaftliche Struktur des Vereins ist durch die Unabhängigkeit vom Mitgliederbestand, der Vertretung durch einen Vorstand und dem Gesellschaftsnamen gekennzeichnet. Voraussetzung für die Erlangung der Rechtsfähigkeit ist beim nicht wirtschaftlichen Verein die Eintragung in das Vereinsregister, beim wirtschaftlichen Verein hingegen die staatliche Verleihung (§ 22 BGB).

Wie die Bezeichnung **nicht wirtschaftlicher Verein** besagt, darf der Zweck des Vereins nicht auf einen wirtschaftlichen Geschäftsbetrieb gerichtet sein (§ 21 BGB). Nimmt der Verein jedoch wie ein Unternehmer am Wirtschafts- und Rechtsverkehr teil, fällt er in den Anwendungsbereich des § 22 BGB, der den wirtschaftlichen Verein regelt.

Der **wirtschaftliche Verein** bedarf entweder einer Konzession (staatlichen Verleihung) oder muss sich die Rechtsform einer Handelsgesellschaft (AG, GmbH) oder Genossenschaft geben. Er ist somit die Grundform jeder Kapital-Handelsgesellschaft.

3.2.2 Aktiengesellschaft

Die Aktiengesellschaft ist eine juristische Person und mit eigener Rechtspersönlichkeit ausgestattet. Sie ist eine Handelsgesellschaft, auch wenn der Gegenstand des Unternehmens nicht im Betrieb eines Handelgewerbes besteht (§ 3 AktG).

Die **Firma** der Aktiengesellschaft muss die Bezeichnung „Aktiengesellschaft" oder eine allgemein verständliche Abkürzung dieser Bezeichnung enthalten, z.B. AG.

Zu ihrer Wirksamkeit muss die Aktiengesellschaft in das Handelsregister eingetragen werden. Voraussetzung für die Eintragung ist jedoch ein notariell beurkundeter Gesellschaftsvertrag, auch **Satzung** genannt. Die Satzung muss neben Firma, Sitz und Gegenstand des Unternehmens auch die Höhe des Grundkapitals, dessen Aufteilung und die Art der Aktien festlegen.

Das **Grundkapital** der Aktiengesellschaft muss mindestens 50.000,00 € betragen und ist in Aktien aufgeteilt (§ 7 AktG). Die Aktien können entweder als Nennbetragsaktien oder als Stückaktien begründet werden. Nennbetragsaktien lauten auf einen nominalen Geldbetrag, z.B. 100,00 €. Stückaktien hingegen haben keinen Nennwert, sie verbriefen einen Anteil am Grundkapital, der sich nach dem Verhältnis der ausgegebenen Aktien zum Grundkapital bemisst. Sind also 1.000 Aktien bei einem Grundkapital von 50.000,00 € ausgegeben worden, hat jede Stückaktie einen hypothetischen Wert von 50,00 €.

Die **Gewinnbeteiligung** bestimmt sich nach den Anteilen der von den Aktionären gehaltenen Aktien am Grundkapital.

Die **Haftung** für die Verbindlichkeiten der Gesellschaft ist auf das Gesellschaftsvermögen beschränkt.

Die Organe der Gesellschaft sind der Vorstand, der Aufsichtsrat und die Hauptversammlung. Während dem **Vorstand** die Geschäftsführung und Vertretung der Aktiengesellschaft obliegt (§ 77 f. AktG), hat der **Aufsichtsrat** die Aufgabe, die Geschäftsführung zu überwachen (§ 111 AktG). Die **Hauptversammlung** hingegen ist das Forum der Aktionäre. In der Hauptversammlung üben die Aktionäre ihre Rechte in den Angelegenheiten der Gesellschaft aus. Die Hauptversammlung beschließt unter anderem über die Bestellung der Mitglieder des Aufsichtsrats, die Verwendung des Bilanzgewinns, Satzungsänderungen, Maßnahmen der Kapitalbeschaffung oder -herabsetzung und die Auflösung der Gesellschaft (§ 119 AktG).

Daneben existiert noch die **börsennotierte Aktiengesellschaft**. Börsennotiert sind Gesellschaften, deren Aktien an der Börse oder einem anderen Markt zugelassen sind, der von staatlich anerkannten Stellen geregelt und überwacht wird, regelmäßig stattfindet und für das Publikum mittelbar oder unmittelbar zugänglich ist.

3.2.3 Gesellschaft mit beschränkter Haftung

Die Gesellschaft mit beschränkter Haftung (GmbH) ist eine juristische Person und hat eigene Rechte und Pflichten. Sie kann Eigentum und andere dingliche Rechte an Grundstücken erwerben, vor Gericht klagen und verklagt werden.

Die **Firma** muss die Bezeichnung „Gesellschaft mit beschränkter Haftung" oder eine allgemein verständliche Abkürzung, z.B. GmbH, enthalten.

Die Gesellschaft mit beschränkter Haftung entsteht mit der Eintragung in das Handelsregister. Voraussetzung für die Eintragung ist zunächst ein Gesellschaftsvertrag, der der notariellen Form bedarf (§ 2 GmbHG). Der Gesellschaftsvertrag muss neben der Firma, dem Sitz und dem Gegenstand des Unternehmens auch Angaben zur Höhe des Stammkapitals und dem Betrag der von jedem Gesellschafter auf das Stammkapital zu leistenden Stammeinlage enthalten.

Das **Stammkapital** der GmbH muss mindestens 25.000,00 € betragen (§ 5 GmbHG). Der Betrag der Stammeinlage kann für die einzelnen Gesellschafter unterschiedlich hoch sein, er muss aber auf einen vollen Euro lauten. Nach der jeweiligen Stammeinlage bestimmt sich der Geschäftsanteil, der veräußerlich, teilbar oder vererbbar ist.

Die **Haftung** für die Verbindlichkeiten der Gesellschaft ist auf das Gesellschaftsvermögen beschränkt.

Die Gesellschaft muss mindestens einen **Geschäftsführer** haben. Geschäftsführer kann nur eine natürliche und unbeschränkt geschäftsfähige Person sein. Ihr obliegt die gerichtliche und außergerichtliche **Vertretung** der Gesellschaft (§ 35 GmbHG). Der oder die Geschäftsführer haben in den Angelegenheiten der Gesellschaft die Sorgfalt eines ordentlichen Geschäftsmannes anzuwenden. Verletzt ein Geschäftsführer die ihm obliegende Sorgfalt, haftet er der Gesellschaft für den entstandenen Schaden. Zudem ist der Geschäftsführer der GmbH – im Gegensatz zum Vorstand einer Aktiengesellschaft – weisungsabhängig, d.h., er muss das tun, was ihm die Gesellschafter sagen.

Denn die Gesellschafter nehmen die Angelegenheiten der Gesellschaft, insbesondere die **Führung und Ausübung der Geschäfte**, wahr. Zu ihren Aufgaben gehören unter anderem die Feststellung des Jahresabschlusses und die Verwendung der Ergebnisse, das Einfordern der Stammeinlagen, die Bestellung von Prokuristen und Handlungsbevollmächtigten, die Bestellung und Abberufung von Geschäftsführern und die Prüfung und Überwachung der Geschäftsführung. Die in den Angelegenheiten der Gesellschaft zu treffenden Beschlüsse werden in Gesellschafterversammlungen gefasst, und zwar grundsätzlich nach der Mehrheit der abgegebenen Stimmen.

3.2.4   Unternehmergesellschaft haftungsbeschränkt

Neu hinzugekommen ist eine Unterform der GmbH, die Unternehmergesellschaft haftungsbeschränkt, kurz: UG (haftungsbeschränkt). Diese Unterform der GmbH ist vom Gesetzgeber als Alternative zur Limited eingeführt worden und soll Gesellschaftsgründungen ohne nennenswertes Startkapital aber mit Haftungsbeschränkung ermöglichen.

Die UG (haftungsbeschränkt) ist in § 5a GmbHG geregelt. Sie kann mit einem Euro Stammkapital gegründet werden, muss aber erhöhte Rücklagen bilden, um – so die Vorstellung des Gesetzgebers – irgendwann eine vollwertige GmbH mit einem Stammkapital von wenigstens 25.000,- Euro zu werden. Hat die UG (haftungsbeschränkt) das nötige Stammkapital zusammen, kann sie sich umfirmieren und wird wie eine normale GmbH behandelt. Aber auch schon vor der Umfirmierung finden die Vorschriften des GmbH-Gesetzes auf die UG (haftungsbeschränkt) Anwendung, soweit nicht in § 5a GmbHG etwas anderes geregelt ist.

3.2.5   Limited

Die Limited Company (Ltd.) ist eine der GmbH vergleichbare Gesellschaft britischen Rechts. Diese zeichnet sich durch das Erfordernis einer sehr geringen Mindeststammeinlage von einem britischen Pfund aus und ist daher insbesondere bei kleineren Unternehmen sehr beliebt. Allerdings birgt sie auch große Gefahren. Insbesondere sieht das britische Recht mehr Möglichkeiten vor, die Haftungsbeschränkung zu durchbrechen und direkt auf den Inhaber der Limited zuzugreifen. Dies gilt insbesondere bei Missachtung der besonders strengen Anforderungen an die Berichtlegung.

Durch die Rechtsprechung des Europäischen Gerichtshofs ist es möglich geworden, die Limited in Großbritannien zu registrieren, dann einen Sitz in der Bundesrepublik Deutschland zu begründen und diesen in das Handelsregister einzutragen. Dies hat entsprechend zu einem Boom vom Limited-Gründungen geführt, der aber durch die Einführung der UG (haftungsbeschränkt) wieder zurückgegangen ist.

4   Unternehmensfinanzierung

Selbstverständlich gehört zur Vorbereitung unternehmerischer Entscheidungen immer auch die Finanzierung. Unter Finanzierung versteht man alle Maßnahmen, die mit der Kapitalausstattung eines Unternehmens zusammenhängen. Die Kapitalausstattung spielt in den folgenden Phasen des Unternehmens eine besondere Bedeutung:

* bei der Unternehmensgründung,
* bei der Erweiterung des Unternehmens und
* bei besonderen Anlässen, wie der Sanierung des Unternehmens oder dem Zusammenschluss mit anderen Unternehmen.

Natürlich muss das Unternehmen auch während der laufenden Geschäftstätigkeit seinen Finanzierungsbedarf (für Miete, Strom, Personal etc.) decken. Dies geschieht – wie bei allen übrigen Finanzierungsvorgängen – entweder durch die Aktivierung von Eigenkapital oder die Aufnahme von Fremdkapital.

4.1 Eigenkapital und Fremdkapital

4.1.1 Eigenkapital

Zum Eigenkapital gehört der Teil des Kapitals, der den Inhabern des Unternehmens, seinen Aktionären oder Gesellschaftern, gehört. Dazu zählen:

- Eigen- oder Grundkapital im engeren Sinne,
- freie Rücklagen und der
- Gewinnvortrag.

Zum **Eigen- oder Grundkapital im engeren Sinne** zählt das eingezahlte Kapital der Gesellschafter. Ist die betrachtete Gesellschaft eine Aktiengesellschaft, bezeichnet man das eingebrachte Kapital als Grundkapital. Handelt es sich um eine GmbH, spricht man von Stammkapital. Bei Einzelkaufleuten und Personengesellschaften wird zum Eigen- und Grundkapital auch das Privatvermögen der Inhaber beziehungsweise das haftende Vermögen der Gesellschafter hinzugerechnet.

Freie Rücklagen werden aus Überschüssen gebildet, die das Unternehmen erwirtschaftet hat und für einen späteren Zweck zurücklegen möchte.

Der **Gewinnvortrag** bezeichnet den Teil des Gewinns, der nicht an die Gesellschafter ausgezahlt und auch nicht in die Gewinnrücklage eingestellt worden ist. Dieser kann dann in das nächste Geschäftsjahr übernommen werden.

Das Bereithalten von Eigenkapital ist eine wichtige Voraussetzung zur Aufnahme von Fremdkapital, da Kapitalgeber ohne den Nachweis eines ausreichenden Eigenkapitals keine Kredite oder Zahlungsaufschübe gewähren.

4.1.2 Fremdkapital

Das Fremdkapital bezeichnet den Teil des Kapitals, der nicht vom Unternehmen oder dessen Inhabern aufgebracht und zur Verfügung gestellt wird. Dazu zählen:

- Kredite oder Darlehen,
- Zahlungsaufschübe,
- gesetzlich verpflichtete Rückstellungen und
- Pensionsrückstellungen.

Bei der Inanspruchnahme eines **Kredites** wird dem Unternehmen Geld von einer Bank oder einem anderen Gläubiger, meist gegen Zahlung von Zinsen, zur Verfügung gestellt.

Zahlungsaufschübe werden dem Unternehmen meist derart gewährt, dass es Rechnungen nicht unverzüglich mit Übergabe der Waren oder Inanspruchnahme der Dienstleistung bezahlen muss, sondern innerhalb einer bestimmten Frist, meist 14 Tage.

Manche **Rückstellungen** sind gesetzlich vorgeschrieben. Sie müssen für vorhersehbare, aber erst später zu zahlende Verbindlichkeiten wie Steuern oder Sozialleistungen des vorangegangenen Geschäftsjahres gebildet werden.

Pensionsrückstellungen werden zu Gunsten der Mitarbeiter gebildet. Sie stehen dem Unternehmen oft über lange Zeit zur Verfügung und kommen daher unter Finanzierungsaspekten dem Eigenkapital nahe.

4.2 Eigenkapital- und Fremdkapitalfinanzierung

4.2.1 Eigenkapitalfinanzierung

Bei der **Eigenkapitalfinanzierung** wird vorrangig Eigenkapital zur Finanzierung des Unternehmens und seiner laufenden Geschäftstätigkeit eingesetzt. Dies kann einerseits durch Bildung von Rücklagen aus dem bereits versteuerten, aber nicht an die Gesellschafter ausgeschütteten Gewinn und der anschließenden Umwandlung in Eigenkapital geschehen. Es können aber auch neue Gelder aktiviert werden. Beispielsweise durch:

- die Aufnahme neuer Gesellschafter,
- die Erhöhung des Grund- und Stammkapitals,
- die Umwandlung in eine andere Unternehmensform.

Vorteile der Eigenkapitalfinanzierung sind

- das dauerhafte Verbleiben des Eigenkapitals in der Gesellschaft und
- die meist geringen Risiken.

Nachteilig ist, dass:

- das Eigenkapital oft nur schwer zu beschaffen ist,
- neue Gesellschafter gefunden und eventuell auch an der Geschäftsführung und Vertretung der Gesellschaft beteiligt werden müssen.

4.2.2 Fremdkapitalfinanzierung

Im Gegensatz zur Eigenkapitalfinanzierung werden bei der Fremdkapitalfinanzierung nur fremde Mittel zur Finanzierung des Unternehmens genutzt. Das Fremdkapital steht dem Unternehmen nur eine begrenzte Zeit zur Verfügung und muss nach der vereinbarten Laufzeit an die Kapitalgeber zurückgezahlt werden.

Fremdkapital ist grundsätzlich nur gegen Sicherheit zu erlangen (vgl. 5.3 Kreditsicherheiten).

Vorteile der Aufnahme von Fremdkapital sind unter anderem:

- eine bessere steuerliche Abzugsmöglichkeit,
- keine Teilhabe bzw. keine Mitspracherechte in der Gesellschaft, da Kreditgeber nur Gläubiger und nicht Gesellschafter sind und
- flexible Anpassung der Kreditaufnahme an den tatsächlichen Finanzierungsbedarf.

Nachteile sind hingegen:

- Rückzahlung des Kapitals und
- Zahlung von Zinsen.

5 Kreditvertrag

5.1 Kredit

Der Kredit bezeichnet einerseits die entgeltliche oder unentgeltliche Überlassung von Geld an Dritte, andererseits bezeichnet er aber auch das dem Dritten anvertraute Geld selbst. Für den Kreditnehmer ist der Kredit als Fremdkapital einzustufen und die Kreditfinanzierung damit als Mittel der Fremdfinanzierung.

Die Kredite können nach der Person des Kreditnehmers, ihrer Laufzeit und ihrer Besicherung eingeteilt werden, um nur die wichtigsten Unterarten zu nennen.

Nach der **Person des Kreditnehmers** unterscheidet man:

private Kredite	werden ausschließlich privaten Haushalten gewährt.
gewerbliche Kredite	werden Unternehmen und selbstständigen Gewerbetreibenden gewährt.
öffentliche Kredite	werden der öffentlichen Hand (Körperschaften, Anstalten) gewährt.

Je nachdem, wann der **Kredit zurückgezahlt** werden muss, unterscheidet man:

kurzfristige Kredite	mit einer Laufzeit von bis zu 12 Monaten.
mittelfristige Kredite	mit einer Laufzeit von bis zu 4 Jahren.
langfristige Kredite	mit darüber liegenden Laufzeiten.

In Abhängigkeit von der Frage, welche **Sicherheiten** gewährt werden, unterscheidet man:

Personalkredite	Hier dient nur die Person des Kreditnehmers als Sicherheit.
verstärkte Personalkredite	Hier dienen neben der Person des Kreditnehmers noch weitere Personen als Sicherheit, z.B. Bürgen, Garanten, Wechselschuldner.
Realkredite	Hier dienen dingliche Rechte wie Pfandrechte, Grundschulden, Hypotheken und Sicherungsabtretungen als Sicherheit.

5.2 Kredit- oder Darlehensvertrag

Durch den Kreditvertrag nach § 488 ff. BGB ist der Kreditgeber verpflichtet, dem Kreditnehmer einen Geldbetrag in der vereinbarten Höhe zur Verfügung zu stellen. Der Kreditnehmer ist verpflichtet, den vereinbarten Zins zu zahlen und bei Fälligkeit den Kreditbetrag zurückzuzahlen.

Abb. 13.2: Kredit- und Darlehensvergabe

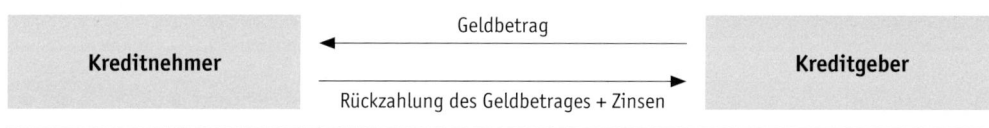

Die **Zinsen** sind, soweit nichts anderes bestimmt ist, jeweils am Ende eines Jahres bzw. bei Rückzahlung des Kreditbetrages zu zahlen. In der Praxis hat sich jedoch das **Annuitätendarlehen** durchgesetzt, d.h., der monatliche Zahlungsbetrag, der sich aus Zins und Tilgungsanteil zusammensetzt, bleibt über die gesamte Laufzeit konstant. Während zu Beginn der Zinsanteil den Tilgungsanteil übersteigt, verringert sich der Zinsanteil mit zunehmender Laufzeit, und der Tilgungsanteil erhöht sich.

Für den Kreditvertrag kann eine feste **Laufzeit** vereinbart werden (siehe oben). Wird keine Laufzeit vereinbart und läuft der Kreditvertrag auf unbestimmte Zeit, so ist der Kreditbetrag erst dann zur Rückzahlung fällig, wenn der Kreditgeber oder der Kreditnehmer den Kreditvertrag kündigt. Die Kündigungsfrist beträgt drei Monate. Wenn Zinsen nicht vereinbart worden sind, kann der Kreditbetrag auch ohne Kündigung zurückgezahlt werden.

Der Kreditnehmer kann den Kreditvertrag kündigen, wenn

- ein fester Zinssatz vereinbart ist, für den die Zinsbindung wegfällt, oder
- wenn ein variabler Zinssatz vereinbart ist.
  Der Kreditgeber kann den Kreditvertrag kündigen, wenn
- sich die Vermögensverhältnisse des Kreditnehmers wesentlich verschlechtern oder
- sich die Werthaltigkeit der für den Kredit gestellten Sicherheit wesentlich verschlechtert.

5.3 Kreditsicherheiten

Kreditsicherheiten sollen das Ausfallrisiko des Kreditgebers (Banken, Unternehmen, Privatleute etc.) reduzieren. Denn mit der Hingabe des Geldes trägt der Kreditgeber das Risiko, dass der Kreditnehmer infolge von Zahlungsunfähigkeit und Insolvenz nicht mehr in der Lage ist, den Kredit zurückzuzahlen. Deshalb verlangen Kreditgeber meist Sicherheiten, die dann bei einem Ausfall des Kreditnehmers innerhalb kurzer Zeit und ohne aufwändiges Klageverwahren verwertet werden können, um so den Kreditbetrag zurückzuzahlen.

5.3.1 Bürgschaft

Die Bürgschaft nach § 765 BGB ist ein Vertrag, durch den sich der Bürge gegenüber dem Gläubiger (Kreditgeber) verpflichtet, für die Erfüllung der Verbindlichkeiten eines Dritten (des Kreditnehmers) einzustehen. Die Bürgschaft bedarf grundsätzlich der Schriftform (§ 766 BGB) und muss eigenhändig vom Bürgen unterschrieben werden. Eine Ausnahme besteht nur bei Kaufleuten, die im Rahmen ihres Handelsgewerbes eine Bürgschaft abgeben. Diese ist formfrei gültig (§ 350 HGB).

Im Gegensatz zum Kreditvertrag, der grundsätzlich zweiseitig verpflichtend ist, verpflichtet sich bei der Bürgschaft nur der Bürge gegenüber dem Kreditgeber. Dieser kann den Bürgen daher neben dem Kreditnehmer auf Rückzahlung des Kreditbetrages in Anspruch nehmen.

Abb. 13.3: Bürgschaft

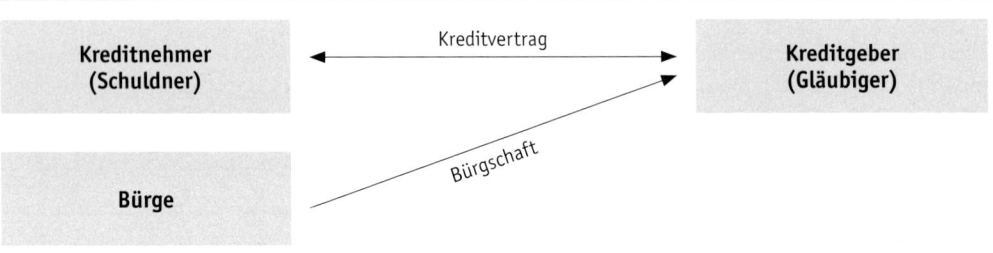

Die Bürgschaft ist grundsätzlich an die zu Grunde liegende Schuld gebunden und von dieser abhängig, das heißt:
- die Bürgschaftsverpflichtung entsteht erst mit Entstehen der Hauptschuld, d.h. mit Auszahlung des Kredites an den Kreditnehmer,
- die Bürgschaft hängt in ihrer Höhe / ihrem Betrag von der Hauptschuld ab, d.h., sie verringert und erhöht sich um denselben Betrag wie die Hauptschuld,
- erlischt die Hauptschuld, dann erlischt auch die Bürgschaft,
- der Bürge kann gegenüber dem Gläubiger (Kreditgeber) dieselben Einreden geltend machen wie der Schuldner (Kreditnehmer).

Nimmt der Gläubiger den Bürgen in Anspruch, weil der Schuldner nicht zahlt, so geht die Forderung des Gläubigers auf den Bürgen über. Hat der Bürge die Schulden (Kreditbetrag) beglichen, kann er seinerseits vom Schuldner die Zahlung des Betrages verlangen.

5.3.2 Forderungsabtretung

Abb. 13.4: Forderungsabtretung

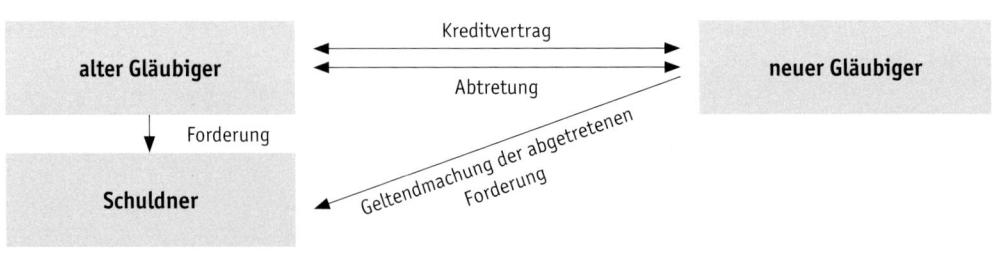

Die Forderungsabtretung ist ein Vertrag, durch den der Gläubiger einer Forderung diese auf einen Dritten überträgt. Der Dritte tritt mit Abschluss des Vertrages als neuer Gläubiger an Stelle des bisherigen Gläubigers in den Vertrag ein. Er kann nun die Forderung gegenüber dem Schuldner geltend machen und Leistung an sich selbst fordern. Die Zustimmung des Schuldners ist für die Abtretung nicht erforderlich.

5.3.3 Sicherungsübereignung

Bei der Sicherungsübereignung wird ein Gut zur Absicherung eines Kredites oder einer anderen Forderung vom Schuldner (Kreditnehmer) auf den Gläubiger (Kreditgeber) übertragen, und zwar so, dass

- der Gläubiger (Kreditgeber) neuer Eigentümer des Gutes wird,

- der Schuldner (Kreditnehmer) aber im unmittelbaren Besitz des Gutes bleibt.

Der Schuldner kann das Sicherungsgut weiter nutzen, er darf aber nicht darüber wie ein Eigentümer verfügen, das heißt, er darf es nicht verkaufen oder zerstören.

Abb. 13.5: Sicherungsübereignung

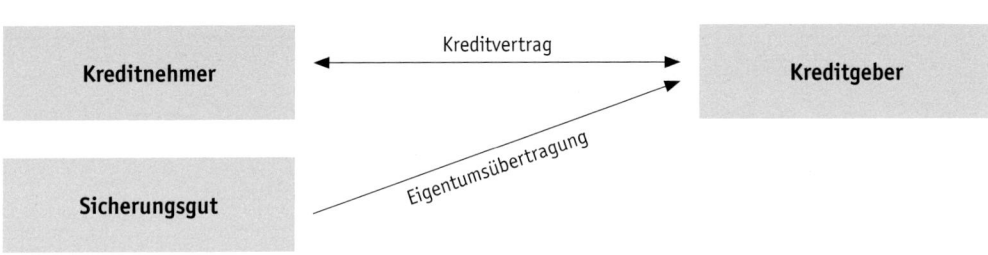

Beispiel: Bauer Gurke nimmt zum Kauf eines Traktors einen Kredit in Höhe von 50.000,00 € auf. Zur Absicherung des Kredites übereignet Bauer Gurke den Traktor der Bank. Diese ist nun Eigentümerin des Traktors, Bauer Gurke bleibt aber unmittelbarer Besitzer und kann den Traktor weiter nutzen.

5.3.4 Hypothek

Die Hypothek belastet ein Grundstück in der Art, dass der Gläubiger (Kreditgeber) berechtigt ist, in das Grundstück zum Zwecke der Befriedigung seiner Forderung (Rückzahlung des Kreditbetrages) zu vollstrecken, d.h. es ggf. versteigern zu lassen. Die Hypothek ist wie die Bürgschaft mit der zu Grunde liegenden Forderung verbunden, d.h.

- der Gläubiger kann nur dann Rechte aus der Hypothek geltend machen, wenn die Hauptschuld entstanden ist, d.h. mit Auszahlung des Kredites an den Kreditnehmer,

- die Hypothek hängt in ihrer Höhe bzw. ihrem Betrag von der Hauptschuld ab, d.h., sie verringert und erhöht sich um denselben Betrag wie die Hauptschuld,

- erlischt die Hauptschuld, dann erlischt auch die Hypothek.

Abb. 13.6: Hypothek

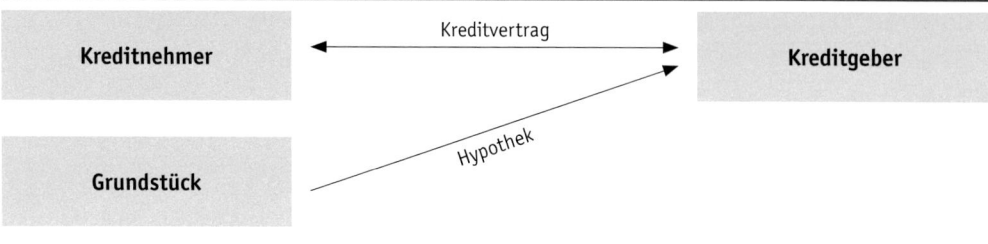

5.3.5 Grundschuld

Wie bei der Hypothek wird auch bei der Grundschuld das Grundstück in der Weise belastet, dass der Gläubiger (Kreditgeber) berechtigt ist, bei Nichtzahlung durch Verwertung (Versteigerung) des Grundstücks seine Forderung einzutreiben. Im Gegensatz zur Hypothek ist die Grundschuld aber nicht an die zu Grunde liegende Forderung gebunden, sondern von ihr losgelöst. Folglich ist sie weder in ihrem Bestand noch in ihrer Höhe von der Forderung abhängig.

Abb. 13.7: Grundschuld

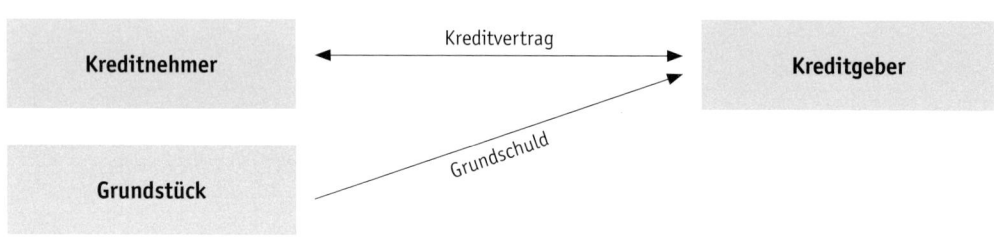

5.4 Verbraucherkreditvertrag

Für Kreditverträge, die zwischen einem Unternehmer als Kreditgeber und einem Verbraucher als Kreditnehmer abgeschlossen werden, gelten die folgenden besonderen Regelungen:

Schriftform	Verbraucherkreditverträge sind – soweit nicht eine strengere Form vorgeschrieben ist – grundsätzlich schriftlich abzuschließen.
Mindestangaben	Der Verbraucherkreditvertrag muss mindestens folgende Angaben enthalten: Nettokreditbetrag, alle vom Kreditnehmer zu zahlenden Tilgungsraten, Zinsen und Kosten, Art und Weise der Rückzahlung, Zinssatz und alle übrigen Kosten, z.B. Bearbeitungsgebühren, effektiver Jahreszins (die jährlichen Kosten für Kredite, bezogen auf den Kreditbetrag, d.h. der effektiv zu zahlende Zinssatz), Kosten einer Restschuldversicherung oder vergleichbarer Versicherung, zu bestellende Sicherheiten.
Formmängel	Der Verbraucherkreditvertrag ist nichtig, wenn die Schriftform nicht eingehalten ist oder eine der vorgenannten Angaben fehlt.
Widerrufsrecht	Dem Kreditnehmer steht ein Widerrufsrecht zu. Der Widerruf ist in Textform oder durch Rückgabe des Geldes innerhalb von zwei Wochen gegenüber dem Unternehmer zu erklären. Die Frist beginnt mit der ordnungsgemäßen Belehrung des Verbrauchers über sein Widerrufsrecht. Das Widerrufsrecht erlischt jedoch spätestens sechs Monate nach dem Vertragsschluss.

6 Leasing

Der Leasingvertrag ist eine Unterform des Mietvertrags, dessen gängigste Formen das Finanzierungs- oder Operatingleasing sind. Im Vordergrund steht die Gebrauchsüberlassung von beweglichen Gegenständen, z.B. Autos, Computern etc., entweder mit der Option des späteren Kaufs oder zur bloßen Nutzung auf gewisse Zeit.

Der Leasinggeber verpflichtet sich, dem Leasingnehmer einen Gegenstand für eine festgelegte Mietzeit zu überlassen. Im Gegenzug verpflichtet sich der Leasingnehmer, die vereinbarten Leasingraten zu zahlen, eventuell auch bestimmte Versicherungen oder Wartungsverträge abzuschließen.

Abb 13.8: Leasing

6.1 Voll- und Teilamortisationsverträge

Zu unterscheiden sind in Abhängigkeit von der Höhe der Leasingraten:
- Vollamortisationsverträge und
- Teilamortisationsverträge.

Amortisieren bedeutet abarbeiten, tilgen, begleichen.

Bei **Vollamortisationsverträgen** decken die Leasingkosten während der Vertragslaufzeit die Anschaffungskosten für das Leasingobjekt. Der Vertrag kann grundsätzlich nicht gekündigt werden. Am Ende der Vertragslaufzeit kann der Leasingnehmer:
- das Leasingobjekt zurückgeben,
- das Leasingobjekt kaufen oder
- den Leasingvertrag verlängern.

Bei **Teilamortisationsverträgen** wird innerhalb der fest vereinbarten Mietzeit nur ein Teil der Anschaffungs- oder Herstellungskosten von den Leasingraten gedeckt. Am Ende der Mietzeit kann der Leasinggeber
- das Leasingobjekt dem Leasingnehmer zu einem zu Beginn des Vertrages festgelegten Kaufpreis verkaufen oder
- das Leasingobjekt an einen Dritten verkaufen und den Mehrerlös mit dem Leasingnehmer teilen.

6.2 Sonderformen

Beim Leasing haben sich folgende Sonderformen gebildet:
- sale and lease back und
- Revolving Leasing.

Beim **Sale- und lease-back**-Leasing verkauft der Leasingnehmer das sich in seinem Eigentum befindende Leasingobjekt an den Leasinggeber und least es zurück. In der Praxis wird diese Form meist bei Immobilien verwandt, um gebundenes Kapital freizusetzen.

Beim **Revolving Leasing** wird das Leasingobjekt nach Ablauf der vereinbarten Mietzeit nur durch ein aktuelles Modell ausgetauscht. Dies bietet sich z.B. bei Computern oder auch bei Autos an.

7 Franchising und andere Formen der Kooperation

7.1 Franchising

Der Franchisevertrag gehört zu den sich neu herausgebildeten Verträgen, der gesetzlich nicht geregelt ist, wegen der grundsätzlichen wirtschaftlichen Bedeutung hier aber kurz Erwähnung finden soll.

Das Franchising könnte man als eine Art modernes Vertriebssystem bezeichnen. Ein Franchisevertrag liegt vor, wenn ein Unternehmer (der Franchisegeber) einem anderen Unternehmer (dem Franchisenehmer) das Recht einräumt, Handelswaren oder -marken, Warenzeichen oder Geschäftsbezeichnungen, Knowhow (Erfahrungen) und Vertriebsmethoden (Werbung, Verkaufsförderung) für dessen Betriebsführung zu nutzen. Der Franchisenehmer bezahlt dafür ein bestimmtes Entgelt und übernimmt meist noch weitere Pflichten für den Franchisegeber.

Abb. 13.9: Franchising

Nach außen wirken Franchisenehmer wie Zweigstellen oder Filialen des Franchisegebers. Sie sind aber rechtlich selbstständig und arbeiten auf eigenes Risiko. Bekannte Beispiele sind unter anderem: Aral, Sixt und Blume 2000.

7.2 Kooperationen mit anderen Unternehmen

Eine **Kooperation** liegt vor, wenn sich wirtschaftlich selbstständige und weitgehend selbstständige Unternehmen durch Verträge zur Zusammenarbeit verpflichten. Normalerweise versucht jedes Unternehmen, seine Waren- oder Dienstleistungen selber dem Markt anzubieten und Nachfrager zu finden. Insbesondere wenn es jedoch nur eine geringe Nachfrage auf dem Markt gibt, sind die Unternehmen gezwungen, die Leistung konkurrenzfähig anzubieten. Dies bedeutet, dass das Unternehmen dem Kunden möglichst günstige Bedingungen (niedriger Preis, hohe Qualität, guter Kundendienst etc.) bieten muss, um seine Konkurrenten zu übertrumpfen. Neue Märkte können oft jedoch nur durch einen hohen Einsatz an Personal und Kapital und mit hohem Risiko des Scheiterns erschlossen werden. Um diesen Konkurrenzdruck zu mindern, wettbewerbsfähig zu bleiben oder sogar neue Märkte zu erobern, schließen immer mehr Unternehmen Kooperationen mit anderen Unternehmen.

Auch ein **Konzern** ist eine Kooperation, da sich hier rechtlich selbstständige Unternehmen horizontal, vertikal oder diagonal zusammenschließen, wobei sie jedoch unter einer einheitlichen Leitung ihre wirtschaftliche Selbstständigkeit aufgeben. Beispiele: Volkswagen AG oder Deutsche Bahn AG.

Bei der Bildung der Kooperation müssen die Unternehmen beachten, dass sie kein rechtlich unzulässiges oder zumindest genehmigungspflichtiges **Kartell** gründen dürfen. Ein Kartell ist dabei die Kooperation wirtschaftlicher Aktivitäten von unabhängigen Unternehmen mit dem Zweck oder der Wirkung, den Wettbewerb zu verhindern oder zu beschränken.

7.2.1 Beschreibung und Einordnung von Kooperationen

Die Möglichkeiten einer Kooperation mit anderen Unternehmen sind vielschichtig. Eine Kooperation kann etwa schlicht aus dem regelmäßigen Gedankenaustausch zwischen zwei

Geschäftsführern bestehen, aber auch sogar die Gründung eines gemeinsamen Unternehmens bedeuten. Bei den Kooperationspartnern kann es sich um gleich große Unternehmen, größere Unternehmen, reine Dienstleister oder auch Forschungseinrichtungen handeln.

Man unterscheidet hier vor allem nach der Richtung der Kooperation:

Horizontal: Unternehmen der gleichen Größe und der gleichen Branche kooperieren. Ziel der horizontalen Kooperation ist meist die Schaffung einer stärkeren Marktposition.

 Beispiel: KEP-Anbieter 1 kooperiert mit KEP-Anbieter 2.

Vertikal: Unternehmen kooperieren im Rahmen aufeinanderfolgender Produktions- und Handelsstufen. Ziel der vertikalen Kooperation ist die Sicherung der Beschaffung und des Absatzes.

Beispiel: Waldbesitzer, Holzfäller, Sägewerk, Transportunternehmen, Papiermühle, Druckerei und ein Zeitungsverlag kooperieren bei der Beschaffung der Rohstoffe und der Herstellung einer Zeitung.

Diagonal: Kooperation branchenfremder Unternehmen. Die diagonale Kooperation dient dem Ausgleich eines branchenspezifischen Risikos (Gewinne und Verluste verschiedener Branchen werden zum Ausgleich gebracht) oder generell zur Verbreiterung des Angebots (Diversifikation).

Beispiel: Ein Internetzugangsanbieter kooperiert mit einem Boulevardmagazin. Zusammen gestaltet man technisch und inhaltlich ein Internetportal.

Weitere Unterscheidungsmerkmale können sein:

a) Gegenstand der Kooperation:
- Forschung und Entwicklung (Pharmaunternehmen unterhalten ein gemeinsames Testlabor),
- gemeinsame Dienstleistung (die Raser GmbH hat Zusteller im Landkreis Celle, die Blitz GmbH lässt Briefe im Landkreis Peine austragen. Die Unternehmen kooperieren in der Dienstleistung Zustellung von Briefen im jeweils anderen Zustellgebiet),
- Beschaffung und Einkauf (Landwirte gründen eine Genossenschaft zum gemeinsamen Einkauf von Getreidesamen),
- Produktion, Marketing, Vertrieb und Distribution (Läden einer Einkaufspassage geben einen Werbekatalog zu Weihnachten heraus),
- Service, Demontage und Recycling (Elektrokonzerne beauftragen ein Unternehmen mit der Entsorgung der von ihnen zurückzunehmenden Elektrogeräte),
- sonstige: zum Beispiel Wissensmanagement, Aus- und Weiterbildung (zwei Zeitungsverlage unterhalten eine Journalistenschule oder mehrere Unternehmen kooperieren in der Personalweiterbildung).

b) Intensität der Kooperation:
- bloßer Erfahrungsaustausch (Beispiel: Die Geschäftsführer unterhalten sich monatlich über die Marktlage),
- Aufgaben- und Funktionsabstimmung und -vergabe (Beispiel: Ein Bereich wird ausgegliedert, Outsourcing),
- gemeinsame Betrachtung, Planung und Optimierung der Wertschöpfungsprozesse (Beispiel: Zwei KEP-Unternehmen kaufen eine Verteilmaschine und nehmen die Verteilung der Briefe zentral vor),
- virtuelles Unternehmen (die Unternehmen arbeiten unter Nutzung moderner Kommunikationsmedien – Internet, E-Mail, Videokonferenz – zusammen),

- Gemeinschaftsunternehmen (die Unternehmen arbeiten in einem neu gegründeten oder unter Beteiligung an dem jeweils anderen Unternehmen zusammen).

c) Herkunft der Partner in der Kooperation:

- lokal (beide Unternehmen stammen aus einer Gemeinde),
- regional (die Kooperationspartner stammen aus einer Wirtschaftmetropole),
- national (die Partner stammen allesamt aus der Bundesrepublik Deutschland),
- international (die Kooperationspartner stammen aus unterschiedlichen Ländern).

d) Anzahl der Partner der Kooperation:

- 2 Partner,
- 3-10 Partner,
- mehr als 10 Partner.

e) Dauer der Partnerschaft:

- kurzfristig (unter einem Jahr),
- mittelfristig (unter fünf Jahren),
- langfristig bzw. unbefristet.

f) Intensität der Bindung der Kooperationspartner:

- formlos (Vereinbarungen und Regelungen),
- vertraglich,
- gegenseitige Kapitalbeteiligung,
- Verschmelzung oder Neugründung von gemeinsamen Unternehmen.

g) Anzahl der Produkte, die die Kooperation zusammen auf den Markt bringt:

- ein Produkt (evtl. mehrere Varianten),
- mehrere Produkte.

h) Branche, in der die Kooperation tätig wird, z.B.:

- Dienstleistung (wie etwa KEP-Unternehmen),
- Agrarwirtschaft,
- Metall-, Stahl-, Kfz-, Maschinenbau,
- Elektronik, Eisen-, Blech- und Metallwaren,
- Baugewerbe,
- Chemie, Kunststoff,
- Handel,
- Ernährung oder
- Tabak.

7.2.2   Mögliche Vorteile einer Kooperation für die beteiligten Unternehmen

a) Kostensenkung durch Synergien

Beispiel: Bildung von Einkaufsgemeinschaften, die durch hohe Abnahmemengen den Preis drücken, gemeinsame Werbung, die Kosten für die Werbeagentur, den Druck und den Vertrieb spart, Nutzung überschüssiger Leistungspotenziale durch andere Partner, die diese Leistung nicht selber erbringen müssen, wie die gemeinsame Nutzung von Maschinen,
Personalkostensenkung durch gemeinsame Nutzung des Personals für bestimmte Aufgaben,
Reduzierung von Entwicklungskosten, da nicht alle Unternehmen die gleichen Entwicklungen getrennt voneinander vornehmen müssen.

b) **Verringerung des wirtschaftlichen Risikos**

Beispiel: Gemeinsame Investitionen für eine neue Maschine, die sich ein Unternehmen alleine nicht leisten könnte, gemeinsamer Markteintritt mit einem neuen Produkt oder einer neuen Dienstleistung, bei dem die Unternehmen das Risiko (Entwicklungskosten, Werbe- und Vertriebskosten) teilen.

c) **Sicherung der Beschaffungsbasis**

Beispiel: Ein Automobilkonzern beteiligt sich an der Forschungsabteilung eines wichtigen Zulieferunternehmens.

d) **Aufrechterhaltung der Marktfähigkeit**

Beispiel: Die Kunden erwarten von dem KEP-Unternehmen, dass dies nicht nur lokal Briefe zustellen kann, und drohen abzuwandern. Eine Kooperation bei der Zustellung ermöglicht es, den Kundenwunsch zu erfüllen.

e) **Sicherung der Wettbewerbsposition**

Beispiel: Der Wettbewerb auf einem Markt führt zu einem rapiden Verfall der Preise. Das Unternehmen ist durch eine Kostensenkung auf Grund einer Kooperation in der Lage, seine Marktposition dennoch zu halten.

f) **Fokussierung auf Kernkompetenzen**

Beispiel: Das KEP-Unternehmen lässt seine Verträge von Anwälten ausarbeiten und sich bei deren Abschluss von diesen beraten, da die Schaffung einer eigenen Rechtsabteilung zu teuer wäre.

g) **Größeneffekte erzielen, um Kundenaufträge bedienen zu können**

Beispiel: Ein Fahrradkurier ist durch die Kooperation mit einer großen Zustellagentur in der Lage, einen großen Kundenauftrag für die Verteilung von Werbeprospekten zu bedienen. Die Zustellagentur kann dafür Botendienste anbieten.

h) **Verbreiterung der Angebotspalette**

Beispiel: Das KEP-Unternehmen bietet in seiner Annahmestelle den Kunden auch Briefpapier und Versicherungen an.

i) **Flexibilität, um schnell auf Marktchancen reagieren zu können**

Beispiel: Zwei Pharmakonzerne, die führend im Bereich Immunisierung sind, arbeiten bei der Forschung an einem Impfmittel gegen die Vogelgrippe zusammen.

j) **Ausschaltung von Wettbewerb (vgl. jedoch die Unzulässigkeit von Kartellen)**

Beispiel: Die einzigen Anbieter für Plattenspieler tun sich zusammen und bieten nur noch einen einzigen Plattenspieler zu einem verdreifachten Preis an.
Die Marktführer auf dem Energiemarkt verabreden Mindestpreise für ihre Produkte.

7.2.3 Mögliche Nachteile einer Kooperation für die beteiligten Unternehmen

a) Aufgabe der eigenen Selbstständigkeit

Beispiel: Der Kooperationspartner beteiligt sich am Unternehmen und entscheidet nun mit oder übernimmt es sogar.

b) Längere Abstimmungsprozesse

Beispiel: Die Kooperationspartner müssen sich allesamt abstimmen, früher entschied allein ein Geschäftsführer.

c) Rechtliche Absicherung gegen Kooperationspartner ist schwierig

Beispiel: Der Kooperationspartner gewinnt umfangreiches Wissen, das er bei einer Übernahme nutzen kann. Hiergegen ist es kaum möglich, sich rechtlich abzusichern.

d) Abfluss des eigenen Knowhows

Beispiel: Der Kooperationspartner gelangt an unternehmensinterne Informationen und betreibt eventuell Industriespionage, was ihm durch die Kooperation erst möglich wurde.

e) Übernahmeversuch des Kooperationspartners

Beispiel: Nach einer Beteiligung am Unternehmen stockt der Kooperationspartner plötzlich seinen Aktienanteil auf und übernimmt den Konkurrenten.

7.2.4 Mögliche Auswirkungen von Kooperationen auf die Volkswirtschaft

Positive Auswirkungen auf die Volkswirtschaft sind:

a) Senkung der Preise durch Kostenreduzierung

Beispiel: Die Computerpreise sinken, da die Hersteller eine Einkaufsgemeinschaft für Computerchips gründen, die diese billiger einkaufen kann.

b) Bessere Versorgung für den Verbraucher

Beispiel: Die Stromkonzerne unterstützen sich bei Ausfall eines Kraftwerks durch Zuleitung von Strom des Kooperationspartners.

c) Markttransparenz

Beispiel: Durch eine Absprache der Versicherungen gibt es eine klare Einteilung von Versicherungsbezeichnungen und -leistungen, die der Verbraucher sonst nur schwer vergleichen könnte.

d) Außenwirtschaftliche Wettbewerbsfähigkeit

Beispiel: Ein Zusammenschluss aus verschiedenen großen Unternehmen vermarktet und baut weltweit das deutsche elektronische Mautsystem.

Dagegen stehen folgende **negative Auswirkungen**:

a) Steigende Preise durch verringerten Wettbewerb

Beispiel: Es gibt nur noch eine Kooperation zwischen zwei Luftlinien, die den Flug Berlin- Frankfurt a.M. anbietet, und der Preis steigt.

b) Verminderung der Waren- und Dienstleistungsvielfalt

Beispiel: Zwei Elektrokonzerne entwickeln und verkaufen gemeinsam einen MP3-Spieler. Ohne Kooperation würden zwei Modelle angeboten werden.

c) Rationalisierung kann Arbeitsplätze gefährden

Beispiel: Zwei KEP-Unternehmen nutzen gemeinsam eine Verteilmaschine, die von zwei Arbeitnehmern bedient werden muss. Hätten beide Unternehmen so eine Maschine, würden vier Mitarbeiter eingesetzt werden.

7.2.5 Mögliche Auswirkungen von Kooperationen auf die Arbeitsverhältnisse

Wie bereits bei den Vor- und Nachteilen beschrieben, können Kooperationen, die vor allem dem Zweck der Rationalisierung dienen, zum Abbau von Arbeitsplätzen führen. Andererseits kann die Eroberung von Marktchancen, die das einzelne Unternehmen für sich selber nicht hätte, auch die Schaffung von Arbeitsplätzen bedeuten.

So hat die Öffnung des KEP-Marktes zunächst zum Entstehen von Arbeitsplätzen bei den Privatanbietern geführt. Durch Kooperationen sind diese in der Lage, ihr Angebot zu verbessern und dem Kunden ggf. sogar eine deutschlandweite Beförderung zu gewährleisten, sodass das einzelne Unternehmen und damit auch die Anzahl von Mitarbeitern wachsen konnte. Die starke Konkurrenz auf dem Markt und das Auftreten von finanzstarken Anbietern führen hierbei jedoch teilweise wieder zu einem Verdrängungswettbewerb, der im Rahmen von hierdurch bedingten Kooperationen zur Kostensenkung wiederum zum Abbau von Arbeitsplätzen führen kann.

7.2.6 Wichtige Abstimmungspunkte für die Kooperation

Bei Gründung der Kooperation sollten die Partner Klarheit haben über:
* Vertragspartner (wer nimmt teil),
* Ziel der Kooperation (was wollen die Unternehmen gemeinsam tun und erreichen),
* Wahl der Kooperationsform (wie soll die Kooperation organisiert sein – z.B. GbR, Arbeitsgemeinschaft, Genossenschaft),
* Rechte und Pflichten der Kooperationspartner (wer darf was tun),
* Finanzierungsplanung (welche Kosten entstehen und wer trägt sie),
* Kommunikation (wie und wie oft stimmen sich die Partner ab),
* Kosten- und Gewinnverteilung (wie werden diese untereinander verteilt),
* Gewährleistung, Haftung (wer trägt welches Risiko),
* Geheimhaltung (wie sichern sich die Partner wechselseitig gegen das Ausspionieren durch den Partner und Dritte ab),
* wechselseitige Beteiligungen (beteiligen sich die Unternehmen wechselseitig aneinander),
* Kündigung (wie lange soll die Kooperation gehen),
* Sonstiges.

7.2.7 Lebensphasen einer Kooperation

Man unterscheidet folgende Lebensphasen einer Kooperation:

- **Definitionsphase**: Diese Phase steht ganz am Beginn der Kooperation. Der Unternehmer hat die Idee, eine Kooperation einzugehen, und wird seinen tatsächlichen Kooperationsbedarf ermitteln.
- **Anbahnungsphase:** Das Unternehmen sucht sich einen Kooperationspartner.
- **Aufbauphase:** Die Unternehmen verhandeln und gehen die Kooperation ein.
- **Betriebsphase**: Die Kooperation wird durchgeführt.
- **Auflösungsphase:** Die Kooperation wird abgewickelt.

Wiederholungs- und Übungsaufgaben

1. Definieren Sie den Begriff Gewerbe.

2. Erläutern Sie die folgenden Begriffe:
    a) Istkaufmann,
    b) Kannkaufmann,
    c) Formkaufmann.

3. Die Bäckerei Hans Müller e. Kfm. soll von der Tochter des Inhabers, Lieschen Klein, geb. Müller, fortgeführt werden. Muss Lieschen Klein die Firma nach der Übernahme ändern?

4. Der Prokurist Krause arbeitet bei der Palmen OHG, die Grünpflanzen vertreibt. Krause kauft nun im Namen der OHG 3 Elefanten, 6 Pferde und 2 Löwen, um in einer Zweigstelle einen Tierpark aufzumachen. Als die Inhaber der Palmen OHG die Rechnung für die Tiere bekommen, meinen sie, vertraglich nicht verpflichtet zu sein, weil Krause für den Kauf von Tieren nicht bevollmächtigt war. Wie ist die Rechtslage und wie wäre sie, wenn Krause lediglich Handlungsvollmacht erteilt worden wäre?

5. Welche Handlungen dürfen die Gesellschafter, der Prokurist und der Handlungsbevollmächtigte eines KEP-Unternehmens vornehmen: Beantworten Sie die Frage mit „ja" oder „nein".

	Gesellschafter	Prokurist	Handlungs-bevollmächtigter
Aufnahme neuer Gesellschafter			
Erteilung von Prokura			
Erteilung von Handlungsvollmacht			
Abschluss von Frachtverträgen			
Erwerb eines Betriebsgrundstücks			
Kauf von Büromaterial			
Kauf eines Traktors			
Einstellung neuer Mitarbeiter			
Schließung des Geschäftsbetriebes			

6. Die Silberschweif KG bestellt bei der Elektro OHG 1.000 Glühbirnen. Sofort nach der Anlieferung der Glühbirnen überprüft ein Mitarbeiter der Silberschweif KG stichprobenartig die Kartons, ohne Mängel entdecken zu können. Beim Einsortieren in die Regale stellt derselbe Mitarbeiter sechs Wochen später fest, dass 50 der 1.000 Glühbirnen rot eingefärbt sind. Kann er die Rücknahme der 50 roten Glühbirnen und Lieferung von weißen Glühbirnen verlangen? Begründen Sie Ihre Antwort.

7. Herr Huber betreibt ein Sportartikelgeschäft und bestellt bei einem großen Zulieferer per Telefon 200 Paar Turnschuhe. Kurz darauf erhält er ein Bestätigungsschreiben über den Kauf

von 300 Paar Turnschuhen. Herr Huber, der das Schreiben nur überflogen hat, reagiert nicht. Nach der Anlieferung der 300 Paar Turnschuhe ruft er bei seinem Zulieferer an und verlangt die Rücknahme von 100 Turnschuhen. Zu Recht? Begründen Sie Ihre Antwort.

8. Welche Personengesellschaften gibt es? Nennen Sie Gemeinsamkeiten und Unterscheide zwischen den jeweiligen Gesellschaften. Nutzen Sie die folgende Tabelle.

Firmenzusatz			
Gesellschaftszweck			
Gesellschaftsvertrag			
Haftung			
Geschäftsführung			
Vertretung			

9. Im Gesellschaftsvertrag hat der Kommanditist Schlau eine Einlage von 10.000,00 € vereinbart, die aber nicht ins Handelsregister eingetragen worden ist. Ein Gläubiger der Blitz KG nimmt Herrn Schlau – nachdem die Gesellschaft zahlungsunfähig geworden ist – nun auf Zahlung von 30.000,00 € in Anspruch. Zu Recht?

10. Nennen Sie die Organe der Aktiengesellschaft und ihre wesentlichen Aufgaben.

11. Was ist eine GmbH & Co KG?

12. Die Blitzkurier GmbH möchte gern Herrn Schulz, der nicht Gesellschafter ist, zu ihrem Geschäftsführer ernennen. Bestehen hiergegen rechtliche Bedenken?

13. Welche Unternehmensform ermöglicht allen Gesellschaftern eine Haftungsbeschränkung trotz geringen Stamm- bzw. Grundkapital.

14. Nennen Sie die Vor- und Nachteile der Eigenfinanzierung und der Fremdfinanzierung.

15. Was sind die wesentlichen Rechte und Pflichten im Kreditvertrag?

16. Nennen Sie mindestens drei Kreditsicherheiten und beschreiben Sie kurz deren wesentliche Merkmale.

17. Was meint der Begriff „Leasing"?

18. Was ist eine Kooperation?

19. Definieren Sie horizontale, vertikale und diagonale Kooperation.

20. Welche Vor- und Nachteile können Kooperationen haben?

21. Welche Punkte müssen Kooperationspartner bedenken?

Stichwortverzeichnis

ABC-Analyse 247

Abfallkonzept, betriebliches 234
Abgabe 133, persönliche 139
Abholung 72
Ablauforganisation 32
Ablieferungshindernis 142
Abmahnung 282
Abrechnungssystem 155
Absatzweg, horizontaler 245;
    vertikaler 245
Abschreibung 209,
    degressive 210;
    leistungsabhängige 212;
    lineare 210
Abteilung 28
Akkordlohn 286
Aktiengesellschaft (AG) 34, 348
Aktionspostleitzahl 113
Aktiva 198
Allgemeine deutsche Speditions-
    bestimmungen (ADSp) 90
Allgemeine
    Geschäftsbedingungen 89
Allgemeines Gleichbehandlungsgesetz
    (AGG) 267
Amortisation 357
Änderungskündigung 283
Anforderungsprofil 275
Anfrage 319
Angebot 84, 320,
    unverbindliches 320
Angebotserstellung 215, 319
Angebotsvergleich 323,
    qualitativer 324;
    quantitativer 323
Anlagevermögen 208
Annahme 84
Annahmeverweigerung 142, 178
Annahmeverzug 336
Annuitätendarlehen 353
Anschaffungskosten 208
Äquivalenzziffernmethode 300
Arbeit, gefährliche 41
Arbeitgeber 50
Arbeitnehmersparzulage 290
Arbeitnehmerüberlassung 220
Arbeitsrecht 35

Arbeitsschutzrecht 35
Arbeitsteilung 25,
    gesellschaftliche 26;
    innerbetriebliche 27;
    internationale 27
Arbeitsverhältnis, befristetes 278
Arbeitsvertrag 276
Arbeitszeit 36, werktägliche 37
Arbeitszeitgesetz (ArbZG) 36
Arbeitszeitnachweis 226
Arbeitszeitregelung 36
Arbeitszeugnis 284
Aufbauorganisation 28
Aufbewahrungspflichten 208
Aufschwung 15
Aufwand 203
Aufwandsart 203
Aufwandskonto 205
Ausbildungsmaßnahme,
    außerbetriebliche 40
Ausgabebeleg 165
Außenverpackung 105
Außenwirtschaft 228
Außenwirtschaftsgesetz (AWG) 228
Außenwirtschaftsverordnung 229
Autobahn 128

Bankkarte 154, 157

Barcode 115
Bareinkaufspreis 323
Bargeld 151
Barscheck 156
Bedarf 13
Bedarfsermittlung 222
Bedürfnis 13, elementares 13;
    kollektives 14;
    kulturelles 13,
    individuelles 14
Bedürfnispyramide 14
Beförderungshindernis 142
Begleitpapiere 100, 333
Beleg 161
Benachrichtigungskarte 140
Benachteiligung, unangemessene 90
Bereitstellung 132,
    dynamische 132;
    statische 132;
    Ware-zum-Mann 132

Berufsausbildung 45
Berufsausbildungsvertrag 47
Berufsschulausbildung 46
Berufsschule 39
Beschaffung 222
Beschwerdemanagement 249
Besitzer 86
Bestandskonto 200
Bestätigungsschreiben,
    kaufmännisches 345
Betriebliche Organisation 28
Betriebsabrechnung 297
Betriebsrat 53, Wahl 54
Betriebsvereinbarung 56
Betriebsverfassungsrecht 49
Betriebsversammlung 55
Betriebswirtschaftslehre 15
Betriebverfassungsrecht 53
Bewerbung 273, externe 273;
    interne 273
Bewerbungsverfahren 276
Bilanz 198
Bilanzierungsgrundsätze,
    allgemeine 207
Bildungsurlaub 279
Binnenschifffahrt 129
Biotreibstoff 233
Boomphase 15
Brainstorming 60
Brainwriting 60
Break-Even-Analyse 304
Breitengrad 117
Brief- und Paketdienst 216
Briefdienst 69
Briefgeheimnis 91
Briefkasten 71, 178
Briefmarkt 23
Briefsendung 69
Briefstation 72
Briefverpackung 104
Büchersendung 70, 104
Buchführung 206, doppelte 207;
    ordnungsgemäße 206
Buchgeld 152
Bundesamt für Wirtschaft und
    Ausfuhrkontrolle (Bafa) 229
Bundesdatenschutzgesetz (BDSG) 293
Bundesländer 120

Bundesstraße 129
Bundesurlaubsgesetz (BUrlaubG) 42
Bürgerliches Gesetzbuch (BGB) 76
Bürgschaft 354

Cashflow 309

Clusterung 73
Controlling 303

Darlehensvertrag 353

Datenaufbereitung 196
Datenerfassungsgerät (MDE),
    mobiles 116
Datenerfassungsterminal 215
Datumsgrenze 120
Dauerauftrag 155
Deckungsbeitrag 302,
    operativer 304;
    strategischer 304
Deckungsbeitragsrechnung 301,
    einstufige 302;
    mehrstufige 302
Depression 15
Dienstleistung 13, 318
Dienstvertrag 88
Direktkurier 66
Direktsicherung 136
Distributionspolitik 245
Divisionskalkulation 300
Duales System 46

Eigenkapital 196, 351

Eigenkapitalfinanzierung 352
Eigenkapitalquote 307
Eigenkapitalvergleich 198
Eigenschaftsirrtum 81
Eigentümer 86
Eigentumserwerb 85
Eigentumsvorbehalt 86
Einarbeitung 221
Einarbeitungsplan 221
Einfuhrbestimmungen 229
Einkommensteuer 170, 288
Einlieferung 71
Einliniensystem 29
Einnahmebeleg 165
Einweisung 221
Einwurf 71
Einzelunternehmen 33
Electronic-Cash-System
    (POS-Zahlung) 158

Elektrofahrzeug 233
Entgelt 286
Entgeltabrechnung 288
Entnahme 132,
    automatische 132;
    manuelle 132
Entscheidung, unternehmerische 338
Erdgasauto 233
Erfolgskonto 204
Erklärungsirrtum 80
Ersatzbeschaffung 22
Ersatzzustellung 177
Erstbeschaffung 222
Ertrag 203
Ertragskonto 205
Expansion 15
Expressdienstleistung 67
Express-Frachtsystem 68

Fahrlässigkeit 84

Fahrradkurier 66
Fahrweise, sparsame 233
Fahrzeugbeschaffung 222
Fahrzeugeinsatz 224
Fahrzeugkontrolle 137
Feedback 263
Fehleranalyse 253
Fernmeldegeheimnis 92
Firma 341
Flächentarifvertrag 51
Forderungsabtretung 354
Fort- und Weiterbildung 279
Fortbewegung, eindimensionale 133;
    mehrdimensionale 133
Frachtbrief 98, 333
Frachtführer 143, 333
Frachtführerhaftung 186,
    gesetzliche 187;
    internationale 189;
    spezialgesetzliche 190;
    vertragliche 186
Frachtvertrag 320
Franchising 358
Fremdkapital 351
Fremdkapitalfinanzierung 352
Fremdkapitalquote 308
Fremdleistung 322
Fuhrpark 224
Fuhrparkmanagement 224
Führungsposition 28
Führungsstil 262

Gattungsschuld 82

Gefahrgut 93
Gefahrgutklassen 94
Gefahrgutunfall 97
Gefahrgutvorschrift 94
Gefährliche Stoffe 94
Gefahrzettel 95
Geheimhaltungsvorschriften 91
Geld 151, elektronische 152
Geldkarte 157
Geldstrom 17
Gemeinkostenzuschlag 297
Gerichtsverfahren,
    ordentliches 167
Gesamtkostenverfahren 203
Gesamtwirtschaft 17
Geschäftsfähigkeit 77
Geschäftsprozess 295
Geschäftsprozesserfassung 196
Geschäftsvorfall 161
Gesellschaft bürgerlichen Rechts
    (GbR) 33, 346
Gesellschaft mit beschränkter
    Haftung (GmbH) 34, 349
Gesetz gegen den unlauteren
    Wettbewerb (UWG) 192
Gesetz gegen Wettbewerbs-
    beschränkungen (GWB) 20
Gesprächsführung, gelungene 257
Gesundheitsschutz 35
Gewerbesteuer 170
Gewerkschaft 49
Gewinn- und Verlustrechnung 203
Gewinnvortrag 351
Giralgeld 151
Girokonto 154
Gleichgewichtspreis 241
Globalisierung 27
Gradnetz 117
Großempfänger 112
Großkundenpostleitzahl 112
Grundschuld 356
Gruppenarbeit 61
Gut, freies 13; knappes 13
Güterstrom 16

Haftung 344

Haftung, branchenübliche 186
Haftungsbefreiung 188
Haftungsbeschränkung 189
Handelsgeschäft 345

Handelsgesellschaft,
     offene (OHG) 33, 346
Handelskauf 345
Handelsregister 338
Handlungsvollmacht 343
Hauptgangverfahren 134
Hauptleistungspflicht 85
Hemmung 169
Hub-and-Spoke-System 107
Huckepack-Verkehr 130
Hybridfahrzeug 233
Hypothek 355

Identverfahren 181

Incoterms 145
Infopost 71
Inhaltsirrtum 81
Innenverpackung 105
Innerbetriebliche Kommunikation,
     horizontale 262;
     vertikale 262
Innight-Service 68
International Commercial Terms
     (Incoterms) 145
Internationale Organisation
     für Normung (ISO) 234
Internetrecherche 260
Internetzollanmeldung 231
Inventar 196
Inventur 197
Investitionsgut 239
Invitatio ad offerendum 319
ISO-Qualitätsnorm 254

Jahresabschluss 196

Jahresfehlbetrag 203
Jahresüberschuss 203
Jugend- und
     Auszubildendenvertretung 59
Jugendarbeitsschutzgesetz
     (JArbSchG) 38

Kapazitätsauslastung 227

Kapazitätsengpass 328
Kapazitätsermittlung 227
Kapitalgesellschaft 34, 348
Kapitalstruktur 307
Kartell 21
Kartellverbot 20
Kassenabrechnung 162
Kassenbeleg 162

Kassenbericht 160
Kassenbon 164
Kassenbuch 160
Kasseneinnahme 161
Kassenführung 160,
     ordnungsgemäße 160
Katalog 71
Kaufmann 340,
     Ist-~ 341;
     Form-~ 341;
     Kann-~ 341
Kaufvertrag 84
Kennzahlen, branchenspezifische 313;
     personalstatistische 312
KEP-Markt 21
Kirchensteuer 288
Klauselverbot 89
Kleinmengenregelung 97
Kommanditgesellschaft (KG) 33, 347
Kommanditist 347
Kommissionierung 132,
     einstufige 134;
     mehrstufige 134;
     parallele 134;
     serielle 134
Kommunikation 146,
     innerbetriebliche 262
     kundenorientierte 149;
     nonverbale 147;
     verbale 147
Kommunikationspolitik 243
Kommunikationstechnik 257
Komplementär 347
Konjunktur 14
Konjunkturbewegung 14
Konjunkturphase 15
Konnossement 100
Konsumgut 13, 239
Kooperation 358
Körperschaftsteuer 170
Kosten- und Leistungsrechnung
     295
Kostenartenrechnung 295
Kostenstellenrechnung 297
Kostenträgerrechnung 300
Kredit 351
Kreditkarte 157
Kreditsicherheit 353
Kreditvertrag 352
Kreisstraße 129
Kunde 318

Kundenakquise 318, aktive 318;
     passive 318
Kundenbefragung 148, 250
Kundenberater 148
Kundengewinnung 237
Kundenkontaktpflege 249
Kundenorientierung 148
Kundenpflege 237
Kundenprofil 319
Kundenzufriedenheit 249
Kündigung 280, außerordentliche 282;
     betriebsbedingte 281;
     ordentliche 280;
     personenbedingte 282;
     verhaltensbedingte 282
Kündigungsschutz 281, besonderer 59
Kündigungsverbot 44
Kurier- und Expressdienst 215
Kurierdienst 65, internationaler 66
Kuriertaxi 66

Ladekontrolle 137

Ladeschein 100
Ladungssicherung 136
Lagerbereichsverfahren 143
Lagergangverfahren 134
Landesstraße 129
Längengrad 118
Lastschrift 156, elektronische 159
Laufzeit, feste 353
Leasing 223, 224, 357
Leasingvertrag 89
Lebenslauf 274
Leiharbeit 220
Leistungsangebot, betriebliches 185;
     kundenspezifisches 185
Leistungslohn 286
Leistungsstörrecht 83
Leistungsstörung 83, Rechtsfolgen 83
Leitregion 110
Leitungssystem 29
Lenk- und Ruhezeiten 224
Liefernachweis 216
Lieferpapier 216
Lieferschein 216
Limited Company (Ltd.) 350
Liniendiagramm 315
Liquidität 308
Liquiditätsanalyse 308
LKW-Maut 172
Logistik 246

Lohn- und Gehaltstarifvertrag 51
Luftverkehr 130
Luxusbedürfnis 14

Mahnbescheid 167

Mahnverfahren, gerichtliches 167;
    kaufmännisches 167
Mahnwesen 165
Make-or-Buy
Manteltarifvertrag 51
Marketing 237
Marketing-Mix 239
Marketingstrategie 238
Markt 19
Marktforschung, primäre 237;
    sekundäre 237
Marktwirtschaft 18, freie 18;
    soziale 18
Matrixorganisation 31
Mediation 258
Mehrarbeit 220
Mehrliniensystem 30
Mehrwertdienstleistung 175
Mengenliste 217
Mietvertrag 89
Mindestlohn 53
Mitbestimmungsrecht 56
Moderation 258
Monopol 19
Monopolregion 122
Motivation 263
Multi-Hub-System 108
Mutterschutzgesetz (MuSchG) 43

Nachentgelt 141

Nacherfüllung 87
Nachhaltigkeitsprinzip 45
Nachnahme 141, 154, 177
Nachtarbeitnehmer 37
Nachtzustellung 68
Nettolohn 290
Niederlassungsschlüssel 115
Niederlegung 179

Oberflächensicherung 137

Öffentliche Hand 19
Öffentlichkeitsarbeit 244
Oligopol 20
Orderpapier 182
Organigramm 32
Organisation, betriebliche 28

Outsourcing 322
Overnight-Kurier 67
Overnight-Service 68

Packstation 140

Paketdienstleistung 69
Paketshop 141
Paketverpackung 104
Pareto-Verteilung 247
Passiva 198
Pensionsrückstellung 351
Person, juristische 76;
    natürliche 76
Personalakte 274
Personalauswahl 275
Personalbedarfsplanung 264
Personalbeschaffung 271,
    außerbetriebliche 271;
    innerbetriebliche 271
Personalbestandsplanung 264
Personaleinsatzplanung 218
Personalentwicklung 167
Personalplanung 264
Personalüberdeckung 220
Personalunterdeckung 220
Personalveränderungsplanung 266
Personengesellschaft 33, 346
PIN 154
Polypol 20
Postdienste-
    Datenschutzverordnung 292
Postfach 113
Postgeheimnis 92
Postleitzahl (PLZ) 109
Postleitzahlenbuch 110
Postleitzahlensystem 109
Postwurfsendung 71, 104
Prämienlohn 287
Präsentation 61, 258
Preisänderung 242
Preisfindung 241
Preisgestaltung 329
Preiskalkulation 325
Preispolitik 241
Preissetzung 242
Preisuntergrenze 327
Prinzip, ökonomisches 16
Problemlösungsstrategie 60
Produktbeobachtungspflicht 191
Produkthaftung 190
Produktinnovation 240

Produktionsfaktoren 15,
    elementare 16;
    dispositive 16
Produktpolitik 239
Produzentenhaftung 191
Prokura 342

Qualitätskontrolle 251

Qualitätsmanagement 251
Qualitätsplanung 251
Qualitätsprofil 275
Qualitätsprüfung 252
Qualitätssteuerung 252
Quittung 164

Rahmenlehrplan 46

Rahmentour 135
Rechnung 155,
    Ausgangs~ 162;
    Eingangs~ 162
Rechnungserstellung 216
Rechtsfähigkeit 77
Rechtsgeschäft 78,
    einseitig verpflichtendes 79;
    gegenseitig verpflichtendes 79
Rechtsmängel 86
Rechtsobjekt 76
Regionalniederlassung (NL) 107
Reibungssicherung 137
Reklamation 218
Rektapapier 182
Rentabilitätsanalyse 310
Reservepostleitzahl 113
Retoure 144
Return on Invest 311
Revolving Leasing 357
Rezession 15
Rollenspiel 61
Routenliste 116
Routing 73
Rückläuferbearbeitung 218
Rückstellung 351
Ruhepause 37

Sachgut 13

Sachmängel 86
Sale und lease back-Leasing 357
Sameday-Kurier 67
Sameday-Service 68
Säulendiagramm 315
Schienenverkehr 129

Schlichtung 52
Schulden 196
Schuldverhältnis 82
Seeschifffahrt 129
Sendungsabholung 216
Sendungsablieferung 139,
    beim Empfänger 139;
    beim Ersatzempfänger 139;
    beim Nachbarn 139
Sendungsannahme 71, 75
Sendungsauskunft 117
Sendungsauslieferung 216
Sendungsbearbeitung 103, 107
Sendungserfassung 115,
    vollautomatische 116
Sendungsrücklauf 144
Sendungssortierung 217
Sendungstransport 107, 215
Sendungsverfolgung 115
Sicherheitsbeauftragter 36
Sicherungsübereignung 355
Sozialversicherungsbeitrag 289
Spartenorganisation 30
Speditionsbestimmungen,
    allgemeine deutsche (ADSp) 90
Sponsoring 245
Stabliniensystem 30
Stabsstelle 28
Stadtbote 66
Stadtkurier 66
Stammkapital 349
Standardtour 73, 135
Stelle 28, ausführende 28;
    führende 28
Stellenbeschreibung 272
Stellvertretung 81
Steuer, betriebliche 169
Stoffe, gefährliche 94
Straßengüterverkehr,
    internationaler 98
Straßenverkehr 127
Streik 52
Stückschuld 82

Tarifpartei 36

Tarifrecht 49
Tarifverhandlung 52
Tarifvertrag 36, 50
Total Quality Management 253
Tourencode 115
Tourenplan 217

Tourenplanung 134,
    tägliche 73, 134;
    periodische 73, 135;
Traditionspapier 100
Transportauftrag 71
Transportbehälter 103, 106
Transportdokumente 99
Transportfähigkeitsprüfung 75
Transportmittelplanung 222
Transportschaden 144
Transportverlauf 109
Transportversicherung 181

Überkapazität 227

Überladung 142
Übernahmequittung,
    elektronische 216
Überweisung 155
Umlaufvermögen 199
Umsatzkostenverfahren 204
Umsatzsteuer 170
Umsatzsteuerjahreserklärung 172
Umsatzsteuervoranmeldung 171
Umschlagzentrum,
    zentrales (Hub) 107
Umweltmanagementsystem 234
Umweltpolitik 231,
    betriebliche 233
Umweltschutz 231
Unmöglichkeit 335
Unterkapazität 227
Unternehmensfinanzierung 350
Unternehmensform 33
Urlaubsplanung 219

**Verbesserungsprozess,
kontinuierlicher** 235

Verbindlichkeiten 199
Verbraucher 19
Verbraucherkredit 356
Verein 35
Verjährung 168
Verkauf, persönlicher 244
Verkaufsförderung 243
Verkehr, kombinierter 130
Verkehrsgeografie 117
Verkehrsinfrastruktur 127
Verkehrspolitik 127
Verlustvermutung 187, 335
Vermögen 196, Anlage~ 196;
    Umlauf~ 196

Vermögensstruktur 306
Vermögenswirksame Leistung 289
Verpackung 103,
    ordnungsgemäße 104
Verrechnungsscheck 156
Versandpapiererstellung 215
Verschuldungskoeffizient 308
Versicherungsbedingungen,
    allgemeine 183
Verteilnetz 107
Vertragsanbahnung 329
Vertragsgrundlagen, rechtliche 76
Vertragsstörung 334
Vertretungsmacht 82, 342
Vertrieb, direkter 245;
    exklusiver 246;
    indirekter 245;
    selektiver 246;
    universeller 246
Verzögerung, verkehrsbedingte 142;
    witterungsbedingte 142
Verzug 335
Verzugszins 84, 168
Vier-Ohren-Modell 147
Volkswirtschaftslehre 15
Vollkostenkalkulation 325
Vollmacht 82, 342
Vorauskasse 156
Vorsatz 84
Vorsteuer 171
Vorteil, geldwerter 289

Warengeld 151

Warensendung 71, 104
Warnstreik 52
Weltpostvertrag 98
Weltzeit, koordinierte (UTC)
    119
Wendekreis 117
Werbesendung, unadressierte 71
Werbung 243
Werkvertrag 88
Wertveränderung 204
Willenserklärung 78,
    Anfechtung 80;
    empfangsbedürftige 78;
    nicht empfangsbedürftige 78
Wirtschaftskreislauf, einfacher 16
Wirtschaftssektor 26, primärer 26;
    sekundärer 26;
    tertiärer 26

Zahlenmaterial, statistisches 314

Zahlschein 153
Zahlung, bare 153;
    bargeldlose 154;
    halbbare 153
Zahlungsart 153
Zahlungseingangsüberwachung
    165
Zahlungsmittel 151
Zahlungssystem 155
Zahlungsverzug 165

Zahlverfahren, elektronisches 157
Zeitlohn 286
Zeitzone 117, 119
Zellcodierung 114
Zertifizierung 254
Zeugnis, qualifiziertes 285
Zollanmeldung 230
Zollbestimmung 230
Zuschlagskalkulation 241, 301,
    einstufige 301;
    mehrstufige 301

Zustelladressat 177
Zustellbuch 217
Zustelldienst 66
Zustelllaufkarte 217
Zustellpostleitzahl 112
Zustellung 217
Zustellungsauftrag 177
Zustellungsurkunde 179
Zwangsvollstreckung 167

Herangezogene Studien

BIEK KEP-Studie 2013: „Motor für Wirtschaftswachstum und Beschäftigung. Die Kurier-, Express- und Paketbranche in Deutschland. Marktanalyse. KEP-Studie 2013. Eine Untersuchung im Auftrag des Bundesverbandes Internationaler Express- und Kurierdienste e.V. (BIEK)"
Die Angaben in diesem Buch beziehen sich auf die zum Zeitpunkt des Redaktionsschlusses verfügbare KEP-Studie 2013; unter http://www.biek.de/index.php/zahlen_und_fakten.html kann die jeweils aktuellste Studien aufgerufen werden.

Bundesnetzagentur: „Tätigkeitsbericht Post 2012/2013"
Herausgeber ist die Bundesnetzagentur für Elektrizität, Gas, Telekommunikation, Post und Eisenbahn; Bonn.
http://www.bundesnetzagentur.de/SharedDocs/Downloads/DE/Allgemeines/Bundesnetzagentur/Publikationen/
Berichte/2013/131216_TaetigkeitsberichtPost2012.pdf?__blob=publicationFile&v=3

MRU GmbH: „Der KEP-Markt in Deutschland. Eine Kurzstudie im Auftrag des BdKEP. Hamburg Juni 2013"
MRU Gmbh, Hamburg / Bundesverband der Kurier Express Post Dienste e. V. Berlin
http://bdkep.de/dokumente/studie/2013kurzstudie.pdf